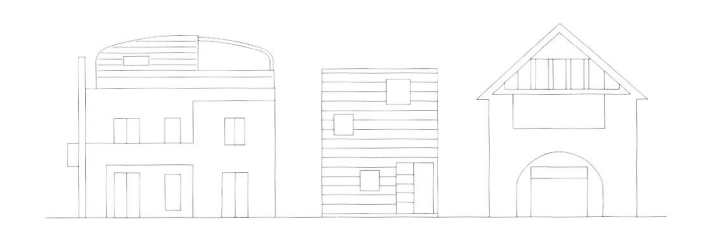

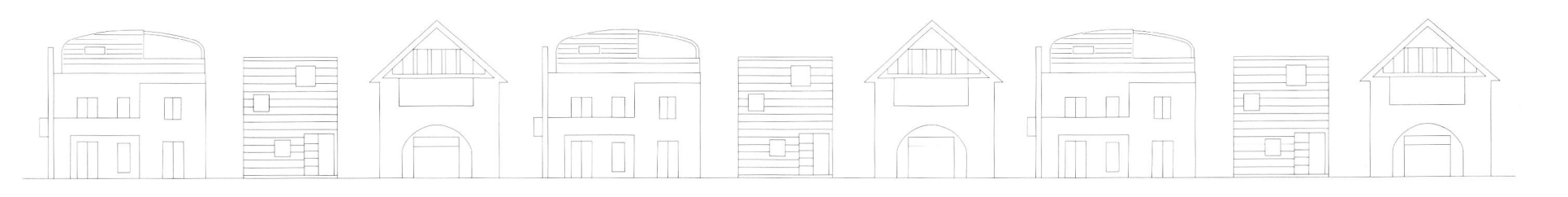

PAGE ONE

Published in Asia in 2014 by:
Page One Publishing Pte Ltd
20 Kaki Bukit View
Kaki Bukit Techpark II
Singapore 415956
T: +65 6742 2088
F: +65 6744 2088
enquiries@pageonegroup.com
www.pageonegroup.com

ISBN 978-981-4523-51-6

ILUSBOOKS

Published in Spain and in South America
except Mexico in 2014 by:
ILUS BOOKS Illusion Illustrated
c/ Cobos de Segovia, 19, 5º 1ª
28005 Madrid, Spain

ISBN 978-84-15227-72-4

EDITIONS DE LODI

ZAC CAP 18
Allée F - Bâtiment B
73 Rue de l'Evangile
75018 Paris

ISBN 978-2-84690-465-0

Editorial coordination: Claudia Martínez Alonso
Art direction: Mireia Casanovas Soley
Edition: Francesc Zamora Mola
Texts: Irene Vidal Oliveras
Layout: Sara Abril
Translations: Thinking Abroad

Printed in Spain

LOFT affirms that it possesses all the necessary rights for the publication of this material and has duly paid all royalties related to the authors' and photographers' rights. LOFT also affirms that it has violated no property rights and has respected common law, all authors' rights and other rights that could be relevant. Finally, LOFT affirms that this book contains no obscene nor slanderous material.
The total or partial reproduction of this book without the authorization of the publishers violates the two rights reserved; any use must be requested in advance.
If you would like to propose works to include in our upcoming books, please email us at loft@loftpublications.com.
In some cases it has been impossible to locate copyright owners of the images published in this book. Please contact the publisher if you are the copyright owner of any of the images published here.

6	HOUSE OF JOYCE & JEROEN	250	MIRANTE DO HORTO HOUSE
18	HOMEMADE	262	MARACANÃ HOUSE
28	CUT AND FOLD HOUSE	274	SMITH-CLEMENTI RESIDENCE
38	ANNANDALE HOUSE	286	BROWN VUJCICH HOUSE
50	TUSCULUM ST. RESIDENCE	300	CORTEN HOUSE
60	HARRIS RESIDENCE	312	CASA OVAL
70	WEST VILLAGE RESIDENCE AND ARTIST STUDIO	320	VOILA HOUSE
80	HIDDEN HOUSE	332	ELM COURT
90	EAST MELBOURNE HOUSE	342	H24 HOUSE
102	STACKED HOUSE	352	PLANALTO HOUSE
114	TOWNHOUSE	366	MEASER RESIDENCE
124	CHURCH STREET RESIDENCE	378	MEJIRO HOUSE
136	SINGLE FAMILY HOUSE	388	THE LIGHTHOUSE 65
146	HOUSE IN RIMINI	400	SHERWOOD
156	CLOÎTRE	410	SLIM HOUSE
164	NOK SUNG HUN	418	CHAMBORD RESIDENCE
178	HOUSE IN SANBONMATSU	430	LA COULEUVRE
188	HOUSE IN HAMADERA	440	BRISE SOLEIL HOUSE
198	OGIKUBO HOUSE	450	BRISBANE STREET HOUSE
206	JAREGO HOUSE	460	CAMELIA COTTAGE
216	HOUSE IN OOKAYAMA	468	ARMADALE RESIDENCE
226	SENTOSA HOUSE	476	PÜNKTCHEN HOUSE
238	SOUTH PERTH HOUSE		

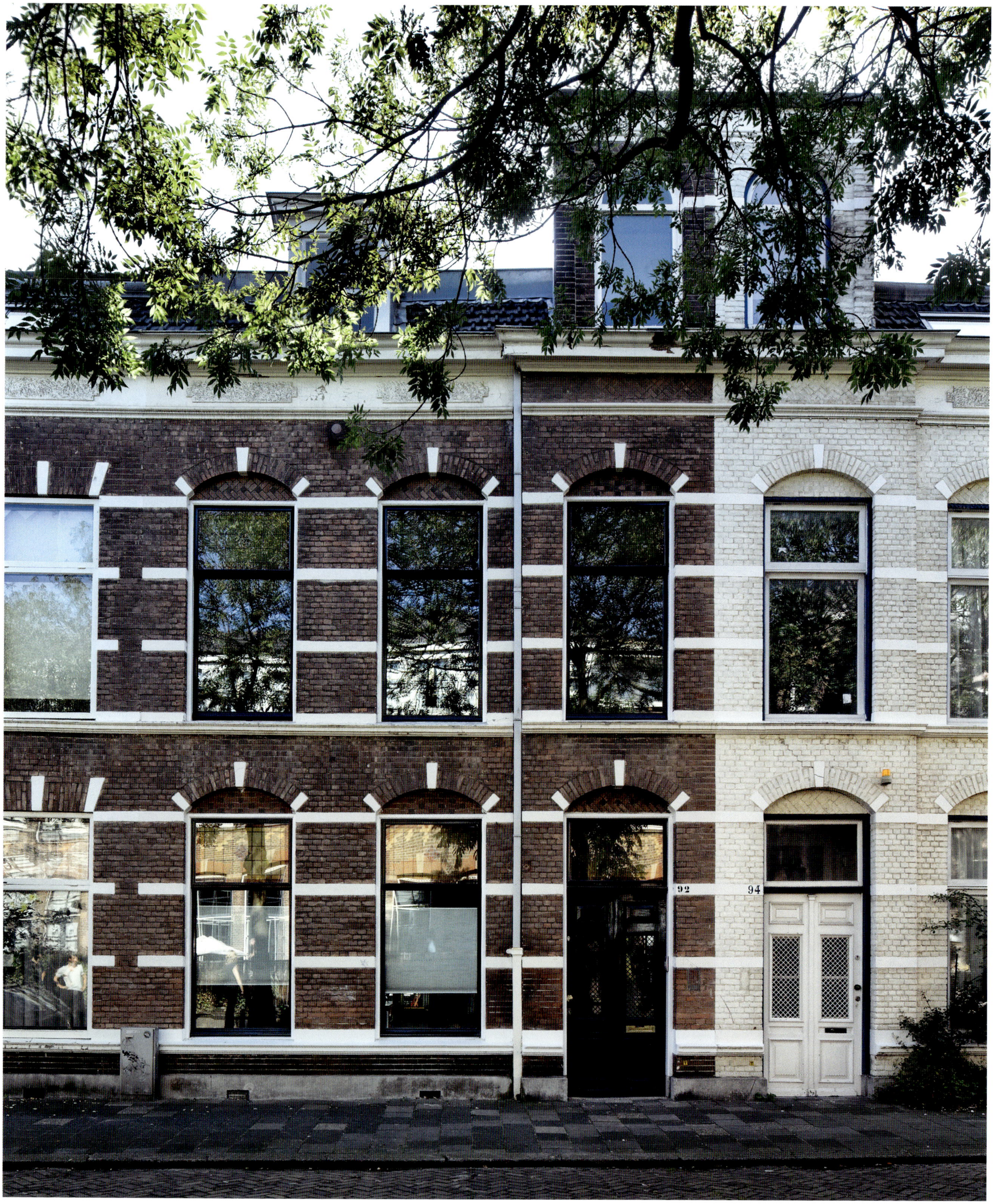
92
94

HOUSE OF JOYCE & JEROEN

Personal Architecture
The Hague, the Netherlands
© René de Wit

This house was designed for a young couple, Joyce and Jeroen. Initially the pair were only looking to bring the house up to date but they soon discovered that the structure was in much worse condition than it had appeared. Rather than seeing this as bad news, they took it as an opportunity: to convert a typical Dutch house into a bright and contemporary space.

Dieses Haus wurde für ein junges Paar entworfen, Joyce und Jeroen. Zunächst wollten die beiden nur das Wohnhaus auf den neuesten Stand bringen, aber schnell wurde klar, dass die gesamte Bausubstanz sich in einem viel schlechteren Zustand befand als zunächst angenommen. Aber mehr noch als eine unangenehme Neuigkeit war es eine ungeahnte Chance: Das Haus in typisch holländischem Stil in einem lichtdurchfluteten, modernen Wohnraum zu verwandeln.

Cette maison a été conçue pour un jeune couple, Joyce et Jeroen. Au début les clients ne souhaitaient que remettre en état la maison, mais la structure est vite apparue dans de plus mauvaises conditions qu'il n'y paraissait. Finalement ces mauvaises nouvelles furent une bonne occasion : celle de transformer une maison hollandaise typique en un espace lumineux et contemporain.

Deze woning werd ontworpen voor een jong stel, Joyce en Jeroen. In eerste instantie wilden de cliënten de woning alleen opknappen, maar het was al snel duidelijk dat de staat van de fundering veel slechter was dan ze aanvankelijk dachten. Dit was geen slecht nieuws, maar juist een kans: de kans om een typisch Nederlands huis te veranderen in een geweldige, moderne ruimte.

Esta casa fue diseñada para una joven pareja, Joyce y Jeroen. En un primer momento los clientes solo querían poner al día la vivienda, pero enseguida quedó patente que la estructura se encontraba en un estado mucho peor de lo que aparentaba. Más que malas noticias, eso supuso una oportunidad: la de convertir una típica casa holandesa en un espacio brillante y contemporáneo.

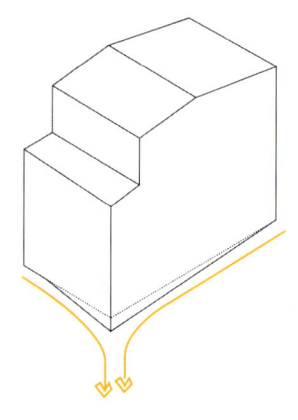

Sagging and decline

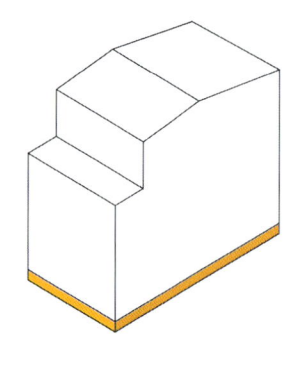

Restoration of foundation

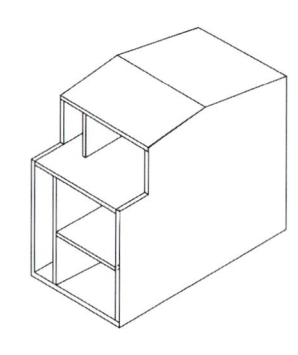

Removing rear façade

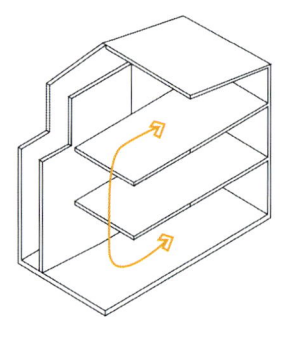

Introduction of a void

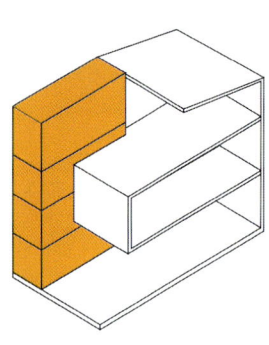

Additional level in service zone

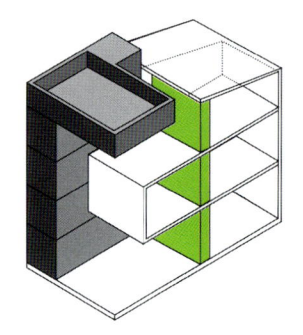

Roof terrace and en-suite separation

Conceptual diagrams

Rear elevation

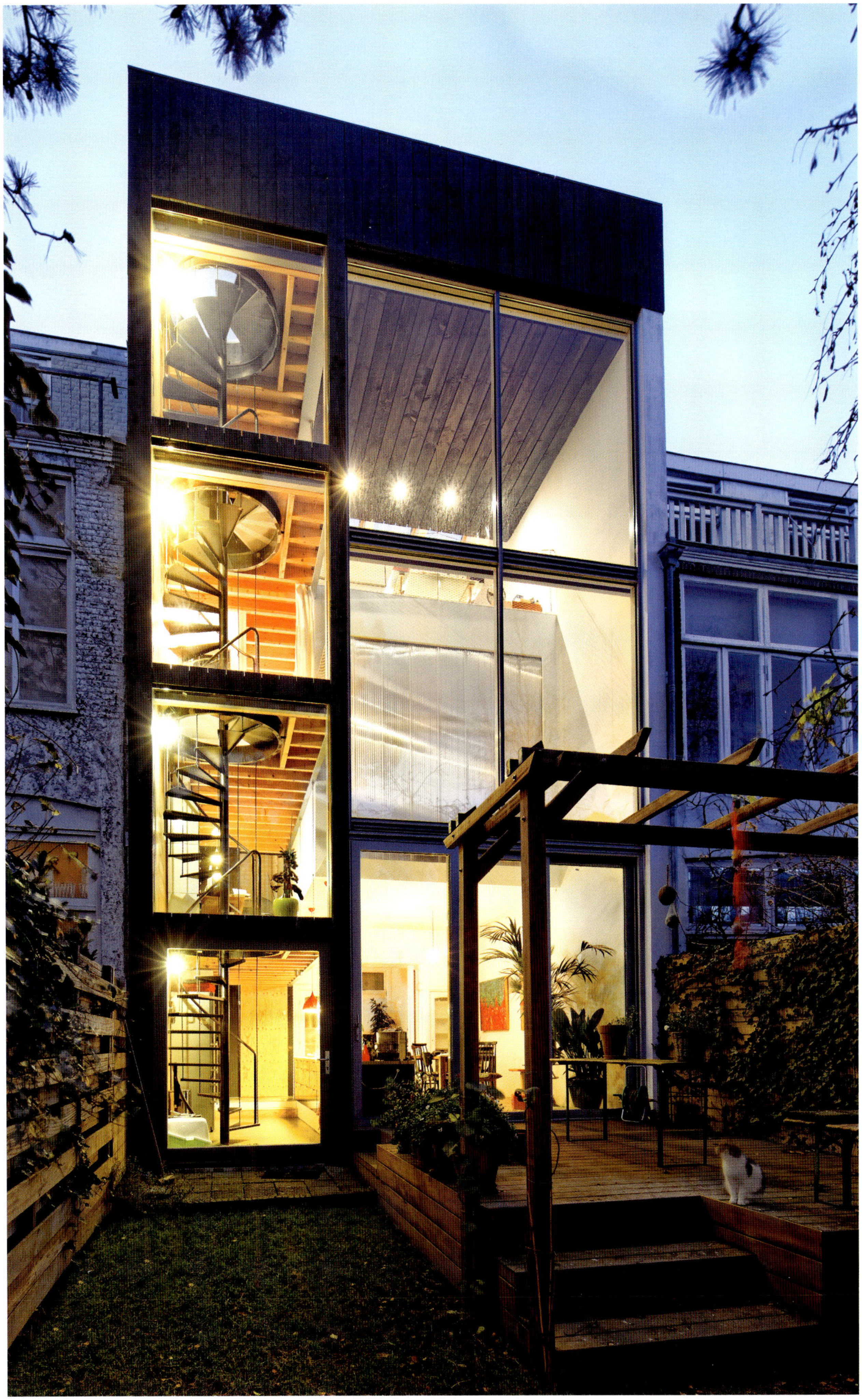

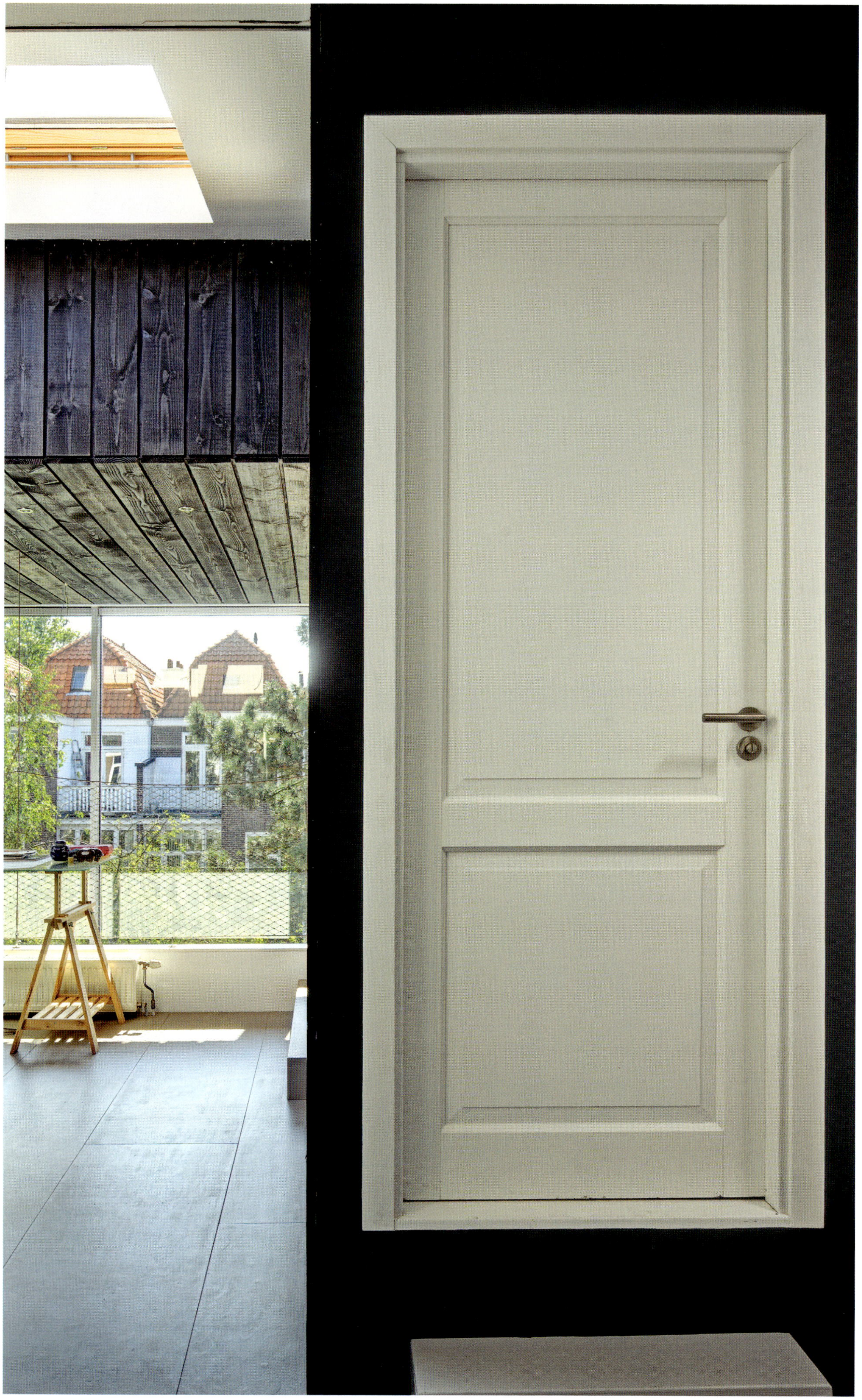

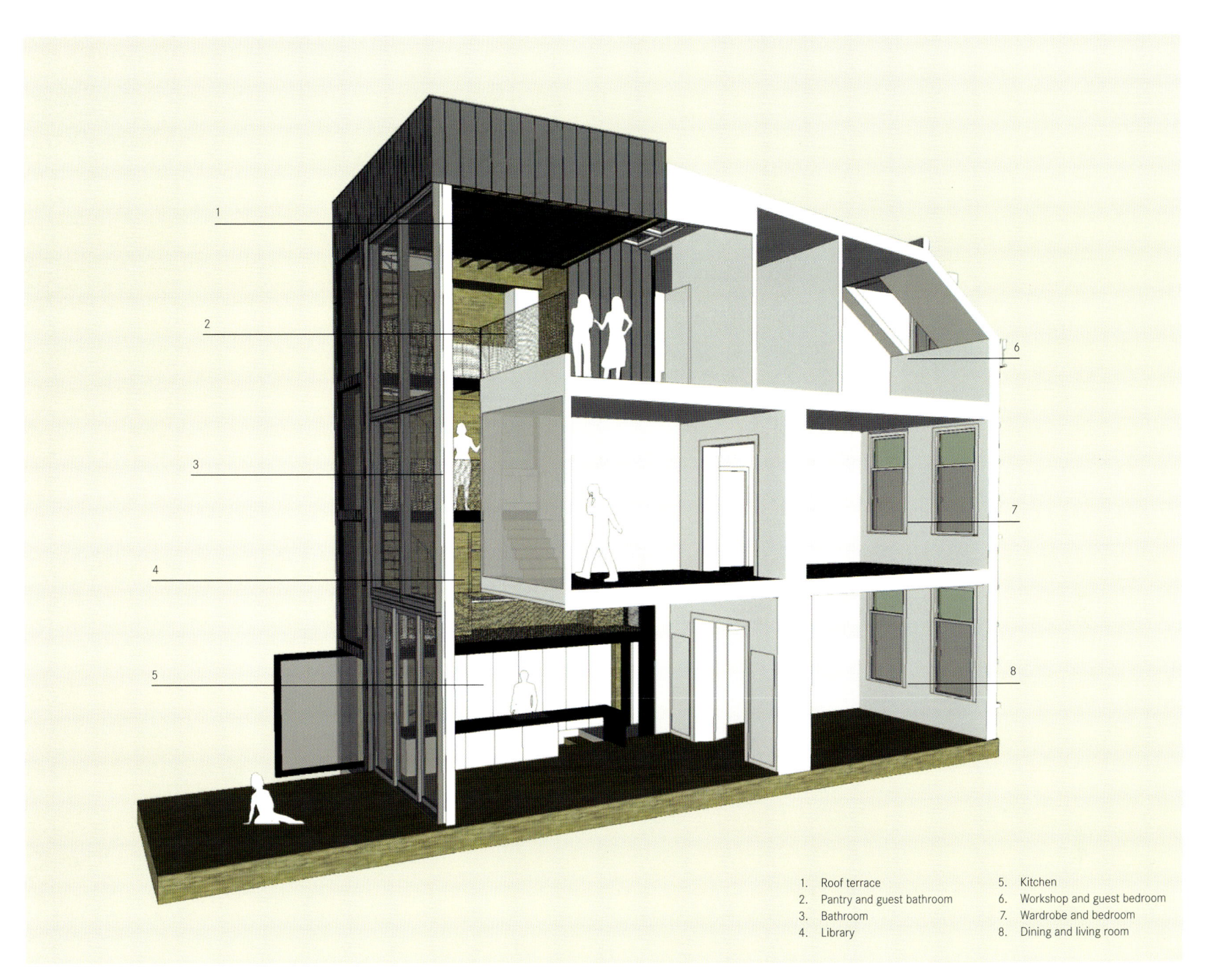

1. Roof terrace
2. Pantry and guest bathroom
3. Bathroom
4. Library
5. Kitchen
6. Workshop and guest bedroom
7. Wardrobe and bedroom
8. Dining and living room

3D section

Third floor plan

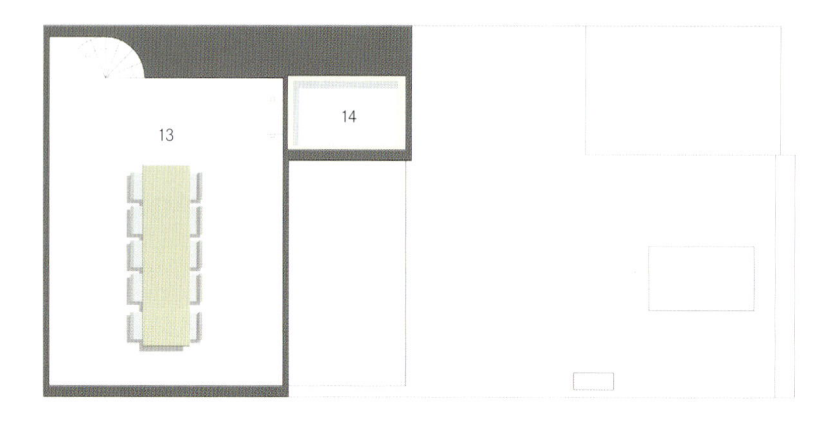

Roof floor plan

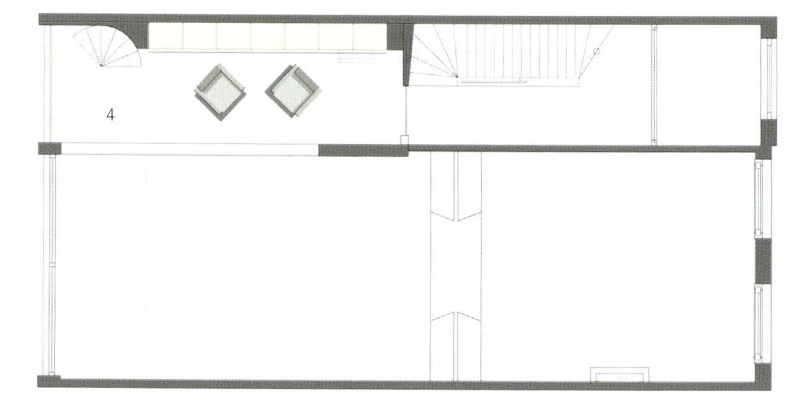

Mezzanine floor plan

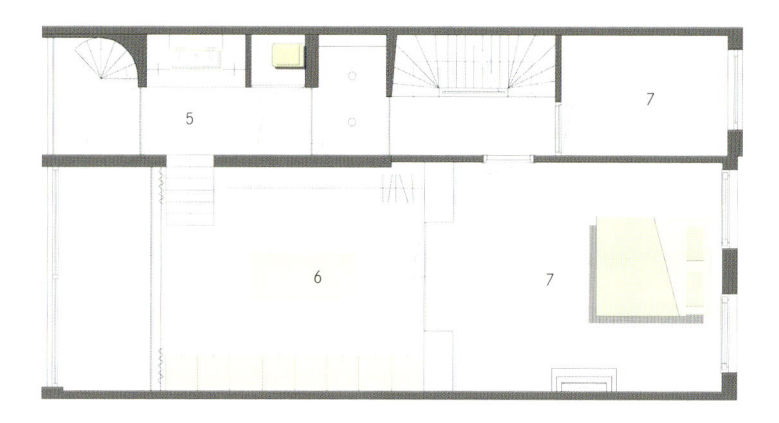

Second floor plan

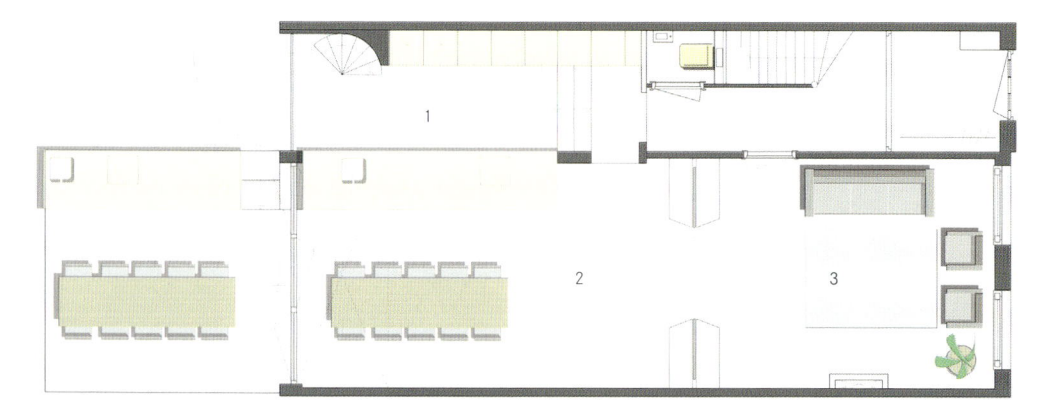

Ground floor plan

1. Kitchen
2. Dining room
3. Living room
4. Library
5. Bathroom
6. Wardrobe
7. Bedroom
8. Pantry
9. Bathroom
10. Workshop
11. Laundry room
12. Guest room
13. Roof terrace
14. Jacuzzi

From the classical façade it is impossible to guess the style of what lies beyond. However, it is this contrast of styles that gives this home its personality.

Die klassische Fassade des Hauses macht es unmöglich zu erraten, wie es im hinteren Bereich aussieht. Dieser Kontrast der Stile ist jedoch ein besonderes Gestaltungsmerkmal des Gebäudes.

En contemplant la façade classique, il est impossible de deviner l'aspect de la partie arrière de la maison. Cependant, ce contraste de styles donne son caractère à la maison.

De klassieke façade verraadt niet hoe de achterzijde eruit ziet. En dat contrast in stijlen is precies wat de woning kenmerkt.

Al contemplar la clásica fachada es imposible adivinar el aspecto la parte de atrás. Sin embargo, ese contraste de estilos conforma la personalidad del hogar.

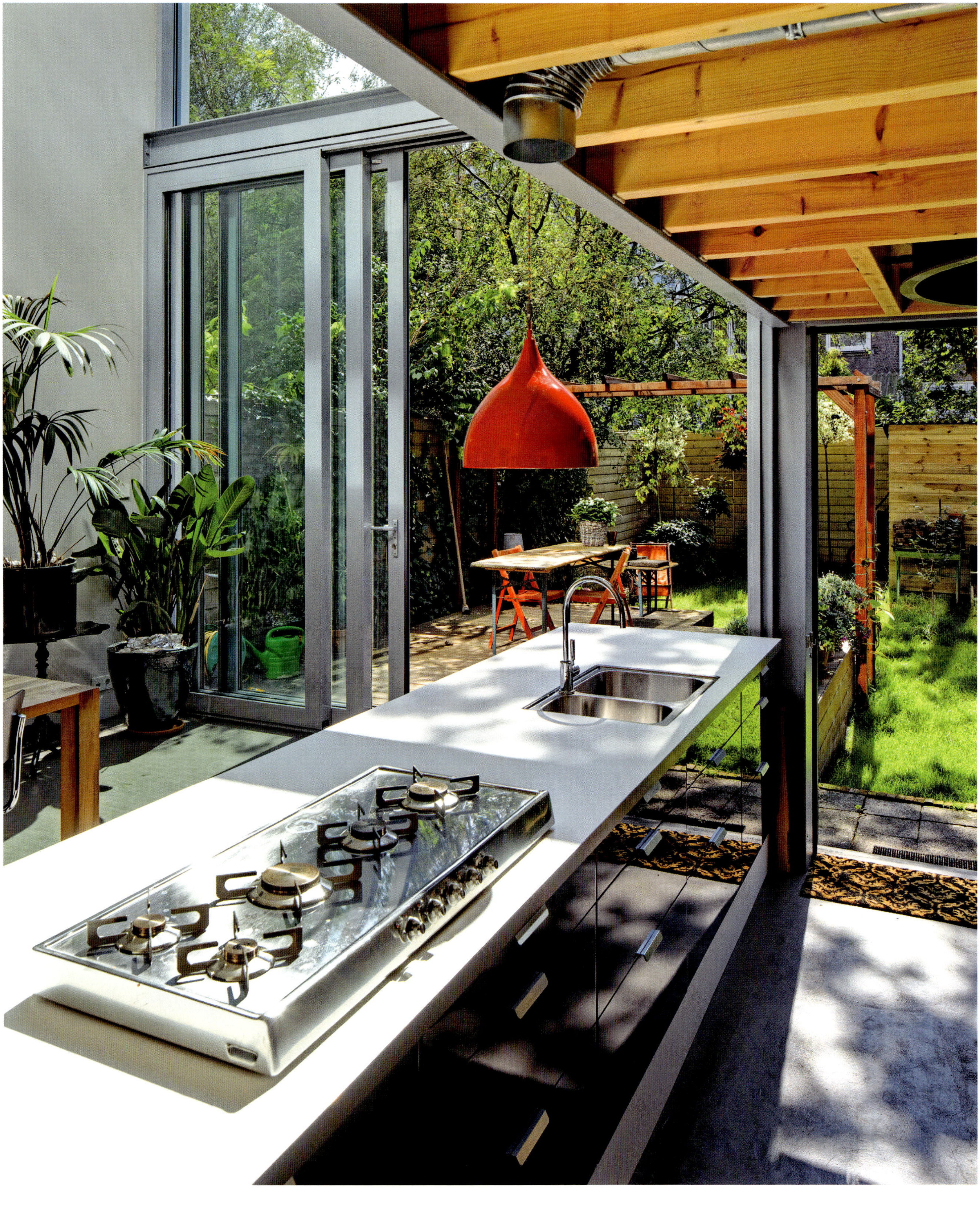

The steel spiral staircase which cuts through the back of the house was made to measure, providing a considerable saving in the budget.

Die eigens entworfene Wendeltreppe aus Stahl, die Ober- und Untergeschoss im hinteren Teil Gebäudes miteinander verbindet, konnte das Budget deutlich entlasten.

L'escalier en colimaçon en acier qui traverse la propriété à l'arrière a été construit sur mesure, ce qui a permis des économies considérables dans le budget.

De ijzeren wenteltrap die de woning aan de achterzijde doorkruist, werd op maat gemaakt, wat heeft geleid tot een aanzienlijke besparing op het budget.

La escalera de caracol de acero que atraviesa la vivienda por la parte de atrás se construyó a medida, lo que supuso un ahorro considerable en el presupuesto.

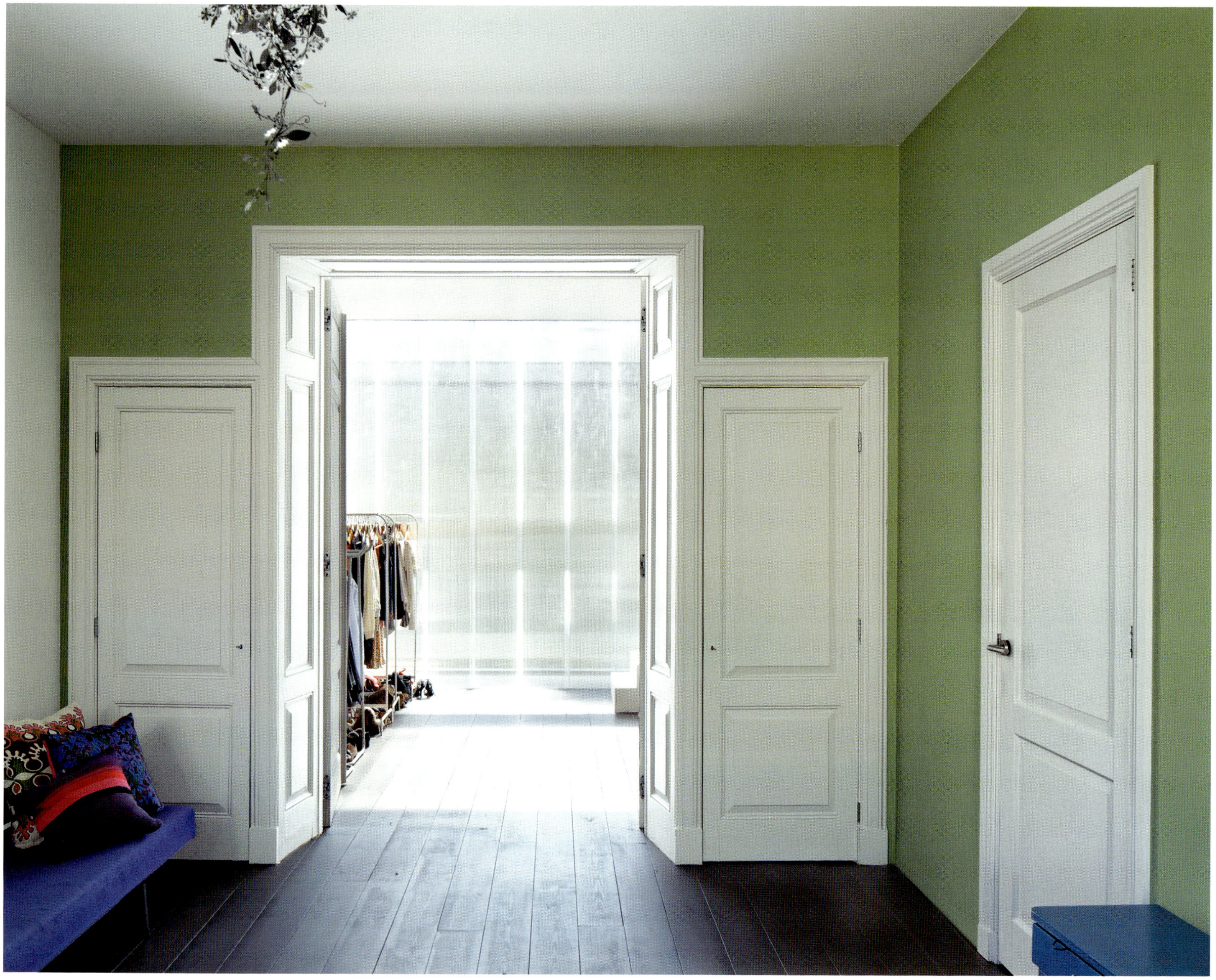

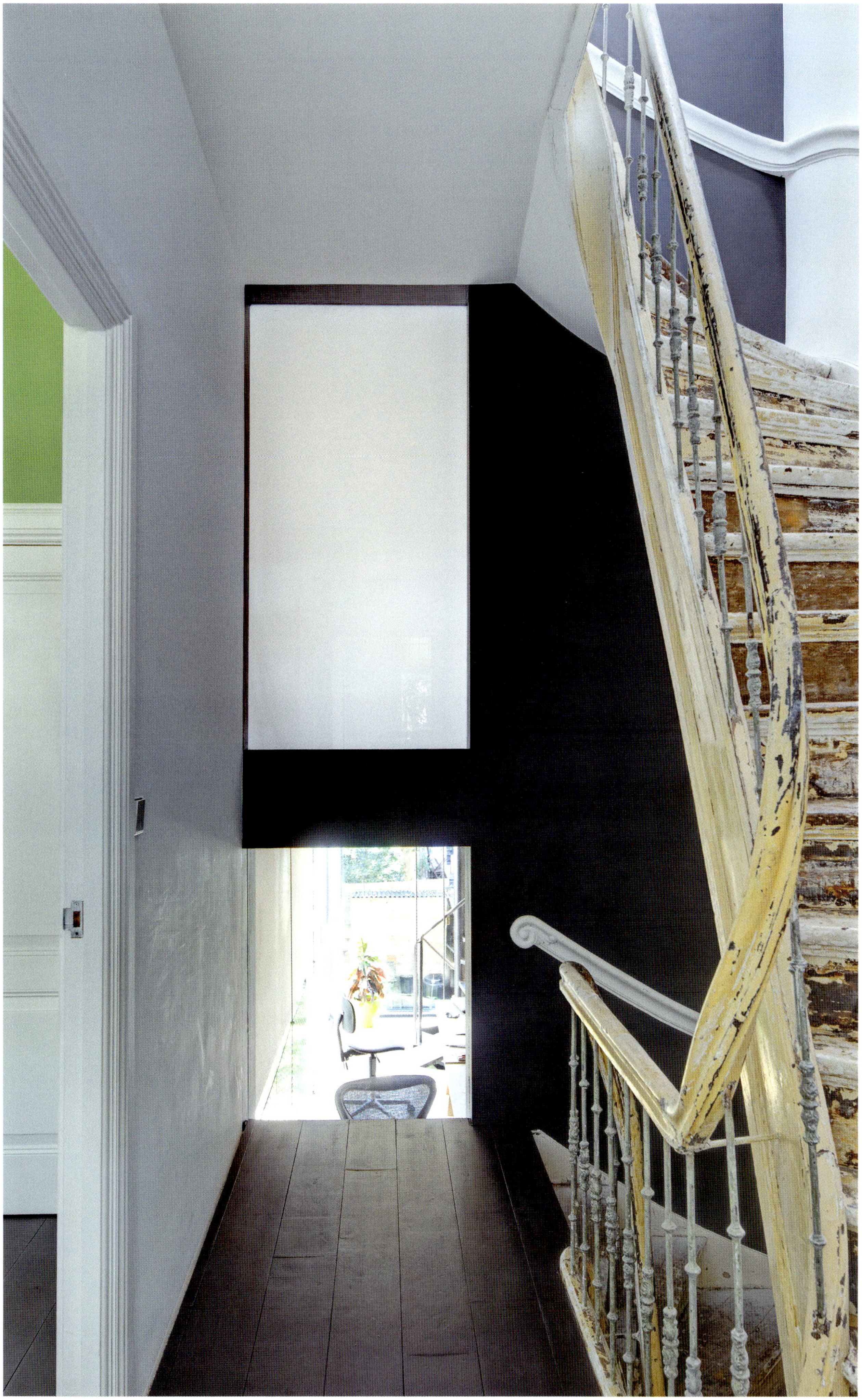

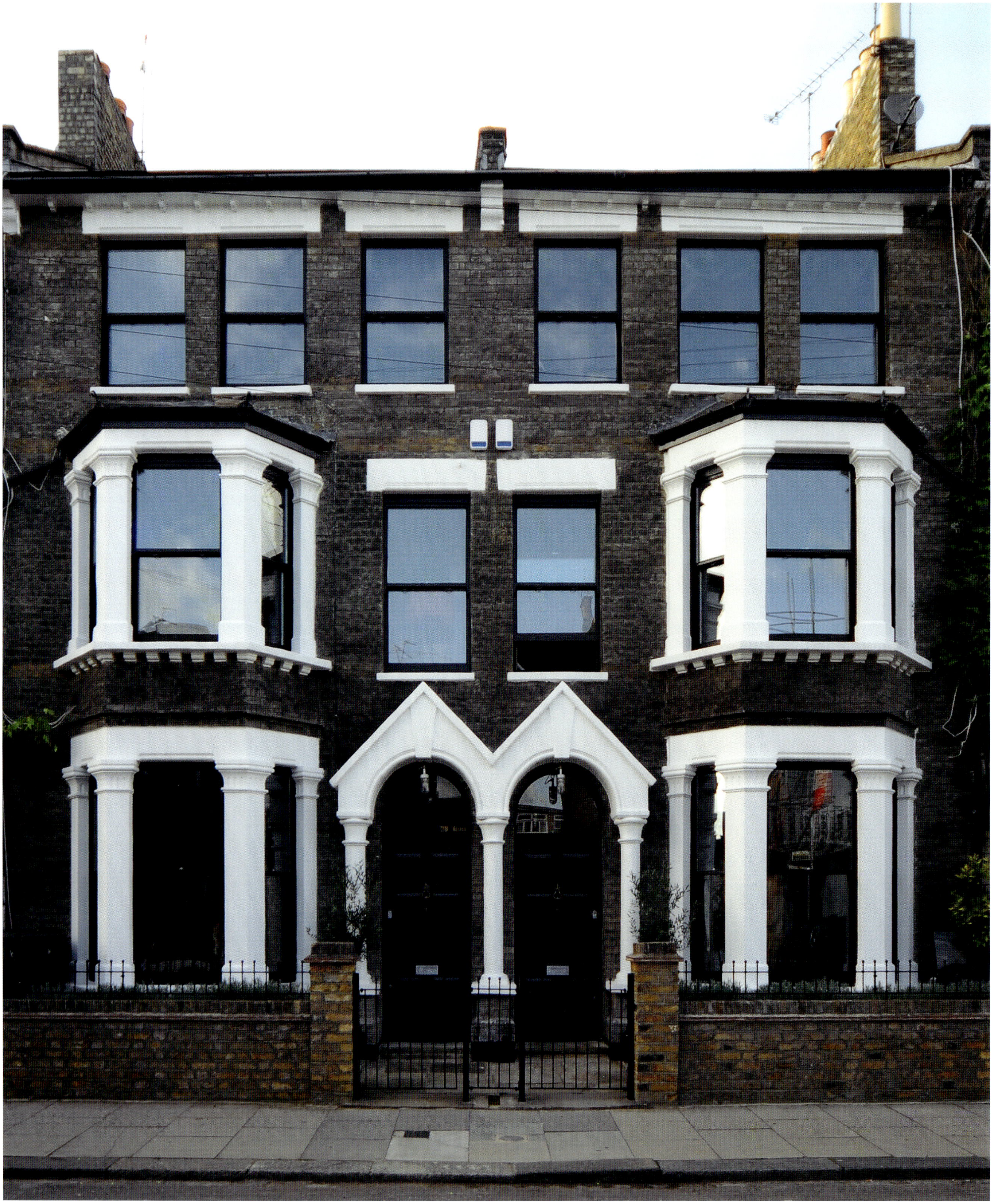

HOMEMADE

Bureau de Change Design Office
London, United Kingdom
© Eliot Postma

This project involved bringing together two adjoining properties as a single family home: the divisions between the two houses were removed, new openings were created and, most importantly, a heart was found for the new home. This was achieved by creating a lined oak box that sits right in the centre of the space, from which the staircase leading to the upper floors departs.

Das Projekt bestand in der Zusammenlegung zweier benachbarter Wohnhäuser zu einem Einfamilienhaus: Sämtliche Teilungswände zwischen den beiden Gebäuden wurden entfernt, Öffnungen wurden geschaffen, und – das Wichtigste – man suchte ein Herz für das neue Zuhause. Dazu erschuf man ein mit Eichenholz ausgekleidetes Gehäuse, das sich genau im Zentrum des Wohnraumes befindet. Von dort aus erstreckt sich die Treppe bis in die oberen Bereiche.

Le projet consistait à réunir deux propriétés voisines en une seule maison familiale : les séparations entre les deux habitations ont été éliminées, des ouvertures ont été créées et, la chose la plus importante a été de trouver le cœur de la nouvelle maison. Pour cela, un volume recouvert en bois de chêne a été fabriqué qui se trouve juste au centre de l'espace, à partir duquel commence l'escalier qui conduit aux étages supérieurs.

Doel van dit project was om van twee naast elkaar gelegen panden één familiewoning te maken: de muren tussen de woningen werden verwijderd, er werden openingen gecreëerd en, heel belangrijk, er werd een centrum voor het nieuwe huis gekozen. Om dit te bereiken werd een met eikenhouten bedekte basis in het centrum van de ruimte geplaatst, waaruit de trap ontstaat die naar de bovenverdiepingen leidt.

El proyecto consistió en unir dos propiedades vecinas en una sola casa unifamiliar: se eliminaron las divisiones entre las dos viviendas, se crearon aberturas y, lo más importante, se buscó un corazón para el nuevo hogar. Para ello, se creó una caja revestida de madera de roble que se encuentra justo en el centro del espacio, de la que nace la escalera que conduce a las plantas superiores.

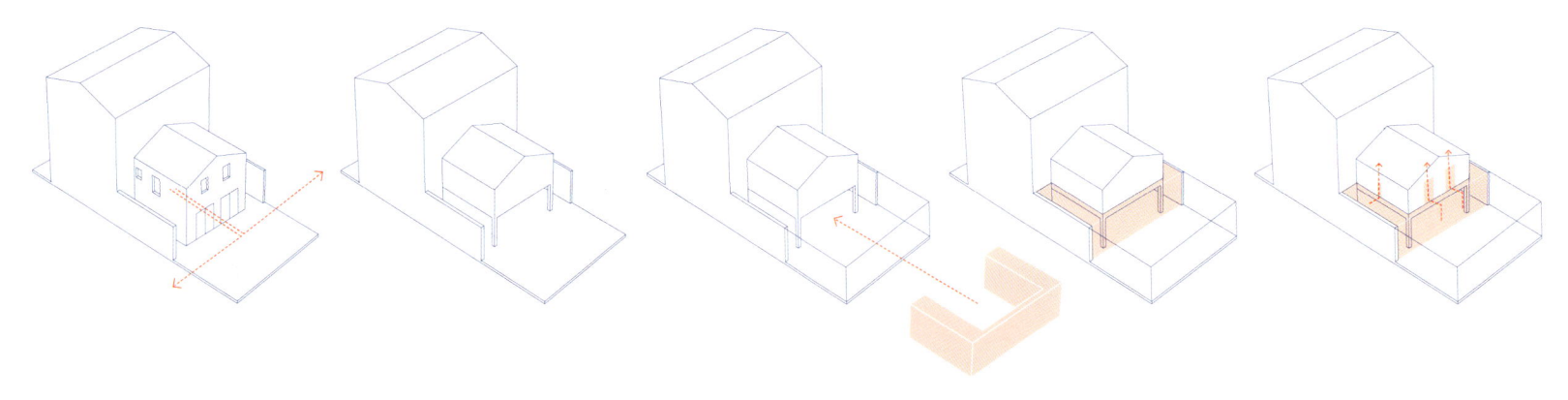

Rear volume diagrams

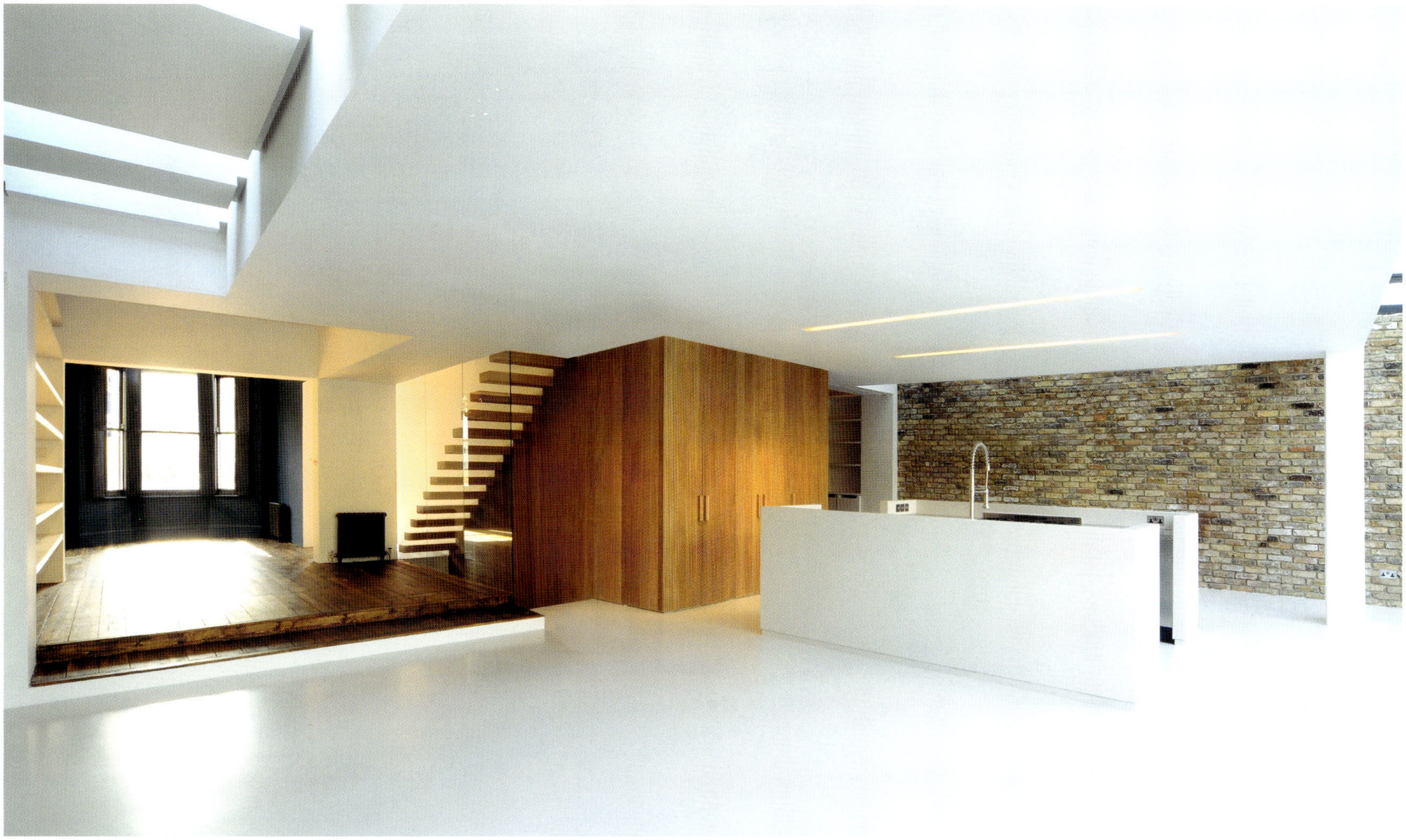

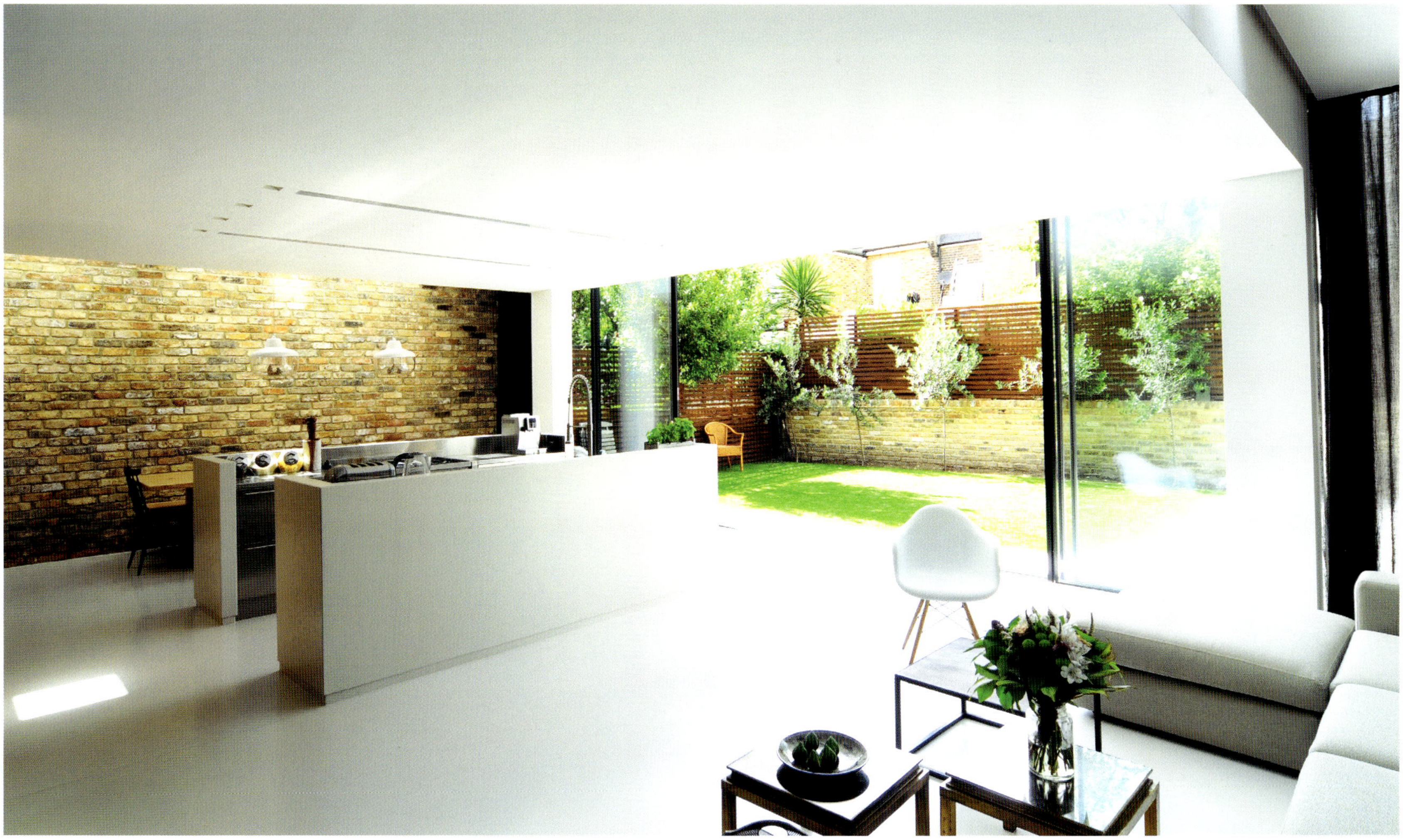

A kitchen, dining and open plan living area was created at the rear of the property, which opens to the outside via large patio doors.

Im hinteren Teil des Hauses befindet sich ein offen gestalteter Raum für die Küche, mit Essbereich und Wohnzimmer, der sich über eine breite Glasfront bis in den Außenbereich hinein erstreckt.

À l'arrière de la propriété un espace cuisine, une salle à manger et un salon ouvert ont été créés donnant sur l'extérieur grâce à une grande surface vitrée.

Aan de achterzijde van het pand werd een ruimte zonder tussenmuren met een keuken, eetkamer en woonkamer gecreeërd, die via een groot glazen oppervlakte in verbinding staat met de tuin.

En la parte posterior de la propiedad se creó un espacio de cocina, comedor y sala de estar de planta abierta que se abre al exterior mediante una gran superficie acristalada.

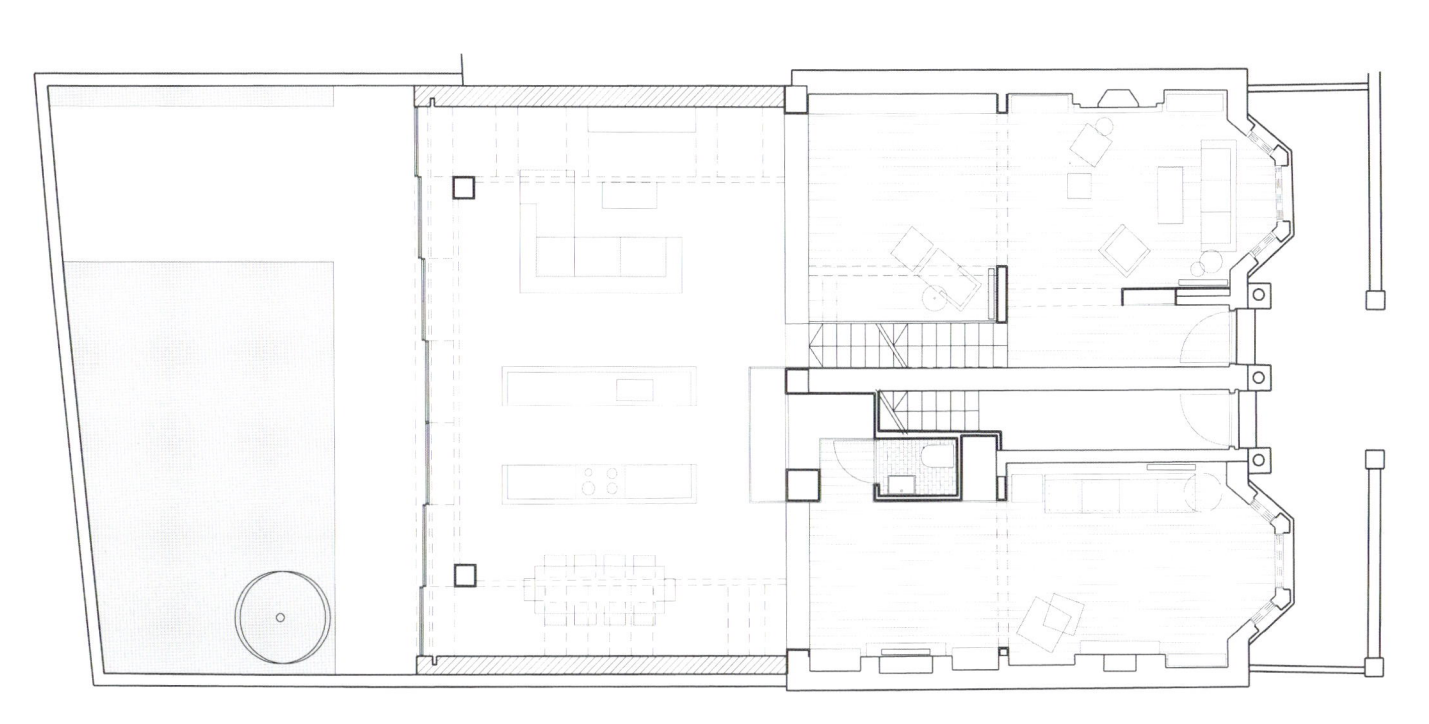

Ground floor plan

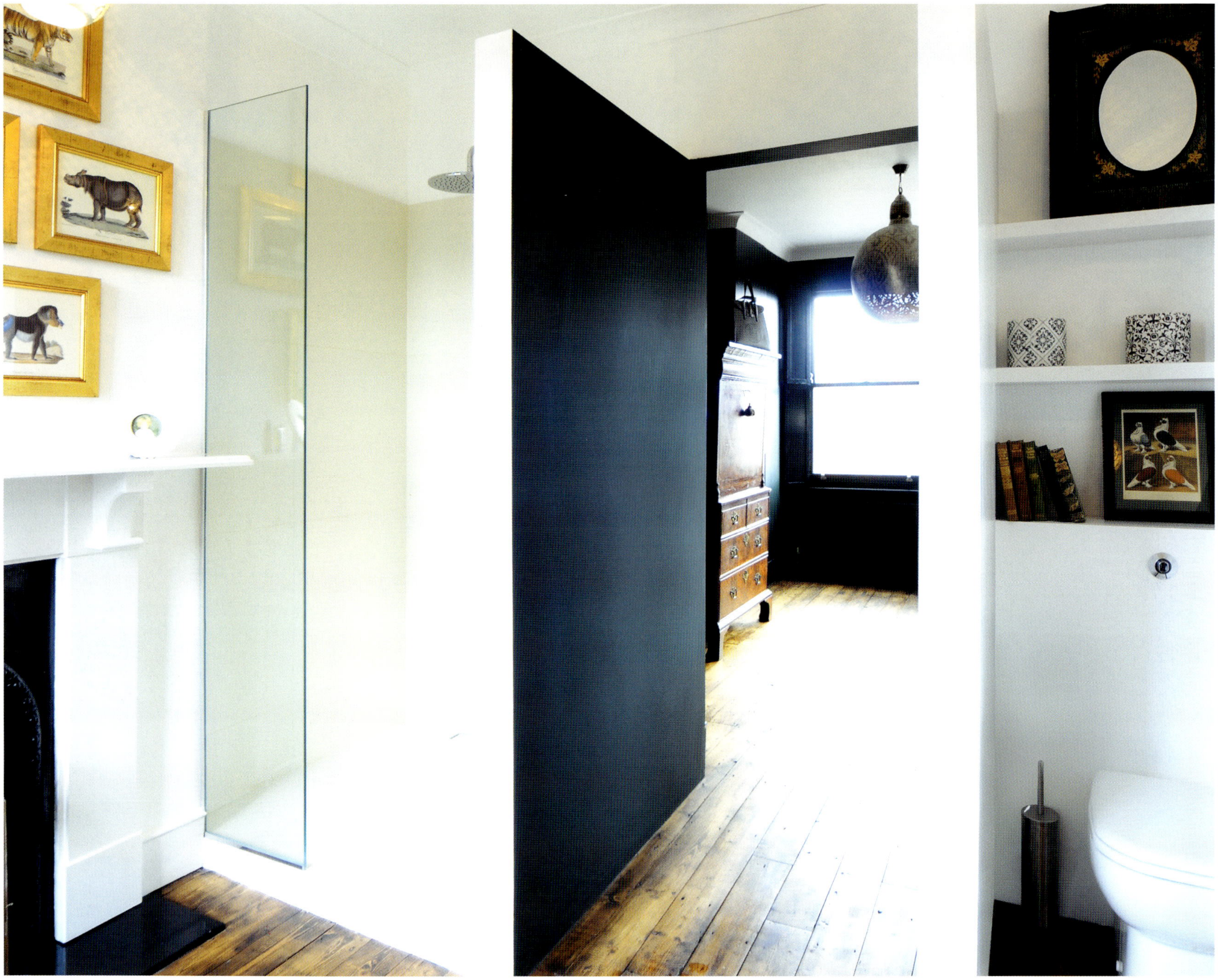

Integrating the bathroom into the bedroom space creates an area of relaxation and wellbeing. The elegant sunken bath functions as a piece of furniture in its own right.

Durch die Einbindung des Badezimmers in den Schlafbereich wurde ein Raum geschaffen, der sich durch Entspannung und Wohlbefinden auszeichnet. Die elegante eingebaute Badewanne besitzt eine Zusatzfunktion als Möbelstück.

Intégrer la salle de bain dans la chambre fait de cette pièce une zone de relaxation et de bien être. L'élégante baignoire encastrée semble être un meuble supplémentaire.

Het integreren van de badkamer in een slaapkamer maakt van deze ruimte een relax- en wellnessruimte. De elegante, ingebouwde badkuip fungeert als een extra meubelstuk.

Integrar el cuarto de baño en el dormitorio convierte el espacio en una zona de relajación y bienestar. La elegante bañera empotrada funciona como un mueble más.

This is a home that celebrates contrast, where new and old and light and dark combine to create interiors that are full of character.

In diesem Haus weiß man Gegensätze zu schätzen: Neu und Alt, Hell und Dunkel vereinen sich und schaffen ein Interieur ganz eigener Prägung.

Il s'agit d'une maison qui fête les contrastes : le nouveau et l'ancien, le clair et l'obscure s'unissent pour créer des intérieurs de caractère.

Dit is een huis waar een ode gebracht wordt aan contrasten: nieuw en oud en licht en donker werken samen om een interieur tot stand te brengen met veel persoonlijkheid.

Se trata de una casa que celebra los contrastes: lo nuevo y lo antiguo, lo claro y lo oscuro se ensamblan para crear interiores con mucho carácter.

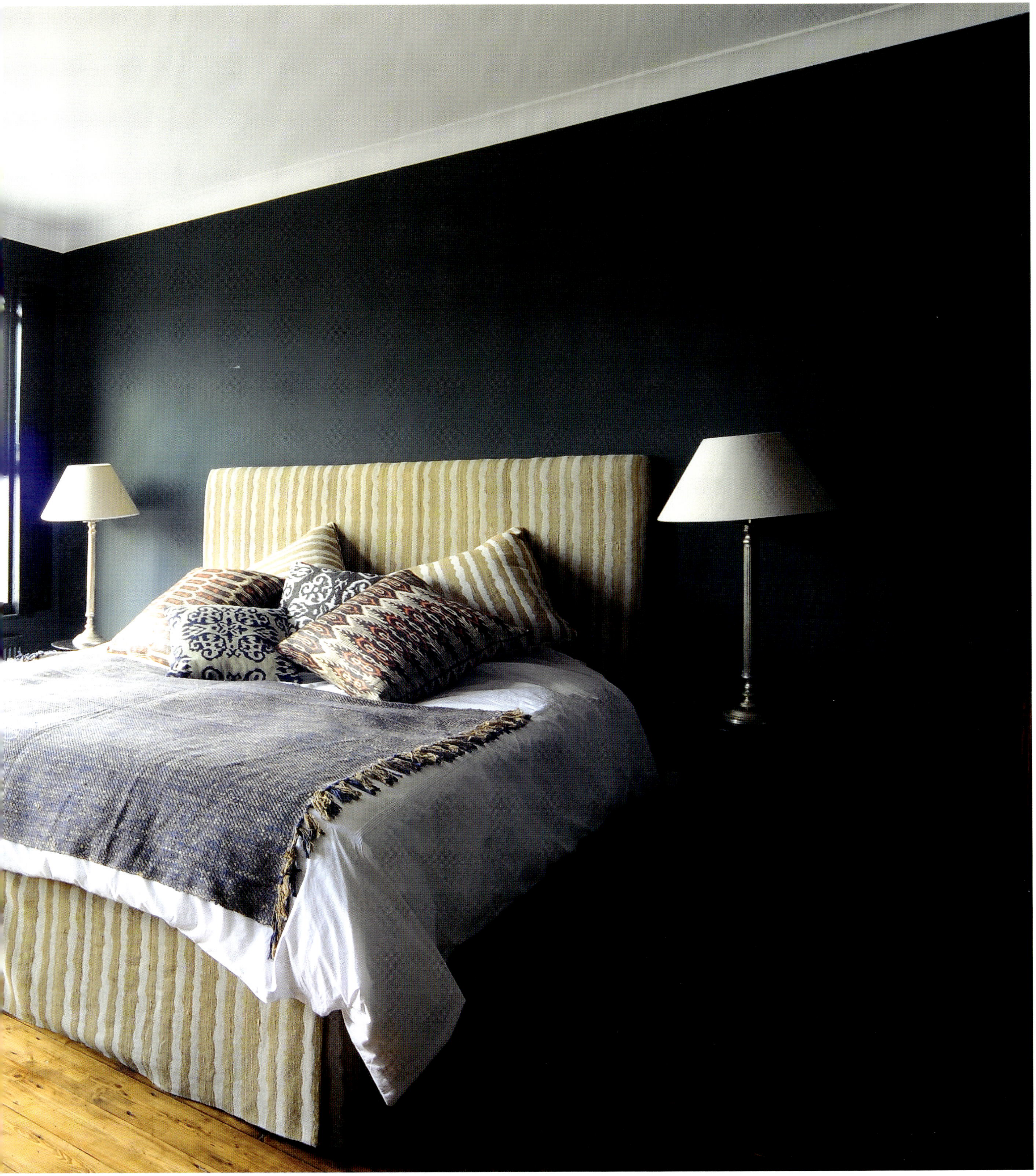

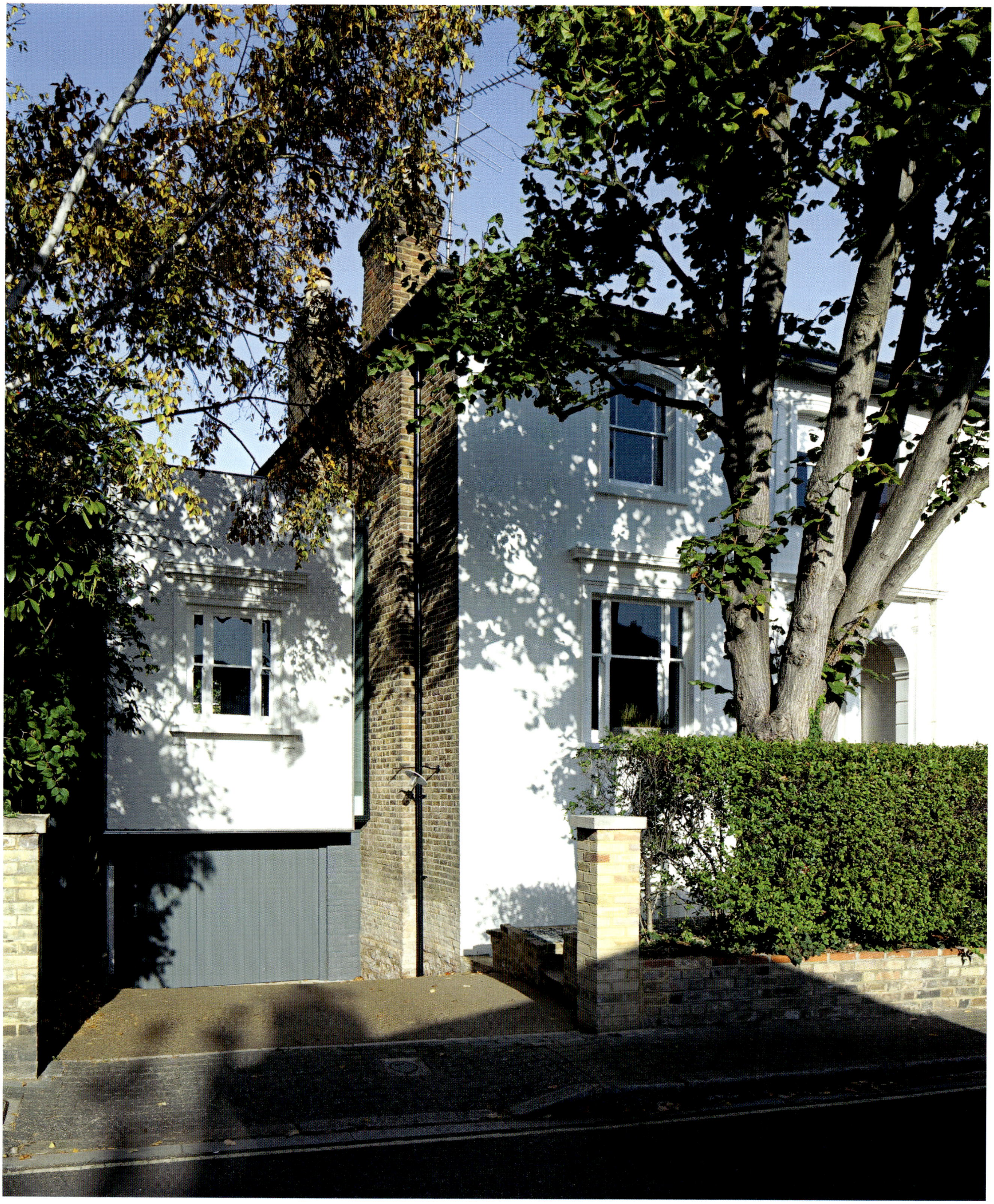

CUT AND FOLD HOUSE

Ashton Porter Architects
London, United Kingdom
© Andy Stagg

The façade of this Victorian house is a juxtaposition of frames and squares in a variety of materials. A new extension was added to the existing house, which is linked to the rest of the property via a strip of glass and appears to float above the garden. Stainless steel provides the contemporary stamp and creates a marked contrast with the original brickwork.

Die Fassaden dieses viktorianischen Hauses sind ein Spiel mit Rahmen und Rechtecken aus unterschiedlichen Materialien. An das bestehende Haus wurde ein neuer Baukörper angebaut, der sich durch ein breites Glaselement an die bestehende Struktur anfügt und über dem Garten zu schweben scheint. Der zeitgenössische Stil wird durch das Material aus rostfreiem Stahl verdeutlicht, das gleichzeitig einen Kontrast zu den Backsteinen des Altbaus darstellt.

Les façades de cette maison victorienne sont un jeu de cadres et de tableaux de différents matériaux. Un nouveau volume a été rajouté à la maison existante, qui relie le reste de la maison grâce à une partie en verre et qui semble flotter sur le jardin. Enfin, l'acier inoxydable est la marque de ce nouveau volume et crée un contraste marqué avec la brique d'origine.

De façades van dit Victoriaanse huis zijn een combinatie van kozijnen en kaders van verschillende materialen. Er is een nieuwe ruimte toegevoegd aan het bestaande huis, die door een glazen gang met de rest van de woning verbonden wordt en op de tuin lijkt te drijven. Het roestvrije staal is het moderne elementen en vormt een opvallend contrast met de originele bakstenen.

Las fachadas de esta casa victoriana son un juego de marcos y cuadros de distintos materiales. A la casa existente se añadió un nuevo volumen, que se une al resto de la vivienda mediante una franja de cristal y parece flotar sobre el jardín. Por último, el acero inoxidable es el sello del presente, y crea un marcado contraste con el ladrillo original.

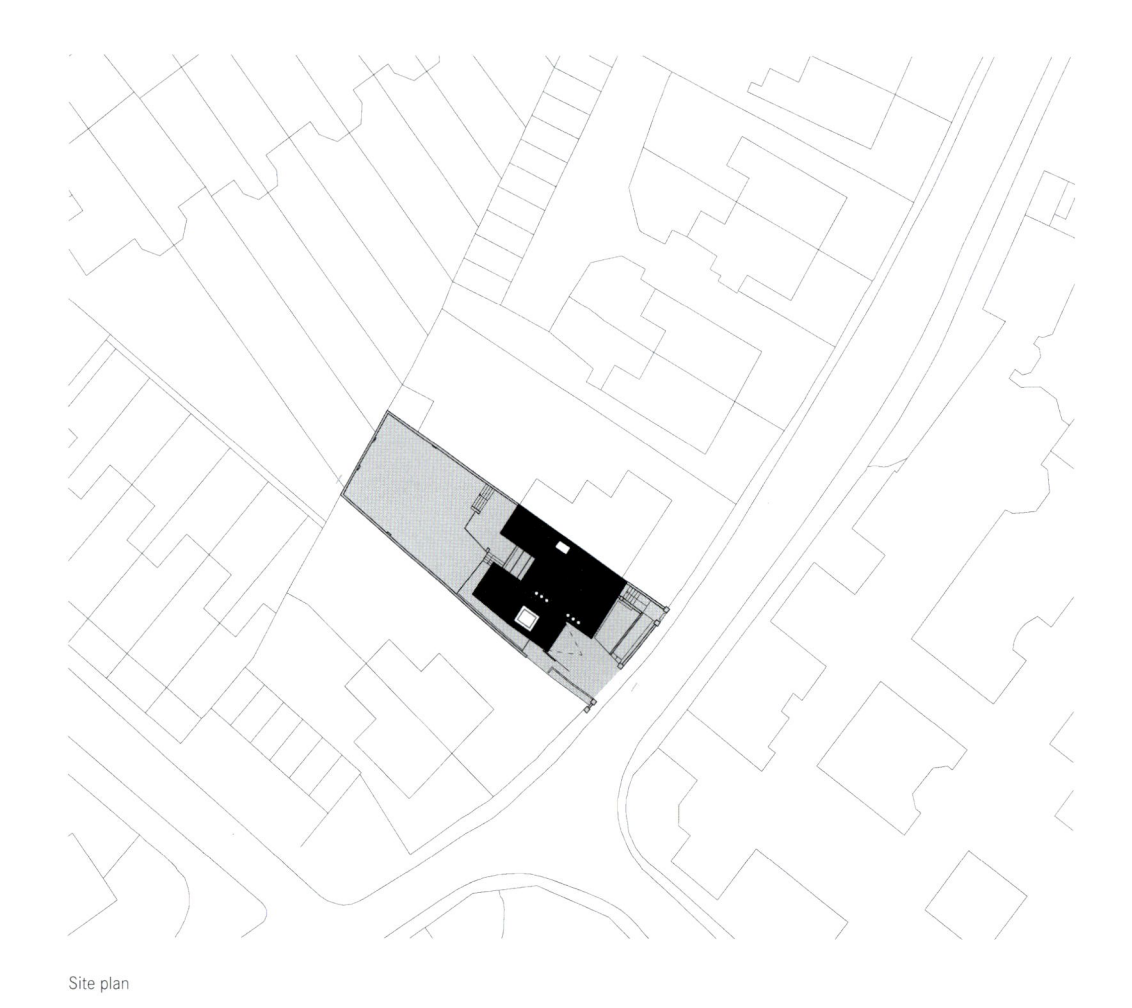

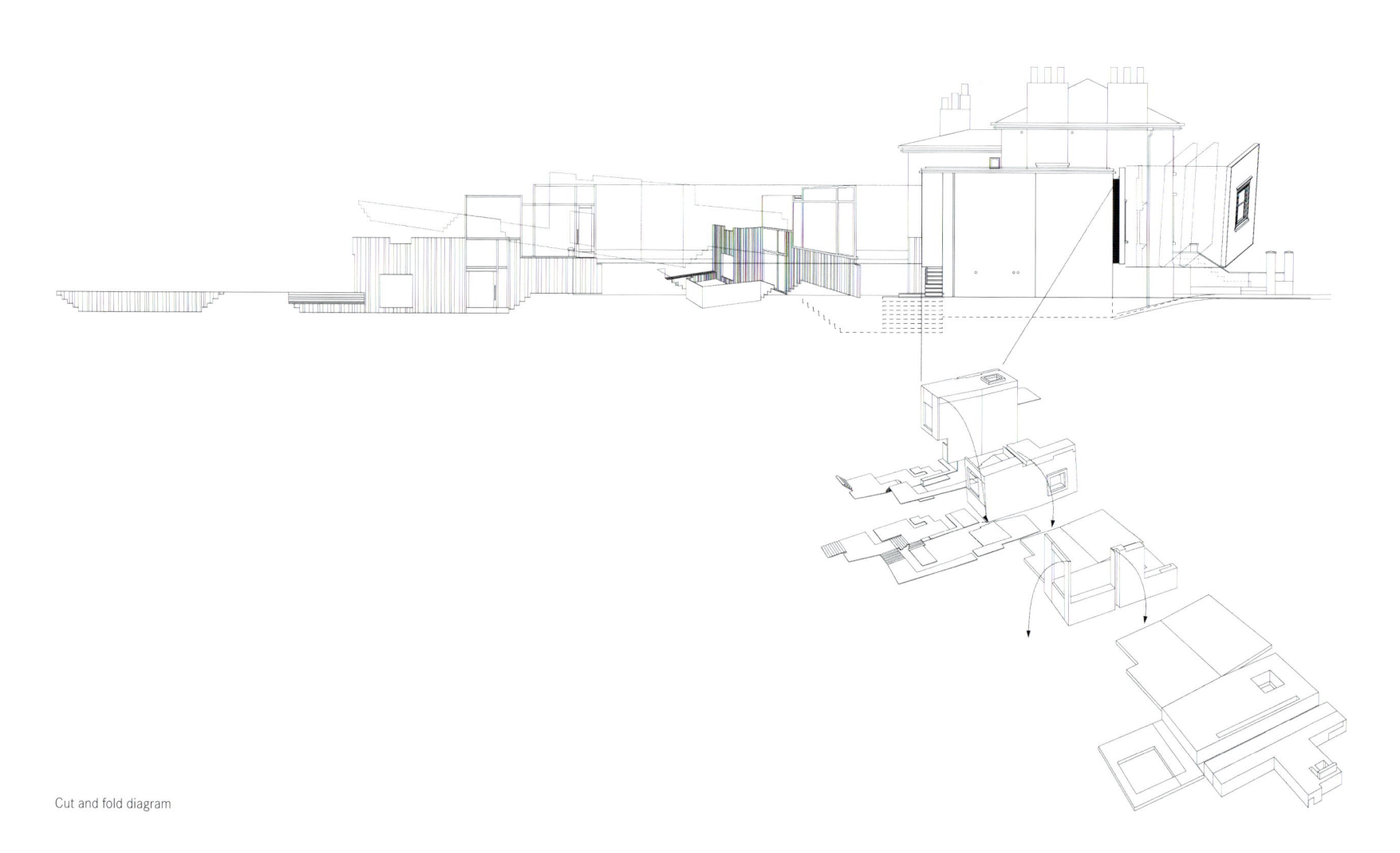

Site plan

Cut and fold diagram

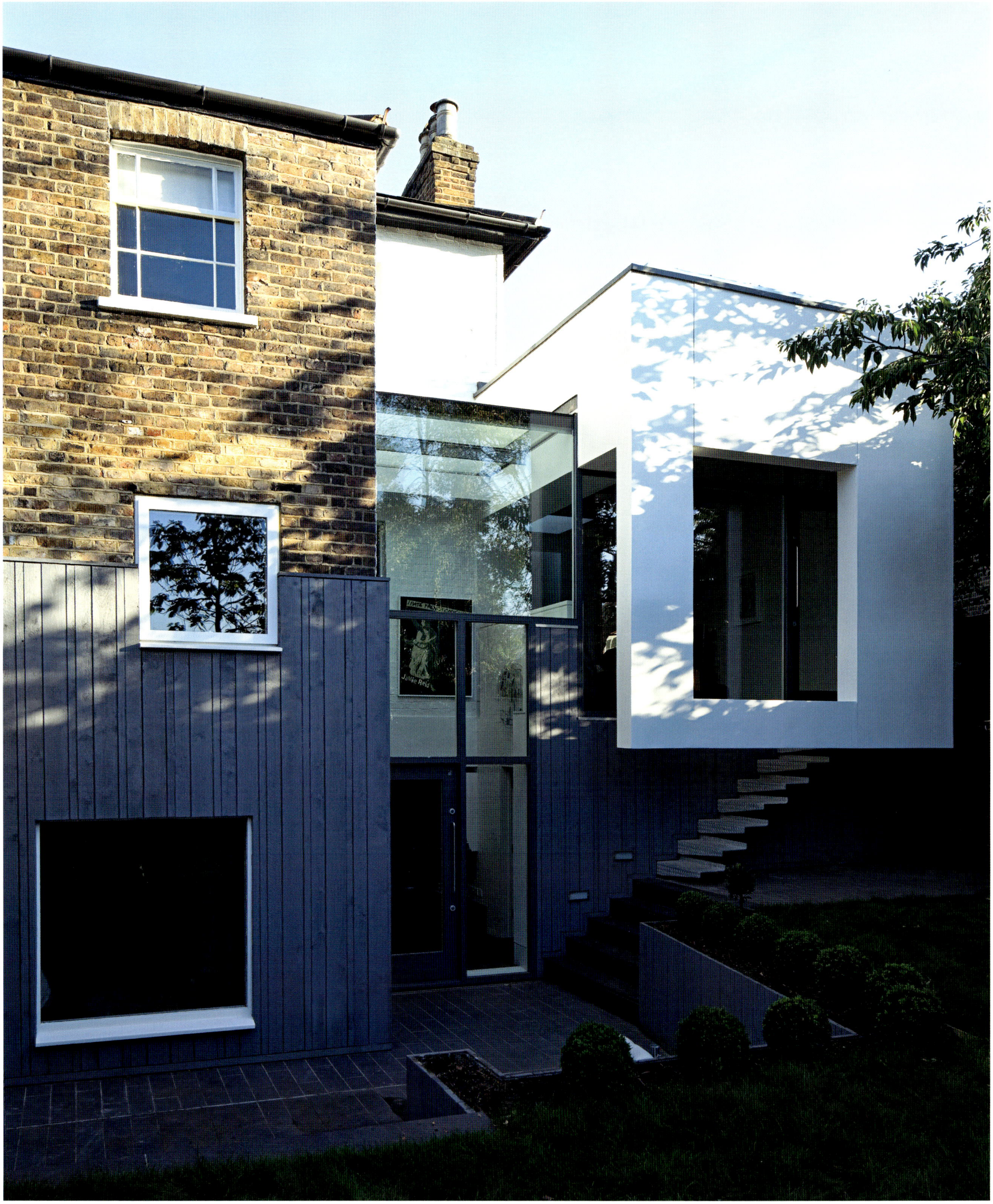

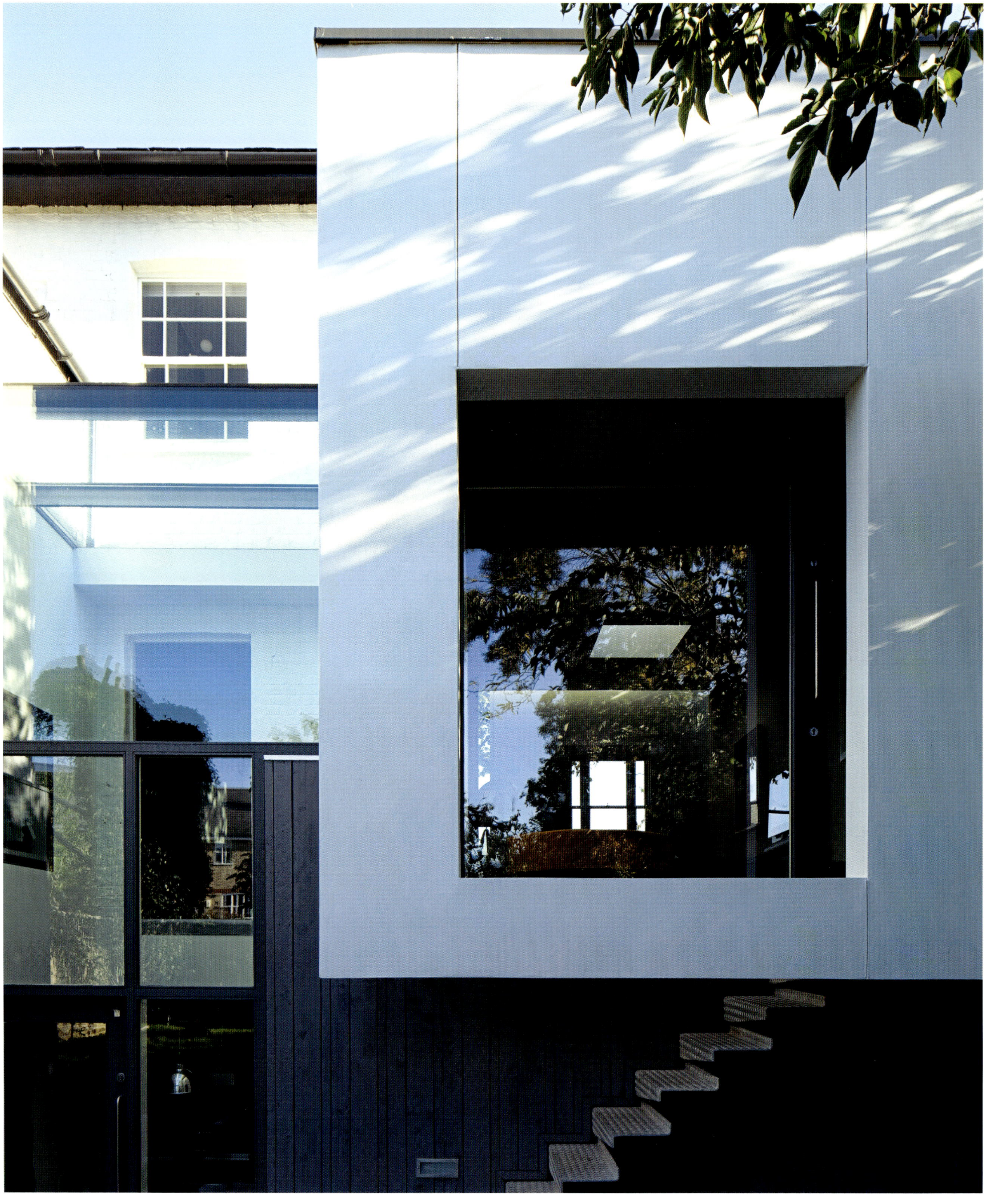

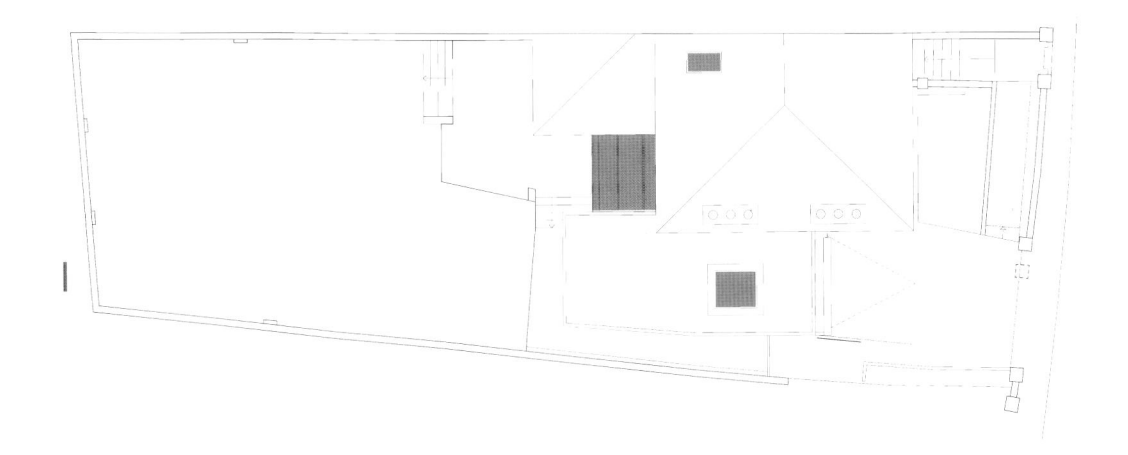

Roof plan

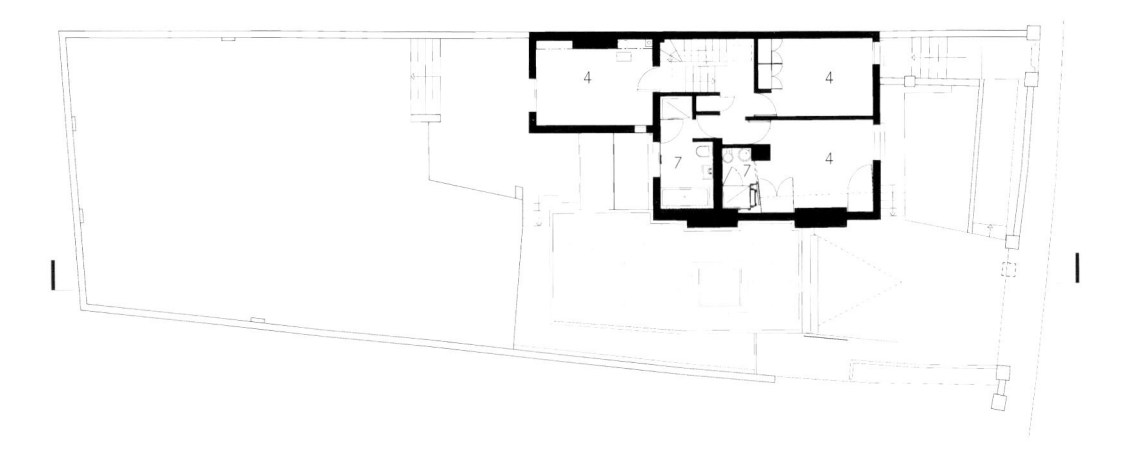

Second floor plan

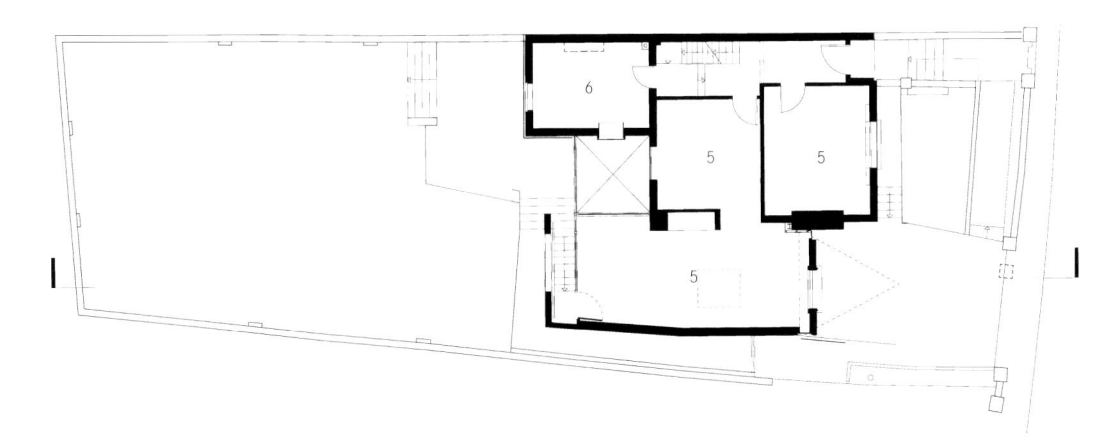

Ground floor plan

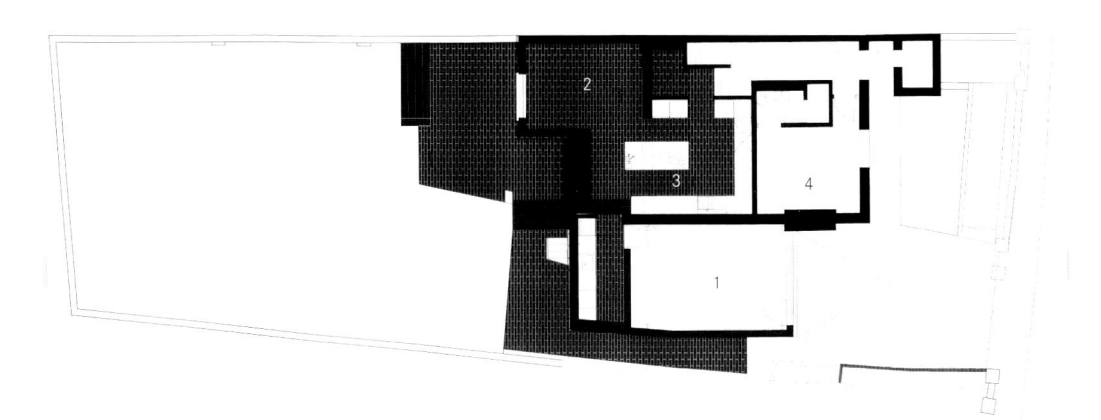

Basement floor plan

1. Garage
2. Dining
3. Kitchen
4. Bedroom
5. Reception
6. Study
7. Bathroom

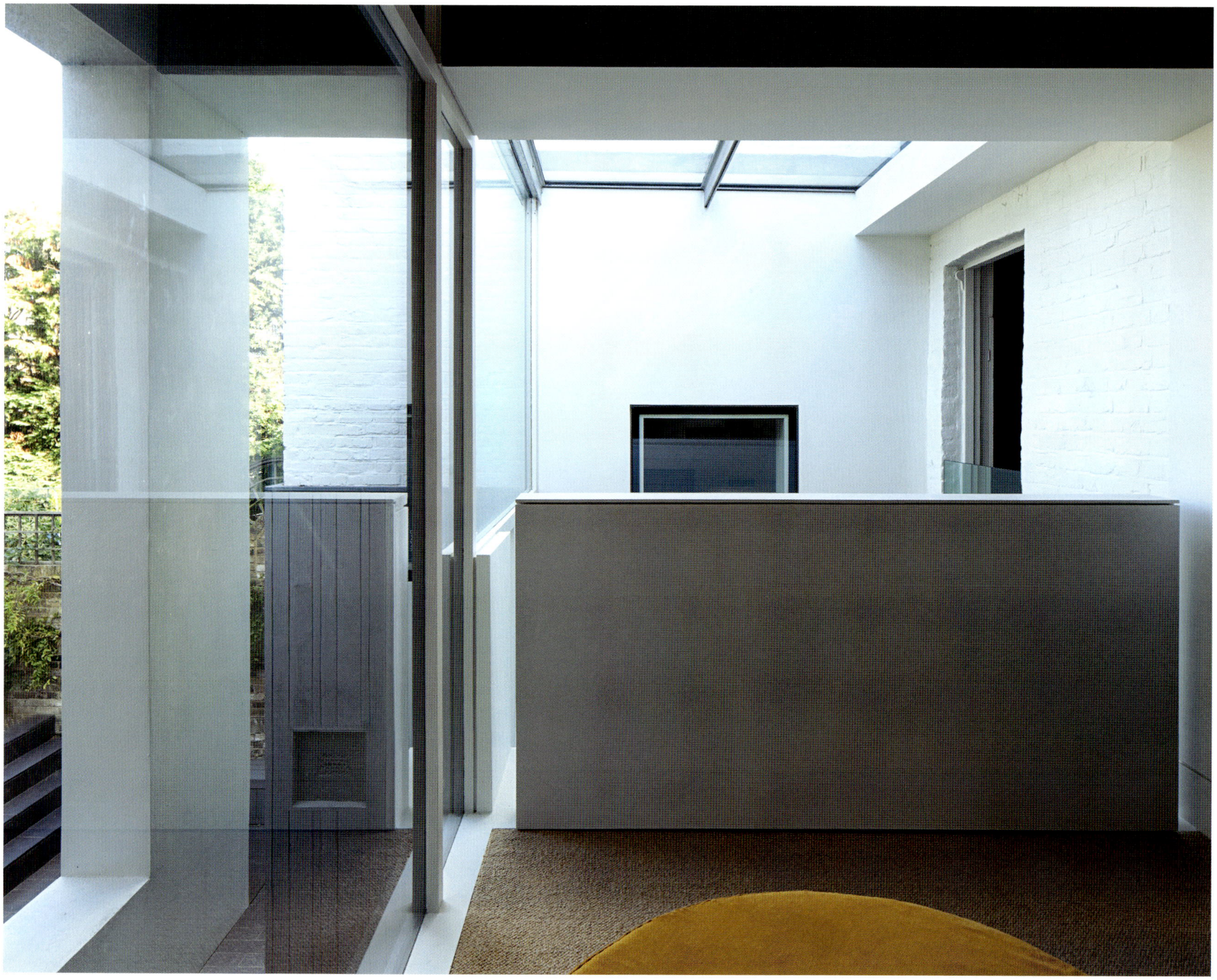

This glass area links the existing building with the extension, connecting the different areas of the house and forming a link between the house and the outside world.

Neben seiner Funktion als Verbindungselement zwischen Bestandsgebäude und Anbau sowie zwischen zwei verschiedenen Wohnbereichen des Hauses, verbindet dieser verglaste Bereich das Haus mit der Außenwelt.

Outre être un lien entre le bâtiment existant et le nouveau, et entre deux zones distinctes de la maison, cette partie en verre relie l'habitation avec l'extérieur.

Deze glazen ruimte is niet alleen een schakel tussen het bestaande gebouw en de uitbreiding en tussen twee heel verschillende delen van het huis, maar ook tussen de woning en de omgeving.

Además de ser un nexo entre el edificio existente y la ampliación, y entre dos áreas diferenciadas de la casa, esta zona acristalada conecta la vivienda con el exterior.

The decoration, in simple lines and colours, uses only the most necessary elements, thus creating a bright and open interior space.

Die Gestaltung aus einfachen Linien und Farben basiert auf dem unbedingt Erforderlichen: So wurde ein harmonischer, großzügiger Innenraum geschaffen.

La décoration, faîte de lignes et de couleurs simples, est basée sur des éléments purement nécessaires : on obtient, ainsi, un espace intérieur lumineux et libre.

De decoratie, met simpele lijnen en kleuren, is alleen gebaseerd op elementen die een functie hebben; op die manier ontstaat er een transparant en vrij interieur.

La decoración, de líneas y colores simples, se basa en los elementos puramente necesarios: se consigue, así, un espacio interior diáfano y libre.

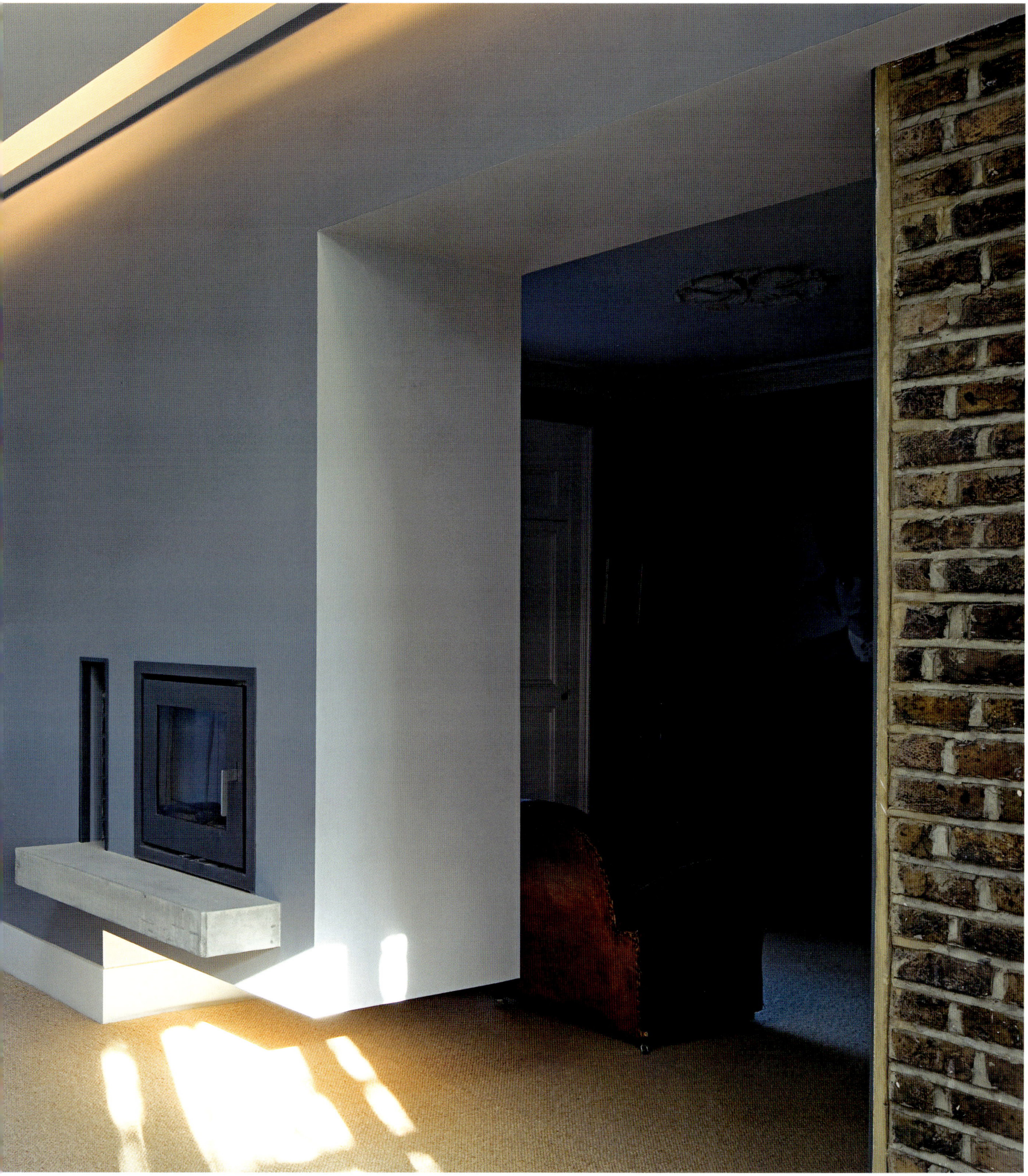

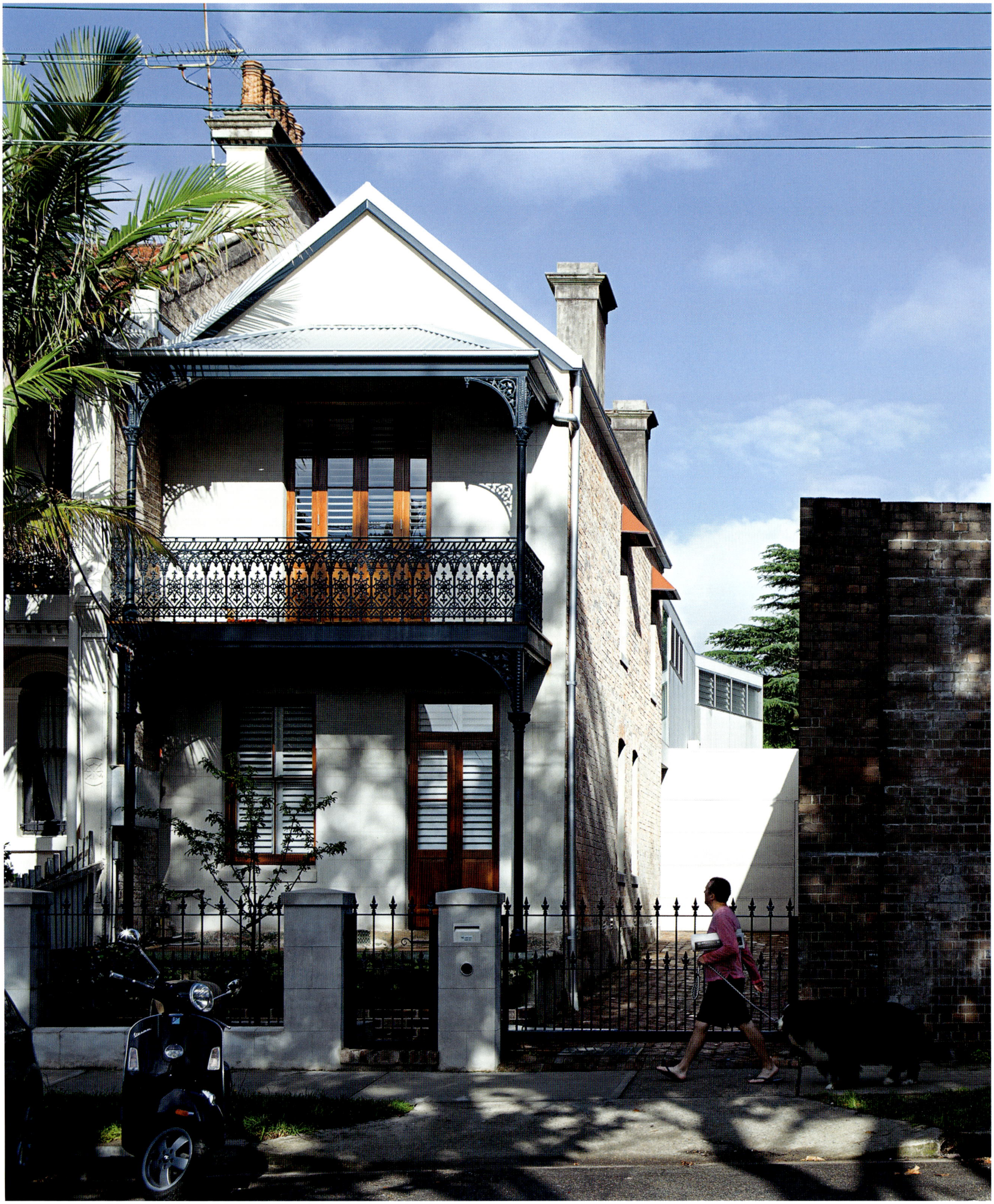

ANNANDALE HOUSE

CO-AP – Collaborative Architecture Practice
Annandale, Sydney, Australia
© Ross Honeysett

The construction plot, which was exceptionally long and narrow, was a major factor in the remodelling of this two-storey Victorian house. Given the nature of the site, enlargements were made at the back of the terrace and along the length of the house, creating a succession of separate levels and small patios.

Die außergewöhnliche Größe und gleichzeitig sehr schmale Bauweise dieses zweistöckigen viktorianischen Hauses war beim Umbau ein bedeutender Faktor. Unter Berücksichtigung der besonderen Merkmale des Baukörpers wurde im hinteren Teil der Terrasse und in der gesamten Breite des Hauses ein Anbau konzipiert, woraus sich eine Abfolge unterschiedlicher Wohnebenen und kleiner Innenhöfe ergab.

L'emplacement de la construction, exceptionnellement long et étroit, a été un facteur majeur dans le remodelage de cette maison victorienne à deux étages. En tenant compte des caractéristiques du lieu, des agrandissements ont été réalisés à l'arrière de la terrasse et le long de la maison, ce qui a donné une succession de niveaux séparés et de petites cours.

De vorm van het terrein, uitzonderlijk lang en smal, was een belangrijke factor tijdens de verbouwing van dit Victoriaanse huis van twee verdiepingen. De uitbreidingen aan de bovenzijde en in het huis werden uitgevoerd zonder de eigenschappen van de plek uit het oog te verliezen, wat resulteerde in een opeenvolging van gescheiden niveaus en kleine patio's.

El emplazamiento de la construcción, excepcionalmente largo y angosto, fue un factor de gran relevancia en la remodelación de esta casa victoriana de dos plantas. Teniendo en cuenta las características del lugar, se realizaron ampliaciones en la parte posterior de la terraza y a lo largo de la casa, lo que resultó en una sucesión de niveles separados y pequeños patios.

During the winter, the glass balcony facing the courtyard captures the sunlight and becomes a source of radiant heat for the entire house.

Im Winter fällt das Licht durch die gläserne Galerie vor dem Innenhof und fungiert als Wärmequelle für das ganze Haus.

Pendant l'hiver, la galerie en verre située face à la cour capte le soleil et devient une source de chaleur radieuse pour toute la maison.

In de winter, vangt de glazen galerij, die vooraan de patio gelegen is, het zonlicht op en gebruikt deze als warmtebron voor het hele huis.

Durante el invierno, la galería acristalada situada frente al patio captura el sol y se convierte en una fuente de calor radiante para toda la casa.

Location map

41

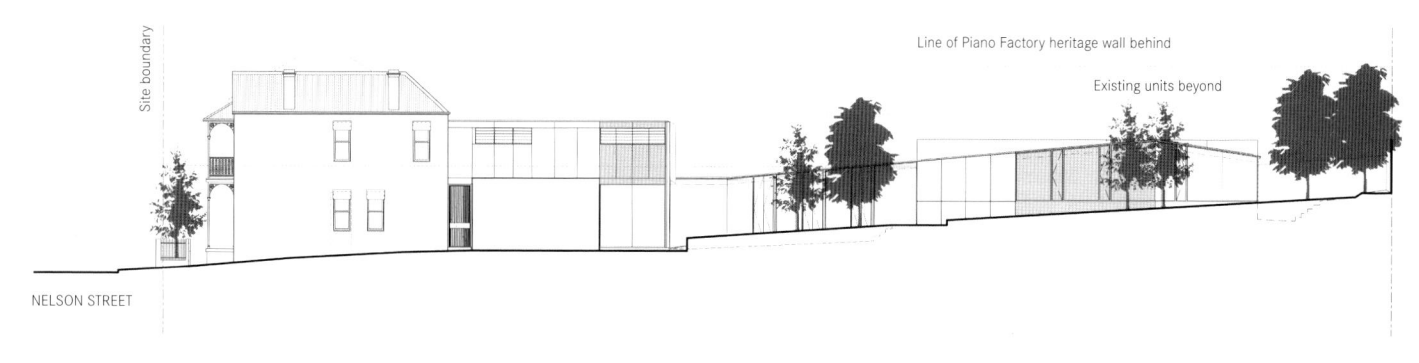

Site boundary
Line of Piano Factory heritage wall behind
Existing units beyond

NELSON STREET

North elevation

Piano Factory Apartments

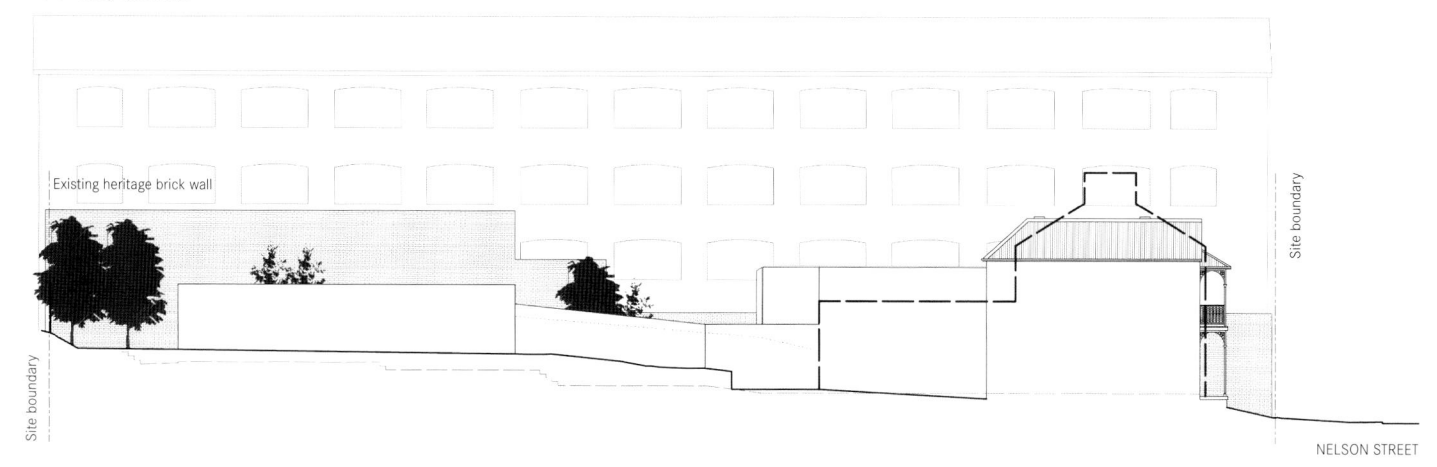

Existing heritage brick wall
Site boundary
Site boundary

NELSON STREET

South elevation

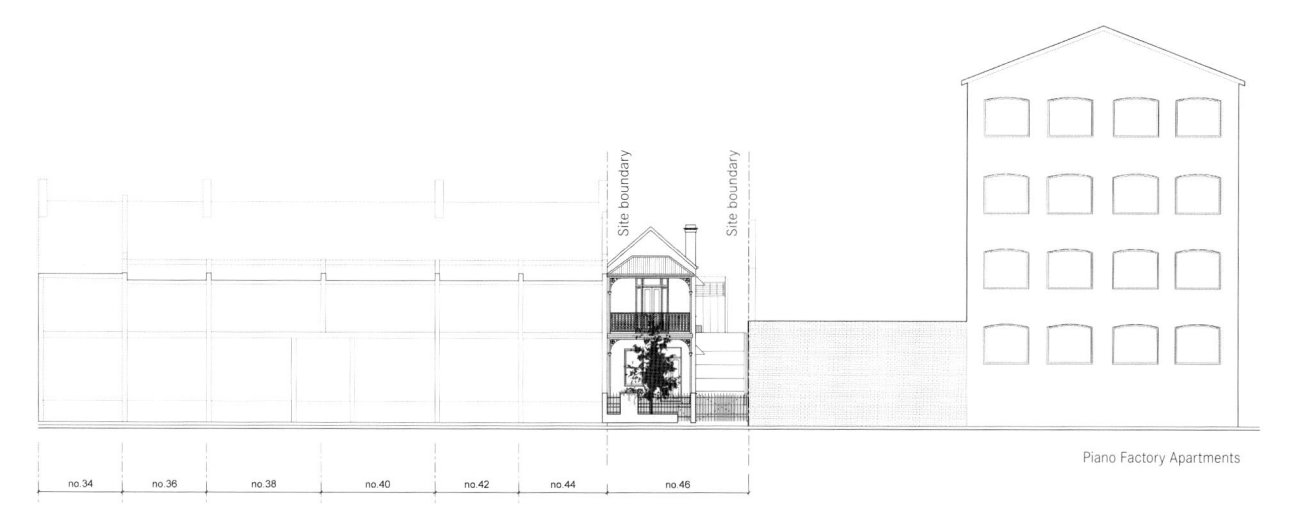

Site boundary
Site boundary

no.34 | no.36 | no.38 | no.40 | no.42 | no.44 | no.46

Piano Factory Apartments

East elevation

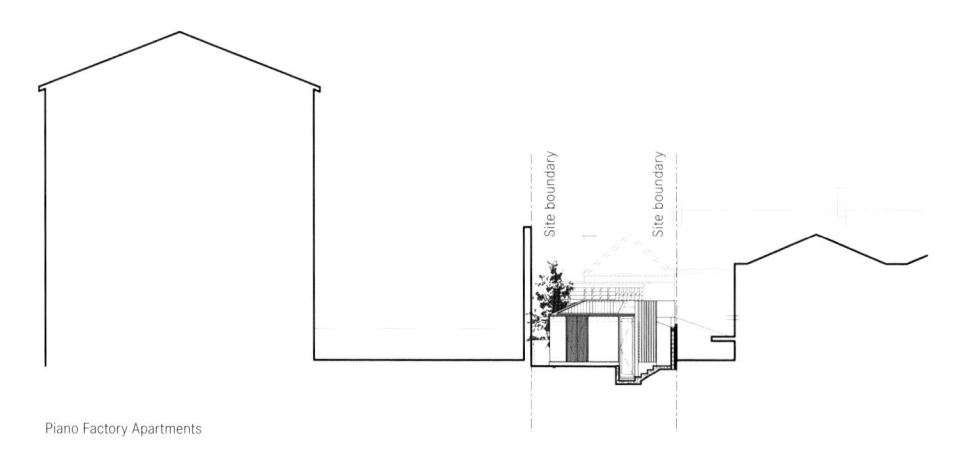

Site boundary
Site boundary

Piano Factory Apartments

West elevation

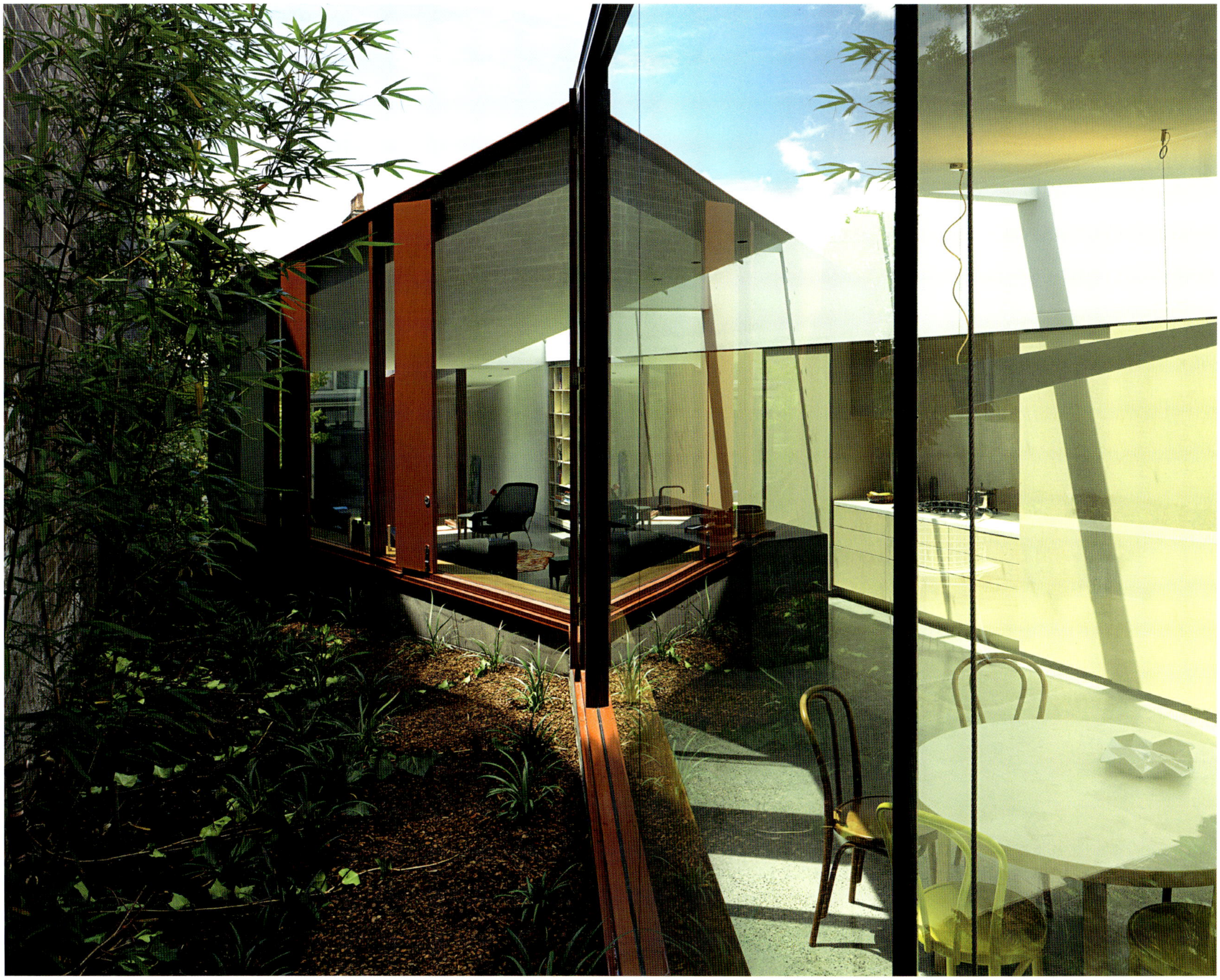

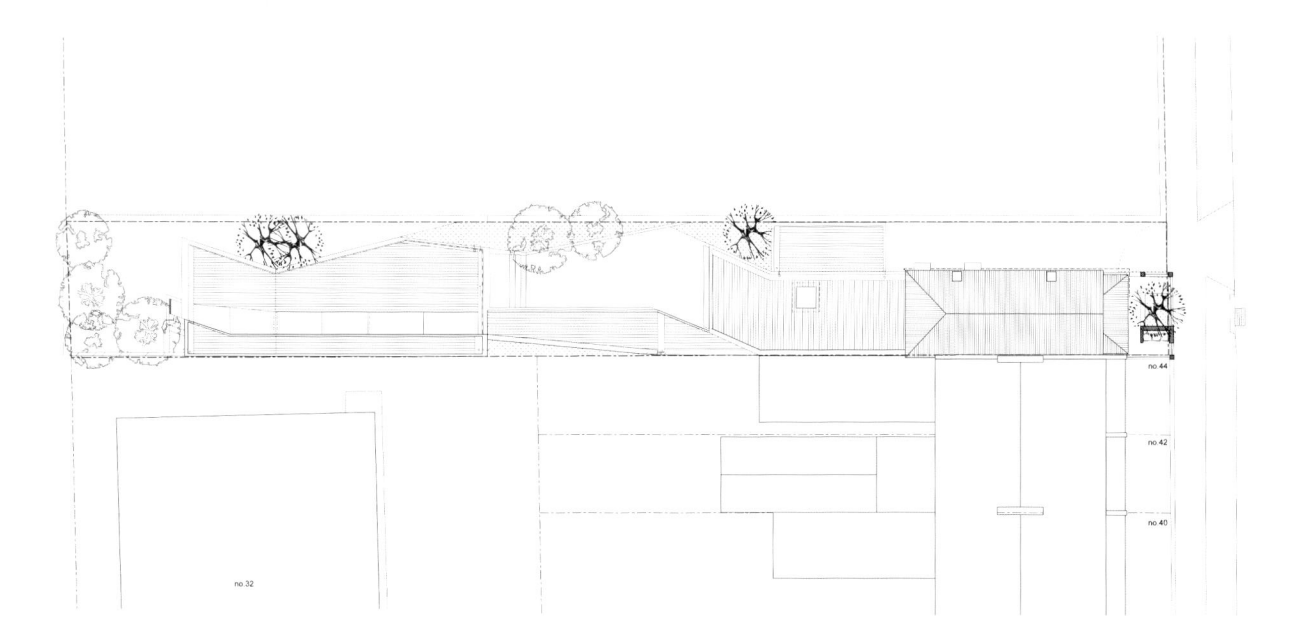

Roof plan

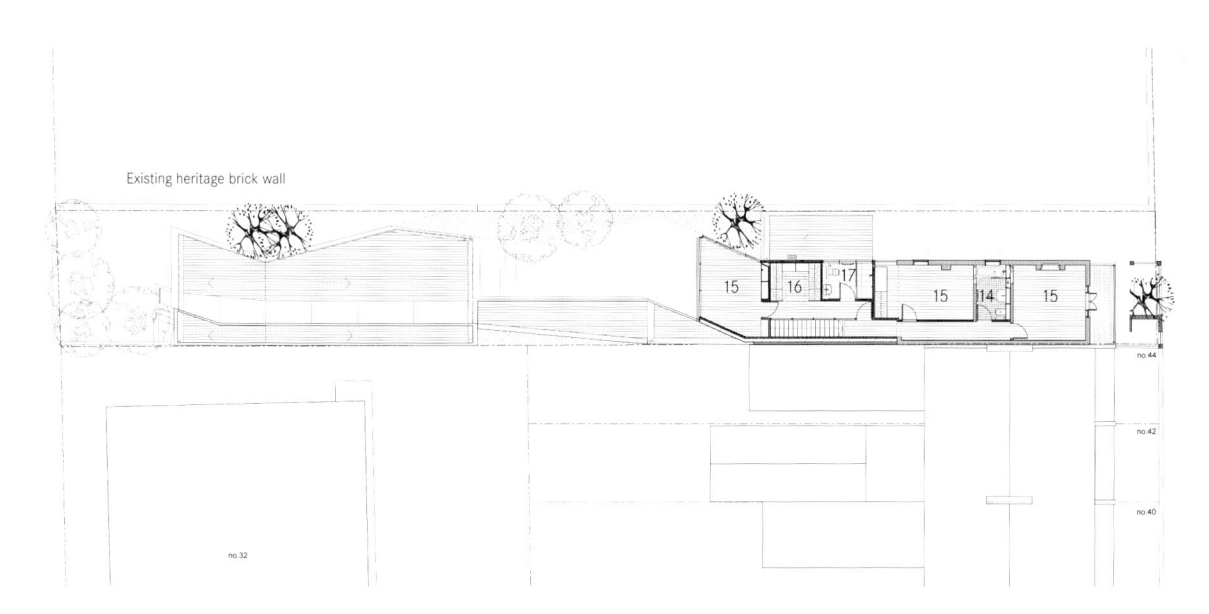

Existing heritage brick wall

Second floor plan

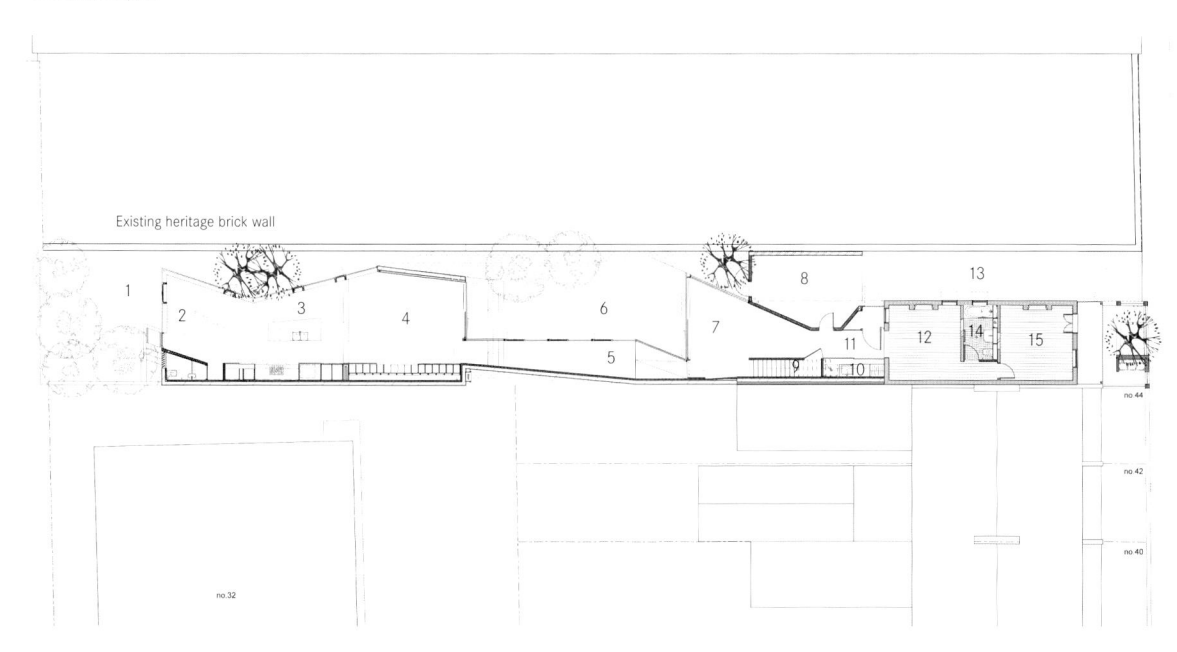

Existing heritage brick wall

Ground floor plan

1. Courtyard
2. Dining
3. Kitchen
4. Living
5. Loggia
6. Lawn courtyard
7. TV room
8. Garage
9. Storage
10. Laundry
11. Entry
12. Study
13. Permeable driveway
14. Bathroom
15. Bedroom
16. Dressing room
17. Ensuite

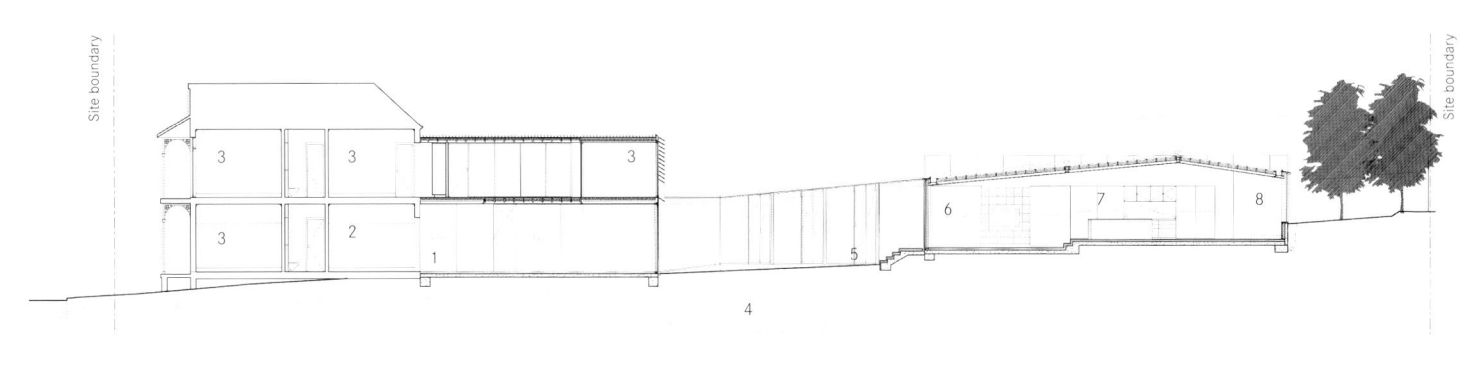

Section AA

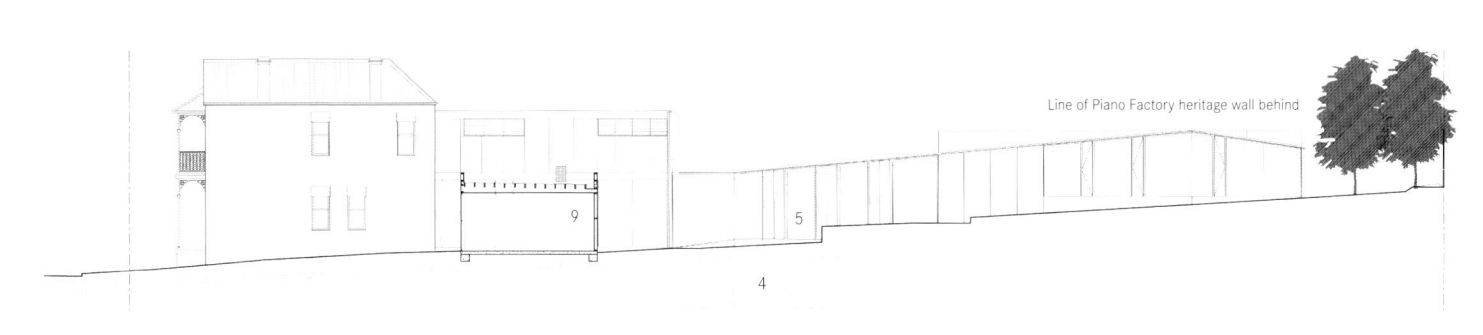

Section BB

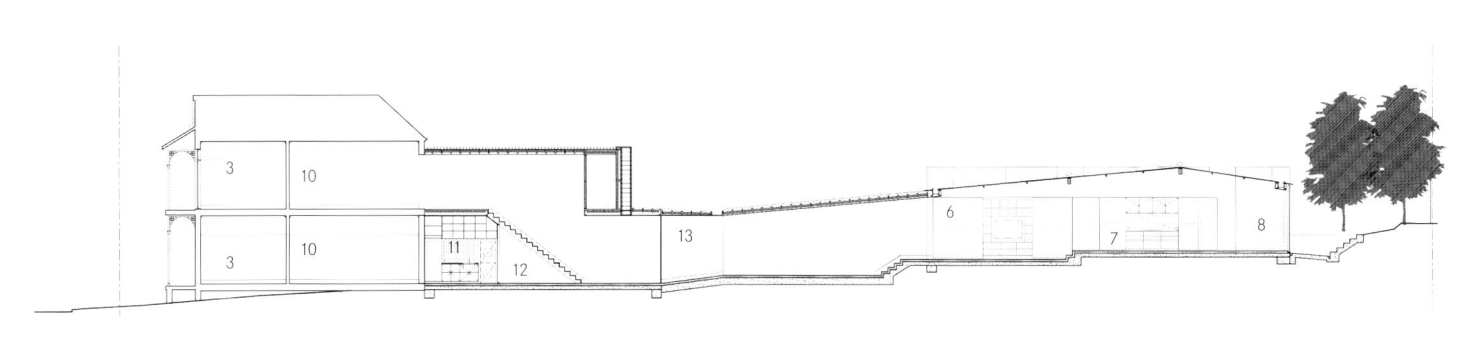

Line of Piano Factory heritage wall behind

Section CC

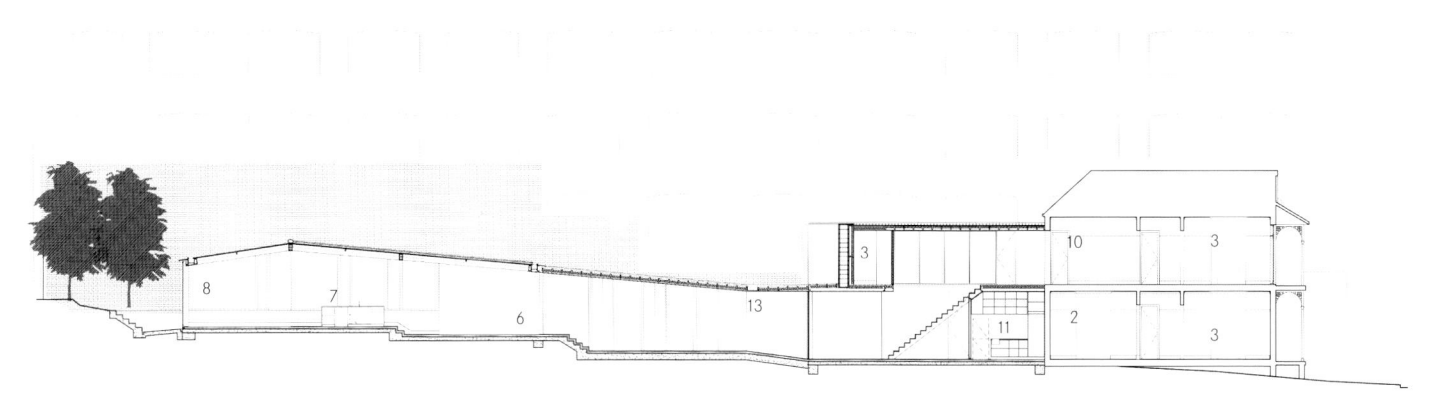

Section DD

1. Entry
2. Study
3. Bedroom
4. Rainwater tanks
5. Courtyard
6. Living
7. Kitchen
8. Dining
9. Garage
10. Hall
11. Laundry
12. Storage
13. Loggia

In addition to the many windows and glass balconies, skylights along the south side of the house capture the sunlight all year round.

Zusätzlich zu zahlreichen Fenstern und verglasten Galerien wurden im südlichen Teil des Hauses Dachfenster eingebaut, durch die das ganze Jahr über die Sonne ins Haus scheint.

Outre les nombreuses fenêtres et les galeries en verre, au long de la partie sud de la maison se trouvent des puits de lumière qui retiennent la lumière du soleil toute l'année.

Naast de grote hoeveelheid ramen en glazen galerijen, heeft de woning aan de zuidzijde dakramen die het hele jaar door licht binnenlaten.

Además de las múltiples ventanas y galerías acristaladas, a lo largo de la parte sur de la vivienda hay tragaluces que capturan la luz solar durante todo el año.

The shaded nature of the plot lent itself to this unique use of glass: the windows are solid panels while the walls are made of glass.

Durch den schattigen Charakter des Gebäudes konnte man Glaselemente auf originelle Art einsetzen: Die Fenster sind massive Elemente und die Wände bestehen aus Glas.

Compte tenu de la nature ombragée du lieu, les éléments en verre ont pu être utilisés de manière originale : les fenêtres sont des panneaux solides et les murs sont en verre.

Door het schaduwrijke karakter van de plek, kon er op originele wijze gebruik gemaakt worden van de glaselementen: de ramen zijn solide wanden en de muren zijn van glas.

Dada la naturaleza sombreada del lugar, se pudo hacer un uso original de los elementos acristalados: las ventanas son paneles sólidos y las paredes son de cristal.

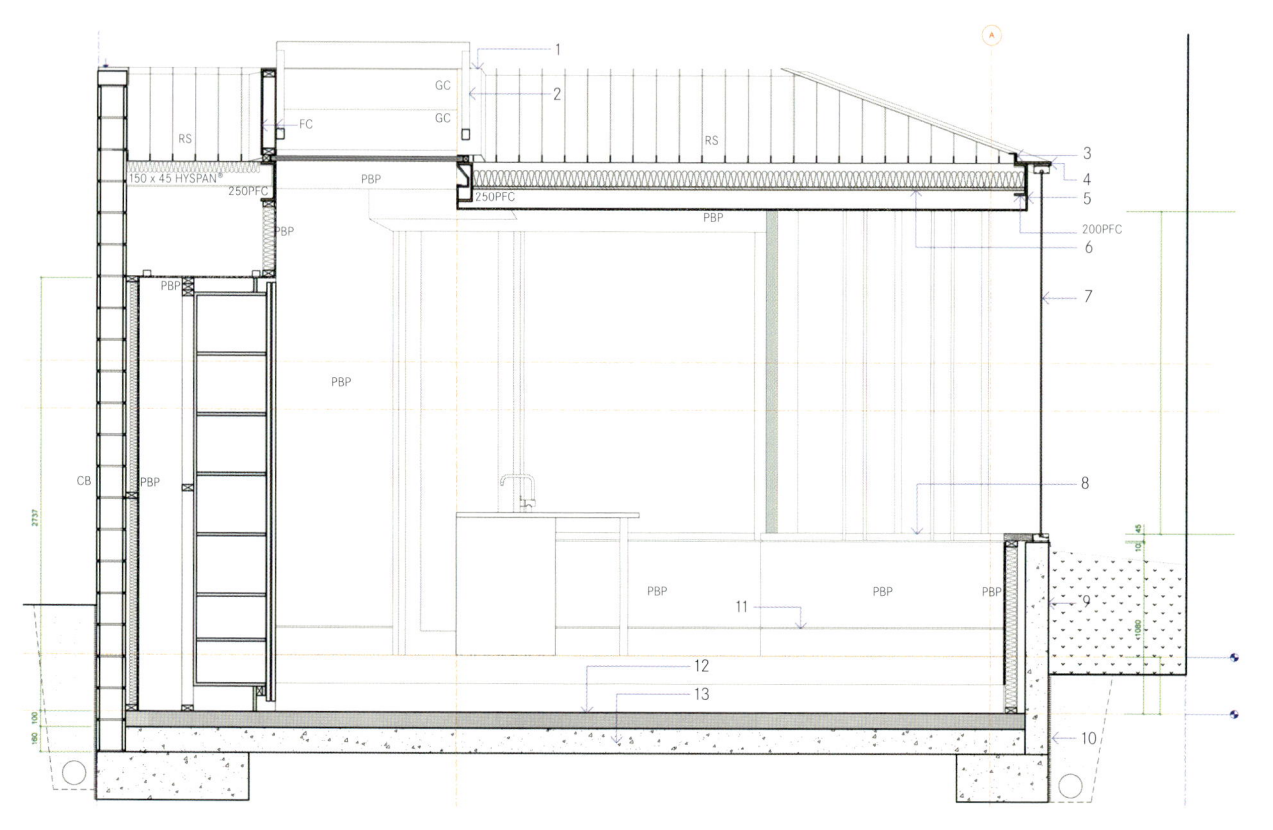

Detail section

1. Folded metal flashing galvanized finish
2. Skylight roller blind
3. 50EA flashing edge trim to detail
4. 12 mm thick steel capping to detail
5. 9 mm thick MDF painted
6. 12 thick plywood bracing to engineer's specification
7. Aluminum framed fixed glass window
8. 45 mm Thick solid hardwood sill
9. 150 thick RC wall & footing to engineer's detail
10. Waterproof membrane + Atlantis® drainage cell up to ground level
11. 170 x 10 mm skirting as spec.
12. 100 mm thick diamond polished finish slab
13. Structural slab and footing to engineer's detail

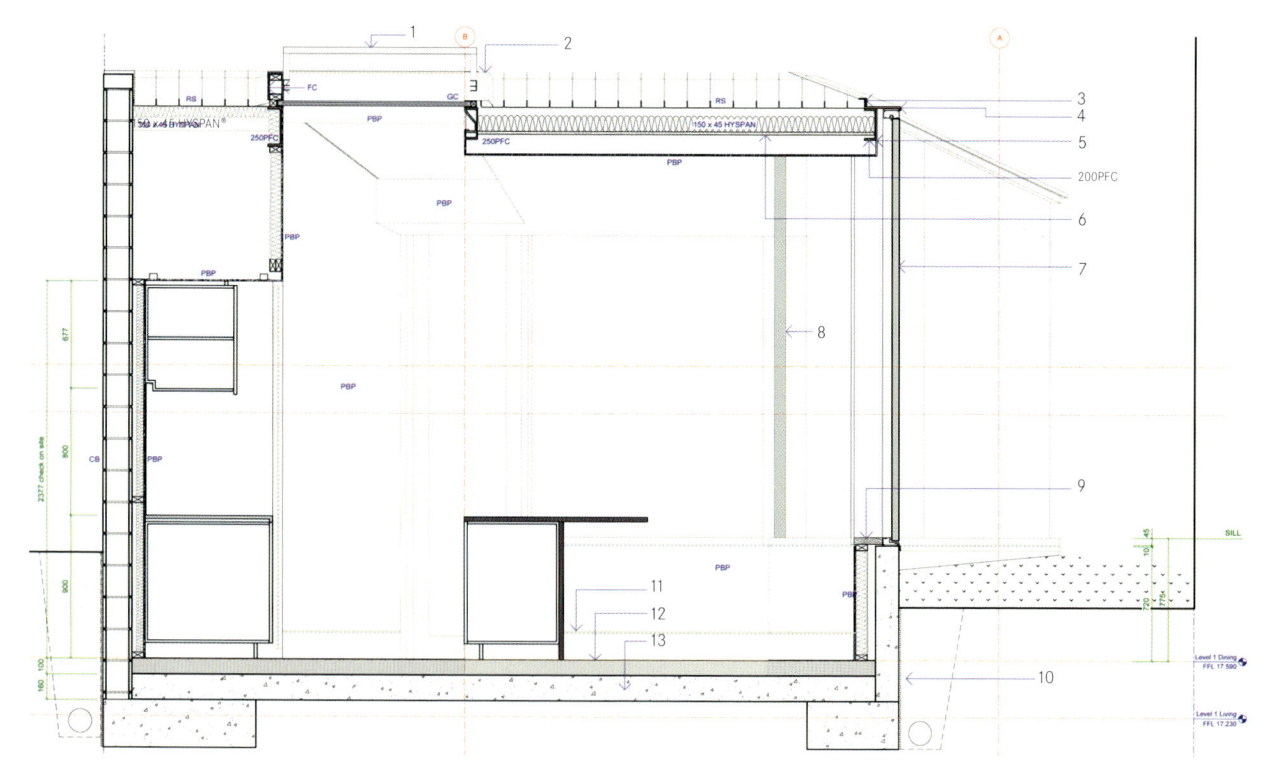

Detail section

1. Varioscreen® roof blind
2. Folded metal flashing galvanized finish
3. 50EA flashing edge trim to detail
4. 12 mm thick steel capping to detail
5. 9 mm thick MDF painted
6. 12 thick plywood bracing to engineer's specification
7. Aluminum framed hinged panel as spec.
8. 75CHS column
9. 45 mm thick solid hardwood sill
10. Waterproof membrane + Atlantis® drainage cell up to ground level
11. 170 x 10 mm skirting as spec.
12. 100 mm thick diamond polished finish slab
13. Structural slab and footing to engineer's detail

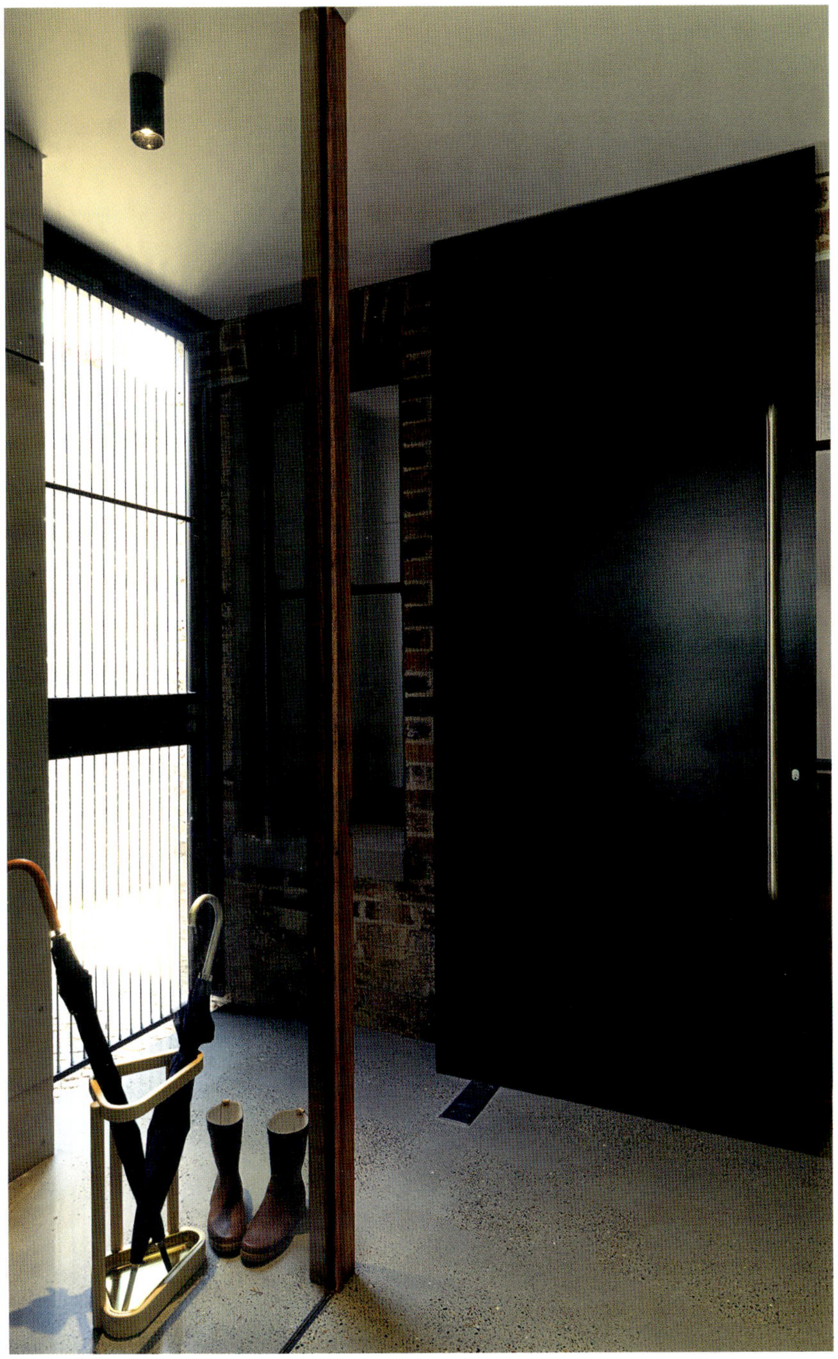

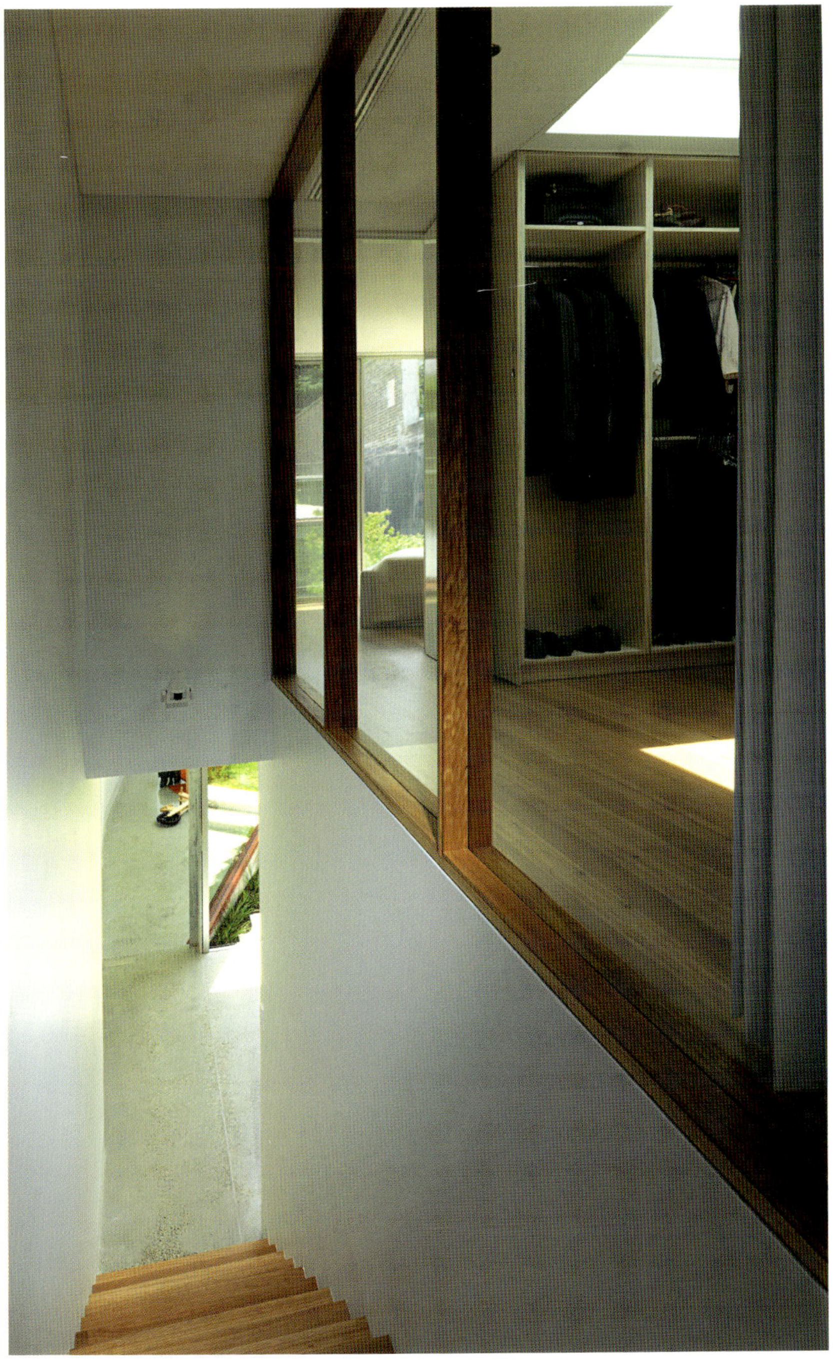

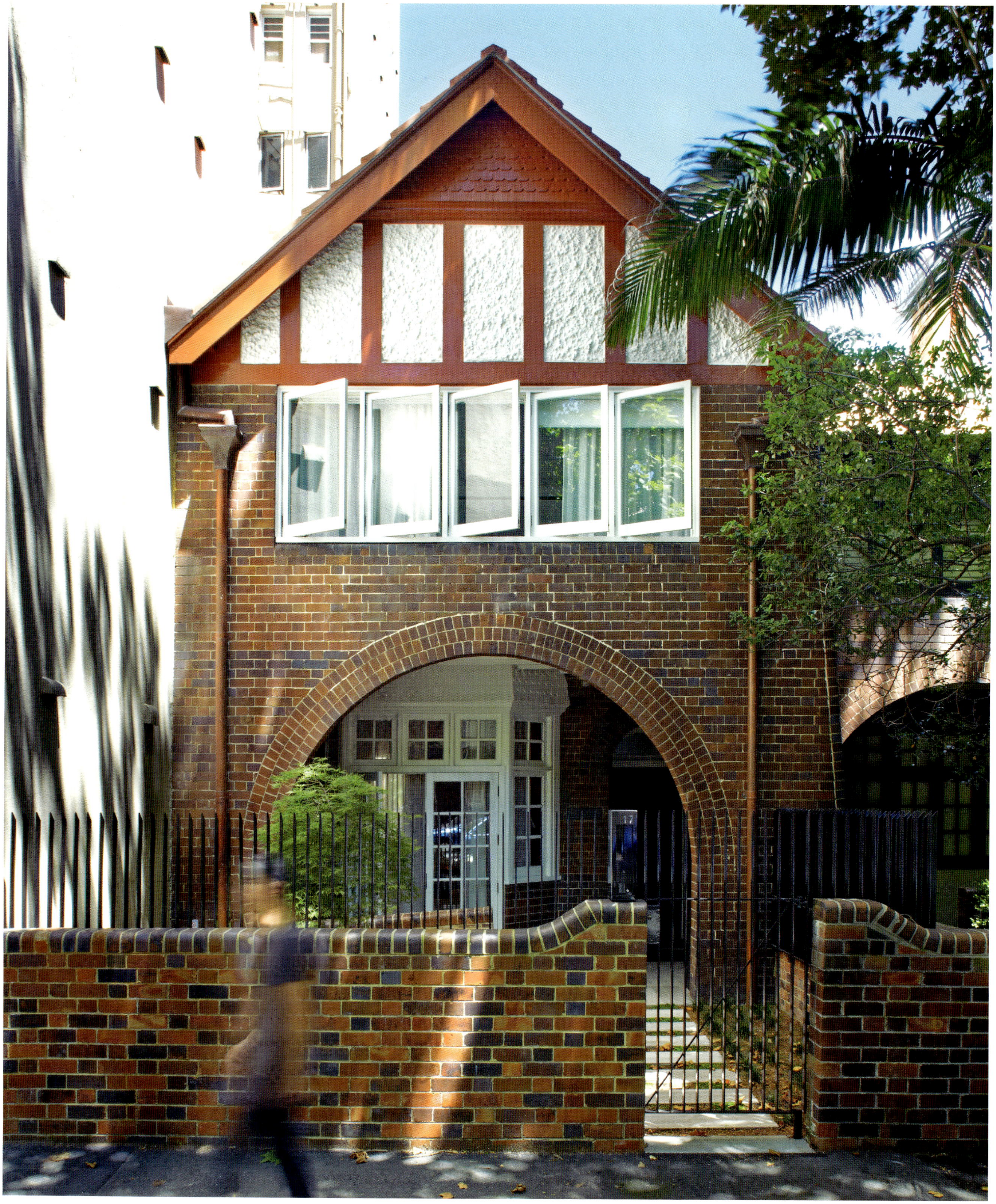

TUSCULUM ST. RESIDENCE

Smart Design Studio
Potts Point, Sydney, Australia
© Sharrin Rees

When the plans were drawn up for the renovation and enlargement of this three-storey townhouse in a residential neighbourhood of Sydney, the spiral staircase formed a key supporting element. This sophisticated stairway unites the old and new sections of the house, enabling movement between the two whilst ensuring they retain their privacy.

Als die Renovierung dieses dreistöckigen Hauses in einem Wohnviertel in Sydney geplant wurde, legten die Architekten die Wendeltreppe als Verbindungselement der verschiedenen Ebenen des neuen Designs fest. Die geschmackvolle Treppe vereint die neuen und alten Baukörper des Hauses zu einem gelungenen Zusammenspiel, wobei jedoch beide Bereiche ihre Eigenständigkeit und Privatsphäre bewahren.

En planifiant la rénovation et l'agrandissement de cette maison mitoyenne de trois étages dans un quartier résidentiel de Sidney, l'escalier en colimaçon a été défini comme l'élément indispensable de la nouvelle conception. L'escalier sophistiqué relie les parties anciennes et les nouvelles de la maison, qui communiquent entre elles grâce à cet escalier, tout en maintenant l'intimité.

Bij het plannen van de renovatie en uitbreiding van dit rijtjeshuis in een woonwijk van Sydney, dat bestaat uit drie verdiepingen, werd besloten dat de wenteltrap de ruggengraat van het nieuwe ontwerp zou worden. De verfijnde trap verbindt de oude en nieuwe delen van de woning, die door middel van de trap onderling met elkaar verbonden zijn, maar toch hun privacy niet verliezen.

Al proyectar la renovación y ampliación de esta casa adosada de tres plantas en un barrio residencial de Sídney, se estableció la escalera de caracol como elemento vertebrador del nuevo diseño. Es la sofisticada escalera la que une las partes antiguas y nuevas de la vivienda, que se comunican entre sí gracias a la escalera, aunque mantienen su privacidad.

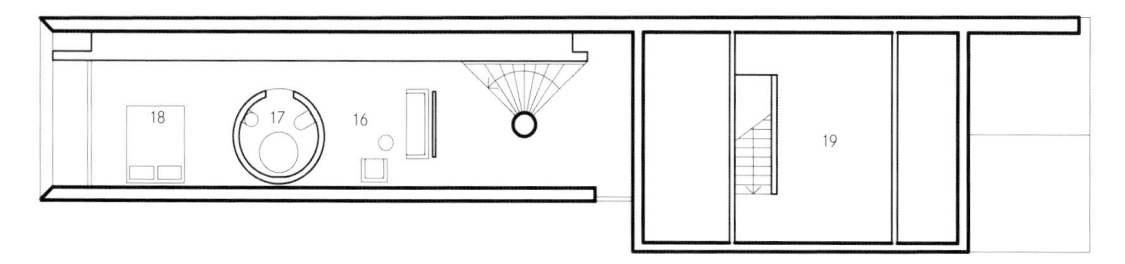

Third floor plan

1. Forecourt
2. Porch
3. Formal lounge
4. Dining
5. Entry hall
6. Powder room
7. Living
8. Dining
9. Kitchen
10. Rear garden
11. Master bedroom
12. Dressing room
13. En-suite bathroom
14. Study
15. Void
16. Guest bedroom
17. Bathroom
18. Bedroom
19. Attic

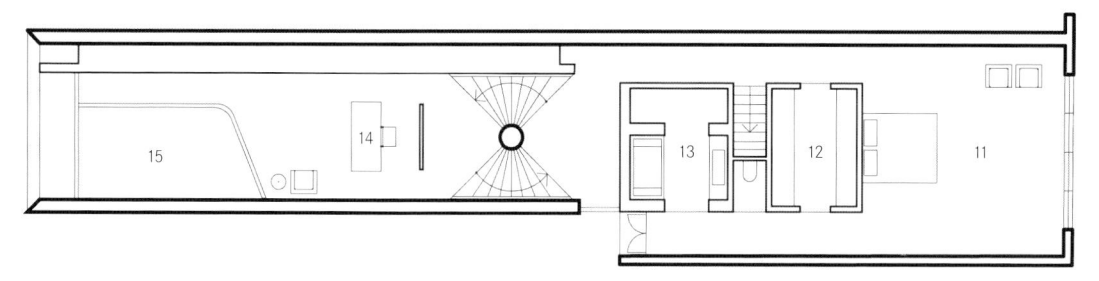

Second floor plan

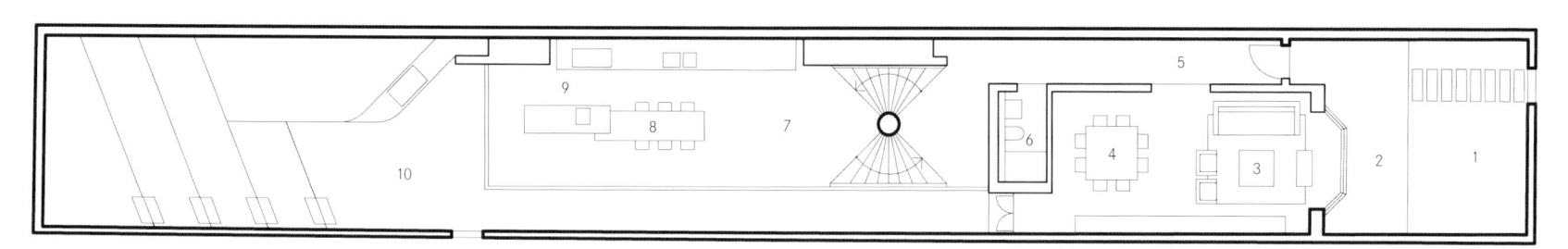

Ground floor plan

The intense red of the walls, the carpet, the cream-coloured chairs and the books on display lend this room an elegant yet comfortable air.

Das tiefe Rot der Wände, der Teppich und die Sessel in Beige, die Bücher und Bildbände verleihen dem Raum ein elegantes und gleichzeitig gemütliches Flair.

Le rouge intense des murs, le tapis et les chaises de couleur beige ainsi que les livres exposés donnent à cette pièce un air élégant mais également accueillant.

De intense rode kleur van de muren, de vloerbedekking, stoelen in beigetinten en de uitgestalde boeken geven de woonkamer een elegante, maar ook gezellige uitstraling.

El rojo intenso de las paredes, la alfombra y los asientos de color crudo y los libros expuestos confieren a esta estancia un aire elegante, pero también acogedor.

The floor, the grey travertine island and the white Corian worktop add to the charm of the kitchen and allow light to extend throughout the room.

Der Boden und die Kochinsel aus grauem Travertin und die Arbeitsplatte aus weißem Corian betonen die heitere Stimmung der Küche und lassen das Licht ungehindert durch den Raum fließen.

Le carrelage de travertin gris du sol et le plan de travail en Corian blanc mettent en valeur l'apparence douce de la cuisine et permettent à la lumière de se répandre dans la pièce.

De vloer en het kookeiland van grijs travertijn en het keukenblad van wit Corian benadrukken het zachte karakter van de keuken en zorgen ervoor dat het licht de woonkamer binnenkomt.

El suelo y la isla de travertino gris y la encimera de Corian blanco realzan el carácter suave de la cocina y permiten que la luz se expanda por la estancia.

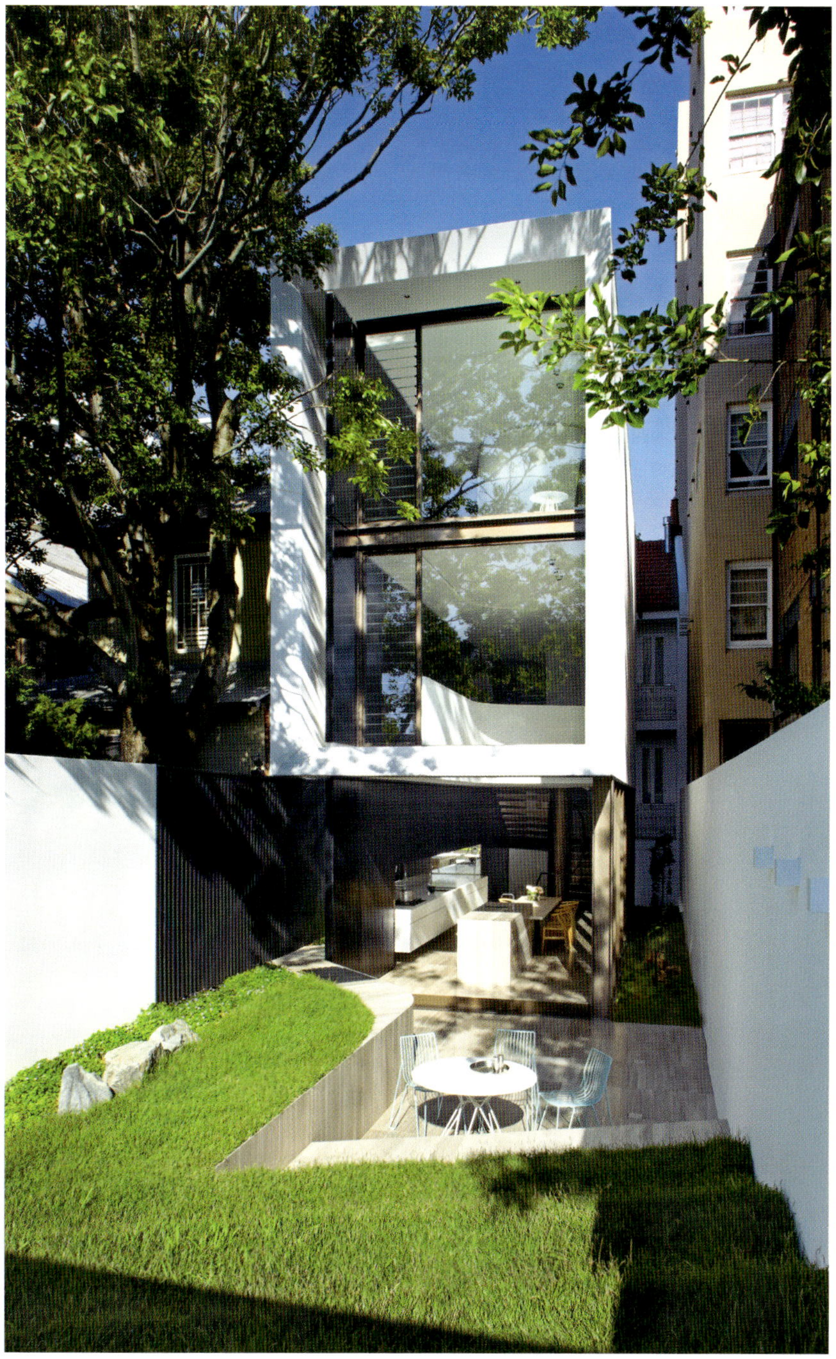

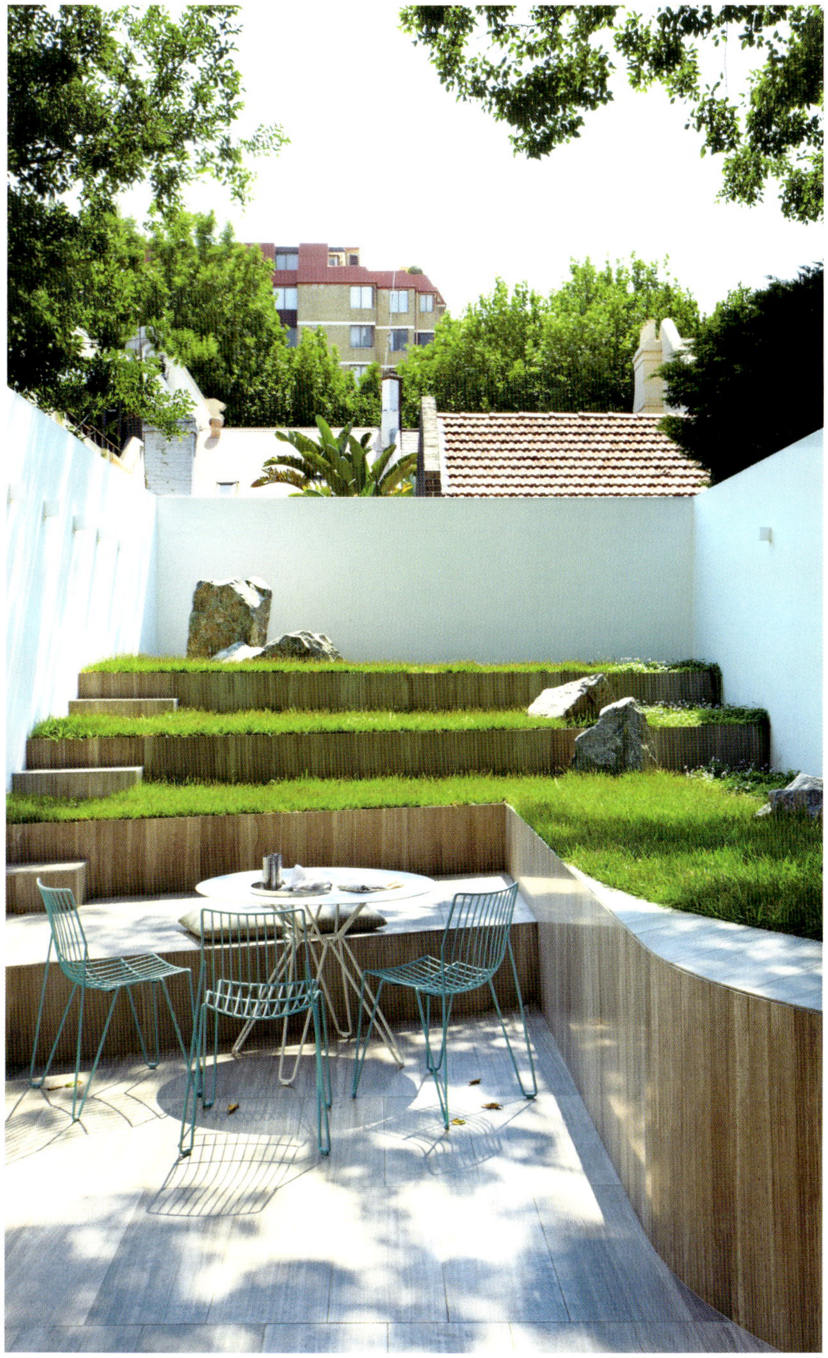

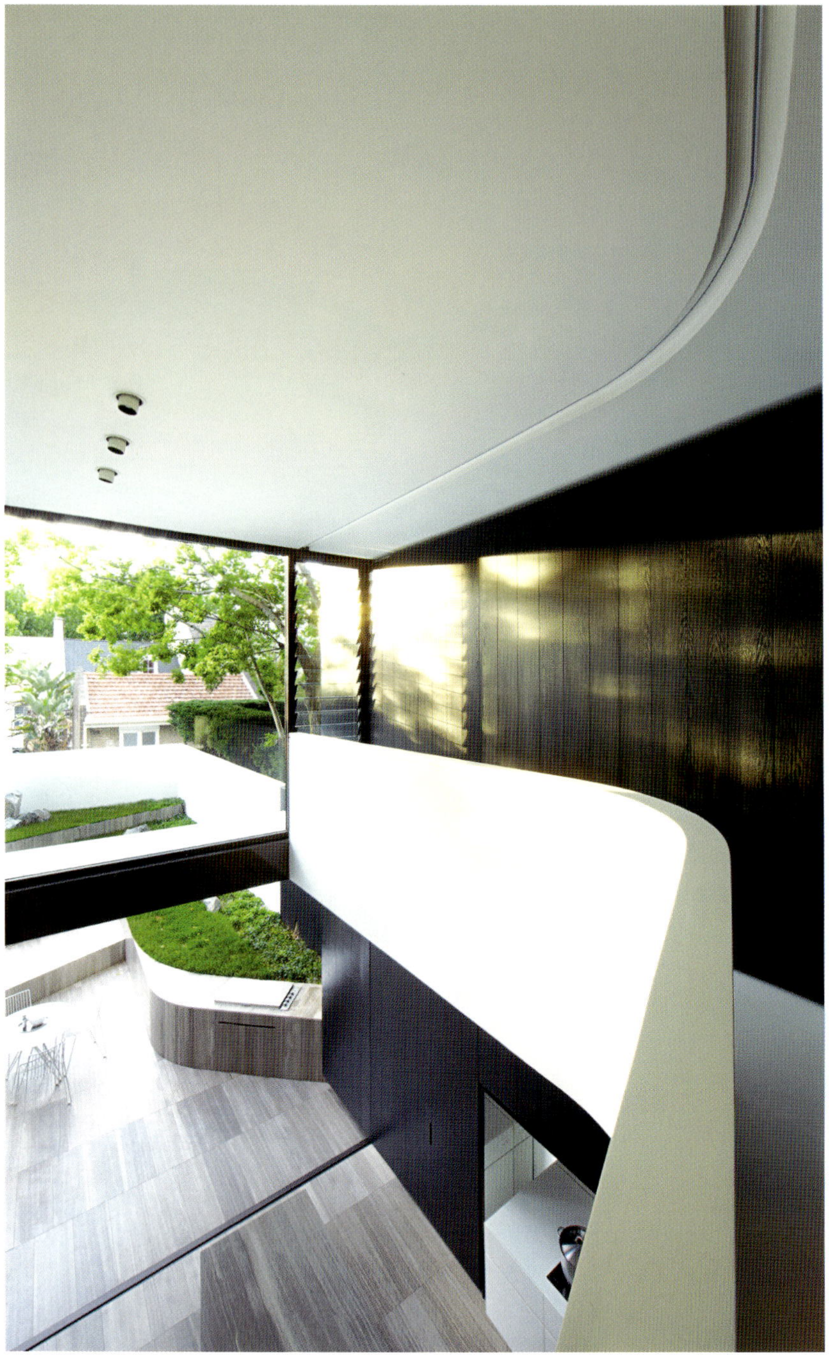
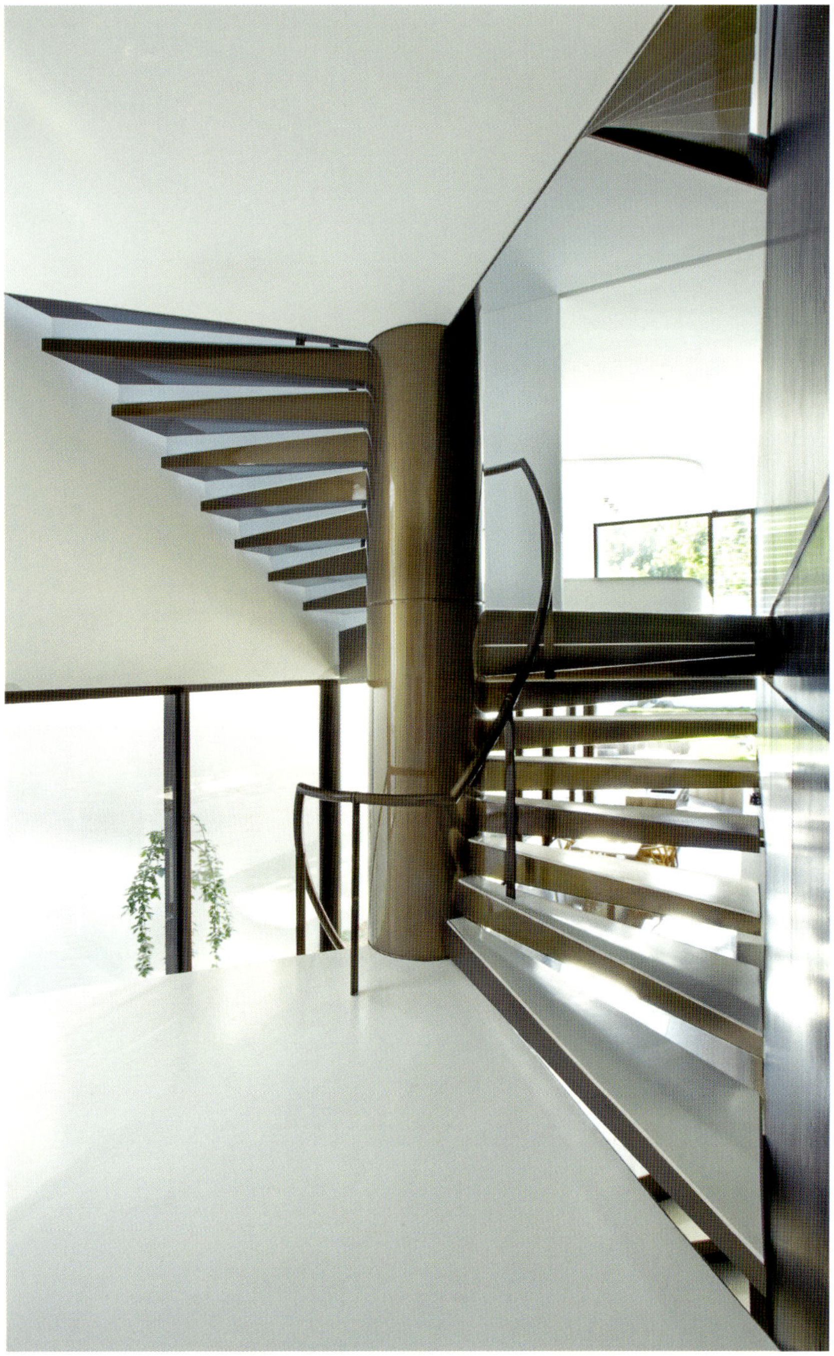

57

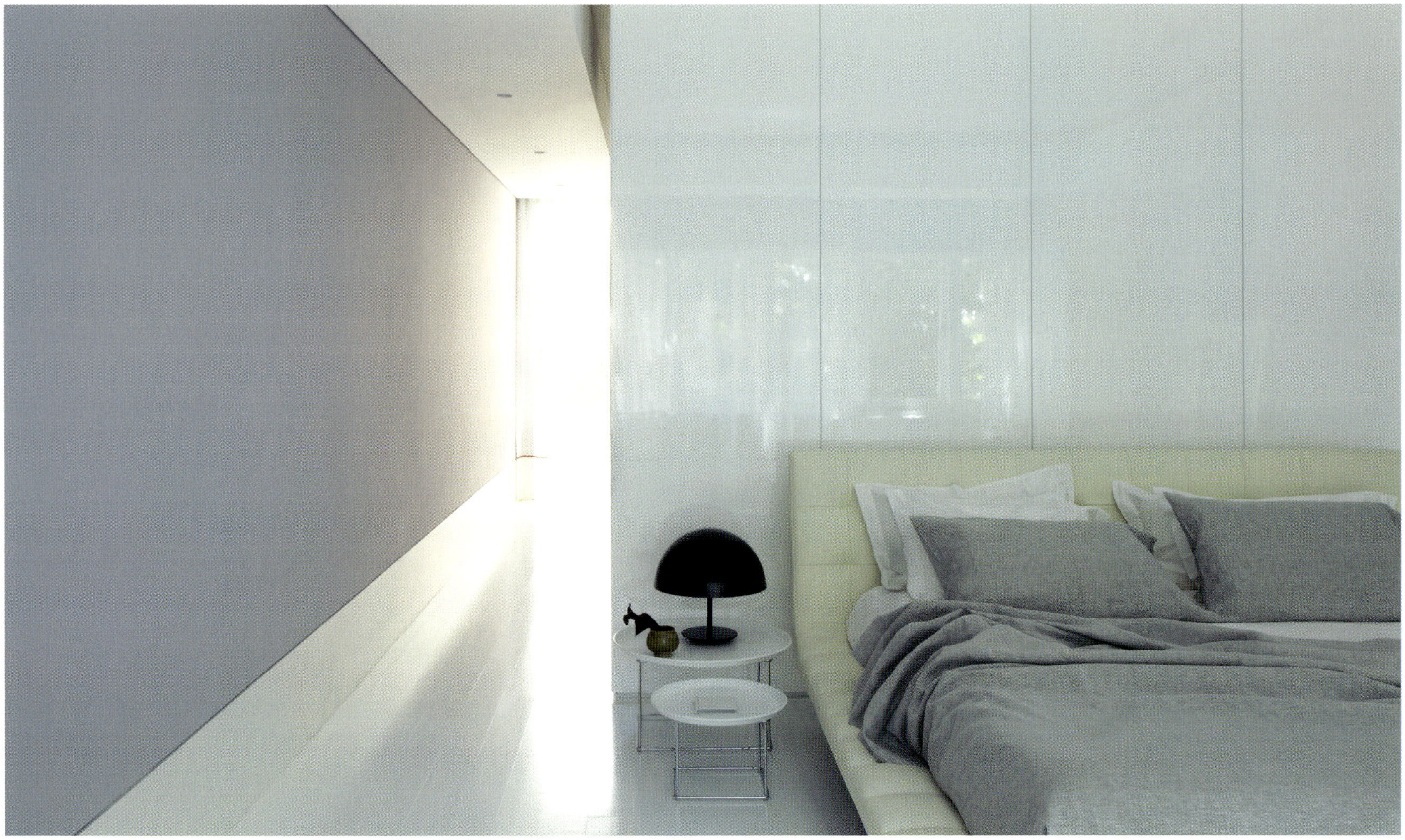

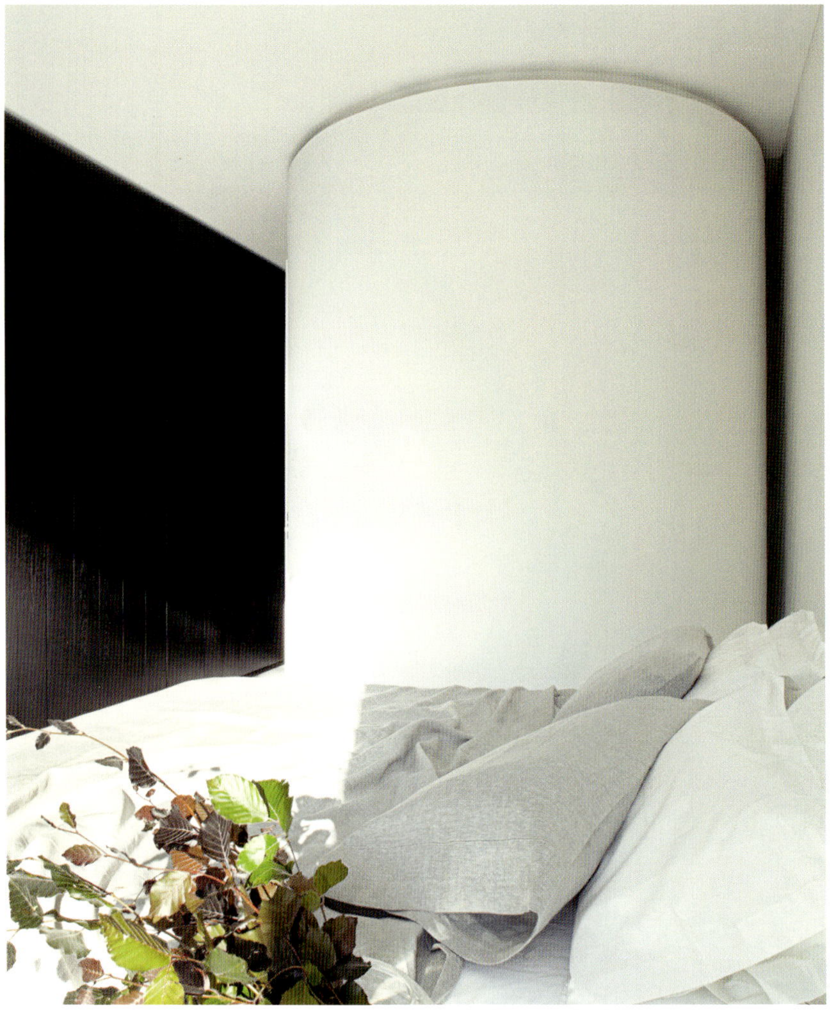

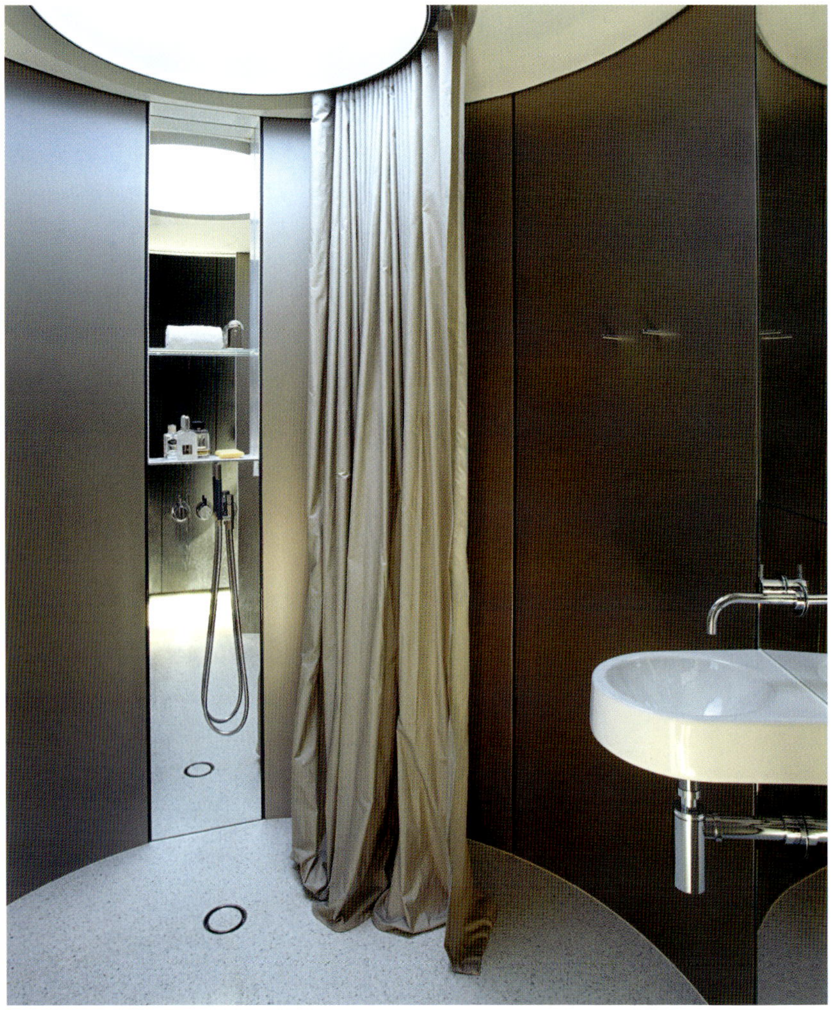

In these bathrooms, darkness is synonymous with elegance. Despite its coldness, the texture and shine of the marble provides a classic and stately air.

In diesen Bädern ist die Dunkelheit ein Synonym für Eleganz. Trotz der Kühle, der Textur und der glänzenden Oberfläche des Marmors beeindrucken diese Räume mit ihrer klassischen, herrschaftlich anmutenden Stimmung.

Dans ces salles de bain, l'obscurité est synonyme d'élégance. Malgré sa froideur, la texture et la brillance du marbre donnent un air classique et majestueux.

In deze badkamer is donker synoniem aan elegantie. Ondanks de koele sfeer, geven de textuur en de glans van het marmer de ruimte een klassieke en statige air.

En estos baños, oscuridad es sinónimo de elegancia. Pese a su frialdad, la textura y el brillo del mármol presentan un aire clásico y señorial.

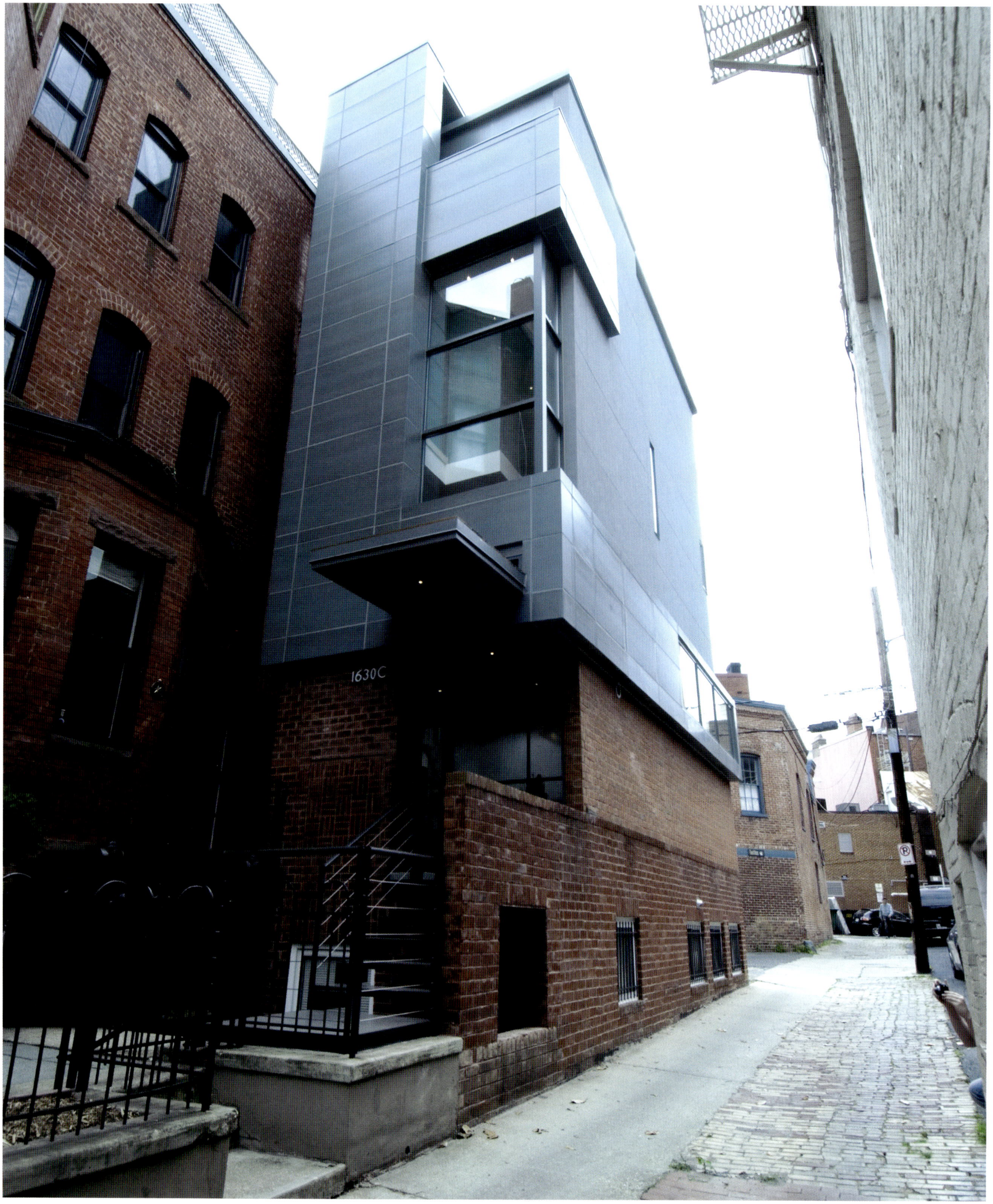
1630C

HARRIS RESIDENCE

Division 1 Architects
Washington, D.C., USA
© Debi Fox Photography

This house was completely renovated from top to bottom. The brick and stucco façade makes it stand out from the neighbouring houses and provides privacy to the interior, and the asymmetrical windows add a syncopated rhythm to the building. The new design is not intended to emulate the Victorian architecture that predominates in the neighbourhood, but to introduce a palette of new materials that give the house its contemporary voice.

Dieses Haus wurde von Grund auf umgebaut. Die Fassade aus Ziegeln und Stuck markiert einen Gegensatz zu den Nachbarhäusern und verleiht dem Innenbereich Intimität, und die asymmetrischen Fenster verleihen ihm einen synkopischen Rhythmus. Das neue Design versucht gar nicht erst, die im Stadtviertel vorherrschende viktorianische Architektur nachzuempfinden, sondern nutzt eine neue Palette an Materialien, die dem Gebäude ein zeitgenössisches Flair verleihen.

Cette maison a été entièrement rénovée. La façade, en briques et en plâtre, est différente des maisons voisines et offre de l'intimité à l'intérieur. Les fenêtres asymétriques lui donnent un rythme cadencé. La nouvelle conception ne prétend pas imiter l'architecture victorienne qui règne dans le quartier, mais utiliser une nouvelle palette de matériaux et donner à la maison un langage contemporain.

Deze woning werd volledig gerenoveerd. De façade, van baksteen en stuc, onderscheidt de woning van de huizen in de omgeving en maakt het interieur intiem, en de asymmetrische ramen zorgen voor een syncopisch ritme. Het nieuwe ontwerp wil de overheersend Victoriaanse architectuur in de wijk niet overheersen, maar een nieuw palet materialen gebruiken en het huis een moderne stijl geven.

Esta vivienda fue renovada por completo. La fachada, de ladrillo y estuco, marca la diferencia con las casas vecinas y proporciona intimidad al interior, y las ventanas asimétricas le dan un ritmo sincopado. El nuevo diseño no pretende emular la arquitectura victoriana reinante en el barrio, sino emplear una paleta de materiales nueva y dotar a la casa de un lenguaje contemporáneo.

Elevations – Contextual study

Side elevation rendering

Front elevation rendering

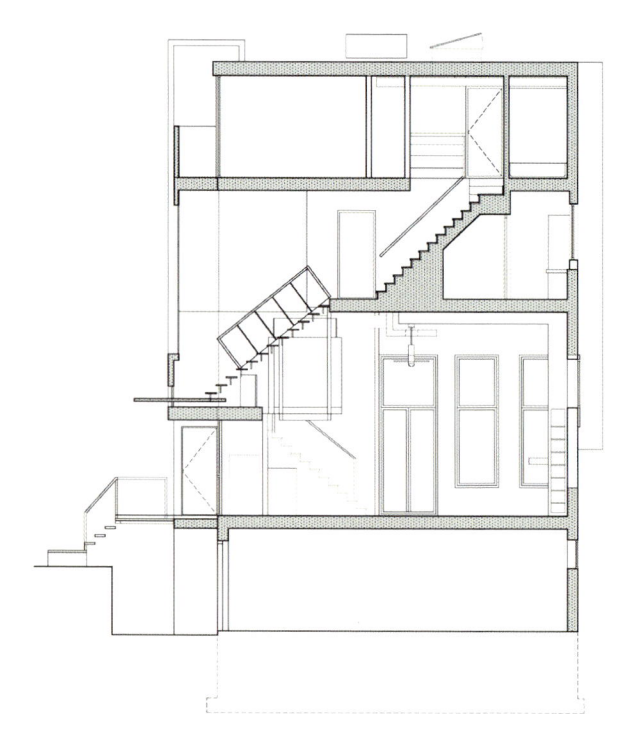

Building sections

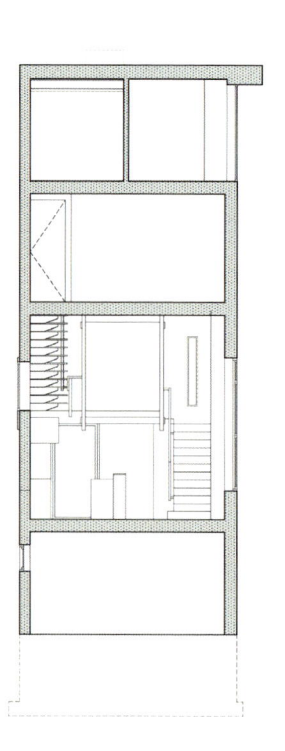

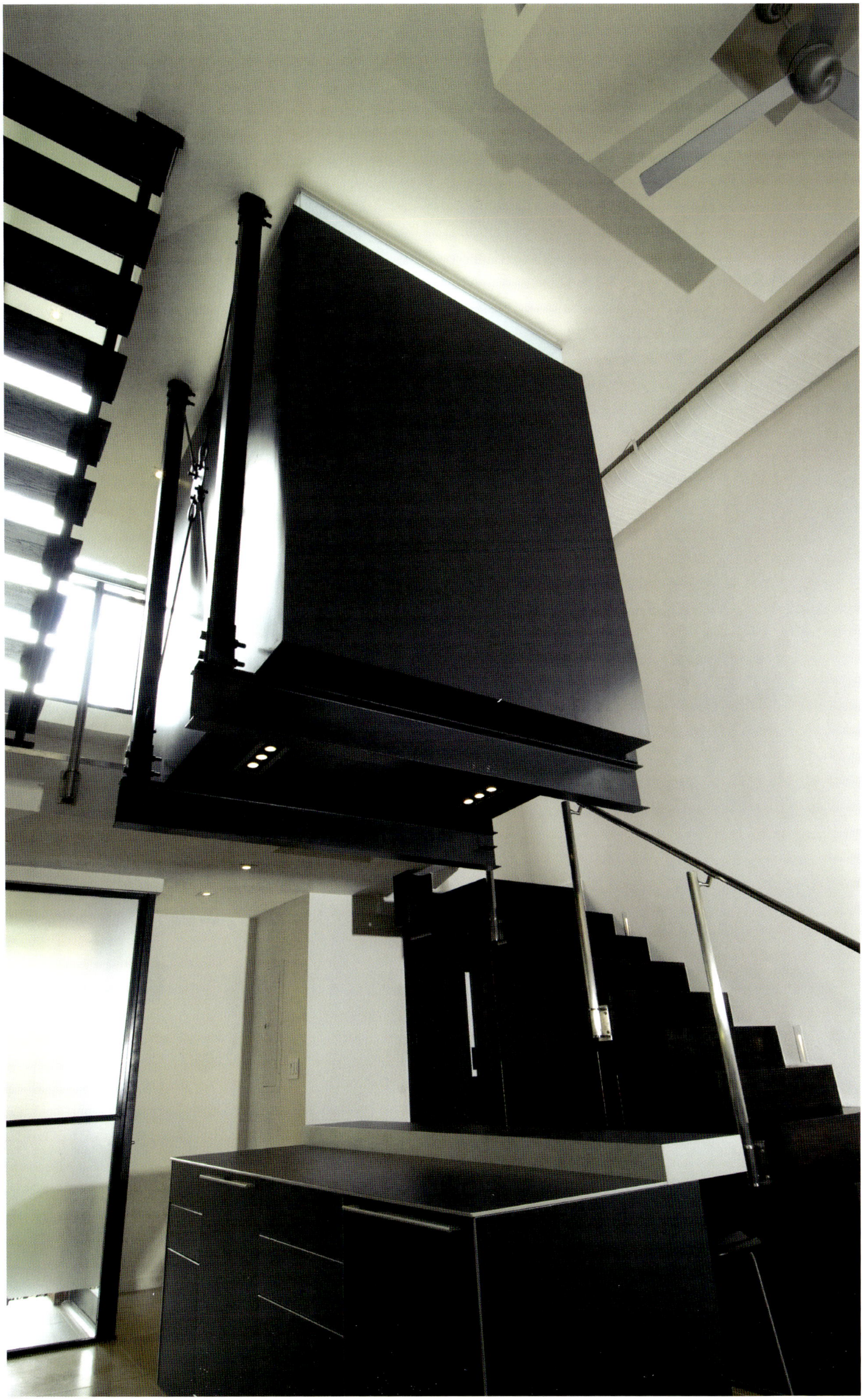

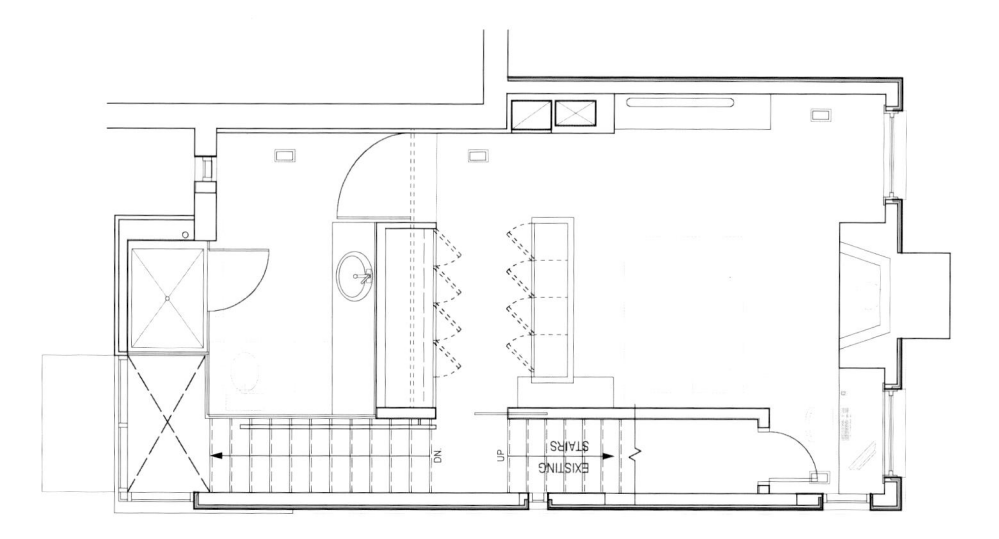

Third floor plan

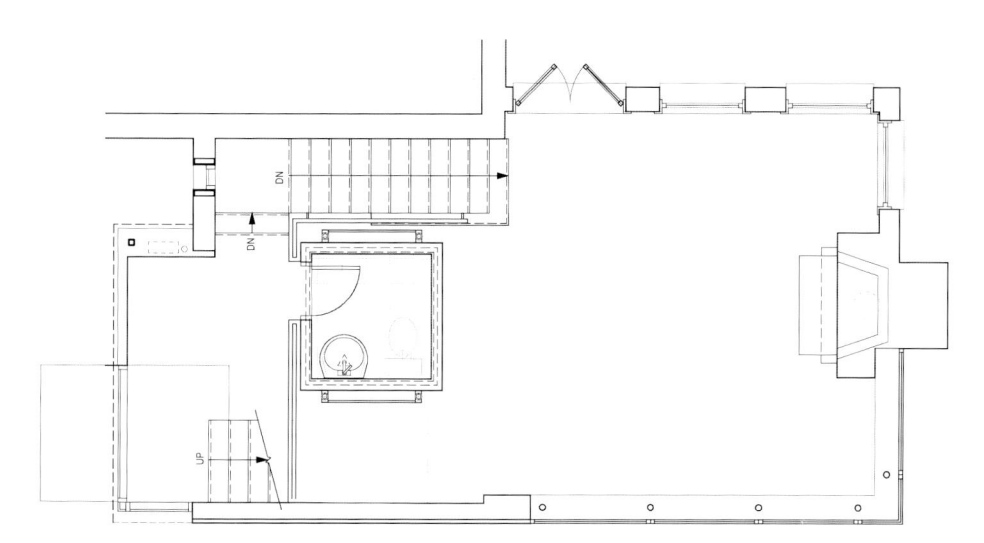

Second floor plan

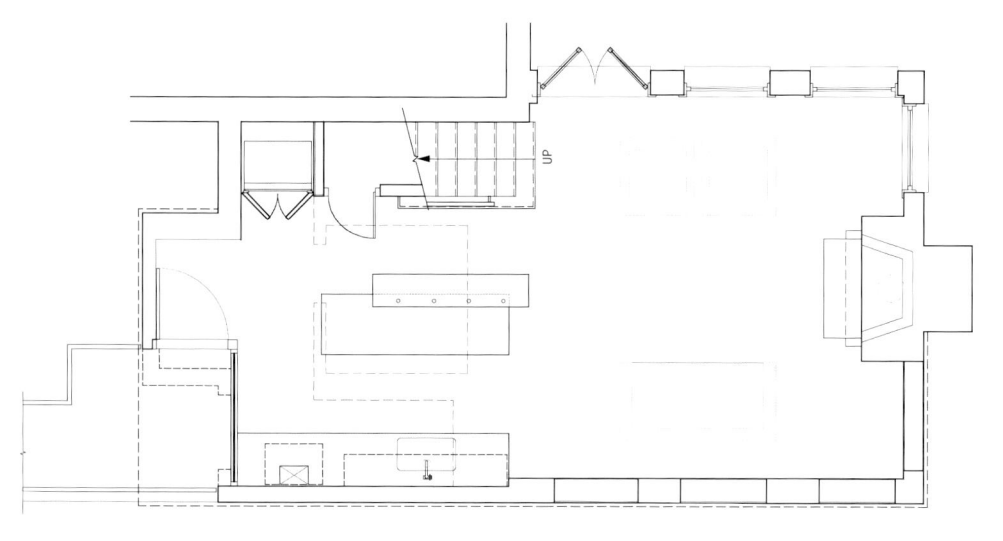

Ground floor plan

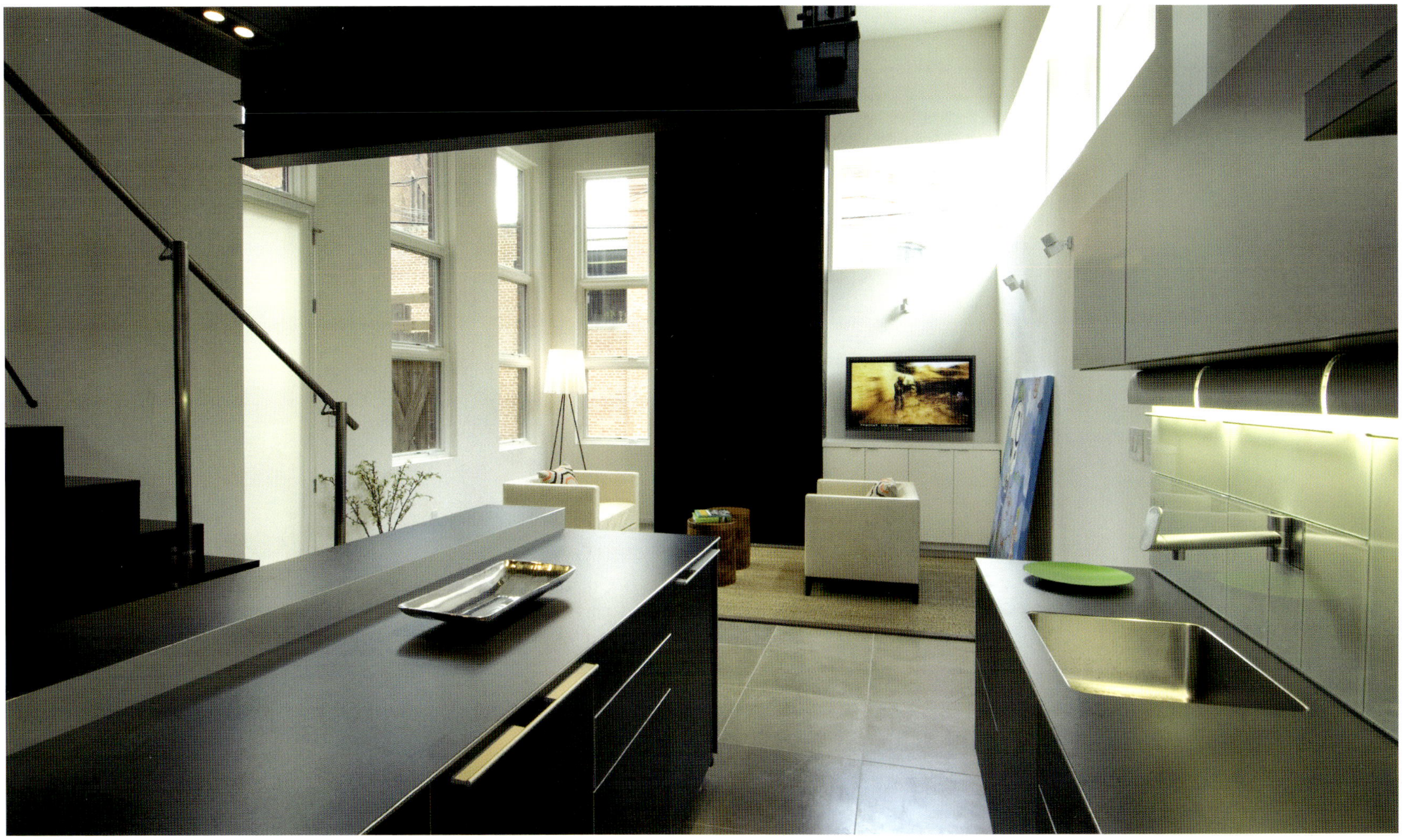

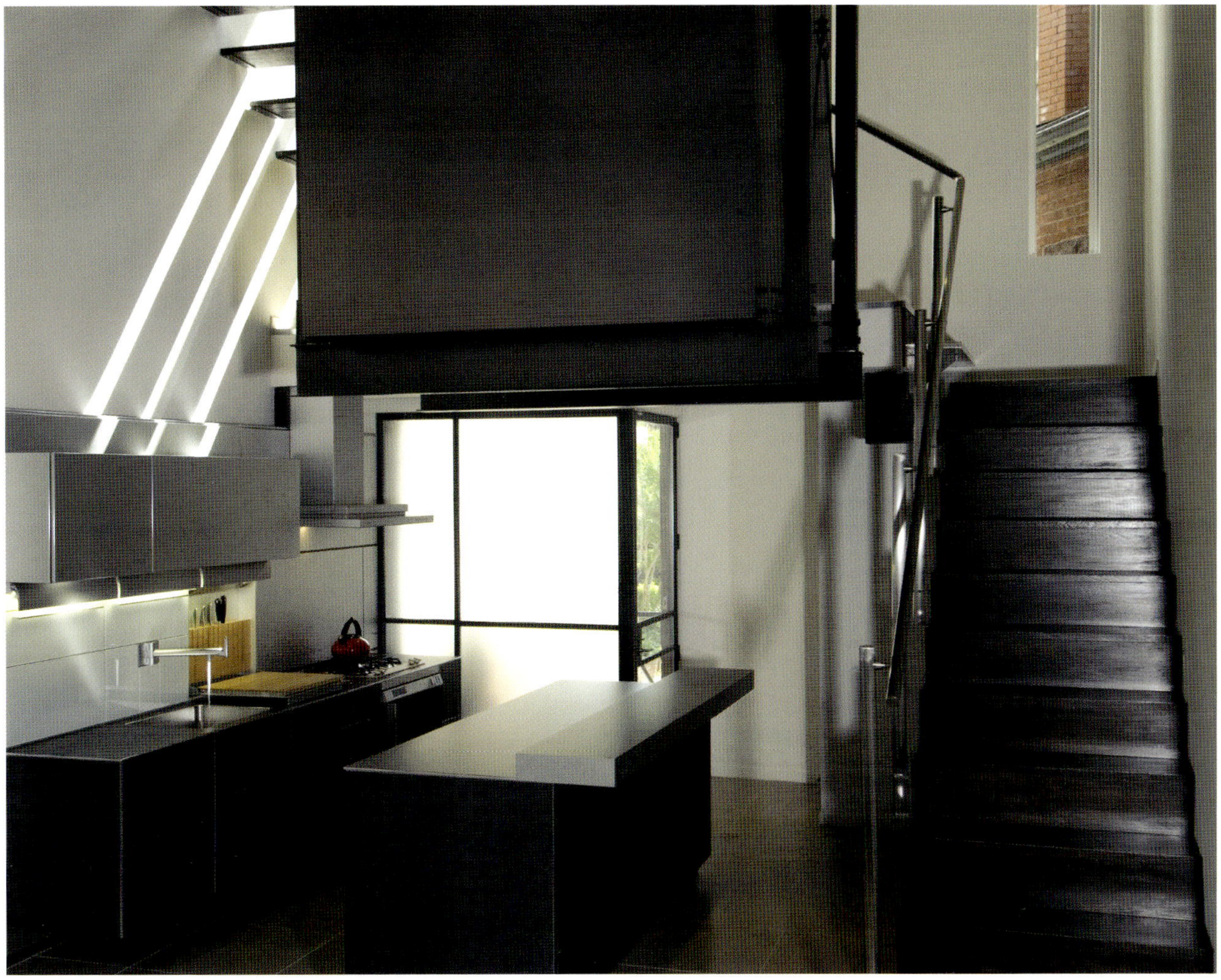

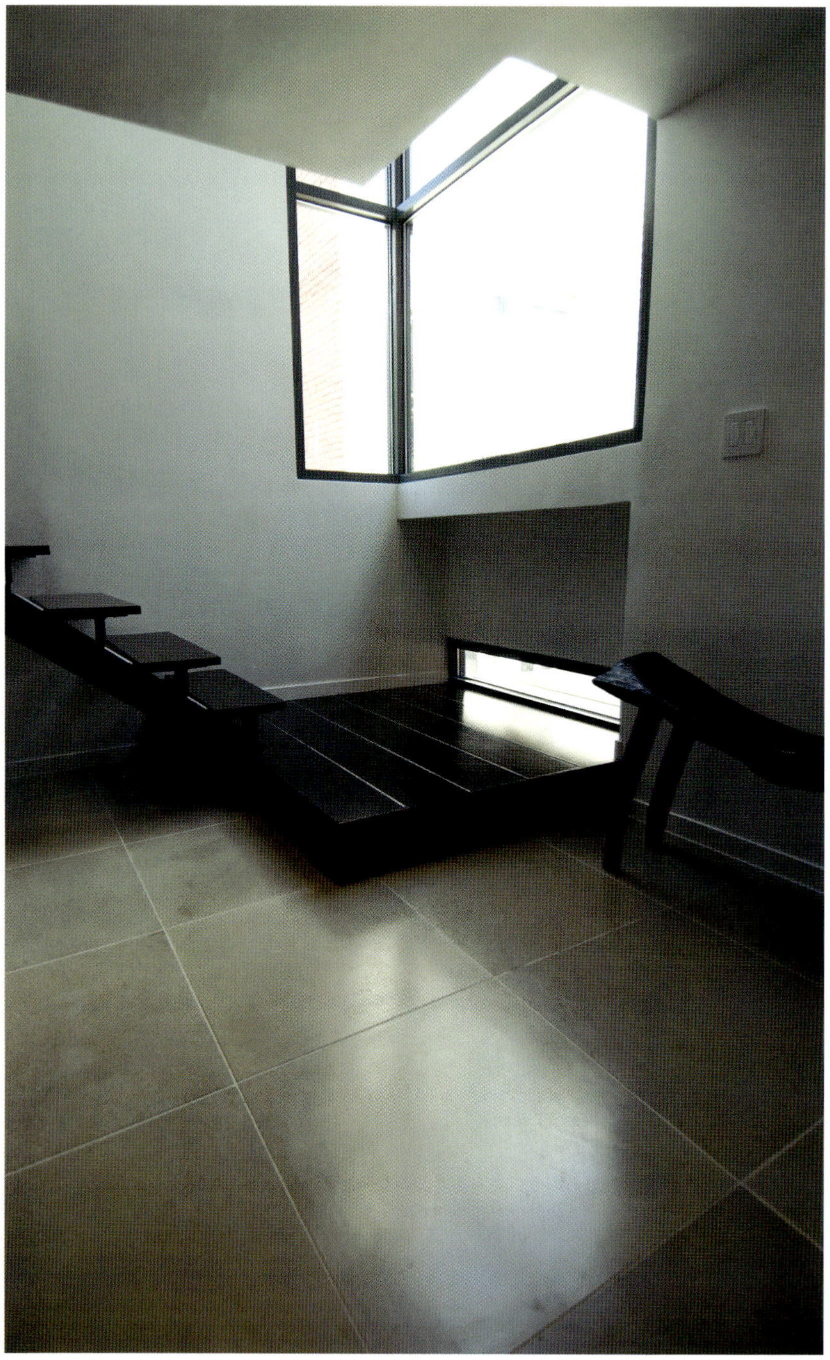

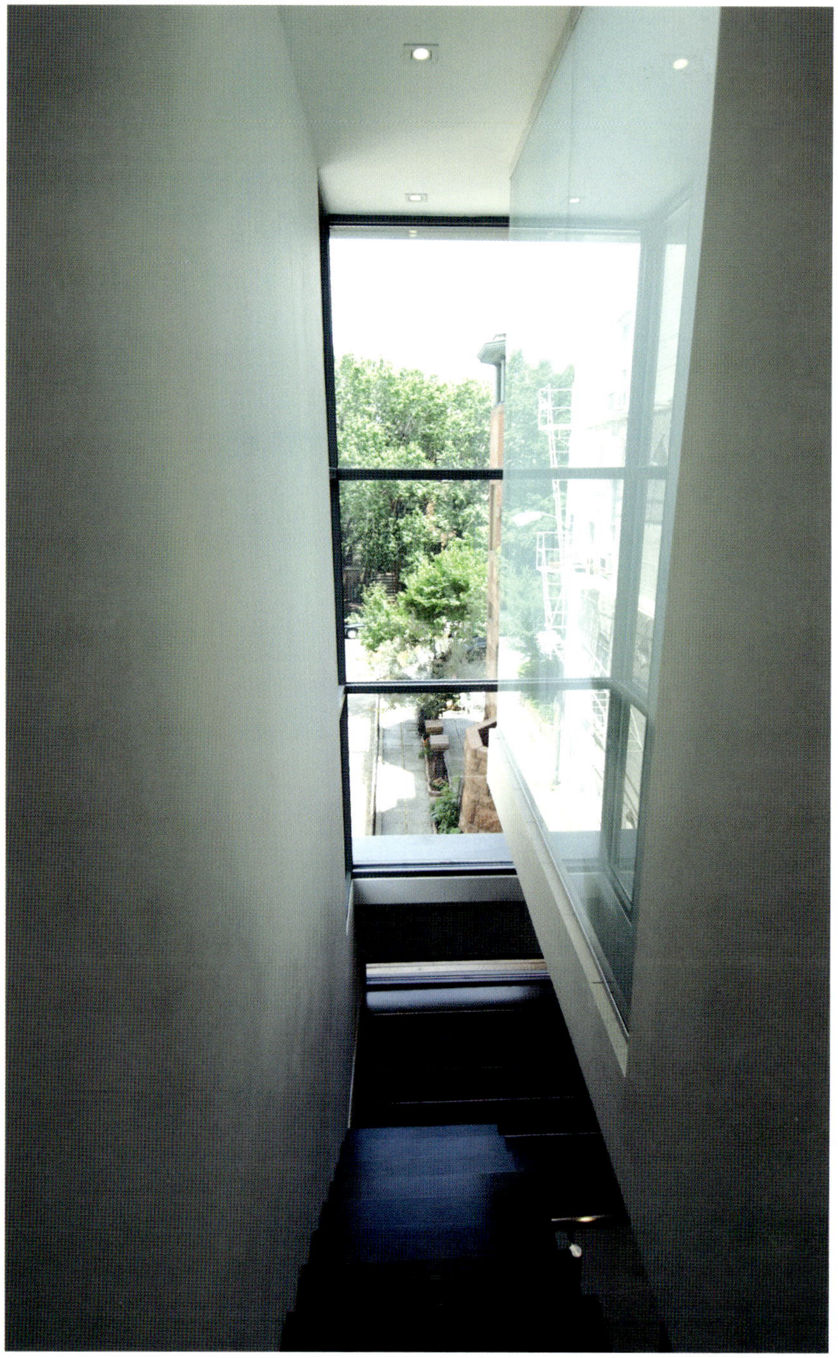

67

The predominance of black combined with straight lines creates a simple yet elegant space: a very modern bathroom with a minimalist feel.

Die Dominanz der Farbe Schwarz, kombiniert mit geraden Linien, schafft einen nüchternen, eleganten Rahmen: Ein sehr modernes Badezimmer im minimalistischen Stil.

La prédominance de la couleur noire, combinée avec des lignes droites, crée un espace sobre et élégant : une salle de bain très actuelle avec un air minimaliste.

De nadrukkelijke aanwezigheid van de kleur zwart, in combinatie met rechte lijnen, creëert een sobere en elegante ruimte: een zeer moderne badkamer met een minimalistische sfeer.

La predominancia del color negro, combinada con las líneas rectas, crea un espacio sobrio y elegante: un cuarto de baño muy actual con un aire minimalista.

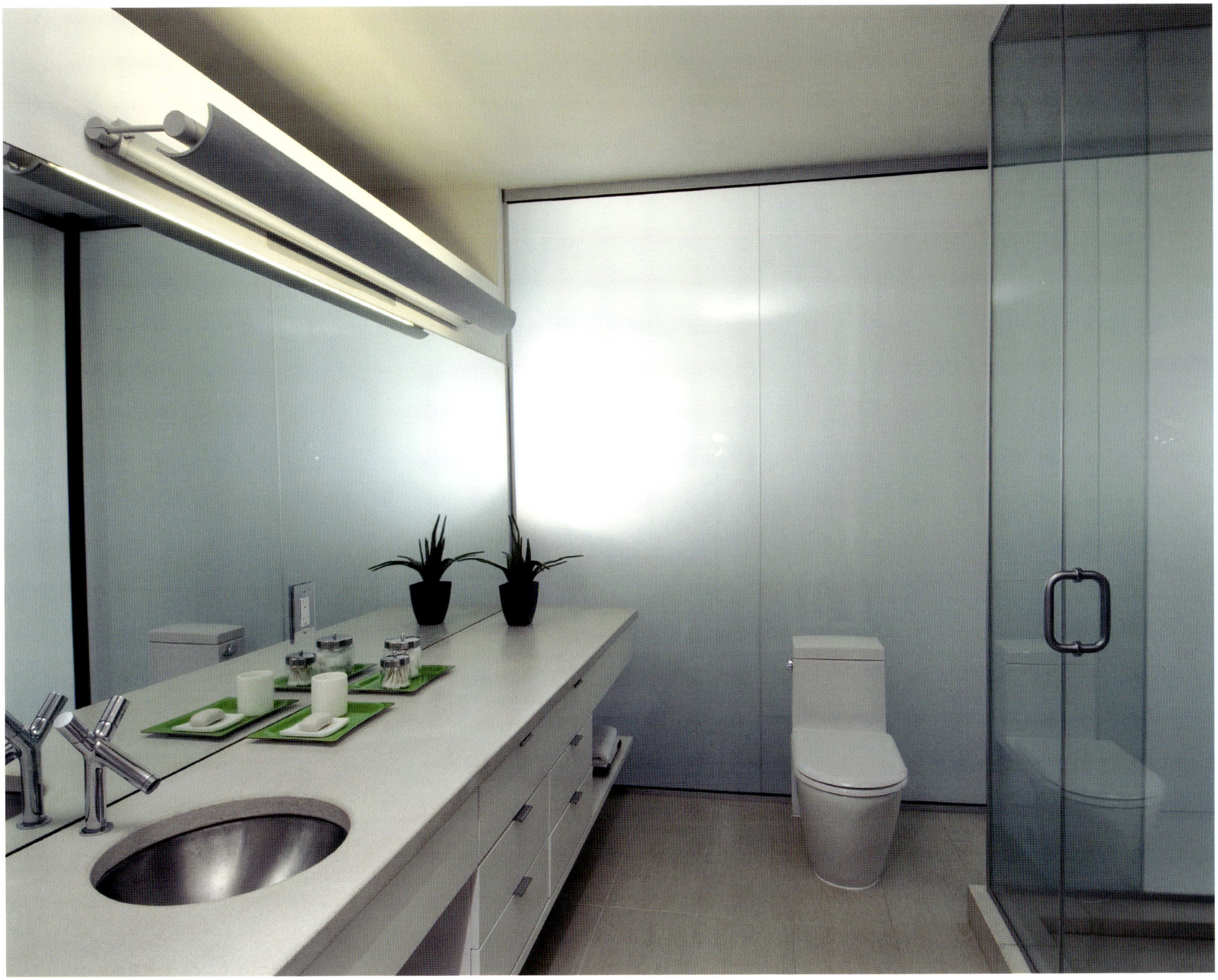

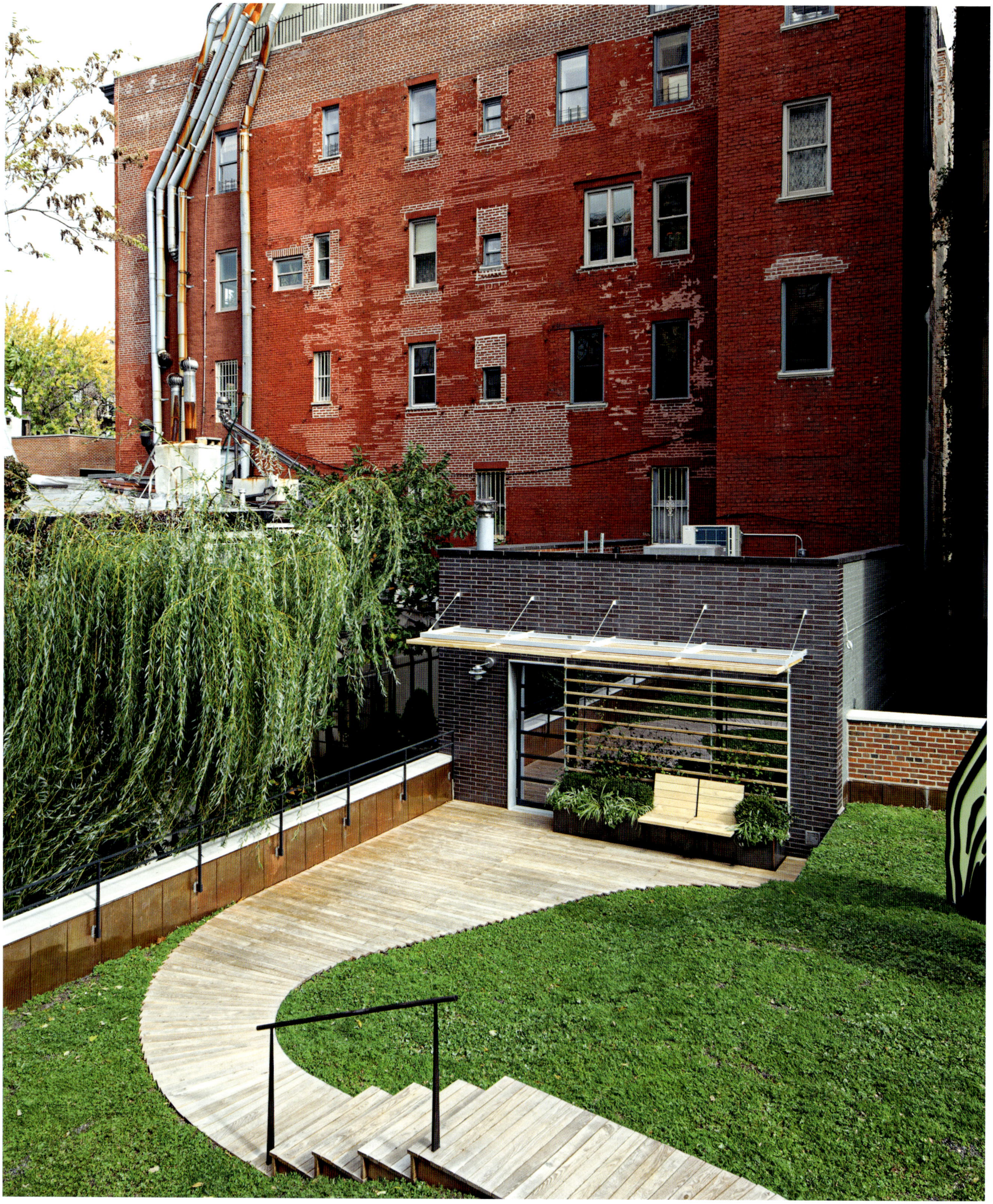

WEST VILLAGE RESIDENCE AND ARTIST STUDIO

Caliper Studio
Greenwich Village, New York, NY, USA
© Ty Cole

Built originally as a garage and blacksmiths, the artist Roy Lichtenstein transformed these buildings in the eighties into his home and workshop. Now only Dorothy, the artist's widow, lives here. This project involved the renovation of the house: remodelling the studio, creating a new garden within the buildings and updating the loft and guest apartment.

Ursprünglich als Autowerkstatt und Schmiede errichtet, baute der Künstler Roy Lichtenstein diese Gebäude in den 1980er Jahren in sein privates Wohnhaus mit Atelier um. Heute lebt dort nur Dorothy, die Witwe des Künstlers. Das Projekt bestand in der Renovierung des Hauses: Das Studio wurde umgebaut, dem Gebäude ein neuer Garten hinzugefügt, und außerdem renovierte man Dachboden und Gästeapartment.

Construits à l'origine comme un garage et une forge, l'artiste Roy Lichtenstein a fait dans les années quatre-vingt de ces bâtiments sa résidence et son atelier. Actuellement, seul Dorothy, la veuve de l'artiste, y vit encore. Le projet consistait à rénover la maison : l'atelier a été réformé, un nouveau jardin a été ajouté à la construction et le dernier étage ainsi que l'appartement d'amis ont été rénovés.

Deze woningen werden eerste instantie gebouwd om als garage en smederijen te dienen, maar werden in de jaren tachtig door de kunstenaar Roy Lichtenstein omgetoverd tot zijn woonhuis en atelier. Nu woont alleen Dorothy, de weduwe van de kunstenaar, in de woningen. Het project bestond uit de verbouwing van het huis: de studio werd verbouwd, er werd een nieuwe tuin aan het gebouw toegevoegd en de zolder en gastenverblijven werden gerenoveerd.

Construidos inicialmente como garaje y herrería, en los años ochenta el artista Roy Lichtenstein convirtió estos edificios en su residencia y taller. Ahora solo vive en ellos Dorothy, la viuda del artista. El proyecto consistió en la renovación de la casa: se remodeló el estudio, se añadió un nuevo jardín a la edificación y se renovaron el ático y el apartamento de invitados.

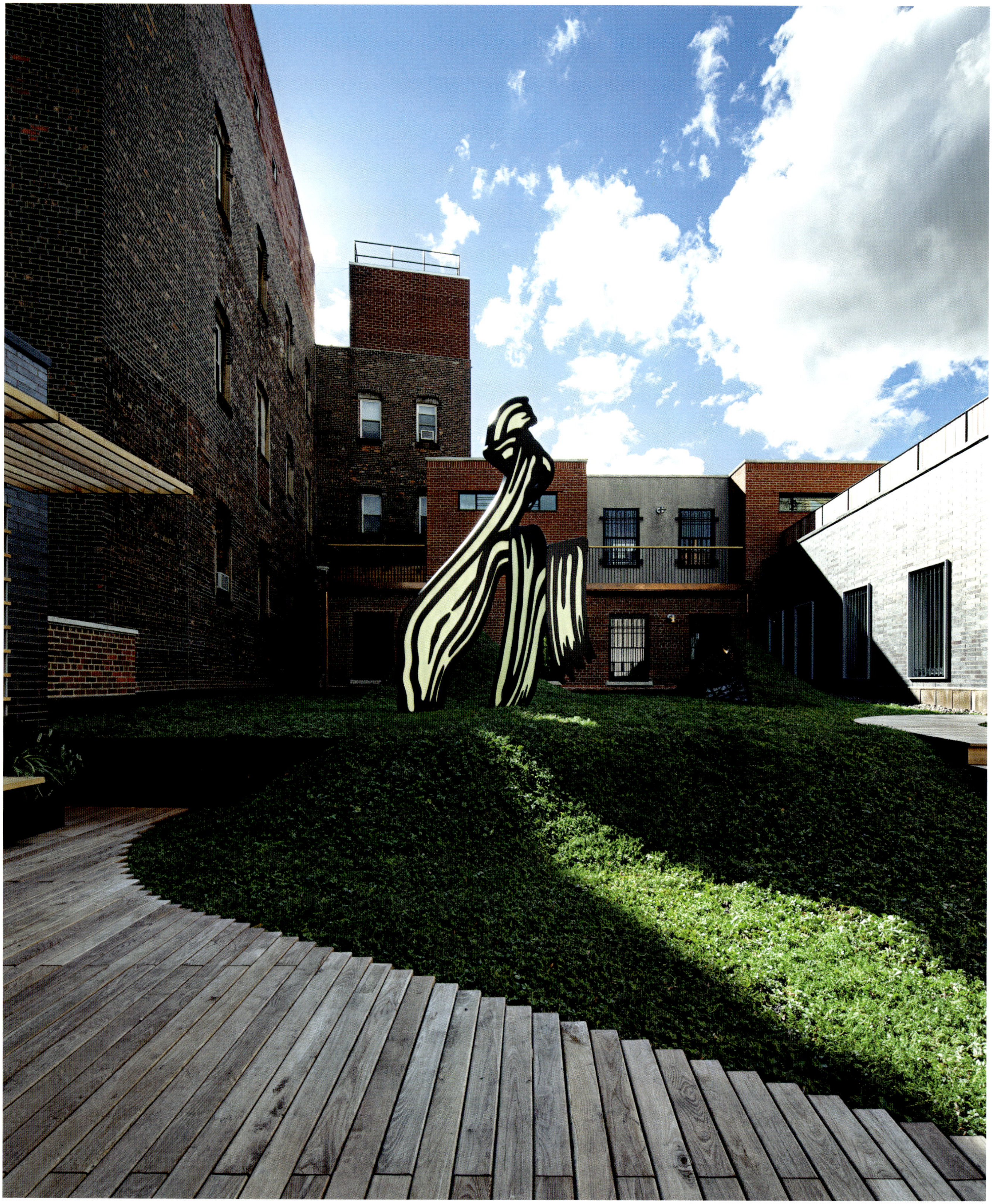

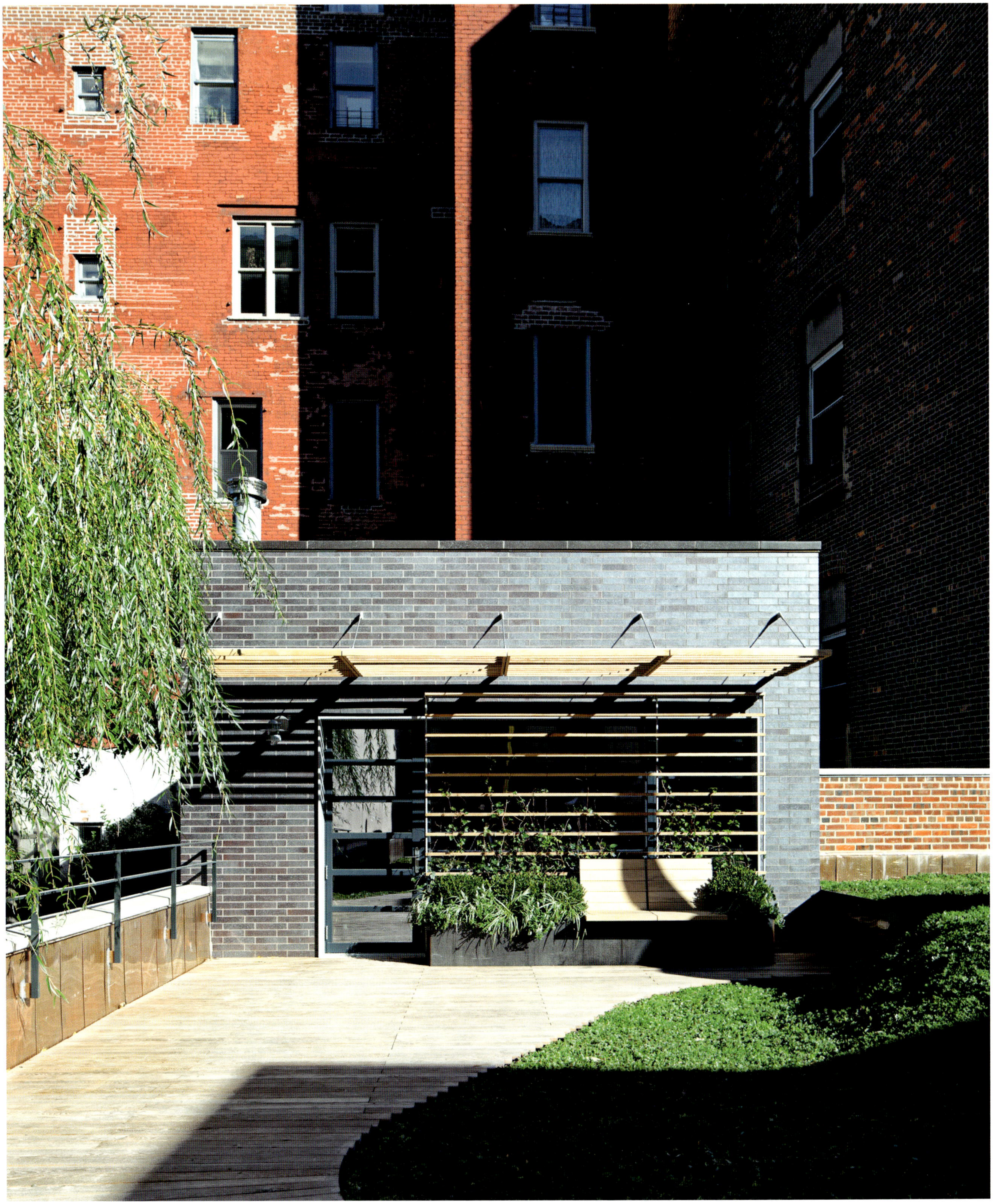

Floor plan

The garden is present in every element of the construction. Here, plants provide both privacy and pleasant views.

Der Garten ist in allen Facetten des Gebäudes präsent. Der Blick von diesen Räumen in den Garten hinaus ist wohltuend und vermittelt gleichzeitig das Gefühl von Intimität.

Le jardin est présent de tous les côtés de la construction. Ici, les plantes permettent de profiter d'une vue agréable mais également d'intimité.

De tuin is in alle facetten van het gebouw aanwezig. De planten bieden tegelijkertijd zowel een aangenaam uitzicht als privacy.

El jardín está presente en todas las facetas de la construcción. Aquí, las plantas proporcionan al mismo tiempo unas vistas agradables y privacidad.

76

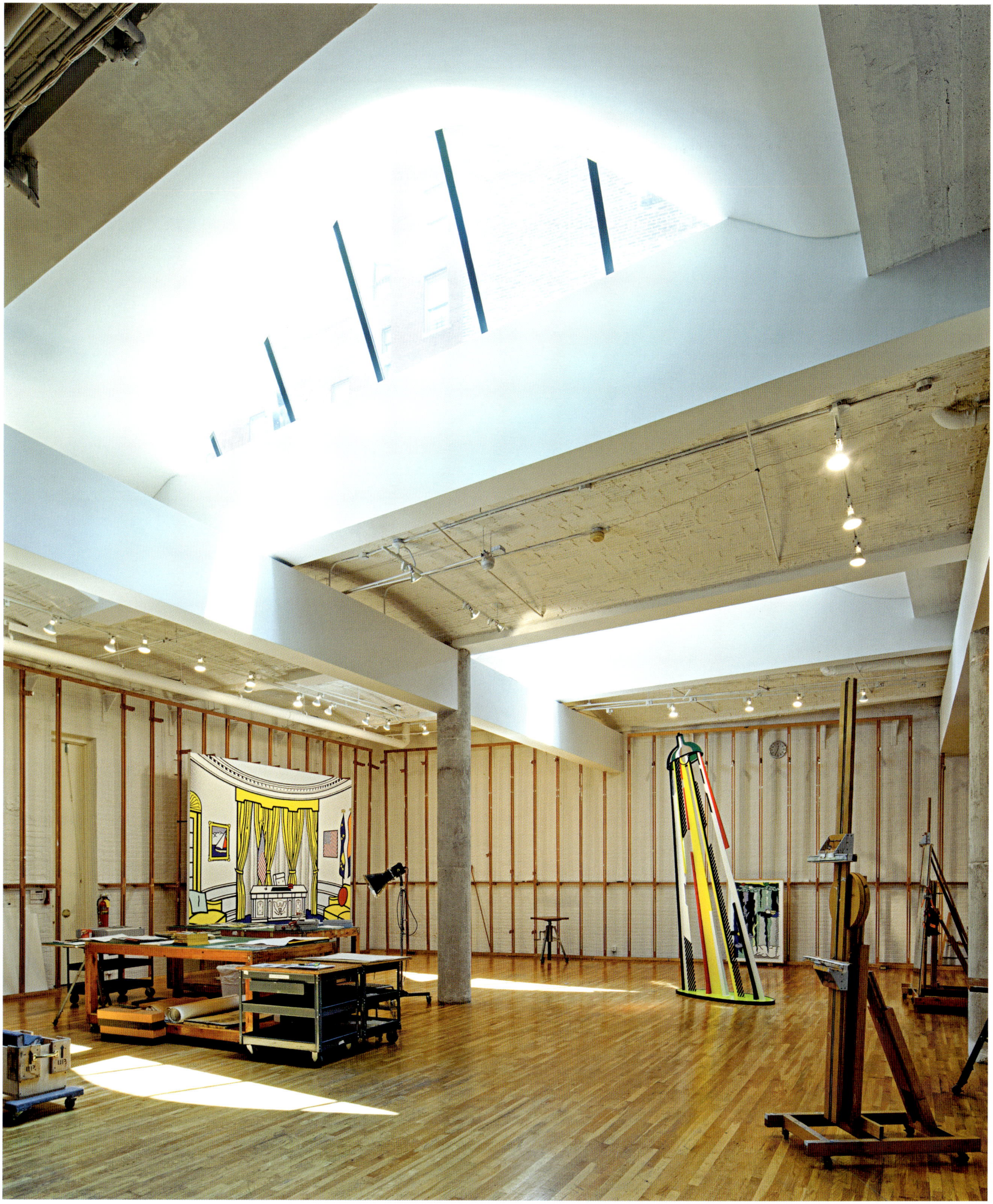

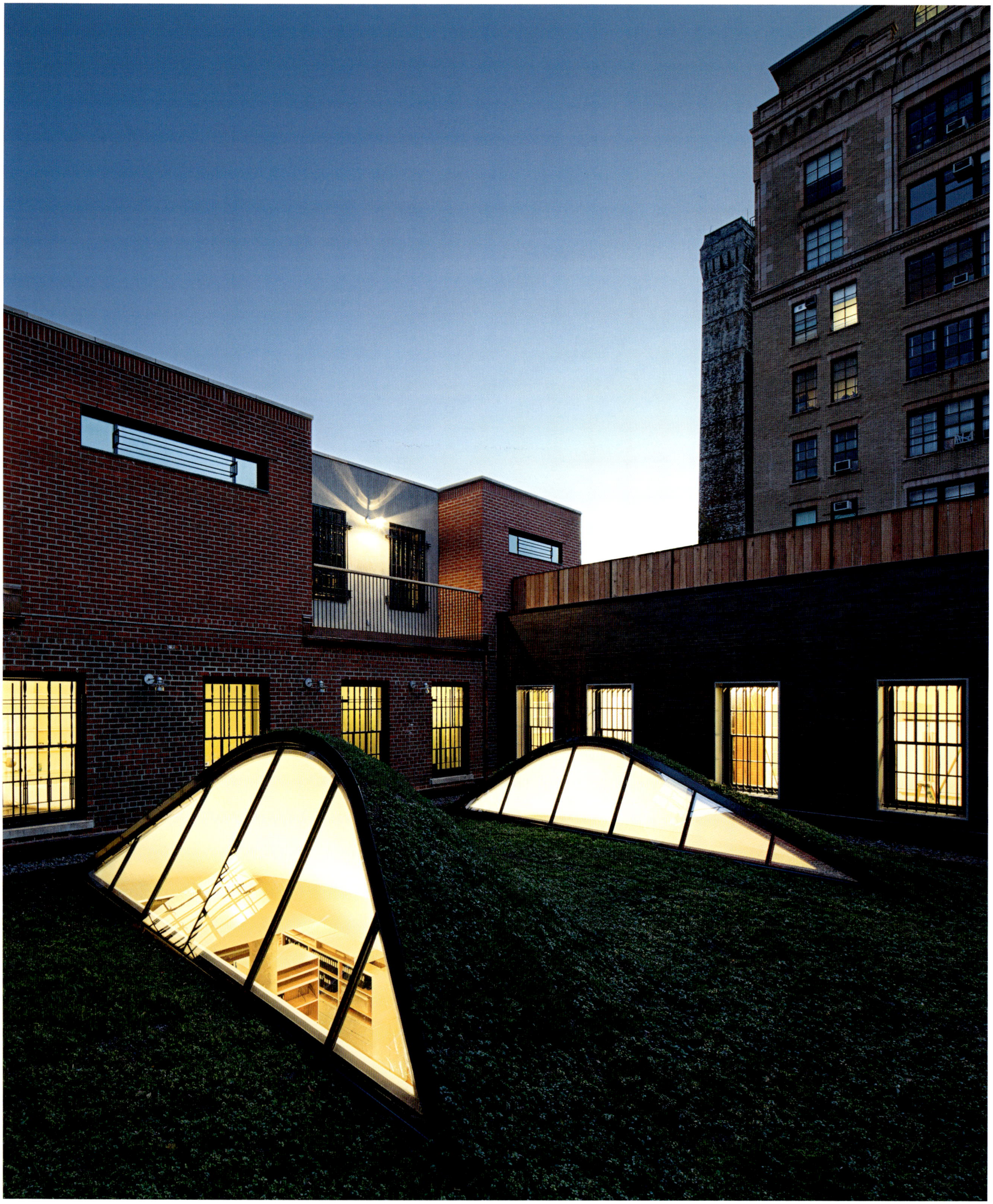

The new garden, with skylights disguised within artificial hills, connects the second floor of two existing buildings and is home to two of the artist's sculptures.

Der neue Garten mit seinen in künstliche Hügel eingebauten Oberlichtern knüpft eine Verbindung zwischen dem zweiten Stockwerk zweier bestehender Gebäude. Außerdem sind hier zwei Skulpturen des Künstlers ausgestellt.

Le nouveau jardin, avec des puits de lumière en forme de collines artificielles, relie le deuxième étage de deux bâtiments existants, et c'est le lieu qu'occupent deux des sculptures de l'artiste.

De nieuwe tuin, met lichtkoepels in de vorm van heuvels, verbindt de tweede verdieping van de twee bestaande gebouwen; in de tuin staan ook twee beeldhouwwerken van de kunstenaar.

El nuevo jardín, con tragaluces en forma de colinas artificiales, conecta la segunda planta de dos edificios existentes, y es el hogar de dos de las esculturas del artista.

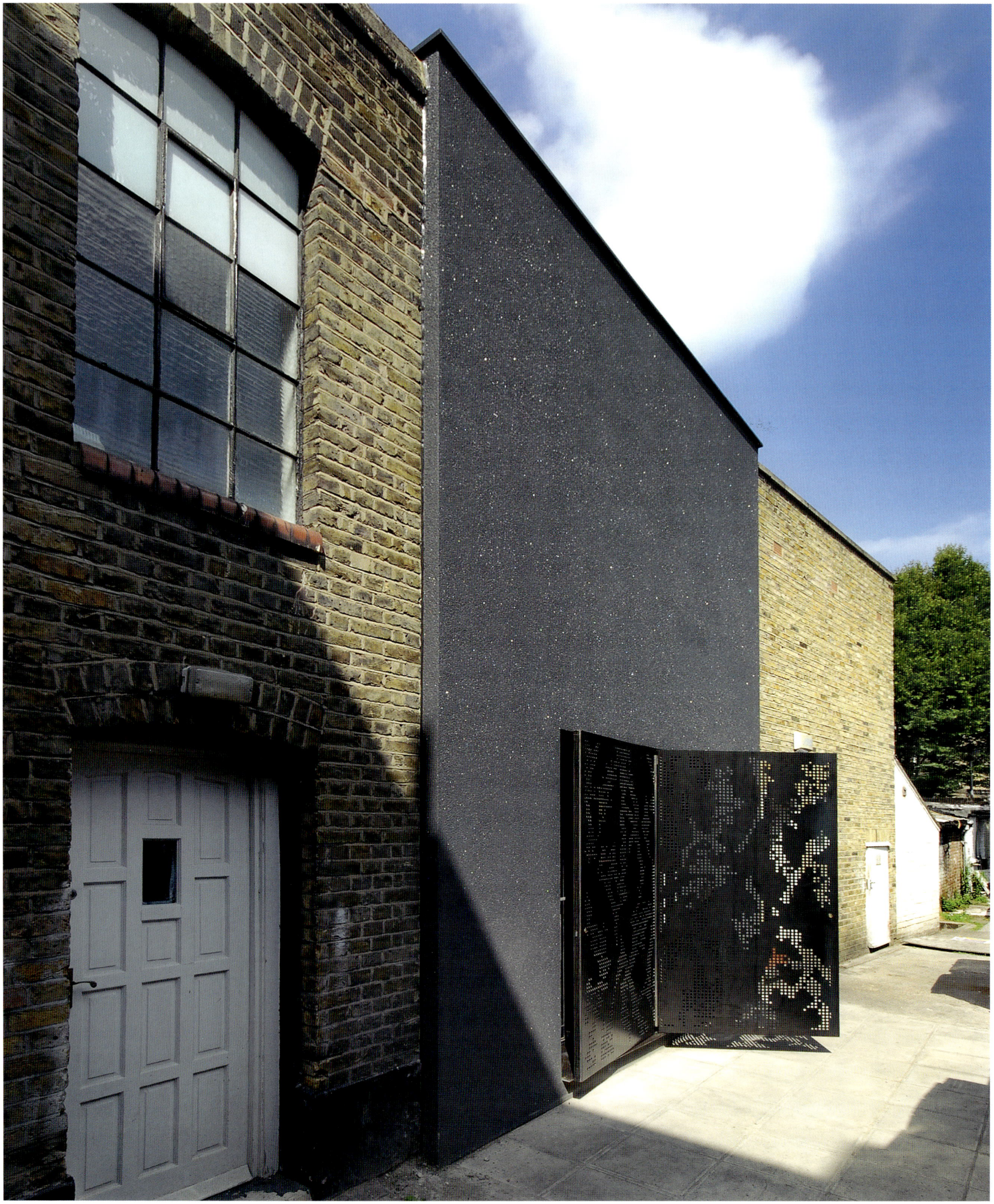

HIDDEN HOUSE

Teatum + Teatum
London, United Kingdom
© Lyndon Douglas

As its name suggests, this city-centre house is a real hideaway. Its intimate architecture creates a transition between the public world and the private. The seven-metre skylight around which the house is organised emphasises the ideas of flexibility and openness, resulting in an interior in which these elements connect to create a social experience.

Dieses Stadthaus ist ein Rückzugsort: Die von Privatsphäre geprägte Architektur schafft einen Übergang zwischen öffentlicher Welt und Privatem. Der Entwurf orientiert sich um ein Oberlicht mit 7 Metern Durchmesser und betont das Konzept von Flexibilität und Offenheit. Ergebnis: Ein Interieur, in dem die verschiedenen Modelle sich verbinden und ein soziales Erleben schaffen.

Comme le laisse deviner son nom, cette maison au cœur de la ville est comme une cachette; son architecture intime crée une transition entre les espaces publics et privés. La lucarne de sept mètres au centre de la maison en souligne la flexibilité et l'ouverture. Cela aboutit à un espace intérieur où les différents programmes sont reliés, créant ainsi une expérience sociale.

Zoals de naam al doet vermoeden, is dit huis midden in de stad een soort schuilplaats: de intieme architectuur creëert een overgang van openbaar naar privé. De lichtschacht van 7 meter, die centraal staat in de woning, onderstreept het flexibele en open concept. Het resultaat is een geheel van met elkaar in verbinding staande ruimten die uitnodigen tot een gezellig samenzijn.

Como sugiere su nombre, esta casa en medio de la ciudad funciona como un escondite: su arquitectura íntima crea una transición entre el mundo público y el privado. La claraboya de siete metros en torno a la que se organiza la vivienda subraya los conceptos de flexibilidad y abertura. El resultado: un interior en el que los diversos programas se conectan y crean una experiencia social.

Section through site

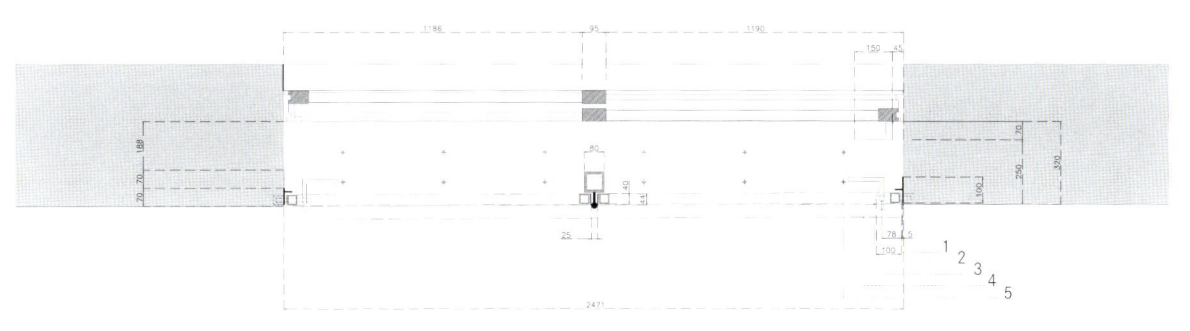

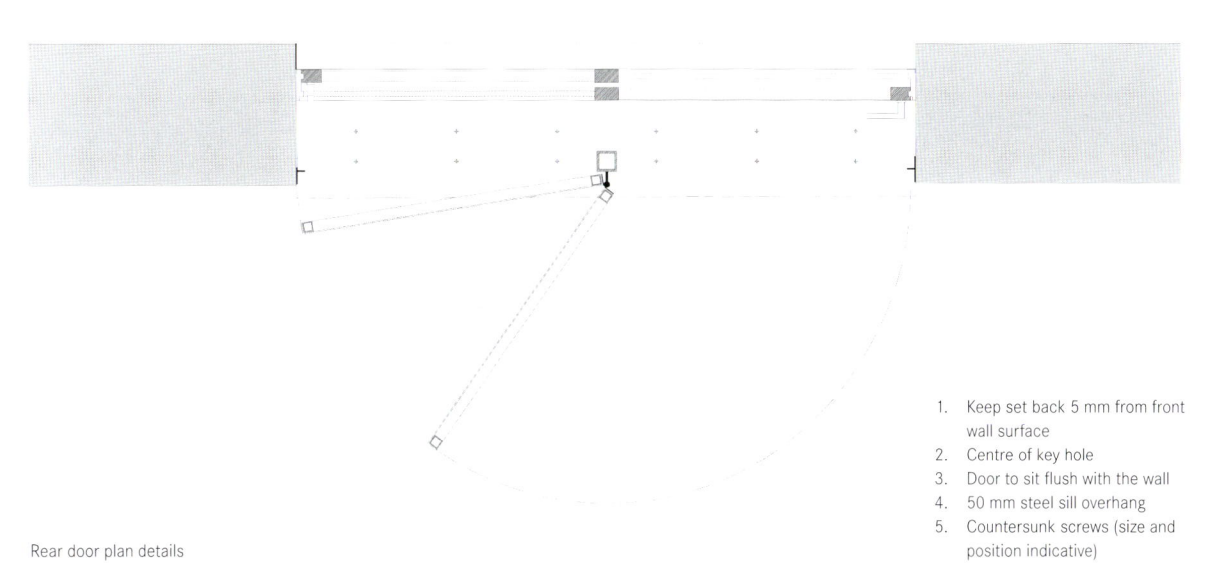

Rear door plan details

1. Keep set back 5 mm from front wall surface
2. Centre of key hole
3. Door to sit flush with the wall
4. 50 mm steel sill overhang
5. Countersunk screws (size and position indicative)

1. Door material: 4 mm blue steel with lacquer finish
2. Hole size: 16 mm diameter. Gap size: 9 mm
3. 40 mm x 40 mm door frame
4. Edge of the door (10 mm gap between door and the render)
5. Edge of the wall
6. 300 mm x 150 mm x 5 mm keep
7. Key hole (16 mm diameter)
8. Door pull (16 mm wide)
9. Key hole alignment

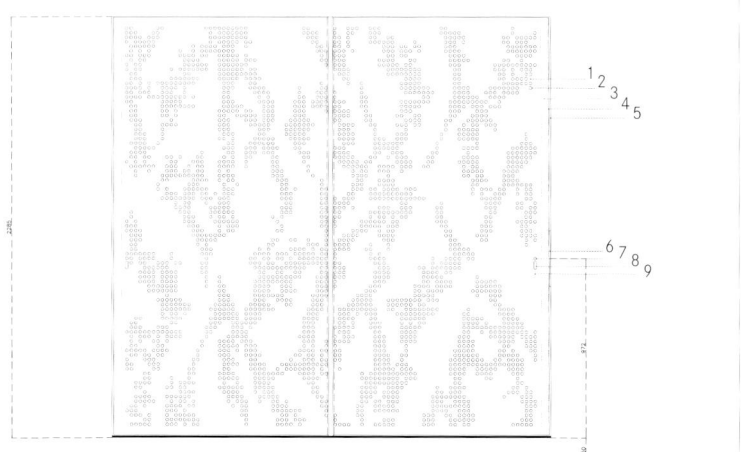

Detailed elevation and section of rear door

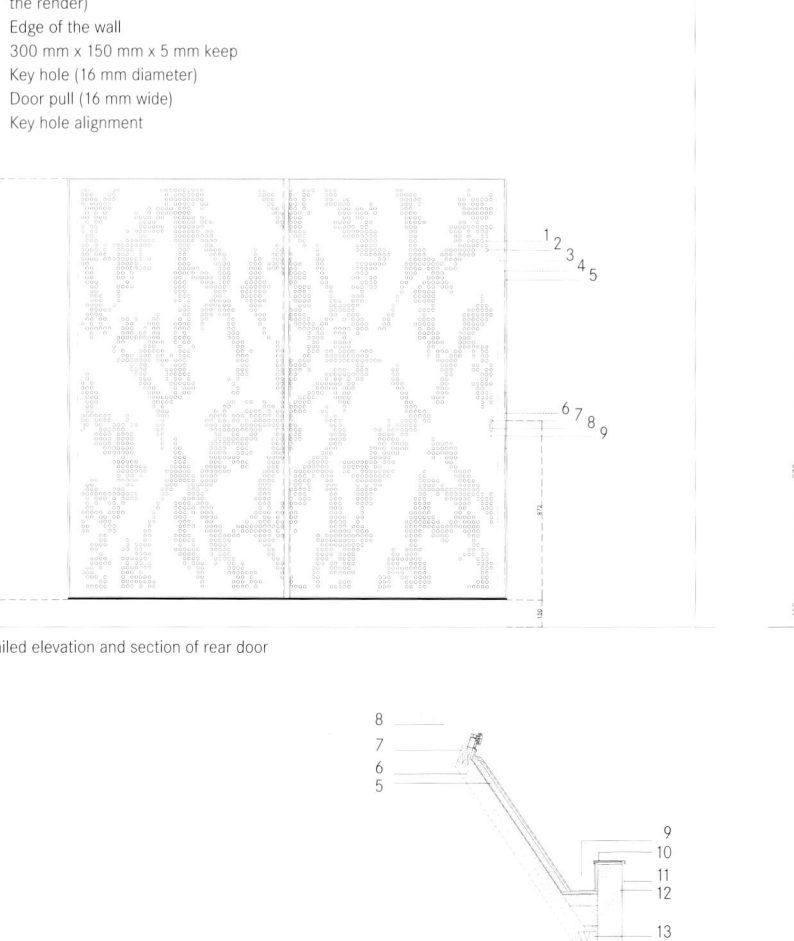

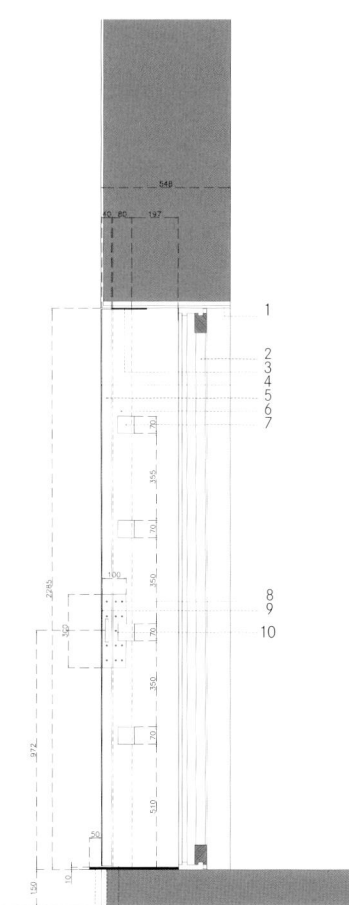

1. Substructure: 10 mm render on 18 mm ply
2. Existing glass sliding door
3. 5 mm steel plate for central post fixing
4. 4 mm blue steel sheet
5. 400 mm x 40 mm door frame
6. 80 mm x 80 mm central post fixed to 10 mm sill plate
7. Existing wall light x 4
8. Counter sunk screws
9. Keep set back 5 mm from the front wall surface
10. Keep cut out around wall light

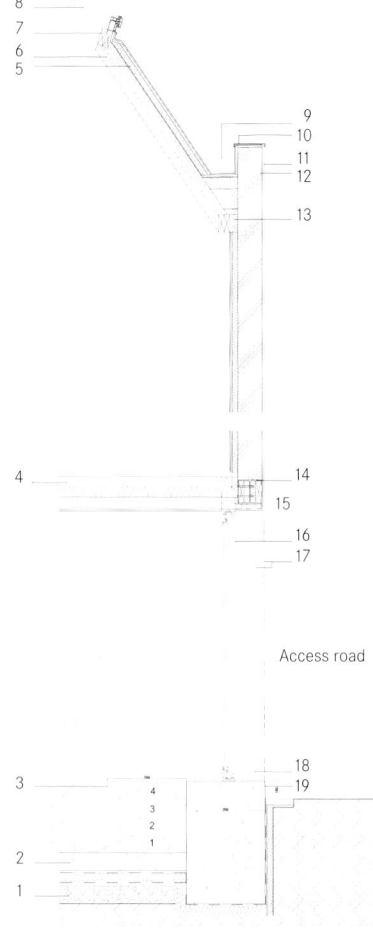

Detail section through rear elevation

1. 150 mm compacted hardcore
2. Power floated concrete slab with resin sealer. 150 mm thick ground bearing slab with 2 x layers of A393 mesh
3. Reinforced concrete steps
4. 175 x 50 mm timber joists forming first floor deck. 18 mm W8 plywood screwed to timber joists
5. Above timber joists Xtratherm™ Thin-R XT-/TL-MF 50 mm thick + integrated 6 mm plywood. Edge of boards bonded onto silicone bed and fixed at 200 mm centres. Roof finish to be roller applied resin GRP on 18 mm external grade WB plywood
6. Between joists Xtratherm™ Rafterloc XT/RLOC 100 mm thick
7. Double trimmers to form opening for skylights
8. Aero electric hinged opening skylight installed as per manufacturers instructions
9. Height of adjoining party wall
10. Aluminum capping piece to parapet wall
11. Stolit™ acrylic resin render 4-6 mm thick on 215 mm block work Sto™ colour, Maxicryl Ft.37101, finish siliceous carbid
12. 215 mm thick dense (20kN/m^2) block work wall. Wall to sit on front face of concrete footing
13. Skylight structure to sit on double trimmers and steelwork
14. 203 x 203 UC46 steel above
15. Not used
16. Two panel sliding Schüco™ aluminium door set back within opening
17. Line of external render, with render to reveals and soffit or door opening
18. Not used
19. Concrete footing to sit 150 mm above outside (access road) ground floor level. Apply liquid waterproof membrane to front face of footing

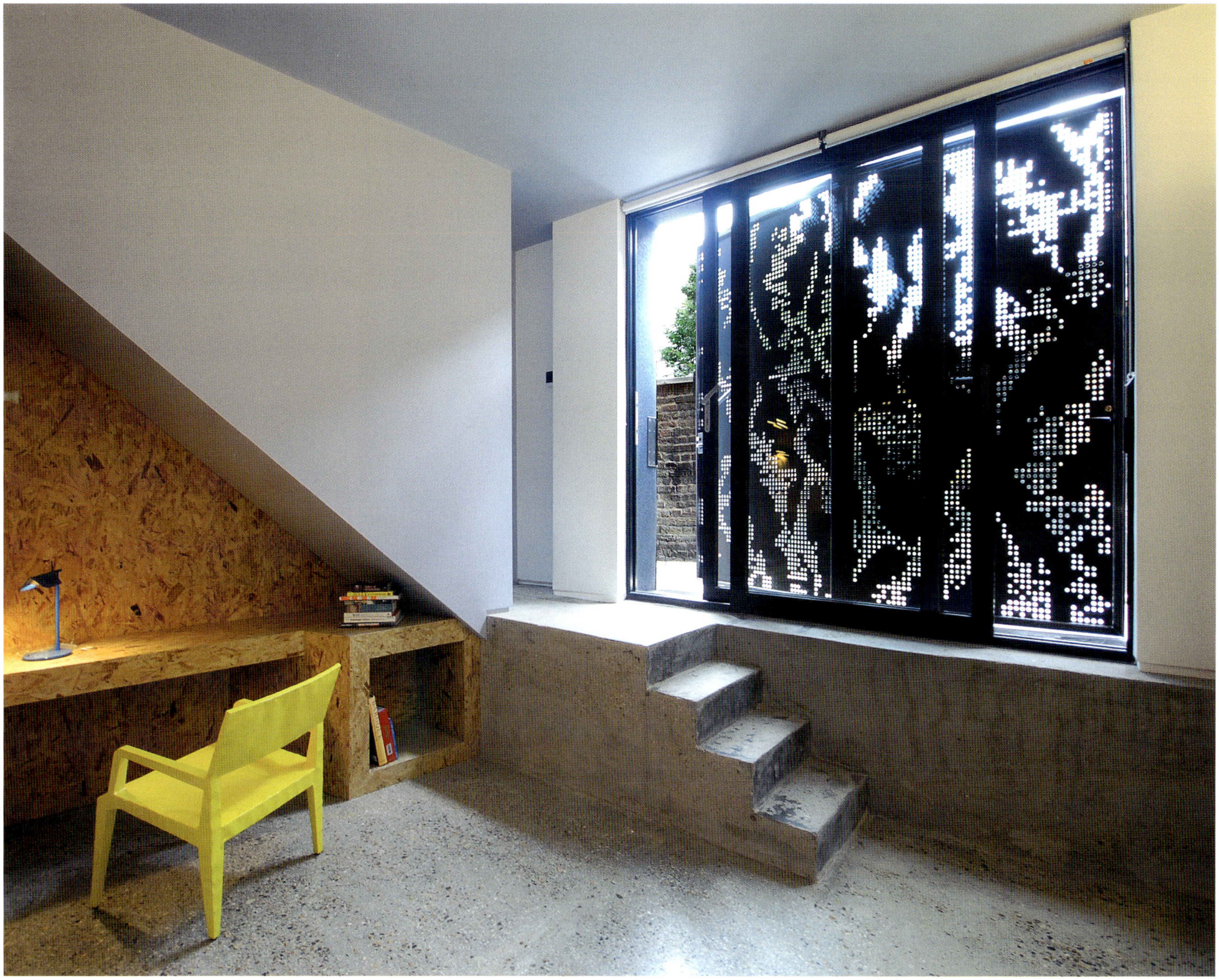

The ceiling is dotted with skylights, which open the house to the skies of Washington and provide a source of natural light to the interiors.

Das Dach ist von Oberlichtern durchsetzt, die das Innere des Hauses zum Himmel hin öffnen – als natürliche Lichtquelle lassen sie das Haus atmen.

Le plafond est parsemé de puits de lumière qui, en ouvrant la maison sur le ciel de Washington, sont une source de lumière naturelle et une bouffée d'air frais pour l'intérieur.

Het dak zit vol met dakramen, die het huis verbinden met de luchten van Washington en een bron van natuurlijk licht en verademing voor het interieur zijn.

El techo está salpicado de tragaluces que, abriendo la casa al cielo de Washington, constituyen una fuente de luz natural y un respiro para los interiores.

The space under the stairwell is transformed into a pleasant workstation: camouflaged with the wall, it is a tranquil and cosy space.

Der Raum unterhalb des Treppenauges verwandelt sich in eine behagliche Arbeitsecke: In optischer Verschmelzung mit der Wand ergibt sich hier ein beschaulicher, ruhiger Ort.

L'espace sous la cage d'escalier se transforme en un agréable coin pour travailler : camouflé par le mur, il se transforme en endroit à l'écart et tranquille.

De ruimte onder het trapgat is een aangename werkplek: het is een afgelegen, rustige plek, die door een muur wordt afgescheiden.

El espacio bajo el hueco de la escalera se transforma en un agradable rincón de trabajo: camuflado con la pared, se dispone como un lugar recogido y tranquilo.

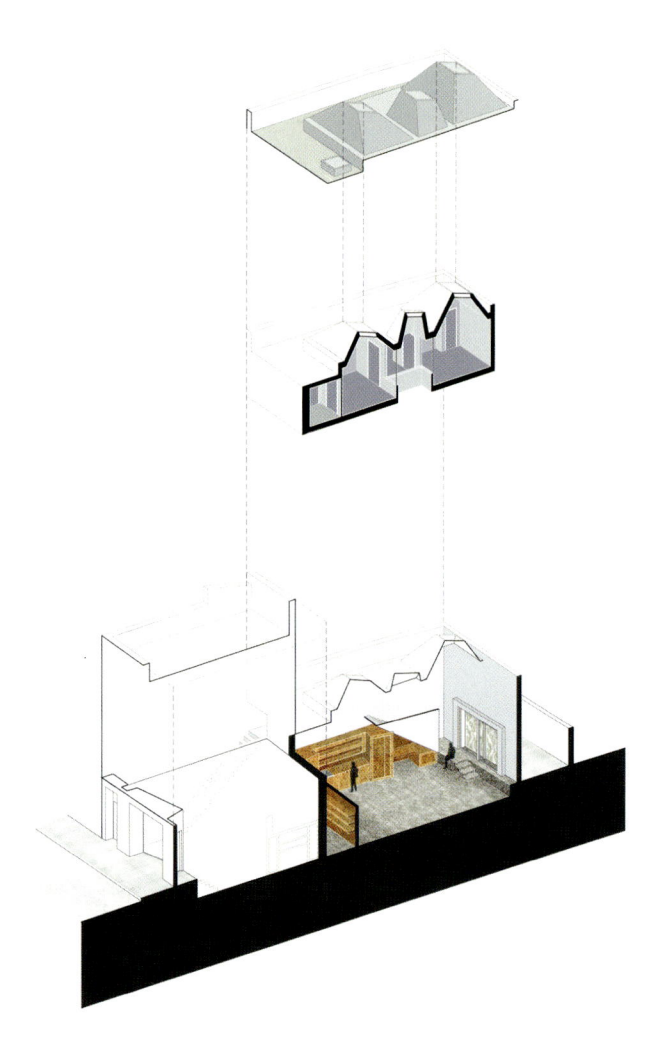

Exploded isometric view

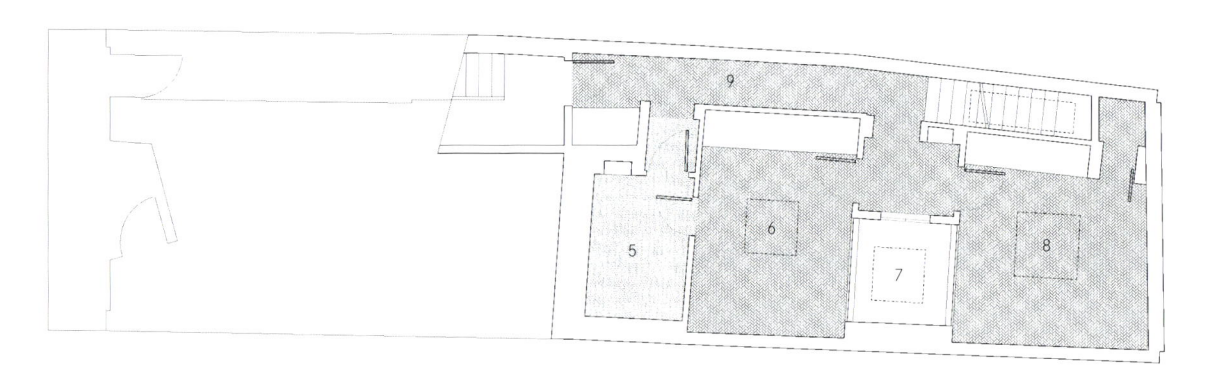

First floor plan

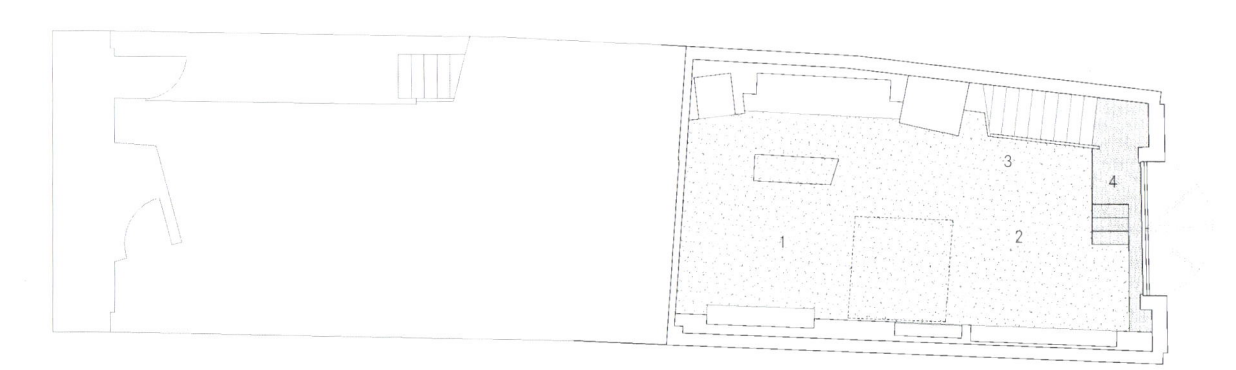

Ground floor plan

1. Kitchen / Living
2. Living
3. Study (Under stairs)
4. Entry
5. Bathroom
6. Bedroom
7. Lightwell
8. Bedroom
9. Entry

89

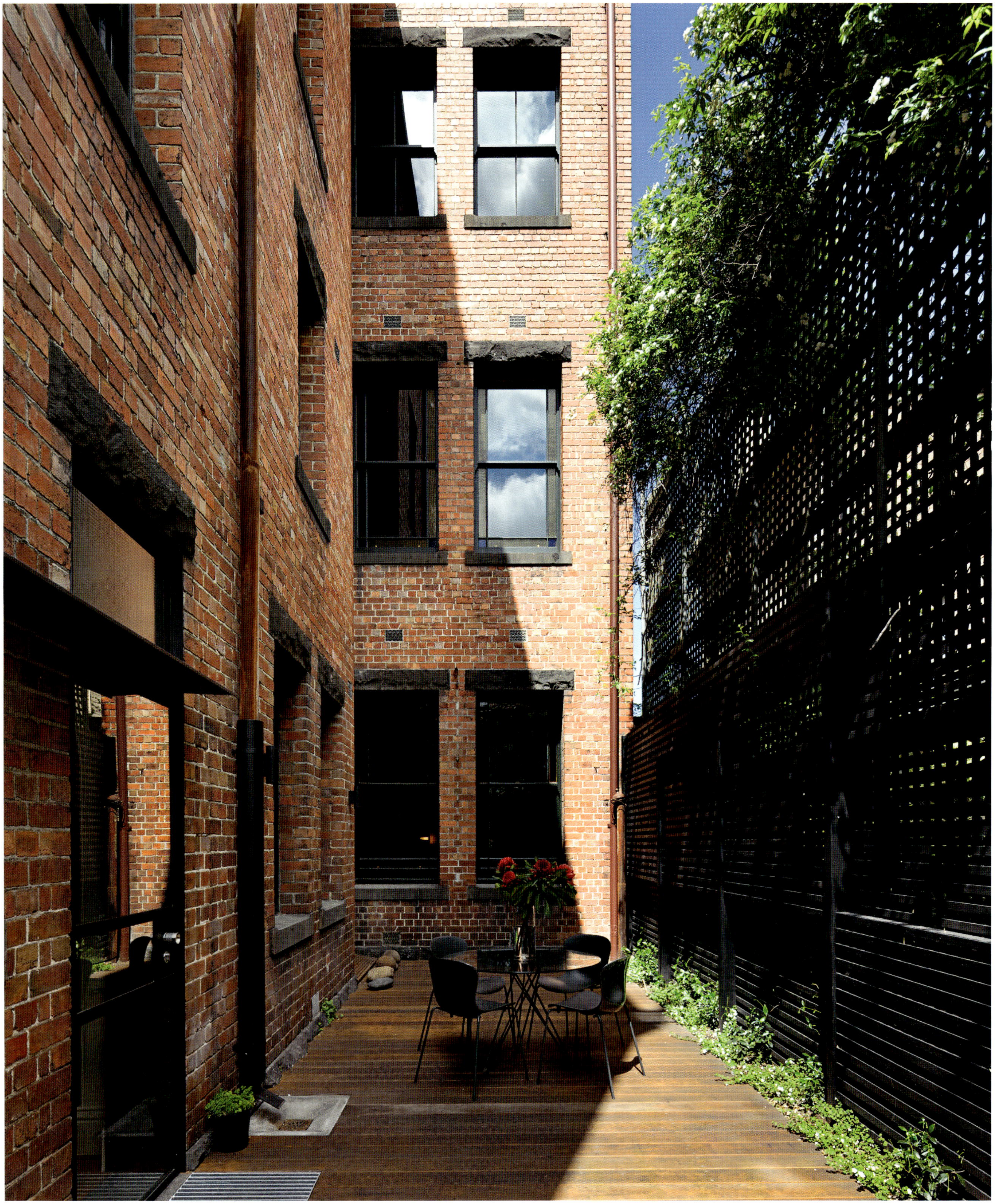

EAST MELBOURNE HOUSE

Zoë Geyer/zga
East Melbourne, Melbourne, Australia
© Dianna Snape

Remodelling this 1886 house brought it back to life, injecting it with dynamism and modernity. Now, its contemporary style embraces the traces of times gone by and creates a dialogue between the architecture of its past and the design of its present. This four-storey property with two staircases is a true reflection of its owners' passion for art and design.

Dieses Haus aus dem Jahr 1886 wurde durch eine umfassende Sanierung wieder zum Leben erweckt und zeichnet sich nun durch eine besondere Dynamik und Modernität aus. Nun zeigen sich die Spuren der Vergangenheit in einer zeitgenössischen Perspektive und vereinen sich in einem Dialog zwischen der Architektur vergangener Zeiten und dem Design der Gegenwart. Dieses Wohnhaus mit seinen vier Ebenen und zwei Treppen spiegelt die Leidenschaft für Kunst und Architektur seiner Eigentümer wider.

Un procédé de rénovation a redonné vie à cette maison de 1886 en lui insufflant dynamisme et modernité. Désormais, un regard contemporain embrasse les traces d'un autre temps et établit un dialogue entre l'architecture ancienne et la conception moderne. Cette maison de quatre étages et deux escaliers est un reflet fidèle de la passion pour l'art et la conception qu'ont leurs propriétaires.

Een verbouwing heeft dit huis uit 1886 nieuw leven ingeblazen en gevuld met energie en moderniteit. De sporen uit vergane tijden worden nu omarmd door een modern concept en er ontstaat een dialoog tussen de architectuur uit het verleden en het design van het nu. Deze woning van vier verdiepingen met twee trappen laat duidelijk zien dat de eigenaren een passie voor kunst en design hebben.

Un proceso de remodelación devolvió esta casa de 1886 a la vida insuflándole dinamismo y modernidad. Ahora, una mirada contemporánea abraza las huellas de otros tiempos y establece un diálogo entre la arquitectura del pasado y el diseño del presente. Esta vivienda de cuatro niveles y dos escaleras es un fiel reflejo de la pasión por el arte y el diseño de sus propietarios.

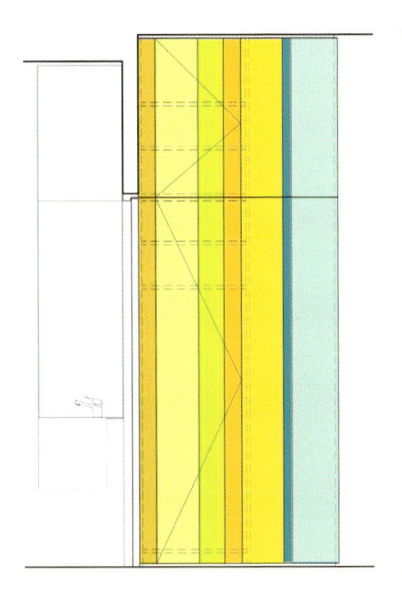

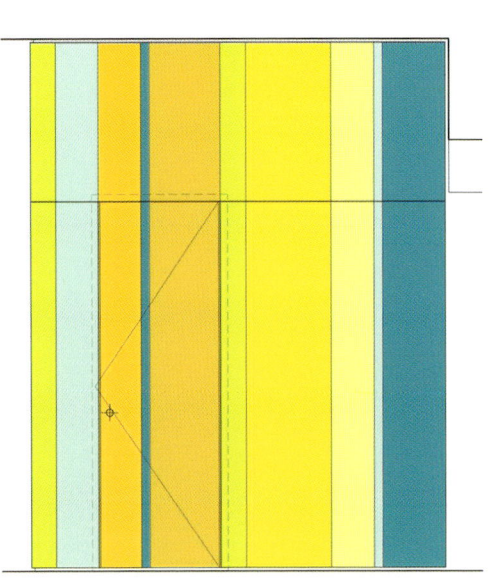

Hall panelling colour options

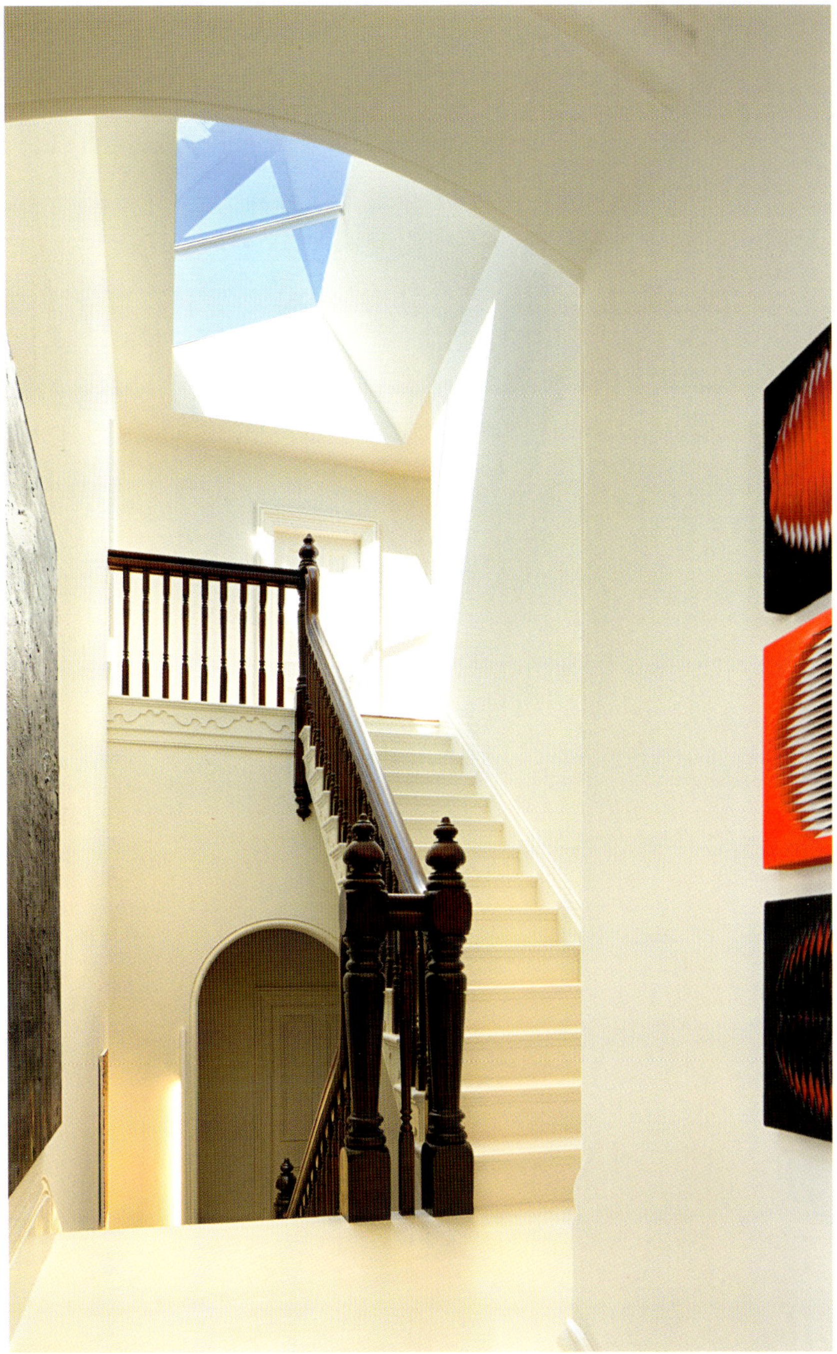

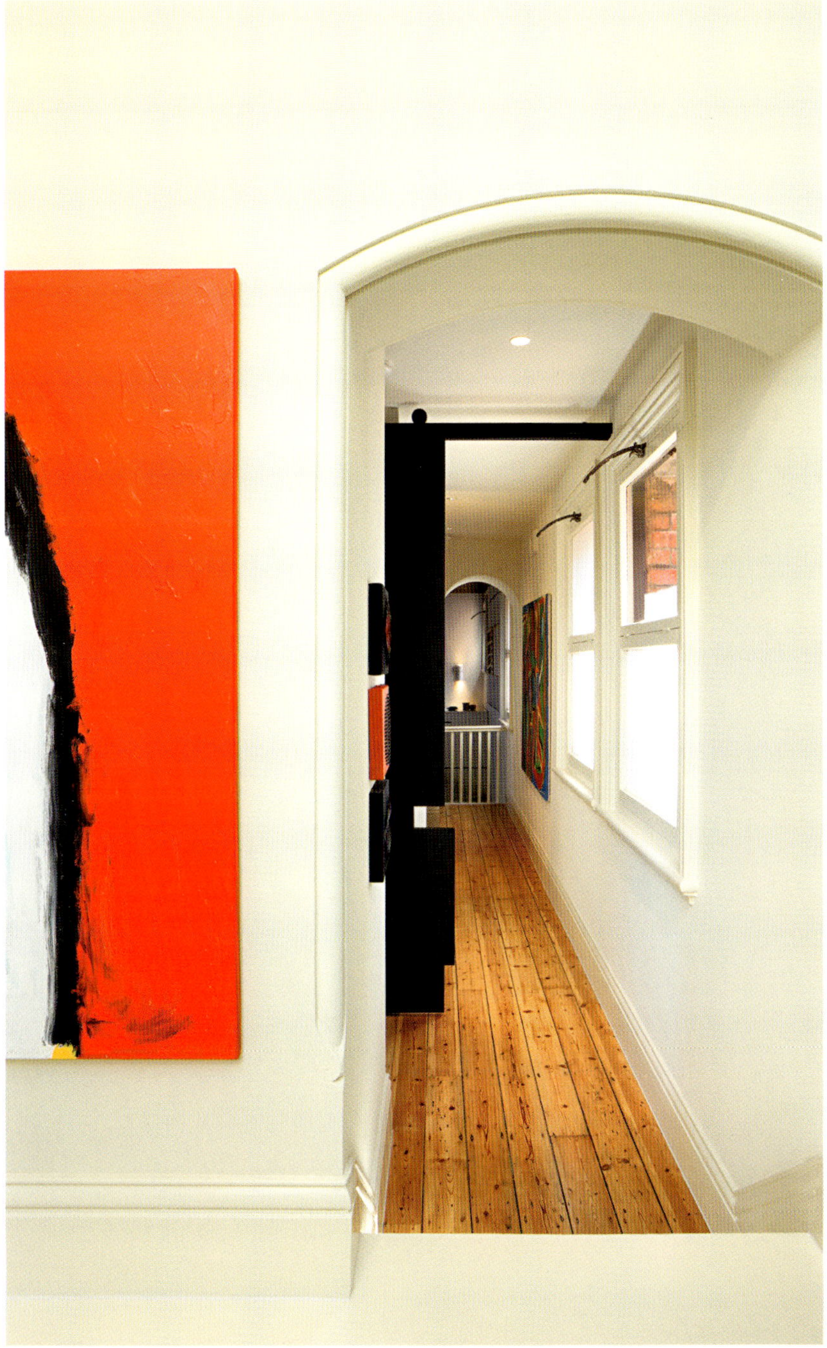

Arches are one of the leitmotifs of this construction. Elegant and stately, passing through them brings us closer to the origins of the house.

Die Bögen gehören zu den Leitmotiven dieses Baukonzepts. Sie fungieren als elegantes und herrschaftliches Tor zu den Ursprüngen des Gebäudes.

Les arcs sont l'un des leitmotivs de cette construction. Élégants et majestueux, passer sous ces arcs nous rapproche des origines de la maison.

De bogen zijn een van de leidmotieven van deze constructie. Ze zijn elegant en statig en als je onder deze bogen doorloopt voel je je verbonden met de historie van het huis.

Los arcos son uno de los *leitmotivs* de esta construcción. Elegantes y señoriales, pasar a través de ellos nos acerca a los orígenes de la casa.

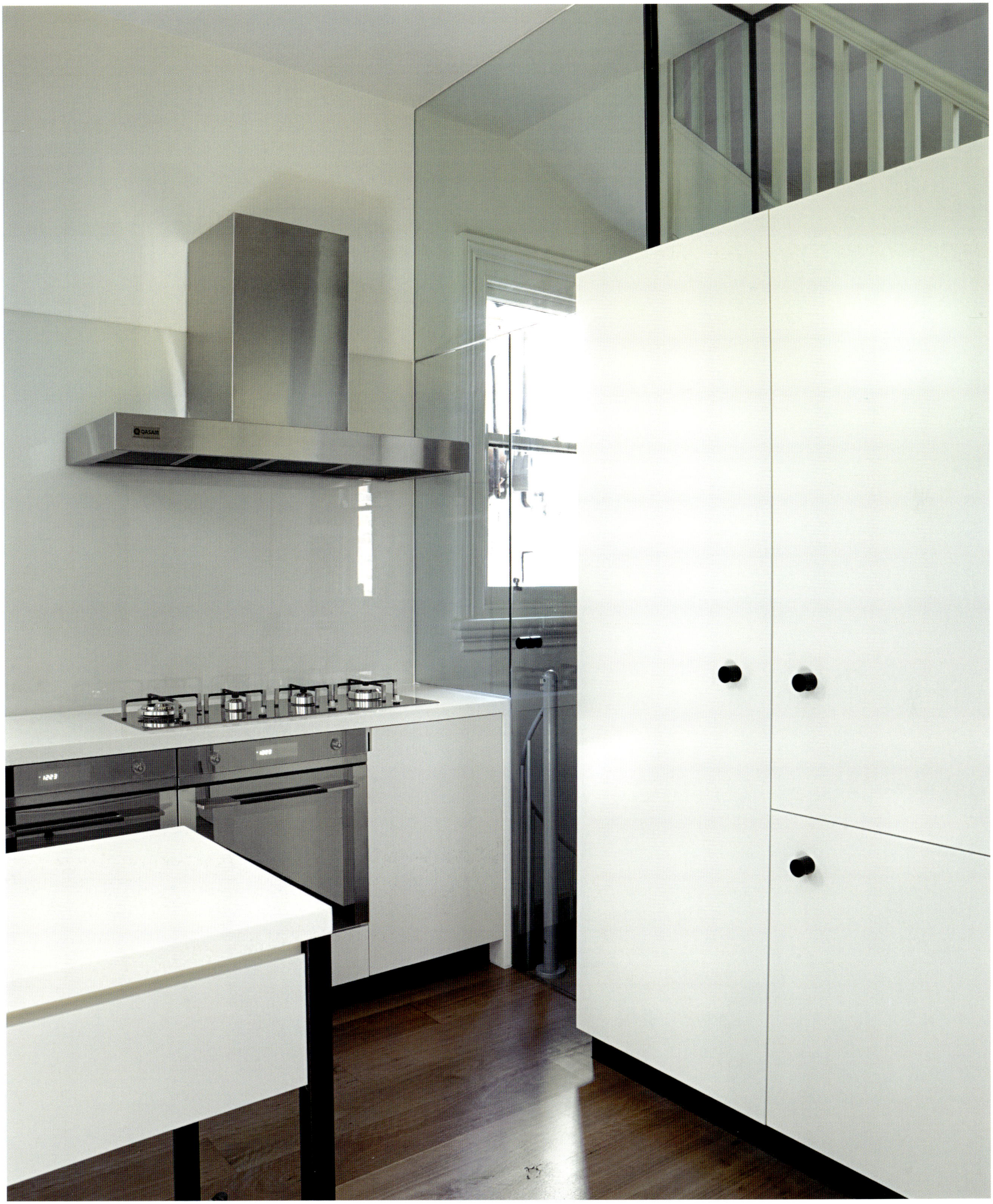

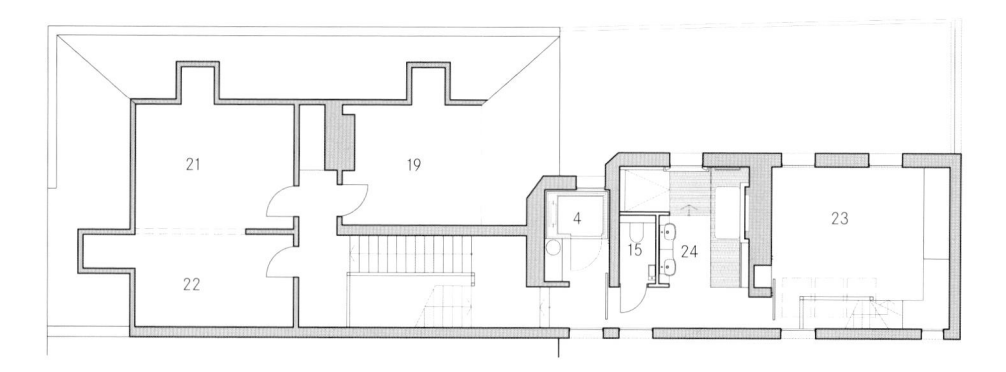

Fourth floor plan

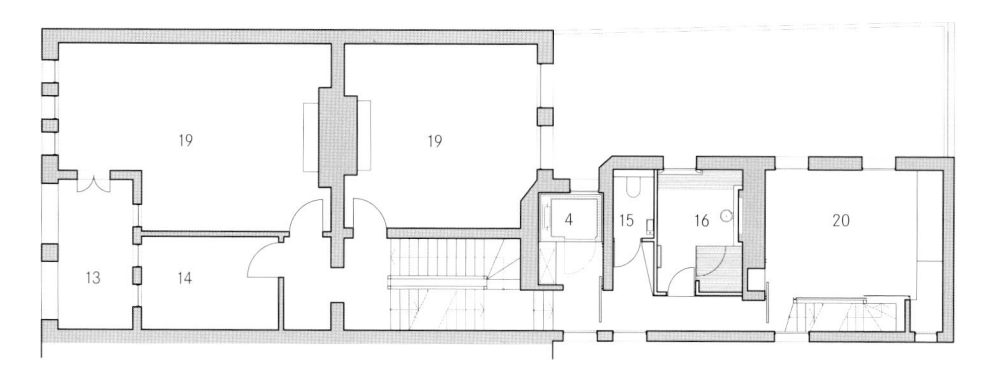

Third floor plan

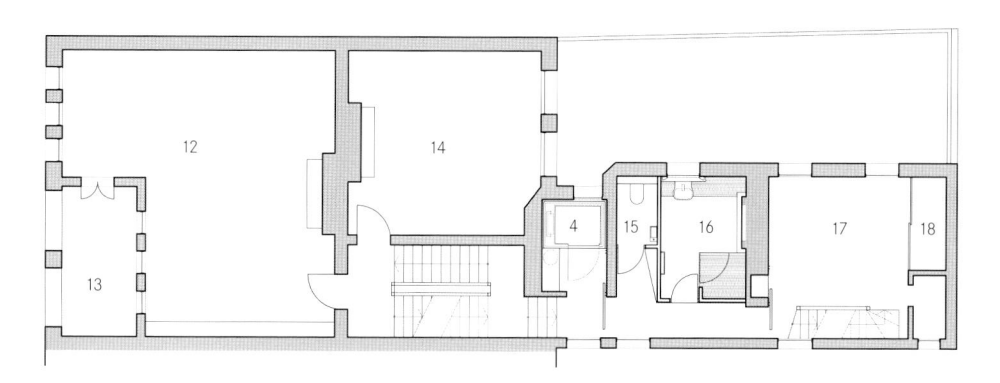

Second floor plan

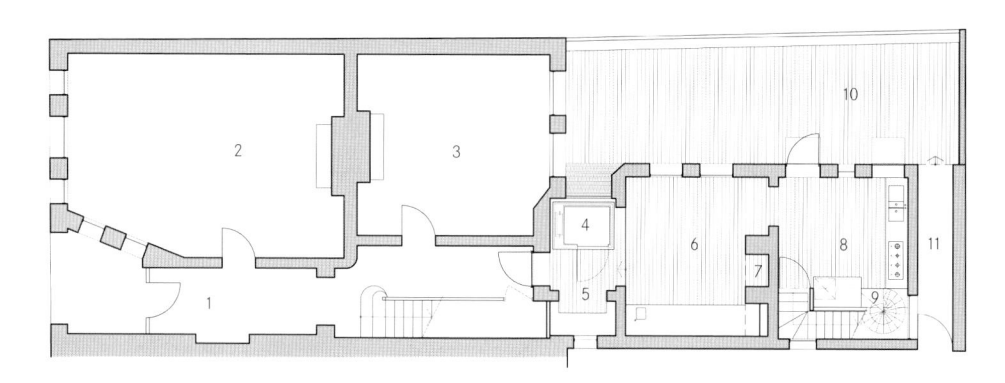

Ground floor plan

1. Entry
2. Sitting room
3. Dining room
4. Lift
5. Lift landing / Bar
6. Kitchen south (family kitchen)
7. Sculpture niche (old chimney)
8. Kitchen north (prep kitchen)
9. To cellar
10. Courtyard
11. Row lane
12. Library lounge
13. Balcony
14. Study
15. Powder room
16. Bathroom
17. Utility room
18. Laundry
19. Bedroom
20. Dressing room
21. Studio
22. Storage
23. Master bedroom
24. En-suite
25. Stairwell

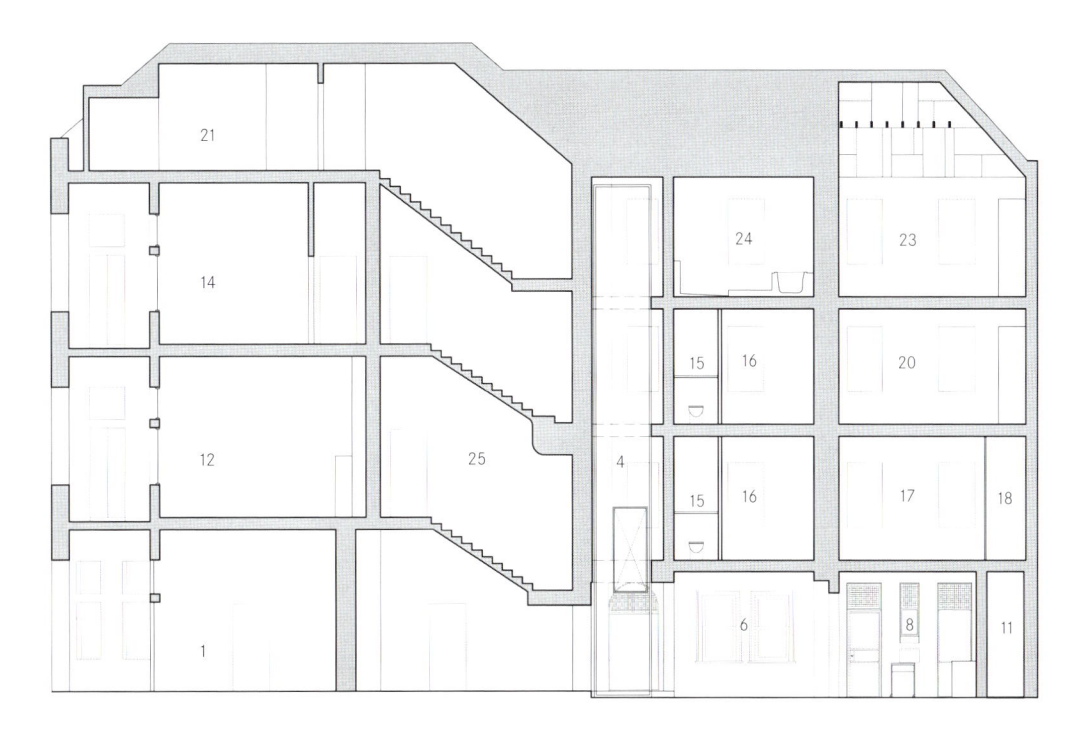

Section after alterations and additions

The gable roof has skylights that filter the sunlight and which, together with the windows, form the nexus between the house and the city.

Das Satteldach ist mit Oberlichtern versehen, durch die das Sonnenlicht eindringen kann, und die zusammen mit den Fenstern, eine Verknüpfung des Hauses mit der Stadt darstellen.

Le toit à deux pentes présente des claires-voies qui laissent passer la lumière du soleil et qui forment, avec les fenêtres, le trait d'union de la maison avec la ville.

Het zadeldak heeft dakramen die het zonlicht binnen laten en, samen met de gewone ramen, de verbinding tussen het huis en de stad vormen.

El tejado a dos aguas presenta claraboyas por las que se filtra la luz solar y que constituyen, junto con las ventanas, el nexo de la casa con la ciudad.

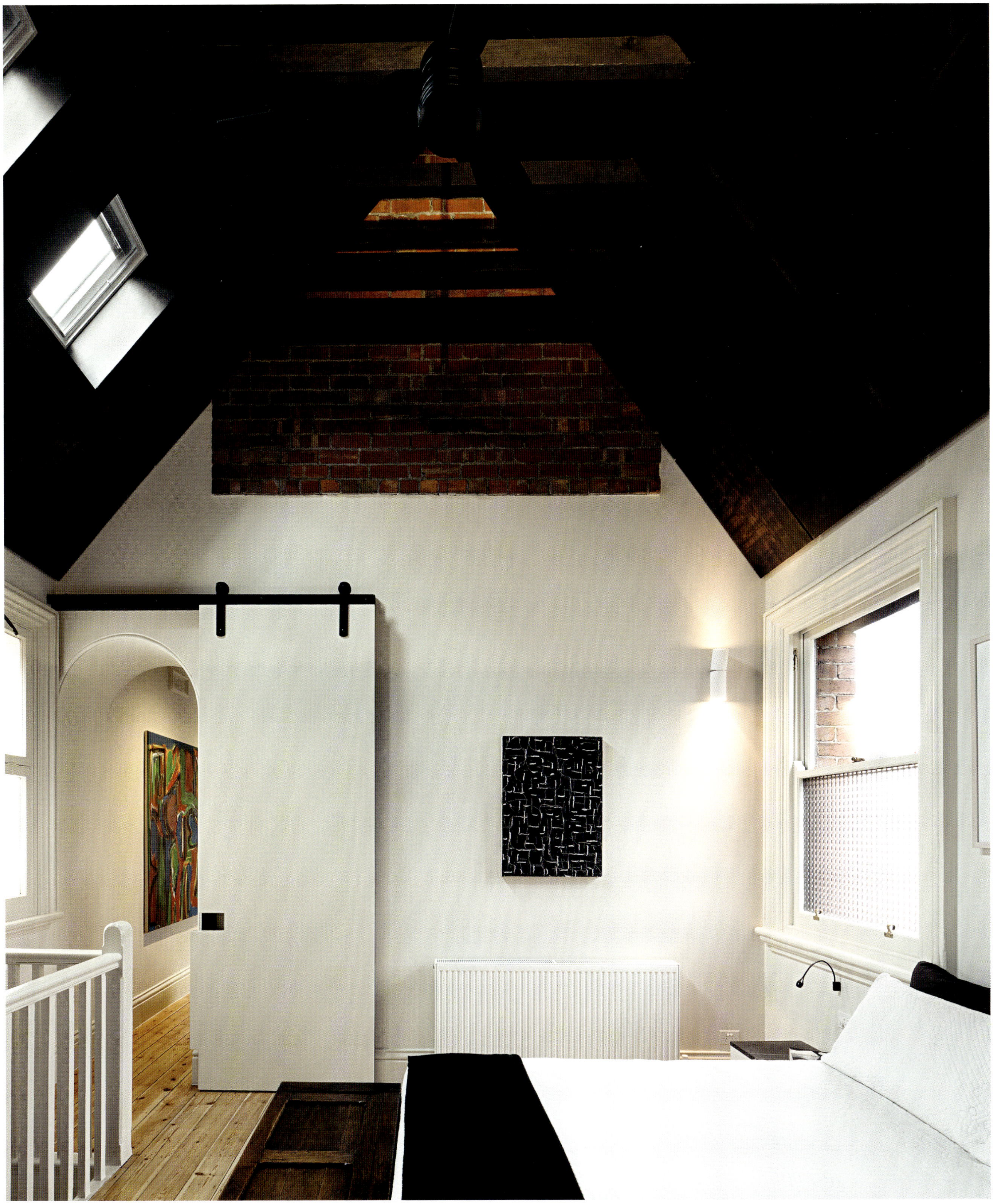

Third floor plan – En-suite

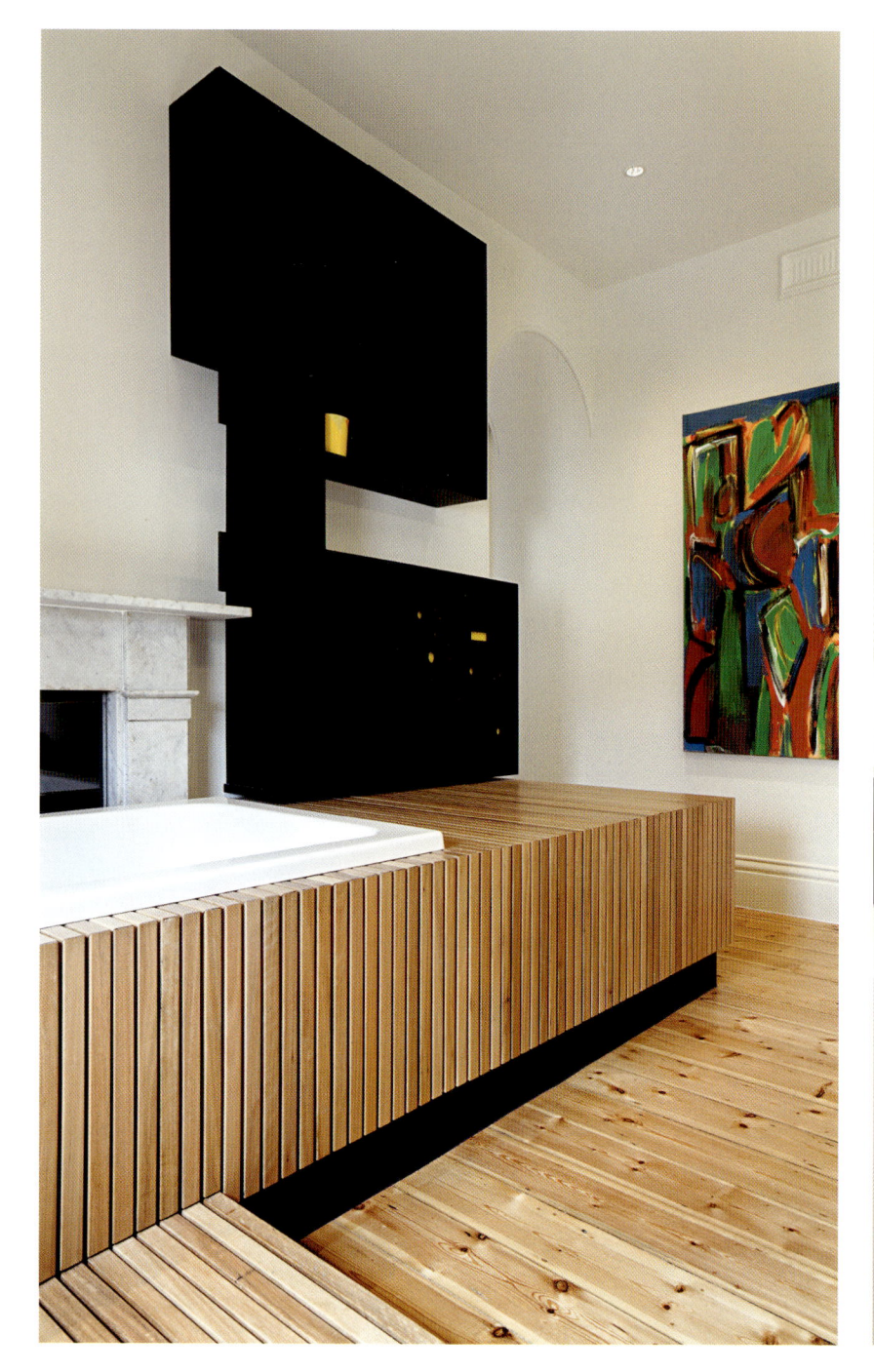

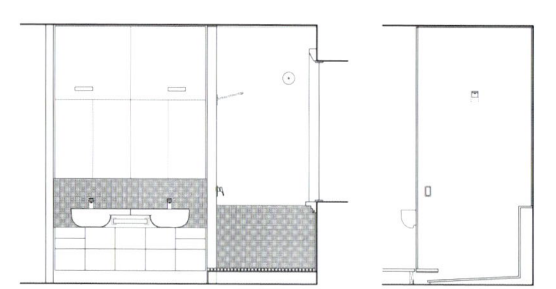

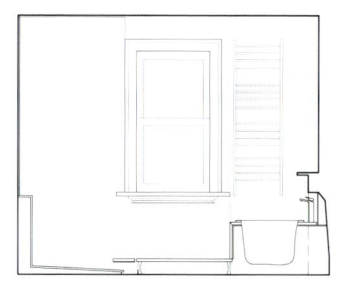

Interior elevations – En-suite shower alcove

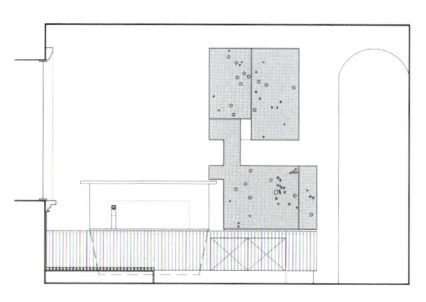

Interior elevation – En-suite joinery cabinet (closed)

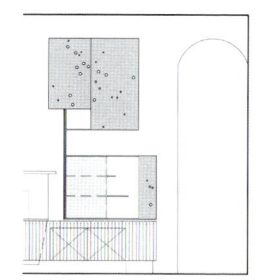

Interior elevation – En-suite joinery cabinet (open)

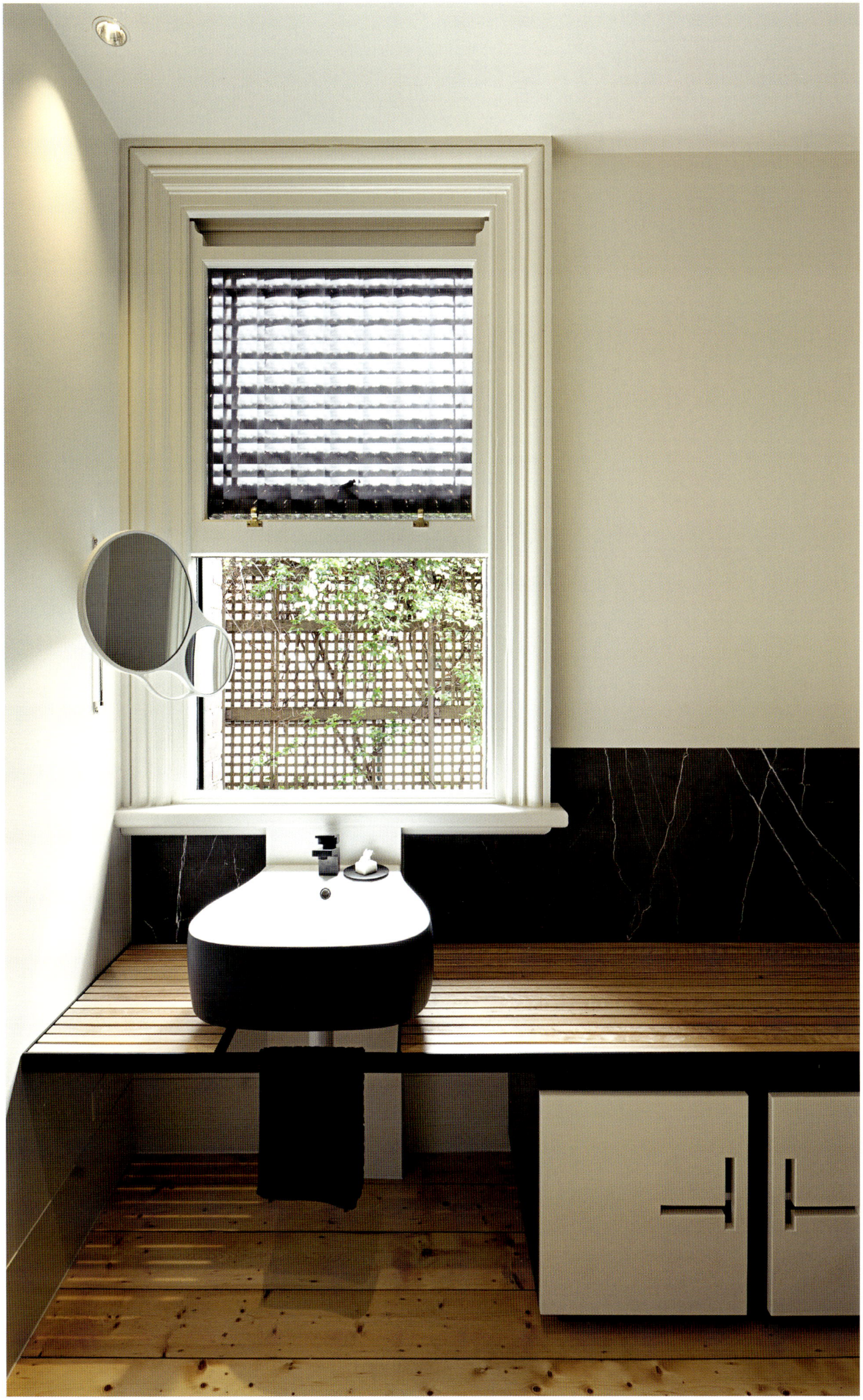

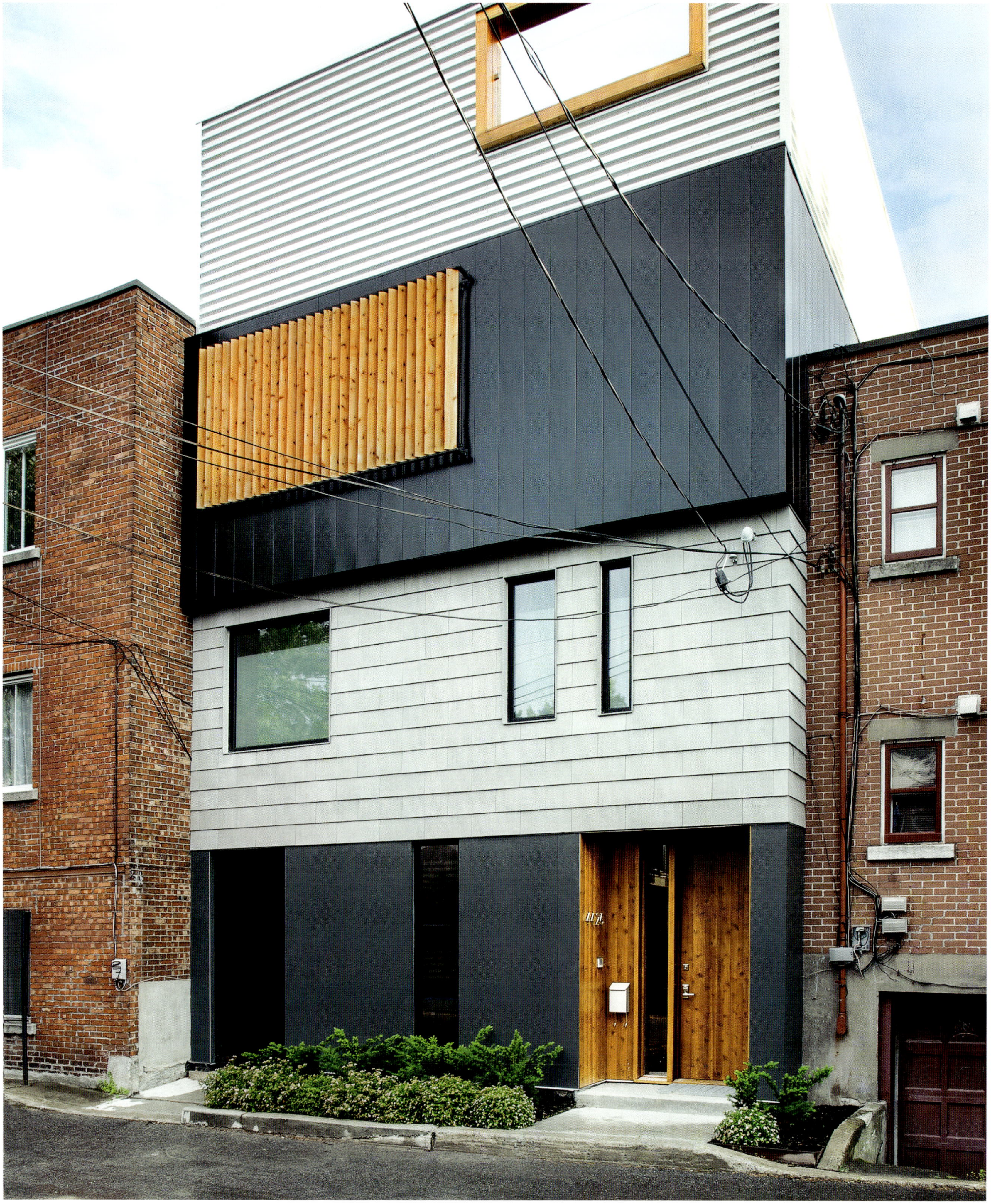

STACKED HOUSE

Naturehumaine
Montreal, QC, Canada
© Adrien Williams

This project was carried out in collaboration with the owner, who wanted to play a part in the construction of his own house. The exterior design, in 'patchwork' style, reflects the urban landscape of the Plateau district. A vertical construction was necessary due to the constraints of the plot: four cubes of different materials stacked one on top of another.

Das Projekt wurde in Zusammenarbeit mit dem Eigentümer umgesetzt, der gerne am Bau seines eigenen Hauses mitwirken wollte. Das Fassadendesign im Patchworkstil spiegelt die urbane Landschaft des Stadtteils Plateau wider. Die durch die Grundstücksgröße vorgeschriebenen Beschränkungen führten zu einer vertikalen Konstruktion: Vier verschiedene Kuben aus unterschiedlichen Materialien, die in Form von Schichten aufgebracht wurden.

Le projet a été réalisé en collaboration avec le propriétaire, qui souhaitait participer à la construction de sa propre maison. La conception extérieure, tel un patchwork, reflète le paysage urbain du quartier de Plateau. Les limites du terrain ont conduit à une construction verticale : quatre cubes faits dans différents matériaux empilés les uns sur les autres.

Het project werd uitgevoerd in samenwerking met de eigenaar, die mee wilde doen aan de bouw van zijn eigen huis. Het ontwerp van de buitenzijde, met een *patchwork*-stijl, weerspiegelt de stedelijke omgeving van het district Plateau. De beperkingen van het terrein leidden tot een verticale constructie: vier opeengestapelde kubussen van verschillende materialen.

El proyecto fue realizado en colaboración con el propietario, que deseaba participar en la construcción de su propia casa. El diseño exterior, a modo de *patchwork*, refleja el paisaje urbano del distrito de Plateau. Las limitaciones del terreno derivaron en una construcción vertical: cuatro cubos de distintos materiales apilados uno encima del otro.

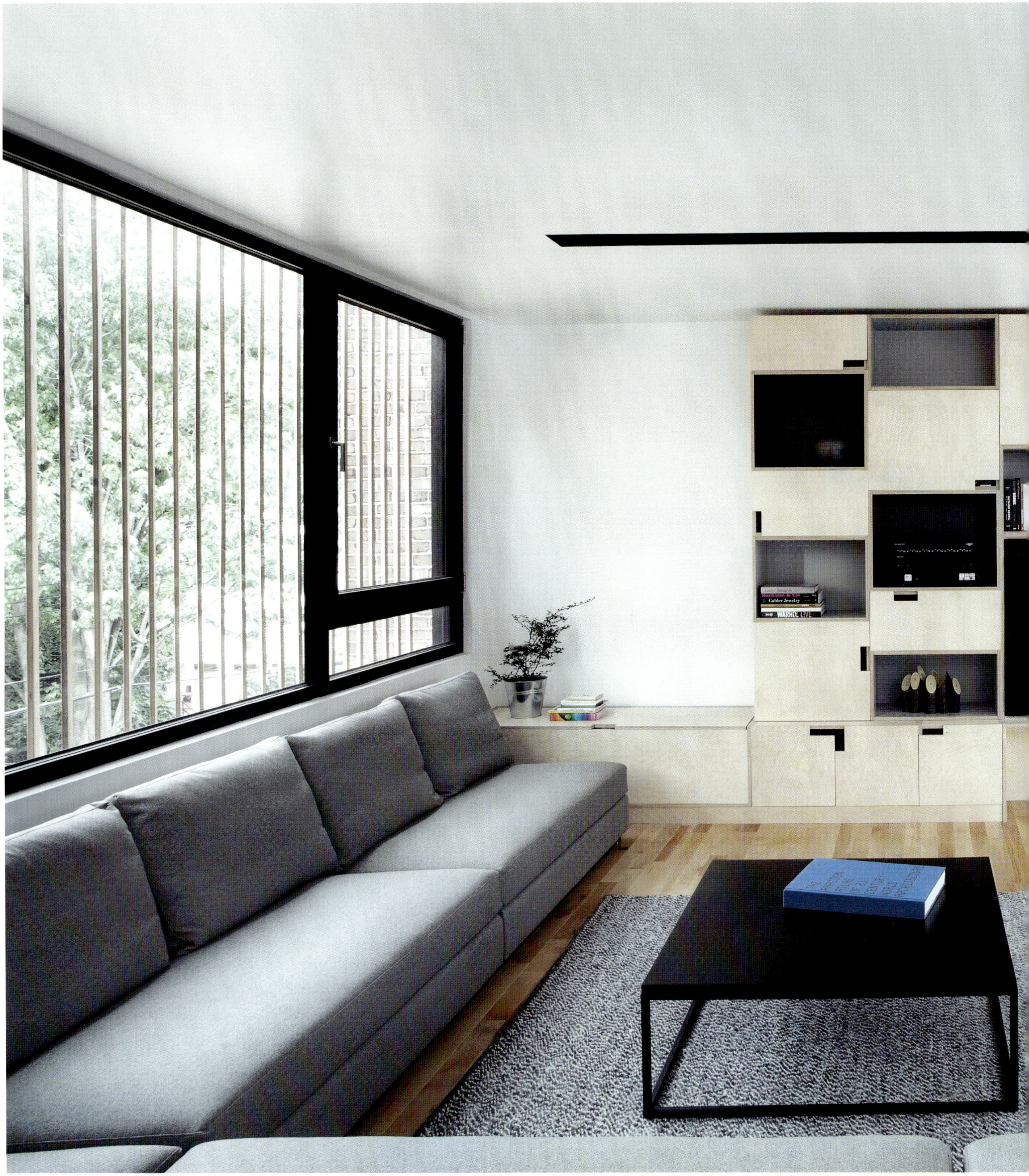

The outer geometry is inspired by the house's surroundings and is in turn reflected inside. The design of the shelving unit in the lounge is a good example of this.

Die äußere Geometrie, vom Umfeld des Hauses inspiriert, wird auch im Inneren fortgeführt. Des Design des Wohnzimmerregals ist hierfür ein ausgezeichnetes Beispiel.

La géométrie extérieure, inspirée par l'environnement de la maison, se reflète à son tour à l'intérieur. La conception de l'étagère du salon en est un bon exemple.

De externe geometrie, gebaseerd op de omgeving van het huis, wordt aan de binnenzijde weerspiegeld. Een goed voorbeeld hiervan is de boekenkast in de woonkamer.

La geometría exterior, inspirada en el entorno de la casa, se refleja a su vez en el interior. El diseño de la estantería del salón es un buen ejemplo de ello.

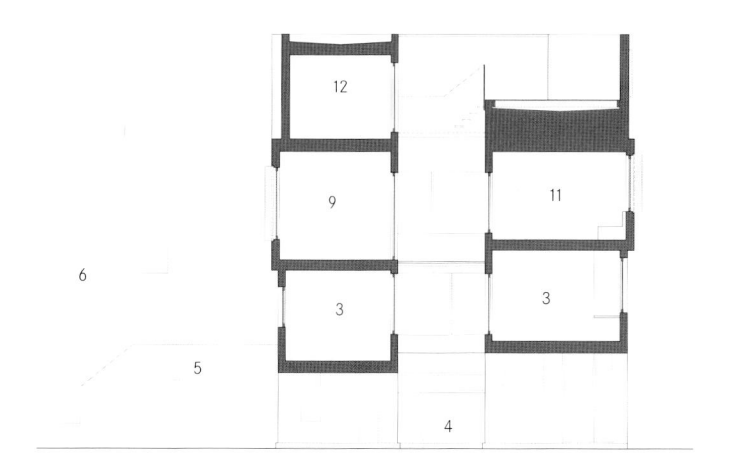

Longitudinal section

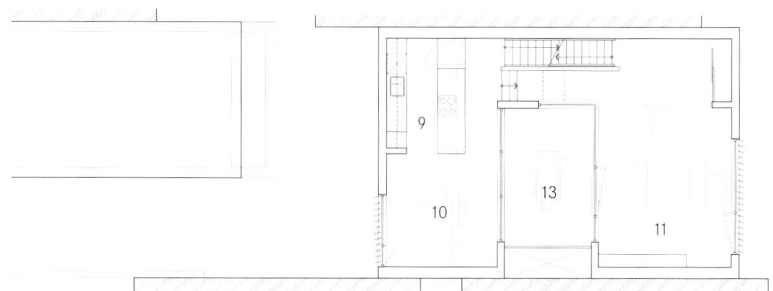

Third floor plan

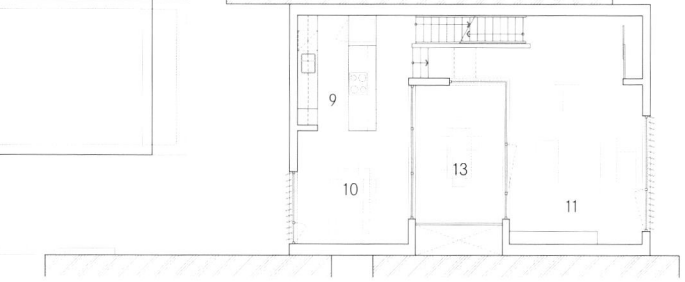

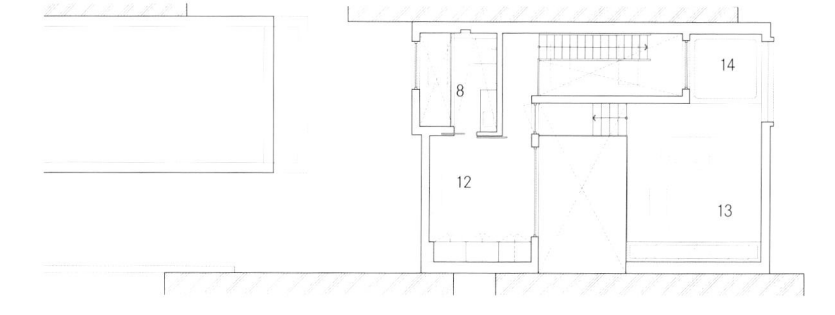

Fourth floor plan

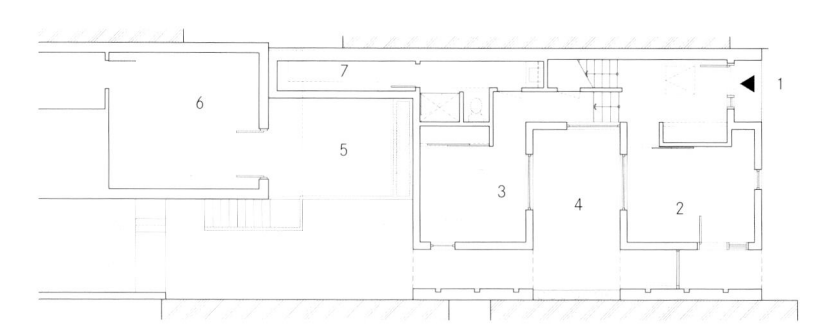

Ground floor plan

1. Entrance
2. Workshop
3. Bedroom
4. Interior courtyard
5. Neighbour's deck
6. Neighbour's residence
7. Walk-in-closet
8. Bathroom
9. Kitchen
10. Dining room
11. Family room
12. Master bedroom
13. Terrace
14. Jacuzzi

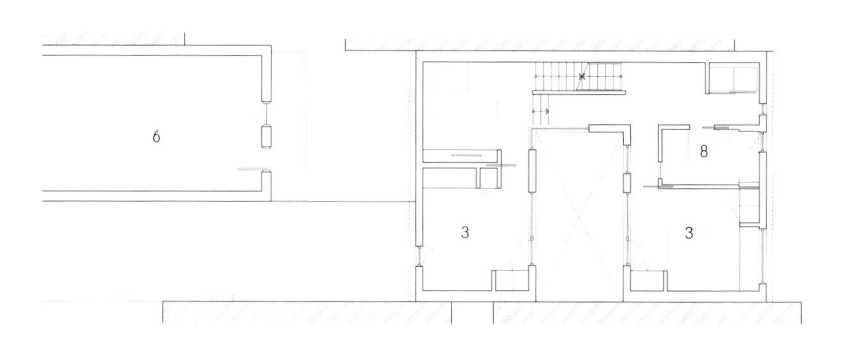

Second floor plan

Inserting an empty space in the centre of the house acts as a source of light and ventilation as well as creating a small, private patio area.

Ein leerer Raum im Zentrum des Hauses dient als Lichtquelle und sorgt für Belüftung; gleichzeitig ist es ein kleiner privater Innenhof.

Un espace vide inséré au centre de la maison sert de source de lumière et de ventilation et constitue une petite cour privée.

Een lege ruimte in het hart van de woning fungeert als bron van zonlicht en ventilatie en vormt een klein, besloten binnenplaatsje.

Un espacio vacío inserto en el centro de la vivienda funciona como fuente de luz solar y ventilación y conforma un pequeño patio privado.

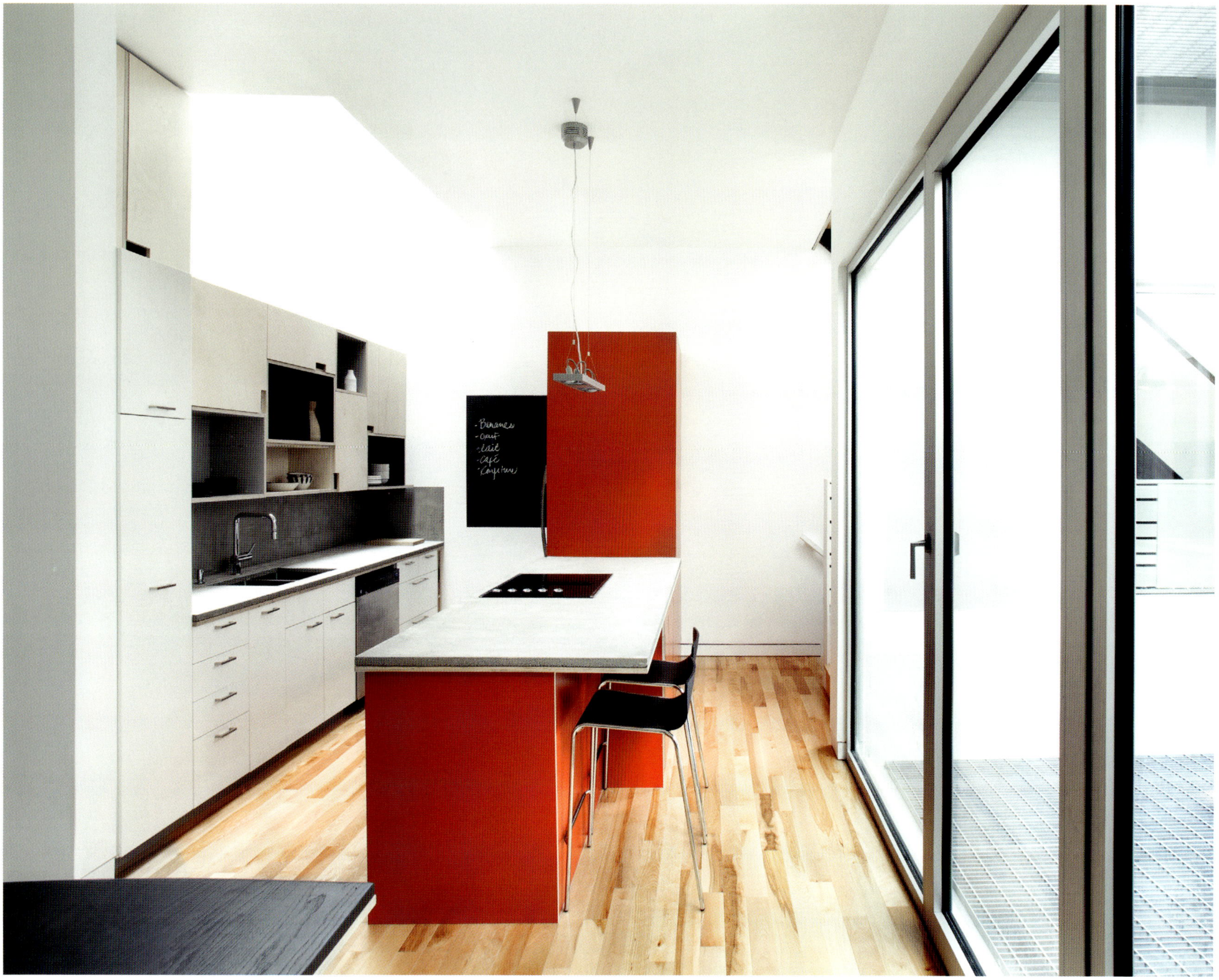
-Bananes
-Oeuf
-Lait
-Café
-Confiture

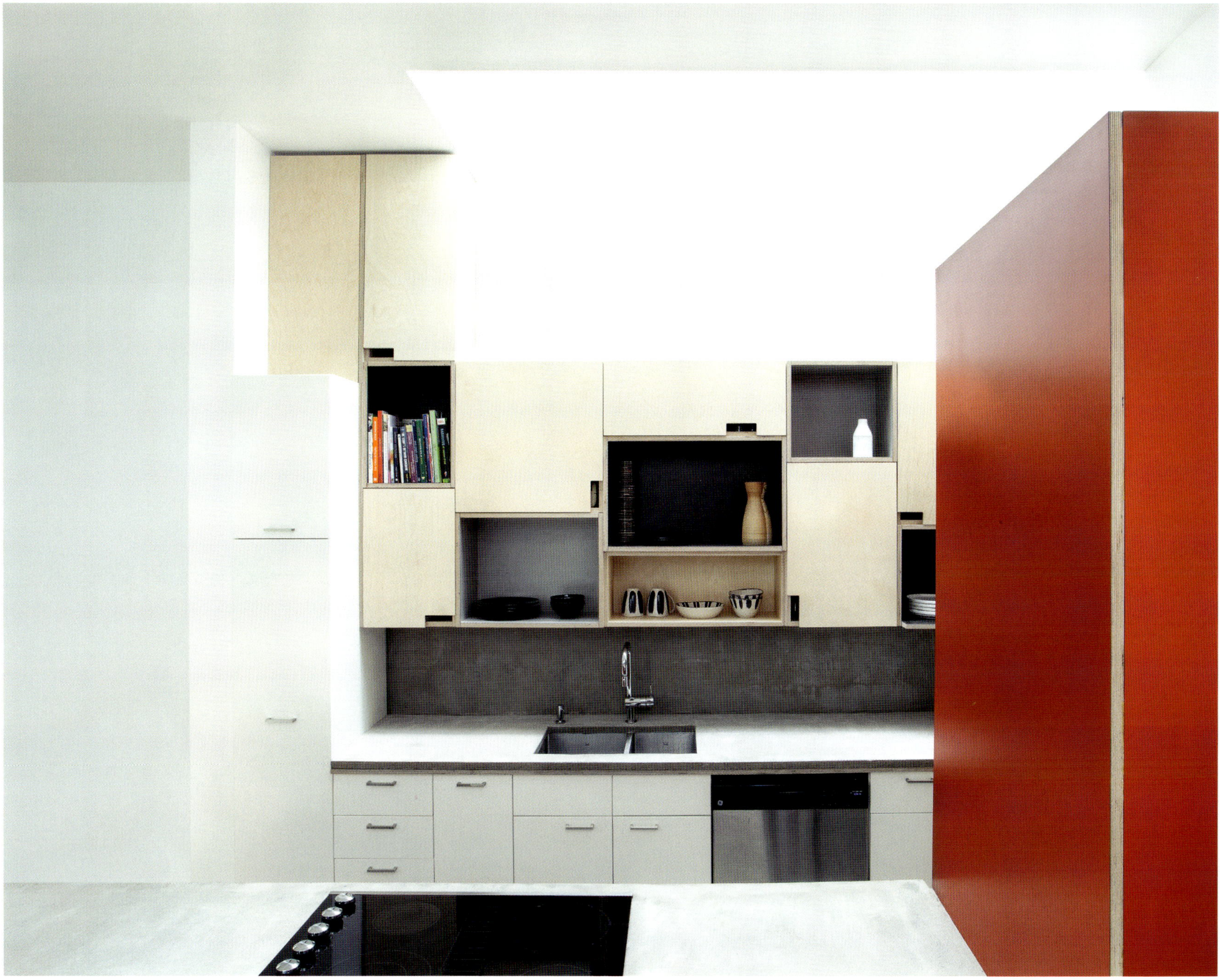

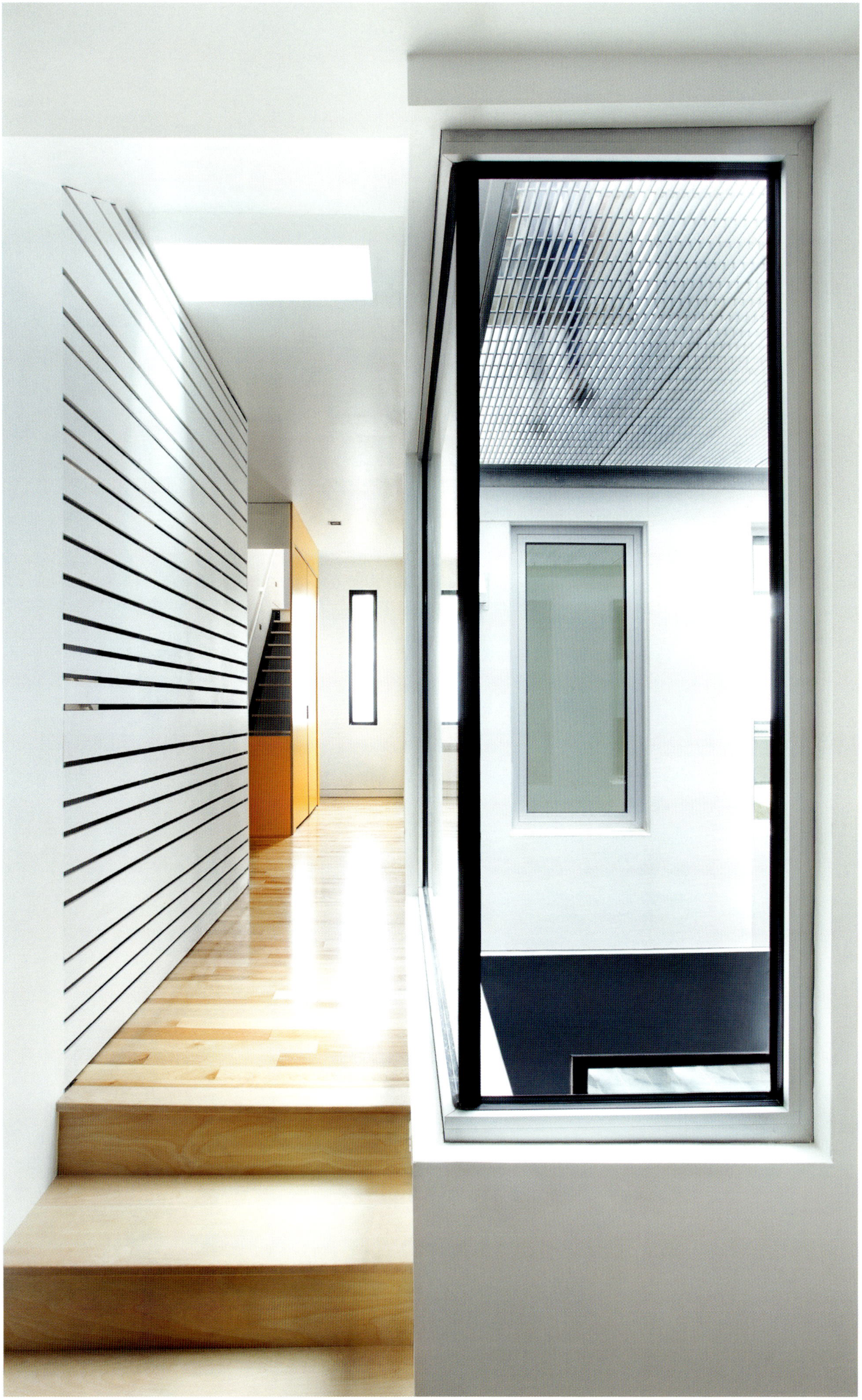

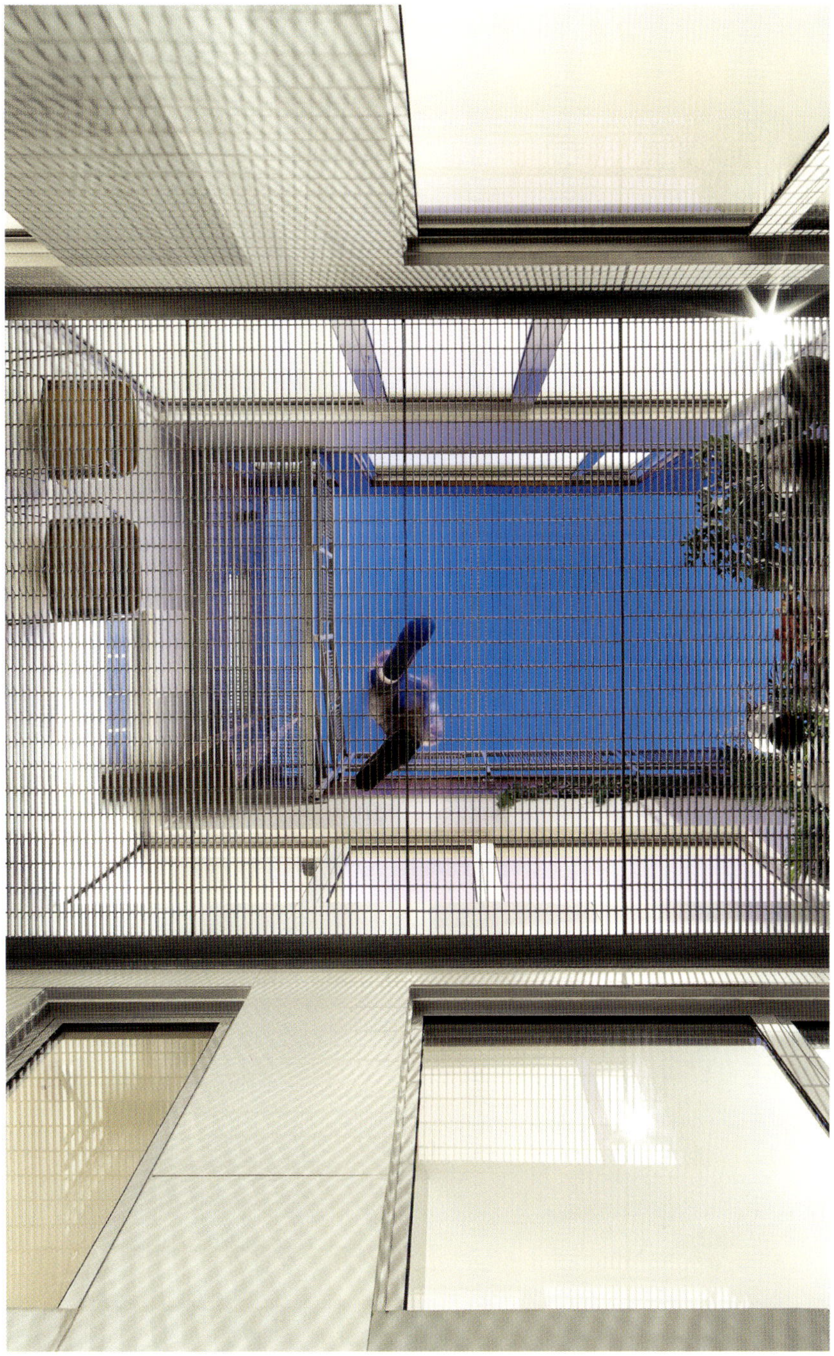

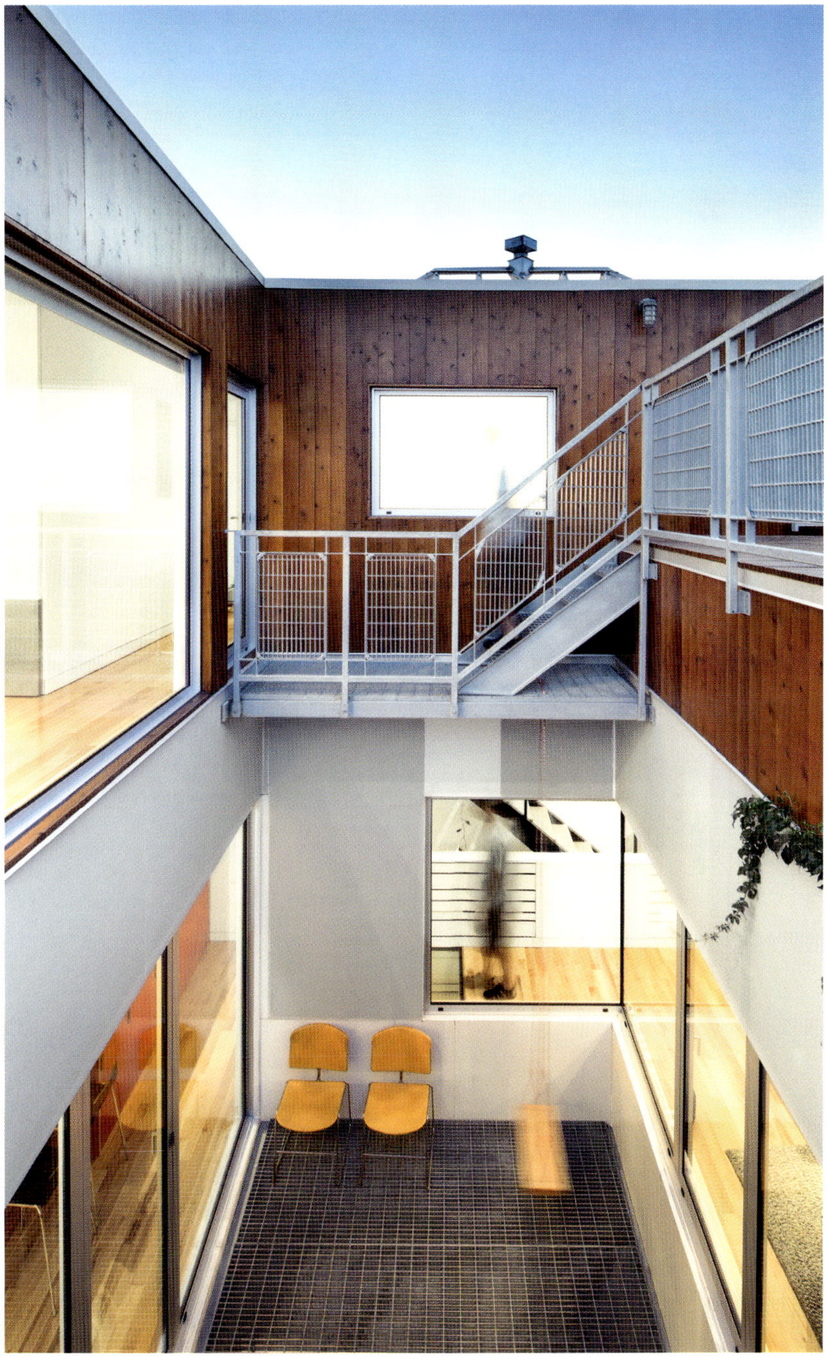

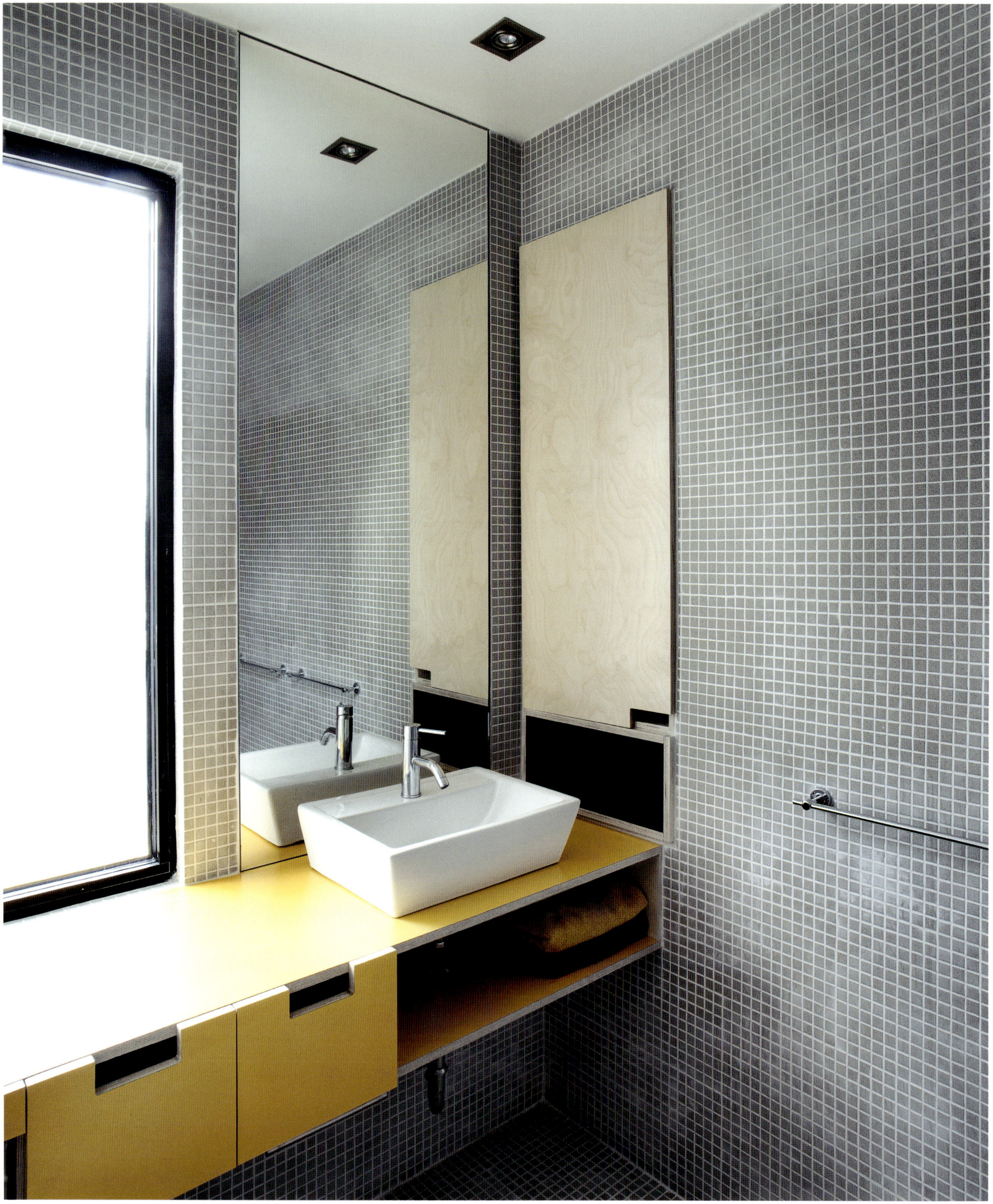

The light grey hue of the tiles, the soft light and the translucent materials are ideally suited to the bathroom, creating a relaxing atmosphere.

Die hellgraue Ton der Fliesen, das sanfte Licht und die transluzenten Materialien stellen sich als überaus angemessene Wahl für das Bad heraus, denn sie sorgen für eine entspannte Atmosphäre.

La teinte gris clair des carreaux, la lumière douce et les matériaux translucides sont très appropriés pour la salle de bain car ils donnent une atmosphère relaxante.

De lichtgrijze toon van de tegels, het zachte licht en de doorzichtige materialen zijn heel geschikt voor de badkamer, aangezien ze een rustgevende sfeer oproepen.

La tonalidad gris clara de los azulejos, la luz suave y los materiales translúcidos son muy apropiados para el baño, pues suscitan un ambiente relajante.

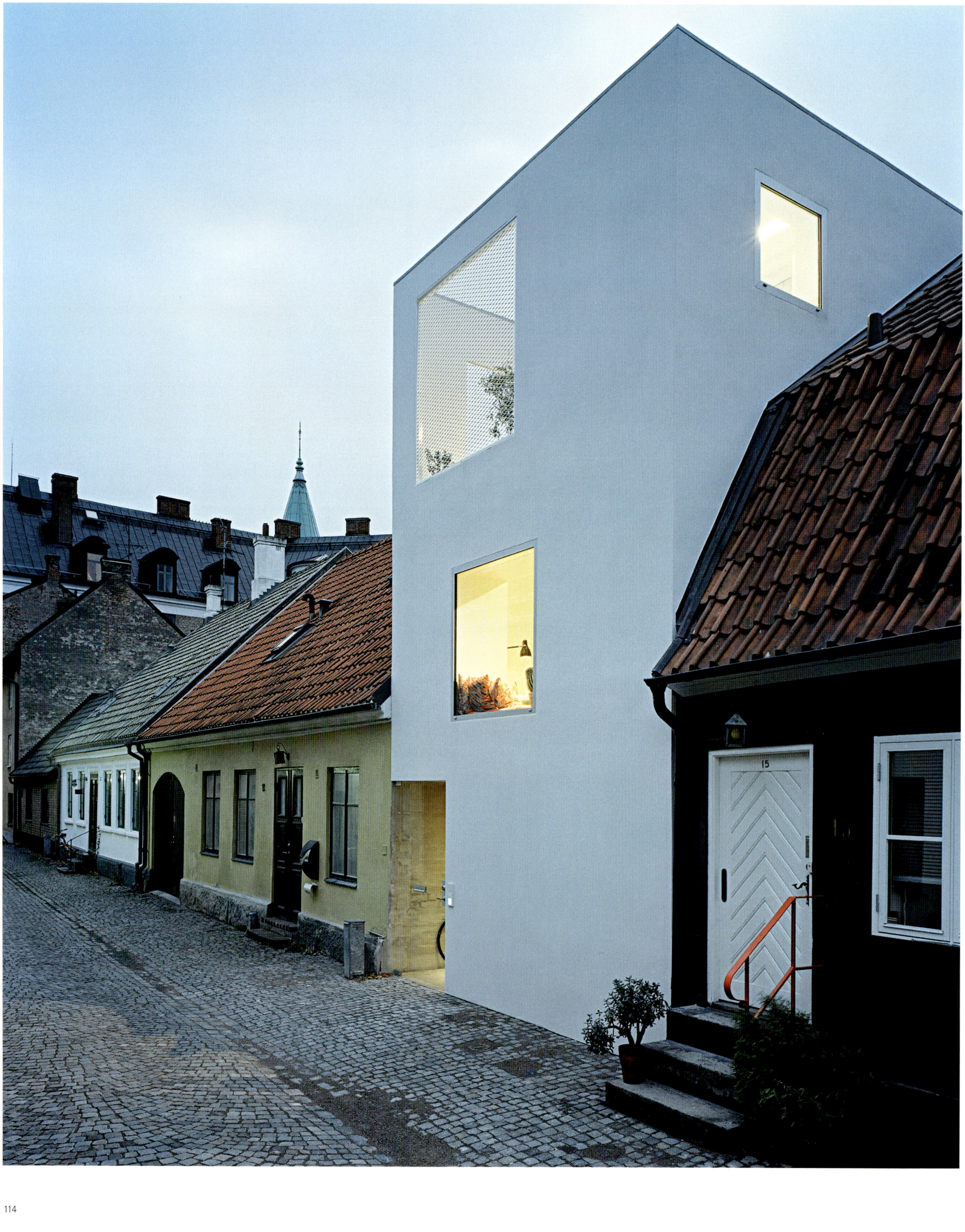
15

TOWNHOUSE

Elding Oscarson
Landskrona, Sweden
© Åke E:son Lindman

Encased in a terrace of period buildings the house, with its smooth, white façade, is an oasis of pure beauty. Although the contrast is strong, the straight lines and simplicity of the white enrich the rhythm of the street. The property is to be used as an art gallery, so the walls are designed not for privacy but for the display of paintings.

Als Teil einer Gebäudereihe bildet dieses Haus mit seiner weißen Fassade als Oase der Reinheit einen überraschenden Kontrast. Trotz dieser starken Gegensätze bereichern die rechtwinkligen Formen und die Schlichtheit der weißen Farbe den Rhythmus der Straßengestaltung auf ungeahnte Weise. Das Haus soll als Kunstgalerie genutzt werden – daher sind die Wände nicht auf Privatsphäre hin ausgerichtet, sondern sollen der Ausstellung von Bildern dienen.

Coincée dans une file d'anciens bâtiments, la maison à la façade blanche et lisse s'érige telle une oasis de pureté. Bien que le contraste soit impressionnant, les formes rectilignes et la simplicité de la couleur blanche enrichissent le rythme de la rue. La propriété va être utilisée comme galerie d'art, c'est pourquoi les murs ne sont pas conçus pour préserver l'intimité mais pour accueillir des tableaux.

Dit huis, met een gladde, witte façade en gelegen in een strook met historische gebouwen, doemt op als een oase van onberispelijkheid. Ook al zijn de contrasten sterk, toch verrijken de rechte vormen en de eenvoud van het wit het ritme van de straat. De woning zal gebruikt worden als kunstgalerie en daarom zijn de muren niet ontworpen om privacy te bieden, maar om schilderijen onder te brengen.

Encajada en una hilera de edificios antiguos, la casa, de fachada blanca y lisa, se alza como un remanso de pureza. Aunque el contraste es fuerte, las formas rectilíneas y la sencillez del blanco enriquecen el ritmo de la calle. La vivienda se va a usar como galería de arte, por eso las paredes no están diseñadas para la privacidad, sino para albergar cuadros.

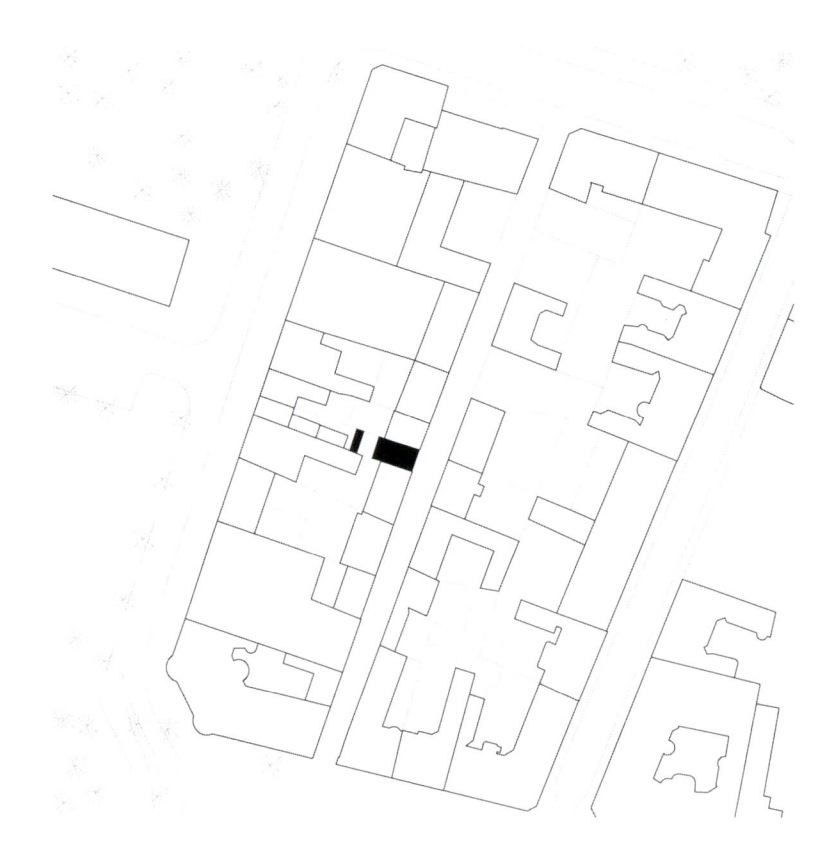

Site plan

Conceptual design

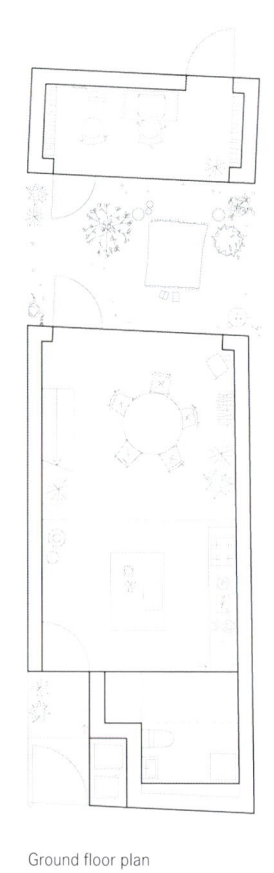

Ground floor plan 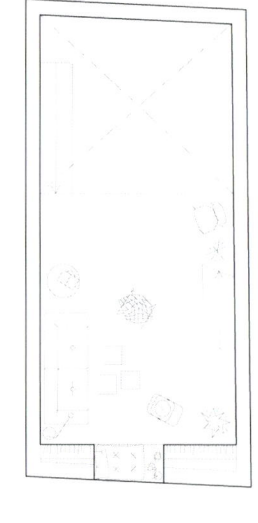   Mezzanine floor plan 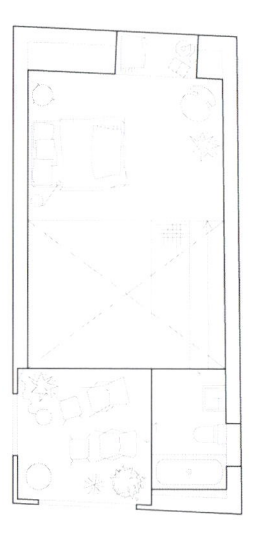   Second floor plan

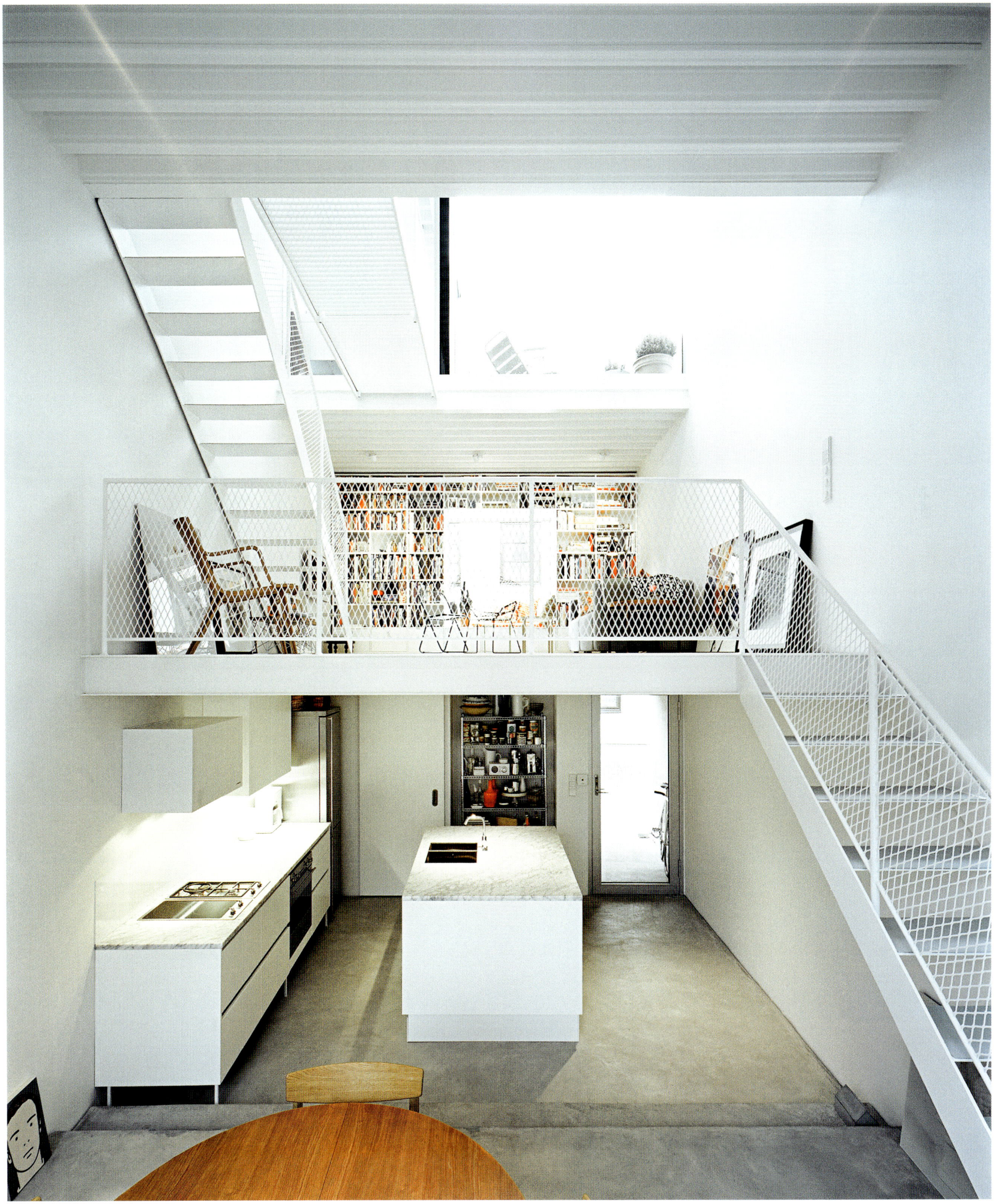

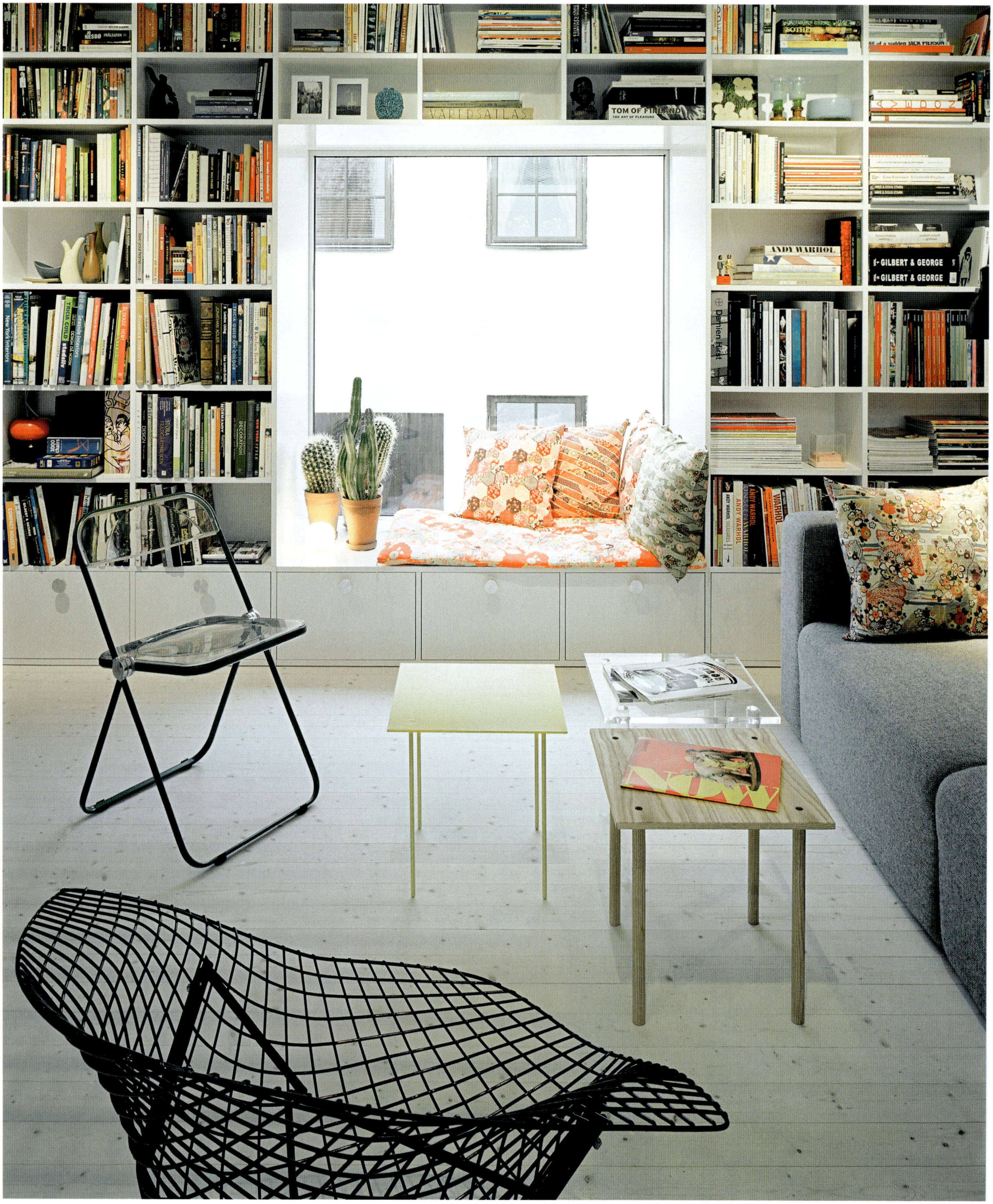

Open to the skies and the street, the interior is a juxtaposition of light and welcoming areas: the layout creates distinct corners here and there for reading and conversation.

Der Innenraum mit seinem Zusammenspiel aus luftigem und wohnlichem Ambiente ist zum Himmel und zur Straße hin offen: Hier und da entstehen durch die Raumaufteilung Ecken und Nischen, die der Kommunikation und Lektüre dienen.

L'intérieur, ouvert sur le ciel et la rue, procure une ambiance légère et accueillante : ici et là, l'aménagement de l'espace crée des recoins de lecture et de conversation.

Het interieur, dat zich naar zowel de straat als de hemel opent, bestaat uit een combinatie van lichte en gezellige ruimtes: de indeling van de ruimte creëert hier en daar lees- en praathoeken.

El interior, abierto al cielo y a la calle, es un conjunto de ambientes livianos y acogedores: aquí y allí, la disposición del espacio crea rincones de lectura y conversación.

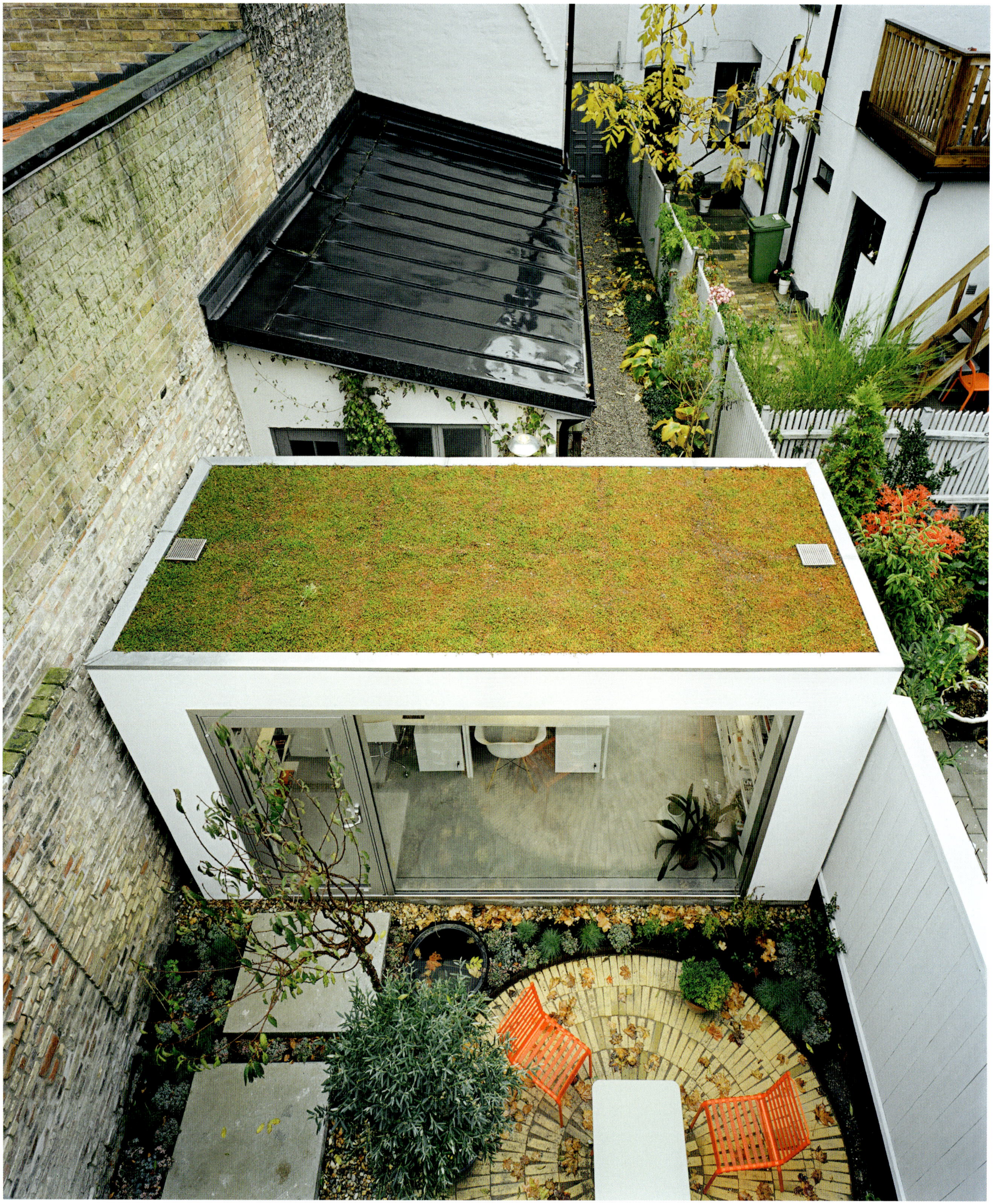

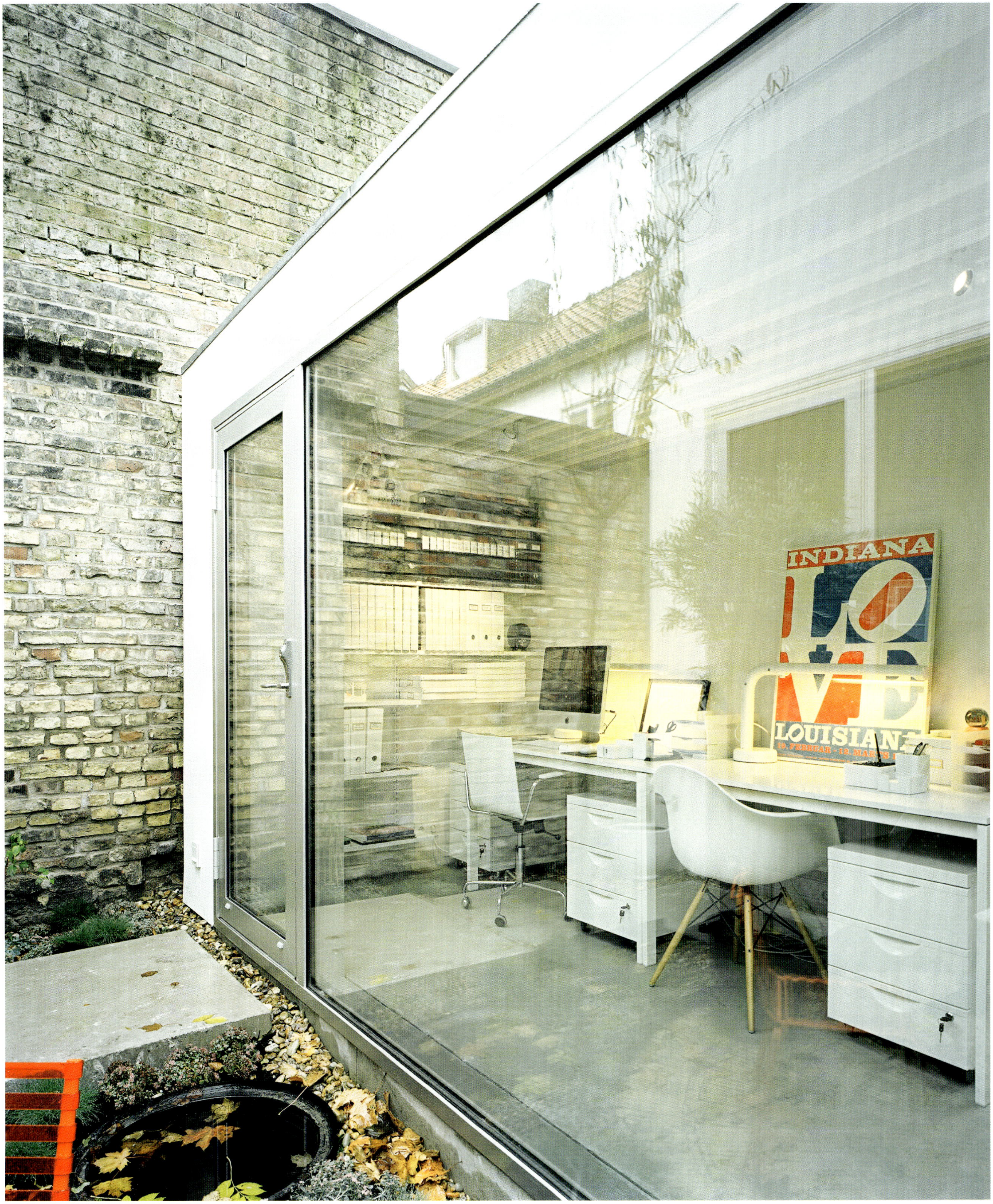
INDIANA

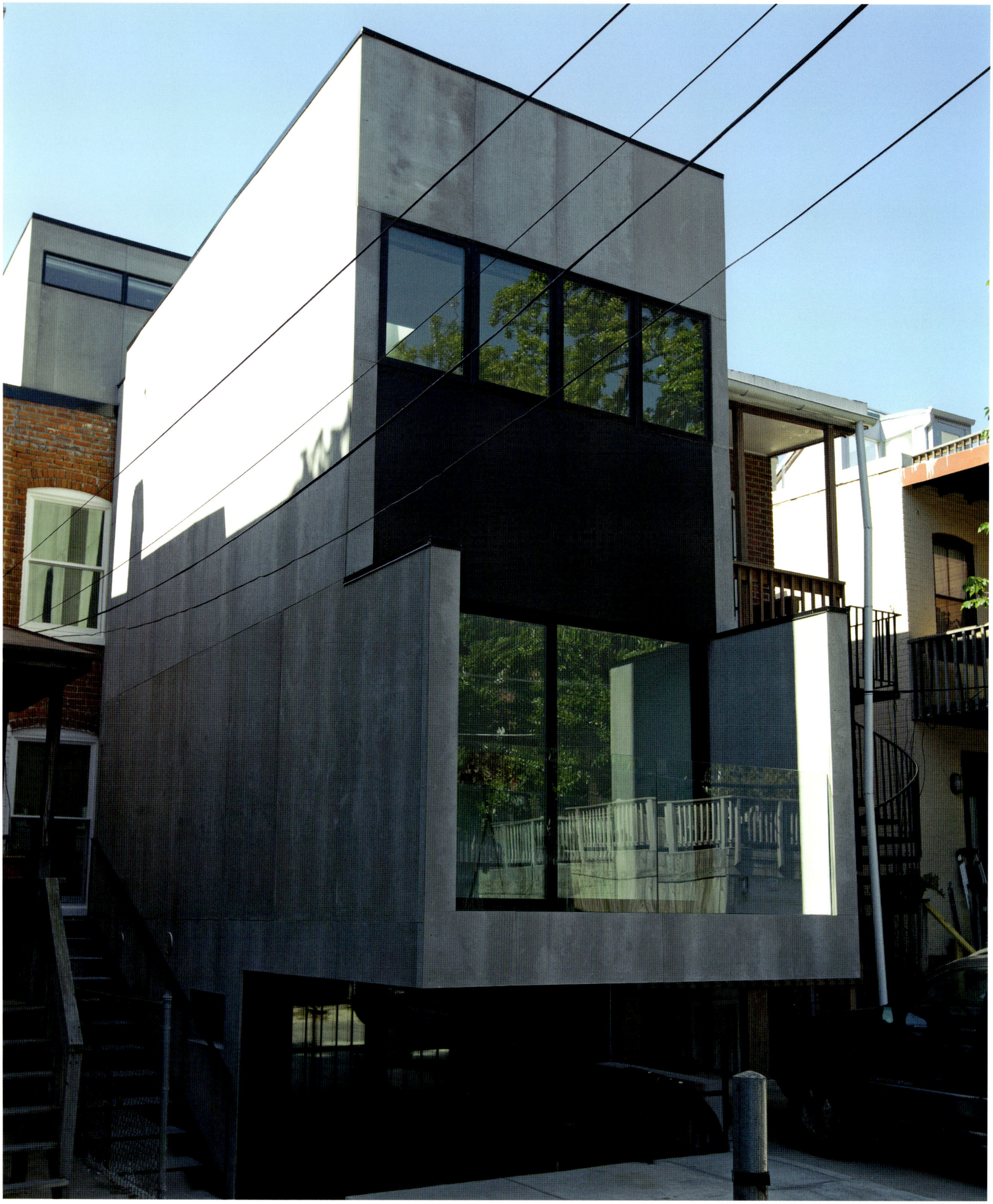

CHURCH STREET RESIDENCE

Division 1 Architects
Washington, D.C., USA
© Debi Fox Photography

The interior of this 20th-century townhouse, which was fragmented into several rooms, has been transformed into an agreeable and highly flexible open-plan space. The new home is spacious and full of light, boasting sophisticated technological solutions that qualify it as an environmentally sustainable home (passive ventilation systems, water recycling, etc.).

Dieses Reihenhaus wurde zu Beginn des 20. Jahrhunderts gebaut und besaß einen in viele kleine Zimmer unterteilten Innenraum, den in einen offen gestalteten, sehr flexibel nutzbaren Wohnbereich verwandelt wurde. Das neue, geräumige und lichtdurchflutete Haus hält modernste technische Lösungen bereit, die es zu einem ein ökologisch nachhaltigen Zuhause machen (passives Lüftungssystem, Wasserwiederaufbereitung usw.).

Cette maison mitoyenne du début du XXe siècle, dont l'intérieur se trouvait divisé en plusieurs pièces, a été transformée en un espace ouvert et très flexible. La nouvelle résidence, spacieuse et lumineuse, offre des avancées technologiques sophistiquées qui font d'elle une maison respectueuse de l'environnement (systèmes de ventilation passive, recyclage de l'eau, etc.).

Van dit rijtjeshuis uit het begin van de 20e eeuw, dat was opgedeeld in verschillende kamers, werd een flexibele ruimte zonder tussenmuren gemaakt. De nieuwe woning, ruim en vol licht, bevat geavanceerde technologische snufjes die ervoor zorgen dat het een duurzame woning is (passieve ventilatiesystemen, waterrecycling, etc.).

Esta casa adosada de principios del siglo xx, cuyo interior se encontraba fragmentado en varias habitaciones, se transformó en un espacio de planta abierta y muy flexible. La nueva vivienda, espaciosa y llena de luz, presenta soluciones tecnológicas sofisticadas que hacen de ella un hogar ecológicamente sostenible (sistemas de ventilación pasiva, de reciclaje del agua, etc.).

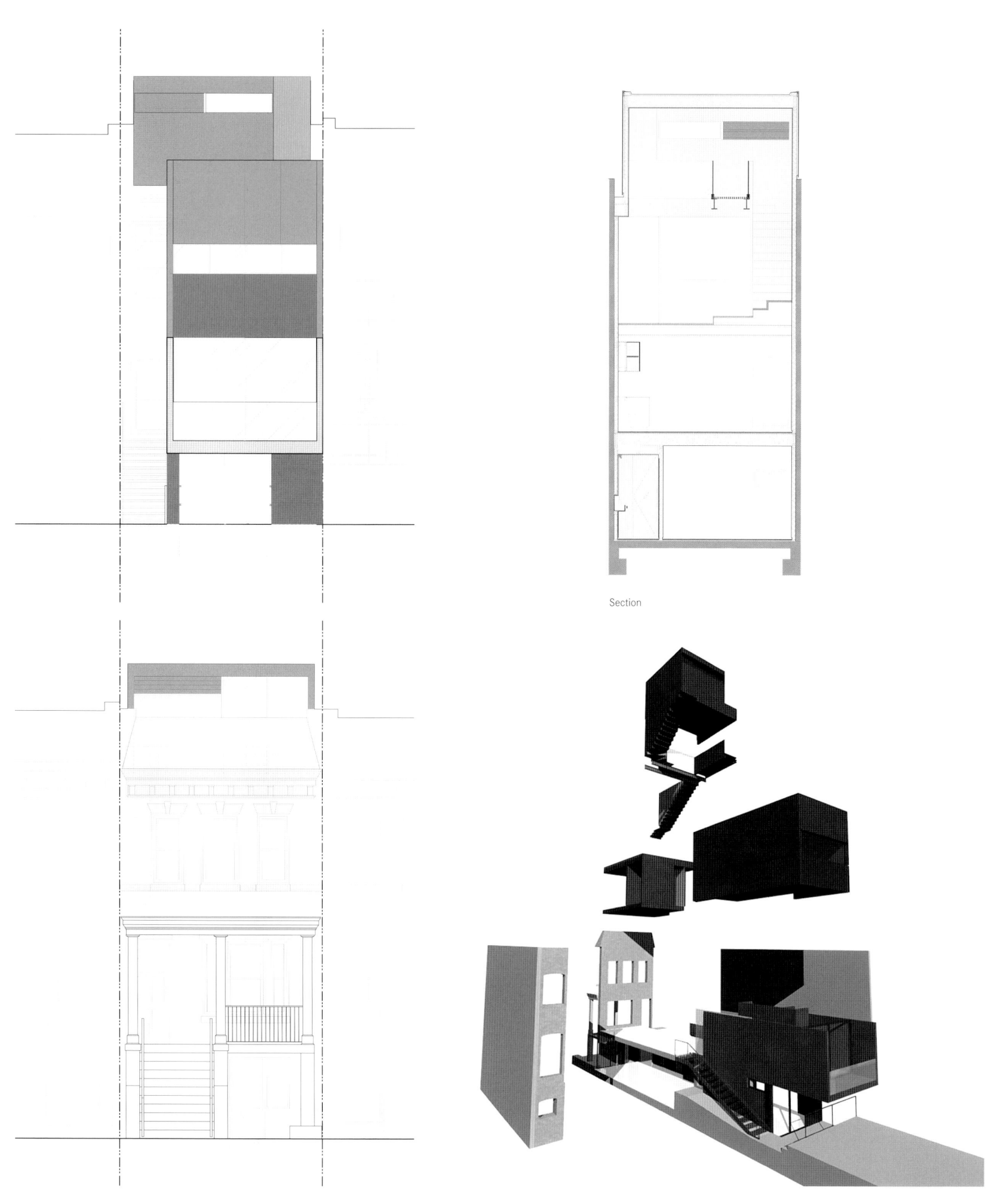

Elevations

Section

Exploded perspective

126

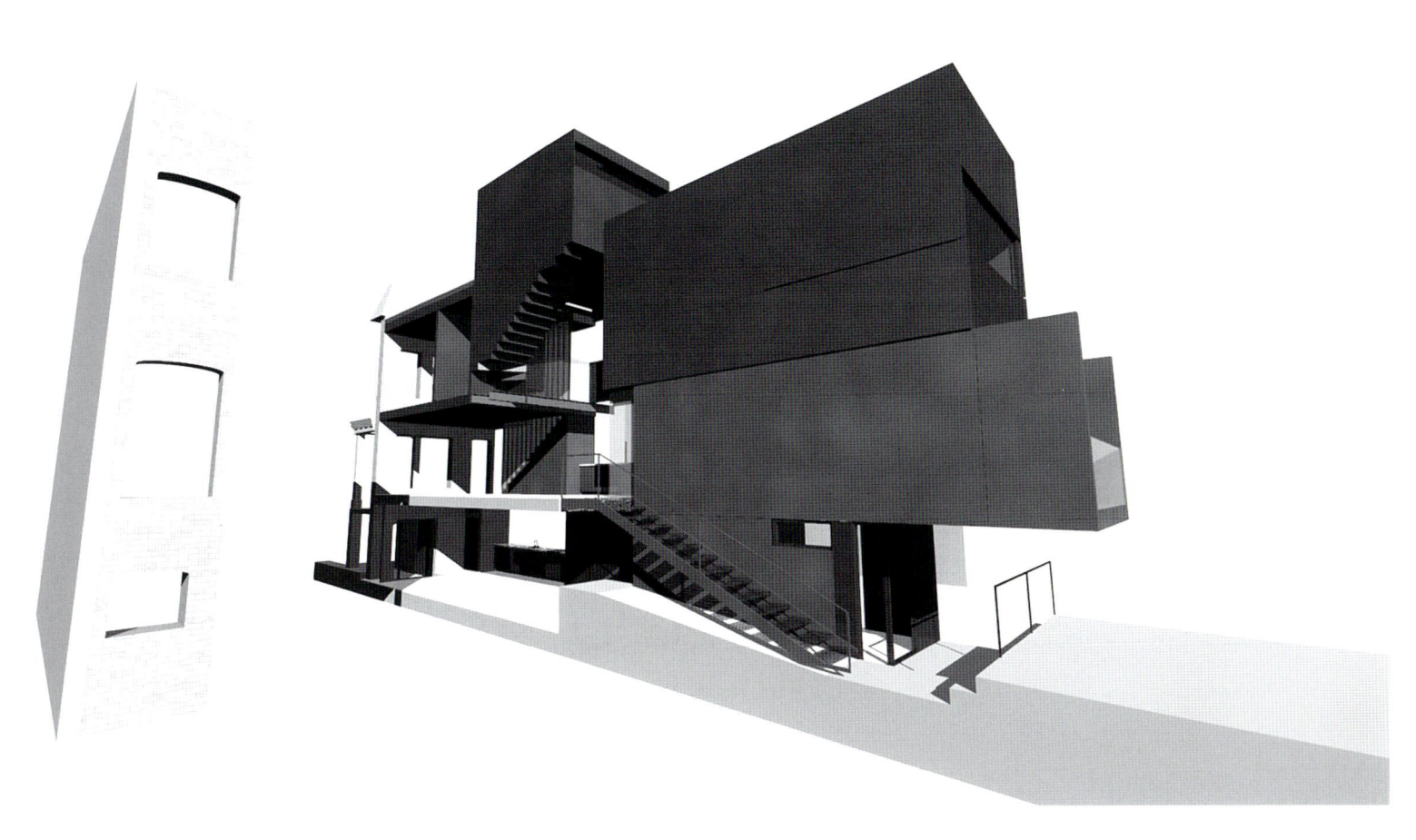

Side perspective

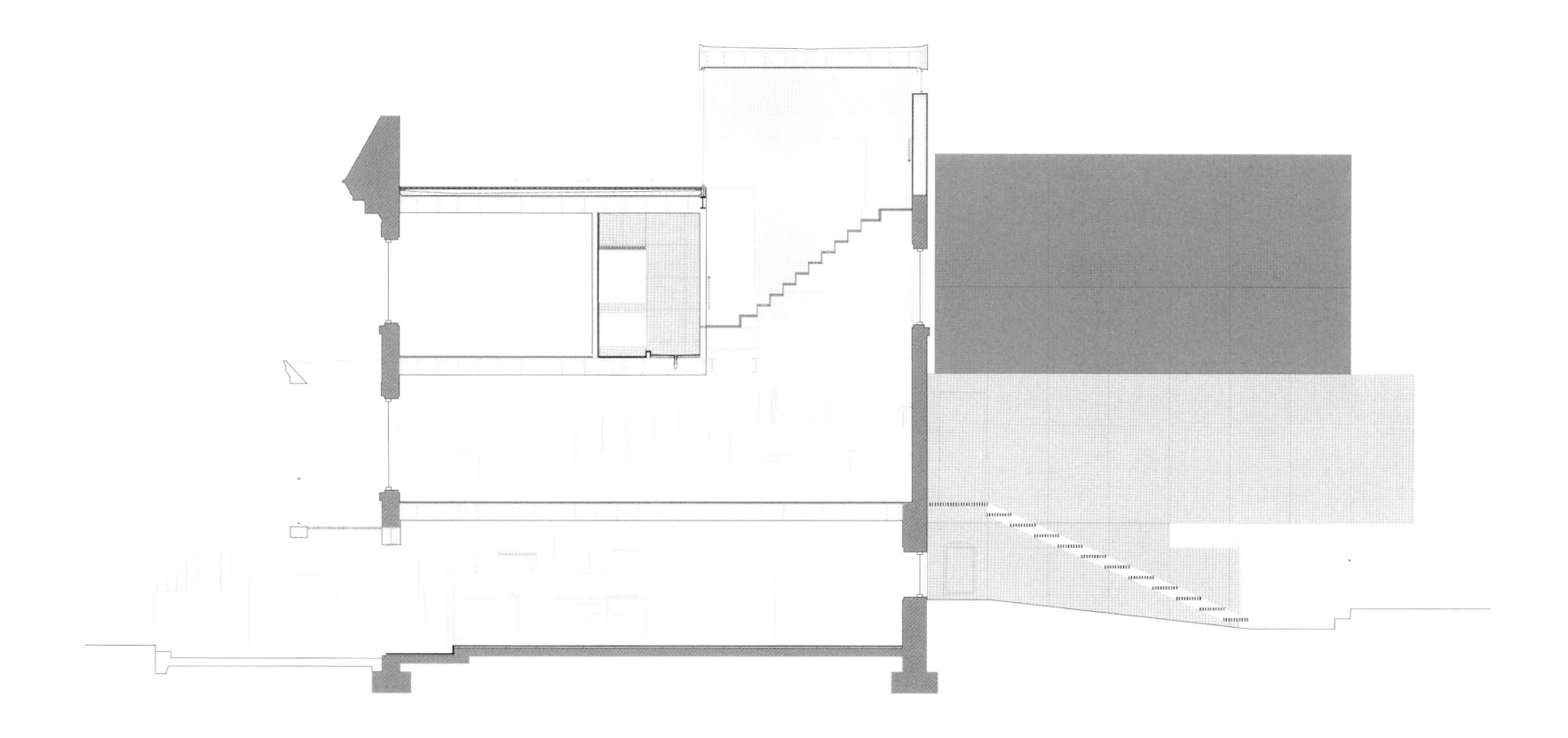

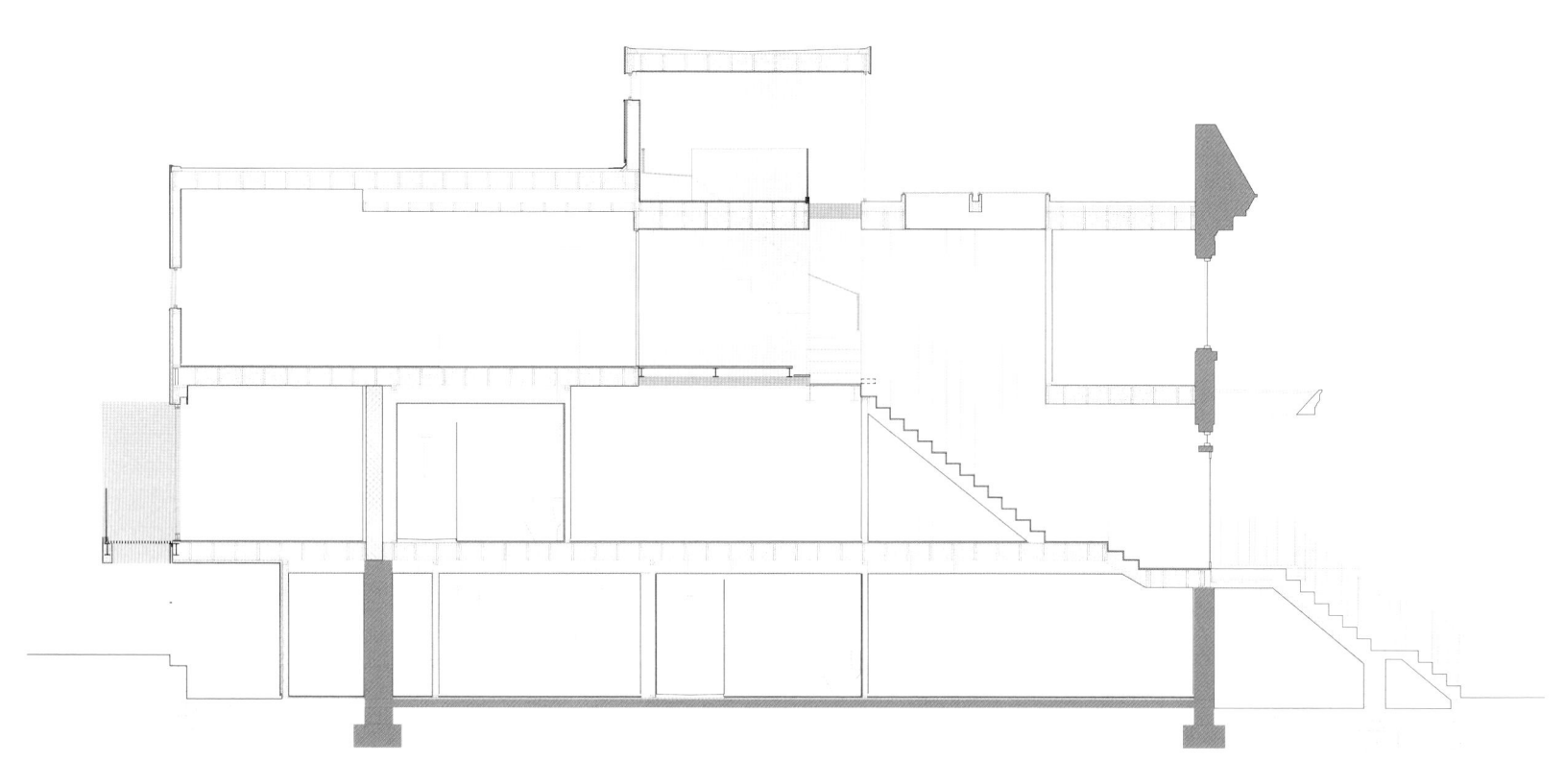

Sections

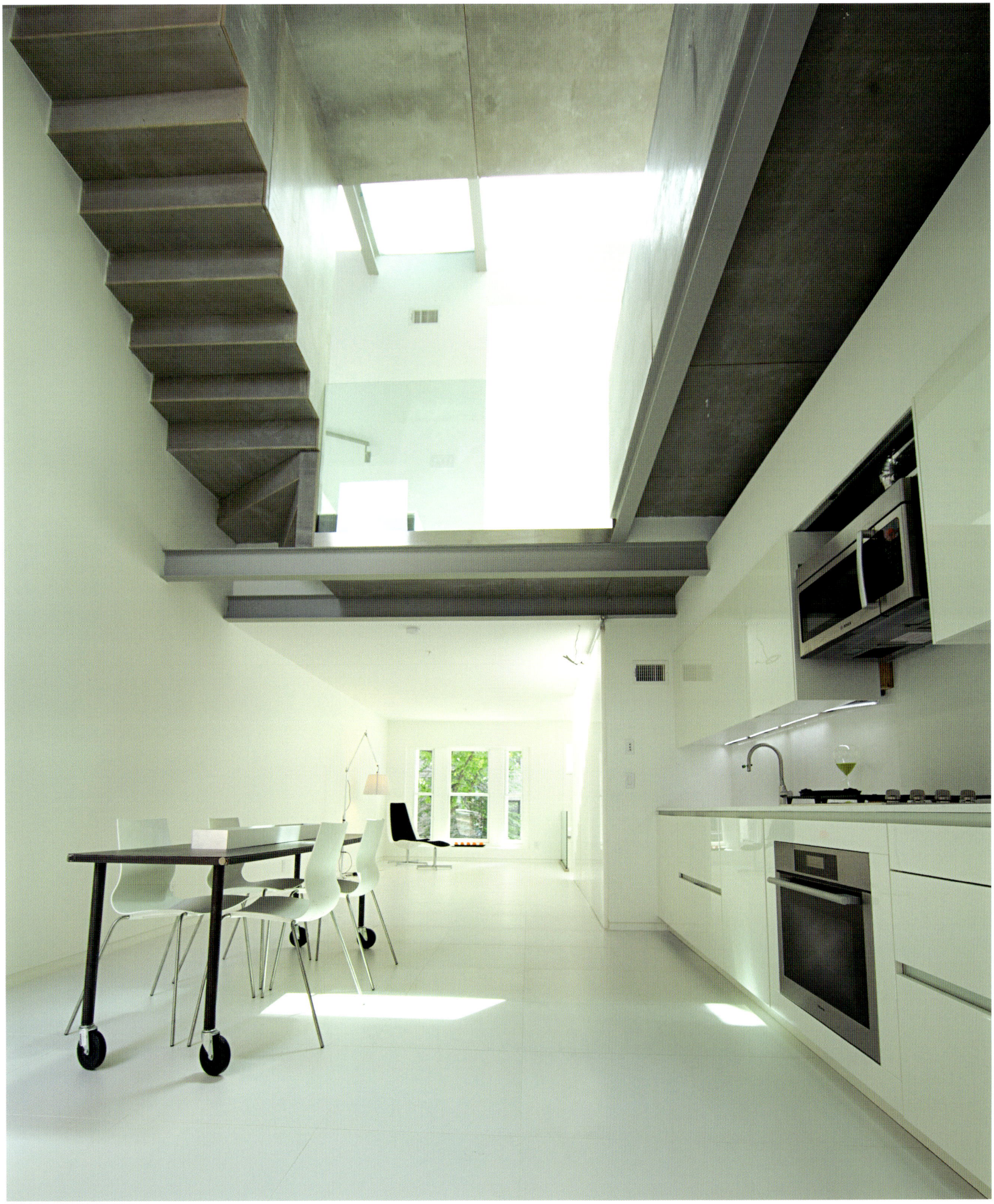

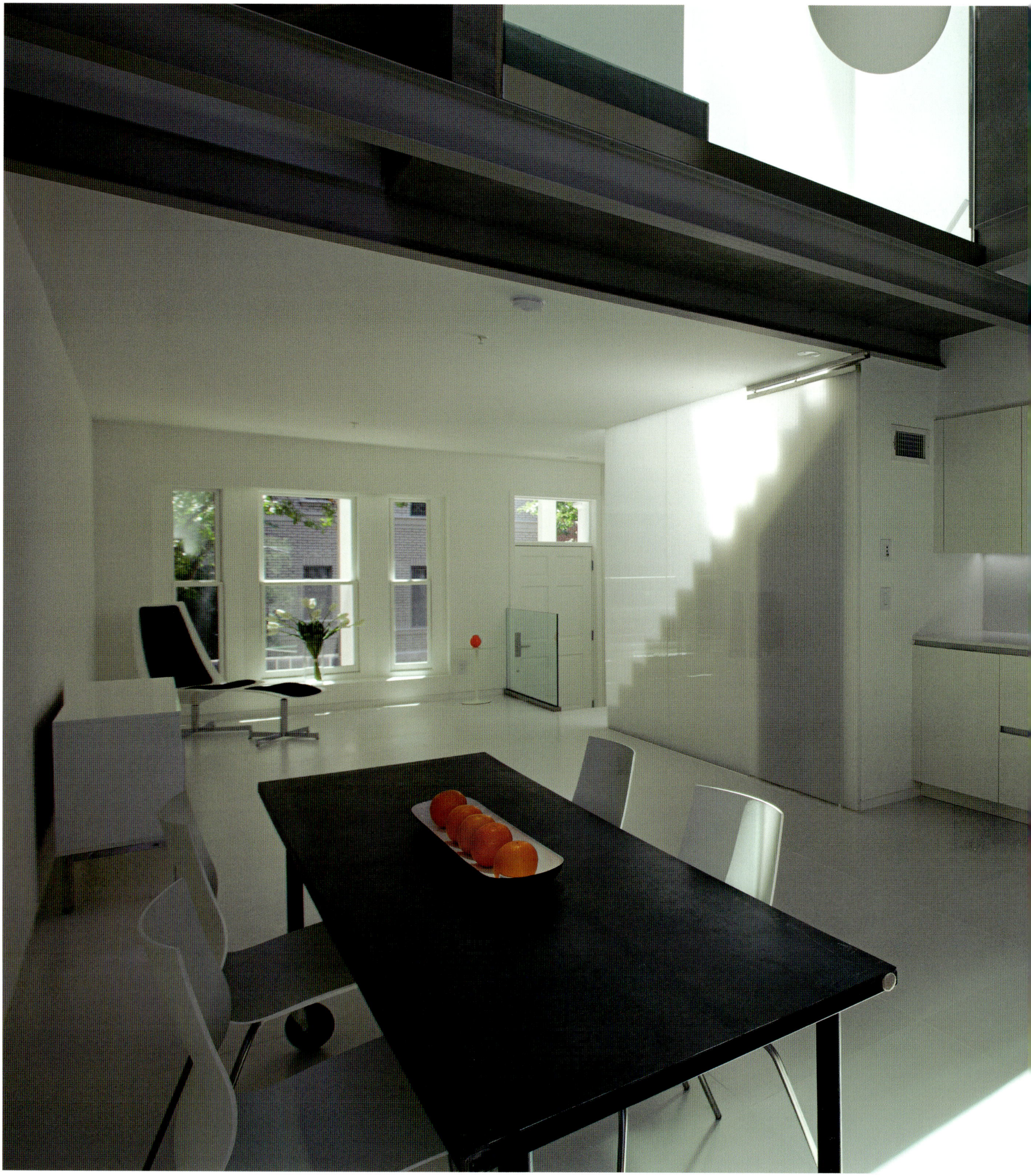

Here, every detail reinforces the idea of aesthetic minimalism: open space, straight lines, abundant light and reflective white.

In diesem Ambiente verstärkt jedes Detail die Idee der minimalistischen Ästhetik: der offen gestaltete Raum, die geraden Linien, das viele Licht und das Weiß, das das Licht reflektiert.

Dans cet environnement chaque détail augmente l'idée d'une esthétique minimaliste : l'espace ouvert, les lignes droites, la lumière abondante et le blanc qui la reflète.

In deze omgeving versterkt elk detail het concept van minimalistische esthetica: de open ruimte, de rechte lijnen, het alom aanwezige licht en het wit dat het licht reflecteert.

En este ambiente cada detalle refuerza la idea de estética minimalista: el espacio abierto, las líneas rectas, la luz abundante y el blanco que la refleja.

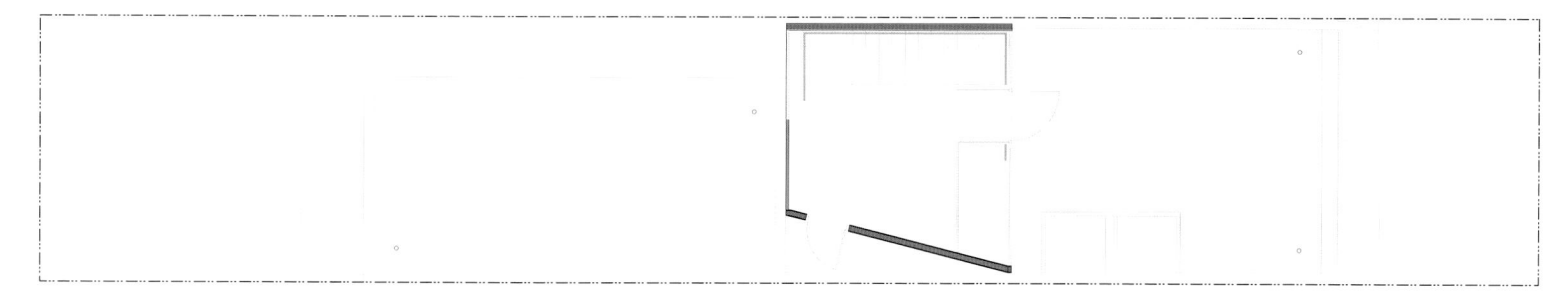

Roof terrace plan

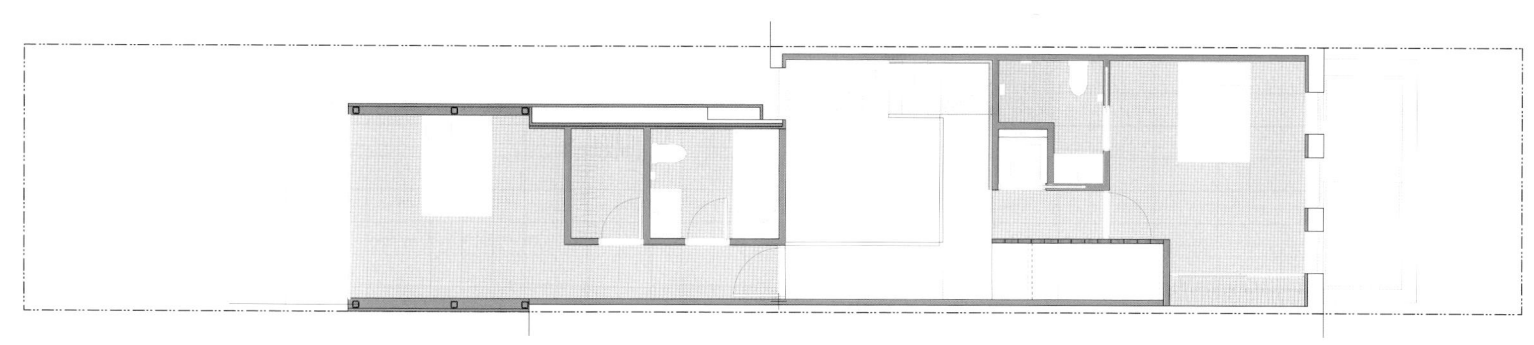

Third floor plan

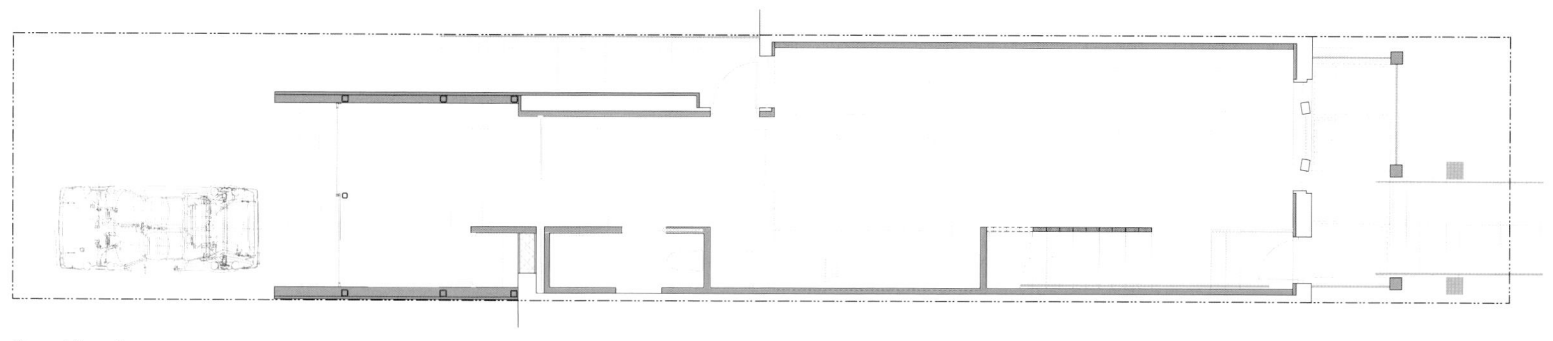

Second floor plan

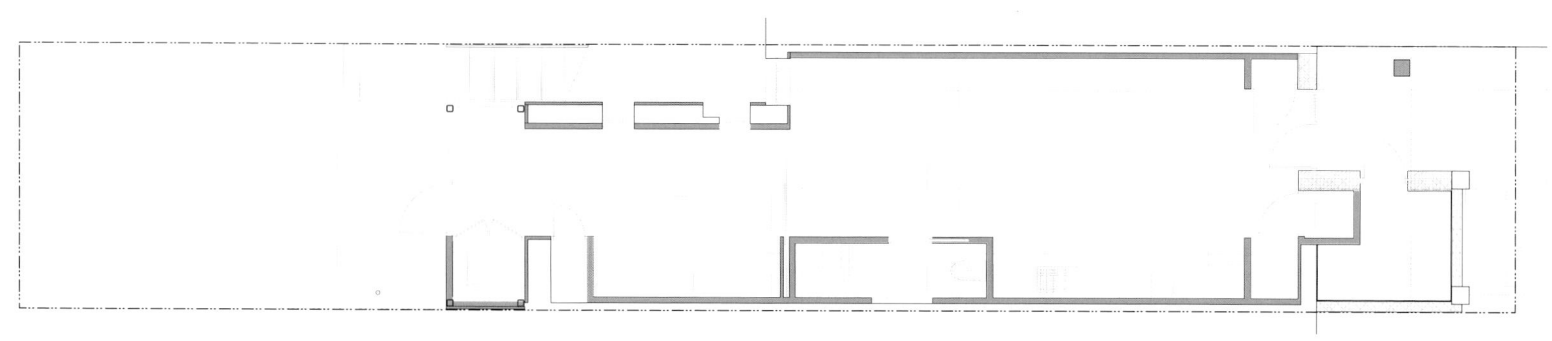

Ground floor plan

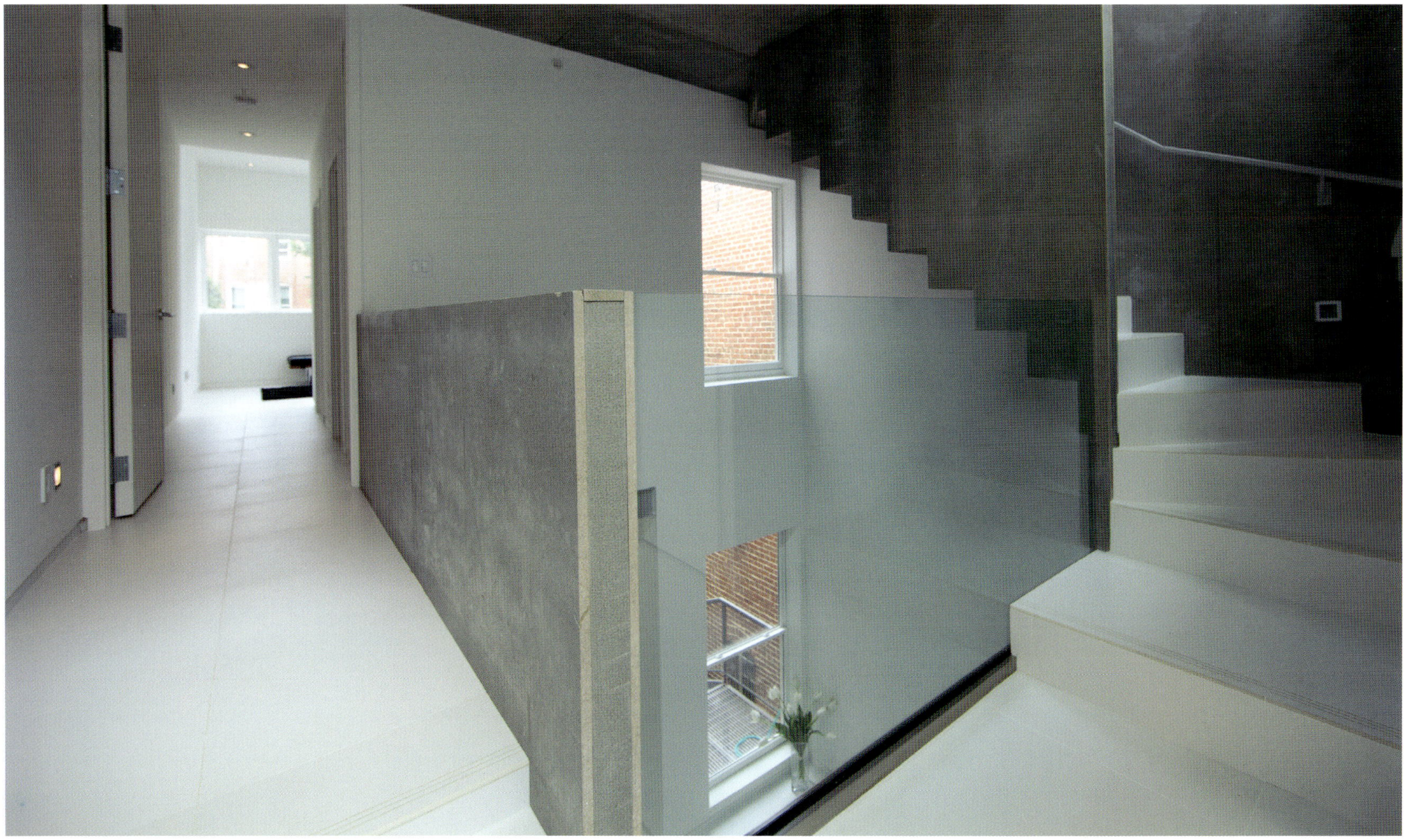

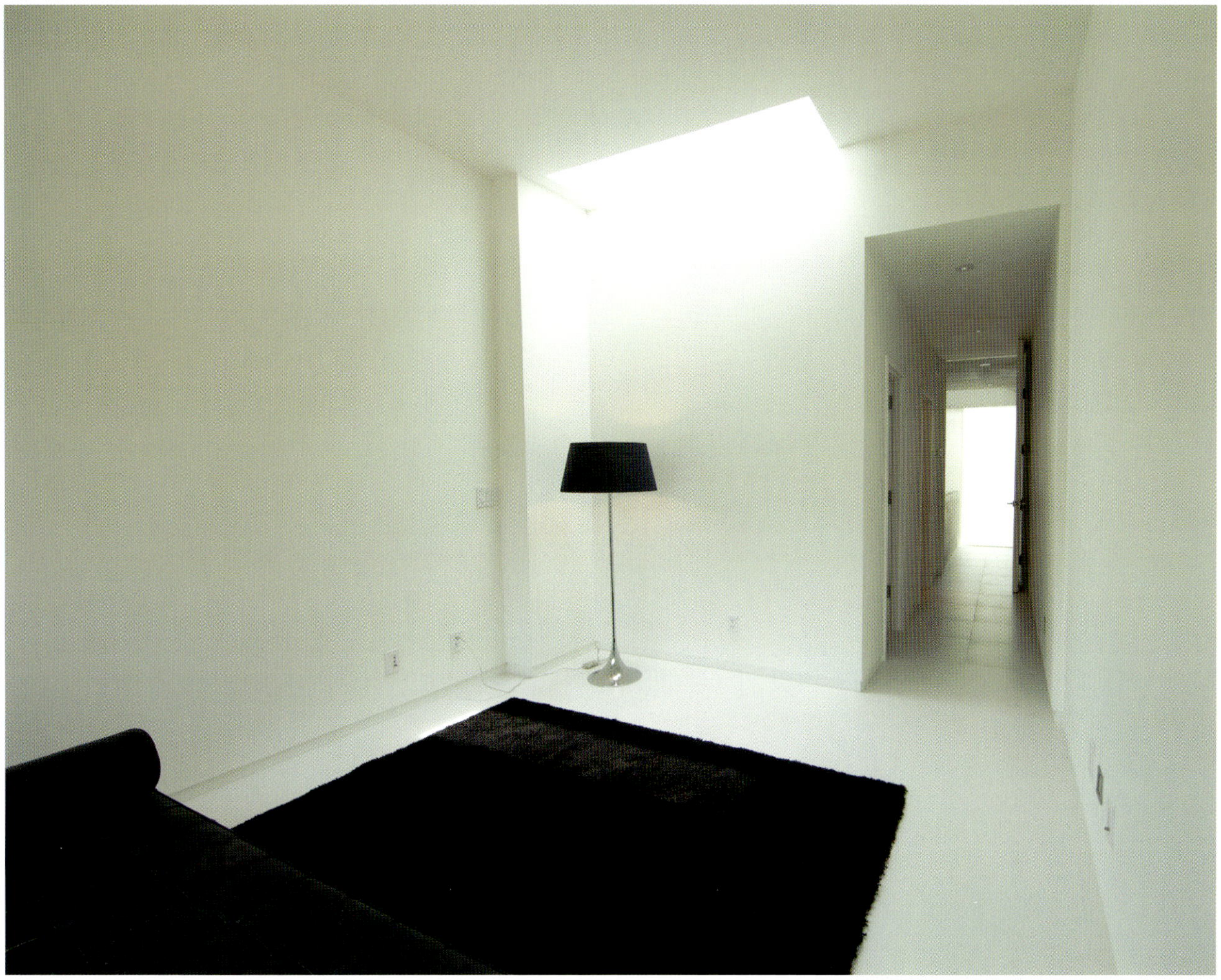

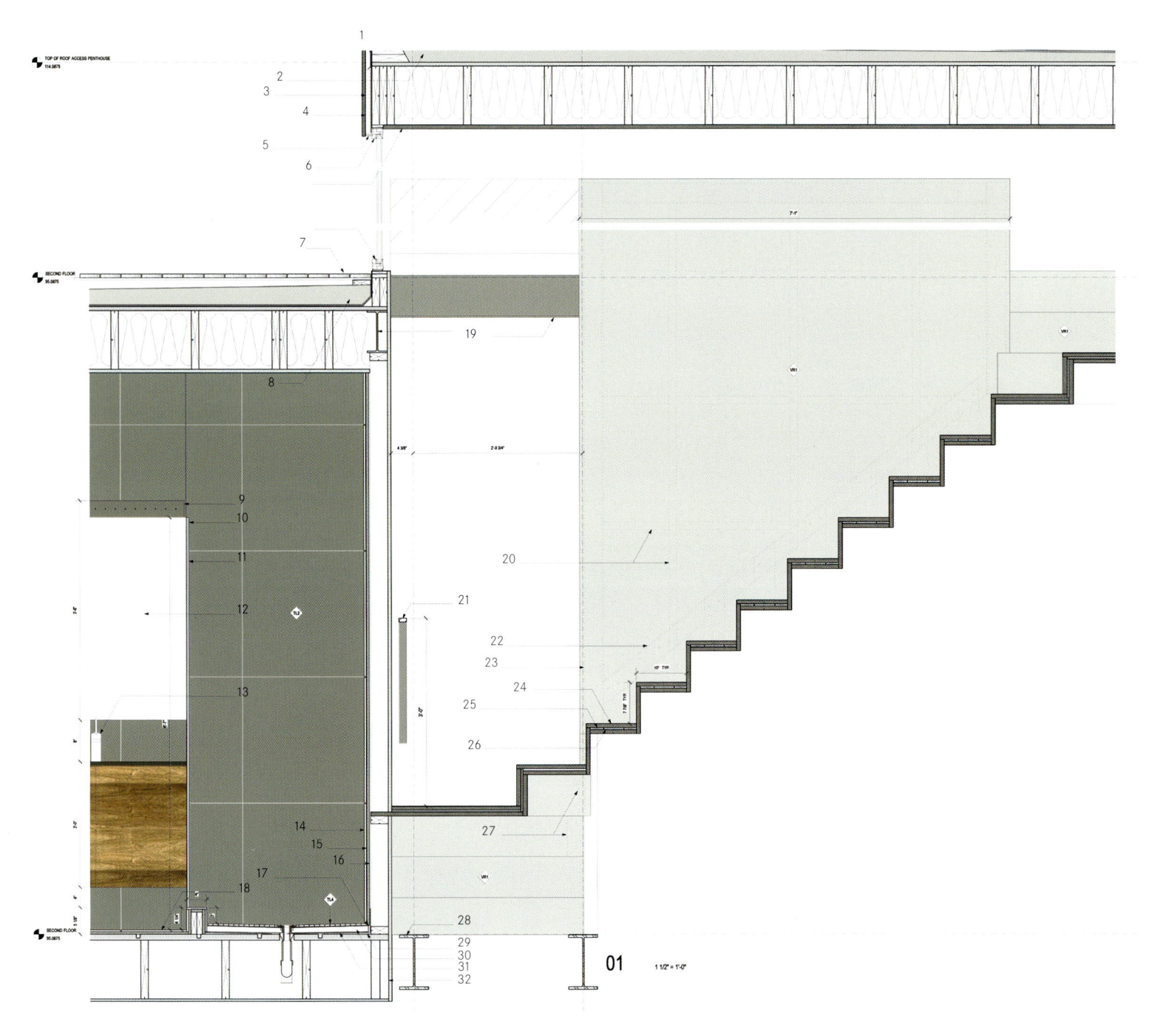

Section detail through stair

1. Galvanized steel angle
2. Roof construction:
   - PVC formulation roof membrane by Duro-Last™, use standard white colour
   - 80 mm tapered rigid foam insulation
   - 2 mm roof sealing layer
3. 1" metal hat channel
4. 5/8" architectural wood fiber cement board wall panels by Viroc™
5. Continuous 1" aluminium grill
6. Aluminum storefront window system by Fleetwood™, model Weetwood-250CA
7. Exterior decking by Timbertech
8. Roof construction:
   - PVC formulation roof membrane by Duro-Last™, use standard white colour
   - 100 mm tapered rigid foam insulation
   - 2 mm roof sealing layer
9. Frameless shower door system by CRL™, model Geneva Series, gun metal colour
10. Bathroom vanity light by Martini™, model #ES282GS, grey aluminium
11. 1/2" thick tempered safety glass
12. Frameless mirror
13. Single hole lavatory faucet by Hansa™, model #570922010017
14. 24" x 24" porcelain tile by Caesar™, model # Glam Platinum
15. Latex-Portland cement mortar bond coat
16. Fiber-reinforced water-resistant gyp. backer board
17. Flexible sealant
18. 24" x 24" porcelain tile by Caesar™, model # Glam Platinum
19. W8 x 15 steel beam
20. 1" x 2" wood spacer behind, typ.
21. 1-1/2" x 3/4" steel handrail
22. 1-1/2" x 4" steel tube behind
23. 2" x 4" steel tube behind
24. 3/3" architectural wood fiber cement board wall panels by Viroc™, typ. @ stairs
25. 3/8" spacer
26. 3/8" steel plate
27. 6" x 6" x 3/8" steel plate welded to 2" x 2" steel tube behind
28. W 10 x 30 steel I-beam
29. Sloped fill under shower pan
30. 2" reinforced mortar bed
31. Shower pan
32. (2) 2" x 12" LVL

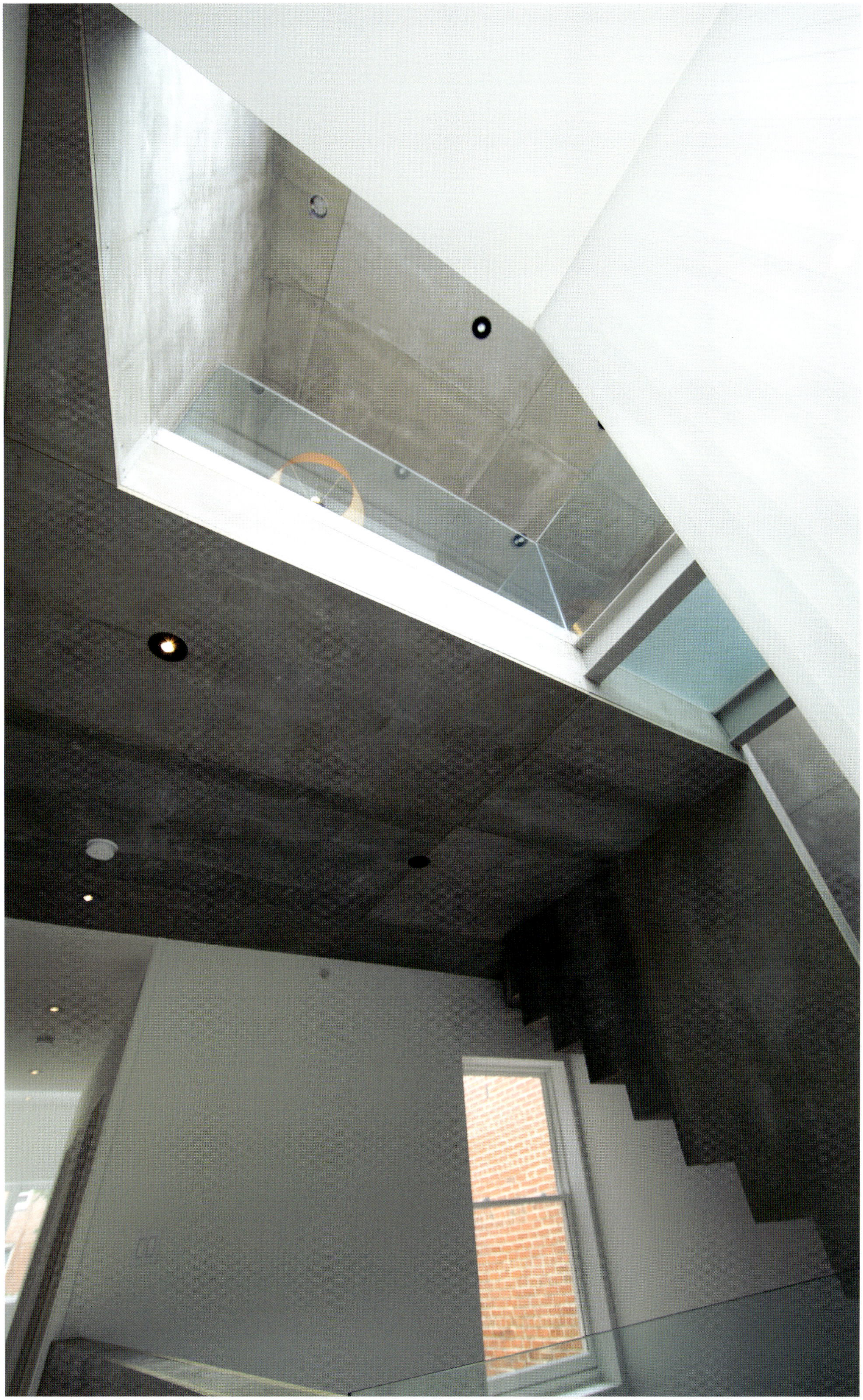

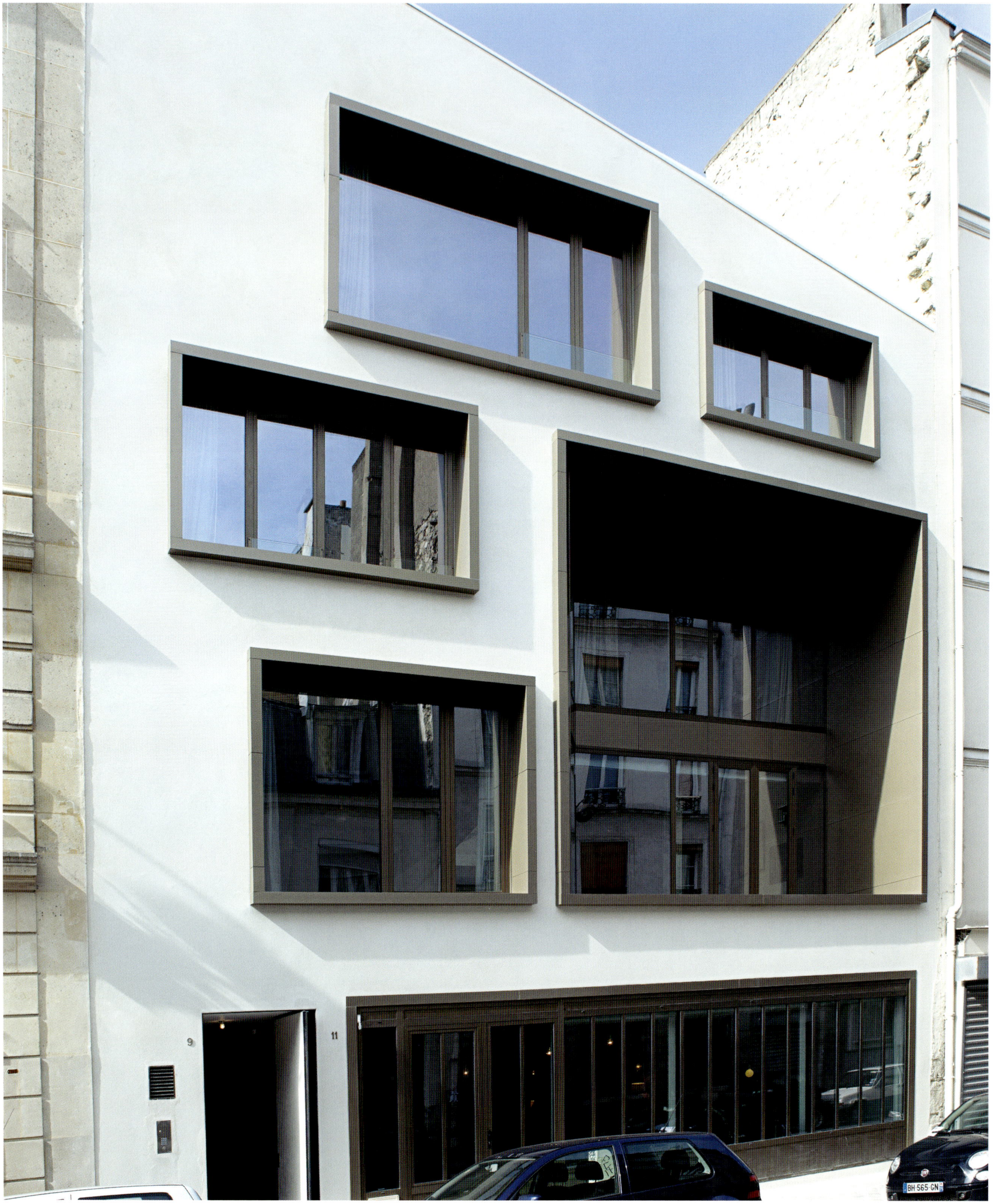
9
11
BH 565 GN

SINGLE FAMILY HOUSE

Beckmann-N'Thépé Architectes
Paris, France
© Olivier Amsellem

Sitting on a small plot and with the neighbouring houses measuring on average 21 metres high, this home feels very hemmed in. Some of the best architectural solutions are born from limitations such as these, creating great design statements: a funnel-shaped courtyard to maximise the light, or oblique walls that help to temper the feeling of seclusion.

Da die Nachbarhäuser eine durchschnittlichen Höhe von 21 Metern aufweisen und das Grundstück eher klein ist, wirkt dieses Wohnhaus wie maßgeschneidert für diese Baulücke. Aus dieser Begrenzung erwächst der Großteil der architektonischen Lösungen, die sich zudem durch großartige Errungenschaften auszeichnen: Ein trichterförmiger Innenhof dient der Lichtausnutzung, schiefe Wände mildern den Eindruck des Eingeschlossenseins.

Les maisons avoisinantes ayant une hauteur moyenne de 21 mètres et le terrain étant plutôt petit, le logement est très limité. De cette limite nait la majorité des propositions architecturales qui deviennent, en outre, de grandes découvertes esthétiques : une cour en forme d'entonnoir pour profiter de la lumière, ou des murs obliques permettant d'atténuer la sensation d'isolement.

Aangezien de huizen in de omgeving gemiddeld 21 meter hoog zijn, en dit terrein juist klein, lijkt de woning ingesloten. Deze beperking heeft geleid tot een aantal architectonische oplossingen die bovendien esthetisch interessant zijn: een trechtervormige binnenplaats die het licht optimaal benut en de schuine wanden die het opgesloten gevoel verminderen.

Como las casas vecinas tienen una altura media de 21 metros y el solar es más bien pequeño, la vivienda resulta muy acotada. De esta limitación nace la mayor parte de las soluciones arquitectónicas, que se configuran, además, como grandes hallazgos estéticos: un patio en forma de embudo para aprovechar la luz, o paredes oblicuas que ayudan a mitigar la sensación de reclusión.

The putty-coloured concrete, which covers the house from ground to roof, mirrors the other houses on the street and helps it to fit seamlessly into the landscape.

Mit einer Fassadenabdeckung aus Zement in Kittgrau, die vom Boden bis zum Dach reicht, passt sich das Haus an die anderen Gebäude der Straße an und wird Teil der urbanen Landschaft.

La façade de cette maison, couverte de béton de couleur gris clair du sol au toit, se calque sur les autres maisons de la rue et s'harmonise, ainsi, dans le paysage.

De façade van dit huis, van de grond tot het dak bedekt met roodbruin beton, steekt de andere huizen in de straat naar de kroon en maakt op deze manier onderdeel uit van het landschap.

Cubierta de hormigón de color masilla desde el suelo hasta el techo, la fachada de esta casa emula las de las demás casas de la calle y se inserta, así, en el paisaje.

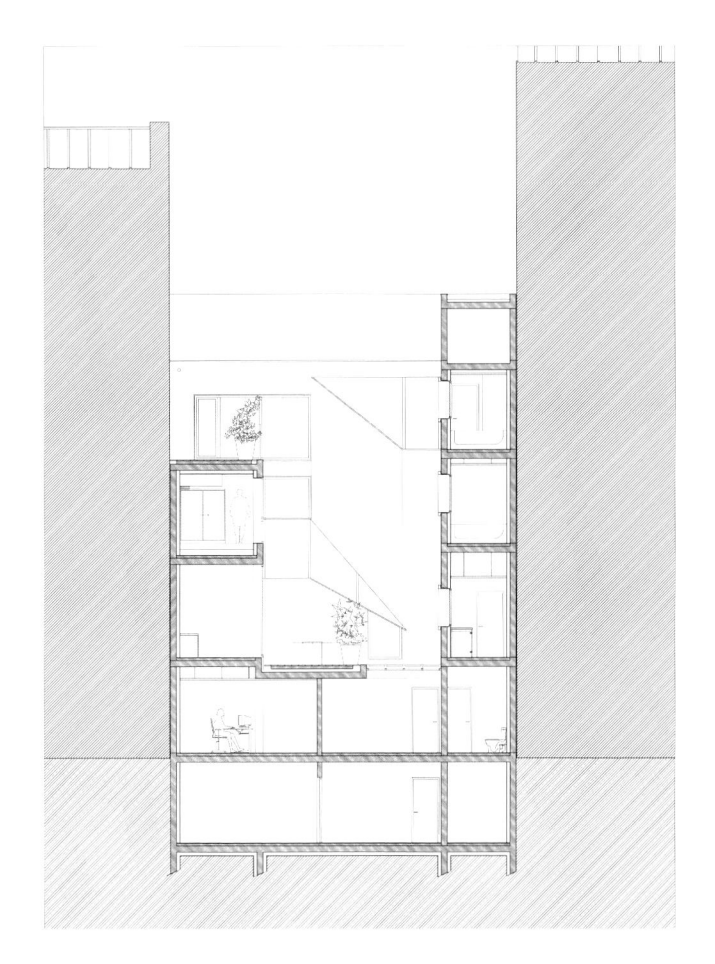

Building section AA

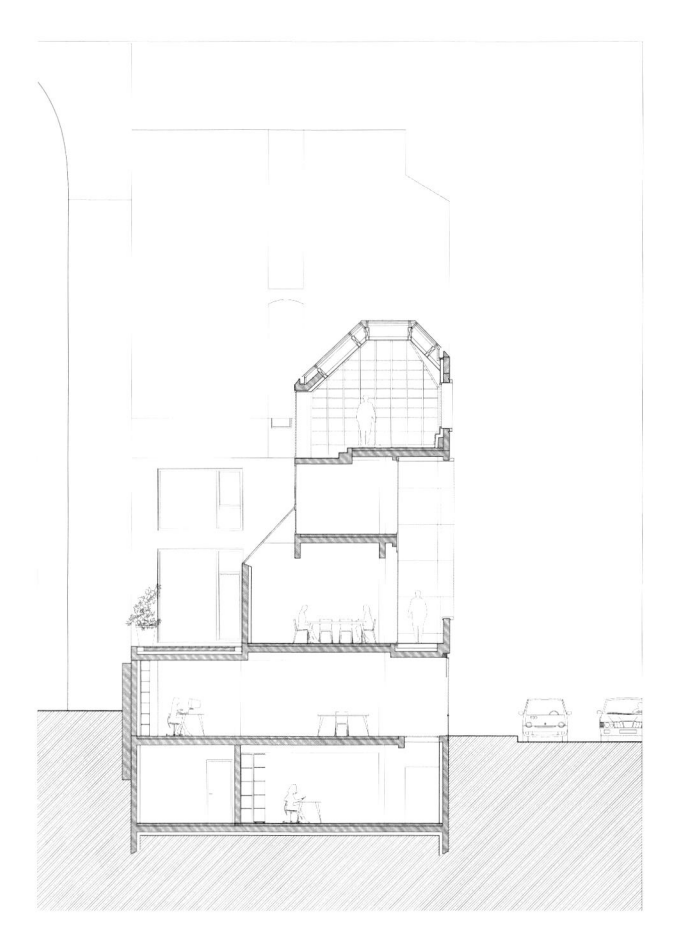

Building section BB

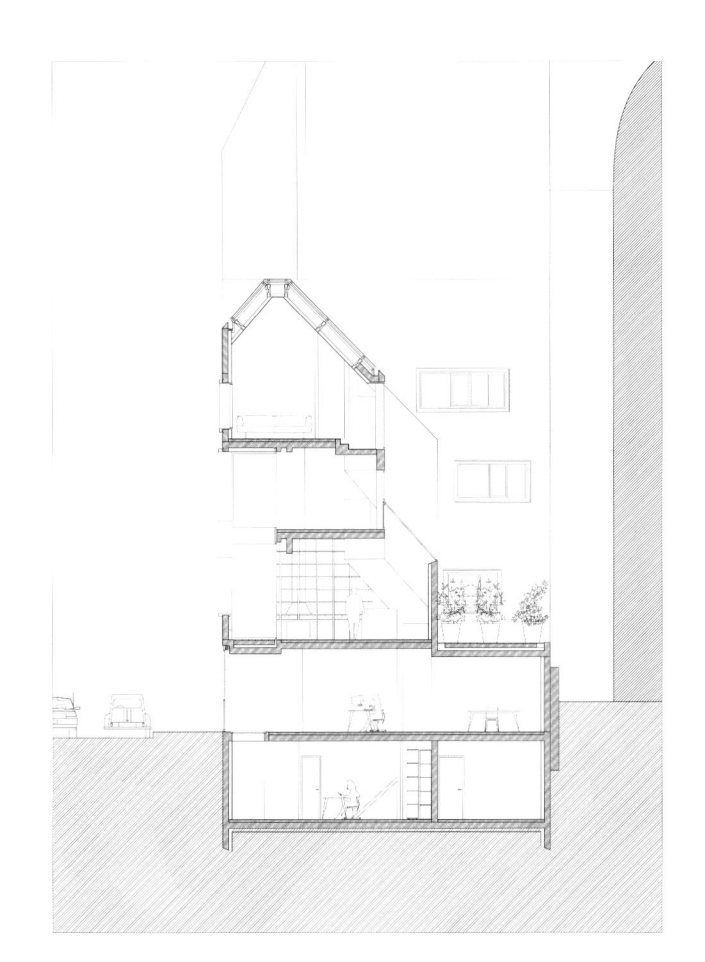

Building section CC

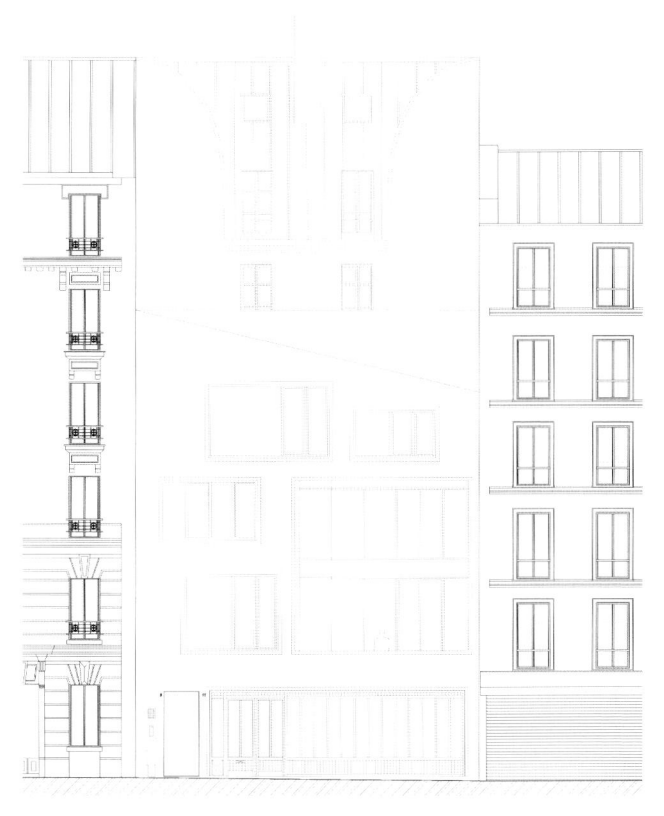

Street elevation

139

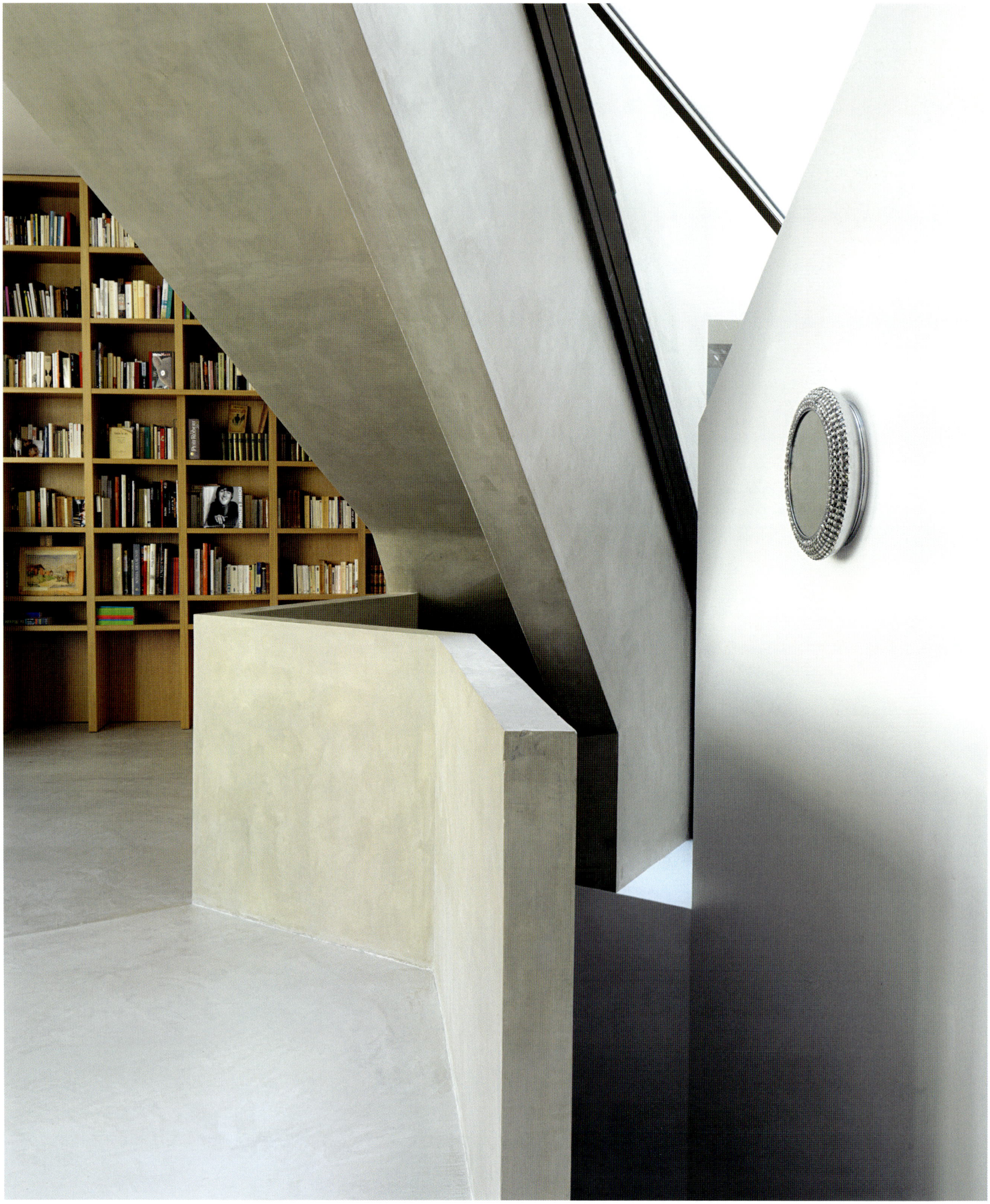

The architectural solutions of the exterior are matched inside: the walls are cut at different angles, transforming the space into a giant jigsaw.

Die baulichen Lösungen im Außenbereich werden im Inneren wieder aufgenommen: Die Wände unterteilen sich in verschiedene Winkel und verwandeln den gesamten Raum in ein optisches Rätsel.

Les propositions architecturales extérieures sont en rapport avec celles de l'intérieur : les murs sont recoupés en différents angles et font de l'espace un casse-tête.

De architectonische componenten aan de buitenzijde hangen samen met het interieur: de muren hebben verschillende hoeken en maken een puzzel van de ruimte.

Las soluciones arquitectónicas exteriores tienen su correlato en el interior: las paredes se cortan en distintos ángulos y convierten el espacio en un rompecabezas.

Mercredi
EXCLUSIVEMENT
trains speciaux
LOCATION
et renseignements
PARIS
LILLE
REIMS

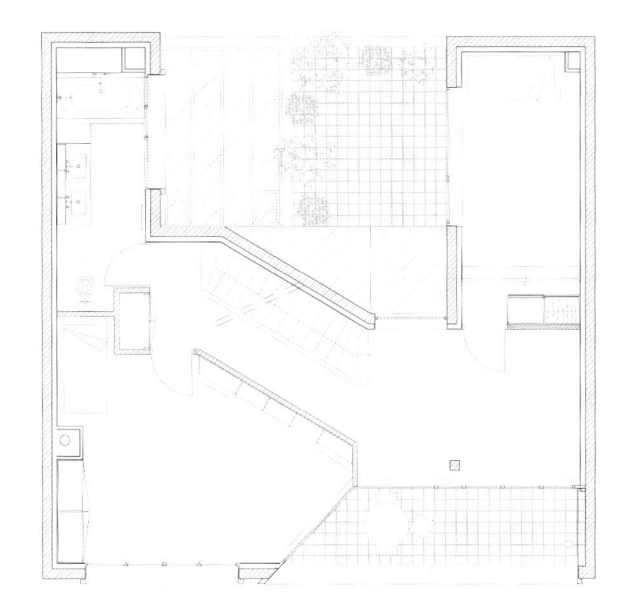

Third floor plan

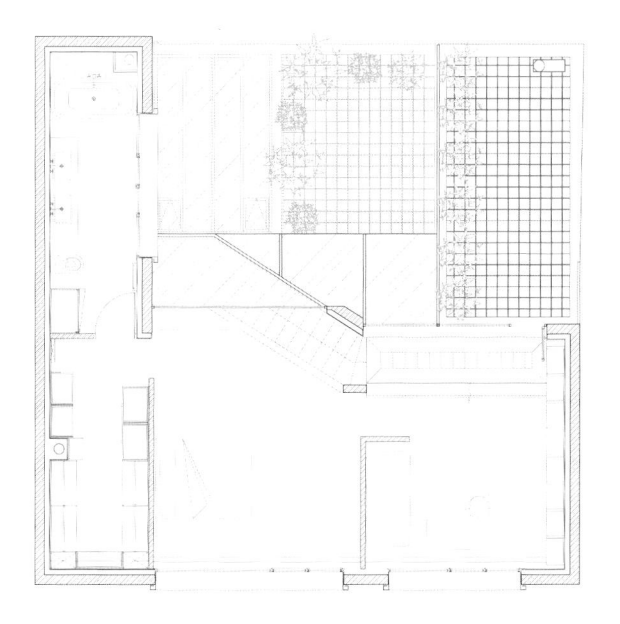

Fourth floor plan

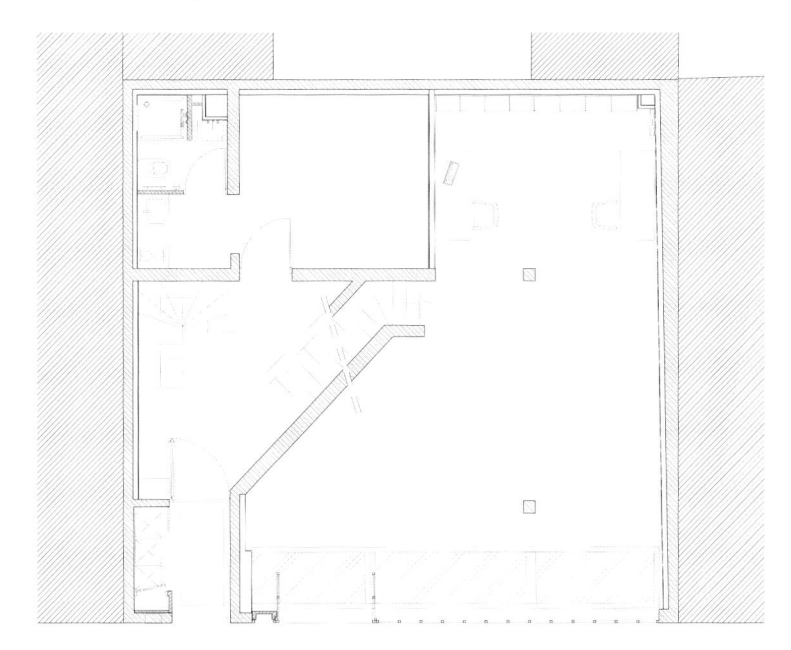

Ground floor plan

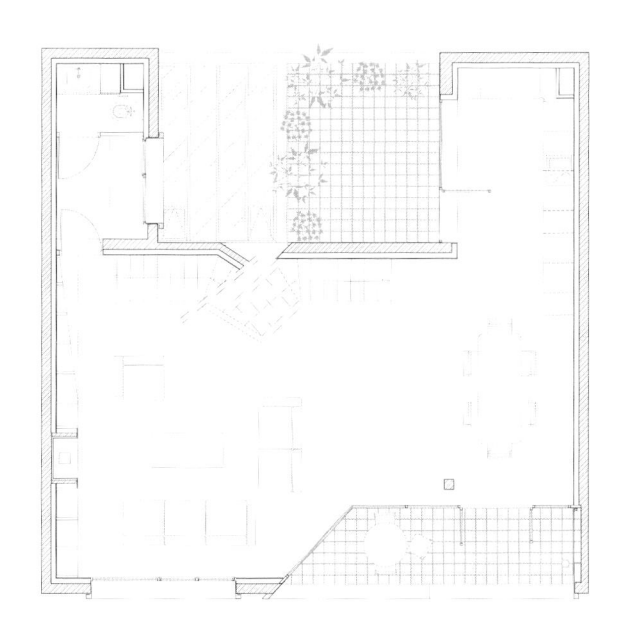

Second floor plan

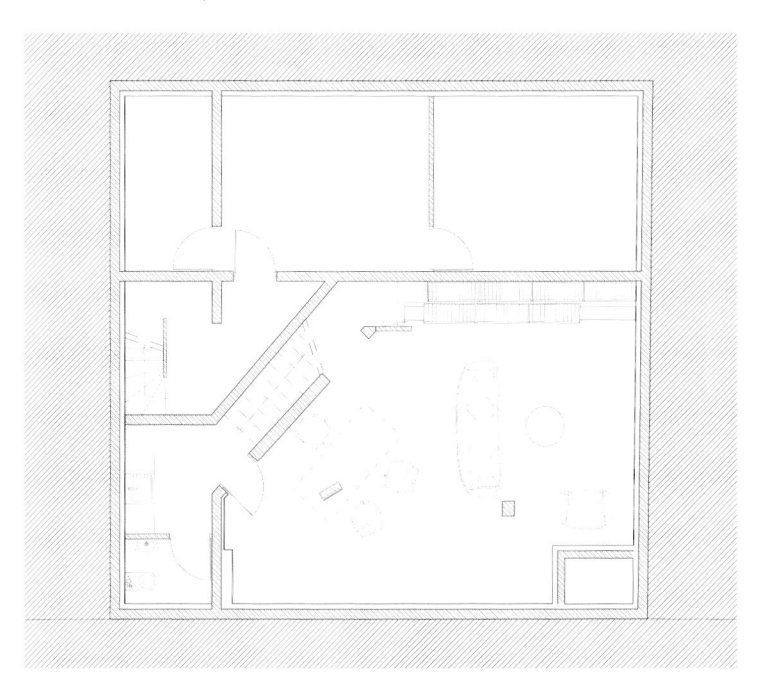

Basement floor plan

143

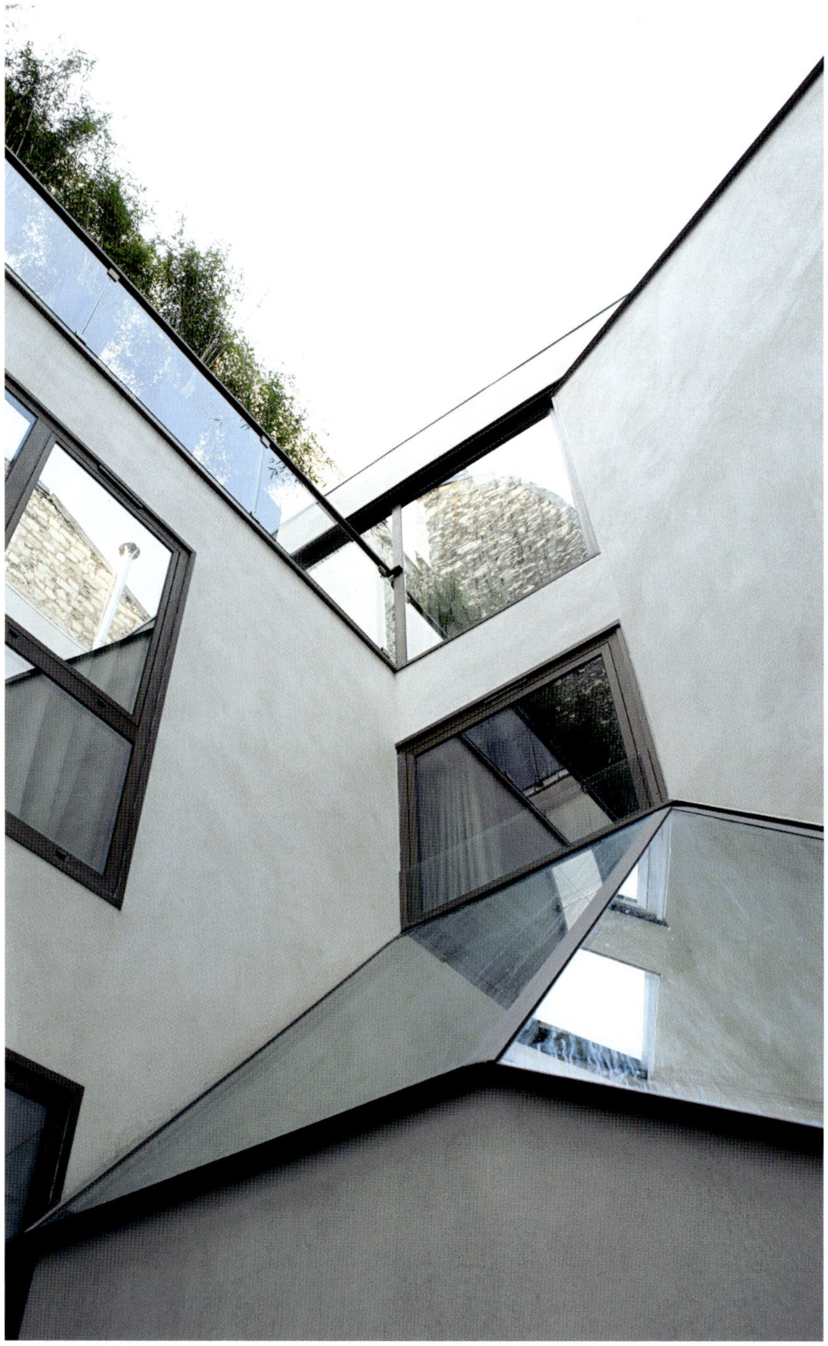

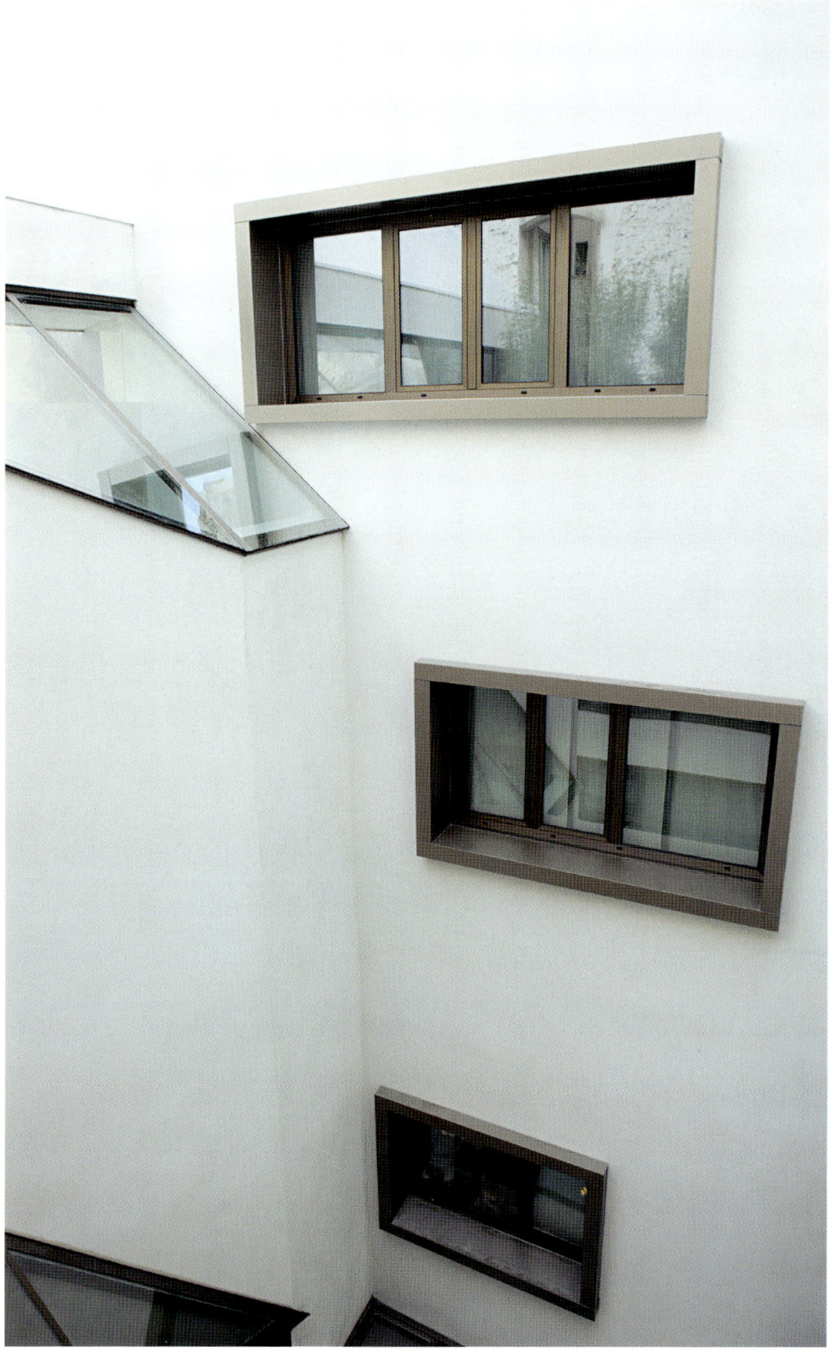

Reality merges with deception when the exotic geometry meets with the glass, and a hole in an oblique wall gives way to a triangular window.

Wenn die exotische Raumgeometrie auf Glas trifft, verschmilzt die Realität mit dem Schein, und eine Öffnung in einer schräg geneigten Wand schafft Raum für ein dreieckiges Fenster.

Lorsque la géométrie insolite rencontre le verre, la réalité se confond avec l'apparence, et un trou dans un mur oblique s'ouvre sur une fenêtre triangulaire.

Waar de exotische geometrie samenkomt met het glas, vervaagt de grens tussen waarheid en illusie, en een gat in de schuine muur maakt ruimte voor een driehoekig raam.

Cuando la exótica geometría se encuentra con el cristal, lo real se funde con lo aparente, y un hueco en una pared oblicua da paso a una ventana triangular.

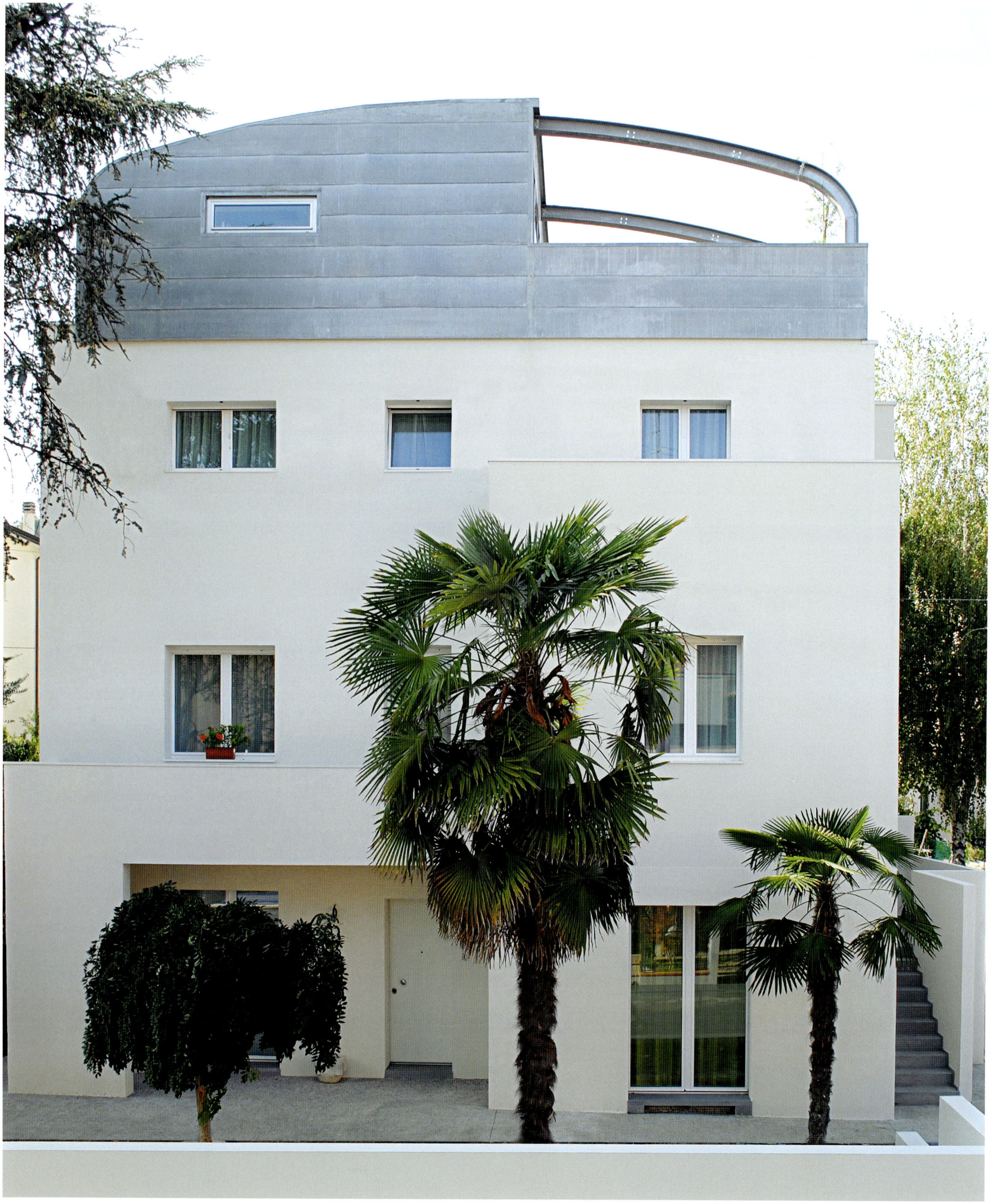

HOUSE IN RIMINI

Giancarlo Ghirardelli, Delphine Chouaib,
Mario La Mattina/Ghirardelli Architetti
Rimini, Italy
© Valentina Bove

A new architectural body is added to this anonymous sixties house: a curved metal cover with a serious yet contemporary feel. Inside, the steel frame that supports the attic structure adds an industrial flavour to daily life, while the windows link the house to the outside.

Dieses unauffällige Haus aus den 70er Jahren wurde durch einen neuen Baukörper aufgestockt: Eine geschwungene, nüchtern wirkende Metallstruktur mit zeitgenössischer Gestaltungssprache. Das im Innenraum des Dachbodens sichtbare Stahlgerüst, das die Elemente der Baustruktur widerspiegelt, verleiht auch Alltagstätigkeiten ein industrielles Flair, und die Fenster verknüpfen das Haus mit der Außenwelt.

Un nouveau corps architectural a été rajouté sur cette maison anonyme des années soixante : une couverture métallique de forme incurvée qui exprime la sobriété grâce à un langage contemporain. À l'intérieur, l'armature en acier qui parcourt les éléments structuraux du dernier étage apporte une saveur industrielle aux activités les plus quotidiennes, et les fenêtres relient la maison avec l'extérieur.

Bovenop dit anonieme huis uit de jaren zestig is een nieuwe architectonische constructie geplaatst: een metalen overkapping met ronde vormen, die met een moderne stijl soberheid uitstraalt. Aan de binnenzijde geeft het ijzeren geraamte dat door de structurele elementen van de zolder loopt de dagelijkse activiteiten een industrieel tintje en de ramen verbinden het huis met de omgeving.

Sobre esta casa anónima de los años sesenta se añadió un nuevo cuerpo arquitectónico: una cubierta metálica de forma curva que expresa sobriedad con un lenguaje contemporáneo. En el interior, el armazón de acero que recorre los elementos estructurales del ático aporta un sabor industrial a las actividades más cotidianas, y las ventanas enlazan la casa con el exterior.

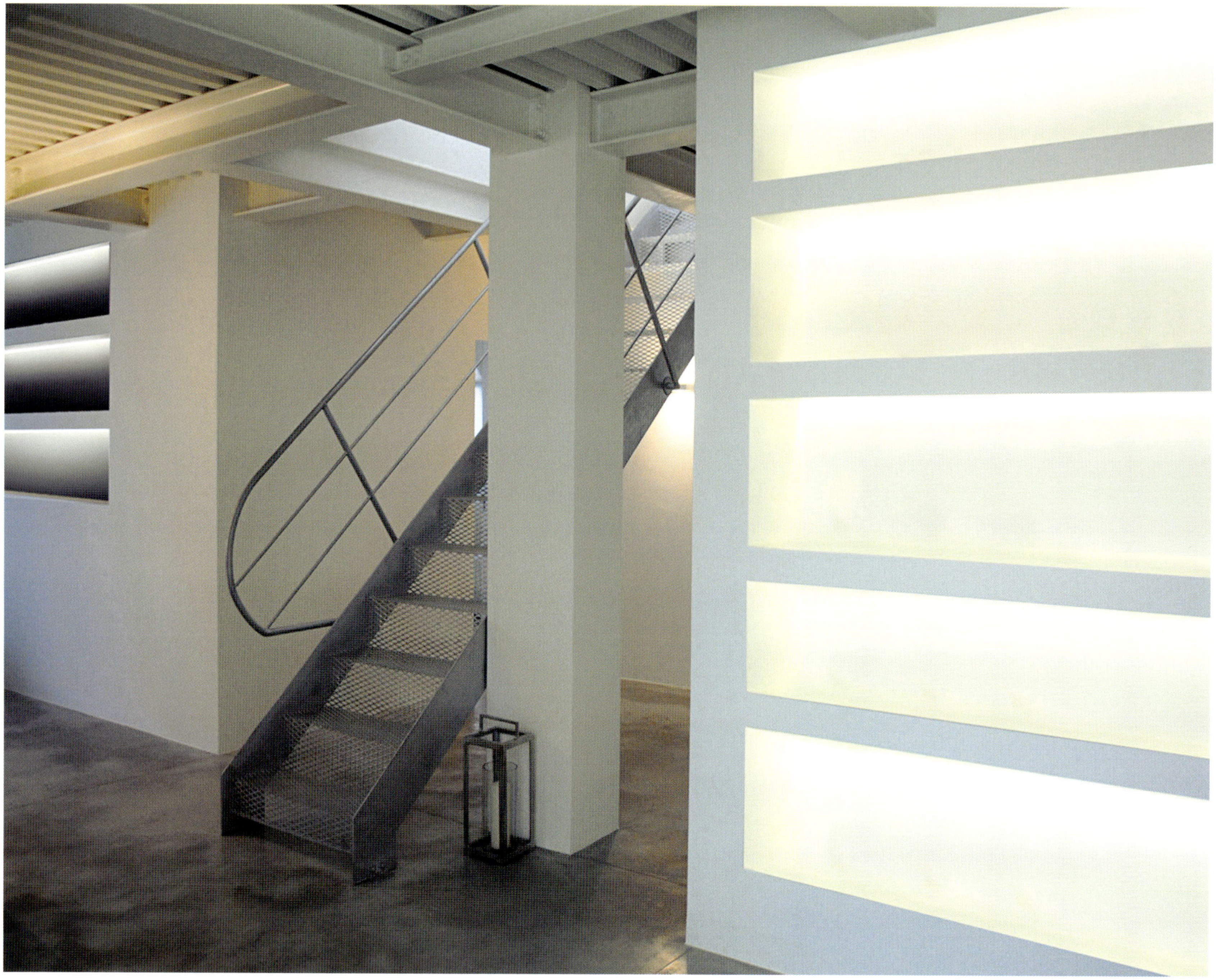

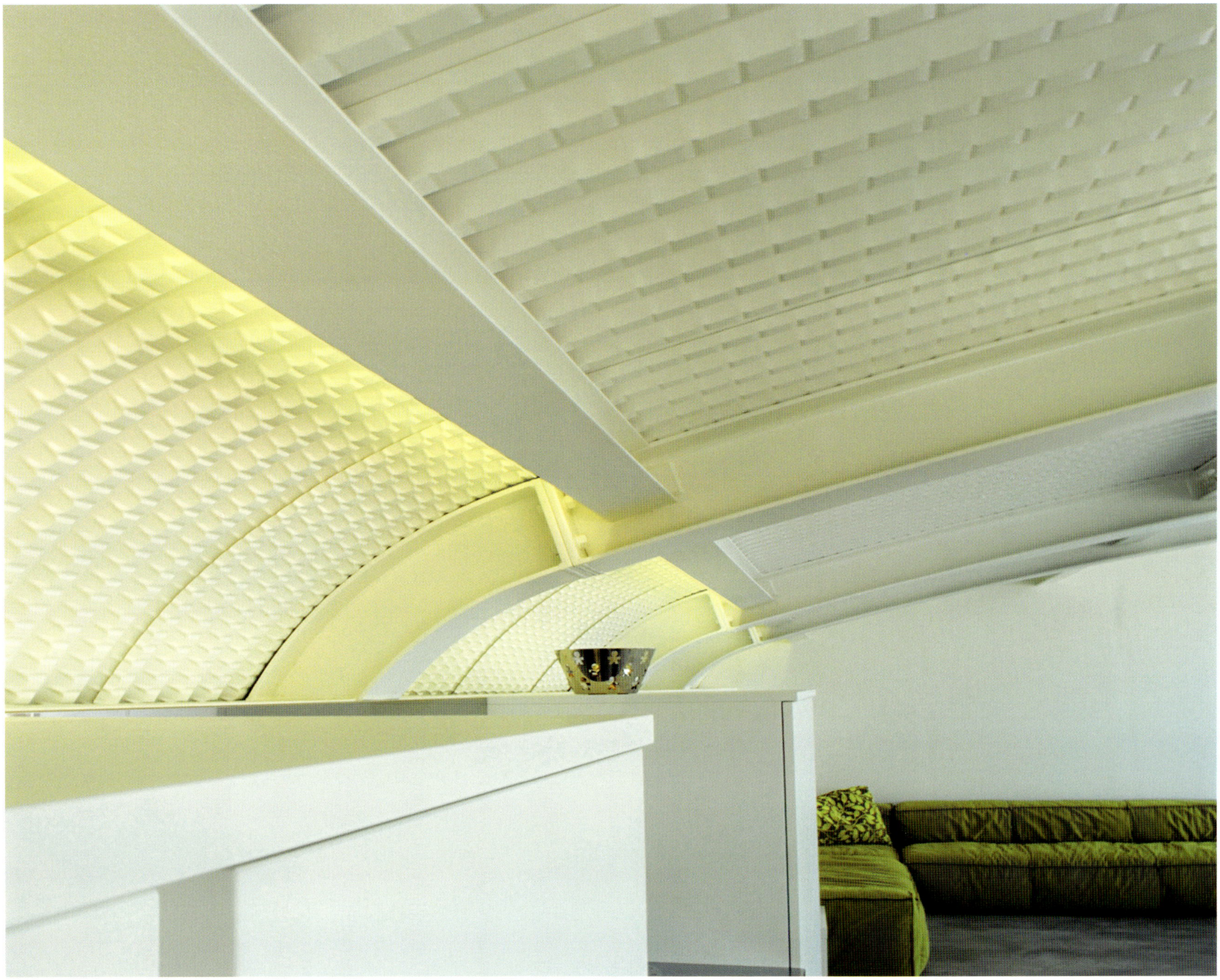

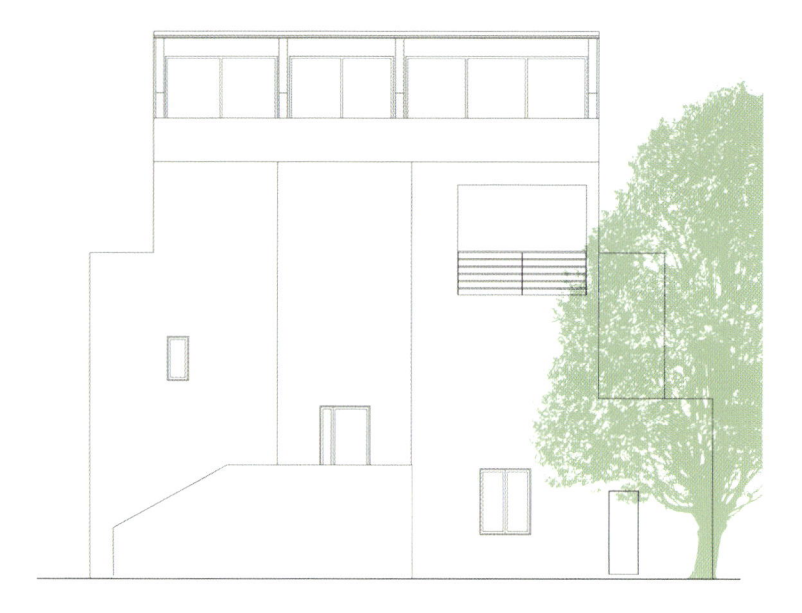

Northeast façade

Main façade

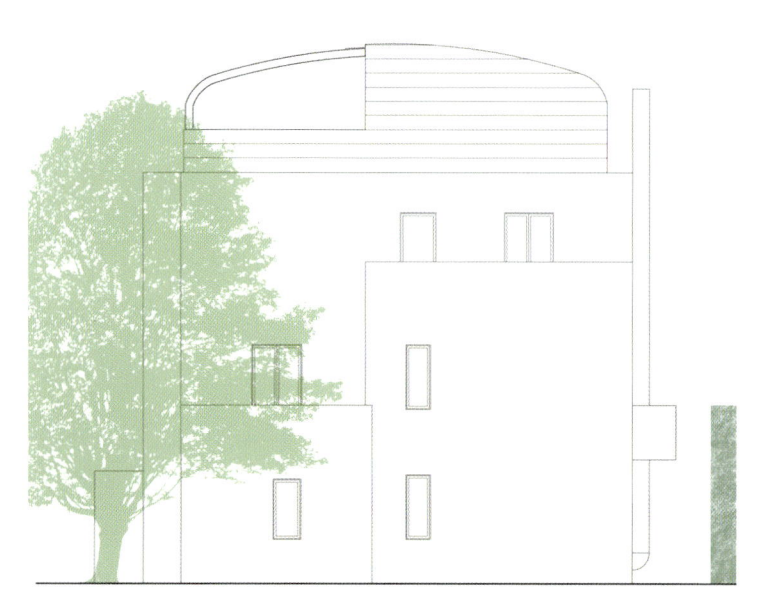

Northwest façade

The space is dominated by white, creating a bright and formal environment, notable for its straight lines and simple forms.

Das im Innenraum vorherrschende Weiß verleiht den Wohnbereichen eine zurückhaltende, helle Stimmung, und besonders auffallend sind gerade Linien und die Schlichtheit der Formen.

Le blanc qui domine l'espace donne aux pièces une ambiance sobre et lumineuse, et met ainsi en avant les lignes droites et la simplicité des formes.

De witte kleur die de ruimte overheerst, maakt de kamers en vertrekken, waarin de nadruk ligt op rechte lijnen en simpele vormen, sober en licht.

El blanco que preside el espacio convierte las estancias en ambientes sobrios y luminosos, en los que lo que destaca son las líneas rectas y la sencillez de las formas.

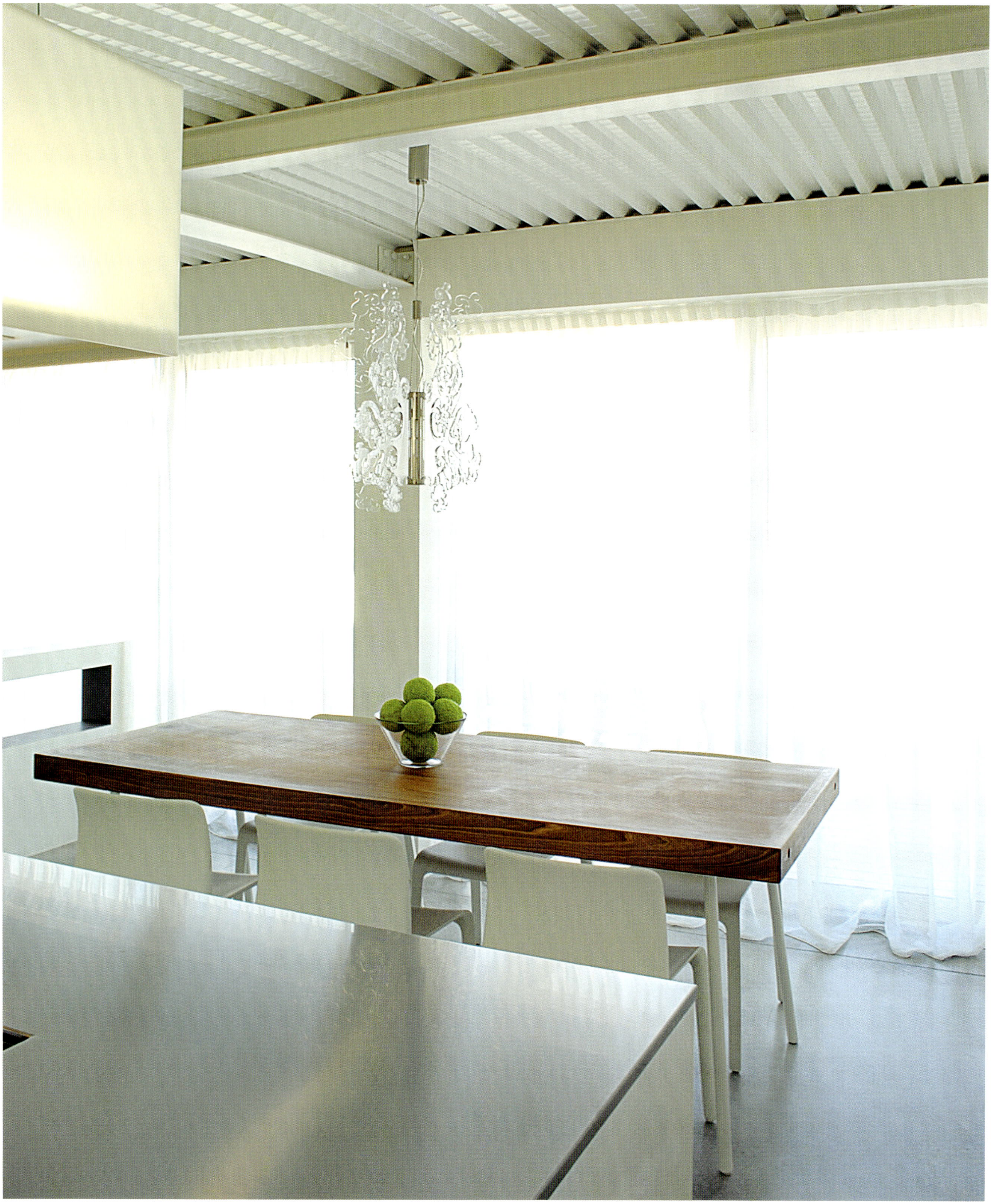

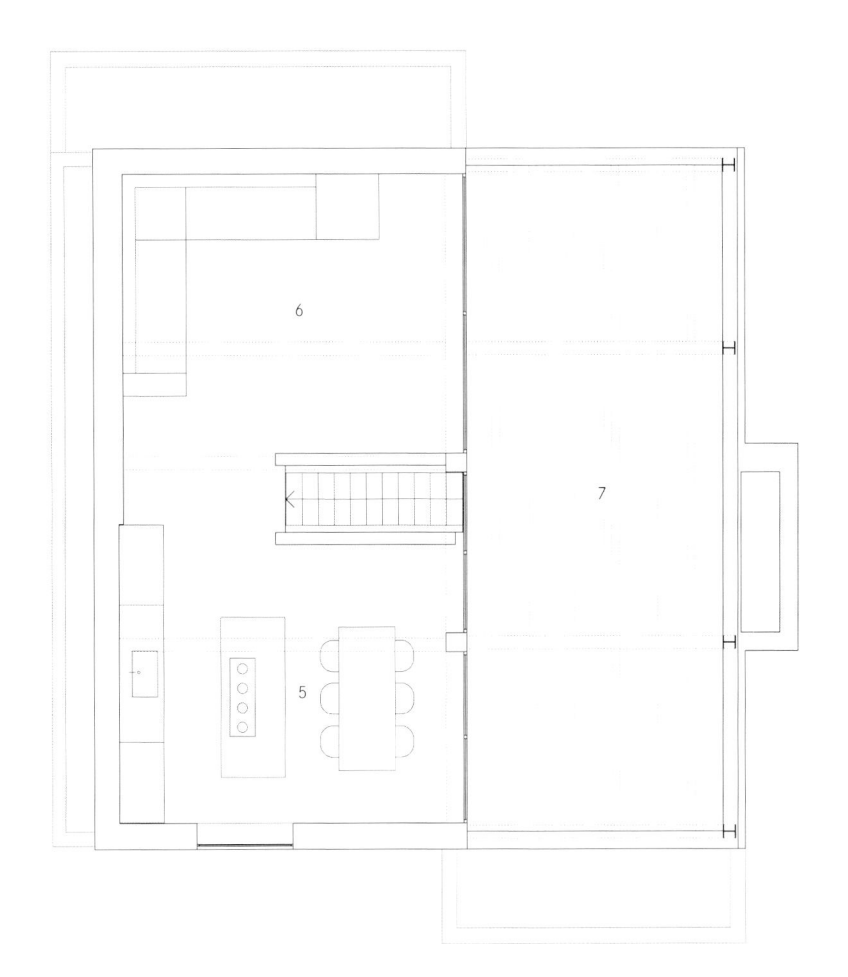

Attic floor plan

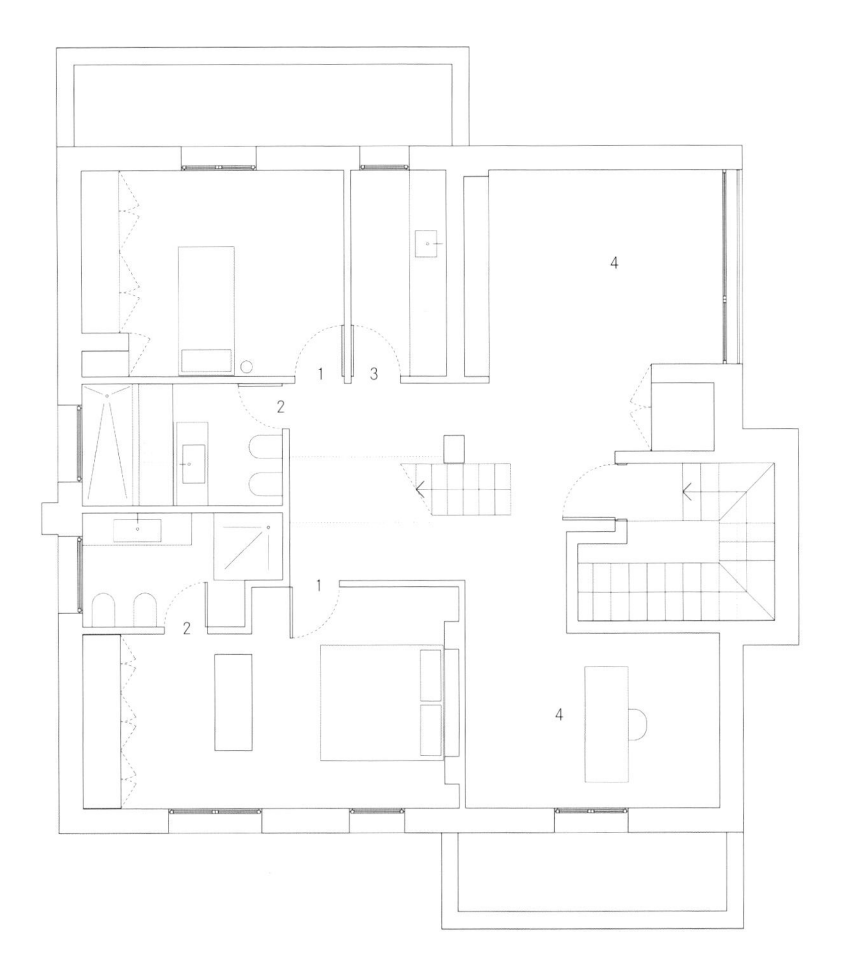

Second floor plan

1. Bedroom
2. Bathroom
3. Laundry
4. Open space
5. Kitchen and dining room
6. Living room
7. Terrace

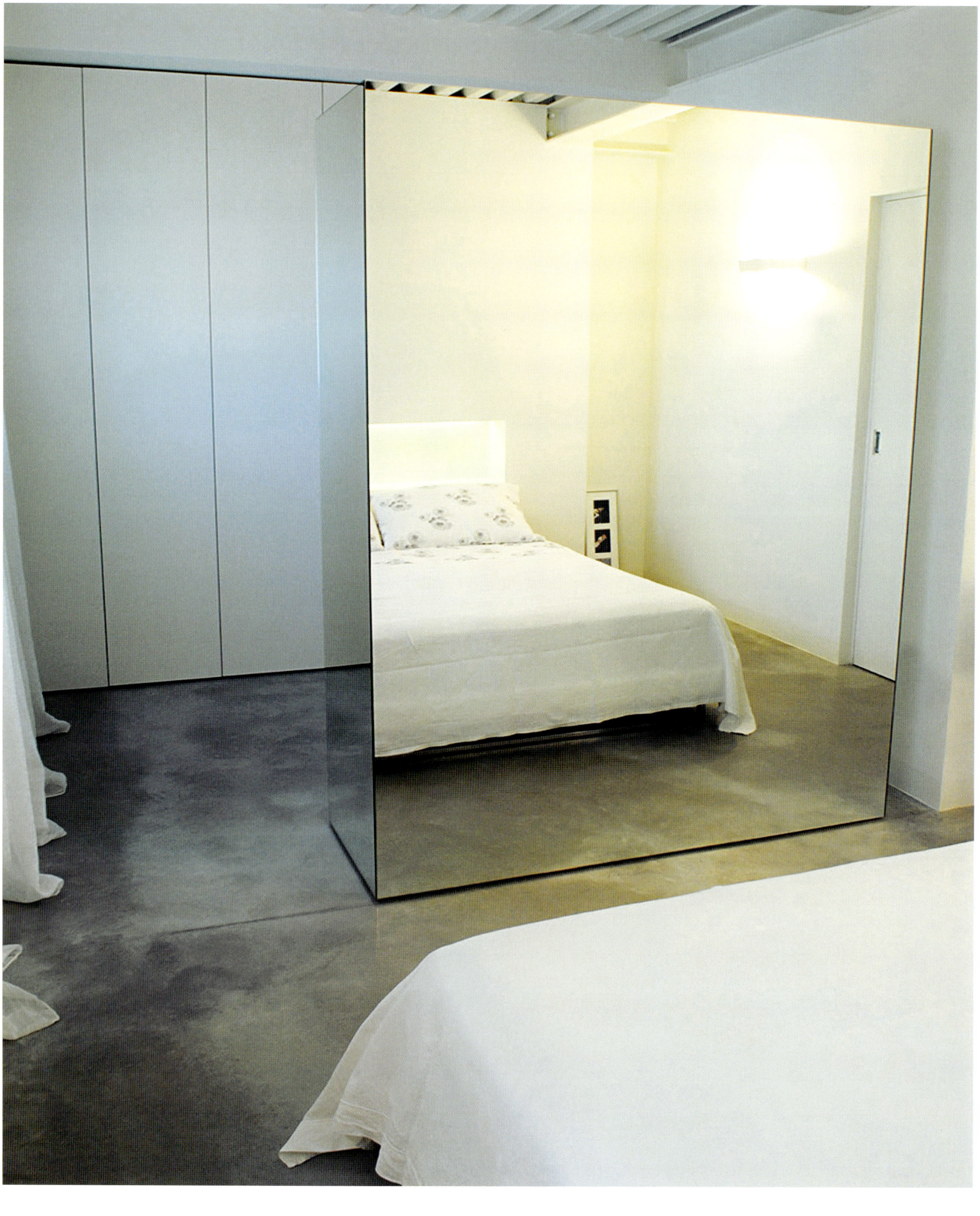

A few eye-catching, colourful pieces in some of the rooms are enough to break up the uniformity of the white. This basin brings the bathroom to life.

Um die Einheitlichkeit des Weiß etwas aufzubrechen, braucht es in den Räumen nur wenige, deutliche Farbakzente. Dieser Waschtisch macht das Bad zu einem Raum voller Leben.

Pour casser l'uniformité du blanc, il suffit d'ajouter dans certaines pièces des éléments de couleurs vifs. Ce lavabo fait de la salle de bain un espace vivant.

Door het toevoegen van voorwerpen in opvallende kleuren in een aantal kamers, kan de uniformiteit van het wit makkelijk doorbroken worden. Deze wastafel brengt de ruimte tot leven.

Para romper con la uniformidad del blanco, basta con incorporar elementos de colores llamativos en algunas estancias. Este lavabo hace del baño un espacio vivo.

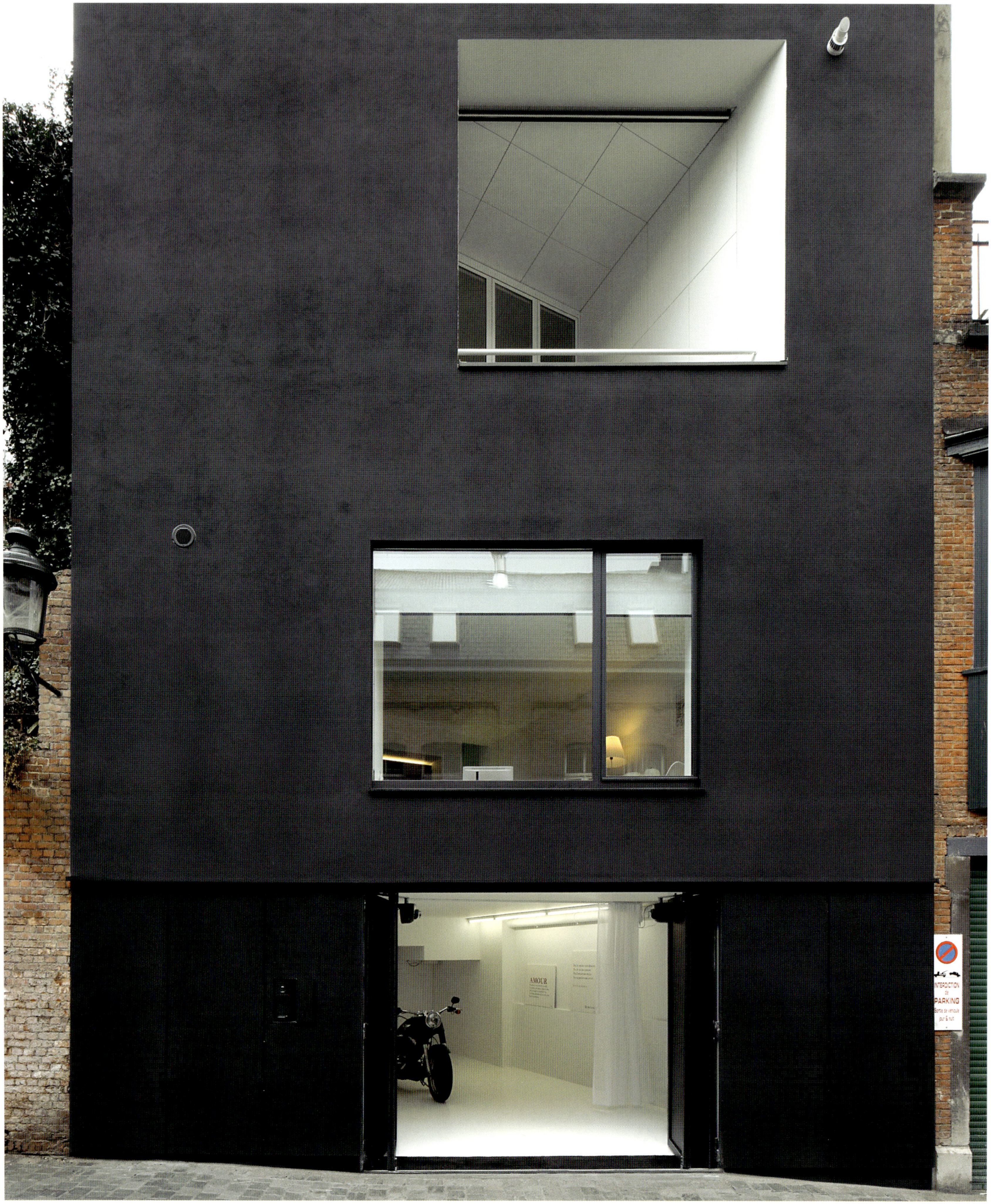
AMOUR
INTERDICTION
de
PARKING

CLOÎTRE

o2 architectes
Brussels, Belgium
© Filip Dujardin

The renovation of this Brussels house realised four main objectives: to resolve damp problems, increase light, maximise the living area and create a piece of unique architecture. Black on the outside, white in the interior, once inside this house you can completely forget that you are in the heart of the city.

Dem Umbauprojekt dieses Brüsseler Hauses lagen vier Ziele zugrunde: Lösung der Probleme mit der Feuchtigkeit, mehr Licht ins Haus holen, ein Maximum an Oberflächen gewinnen und eine einzigartige Architektur schaffen – nüchtern nach Außen, fließend und lichterfüllt im Innern. Außen Schwarz und innen Weiß – und im Innern des Hauses vergisst man schnell, das man mitten in der Stadt ist.

Le projet de rénovation de cette maison bruxelloise repose sur quatre objectifs : résoudre les problèmes d'humidité, apporter de la lumière, tirer partie au maximum des surfaces et créer une architecture unique : sobre à l'extérieur, fluide et ludique à l'intérieur. Noir dehors, blanche dedans, à l'intérieur de cette propriété vous pouvez oublier que vous êtes en ville.

Bij de verbouwing van dit huis in Brussel waren er vier doelen: de vochtproblematiek oplossen, licht binnenbrengen, zoveel mogelijk ruimte creëren en een bijzondere architectuur gebruiken: sober aan de buitenzijde, en vloeiend en speels aan de binnenzijde. Zwart van buiten, wit van binnen. Aan de binnenzijde lijkt het even of je niet in de stad bent.

El proyecto de remodelación de esta casa bruselense se sustentaba sobre cuatro objetivos: resolver los problemas de humedad, aportar luz, obtener un máximo de superficies y crear una arquitectura singular: sobria en el exterior, y fluida y lúdica en el interior. Negra por fuera, blanca por dentro, en el interior de esta vivienda uno puede olvidarse de que está dentro de la ciudad.

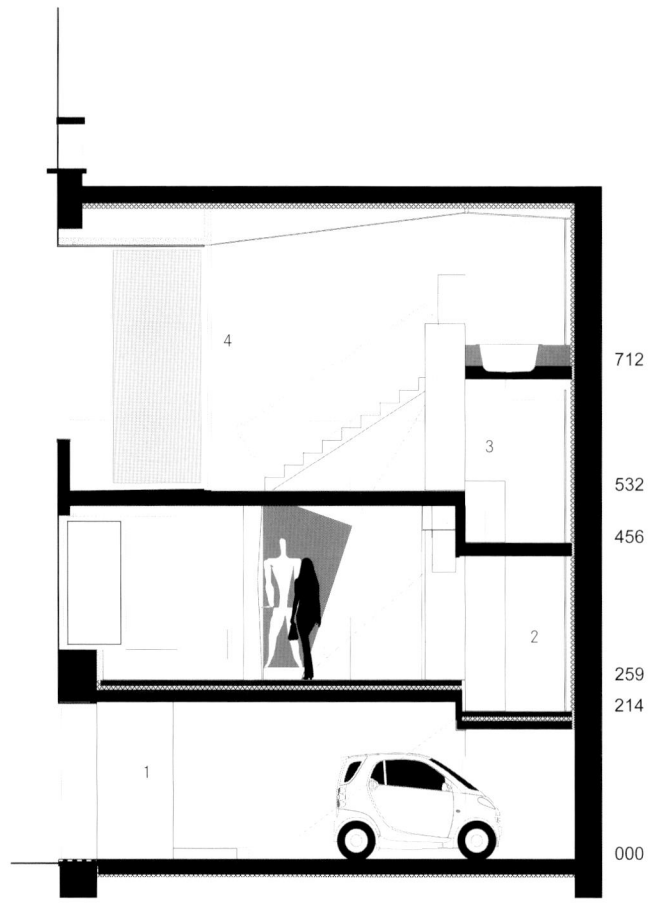

Section

The aim was to create a fluid interior, enhanced by diagonals and white. Indeed, it seems that each element seamlessly merges into the next.

Es entstand ein fließender Innenraum, dessen Eindruck durch die Diagonalen und die Farbe Weiß noch verstärkt wird. Es scheint tatsächlich so, als ob jedes Element in die Tiefe des Raumes davongleitet, um sich in das nächste zu verwandeln.

On a cherché à créer un intérieur fluide, amplifié par les diagonales et la couleur blanche. D'ailleurs, chaque élément semble se fondre dans le suivant.

Het was de bedoeling om een vloeiend interieur te creëren, versterkt door diagonalen en de kleur wit. Het lijkt zelfs wel of elk element even uitglijdt om vervolgens in het volgende over te gaan.

Se buscó crear un interior fluido, potenciado por las diagonales y el color blanco. De hecho, parece que cada elemento resbale hasta convertirse en el siguiente.

Despite the coldness of the white and the sobriety of the black, the fire and the brick buildings on the other side of the window bring a feeling of warmth and softness to the living room.

Trotz der Kühle des Weiß und der Nüchternheit des Schwarz verleihen das Feuer und die Gebäude aus Backstein auf der anderen Seite des Fensters dem Raum Wärme und Geschmeidigkeit.

Malgré la froideur du blanc et la sobriété du noir, le feu et les bâtiments en briques de l'autre côté de la fenêtre donnent au salon chaleur et douceur.

Ondanks het koele wit en het sobere zwart, geven de haard en de bakstenen huizen aan de andere kant van het raam de kamer warmte en zachtheid.

Pese a la frialdad del blanco y la sobriedad del negro, el fuego y los edificios de ladrillo al otro lado de la ventana conceden al salón calidez y suavidad.

161

This wall embodies character and playfulness, and the fuchsia touches demonstrate that a bright and predominantly white space can also be fun.

Diese Wand verkörpert das Verspielte, Spielerische, und zeigt durch die Verwendung des Fuchsiatons, dass auch ein luxuriöser, vorherrschend weißer Raum spielen kann.

Ce mur incarne le jeu, l'amusement, et prouve par le fuchsia qu'un espace luxueux au blanc prédominant peut également aller.

Deze muur vertegenwoordigt het vrolijke, speelse en laat door middel van de kleur fuchsia zien dat en luxueuze en voornamelijk witte ruimte ook speels kan zijn.

Esta pared encarna lo lúdico, lo juguetón, y demuestra mediante el fucsia que un espacio lujoso y predominantemente blanco también puede jugar.

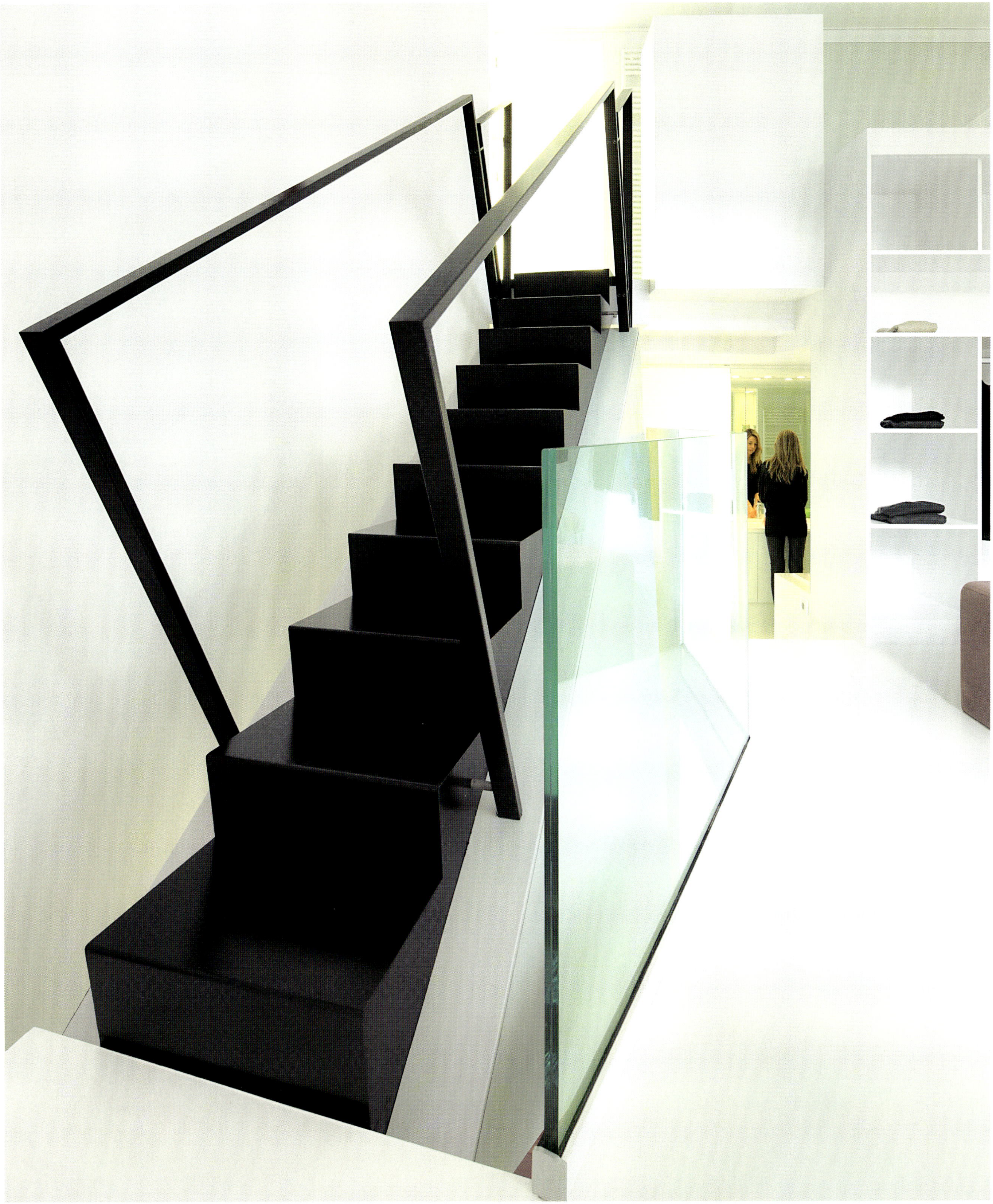

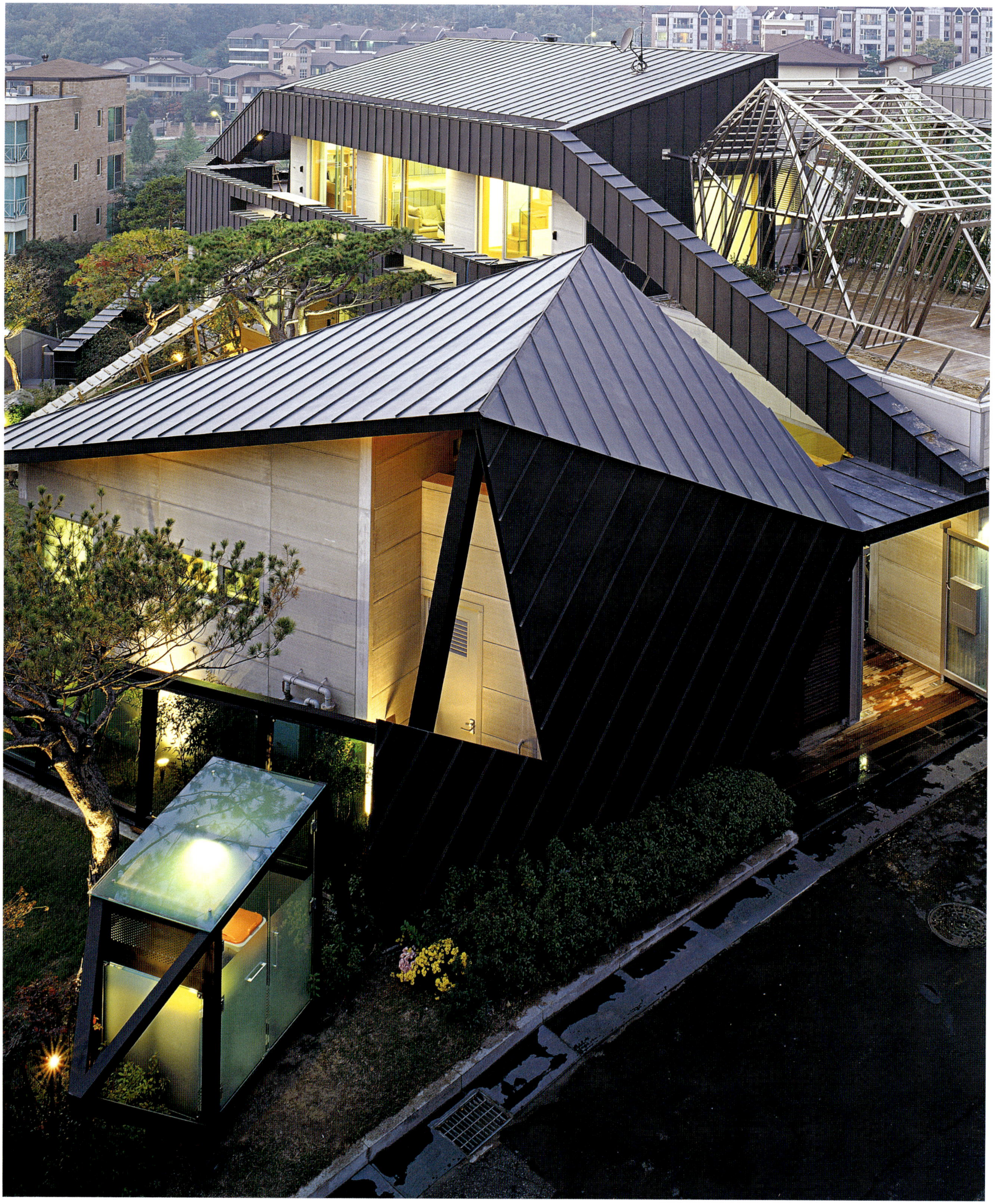

NOK SUNG HUN

HyoMan Kim/IROJE KHM Architects
Gumi-dong, Bundang-gu, Seongnam, South Korea
© JongOh Kim

This splendid building's name literally means "the house that listens to the sound of nature and thinks of the future of life". It has all the benefits of city convenience and embraces the smells and sounds of the landscape in which it is set. Composed of two parts—the main house and the guesthouse—the variously angled pitched roofs merge with the mountains behind.

Dieses überraschende Gebäude mit dem Namen „das Haus, das an die Zukunft des Lebens denkt und den Klängen der Natur lauscht", vereint die Bequemlichkeit eines Lebens mitten in der Stadt mit dem Duft und den Klängen der Natur. Es besteht aus zwei Teilen – dem Haupthaus und dem Gästehaus – und das sich in verschiedene Richtungen neigende Dach bildet einen Übergang zu den Bergen hinter dem Gebäude.

Cette surprenante construction, dont le nom signifie « la maison qui pense à l'avenir de la vie en écoutant le son de la nature », jouit des commodités de la ville mais aussi des odeurs et des bruits du paysage. Composée de deux volumes – la maison principale et celle des amis –, les toits inclinés à angles différents se fondent avec les montagnes qui se trouvent à l'arrière de la maison.

Deze verrassende constructie, genaamd „huis dat over de toekomst van het leven nadenkt door naar het geluid van de natuur te luisteren", biedt het comfort van de stad en de geur en het geluid van de natuur. Het huis bestaat uit twee delen, de hoofdwoning en het gastenverblijf, en de gekantelde daken met afwisselende hoeken smelten samen met de bergen achter de woning.

Esta sorprendente construcción, cuyo nombre significa «la casa que piensa en el futuro de la vida escuchando el sonido de la naturaleza», disfruta de la comodidad de la ciudad y del olor y el sonido del paisaje. Compuesta por dos volúmenes –la casa principal y la de invitados–, los tejados inclinados en varios ángulos se funden con las montañas que hay detrás de la vivienda.

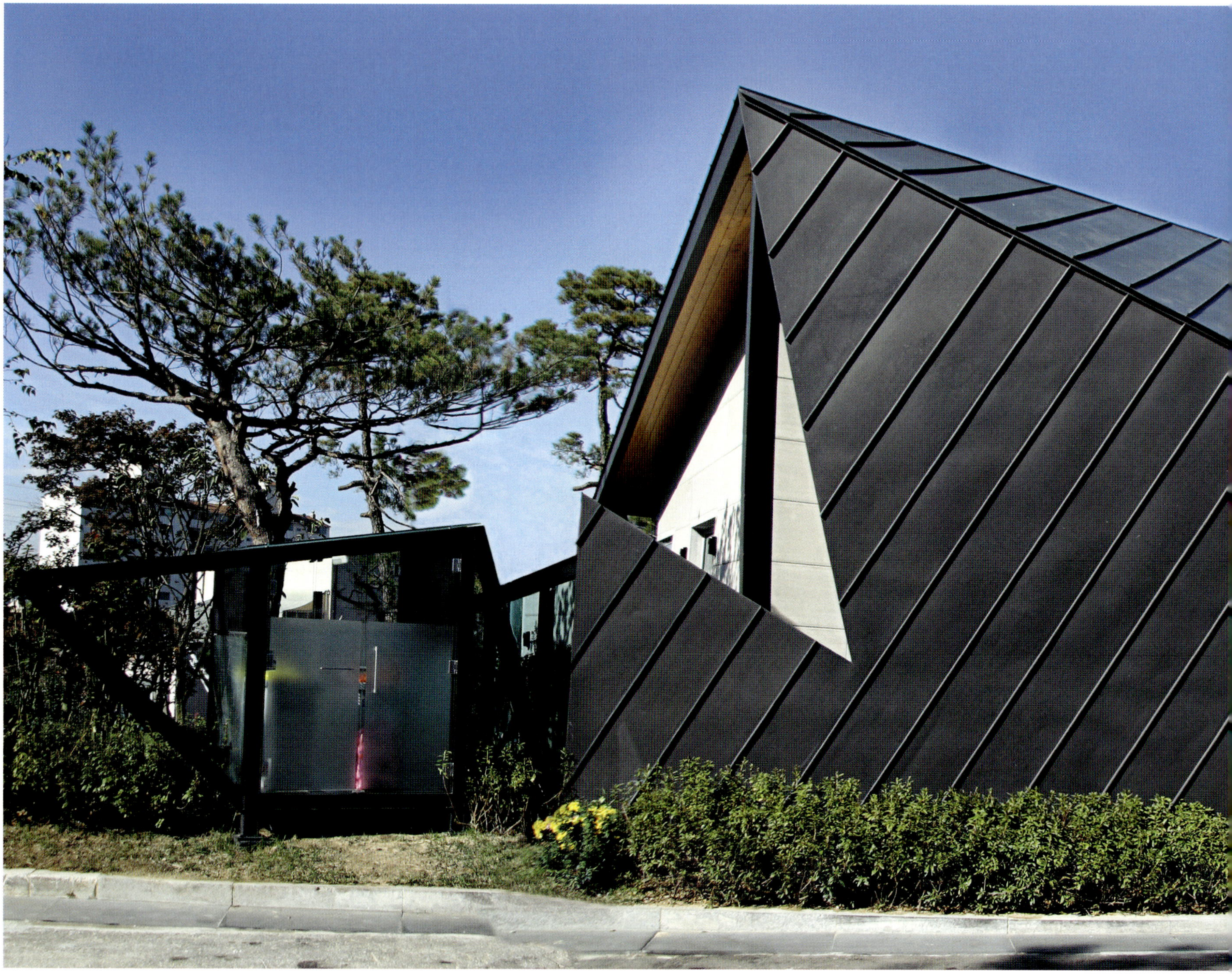

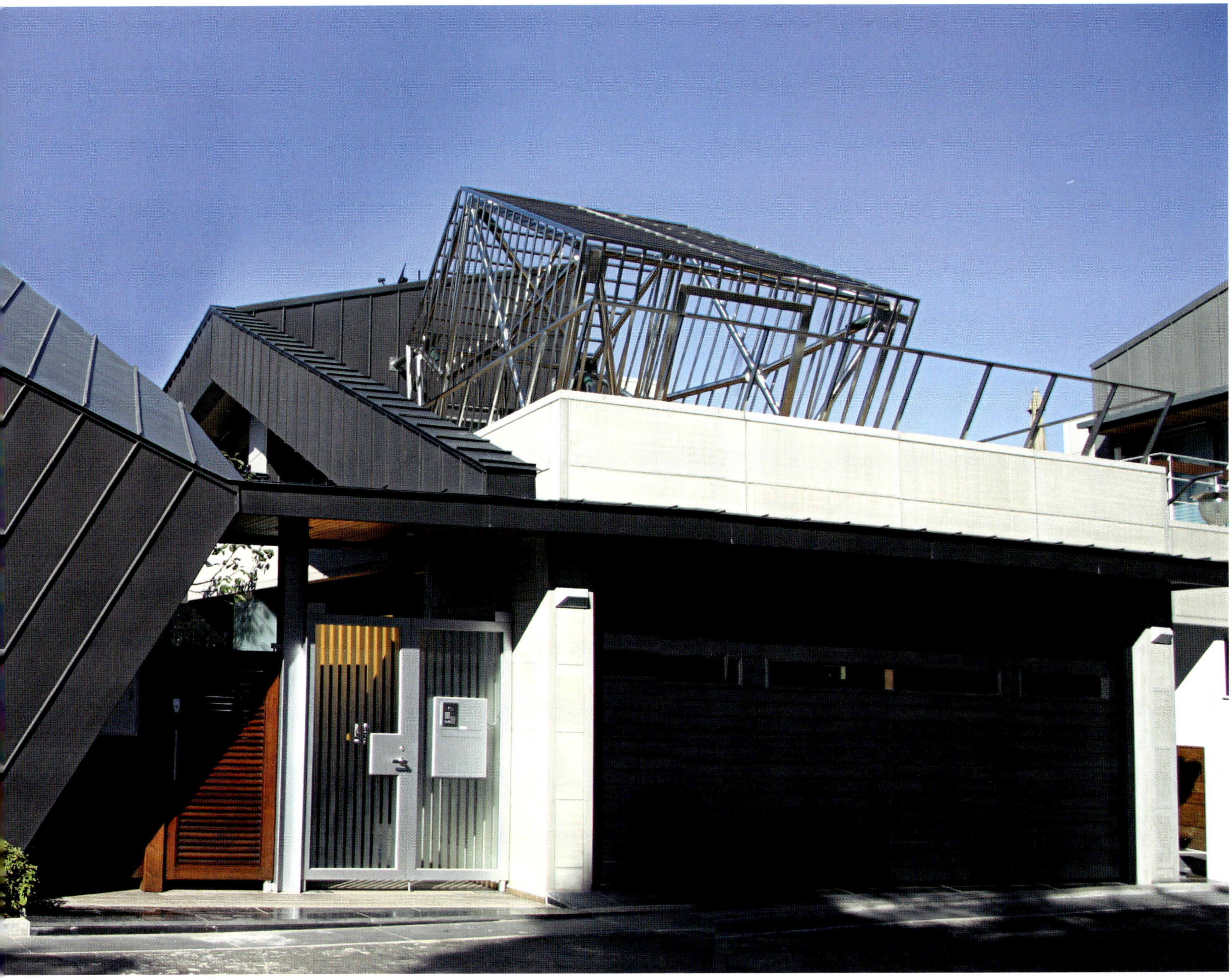

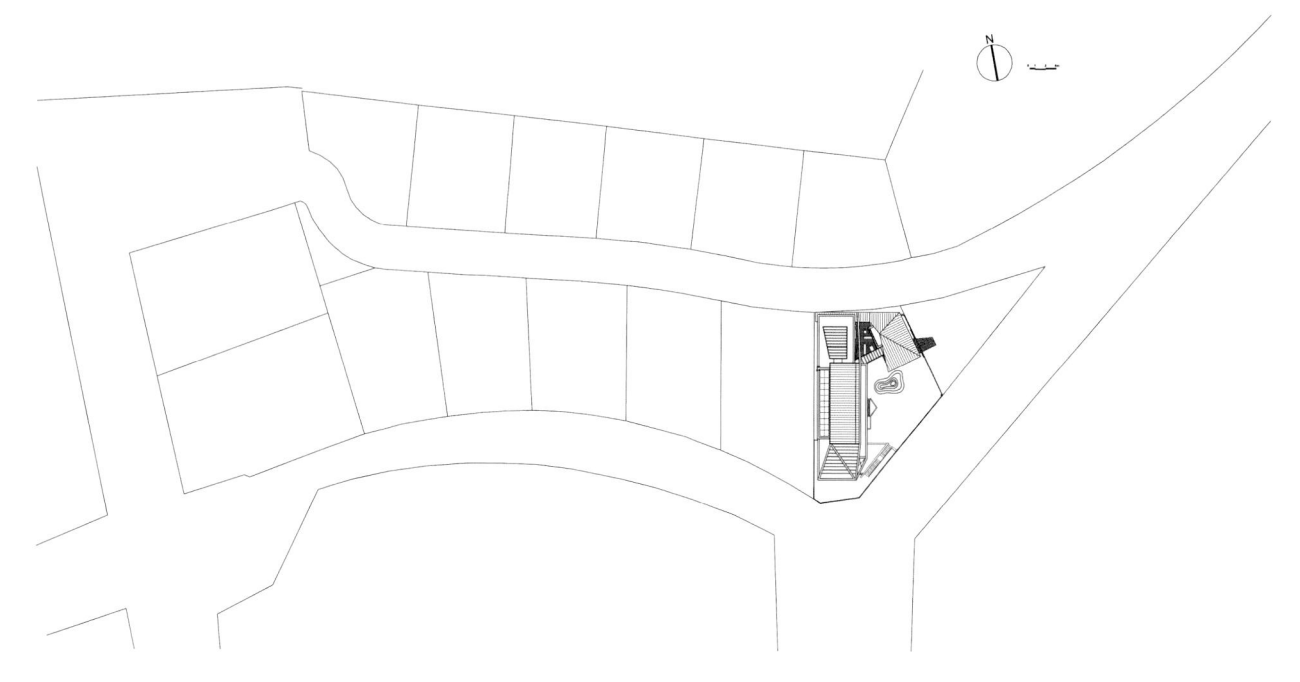

Site plan

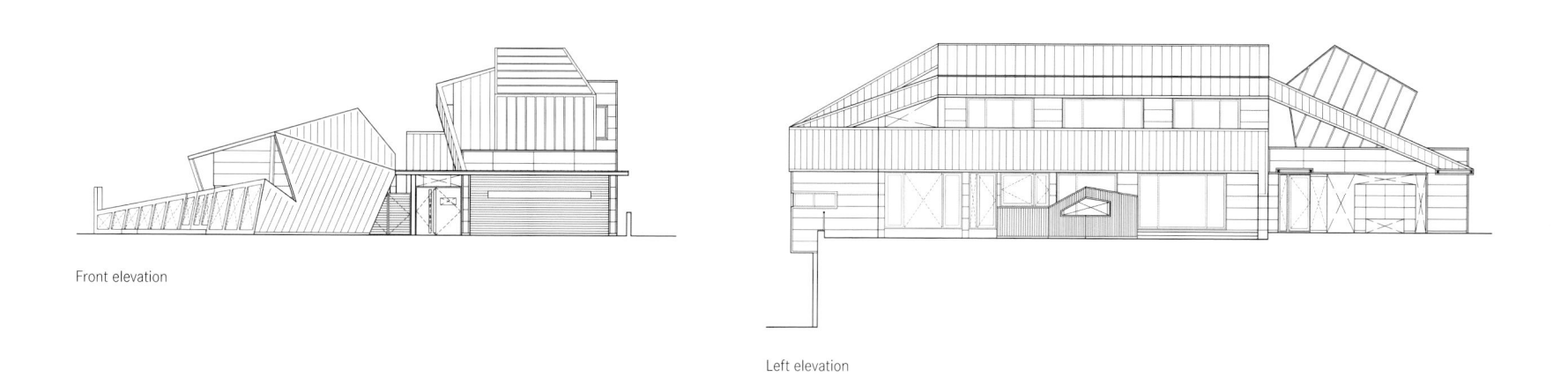

Front elevation

Left elevation

Rear elevation

Right elevation

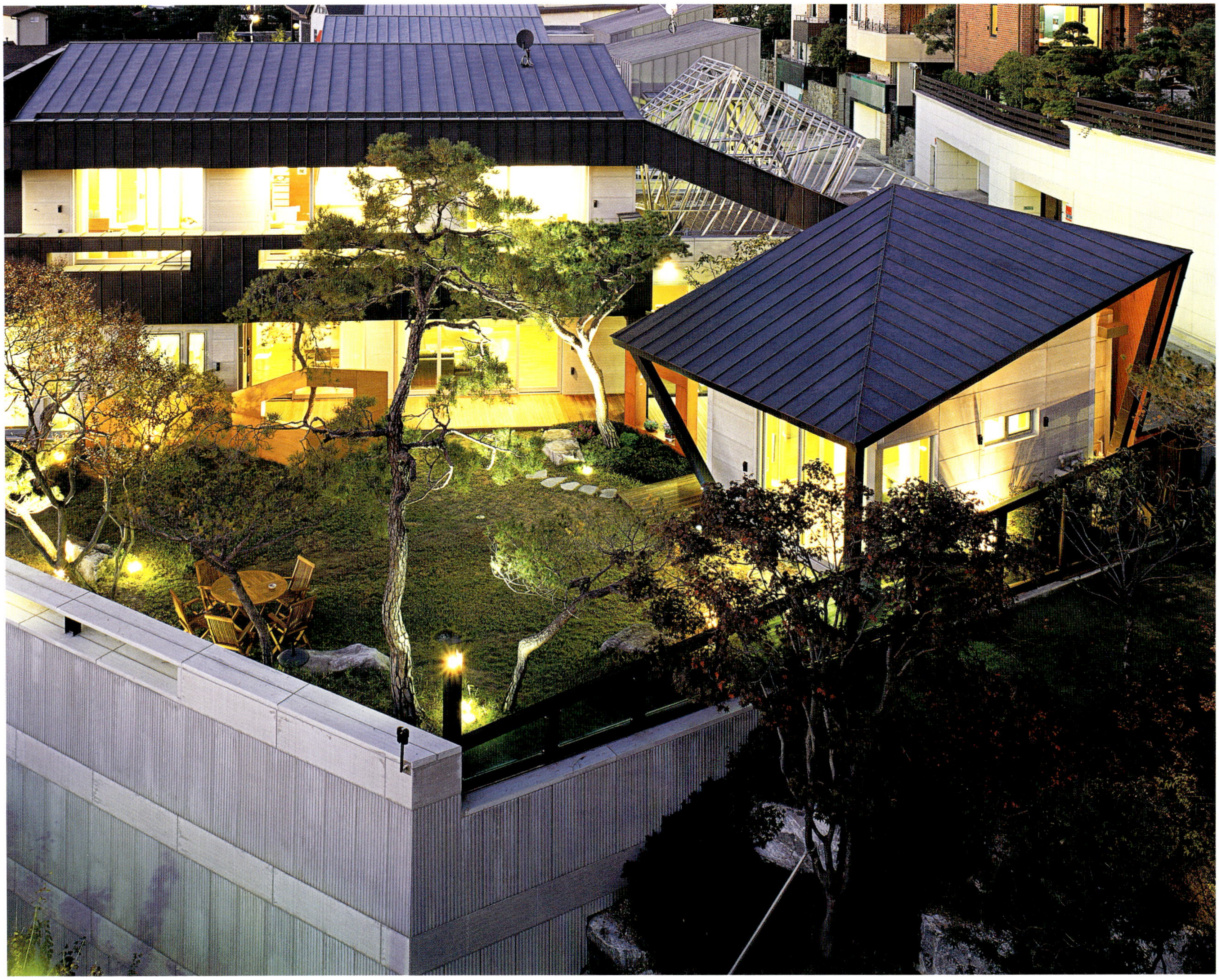

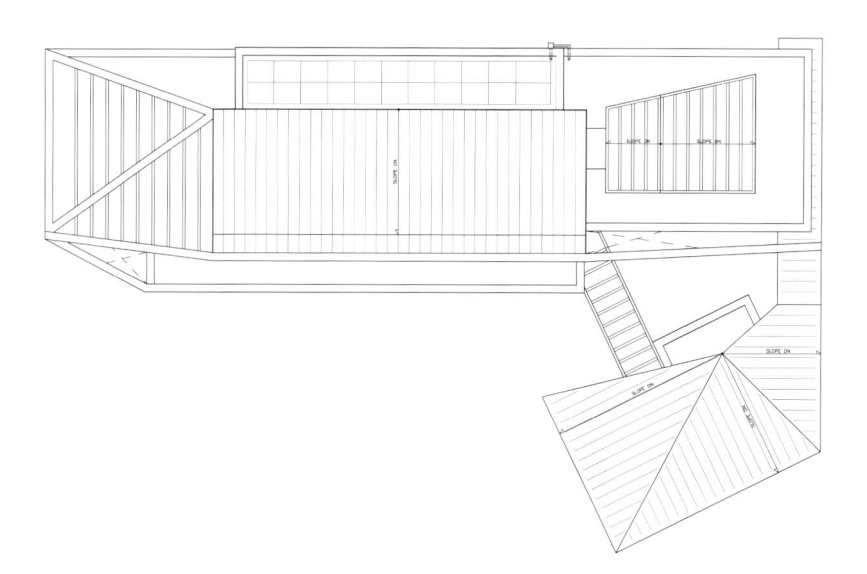

Roof plan

Second floor plan

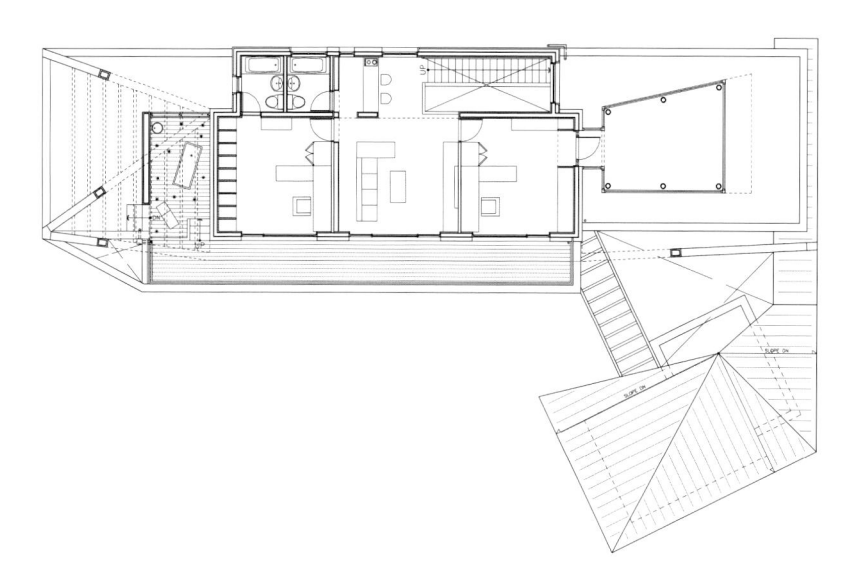

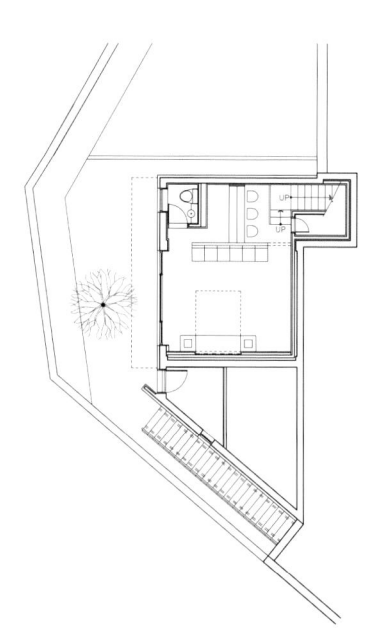

Basement floor plan

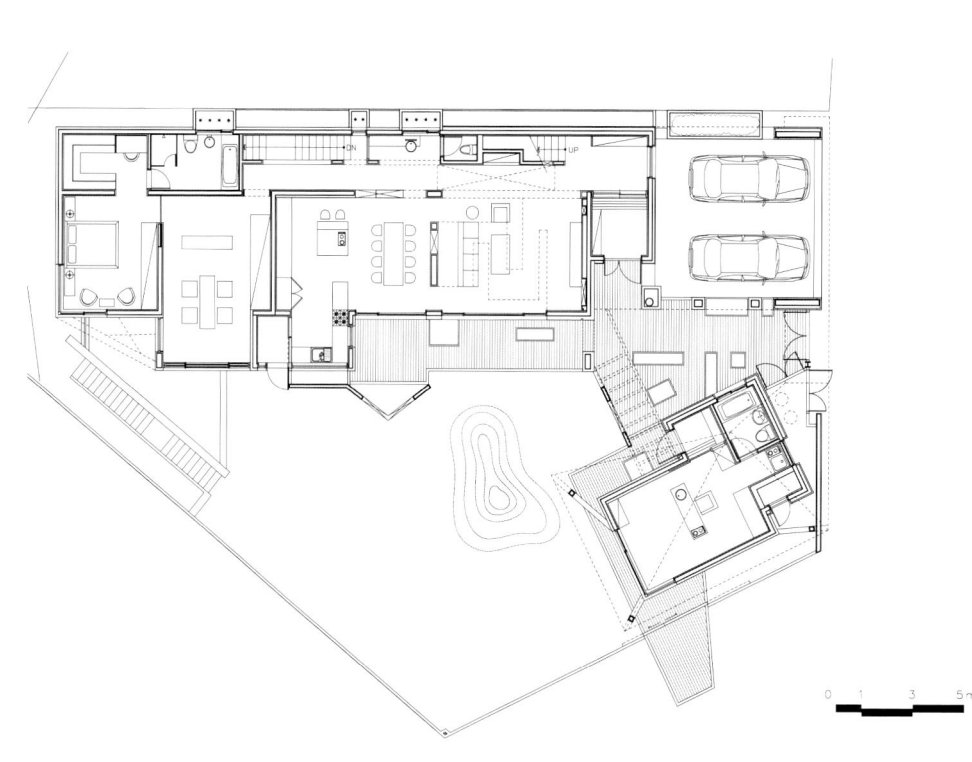

Ground floor plan

170

Throughout the garden, in the space between the two buildings, a series of figures frame the various perspectives of the house.

Über die ganze Breite des zwischen den beiden Häusern liegenden Gartens wurde eine Reihe wie Rahmen geformte Skulpturen aufgestellt, die die unterschiedlichen Perspektiven des Hauses einfangen.

Le long du jardin, dans l'espace entre les deux volumes, une série de formes à l'apparence d'un cadre entourent les différentes perspectives de la maison.

Verspreid over de tuin die tussen de twee gebouwen in ligt, staat een groep lijstvormige figuren die verschillende perspectieven van het huis laten zien.

A lo largo del jardín, en el espacio entre los dos volúmenes, una serie de figuras en forma de marco encuadra las diversas perspectivas de la casa.

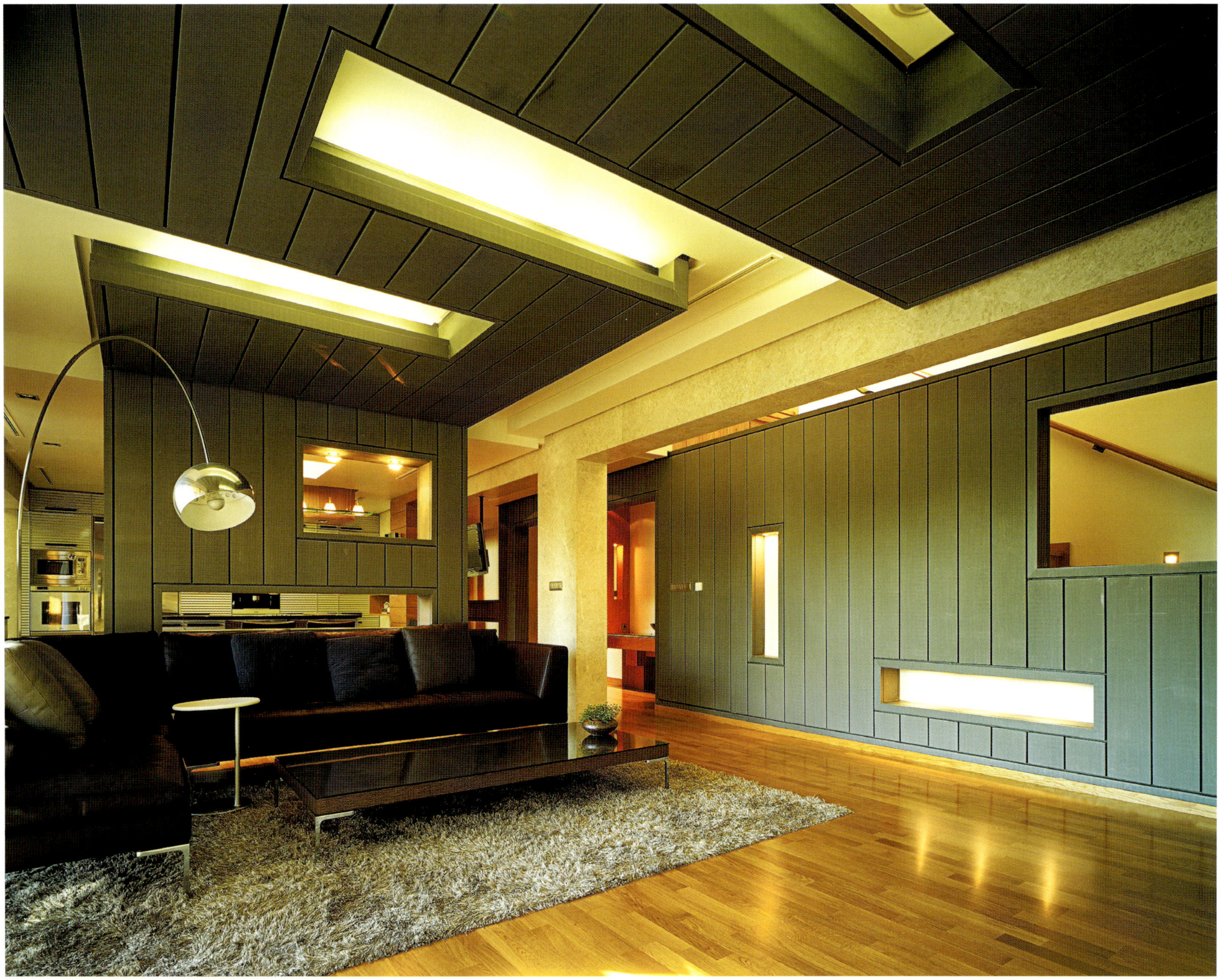

The zinc and wood-panelled internal partitions of the house confer on the space a feeling of being semi-open to the elements.

Die Innenaufteilung des Hauses durch Zink- und Holzelemente sorgt für ein halboffenes Raumgefühl.

Les séparations internes de la maison, créées par des panneaux en zinc et en bois, donnent à l'espace la sensation d'être semi-ouvert.

De interne afscheidingen in het huis, gemaakt van zinken en houten panelen, geven de ruimte een semi-open sfeer.

Las separaciones internas de la casa, creadas por paneles de zinc y de madera, confieren al espacio la sensación de estar semiabierto.

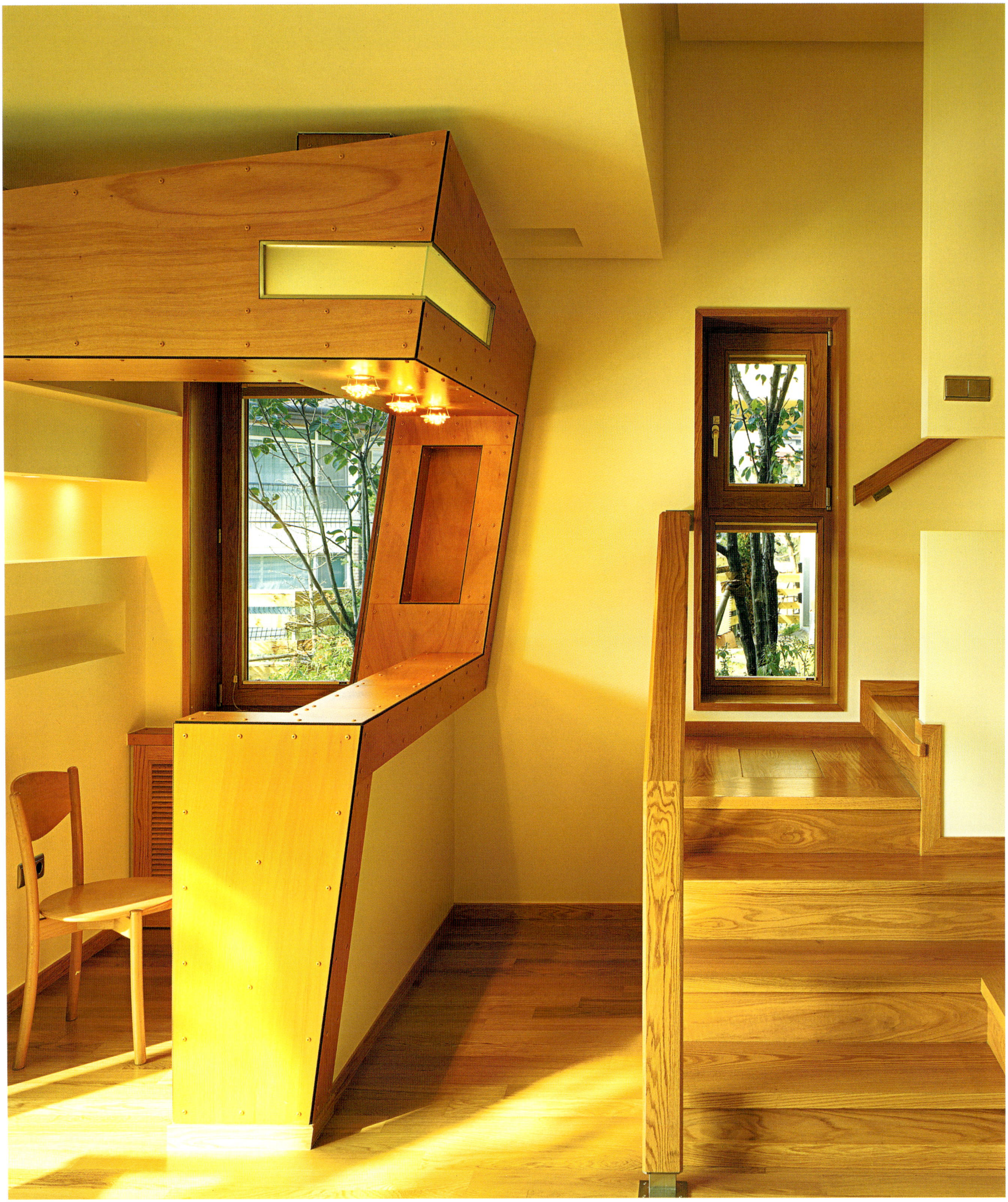

By using the same materials inside and out, the separation between the two spaces has been blurred. The smells of the surrounding landscape are almost palpable from within the house itself.

Durch die Verwendung der gleichen Materialien im Innen- wie im Außenbereich löst sich die Trennung beider Räume auf – im Inneren kann man fast den Duft des Gartens spüren.

En utilisant les mêmes matériaux à l'intérieur et à l'extérieur, la séparation entre les deux espaces s'estompe, et de l'intérieur même on peut presque sentir le paysage.

Doordat dezelfde materialen zowel aan de binnenkant als de buitenkant gebruikt zijn, vervaagt de grens tussen beide ruimtes en dringt de geur van de natuur bijna tot in de woning door.

Al utilizar los mismos materiales en el interior y el exterior, se difumina la separación entre ambos espacios, y desde el propio interior casi se puede oler el paisaje.

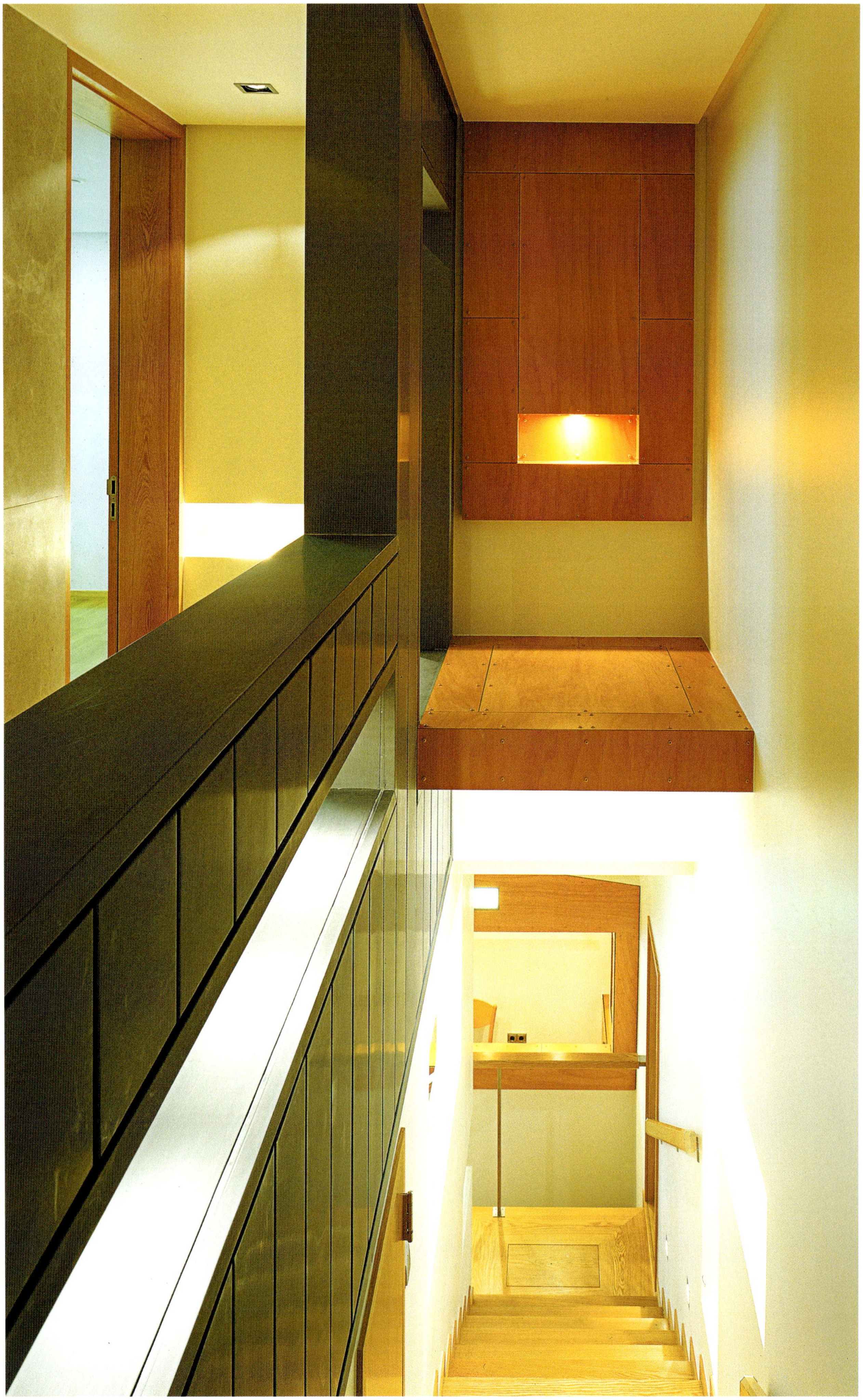

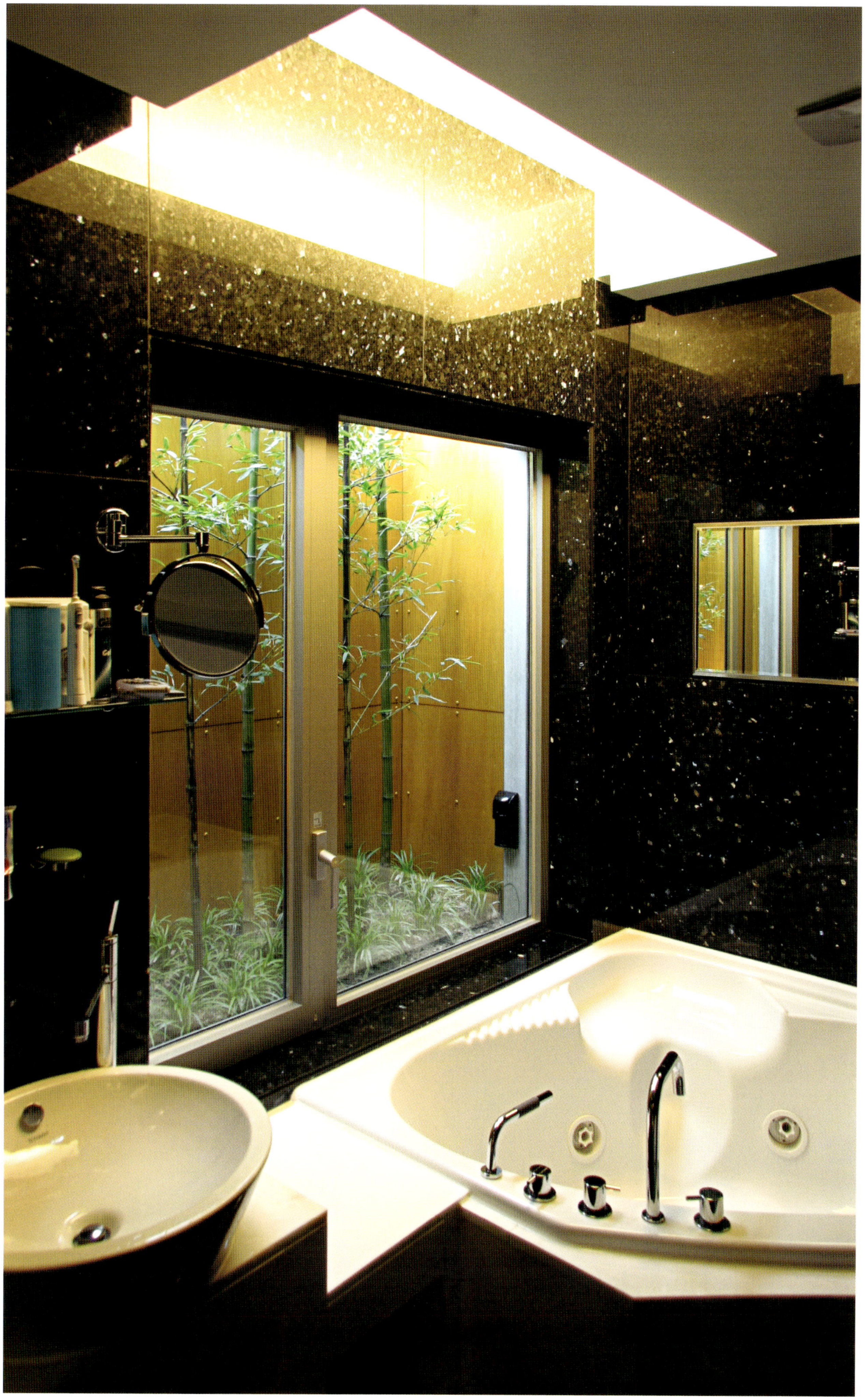

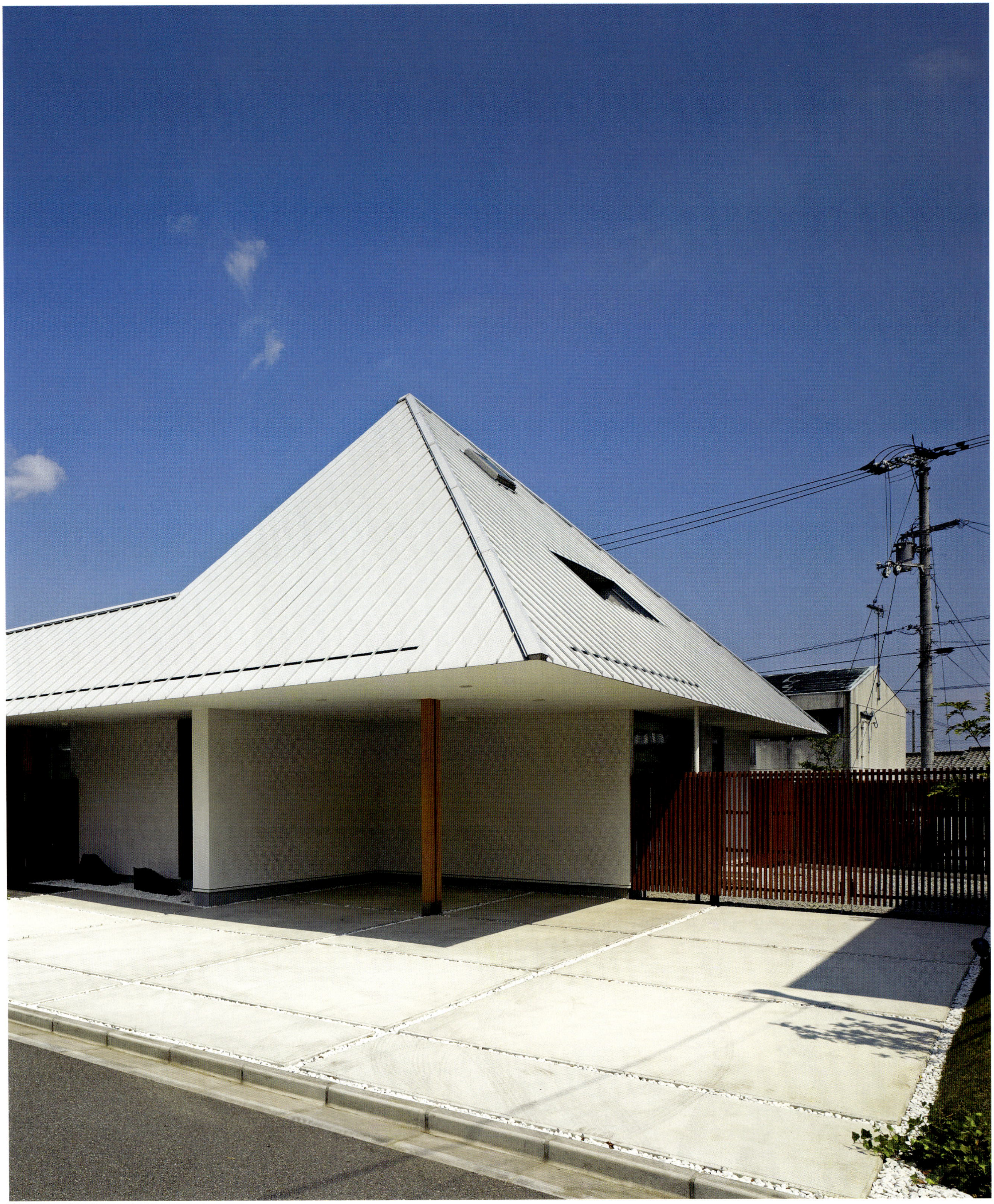

HOUSE IN SANBONMATSU

Hironaka Ogawa/Hironaka Ogawa & Associates
Kagawa, Japan
© Daici Ano

This home is based on a simple idea, hiding a grand discovery beyond: a hipped roof with centre cut, within which a courtyard is hidden right in the heart of the home. The opening lets light and wind into the property, brings a sense of balance to the exterior and softens its relationship with the neighbouring houses.

Dieses Haus beruht auf einer ganz einfachen Idee, die sich – in die Praxis umgesetzt – als unglaubliche Entdeckung entpuppt: Unter einem Walmdach, dessen Mitte ausgeschnitten wurde, verbirgt sich als Mittelpunkt des Hauses ein Innenhof. Diese Öffnung lässt Licht und Luft ins Innere des Hauses eindringen, sorgt von Außen für einen ausgewogenen Eindruck und harmonisiert das Zusammenspiel des Gebäudes mit den benachbarten Häusern.

Le point de départ de cette maison débute par une idée simple qui, mise en pratique, se révèle être une grande trouvaille : un toit à quatre pentes dont le centre à ciel ouvert cache une cour au cœur de la maison. Cette ouverture permet à la lumière et au vent d'entrer dans la maison, donne un aspect esthétique de l'extérieur et adoucit la vision avec les maisons avoisinantes.

Dit huis is gebaseerd op de uitvoering van een simpel, maar vindingrijk idee: een schilddak waar het centrum uitgesneden is waardoor er zich een binnenplaats vormt die het hart van het huis is. Deze opening zorgt ervoor dat licht en wind de woning binnenkomen, het buitenaanzicht gebalanceerd is en dat de woning subtiel combineert met de huizen in de omgeving.

Esta casa parte de una idea simple que, puesta en práctica, se revela como todo un hallazgo: un tejado a cuatro aguas con el centro recortado, que esconde un patio en el corazón del hogar. Esta abertura deja entrar la luz y el viento al interior de la vivienda, aporta un aspecto equilibrado al exterior y suaviza su relación con las casas vecinas.

The pitch of the roof and its changing forms generate different dimensions, which in turn provide diverse views to the surrounding area.

Der Neigungswinkel des Daches und seine unterschiedlich gestalteten Formen schaffen unterschiedliche Raumvolumen und sorgen für verschiedene Panoramen der Umgebung.

Le degré d'inclination du toit et ses formes changeantes créent différents volumes et permettent, à leur tour, d'avoir des vues diverses sur les alentours.

De helling van het dak en zijn afwisselende vormen creëren verschillende ruimtes en verschaffen tegelijkertijd verschillende uitzichten op de omgeving.

El grado de inclinación del tejado y sus formas cambiantes generan varios volúmenes y proporcionan, a su vez, vistas diversas de los alrededores.

North elevation

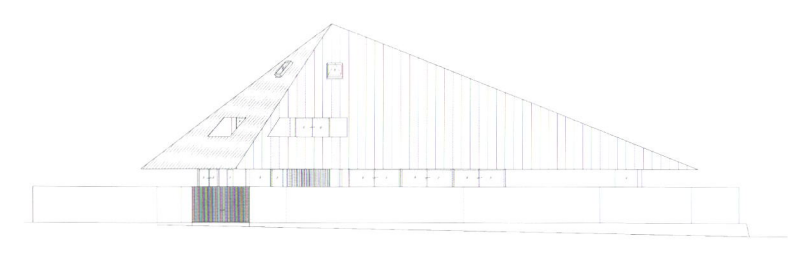

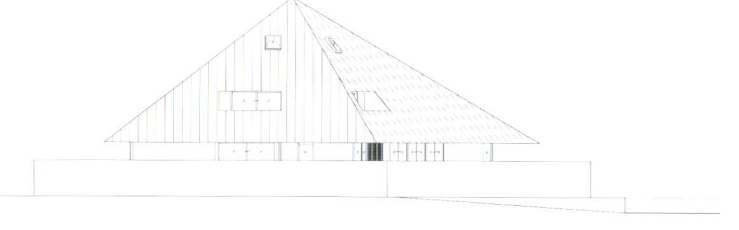

East elevation

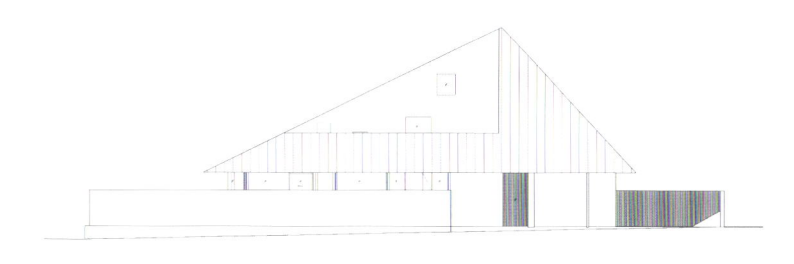

South elevation

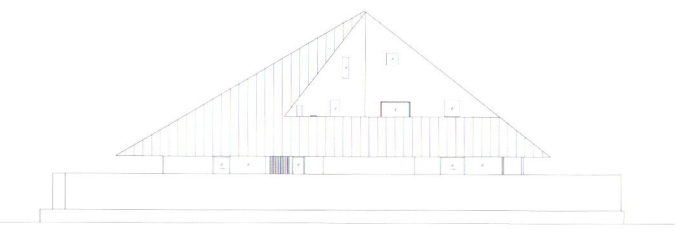

West elevation

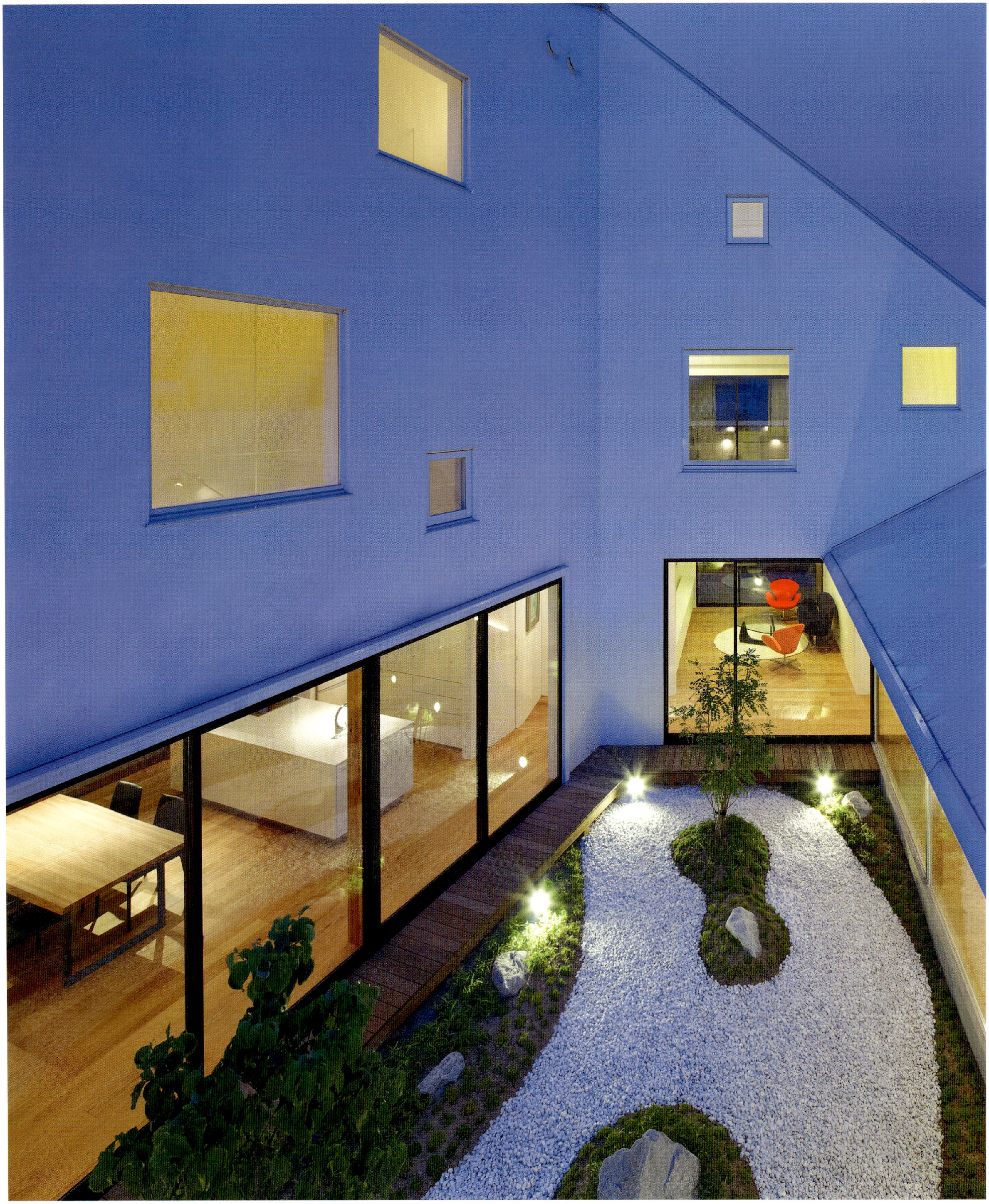

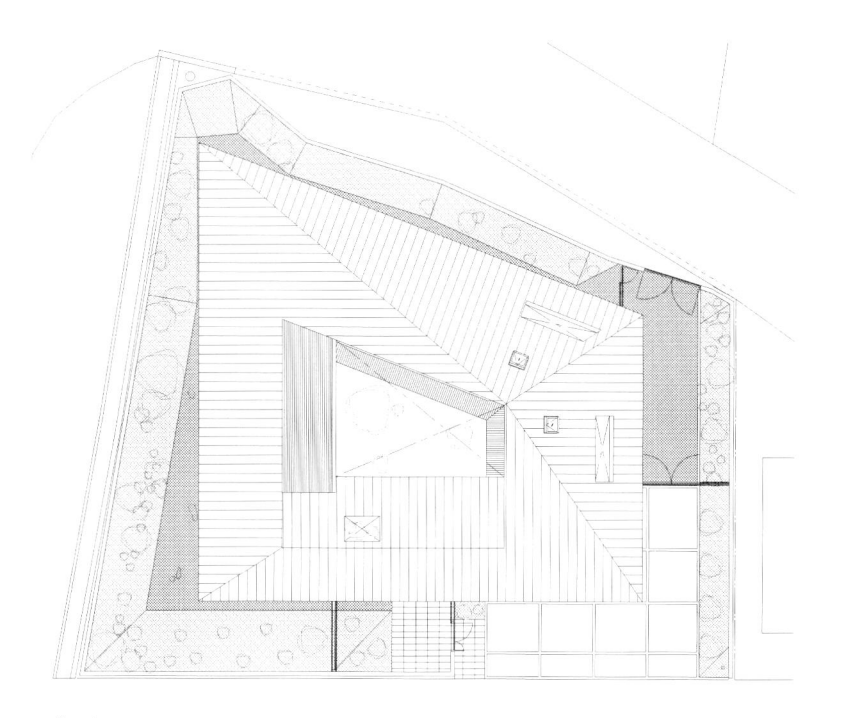

Site plan

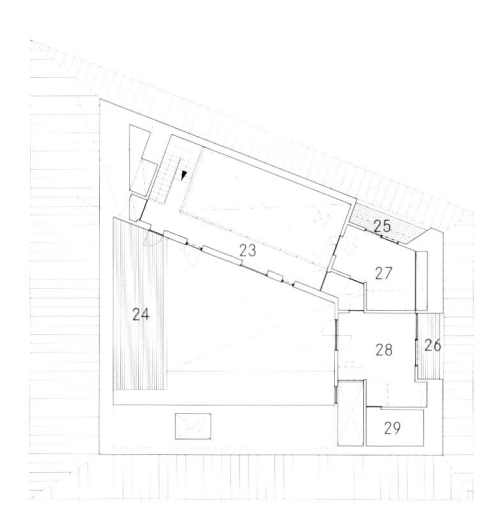

Second floor plan

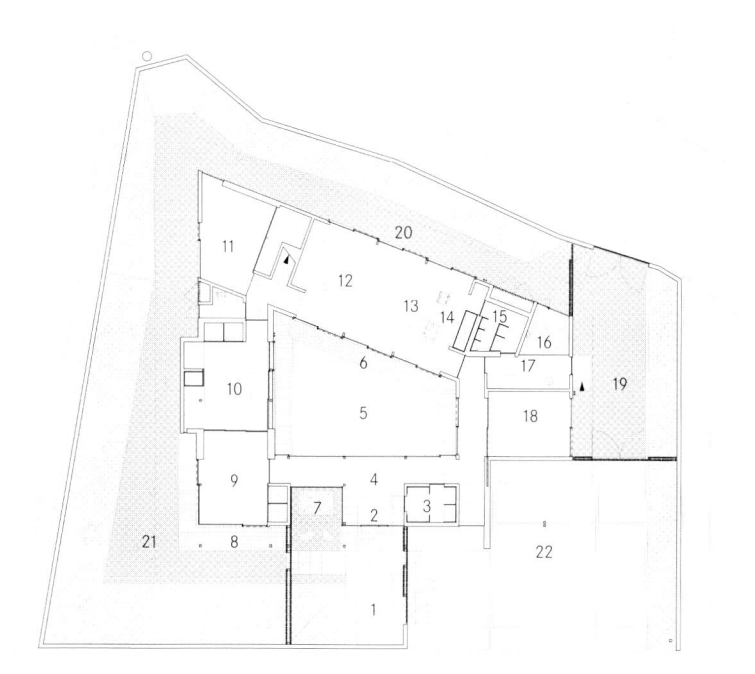

Ground floor plan

1. Entryway
2. Entrance
3. Storage 1
4. Hall
5. Courtyard 1
6. Terrace 1
7. Courtyard 2
8. Terrace 2
9. Guestroom
10. Japanese-style room
11. Main bedroom
12. Living
13. Dining
14. Kitchen
15. Storage 2
16. Bathroom
17. Lavatory
18. Reception area
19. Courtyard 3
20. Courtyard 4
21. Courtyard 5
22. Parking
23. Connecting corridor
24. Terrace 3
25. Terrace 4
26. Terrace 5
27. Bedroom 1
28. Bedroom 2
29. Storage 3

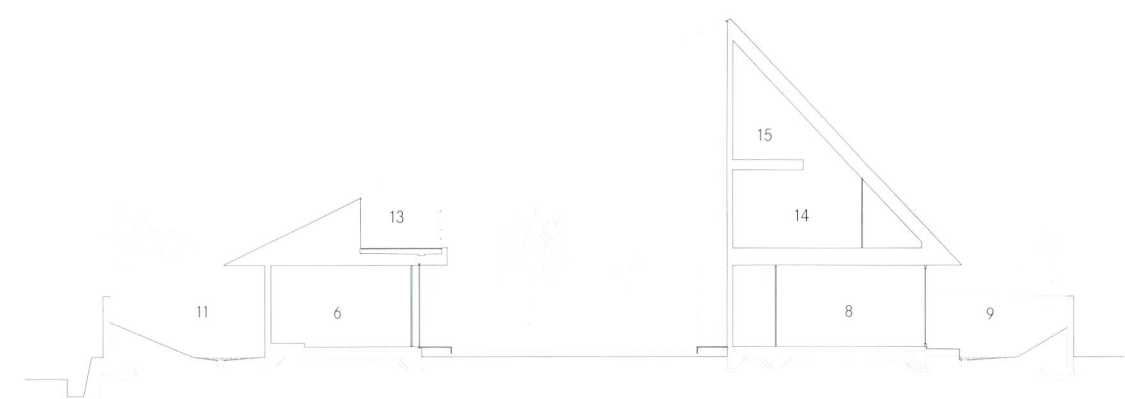

1. Entryway
2. Entrance
3. Hall
4. Courtyard 1
5. Terrace 1
6. Japanese-style room
7. Living
8. Lavatory
9. Courtyard 3
10. Courtyard 4
11. Courtyard 5
12. Connecting corridor
13. Terrace 3
14. Bedroom 1
15. Loft

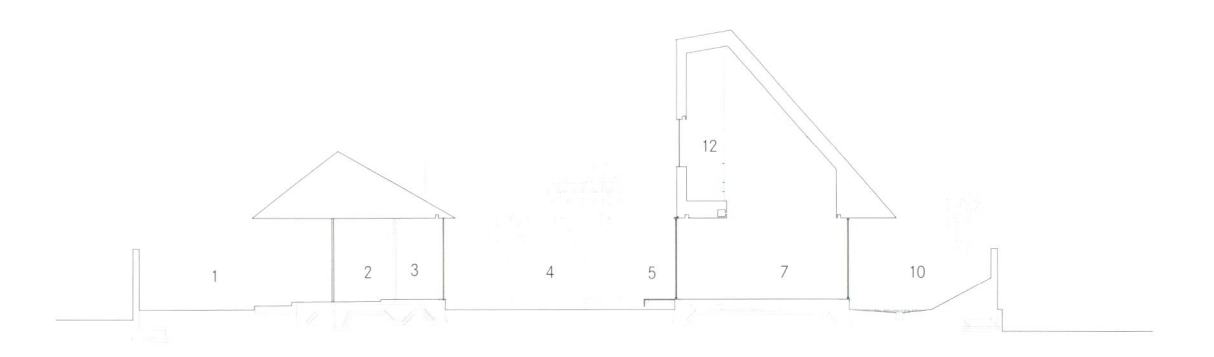

Building sections

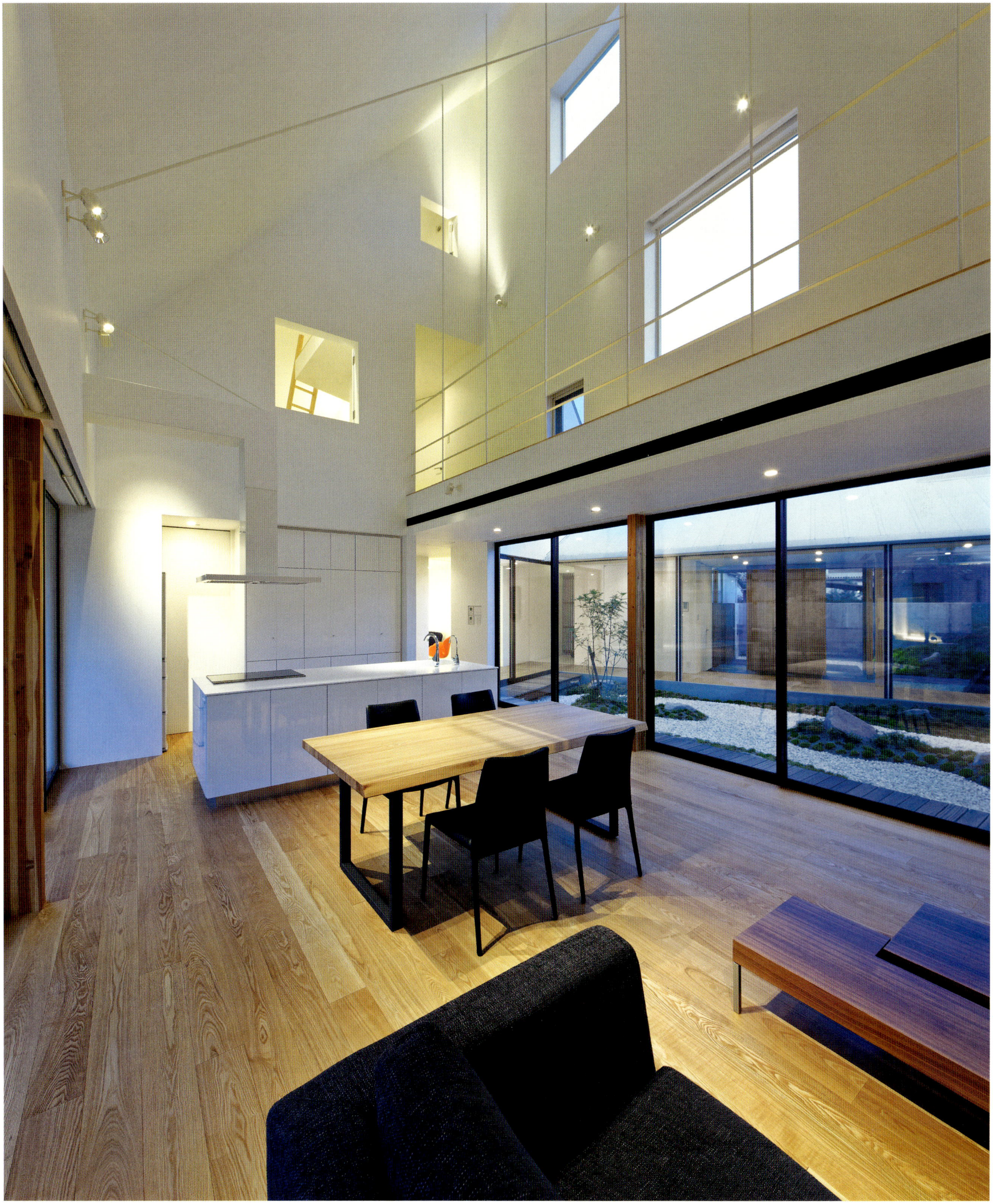

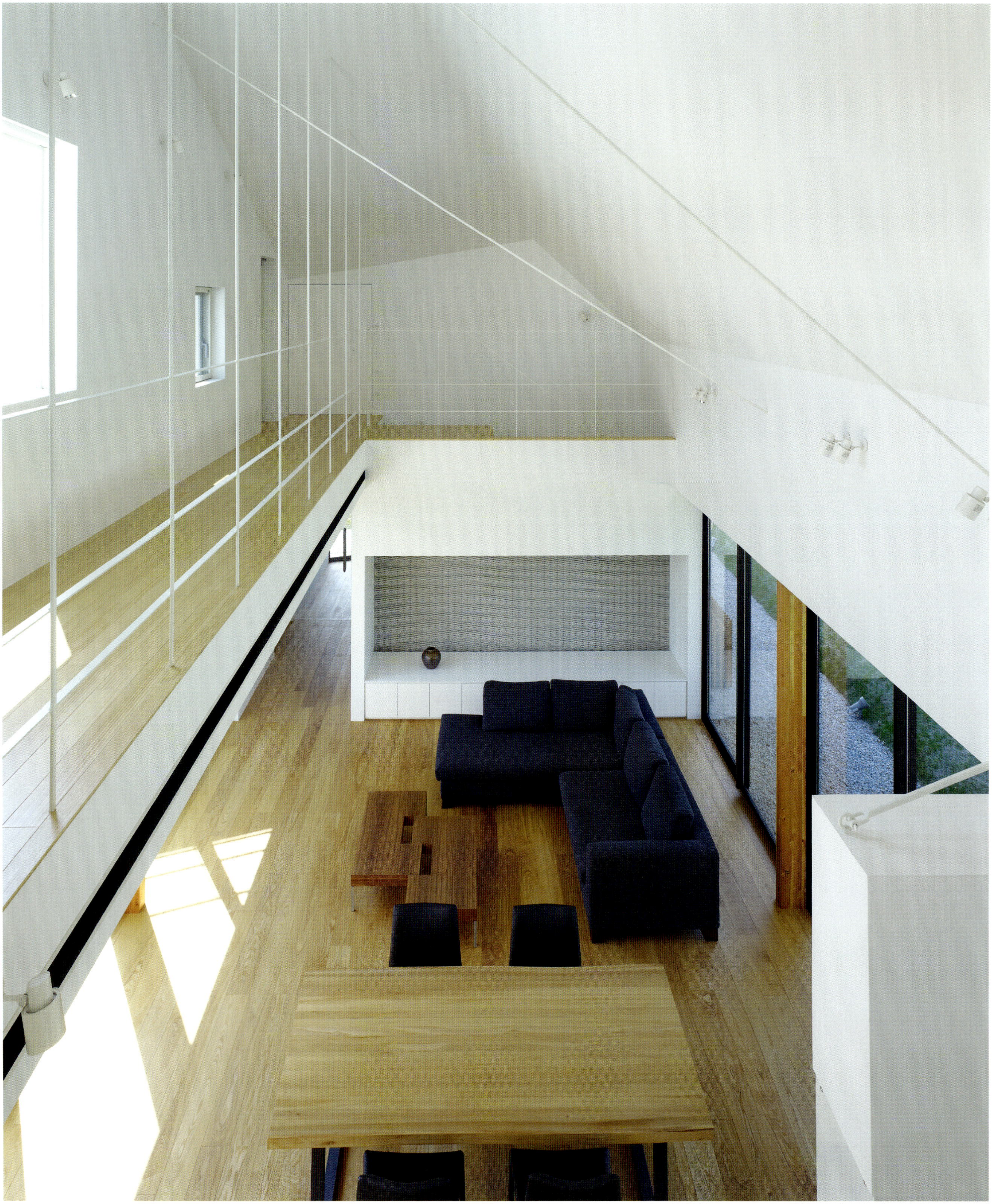

Sunlight floods this house, not just because of the garden that surrounds it but also thanks to the interior patio around which it is set. The result is an open and well-balanced environment.

Das Haus ist nicht nur durch den umgebenden Garten von Sonnenlicht erfüllt, sondern auch wegen des im Zentrum liegenden Innenhofs. Das Ergebnis: Eine offene, harmonische Atmosphäre.

La lumière du soleil inonde la maison non seulement grâce au jardin qui l'entoure, mais aussi grâce à la cour intérieure en son centre. Il en résulte une ambiance lumineuse et équilibrée.

Het huis wordt door zonlicht overspoeld, niet alleen dankzij de tuin die eromheen ligt, maar ook door de centrale binnenplaats. Het resultaat is een open, gebalanceerde atmosfeer.

La luz solar inunda la casa no solo gracias al jardín que la rodea, sino también al patio interior que la preside. El resultado es un ambiente diáfano y equilibrado.

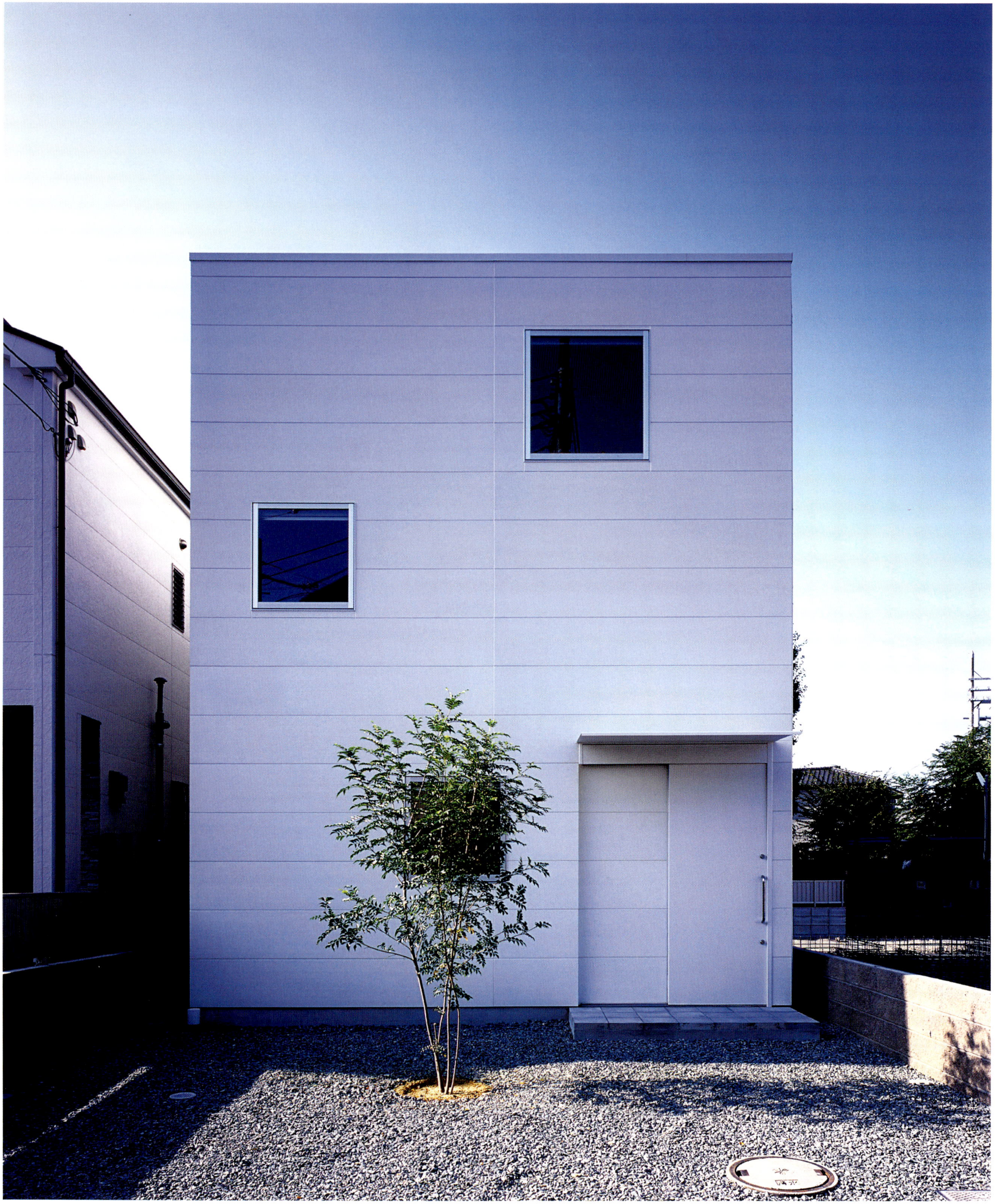

HOUSE IN HAMADERA

Akiyoshi Nakao/Coo Planning
Sakai, Japan
© Eiji Tomita

Seen from the outside, this family house in a residential area of the Japanese city of Sakai looks like a typical Japanese home but its interior recreates the feel of a Parisian apartment. The rooms, panelled entirely in wood, have a homely feel. The owners' extensive book collection will be displayed along the length of several walls.

Dieses Haus liegt in einer Wohngegend im japanischen Sakai. Von Außen betrachtet, sieht es typisch japanisch aus, aber sein Innenleben strahlt Pariser Flair aus. Die vollständig mit Holz verkleideten Räume wirken überaus wohnlich. Die große Büchersammlung der Eigentümer findet in Regalen Platz, die sich über mehrere Wände erstrecken.

De l'extérieur, cette maison située dans un quartier résidentiel de la ville de Sakai, au Japon, ressemble à une maison typiquement japonaise, mais son intérieur reproduit l'aspect d'un appartement parisien. Les pièces, entièrement recouvertes de bois, ont un caractère familial. La vaste collection de livres des propriétaires s'étendra tout au long de plusieurs murs.

Deze familiewoning gelegen in een woonwijk in de Japanse stad Sakai lijkt van buiten een typisch Japans huis, maar het interieur imiteert de sfeer van een Parijs appartement. De vertrekken, helemaal bekleed met hout, hebben een huiselijke sfeer. Aan de verschillende muren wordt de uitgebreide boekcollectie van de eigenaars tentoongesteld.

Situada en un área residencial de la ciudad japonesa de Sakai, vista desde fuera esta casa familiar parece el típico hogar japonés, pero su interior recrea el aspecto de un apartamento parisino. Las estancias, completamente revestidas de madera, tienen un carácter hogareño. La extensa colección de libros de los propietarios se desplegará a lo largo de varias paredes.

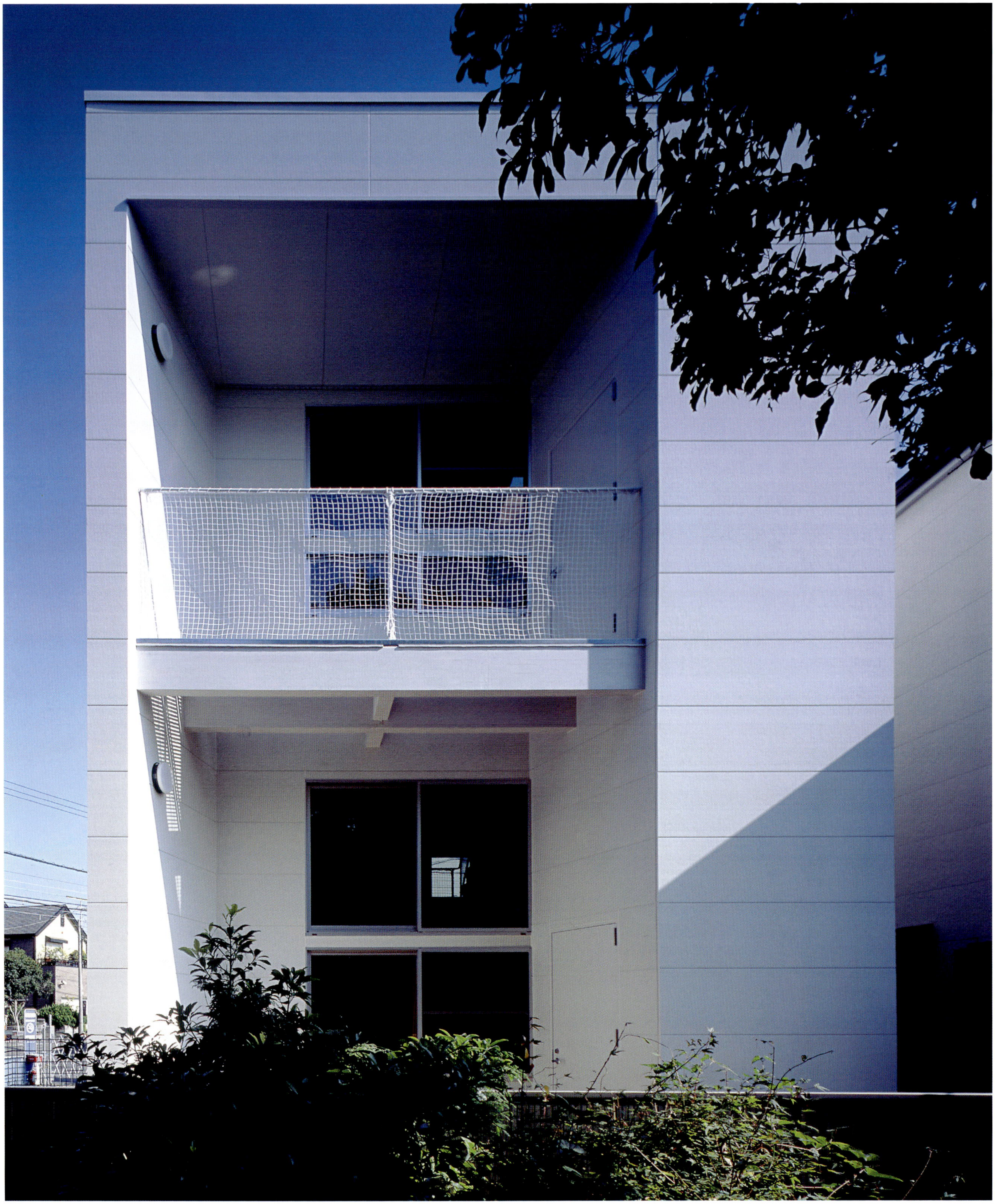

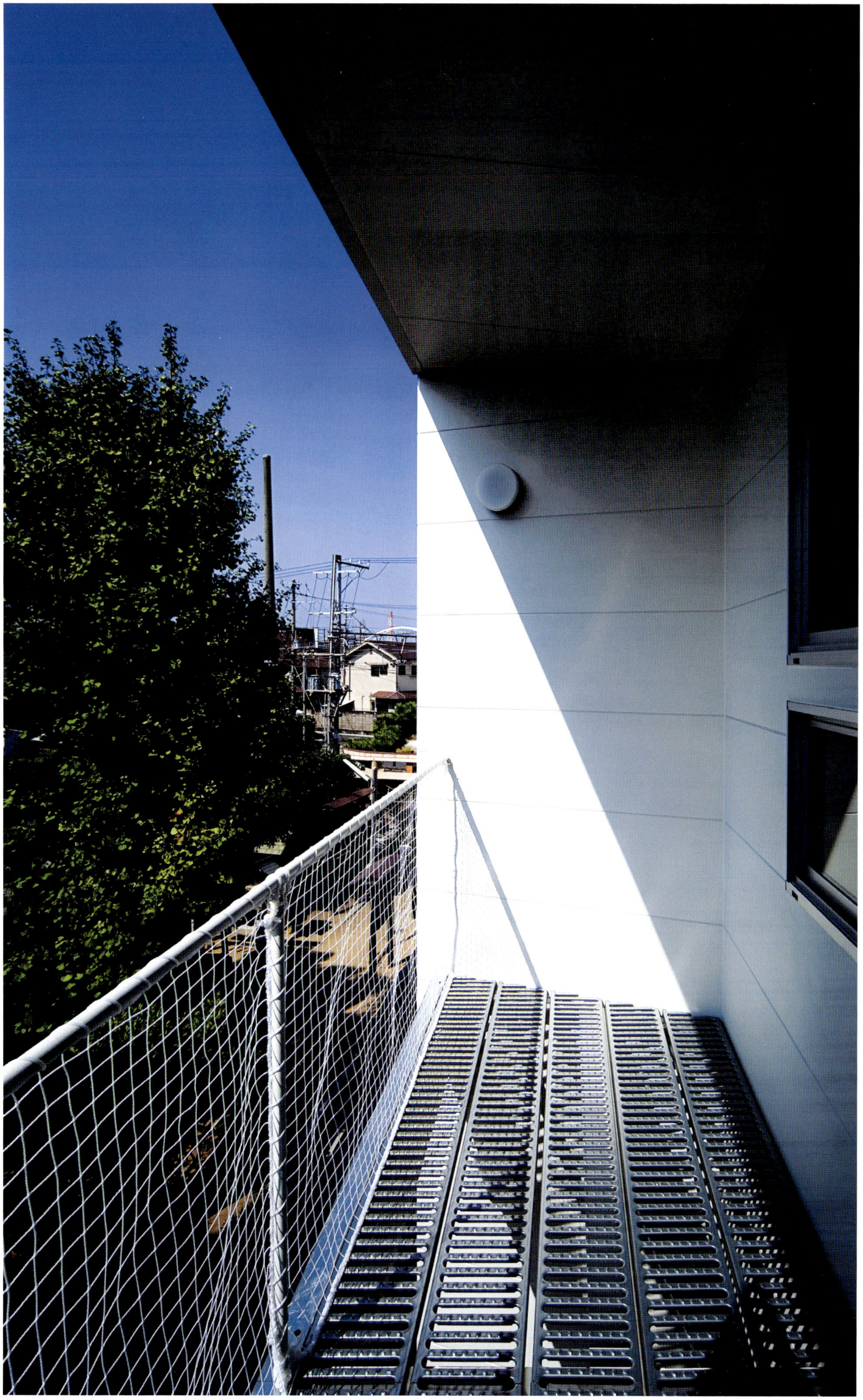

Ground floor plan

First mezzanine floor plan

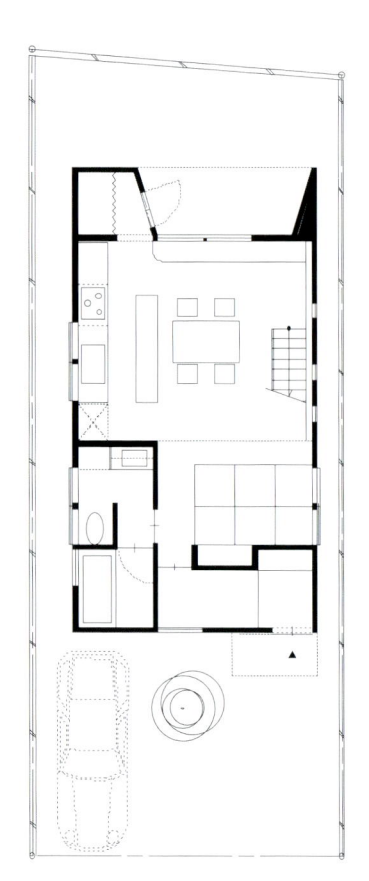

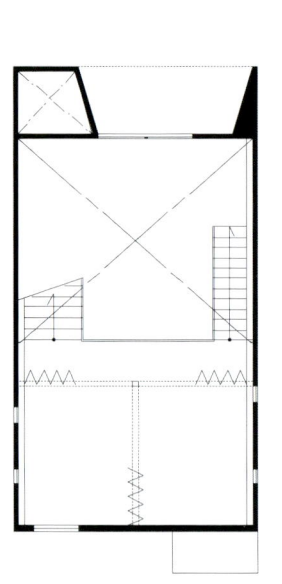

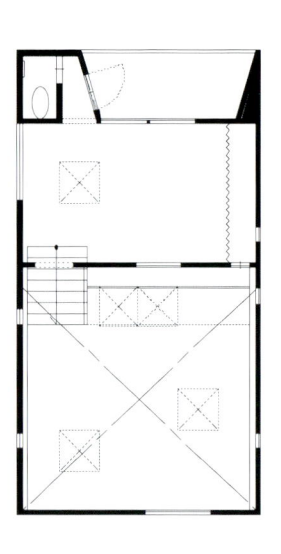

Second mezzanine floor plan

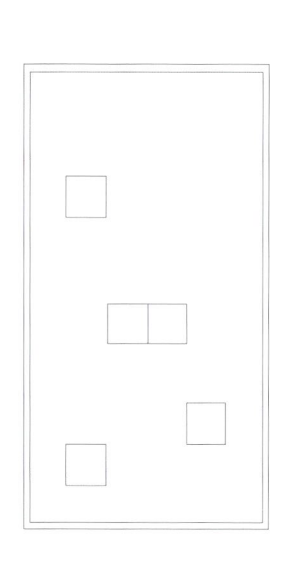

Roof plan

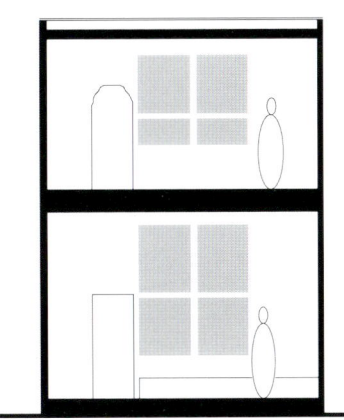

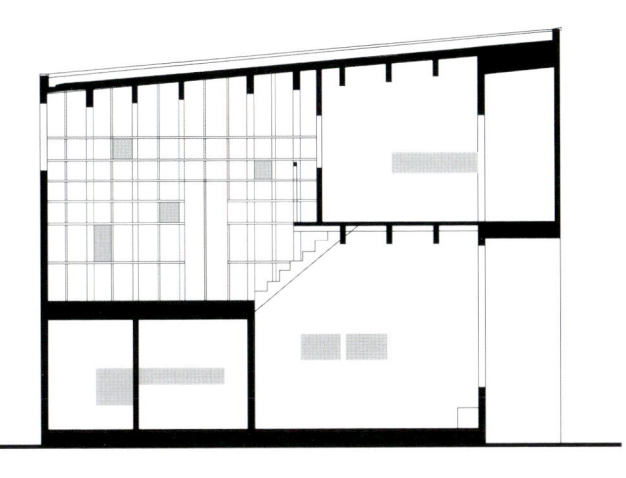

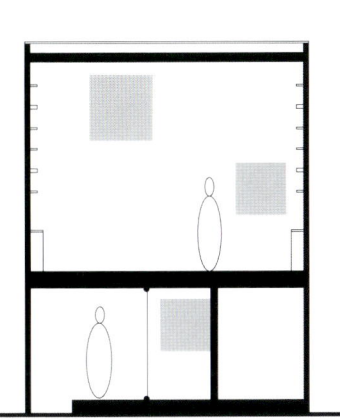

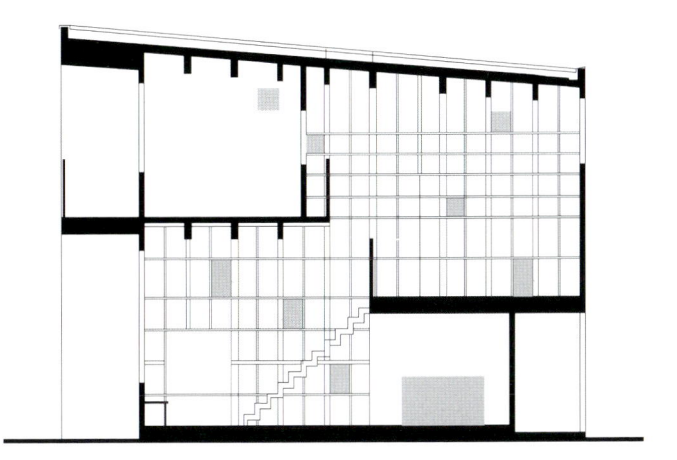

Building sections

Height plays an important role in this design because of the narrowness of the plot. Nonetheless, the creation of mezzanine levels gives a feeling of wide, open space.

Wegen des schmalen Grundstücks spielt die Höhe bei diesem Entwurf eine wichtige Rolle. Die sich durch Zwischengeschosse auszeichnende Gestaltung sorgt dennoch für ein Gefühl der Offenheit.

La hauteur joue un rôle important dans cette conception car le terrain est étroit. Cependant, la création d'étages intermédiaires donne la sensation d'un espace ouvert.

De hoogte speelt een belangrijke rol in dit ontwerp, aangezien het terrein smal is. Maar de tussenverdiepingen wekken de indruk van een open ruimte.

La altura juega un papel importante en este diseño, pues el terreno es angosto. Sin embargo, la creación de entrepisos proyecta una impresión de espacio abierto.

195

The openings cut into the wood resemble entrances to a cave; their rounded shapes highlight the organic look of the interior.

Die in das Holz geschnittenen Öffnungen wirken höhlenähnlich; die abgerundeten Formen unterstreichen die organische Wirkung des Innenraums.

Les ouvertures pratiquées dans le bois ressemblent à celles d'une grotte; ses formes arrondies soulignent l'aspect structuré de l'intérieur.

De korte openingen in het hout doen denken aan een grot; hun ronde vormen onderstrepen het organische uiterlijk van het interieur.

Las aberturas recortadas en la madera se asemejan a aquellas de una cueva; sus formas redondeadas subrayan la apariencia orgánica del interior.

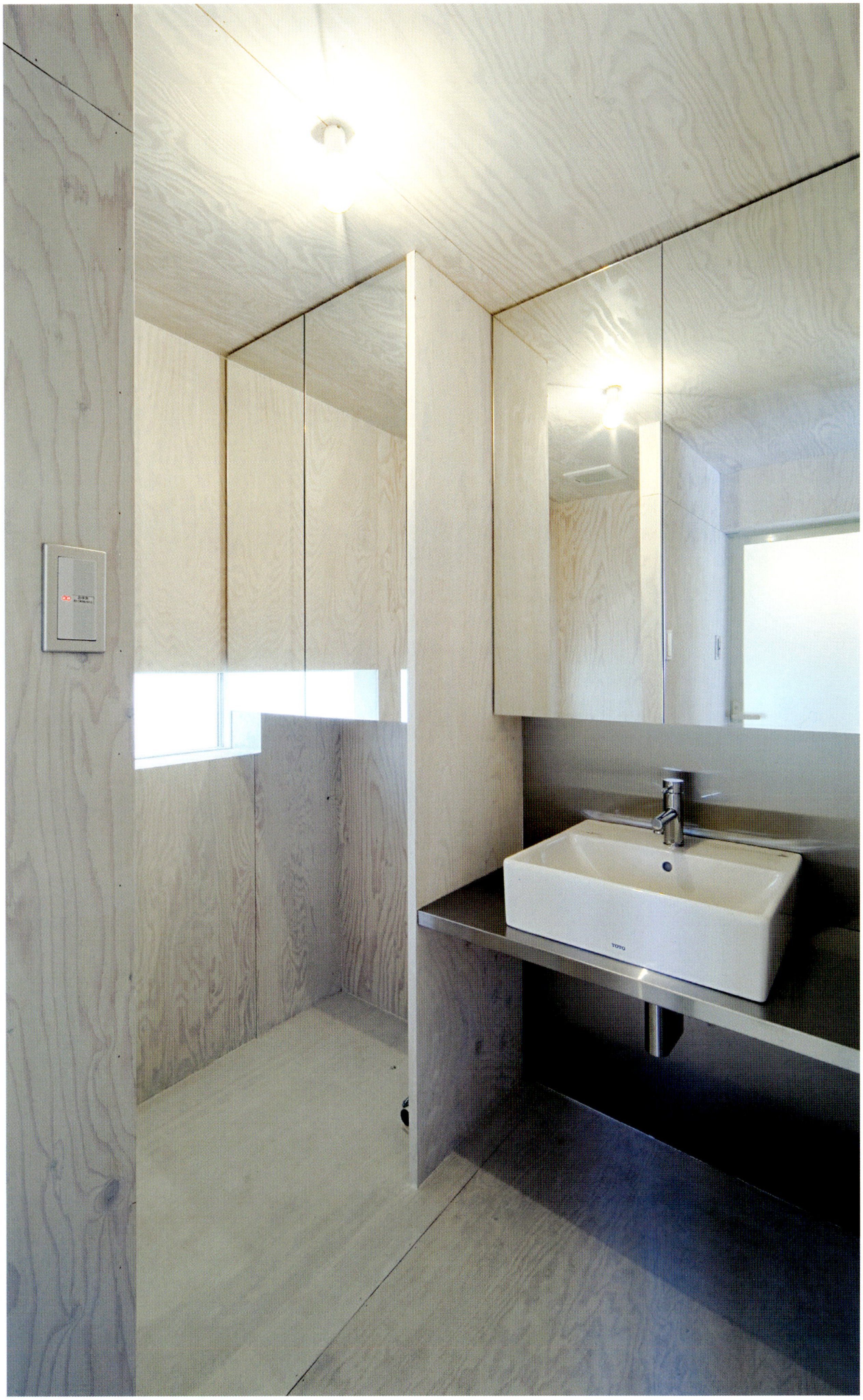

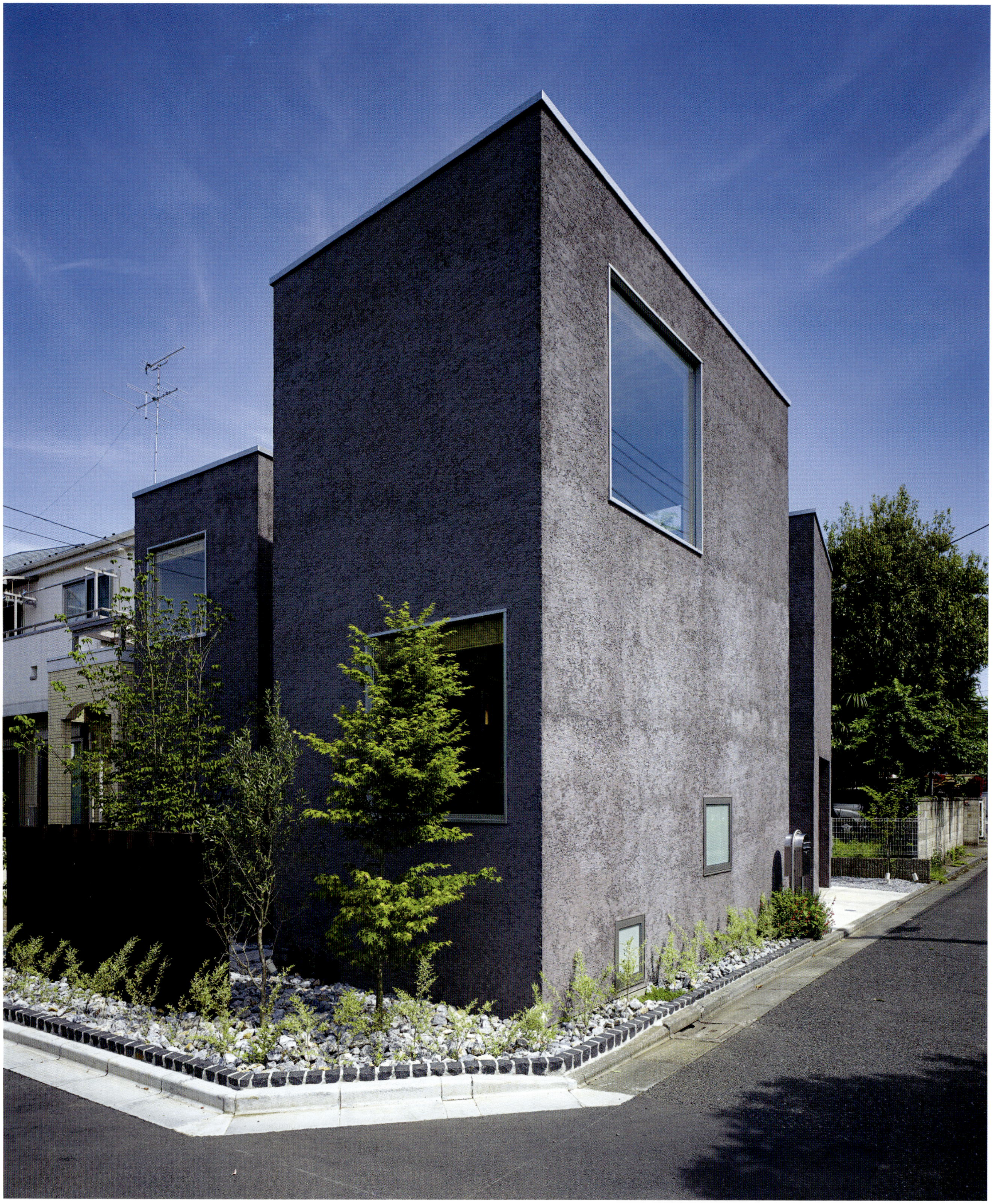

OGIKUBO HOUSE

Kiyotoshi Mori, Natsuko Kawamura/MDS
Suginami, Tokyo, Japan
© Noriyuki Yano

With high land prices in Tokyo and strict laws that regulate construction in small places, designing a house to make the most of the available space can be a challenge. However, planning this house was a stimulating task: the aim was not to create another hermetically sealed structure but to create a space in which the interior and exterior would communicate in perfect harmony.

Aufgrund der hohen Grundstückspreise in Tokio und der Bauvorschriften, die den Bau von Häusern auf kleinstem Raum regeln, war der Entwurf eines Hauses, das den vorhandenen Platz optimal ausnutzt, ein echtes Geduldspiel. Dennoch war die Planung dieses Objektes eine inspirierende Herausforderung: Es ging nicht darum, dem Stadtbild ein weiteres, hermetisch abgeschlossenes Gebäude hinzuzufügen, sondern vielmehr um die Schaffung eines Raumes, der eine Verbindung zwischen Innen und Außen schafft.

Avec les prix élevés des terrains à Tokyo et les lois qui régissent la construction dans des petits lieux, concevoir une maison qui sache profiter de l'espace disponible devient un casse-tête. Cependant, planifier cette maison a été un défi stimulant : il ne s'agissait pas d'ajouter une autre structure hermétique de plus à la ville, mais de créer un espace de communication entre l'intérieur et l'extérieur.

Het ontwerpen van een huis dat optimaal gebruik maakt van de beschikbare ruimte, kan een ingewikkelde puzzel zijn in Tokio, waar grond duur is en er veel regels zijn voor het bouwen in kleine ruimtes. Maar het plannen van deze woning was een stimulerende uitdaging: het idee was om niet nog een hermetische structuur aan de stad toe te voegen, maar een wisselwerking te creëren tussen binnen en buiten.

Con los elevados precios del terreno en Tokio y las leyes que regulan la construcción en lugares pequeños, diseñar una casa que aproveche el espacio disponible se convierte en un rompecabezas. Sin embargo, planear esta vivienda fue un reto estimulante: no se trataba de añadir otra estructura hermética más a la ciudad, sino de crear un espacio de comunicación entre interior y exterior.

The concept of "ma" is an important element in the Japanese concept of space. It is this that creates the feeling of openness and freedom.

Das japanische Konzept Ma („Intervall" oder „Pause") ist ein wichtiges Element des japanischen Raumverständnisses. Es ist das Element, das ein Gefühl von Offenheit und Freiheit schafft.

Le concept de *ma* (« intervalle » ou « pause ») est un élément important dans la conception japonaise de l'espace. C'est ce qui crée cette sensation d'ouverture et de liberté.

Het concept *ma* („interval" of „pauze") is een belangrijk element in de Japanse conceptualisering van ruimte. Het zorgt voor dat open en vrije gevoel.

El concepto de *ma* («intervalo» o «pausa») es un elemento importante en la concepción japonesa del espacio. Es lo que crea esta sensación de apertura y libertad.

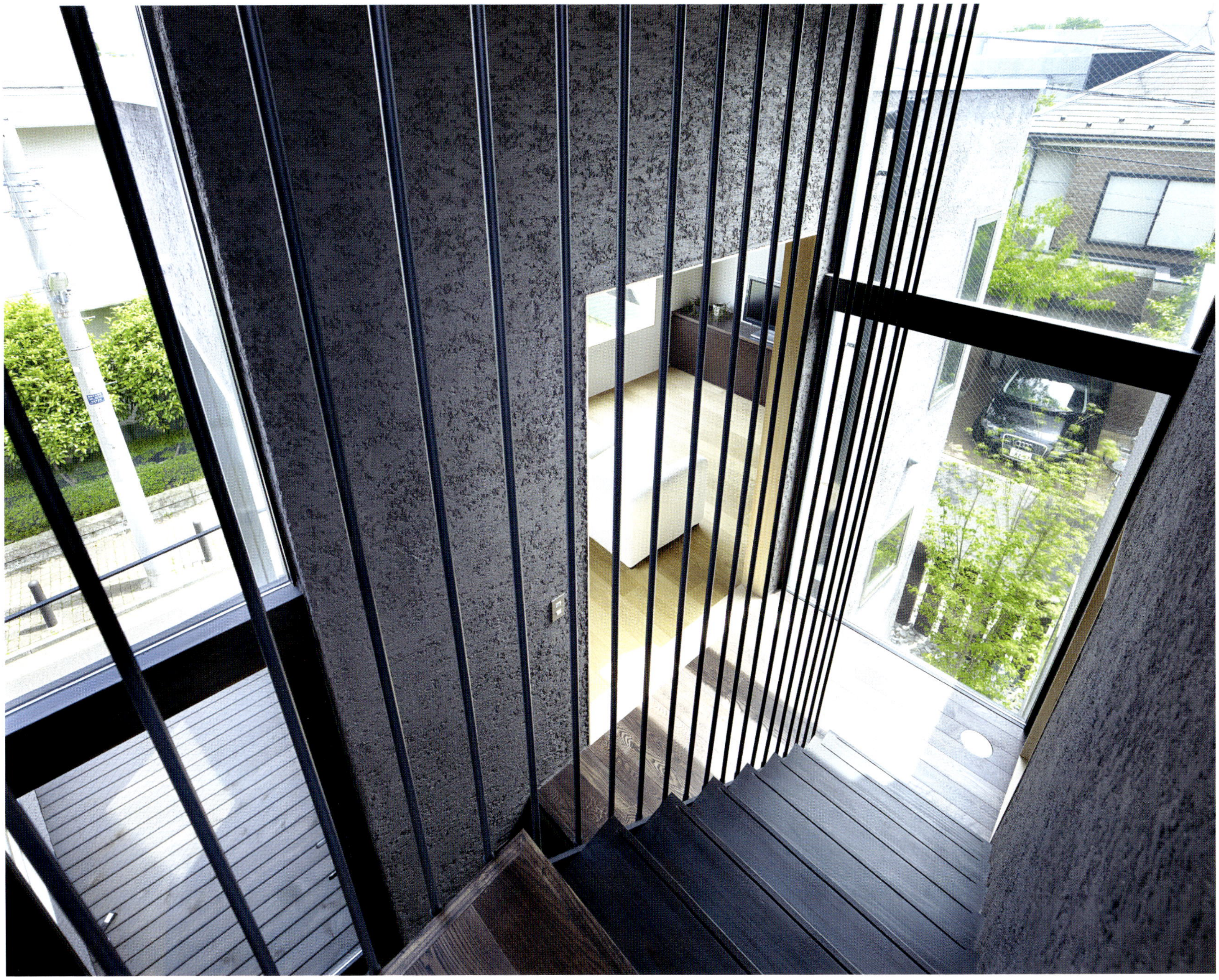

Second floor plan

1. Terrace
2. Kitchen
3. Dining
4. Bedroom
5. Living

1000   3000

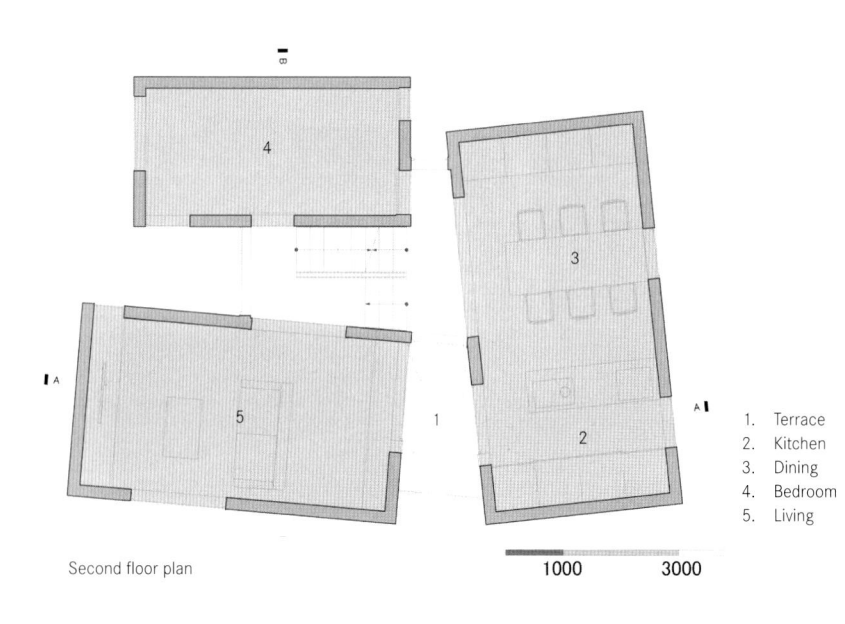

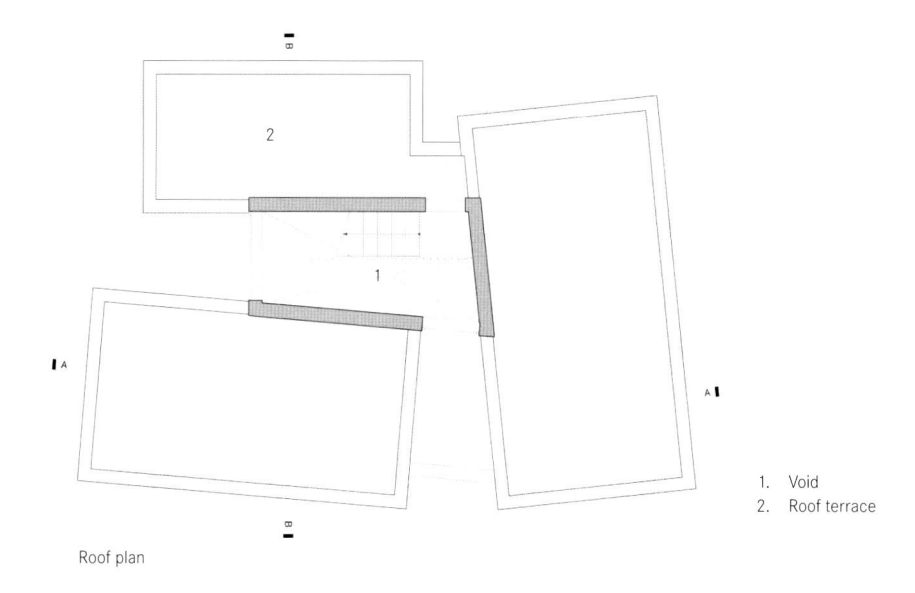

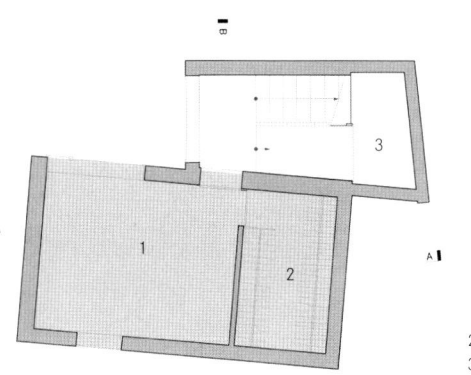

Roof plan

1. Void
2. Roof terrace

Basement floor plan

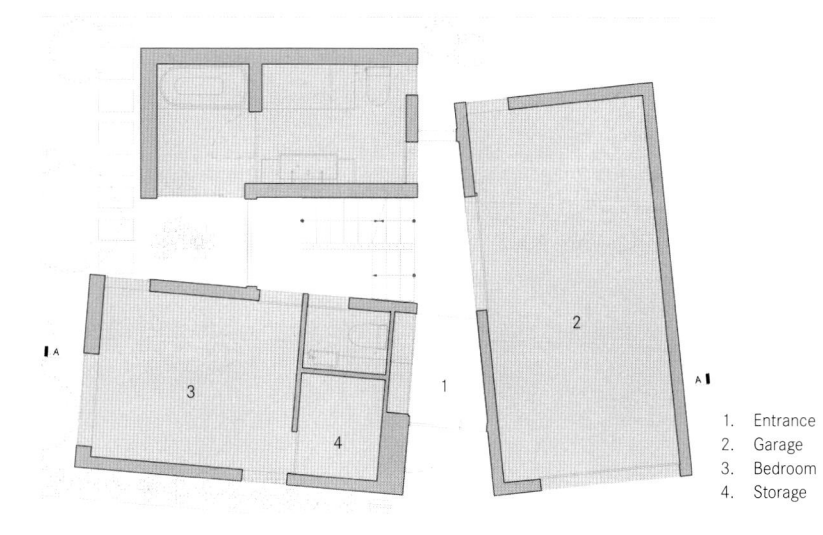

1. Bedroom
2. Walk-in closet
3. Storage

Ground floor plan

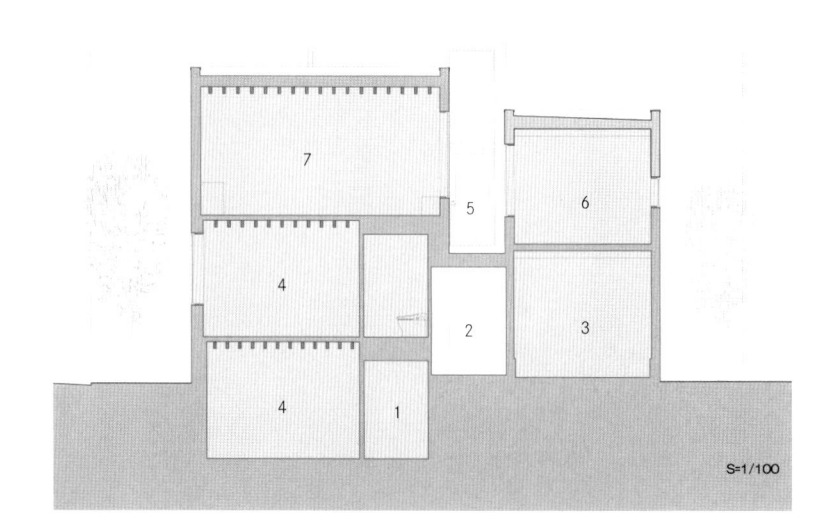

1. Entrance
2. Garage
3. Bedroom
4. Storage

Section AA

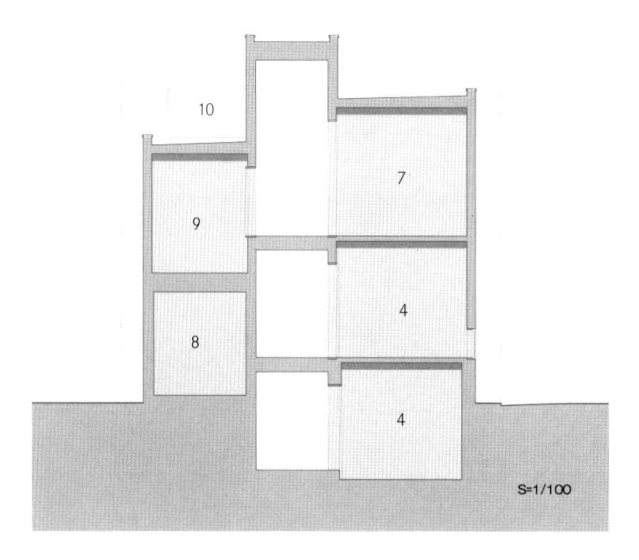

Section BB

1. Walk-in closet
2. Entrance
3. Garage
4. Bedroom
5. Terrace
6. Dining / Kitchen
7. Living
8. Bathroom
9. Study room
10. Roof terrace

S=1/100

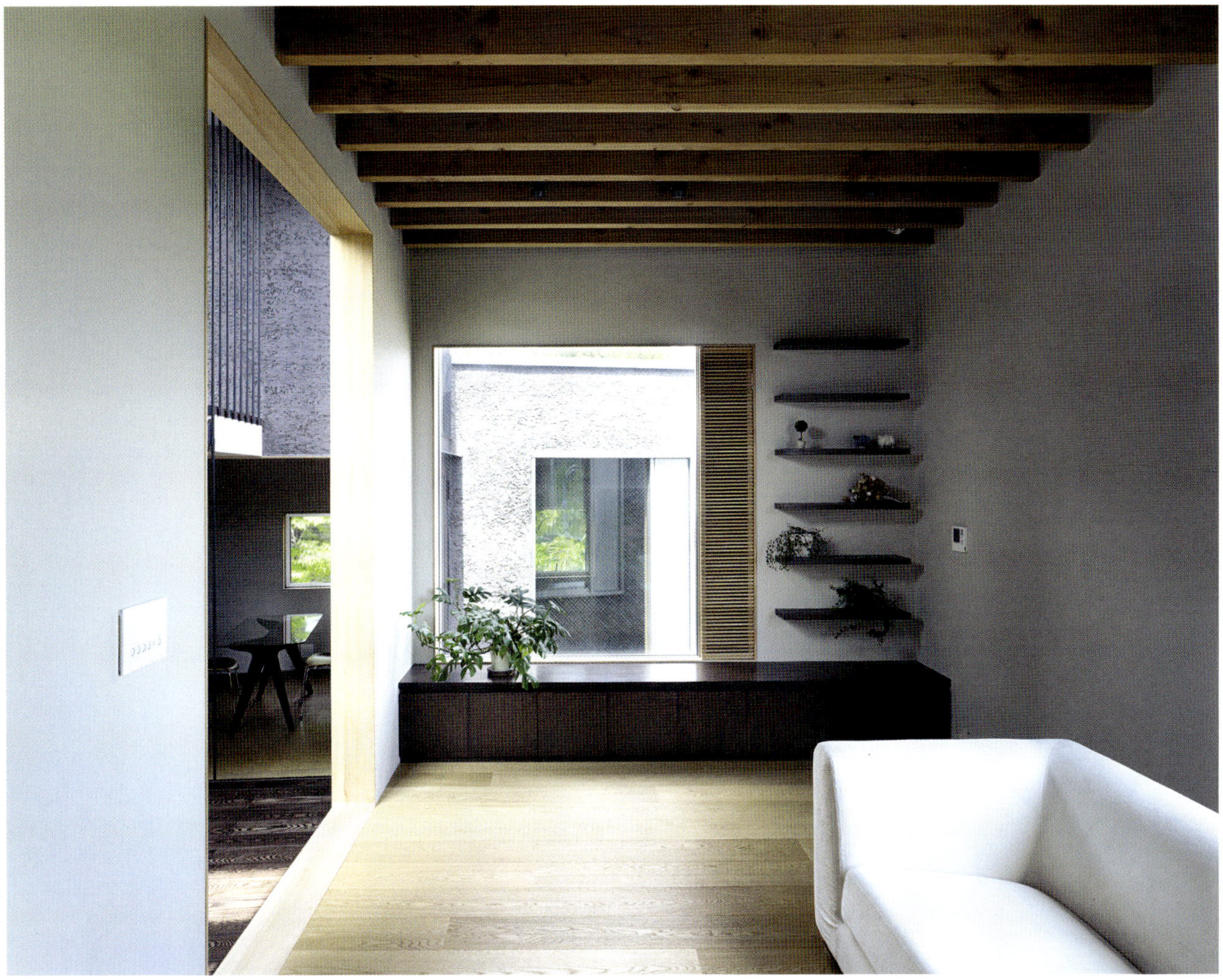

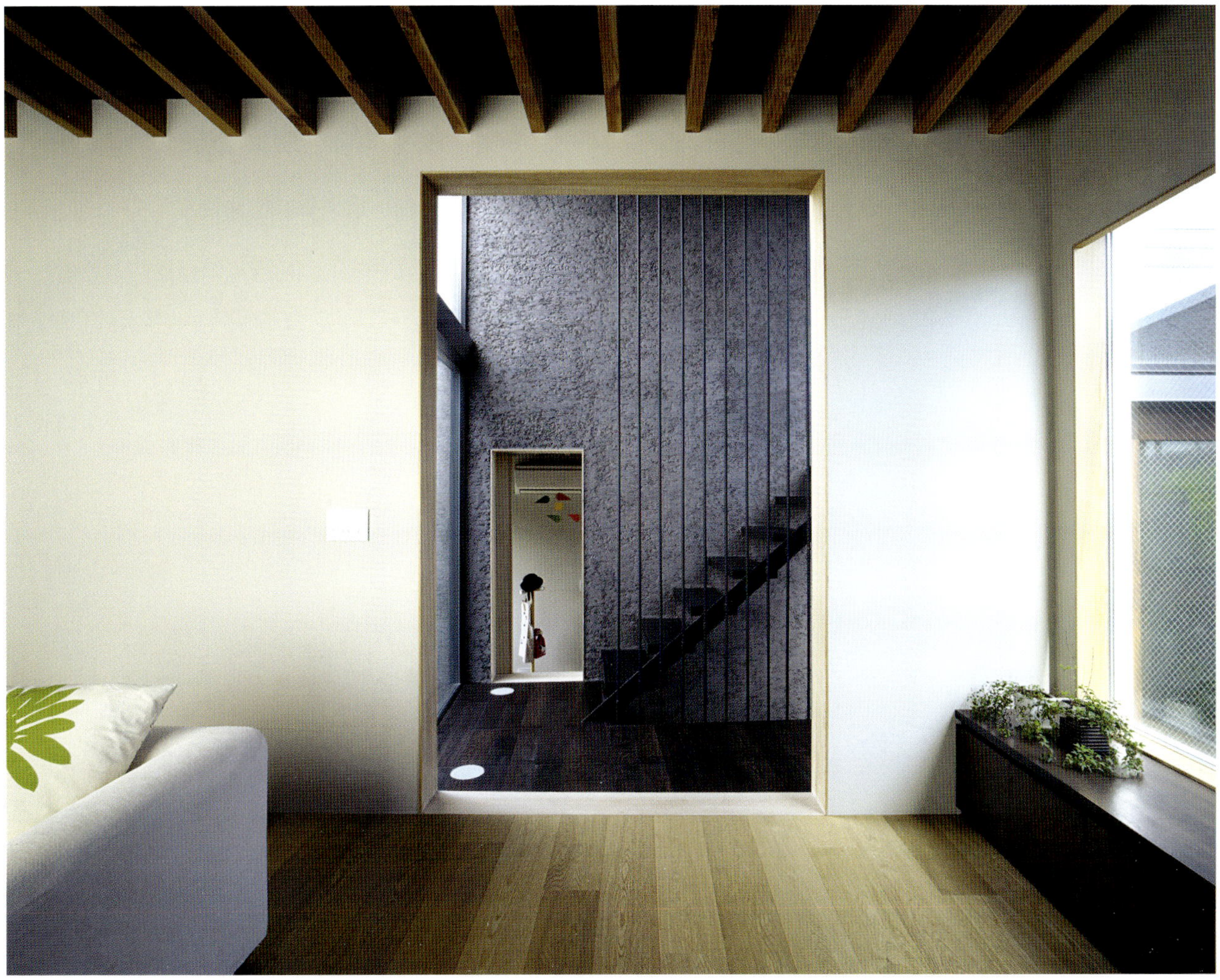

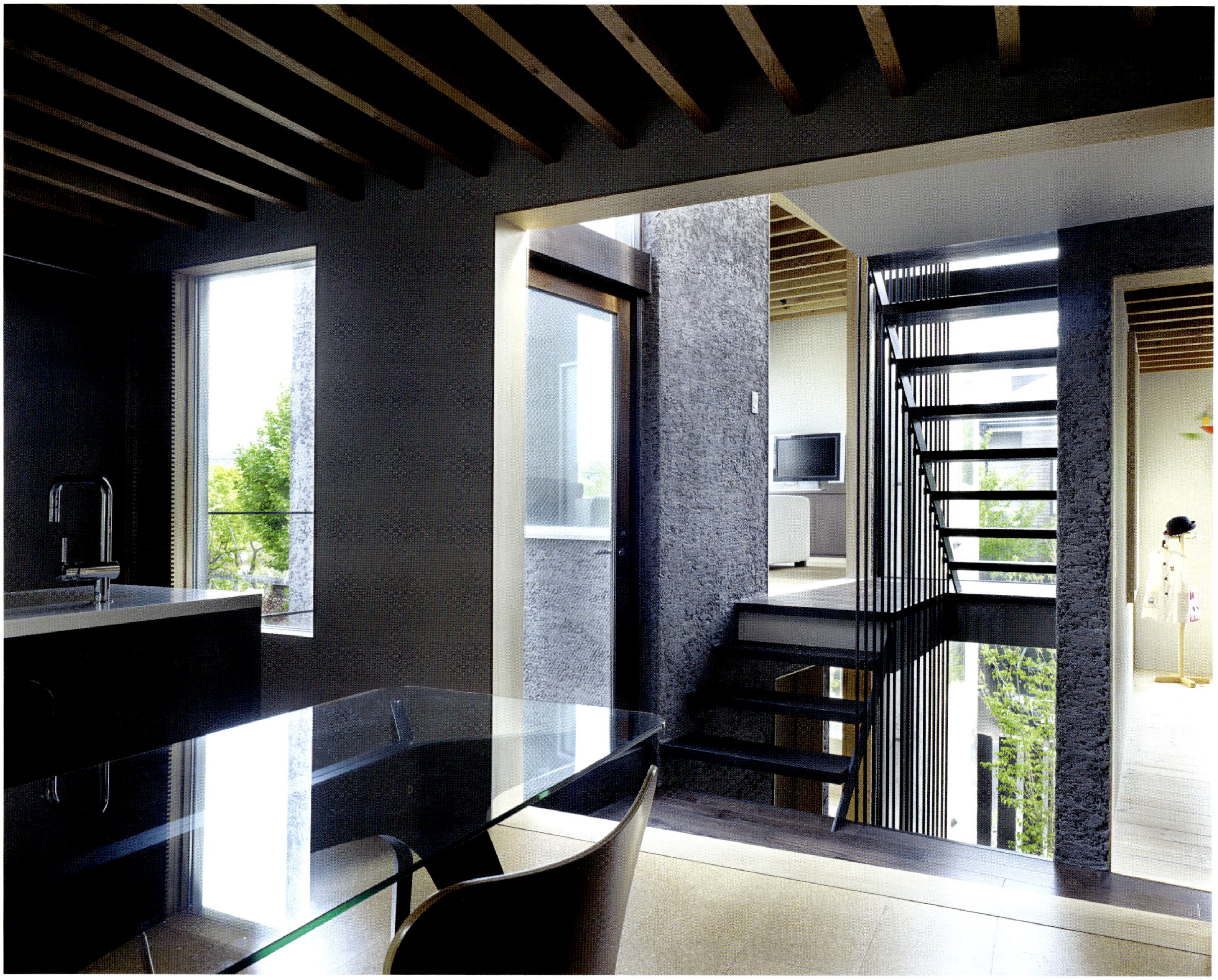

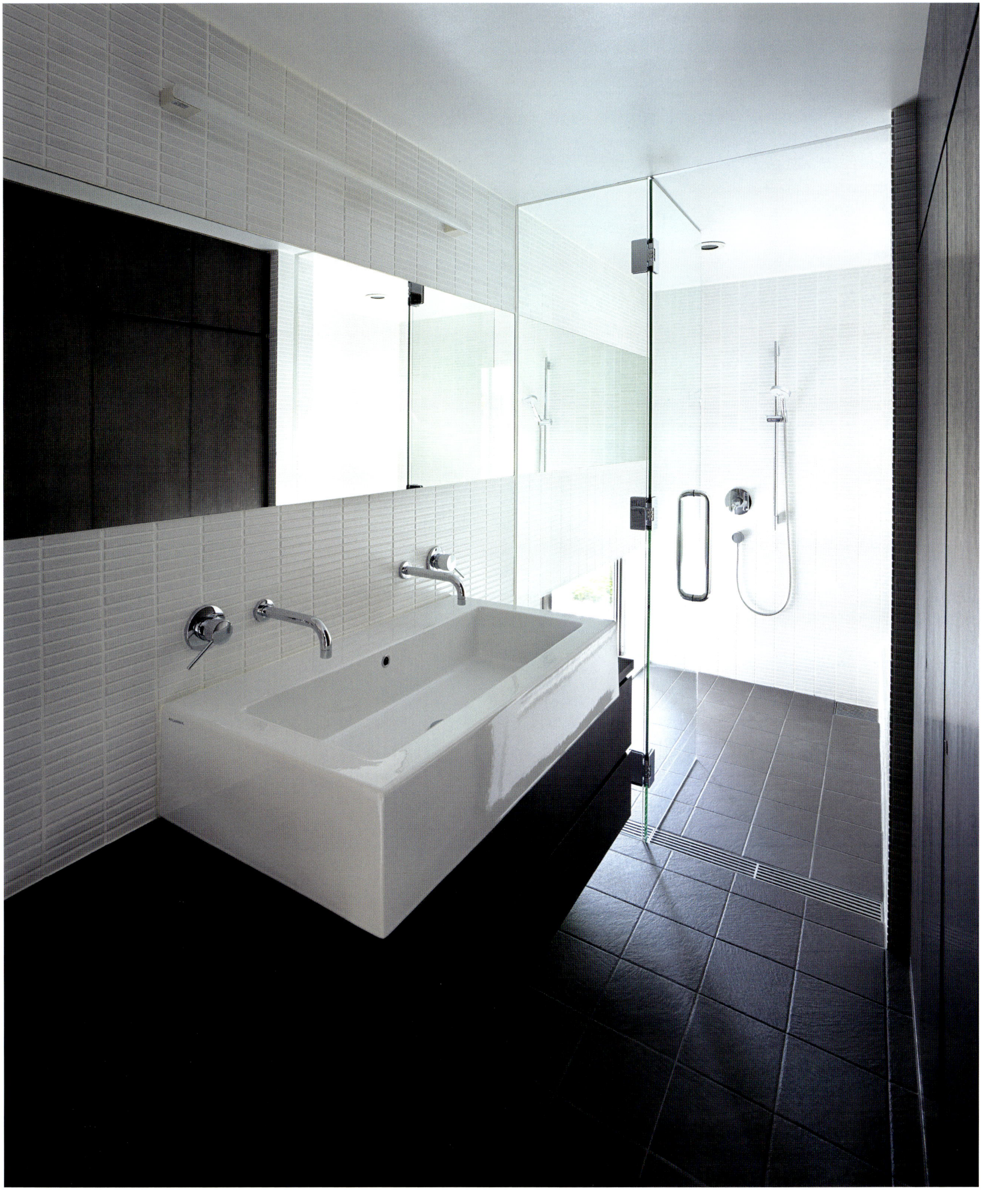

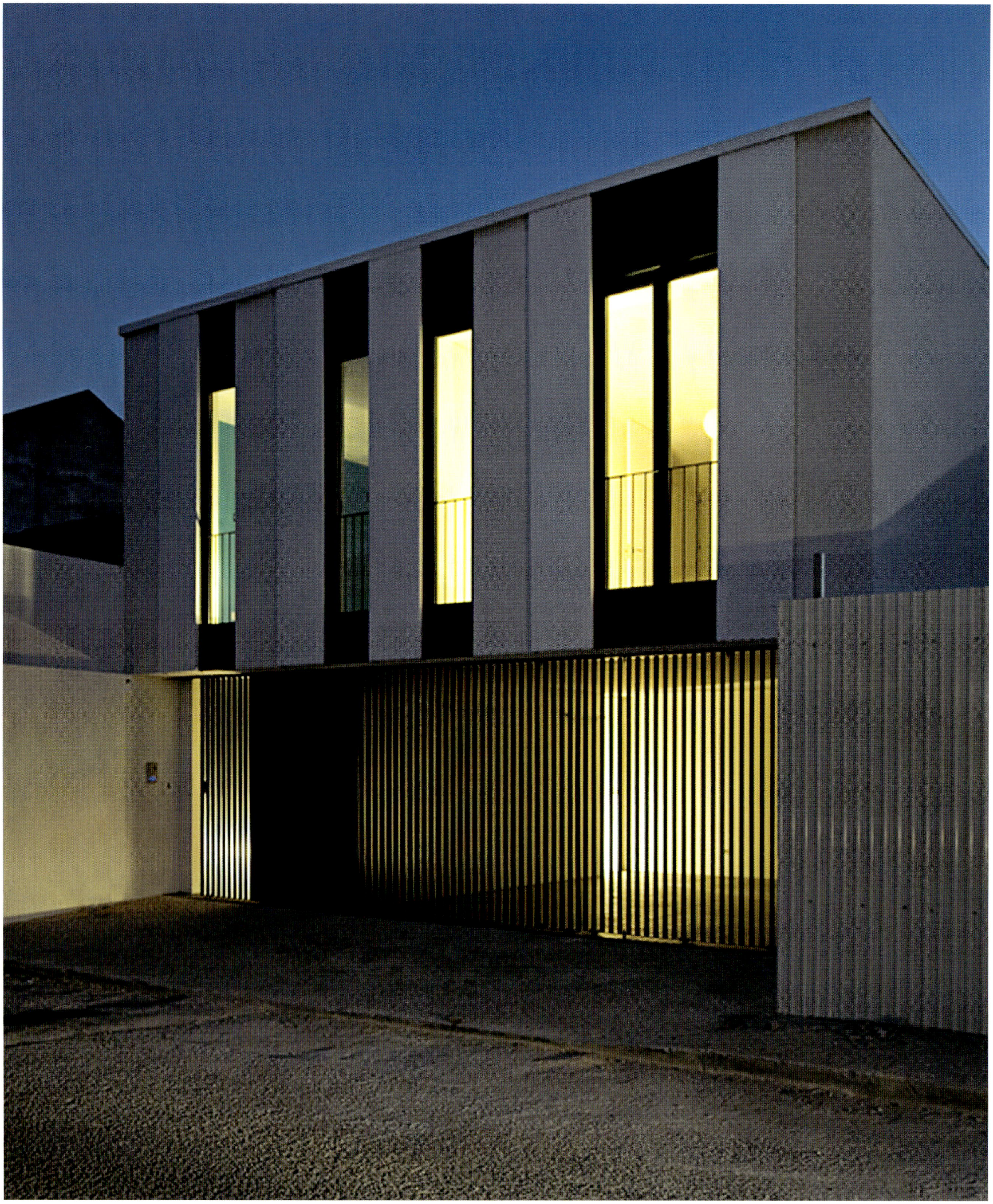

JAREGO HOUSE

CVDB arquitectos
Cartaxo, Portugal
© Fernando Guerra/FG + SG

This two-storey house is presented as a white unit over a transparent ground floor and is structured around a central courtyard. The project explores the length of the building through a longitudinal axis, which emphasises the visual relationship between the inside of the house and the garden. A white wall encircles the entire property, mirroring the main circular axis.

Dieses zweigeschossige Haus wirkt zunächst wie ein weißer Baukörper auf einer transluzenten unteren Etage und strukturiert sich um einen zentralen Innenhof. Das Projekt nutzt die Länge der Konstruktion durch eine Längsachse aus, welche die visuellen Beziehungen zwischen dem Innenraum und dem Garten unterstreicht. Eine weiße Wand durchläuft das Haus auf ganzer Tiefe und unterstützt die Wirkung der Hauptachse.

Cette maison de deux étages se présente sous la forme d'un volume blanc sur un rez-de-chaussée transparent et s'articule autour d'une cour centrale. Le projet étudie la longueur de la construction par un axe longitudinal en mettant l'accent sur les relations visuelles entre l'intérieur de la maison et le jardin. À son tour, un mur blanc parcourt la maison dans son entièreté et marque l'axe de circulation principal.

Dit huis van twee verdiepingen bestaat uit een witte constructie op een transparante benedenverdieping en is gebouwd rondom een centrale binnenplaats. Het project maakt gebruik van de lengte van de woning door een lengteas die de visuele samenhang tussen het interieur van het huis en de tuin benadrukt. Tegelijkertijd loopt er een witte muur door de gehele diepte van het huis, die de primaire circulatie-as ondersteunt.

Esta casa de dos plantas se presenta como un volumen blanco sobre una planta baja transparente y se vertebra en torno a un patio central. El proyecto explora la longitud de la construcción mediante un axis longitudinal, que enfatiza las relaciones visuales entre el interior de la casa y el jardín. A su vez, una pared blanca recorre la casa en su profundidad y acompaña al axis de circulación principal.

Location map

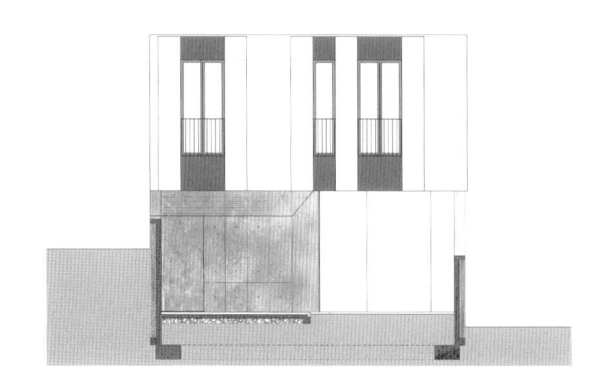

West façade

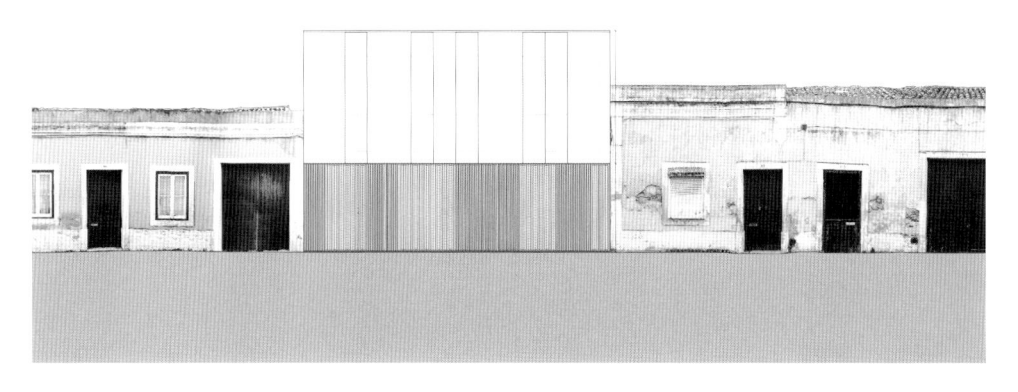

East façade

208

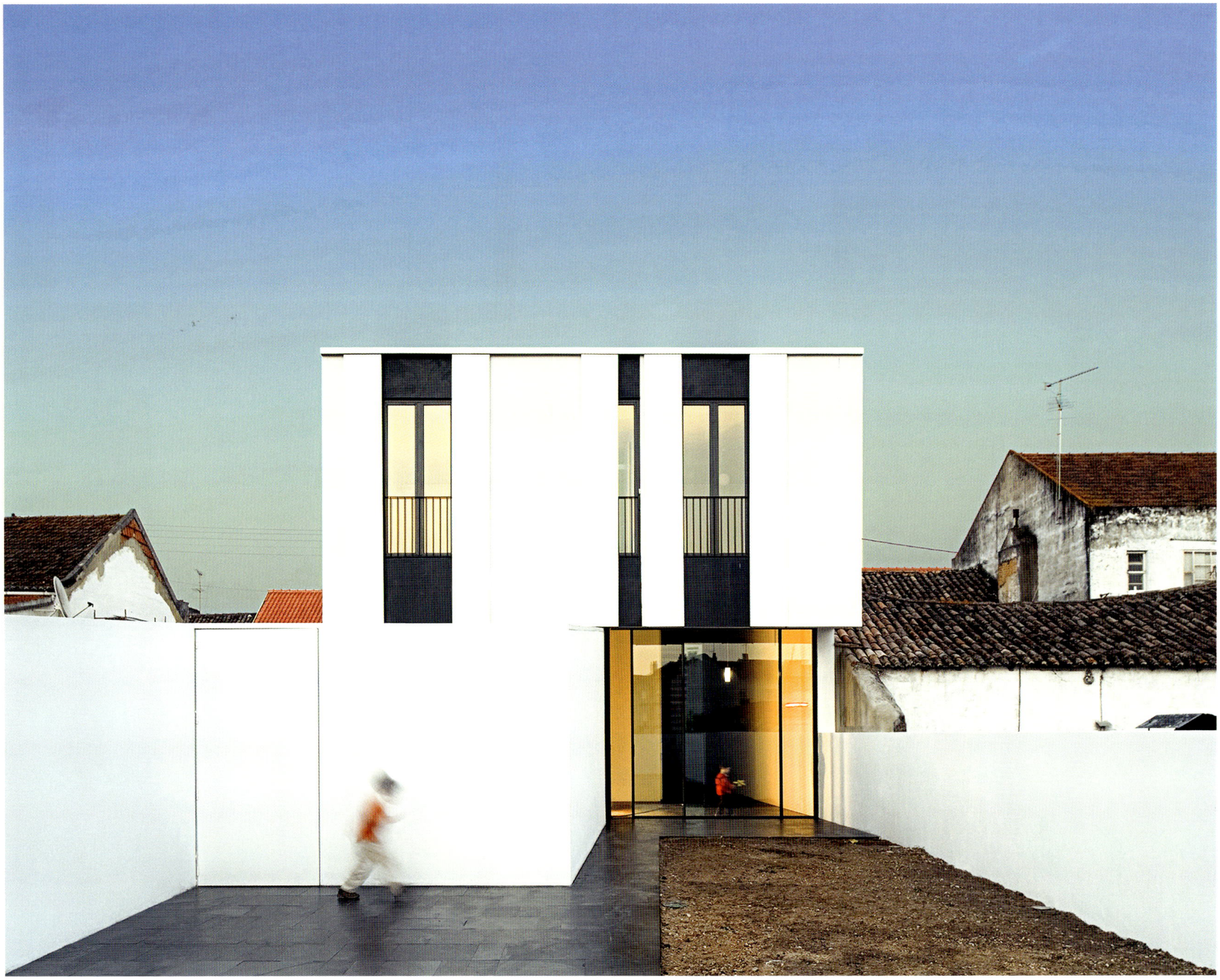

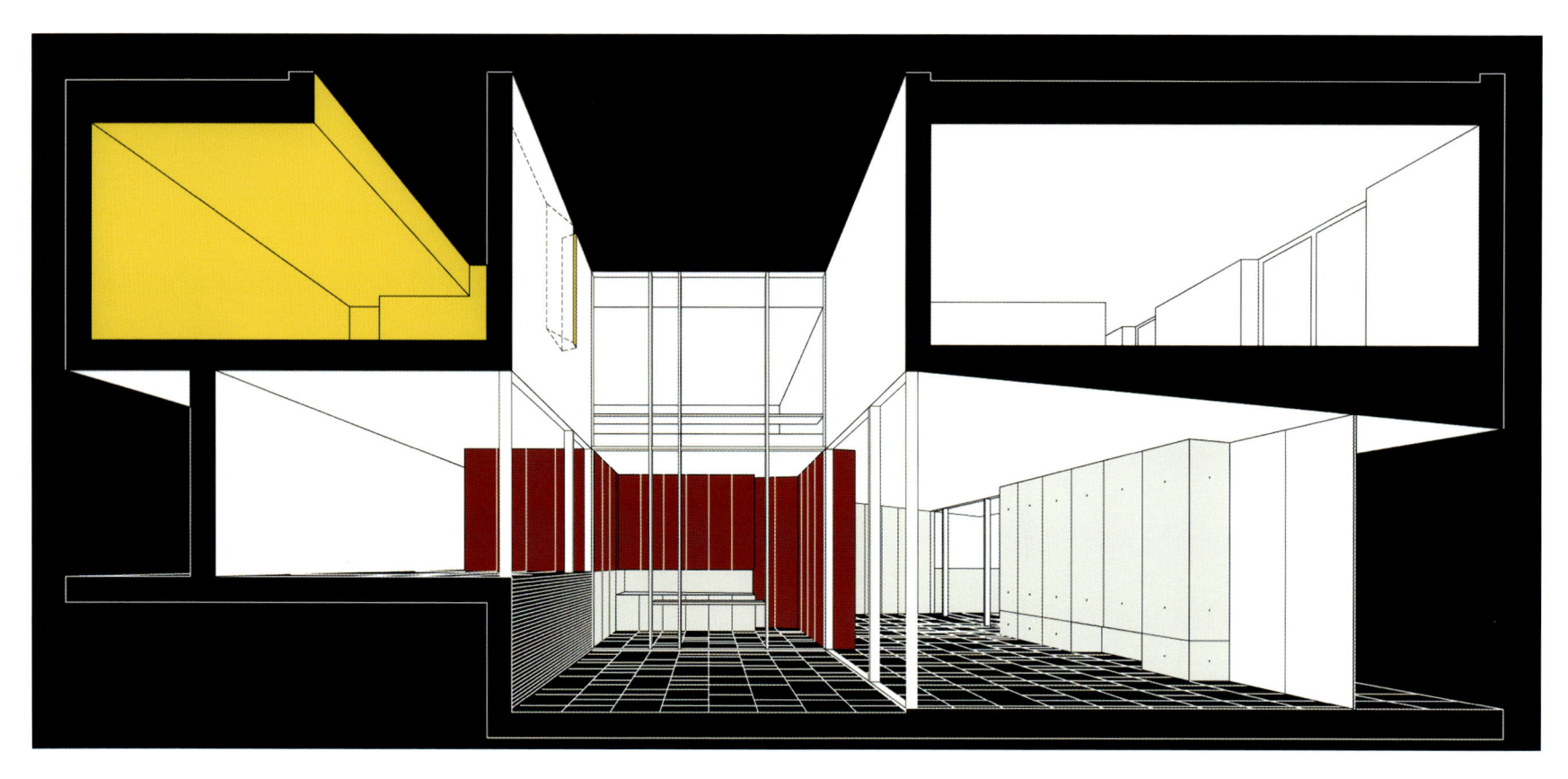

Section – Interior perspective view

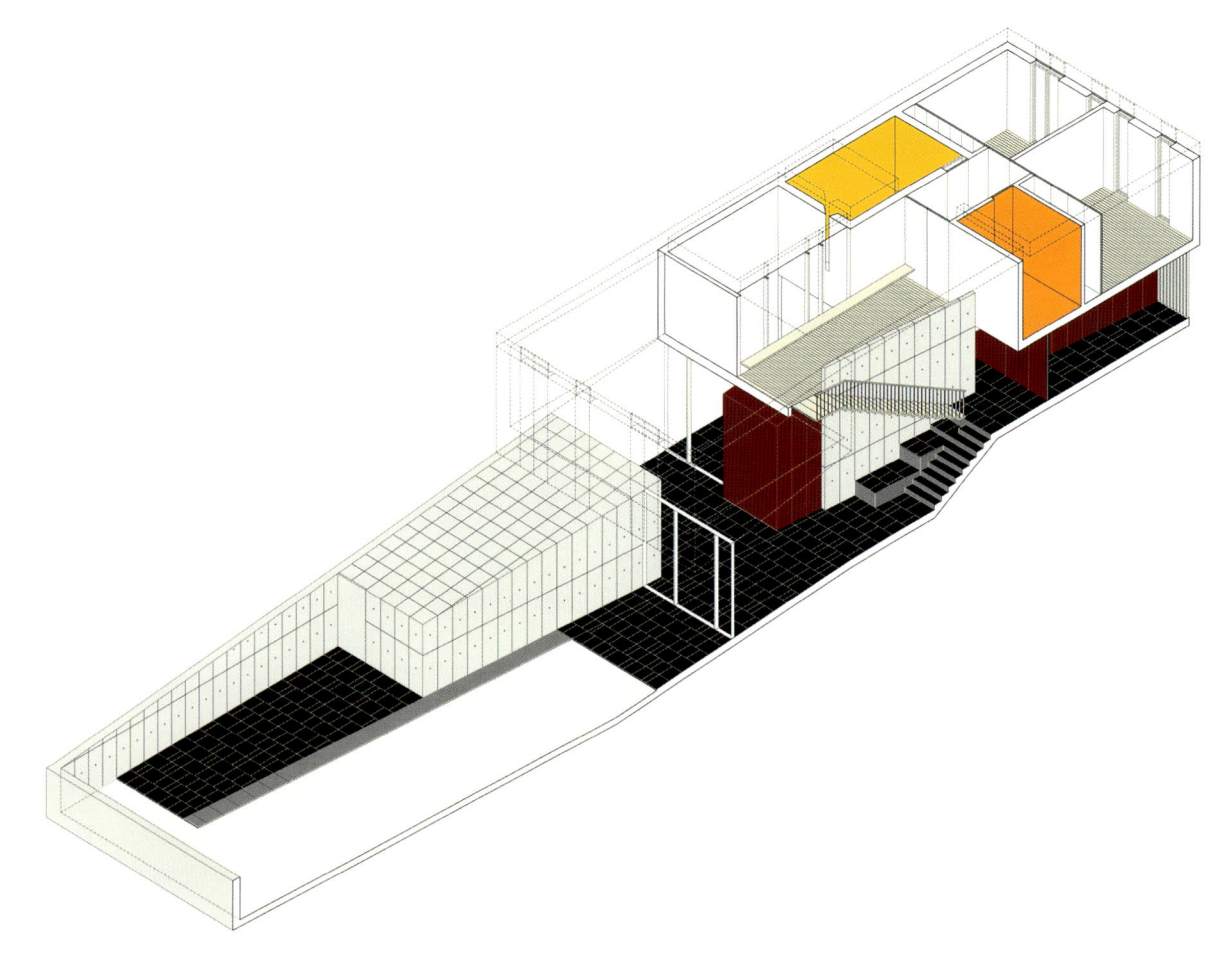

Axonometric view

Light is carried from the courtyard to the common areas of the ground floor and to the first-floor games room via a large glass wall that connects the house vertically.

Der Innenhof versorgt die Gemeinschaftsbereiche im Erdgeschoss sowie das Spielzimmer im ersten Stock über eine große verglaste Wand mit Licht. Sie ist ein vertikales Verbindungselement des gesamten Hauses.

La cour intérieure apporte de la lumière aux parties communes du rez-de-chaussée et à la salle de jeux du premier étage grâce à un grand mur en verre qui relie la maison à la verticale.

De binnenplaats verschaft licht aan de gemeenschappelijke ruimtes van de benedenverdieping en de speelkamer op de eerste verdieping, door middel van een grote glazen muur die het huis verticaal verbindt.

El patio aporta luz a las zonas comunes de la planta baja y a la sala de juegos de la primera planta mediante una gran pared acristalada que conecta verticalmente la casa.

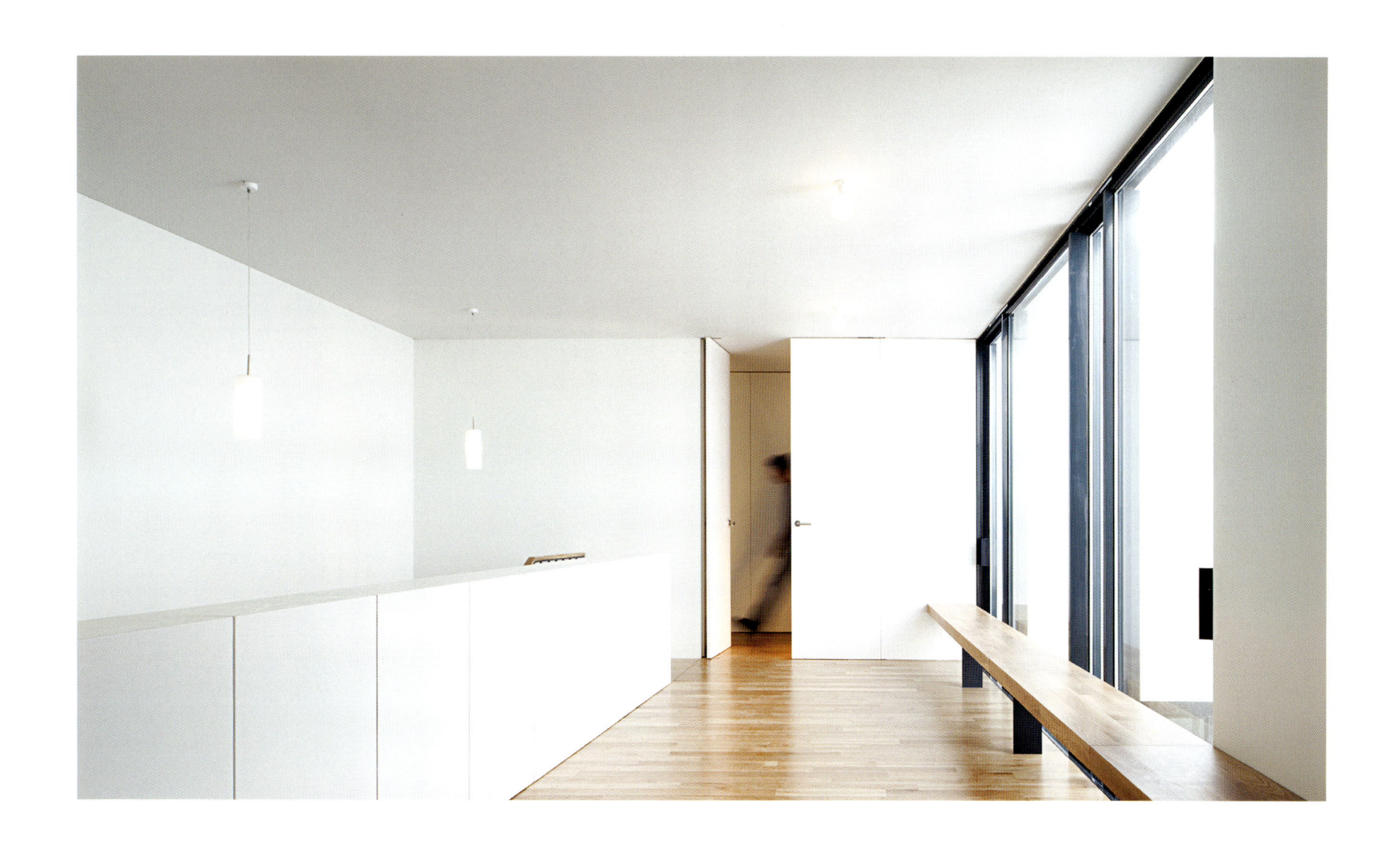

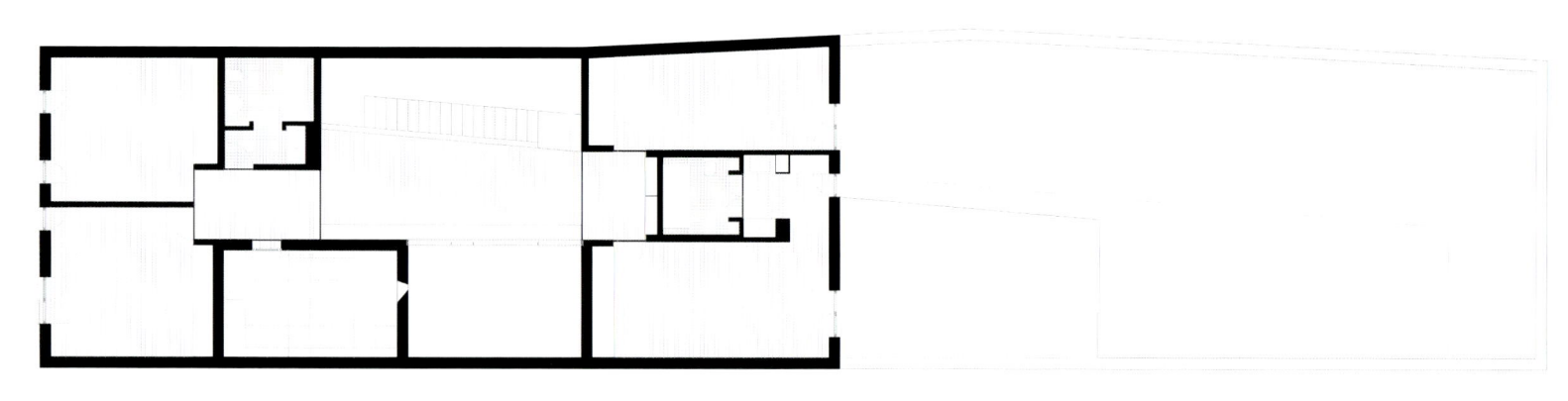

Second floor plan

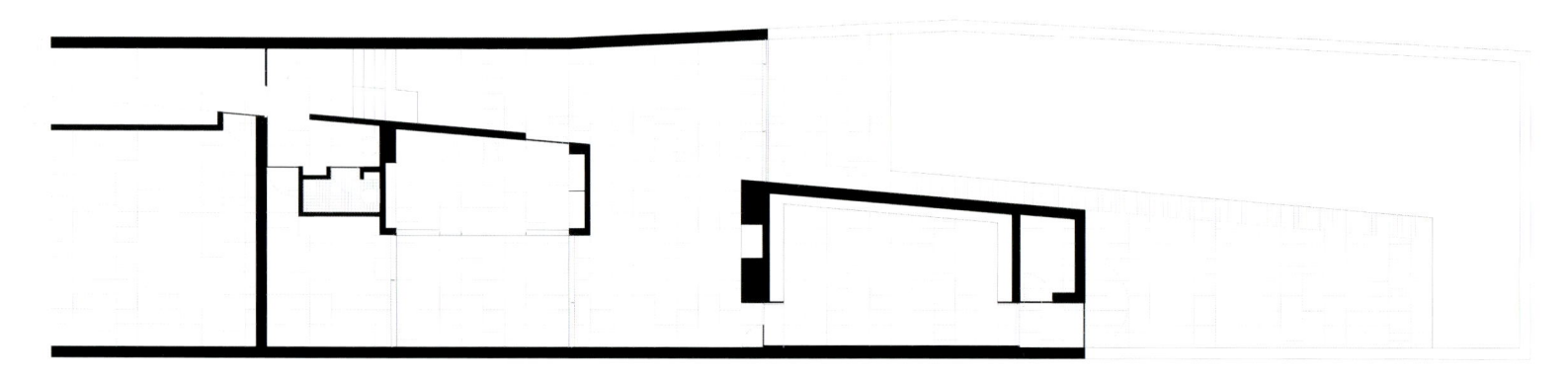

Ground floor plan

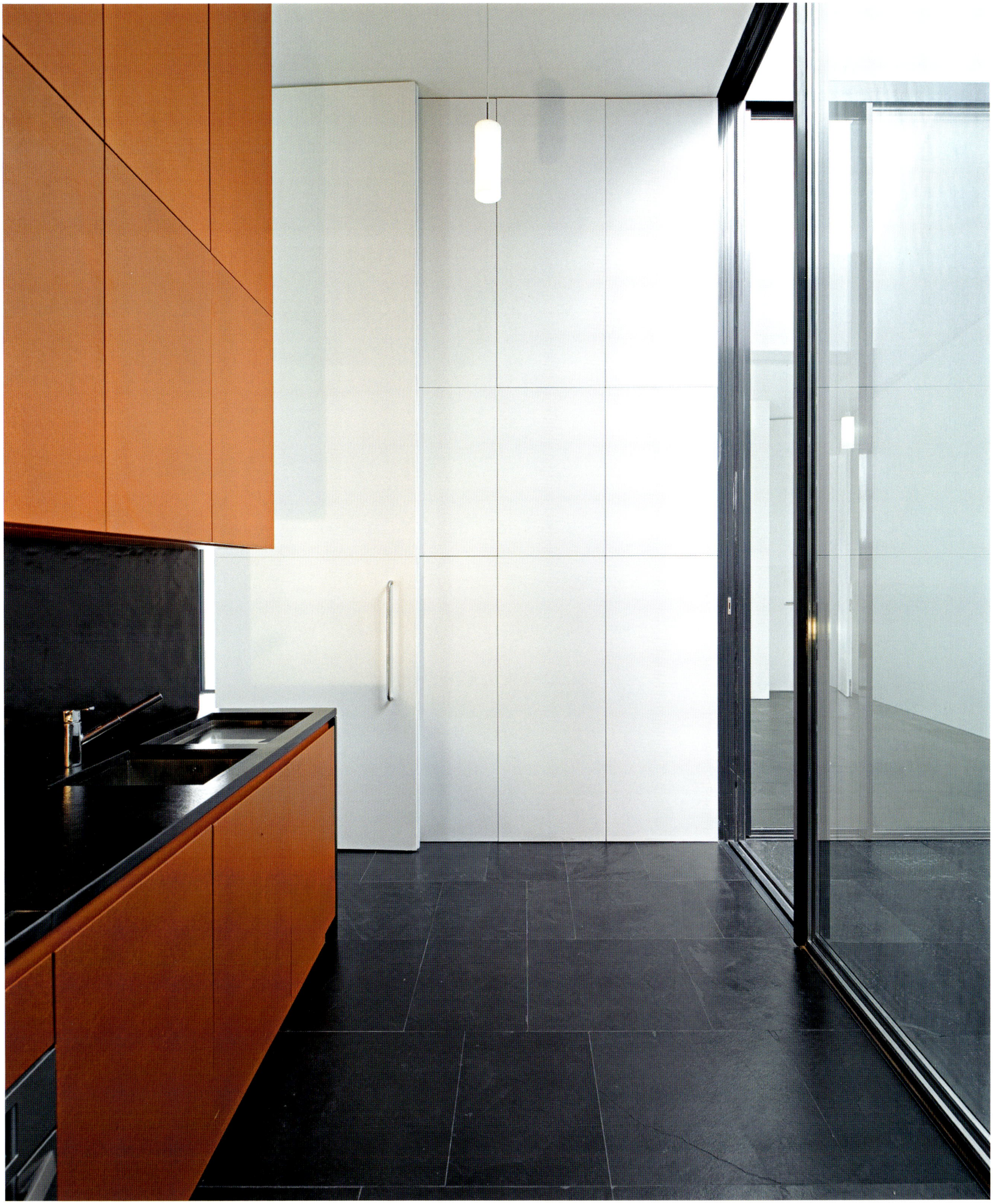

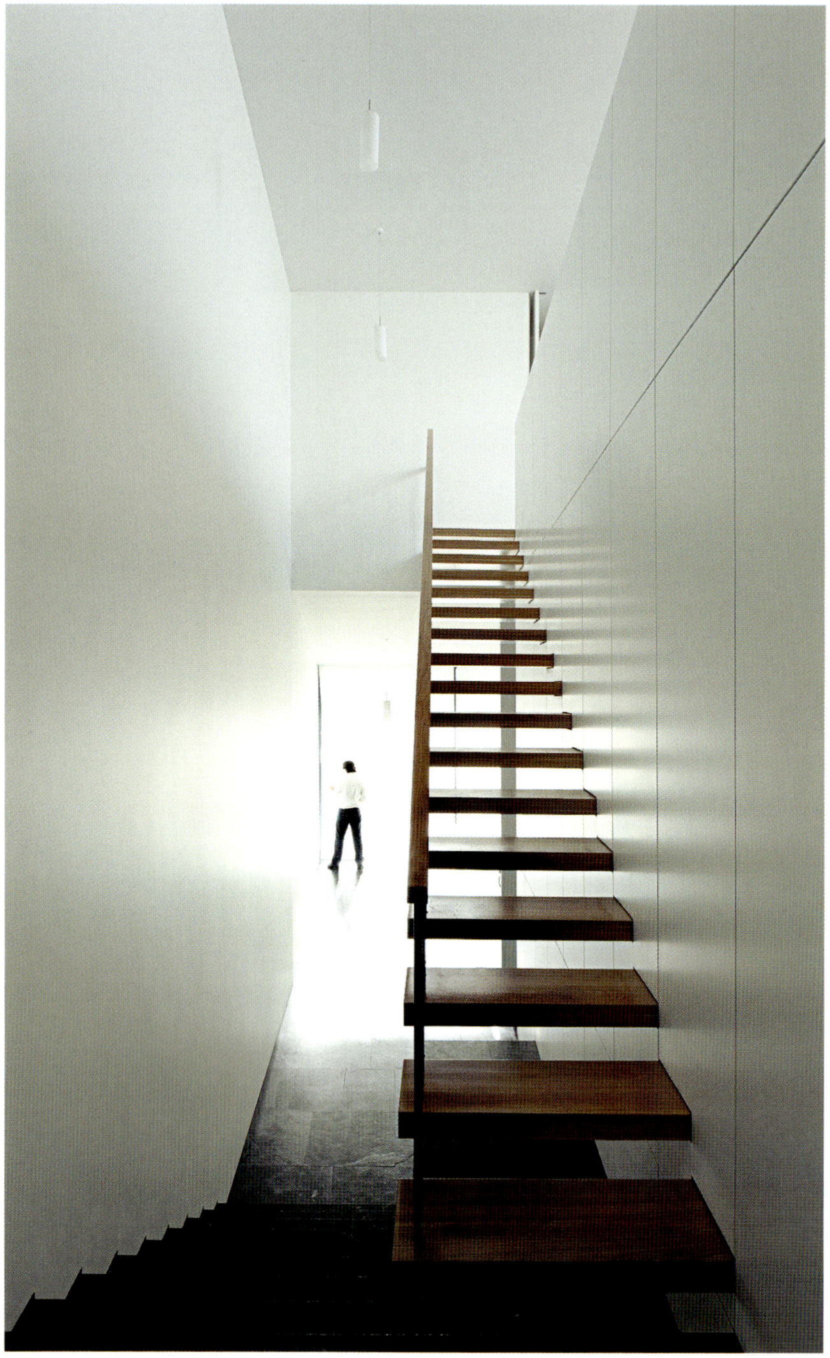

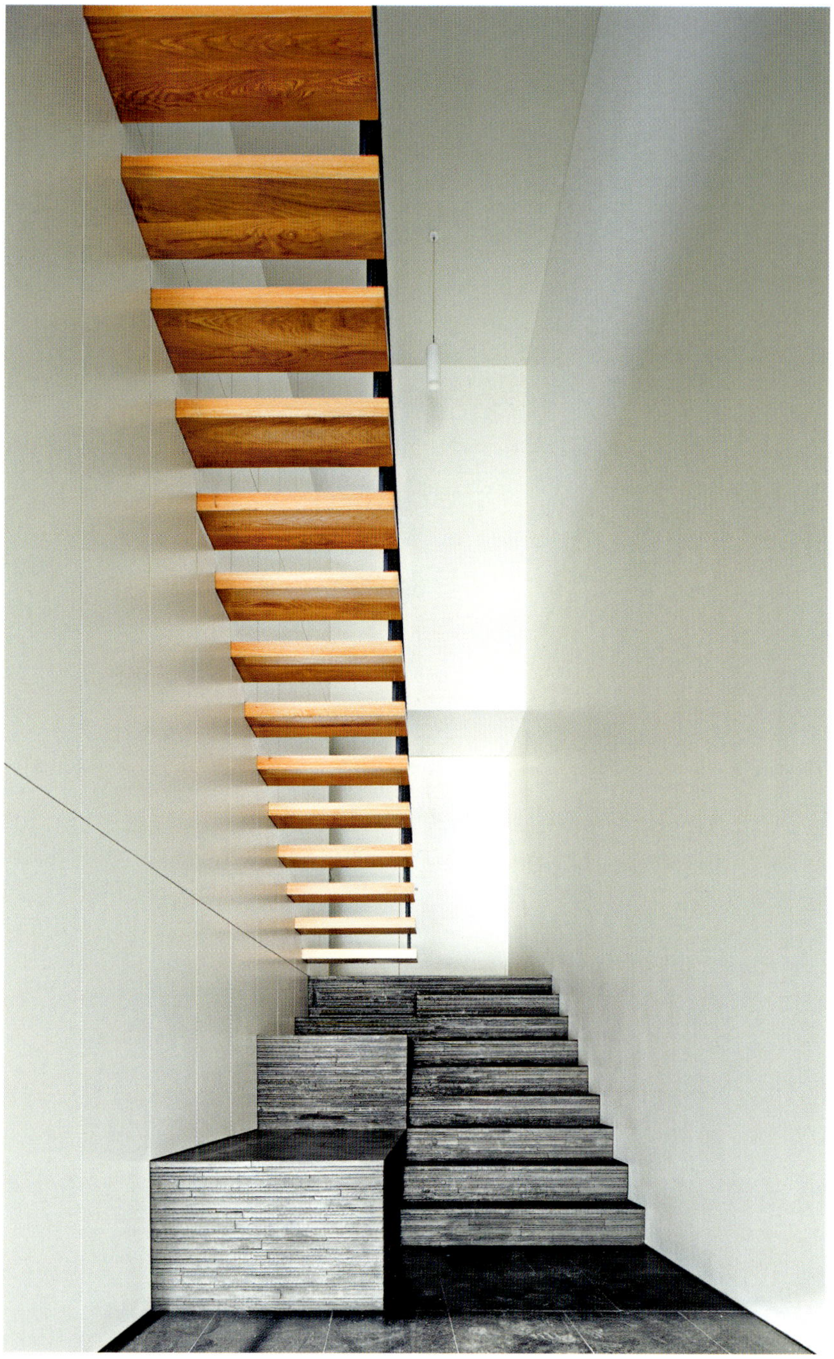

215

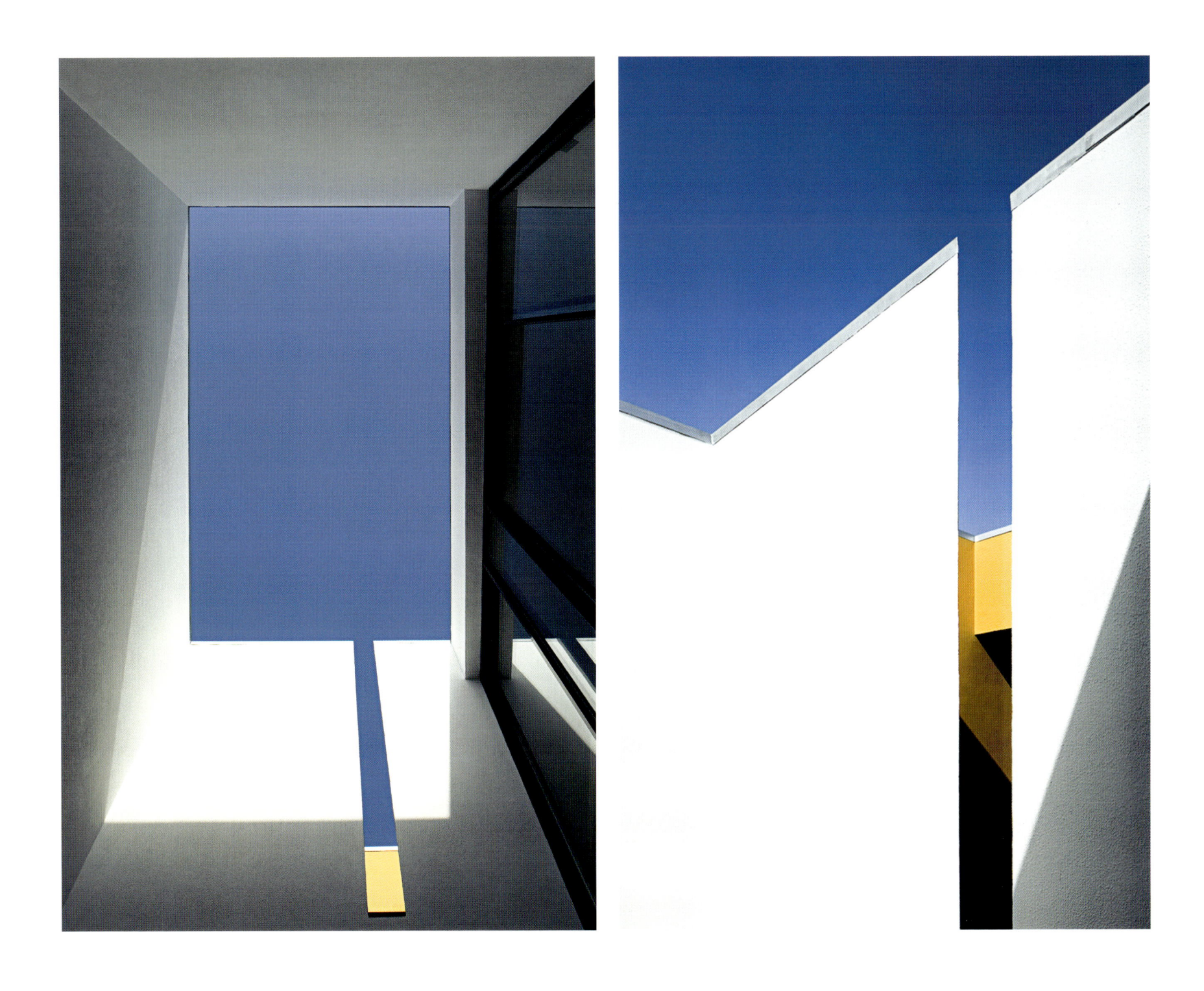

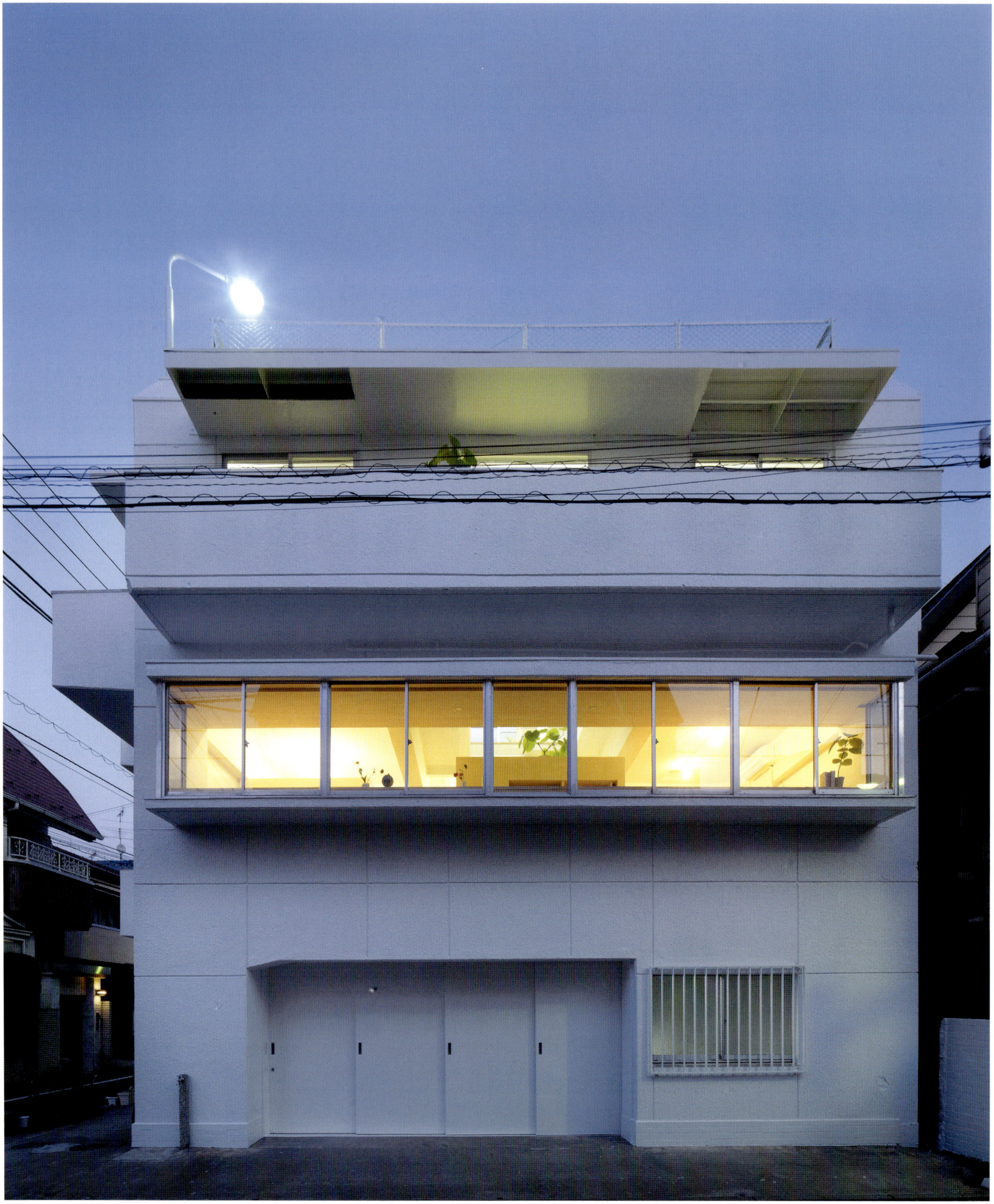

HOUSE IN OOKAYAMA

Torafu Architects
Tokyo, Japan
© Daici Ano

The first part of a two-phase project for the refurbishment of a forty-year-old, mixed-use, reinforced concrete building, involves the design of the building's exterior and the apartments on its second and third floors. Towering above the surrounding houses, the third floor accommodates well-lit living spaces, while the second floor offers more private spaces.

Der erste Teil des aus zwei Phasen bestehenden Projektes der Sanierung eines 40 Jahre alten Multifunktionsgebäudes aus verstärktem Beton bestand in der Gestaltung der Fassade sowie der Apartments im zweiten und dritten Stock. Die umliegenden Häuser überragend, beherbergt der dritte Stock lichtdurchflutete Wohnbereiche, während der Wohnraum im zweiten Stock privater ist.

La première partie du projet de réhabilitation de cet immeuble en béton armé, vieux de quarante ans, porte sur l'architecture de la façade et des appartements du deuxième et troisième étage. Vu la hauteur de l'immeuble par rapport aux maisons contiguës, les parties communes se situent au troisième étage — pour avoir plus de lumière —, et les espaces privés au deuxième.

Dit eerste gedeelte van een tweedelig project bestaat uit het ontwerp van de buitenzijde van een veertig jaar oud, versterkt betonnen gebouw voor gemengd gebruik en de appartementen op de tweede en derde verdieping. Op de derde verdieping, die hoog boven de huizen in de omgeving uittorent, zijn woonruimtes vol licht te vinden; de ruimtes op de tweede verdieping zijn intiemer.

La primera parte del proyecto para la remodelación de este edificio de hormigón reforzado de cuarenta años incluye el diseño de la fachada y los apartamentos de la segunda y la tercera planta. Aprovechando su altura por encima de las casas colindantes, se ubicaron las zonas comunes en la tercera planta para que disfrutasen de más luz, y los espacios privados, en la segunda.

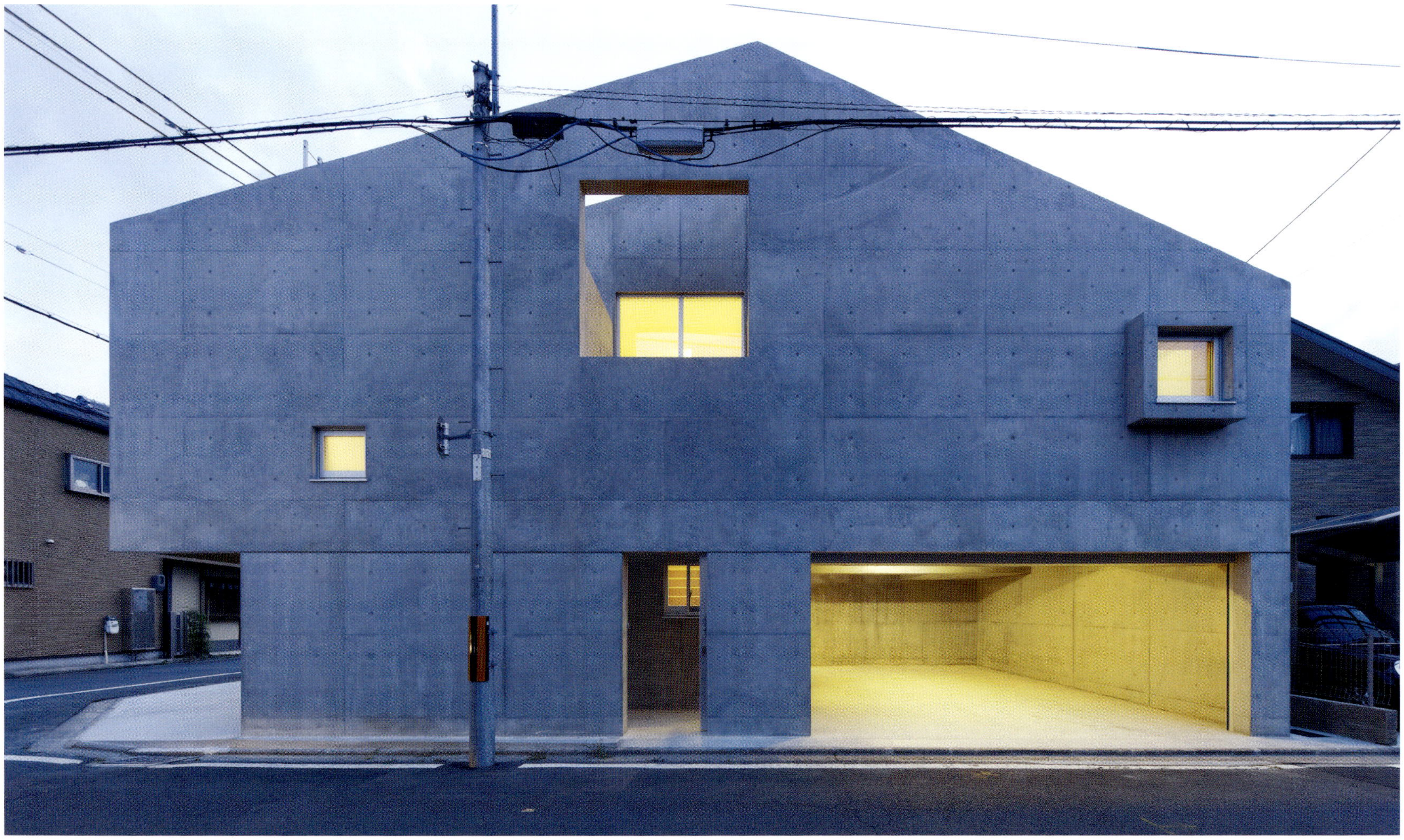

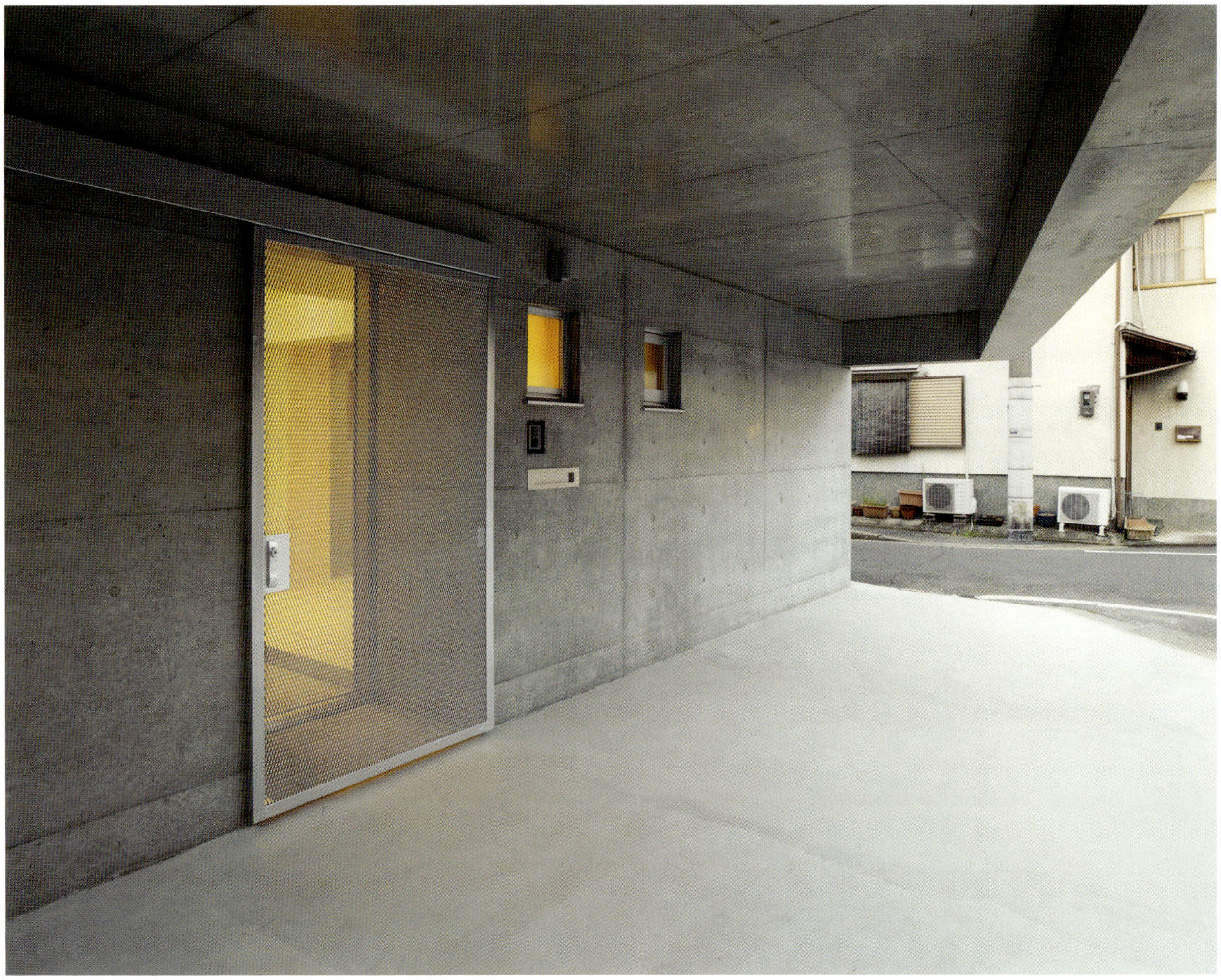

Building section

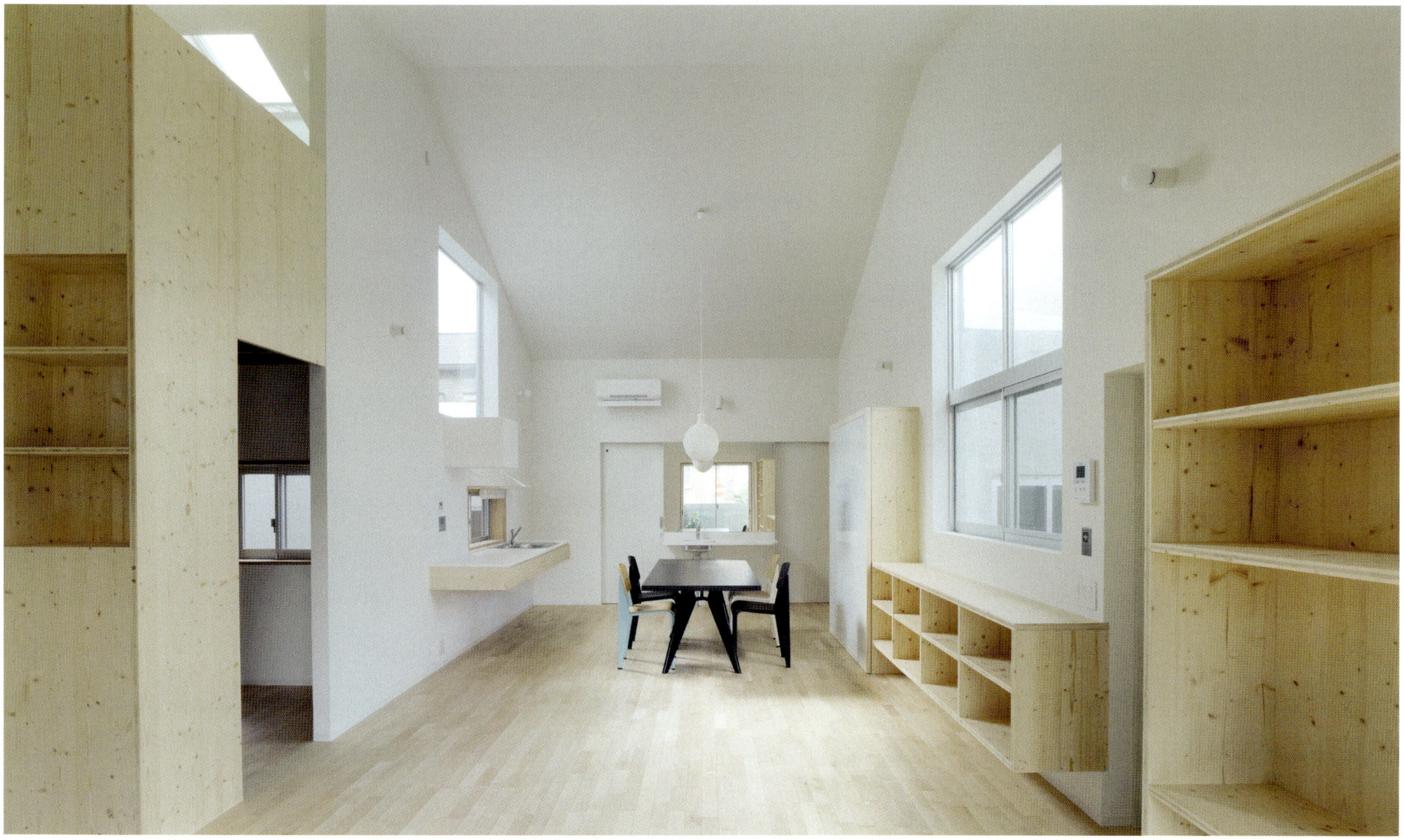

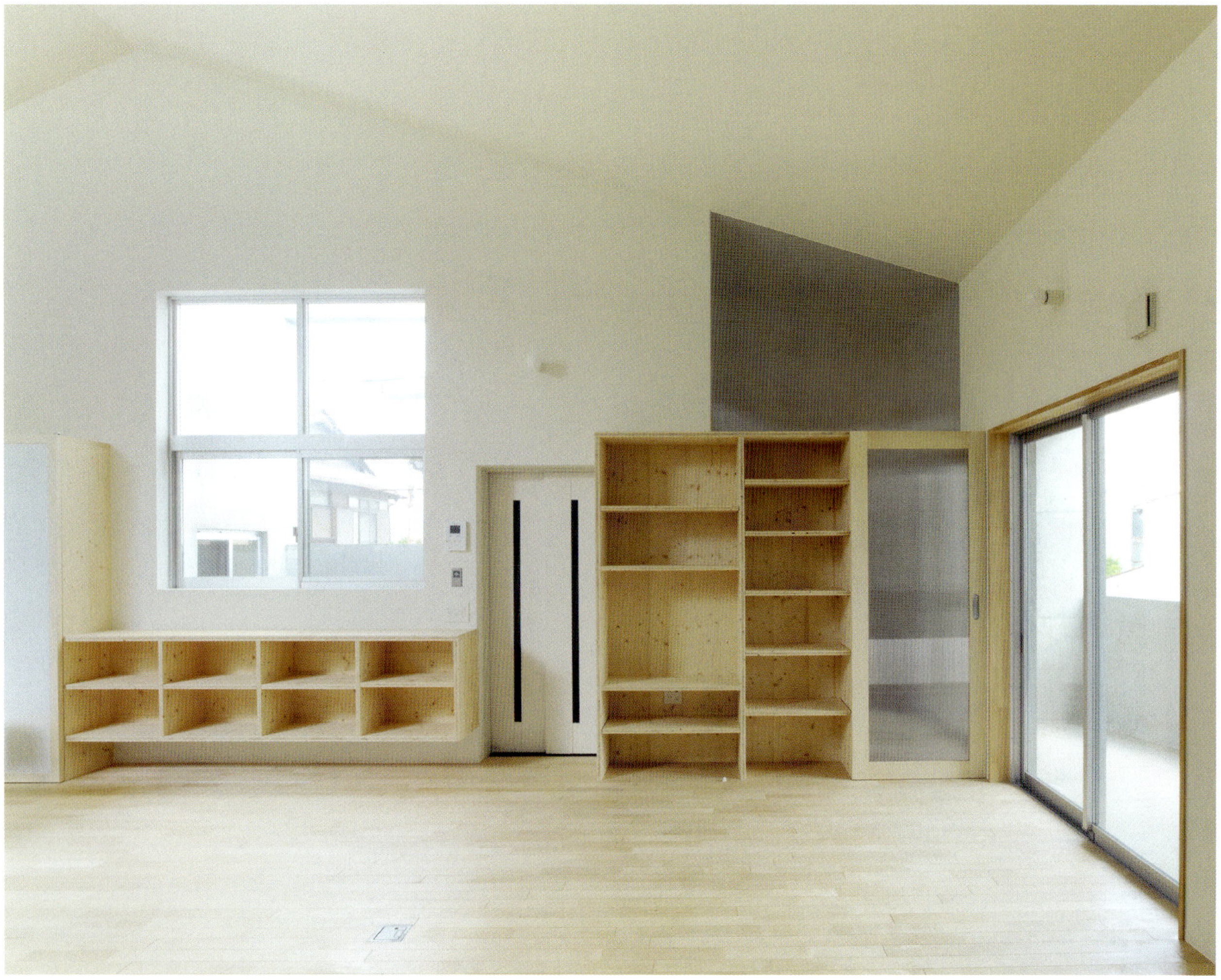

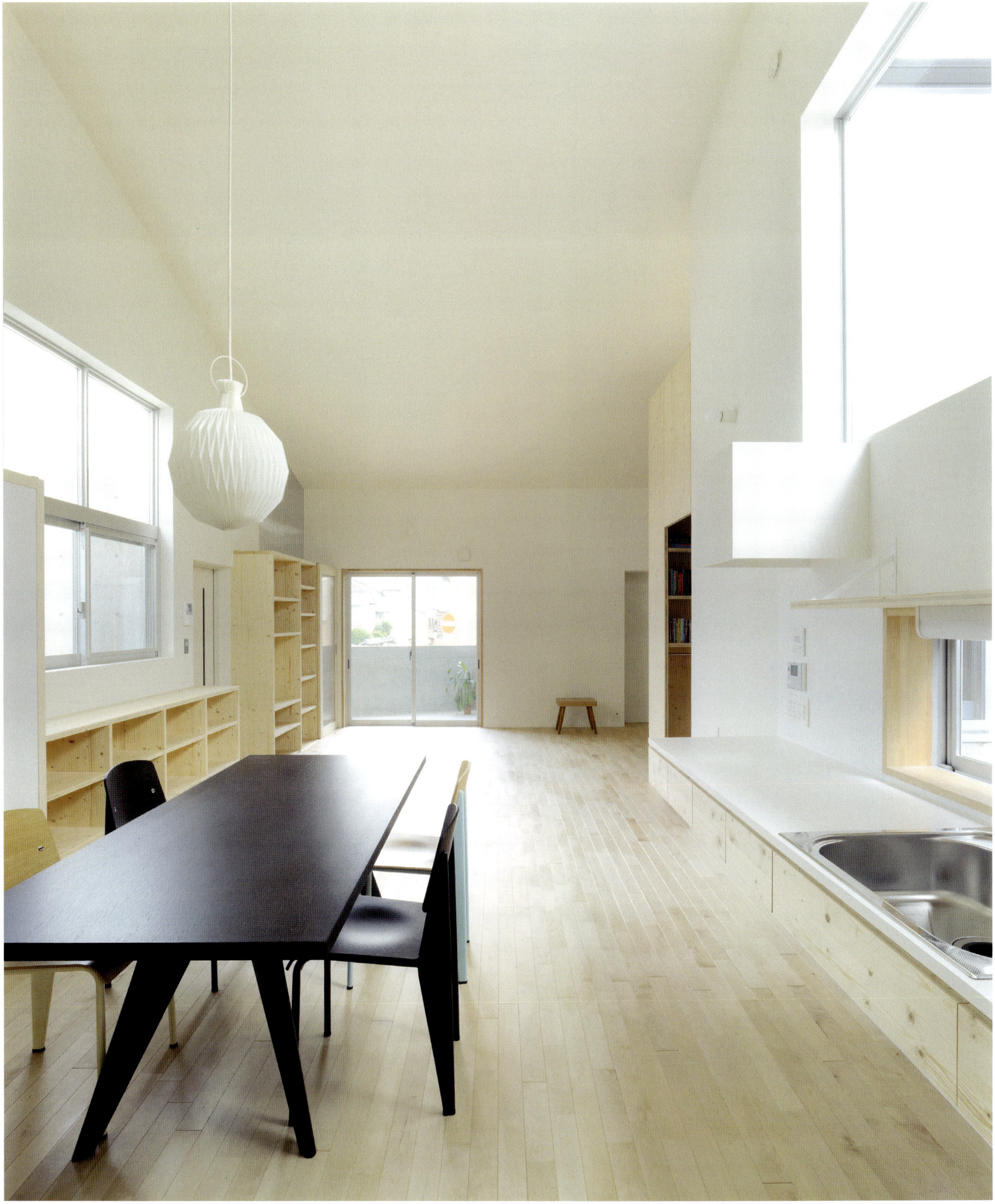

This kitchen is made of a mix of different woods on drawer and door fronts. Stainless steel handles and knobs are the unifying elements of this creative kitchen.

Die Fronten der Küche bestehen aus verschiedenen Holzarten. Griffe und Knöpfe sind die verbindenden Elemente dieser kreativen Gestaltung.

La cuisine est un espace unique grâce aux différentes nuances du bois des portes et des tiroirs. Les poignées et pommeaux en acier inoxydable unifient l'ensemble.

Deze keukenkastjes en -laden zijn gemaakt van verschillende soorten hout. Roestvrijstalen handgrepen en knoppen maken van deze creatieve keuken één geheel.

Los distintos tonos de madera en puertas y cajones convierten esta cocina en un espacio singular. Los tiradores y pomos de acero inoxidable unifican el conjunto.

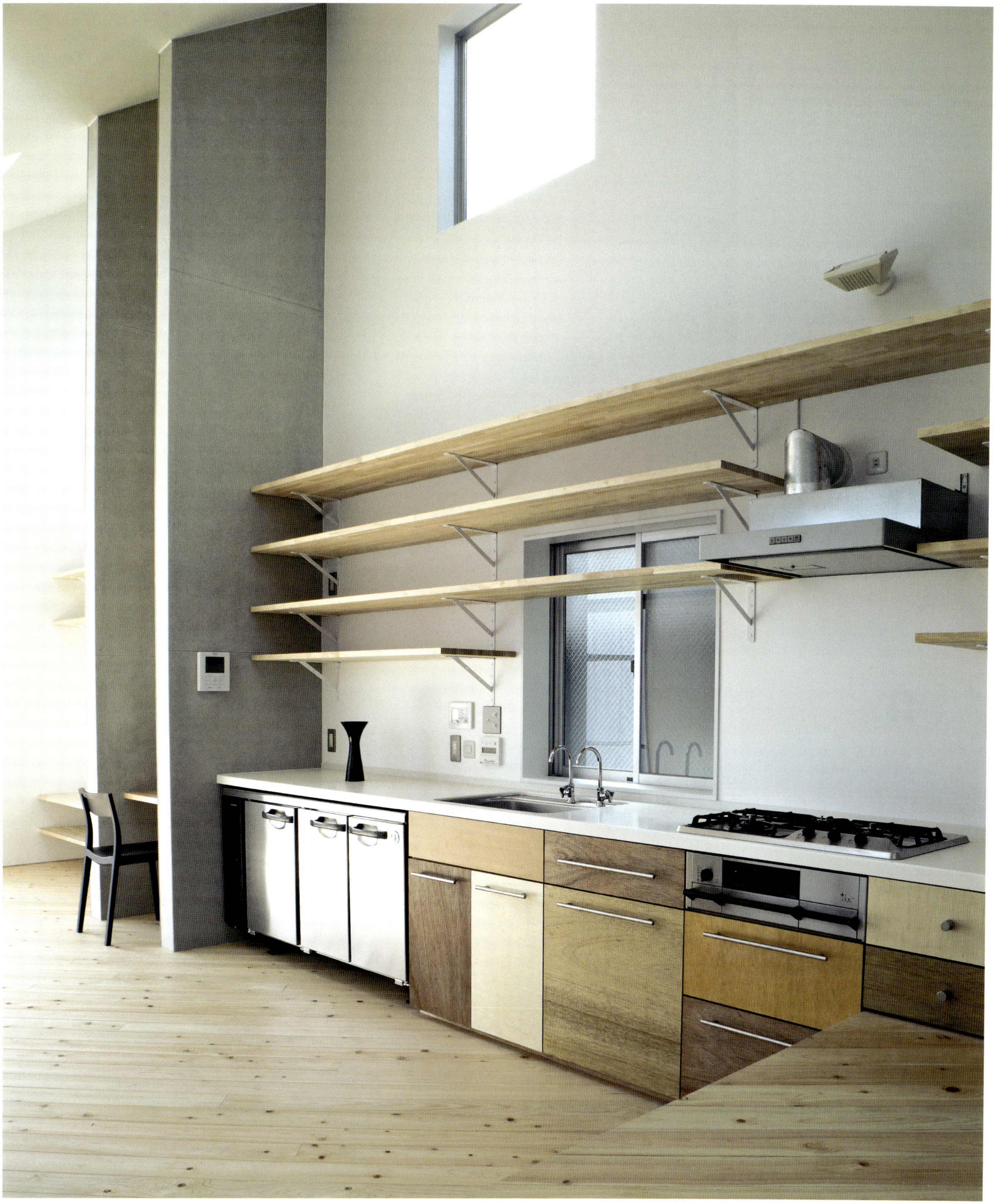

This freestanding cube incorporating a stair and a closet was designed to avoid the compartmentalization of an open plan. Its location helps to organize circulation.

Der freistehende Kubus beherbergt Schrank und Treppe, sodass die offene Raumgestaltung gewahrt bleibt. Der Standort beruht auf praktischen Gesichtspunkten.

Ce cube isolé comprenant un escalier et une armoire a été conçu afin de ne pas avoir à diviser un espace ouvert. Son emplacement facilite la circulation.

Deze vrijstaande kubus met een trap en kast werd ontworpen om het geheel open concept niet te doorbreken. De locatie van de kubus versterkt de looprichting.

Para evitar dividir un área abierta, se diseñó este cubo aislado, que incorpora una escalera y un armario. Su ubicación facilita la circulación interior.

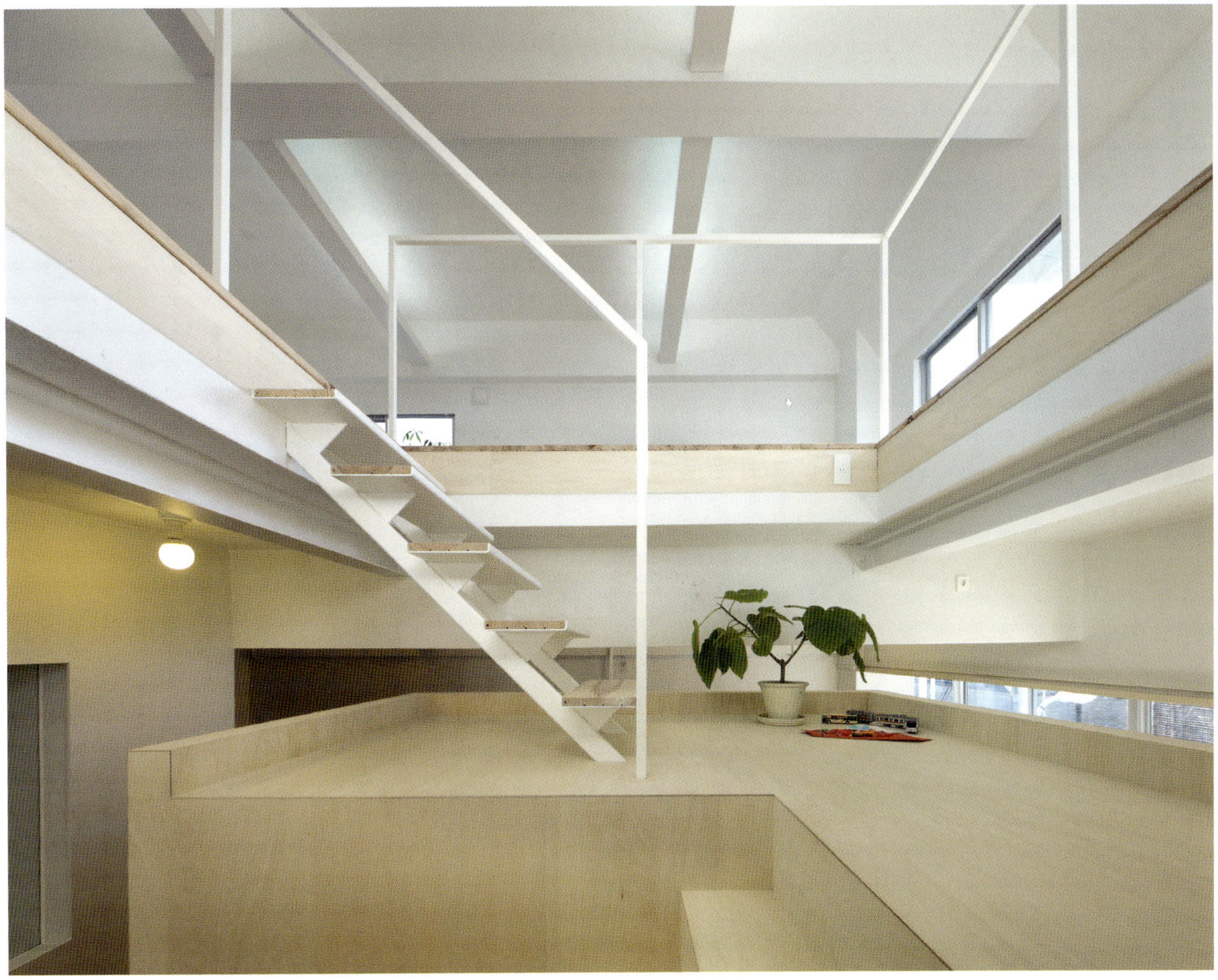

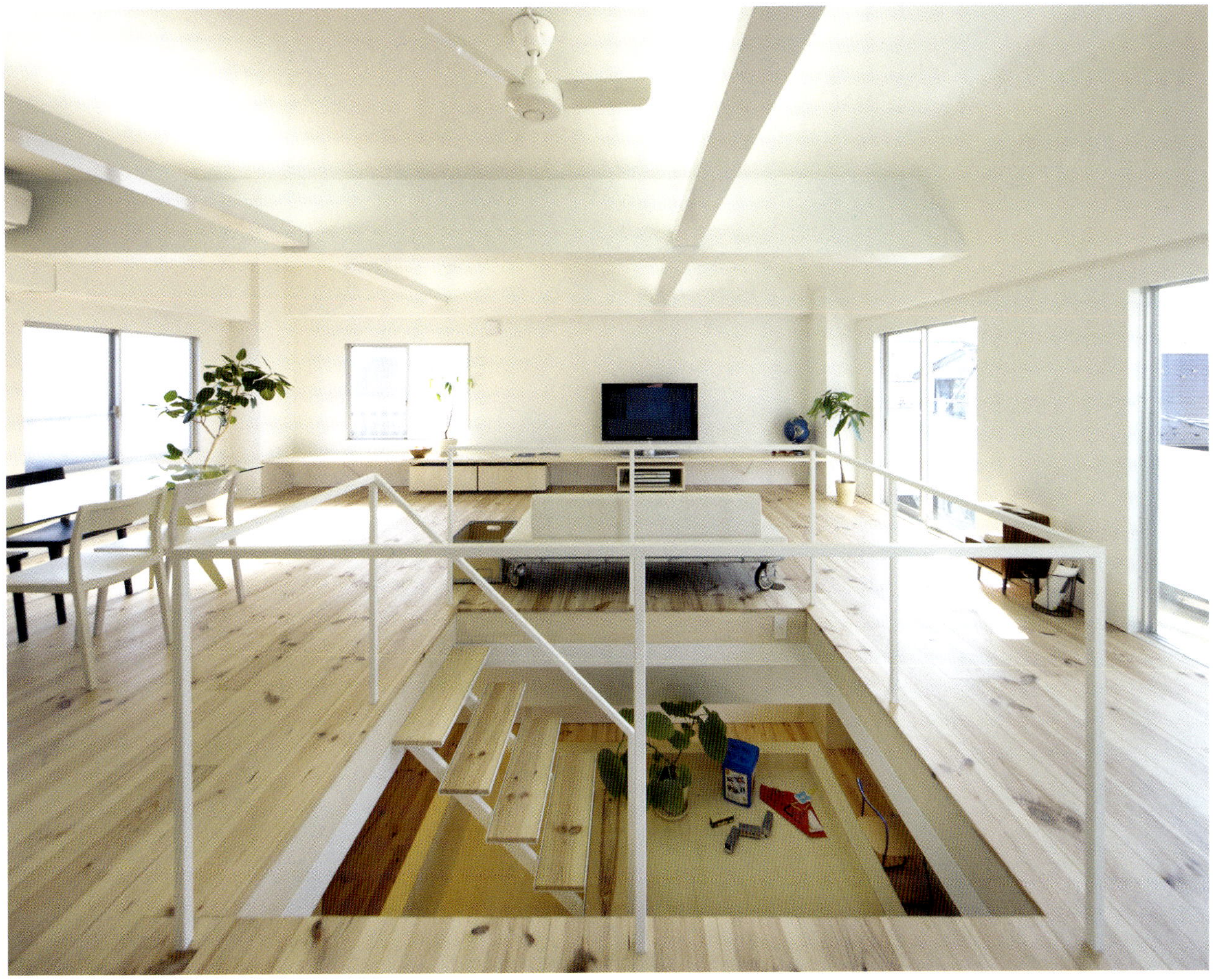

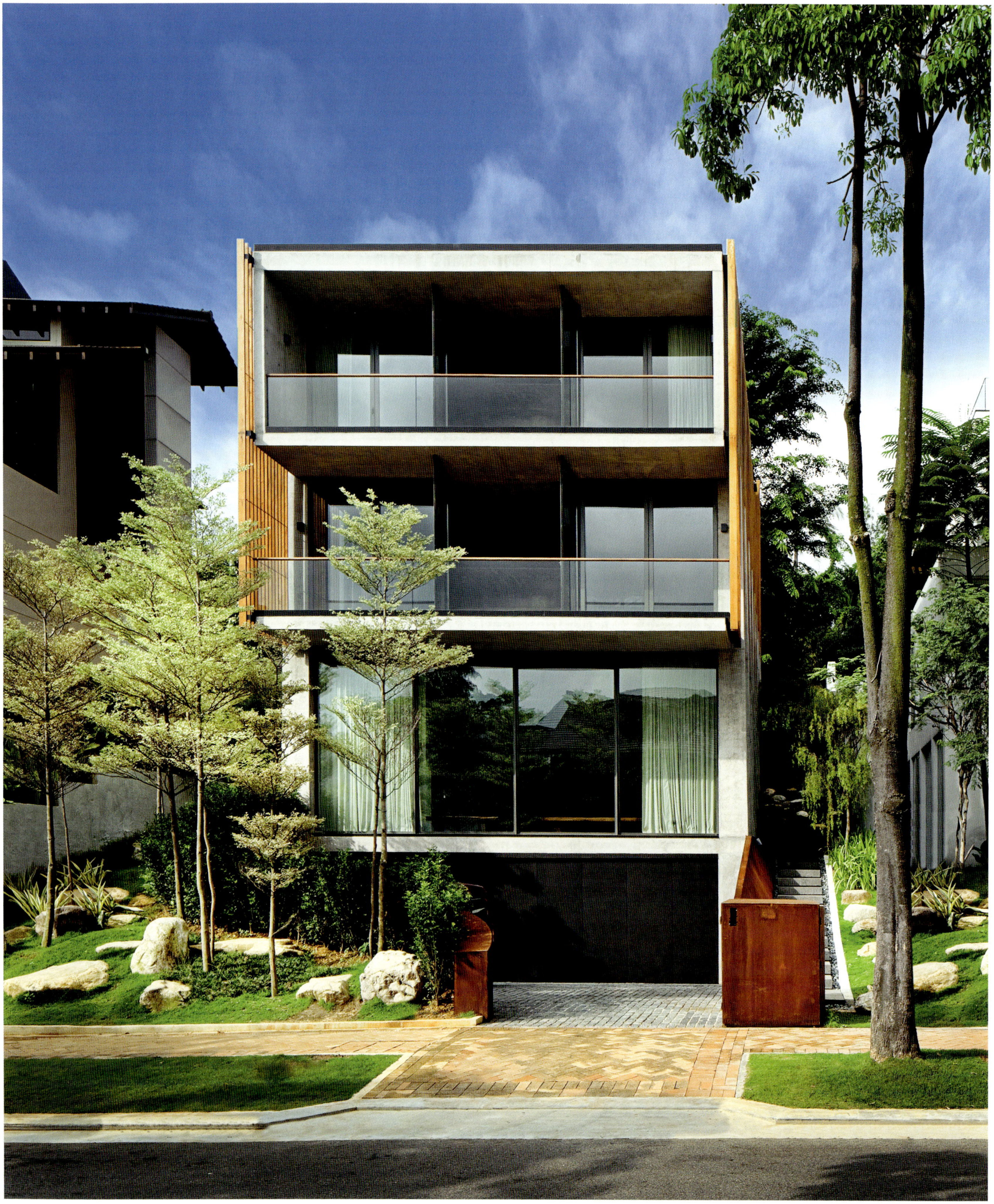

SENTOSA HOUSE

Nicholas Burns
Sentosa, Singapore
© Patrick Bingham-Hall

This house on the island of Sentosa is designed to adapt to a wide variety of uses and remain impervious to the rapid changes of the island. Wide-open, interactive, flexible spaces await behind a façade with large windows and balconies. The space is configured to make the most of the views whilst maximising privacy.

Auf der Insel Sentosa wurde ein Haus errichtet, das zu vielen Zwecken nutzbar sein und sich unbeeindruckt von den vielen schwindelerregenden Veränderungen der Insel zeigen soll. Offene, interaktiv und flexibel nutzbare Räume sind durch eine mit großen Fenstern und Balkonen versehen Fassade sichtbar. Die Gestaltung des Innenbereichs ist ganz auf die unterschiedlichen Panoramen ausgerichtet und schützt gleichzeitig vor Blicken von Außen.

Sur l'île de Sentosa s'élève une maison pensée pour s'adapter à un large éventail d'utilisations et rester insensible aux vertigineux changements de l'île. Derrière une façade aux grandes baies vitrées et balcons, se trouvent des espaces ouverts, interactifs et flexibles. La distribution de l'espace est conçue pour jouir de magnifiques vues et, en même temps, préserver l'intimité.

Op het eiland Sentosa doemt een huis op dat geschikt is voor verschillende doeleinden en de heftige weersomstandigheden op het eiland kan weerstaan. Achter een façade met grote ramen en balkons liggen open, interactieve en flexibele ruimtes. De indeling van de ruimte is zo ontworpen, dat het uitzicht benut wordt en er tegelijkertijd privacy geboden wordt.

En la isla de Sentosa se erige una casa pensada para adaptarse a una gran variedad de usos y mantenerse impermeable a los vertiginosos cambios de la isla. Espacios abiertos, interactivos y flexibles aguardan tras una fachada con grandes ventanales y balcones. La configuración del espacio está diseñada para abarcar las vistas y, a la vez, asegurar la privacidad.

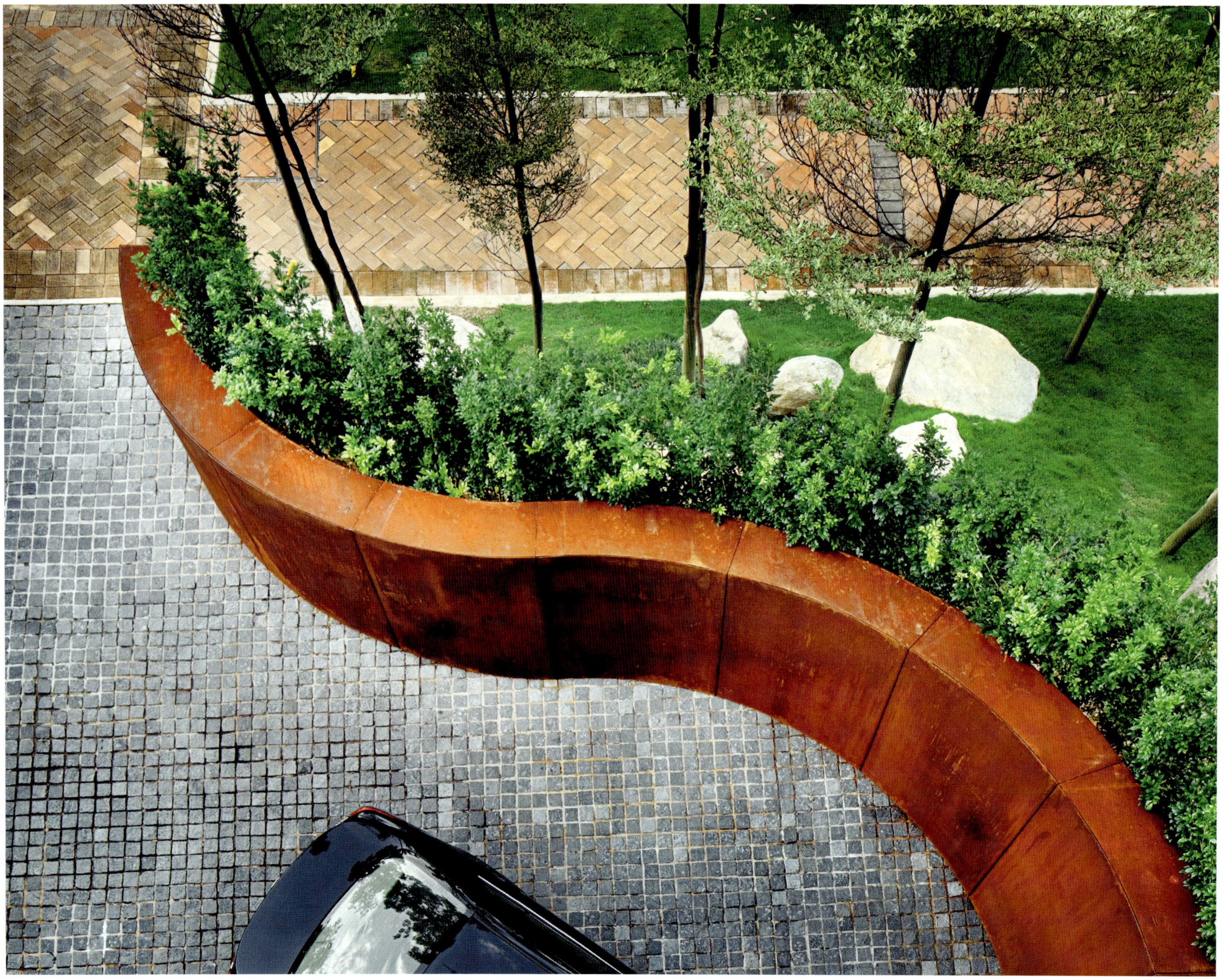

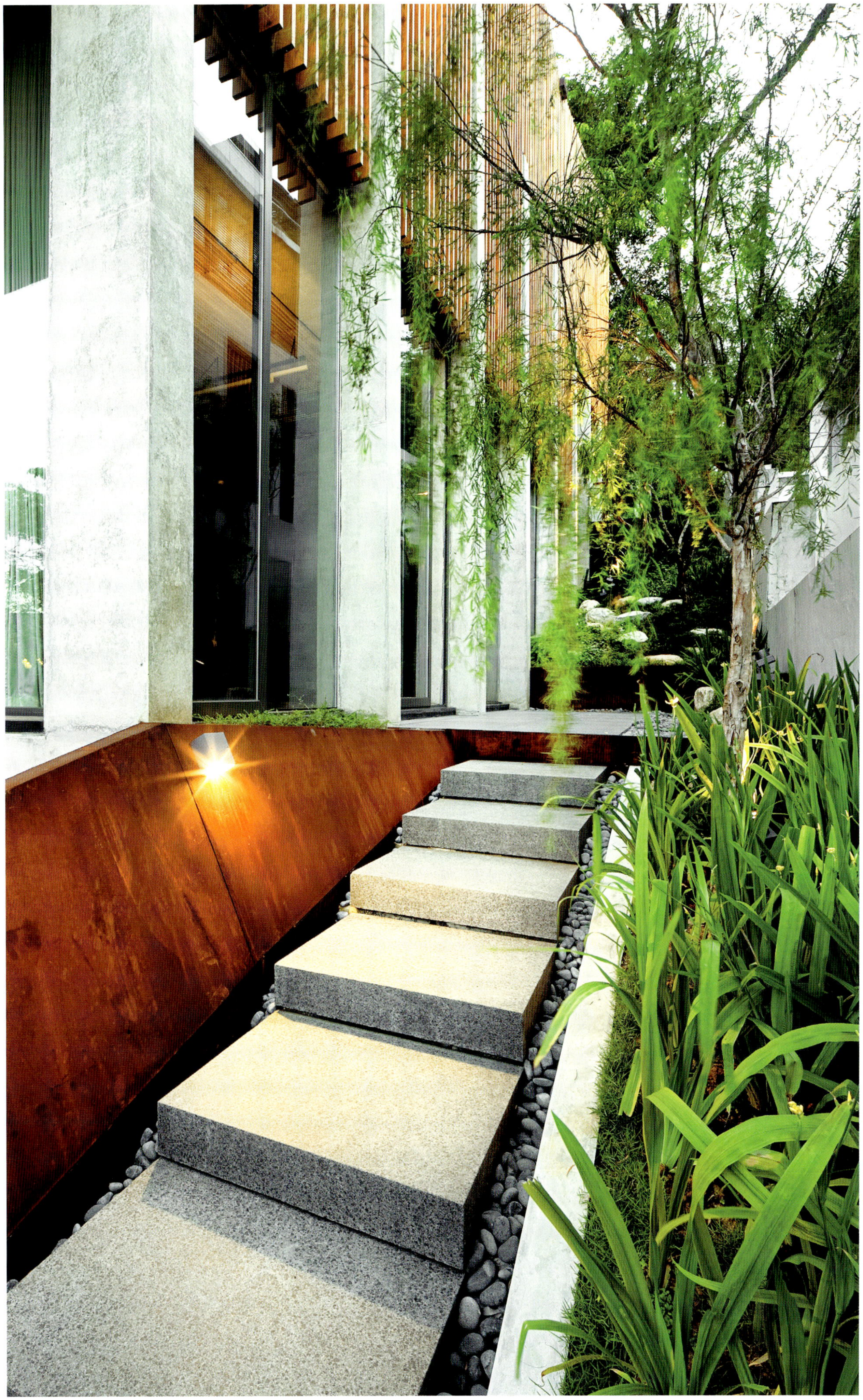

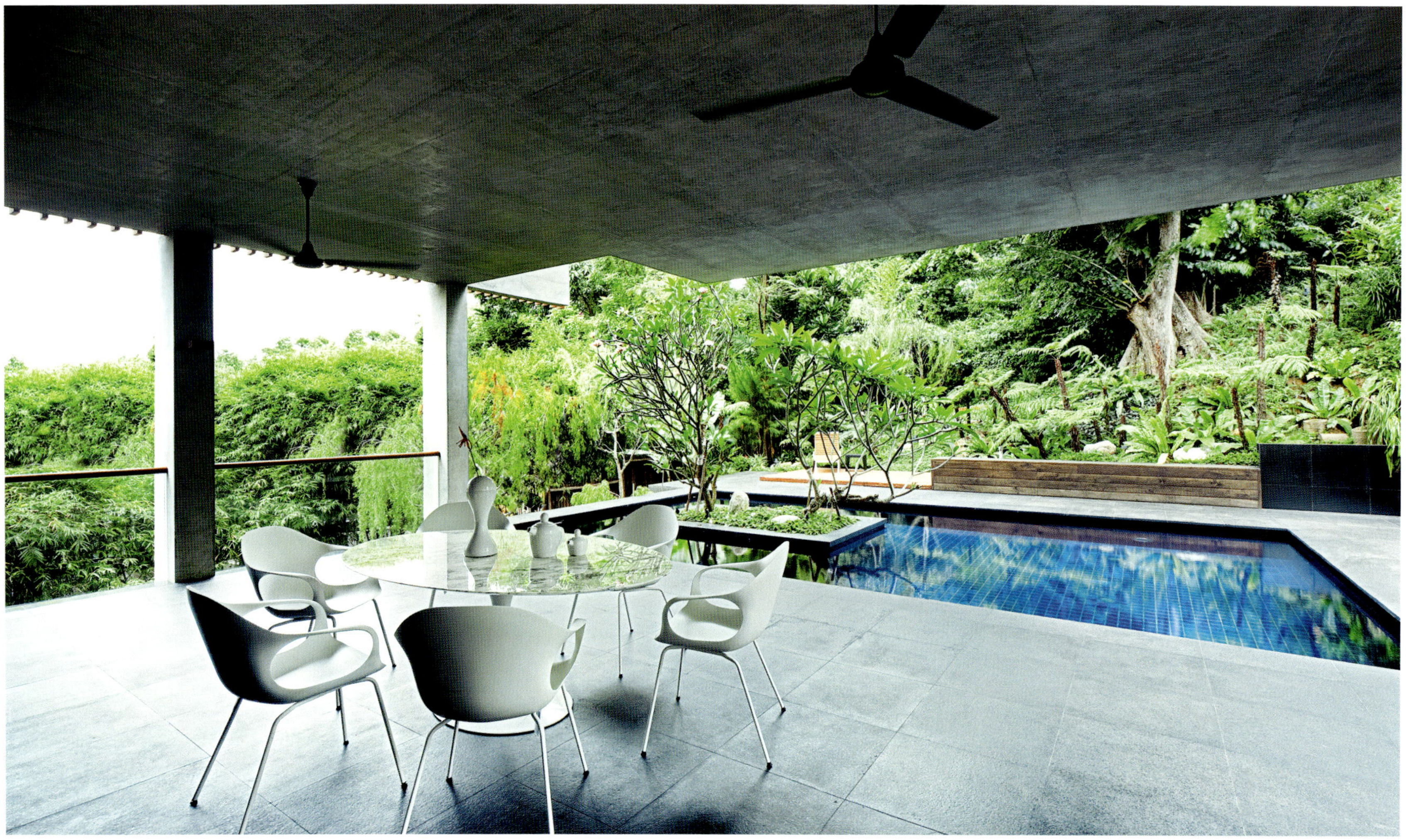

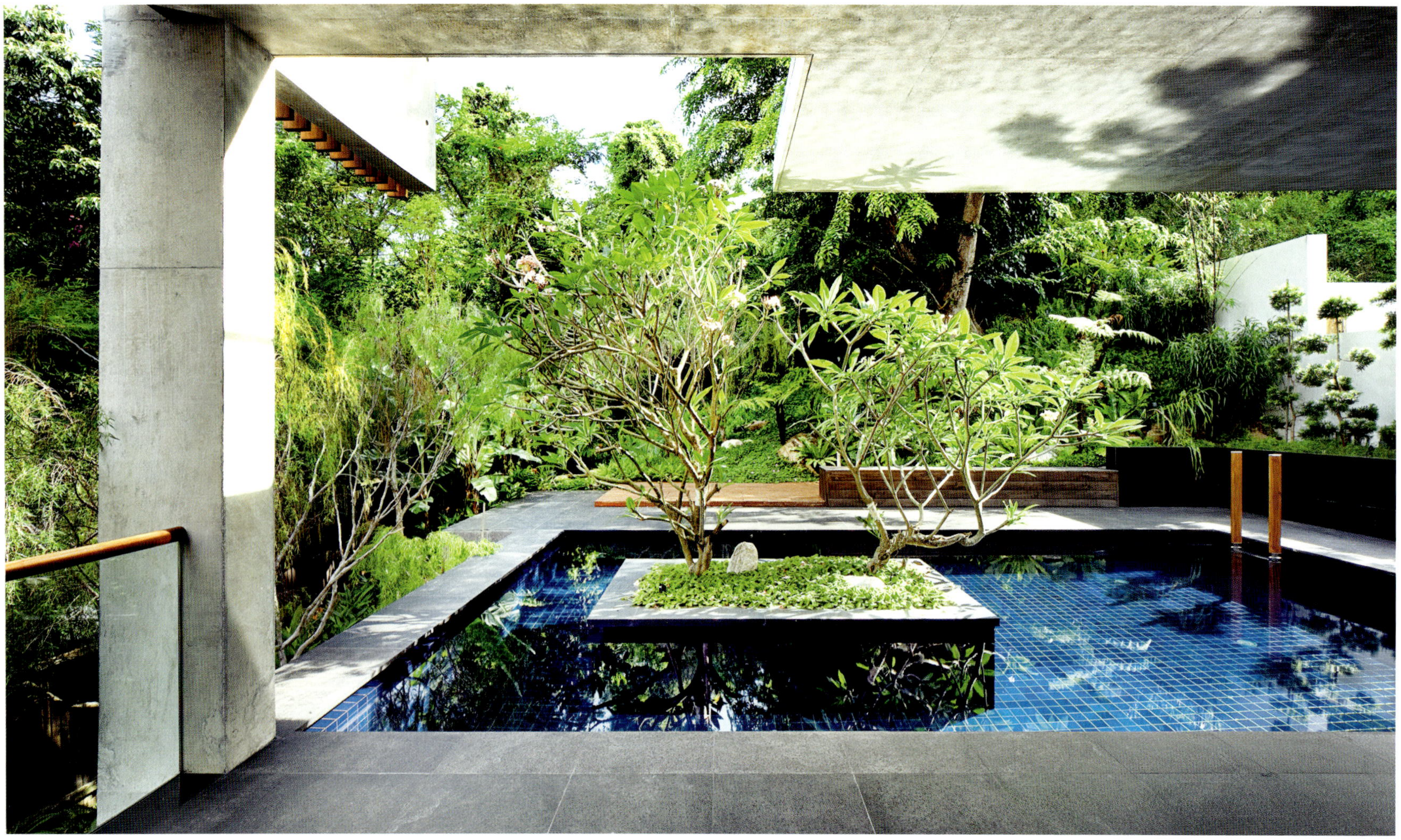

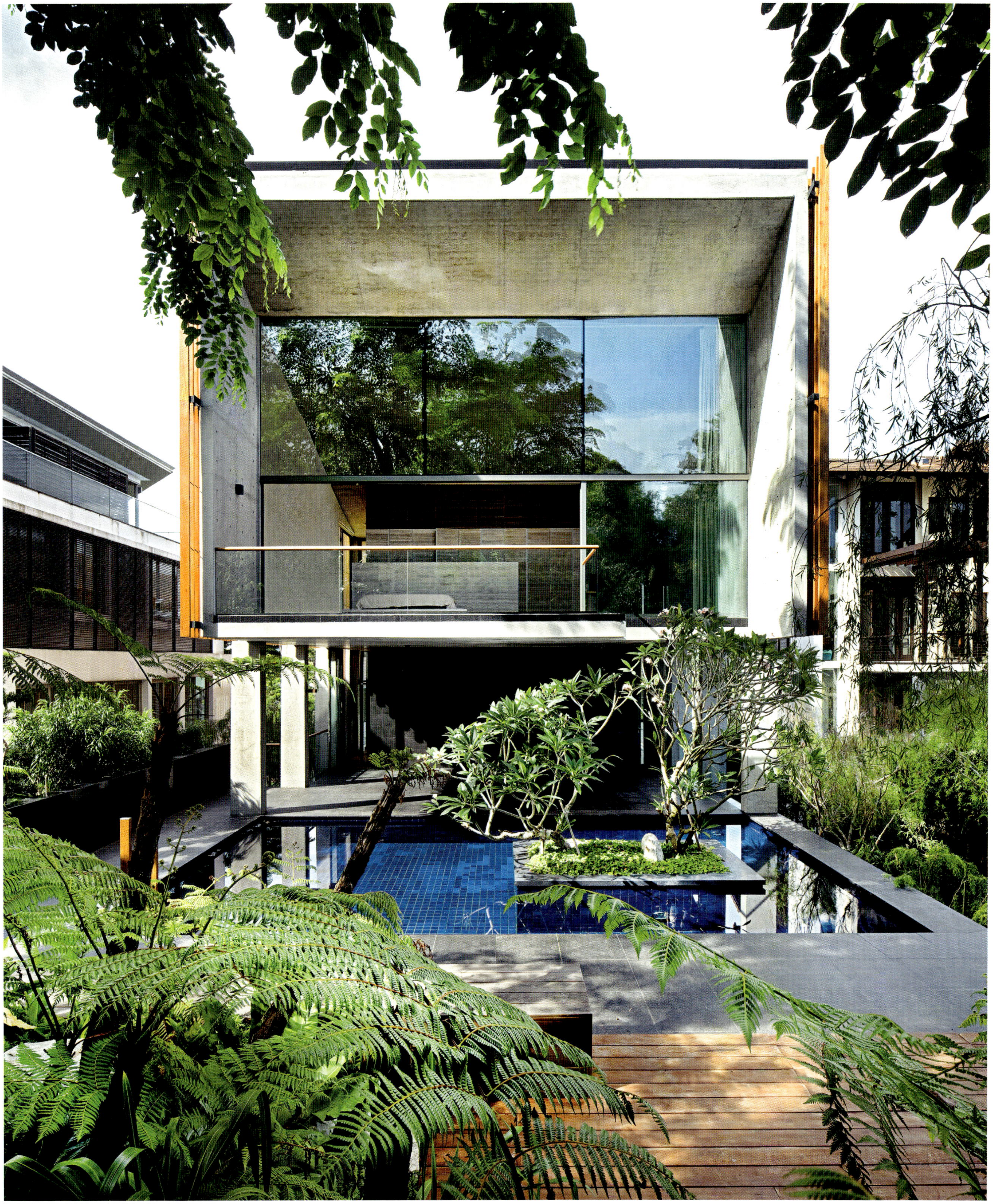

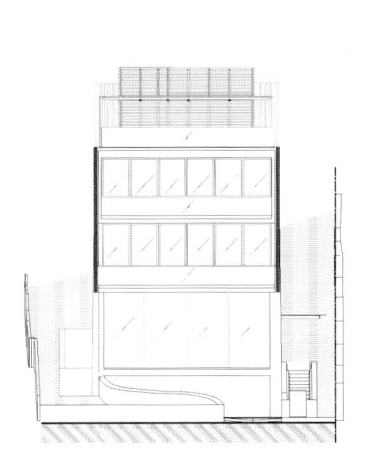

Front elevation

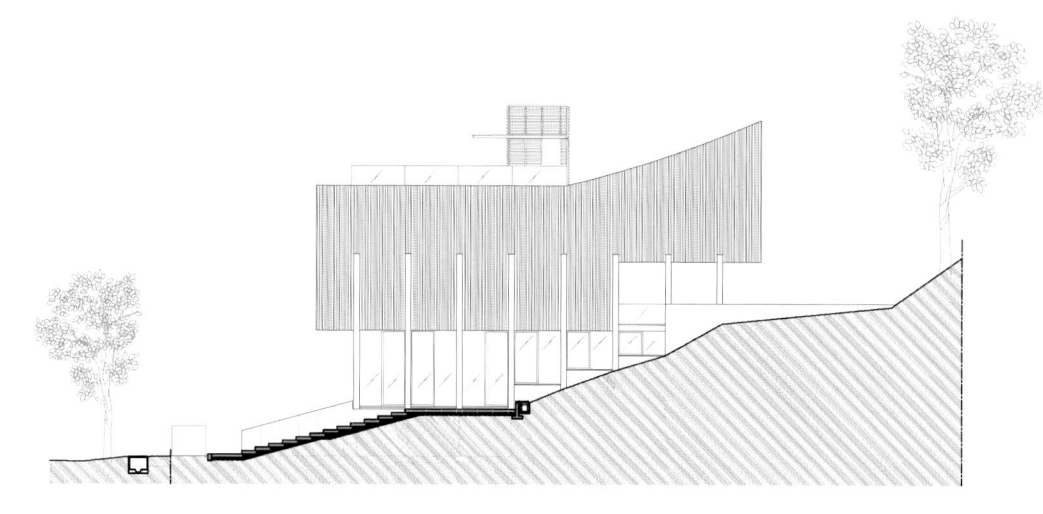

Side elevation

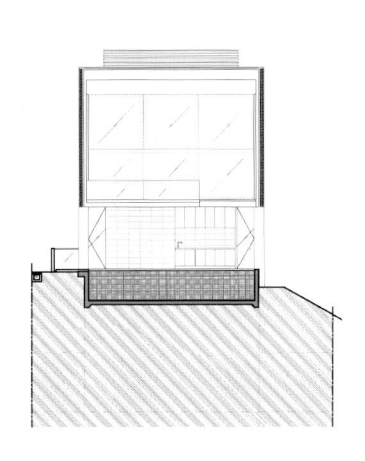

Rear elevation

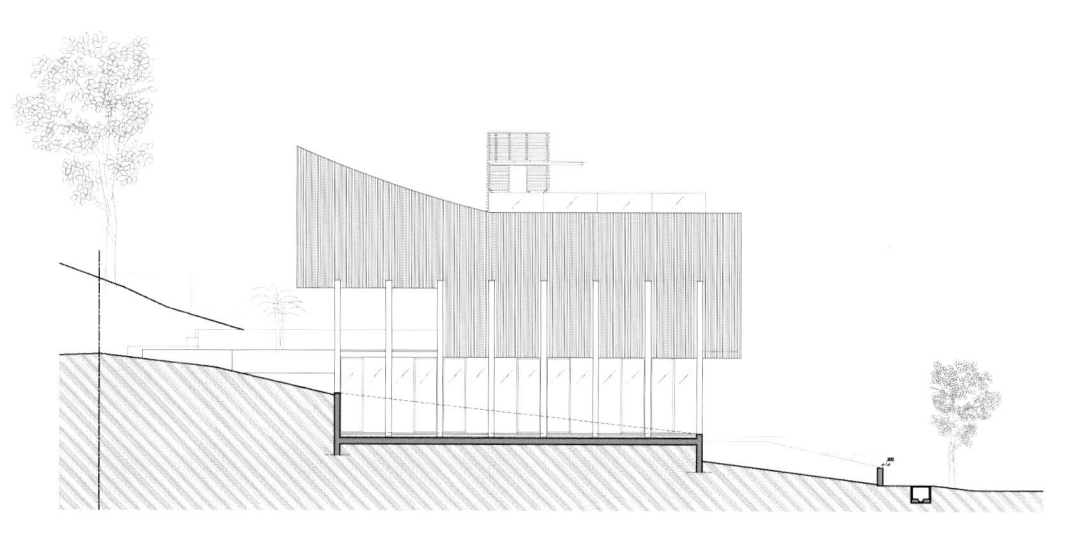

Side elevation

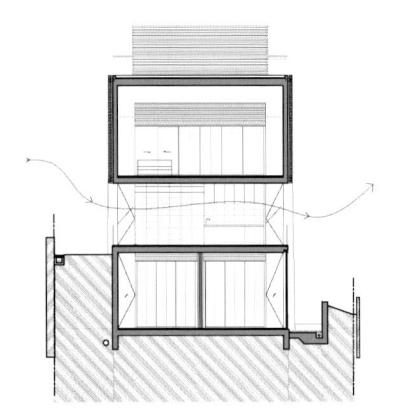

Cross section

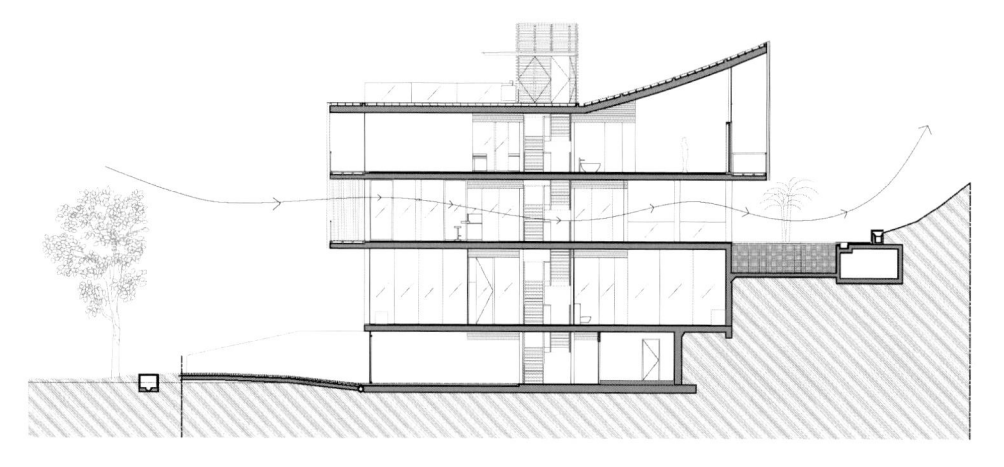

Longitudinal section

Teak wood and concrete provide the base materials for the interior. Every detail exudes warmth and modernity in this design.

Teakholz und Beton sind die für das Interieur maßgeblichen Materialien. In diesem Entwurf strahlt jedes Detail Qualität und zeitgenössischen Stil aus.

Les matériaux qui servent de base pour les intérieurs sont le bois en teck et le béton. Chaque détail de cette conception dégage une ambiance chaleureuse et contemporaine.

Teakhout en beton voeren wat materialen betreft de boventoon in dit interieur. Elk detail van dit ontwerp ademt warmte en moderniteit uit.

Madera de teca y hormigón son los materiales que sirven de base para los interiores. En este diseño, cada detalle desprende calidez y contemporaneidad.

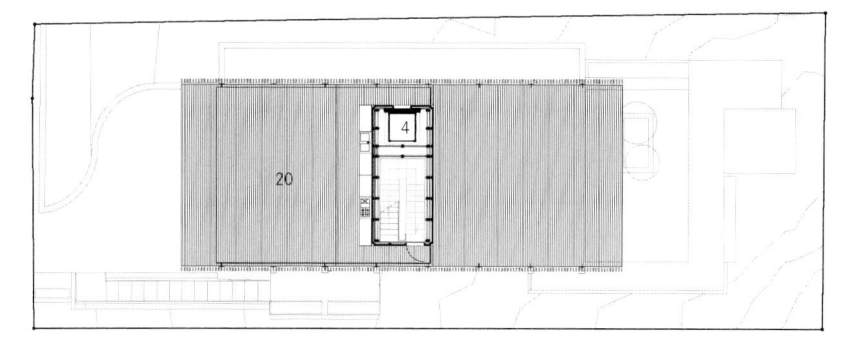

Roof terrace floor plan

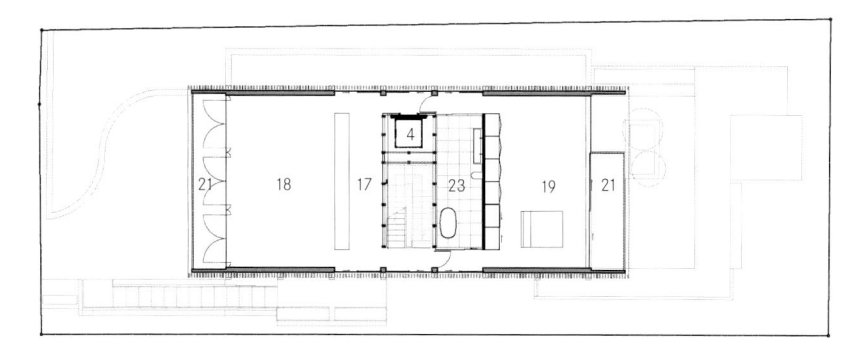

Fourth floor plan

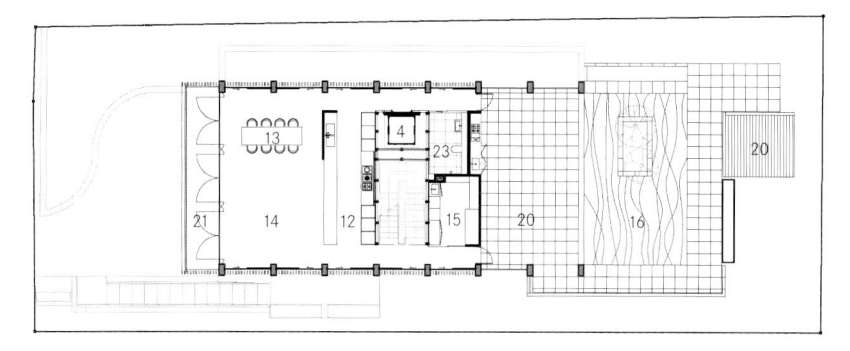

Third floor plan

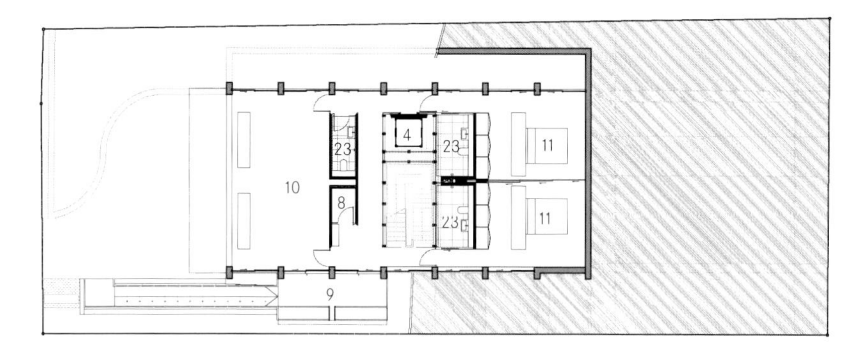

Second floor plan

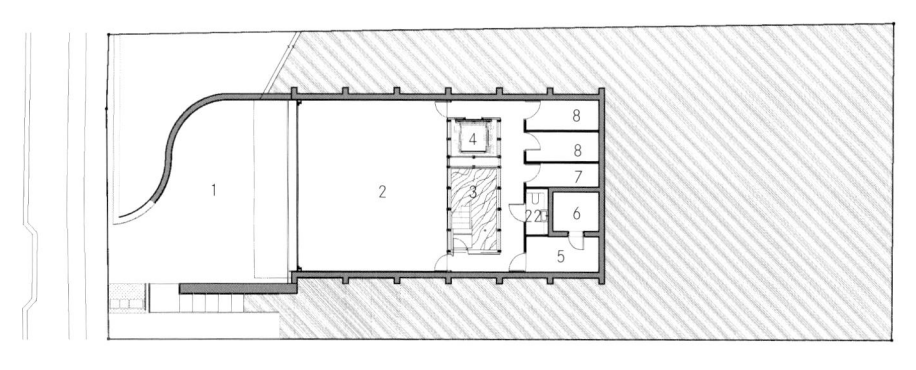

Ground floor plan

1. Driveway
2. Garage
3. Reflection pond
4. Lift
5. Plant
6. Cellar
7. Pool plant
8. Storage
9. Entrance
10. Gallery
11. Bedroom
12. Kitchen
13. Dining
14. Living
15. Laundry
16. Pool
17. Study
18. Lounge
19. Master bedroom
20. Terrace
21. Balcony
22. Powder room
23. Bathroom

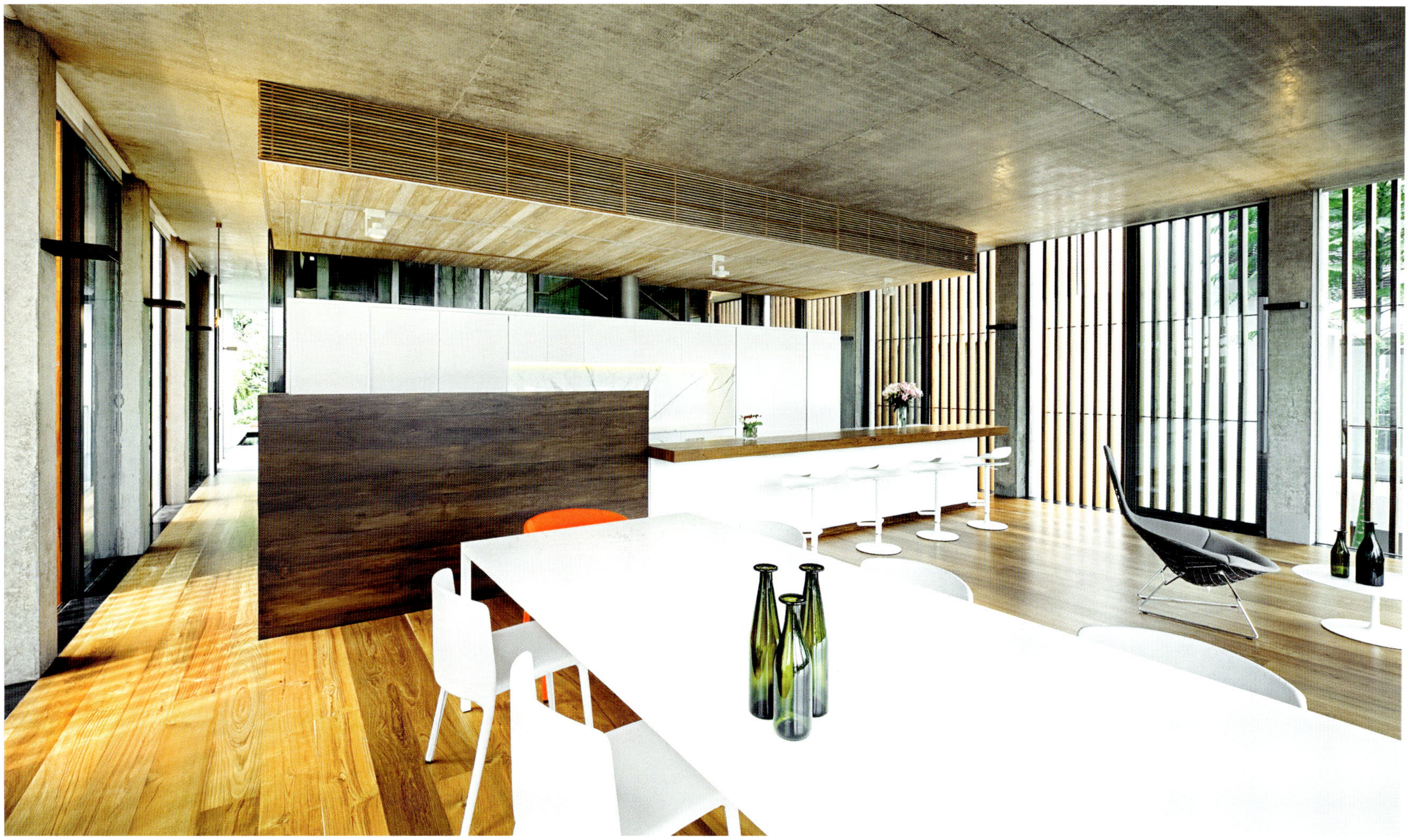

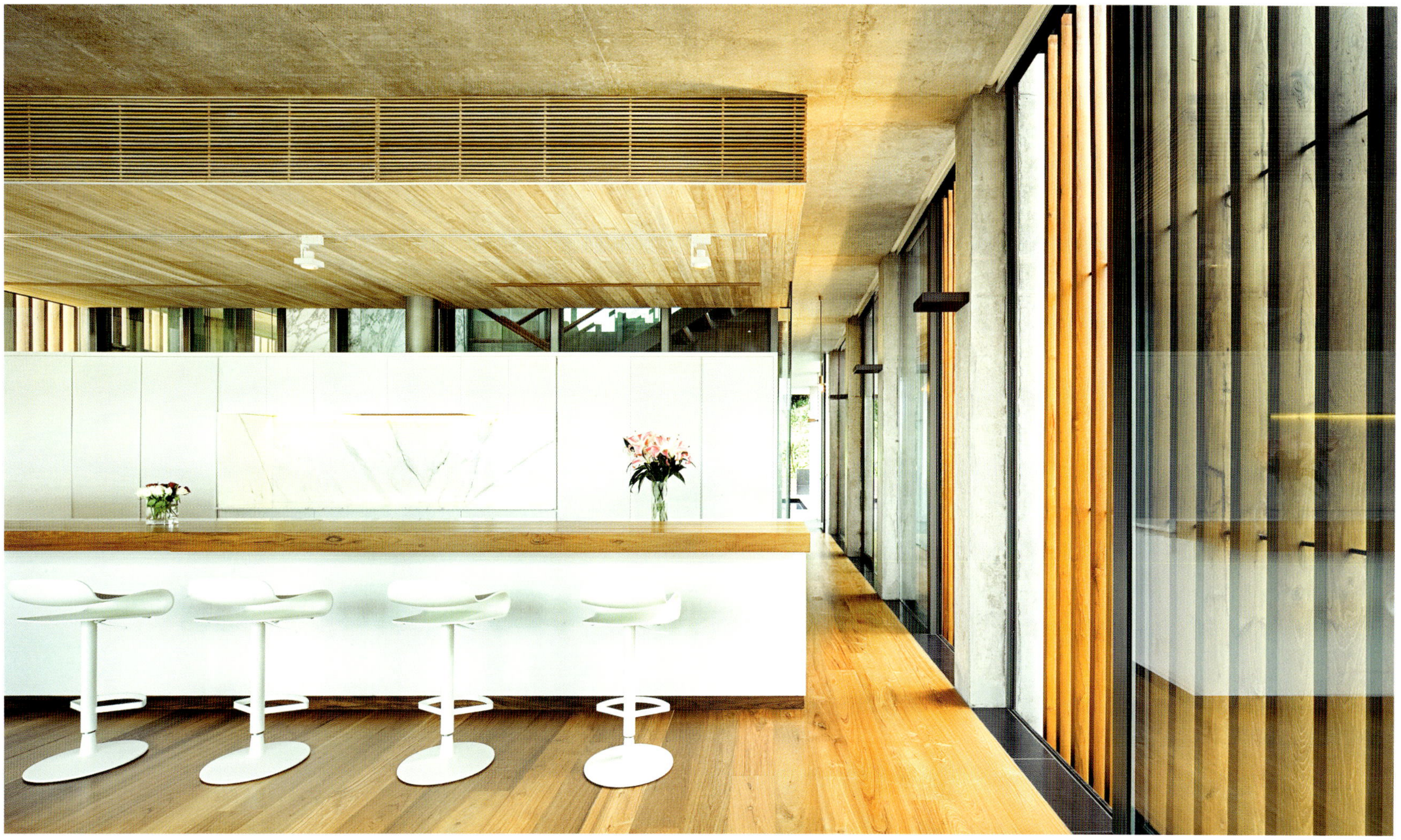

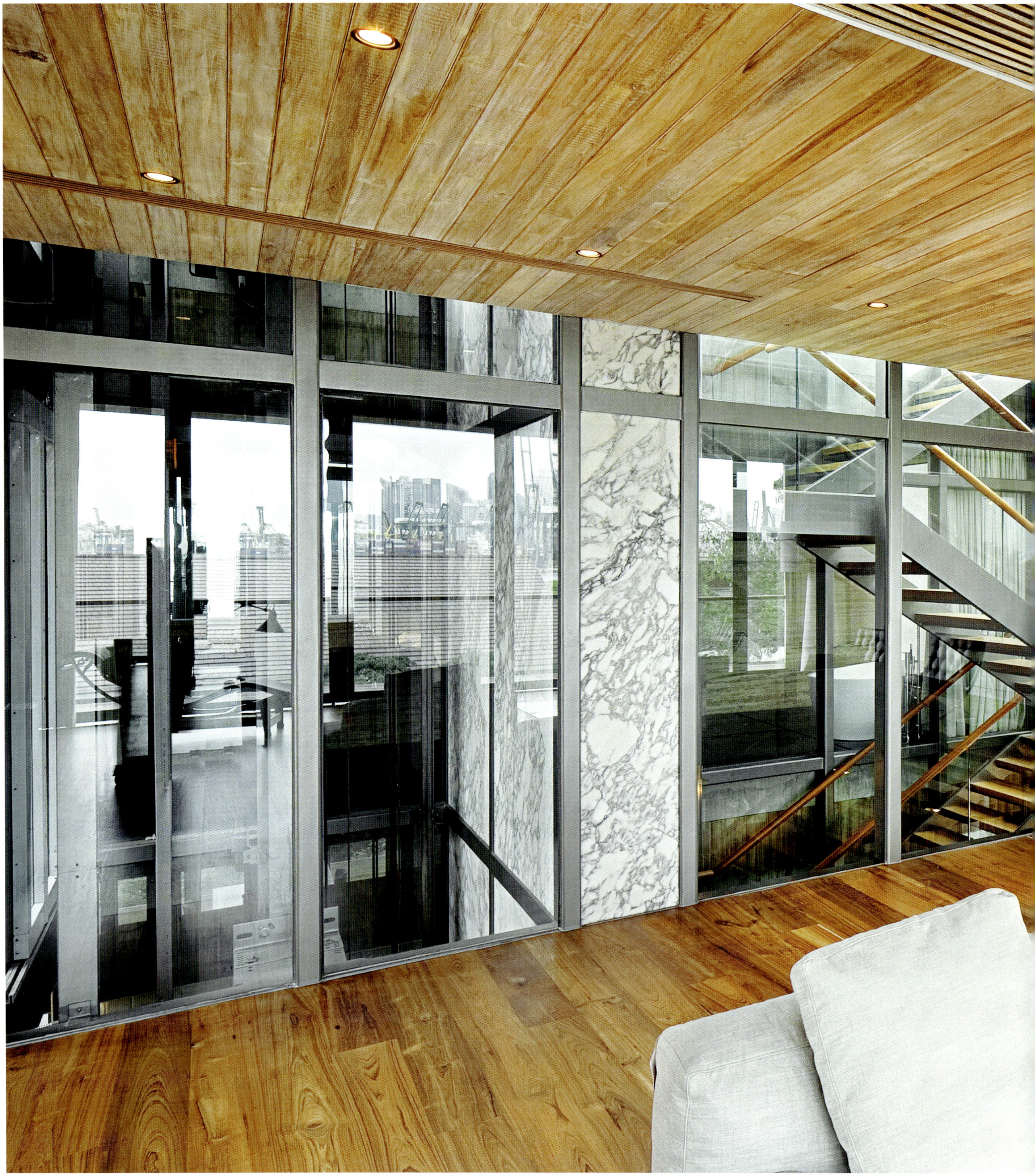

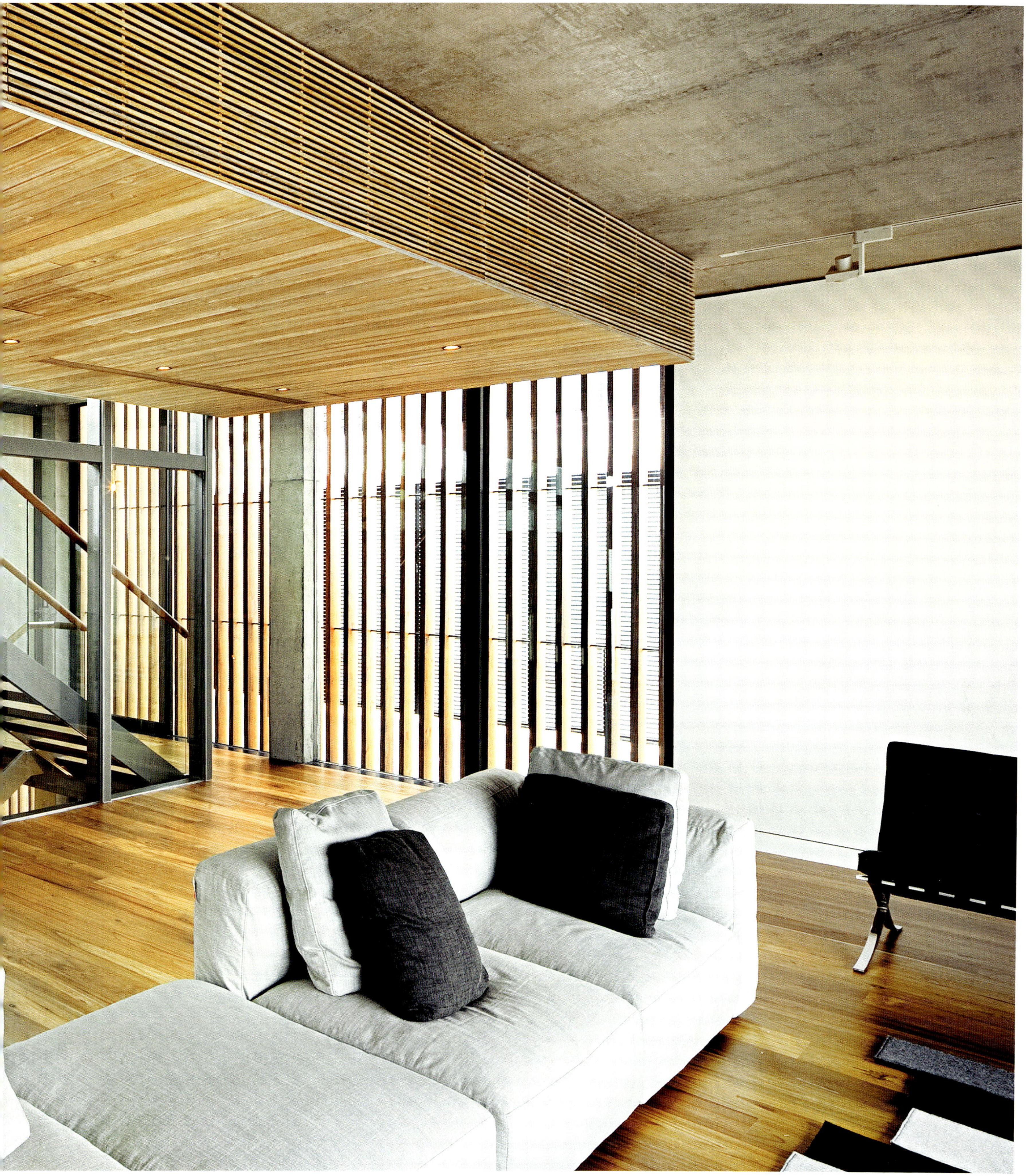

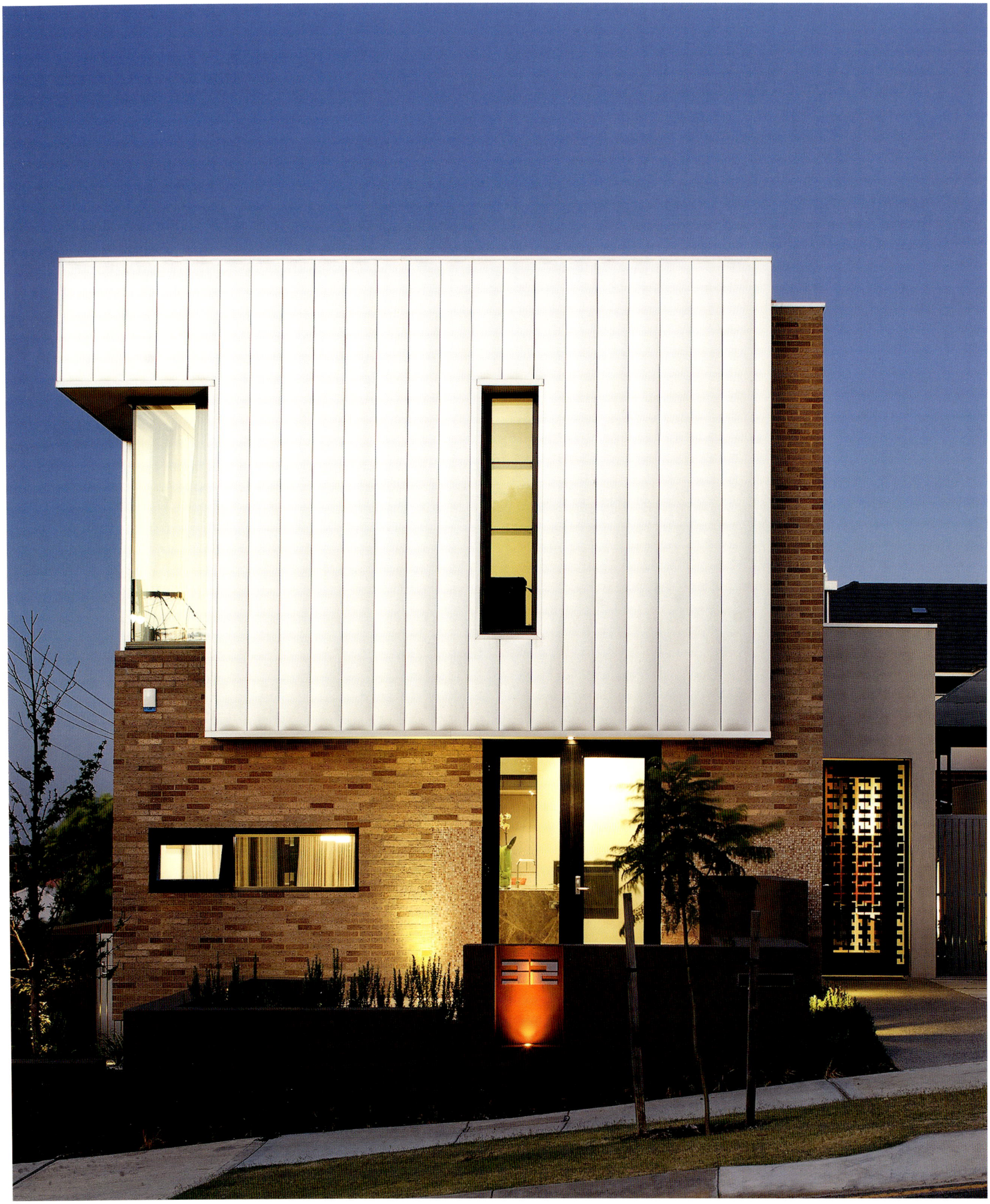

SOUTH PERTH HOUSE

Matthews McDonald Architects
Perth, Australia
© Robert Frith/Acorn Photo

The owners had lived in this house for many years but it was poorly planned and suffered from serious construction defects, so they decided to demolish it and build a new family home. The new house leverages the relationship between inside and out, and all rooms feature views to the Swan river and the city of Perth.

Die Eigentümer lebten schon viele Jahre in diesem Haus, aber das Gebäude war schlecht geplant und besaß schwerwiegende Baumängel. Daher entschlossen sie sich, das alte Haus abzureißen und ein neues Wohnhaus für die Familie zu bauen. Das neue Zuhause potenziert die Verbindungen zwischen Innen und Außen, und alle Räume nutzen das Panorama des Flusses Swan und der Stadt Perth in vollem Umfang aus.

Les propriétaires avaient vécu de nombreuses années dans la maison, mais il s'agissait d'un lieu mal conçu et avec de graves défauts de construction, c'est pourquoi ils ont décidé de la démolir et de construire une nouvelle maison familiale. La nouvelle demeure s'harmonise entre l'intérieur et l'extérieur, et toutes les chambres donnent sur la rivière Swan et la ville de Perth.

De eigenaren woonden er al jaren, maar het huis was niet goed gepland en had veel ernstige structurele problemen; daarom werd besloten het huis te slopen en een nieuwe gezinswoning te bouwen. De nieuwe woning haalt het maximale uit de wisselwerking tussen het interieur en de omgeving en alle kamers hebben uitzicht op de rivier Swan en de stad Perth.

Los propietarios habían vivido durante muchos años en la casa, pero se trataba de un lugar poco planeado y con defectos constructivos graves, por lo que decidieron demolerla y construir una nueva vivienda familiar. El nuevo hogar potencia las relaciones entre interior y exterior, y todas las habitaciones dan cuenta de las vistas al río Swan y a la ciudad de Perth.

In contrast to the traditional houses of suburban Australia, this property is formed around a courtyard with a gallery linking the two parts of the building.

Als Kontrapunkt zu den traditionellen Vorstadthäusern Australiens strukturiert dieses Haus sich um einen Innenhof herum, und eine Galerie verknüpft die beiden Baukörper des Wohnhauses.

Contrairement aux maisons de banlieue traditionnelles d'Australie, cette propriété s'organise autour d'une cour, et une galerie unie les deux parties du bâtiment.

Anders dan de traditionele huizen in Australische voorsteden, is deze woning rondom een binnenplaats gebouwd en de twee delen van het gebouwen zijn door een galerij met elkaar verbonden.

En contraposición con las tradicionales casas suburbanas de Australia, esta vivienda se forma alrededor de un patio, y una galería enlaza los dos cuerpos del edificio.

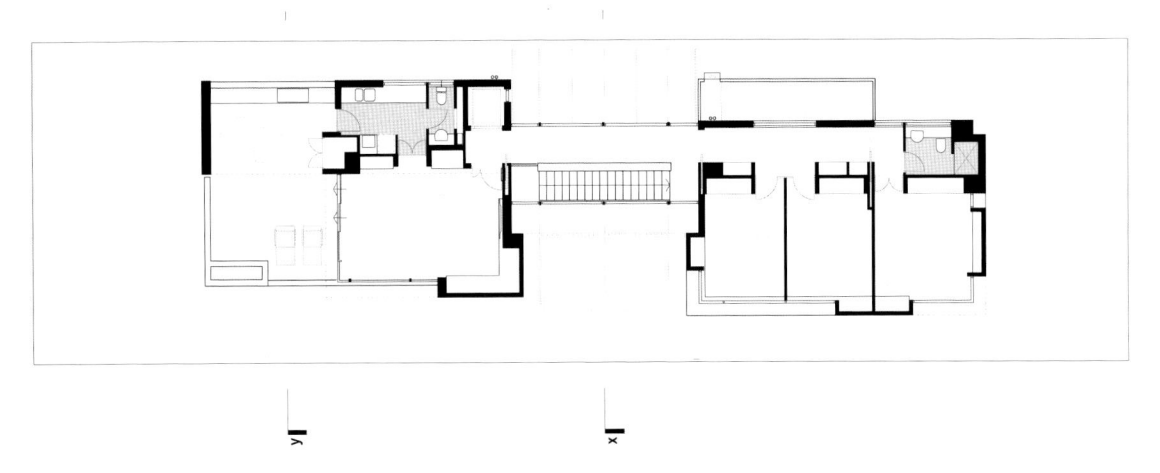

Second floor plan

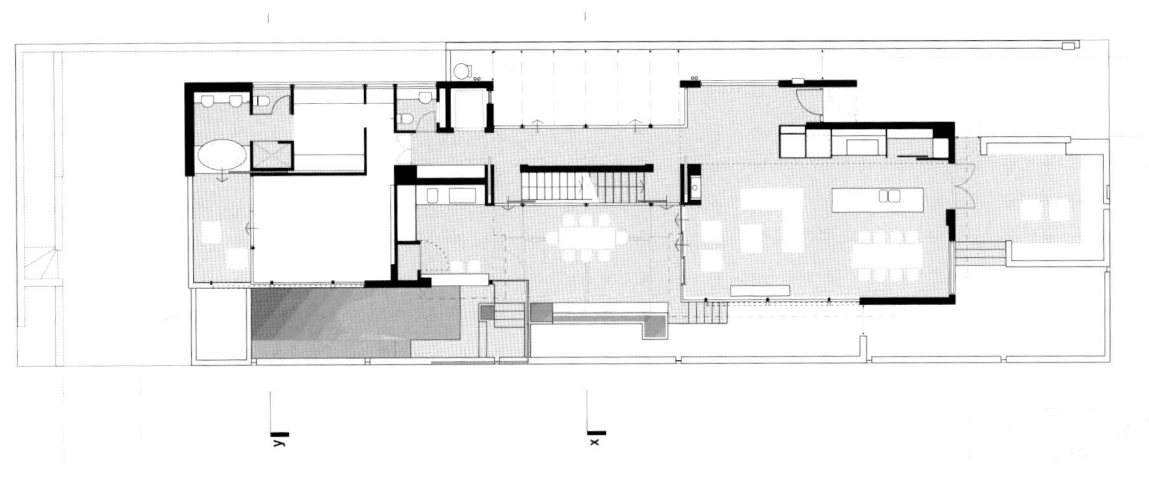

Ground floor plan

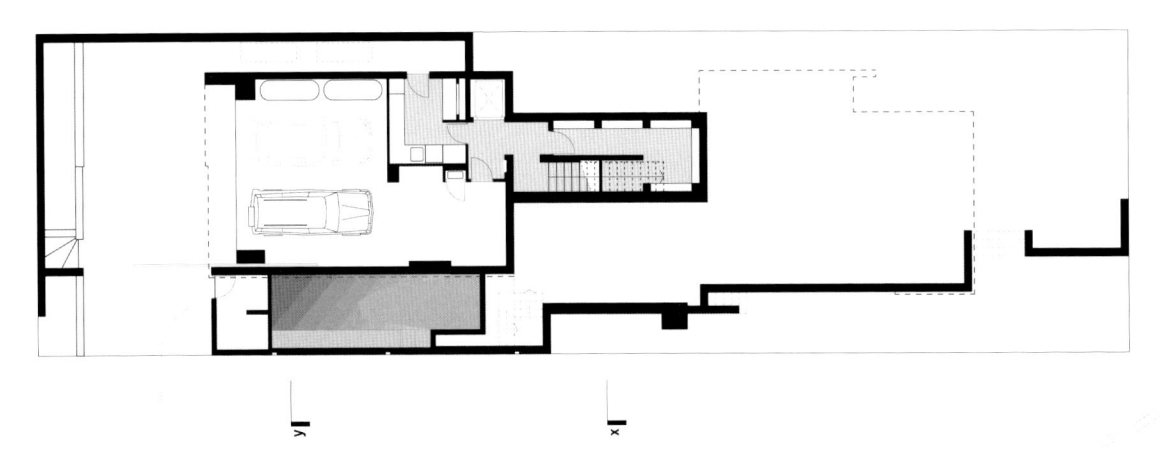

Basement floor plan

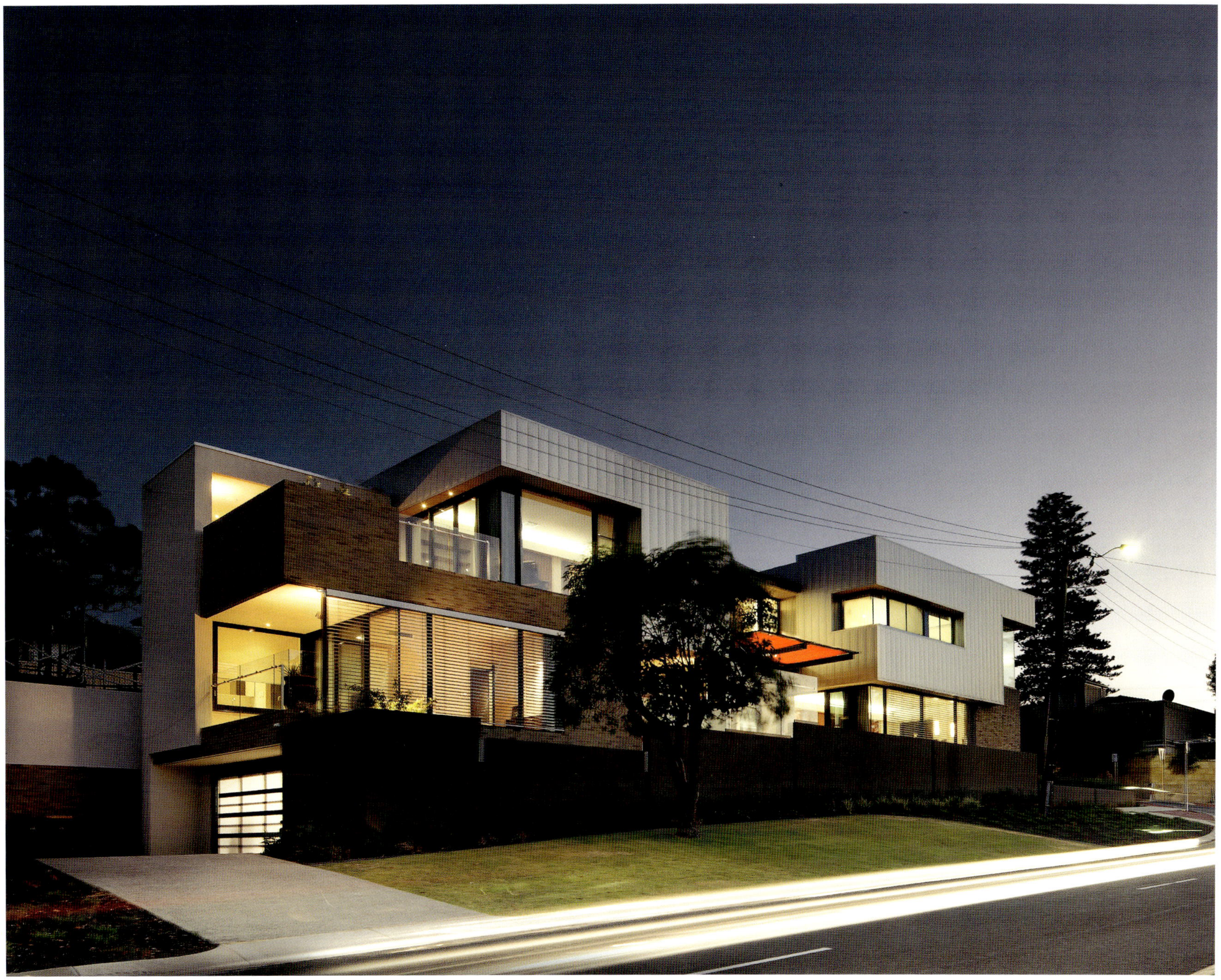

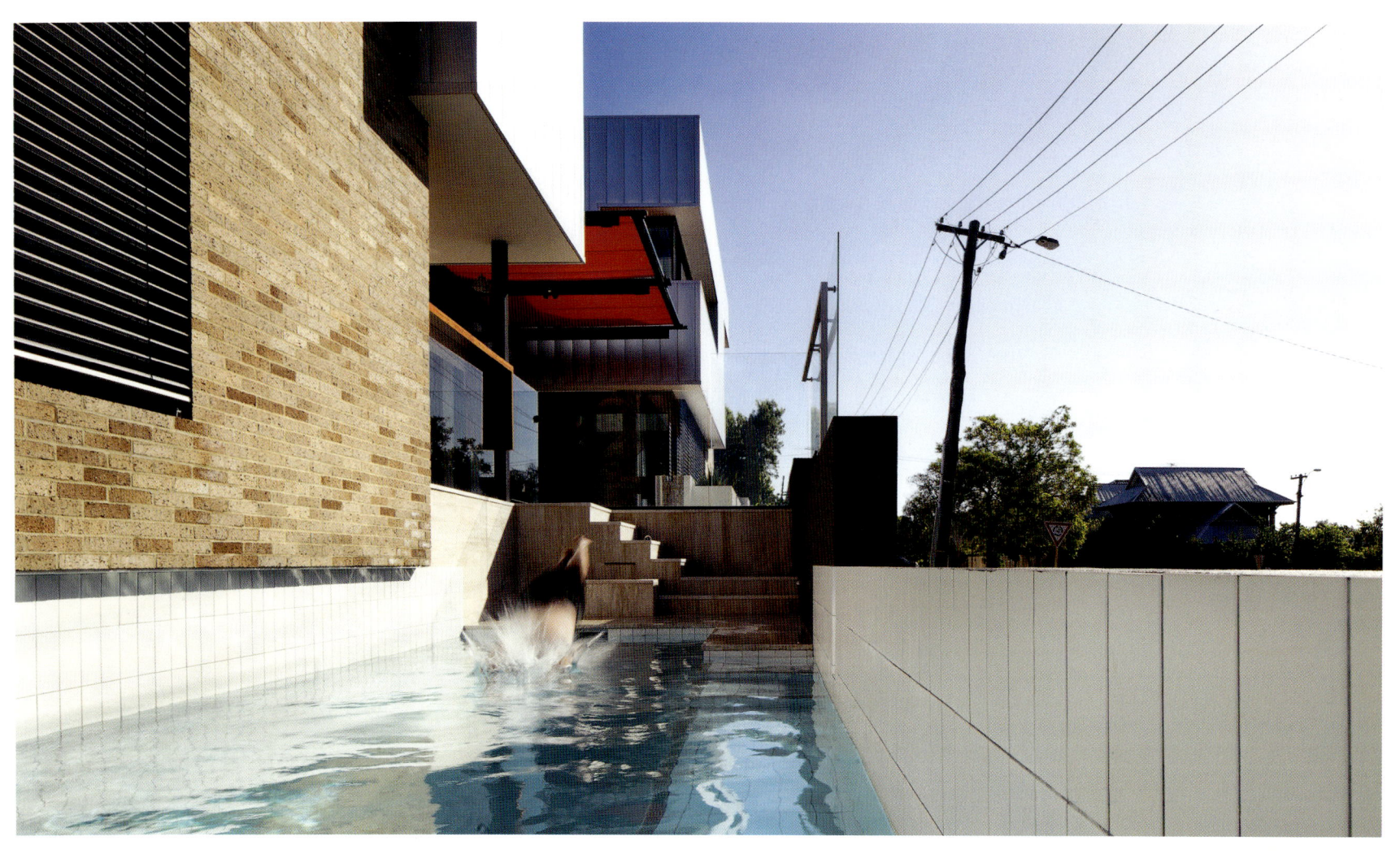

A fun pool extends parallel to the façade. Hidden from the street behind a low wall, it reveals itself as a place for secret enjoyment.

Ein schmales Swimmingpool erstreckt sich parallel zur Fassade. Von der Straße aus nicht einsehbar, da es durch eine niedrige Mauer verdeckt ist, offenbart es sich als ein geheimer Ort der Unterhaltung.

Parallèlement à la façade, se trouve une piscine amusante. Cachée de la rue derrière un petit mur, elle se révèle être un lieu de distraction secret.

Het leuke zwembad ligt parallel aan de façade. Het is een plek voor discreet vermaak, verstopt achter een lage muur.

Una divertida piscina se extiende de forma paralela a la fachada. Escondida de la calle tras un muro bajo, se revela como un lugar de diversión secreto.

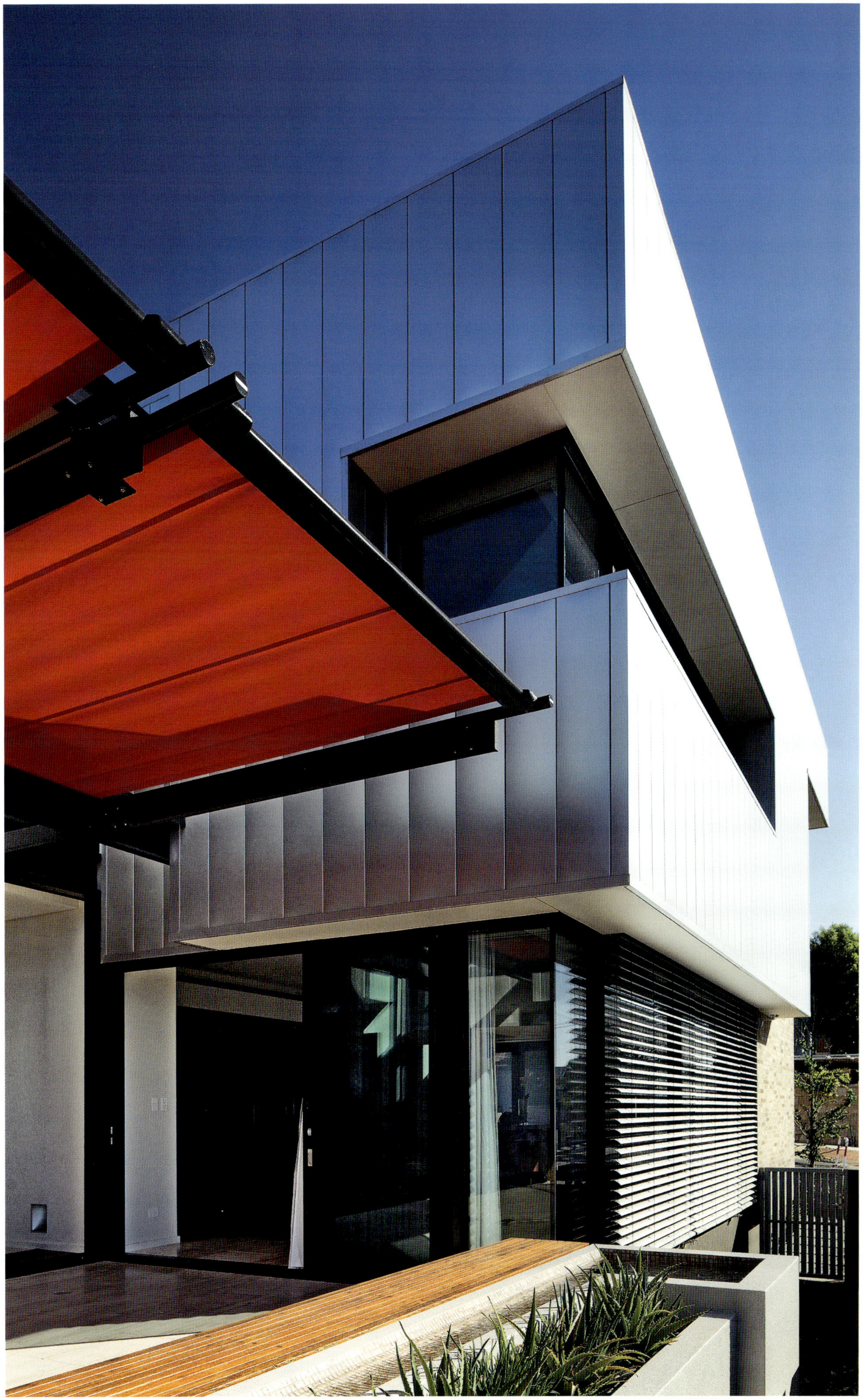

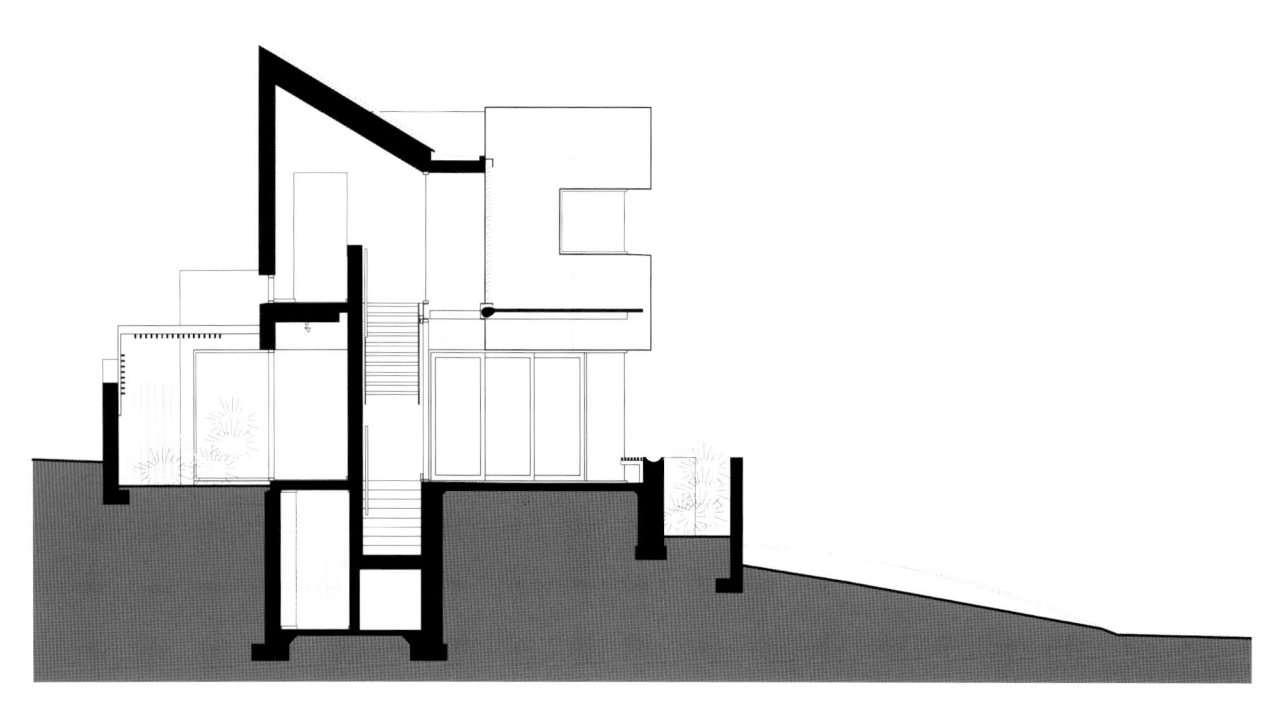

Section XX

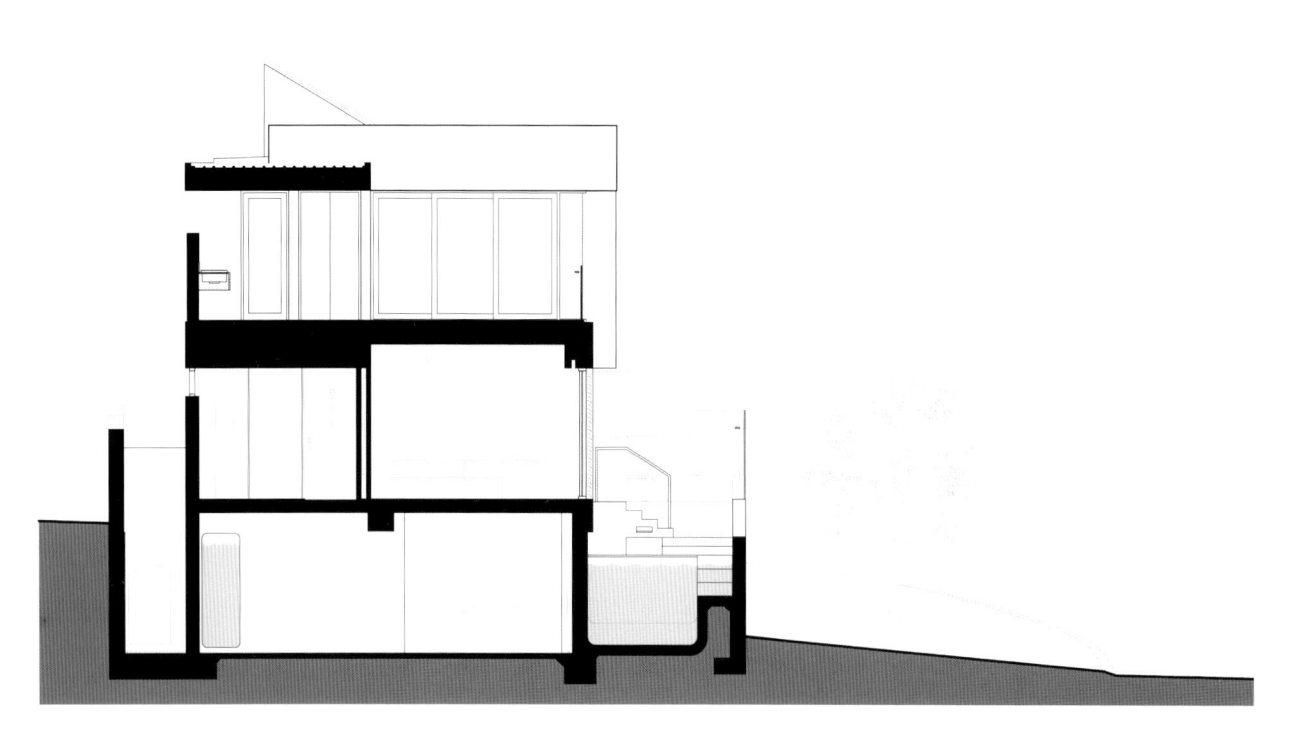

Section YY

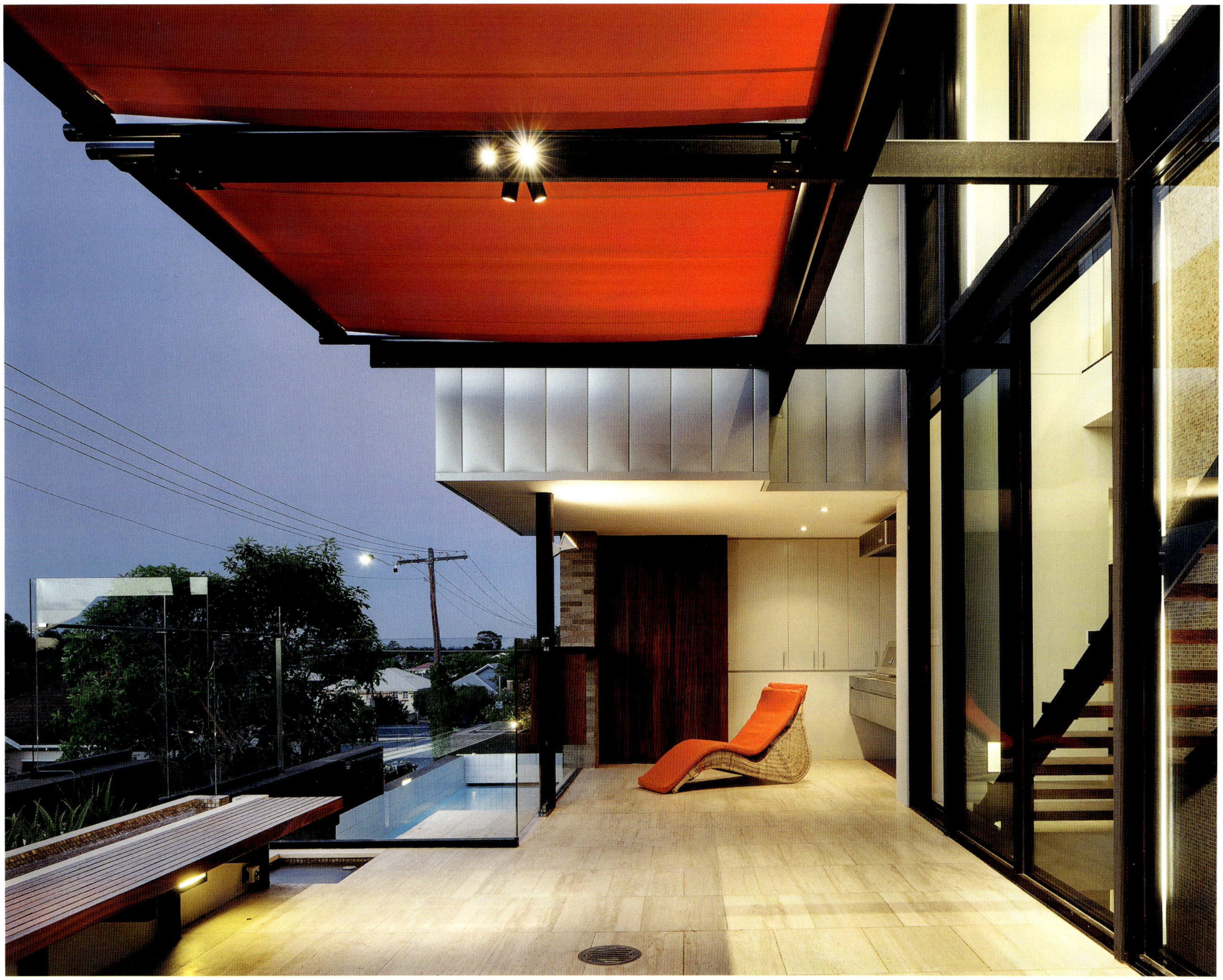

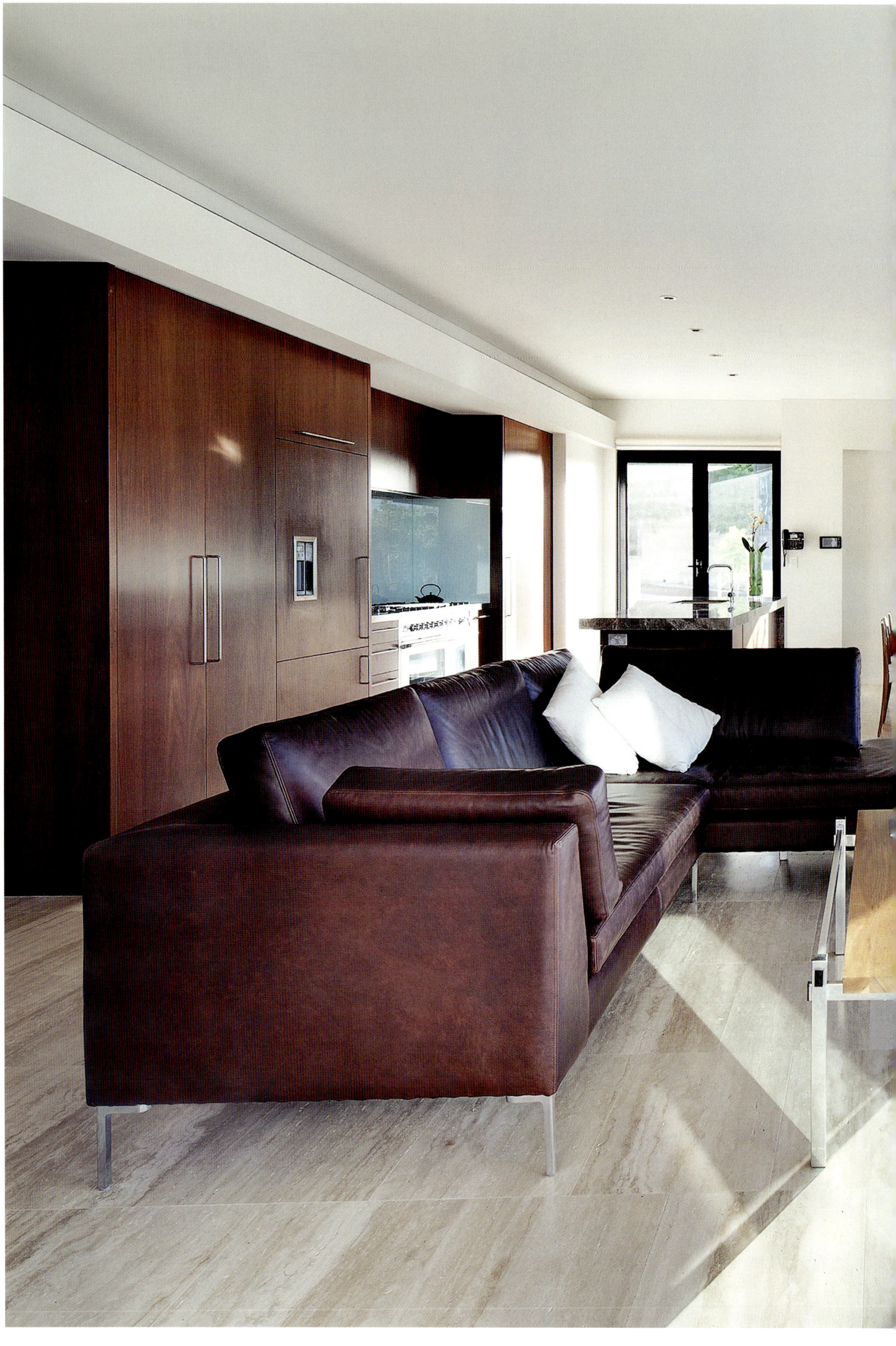

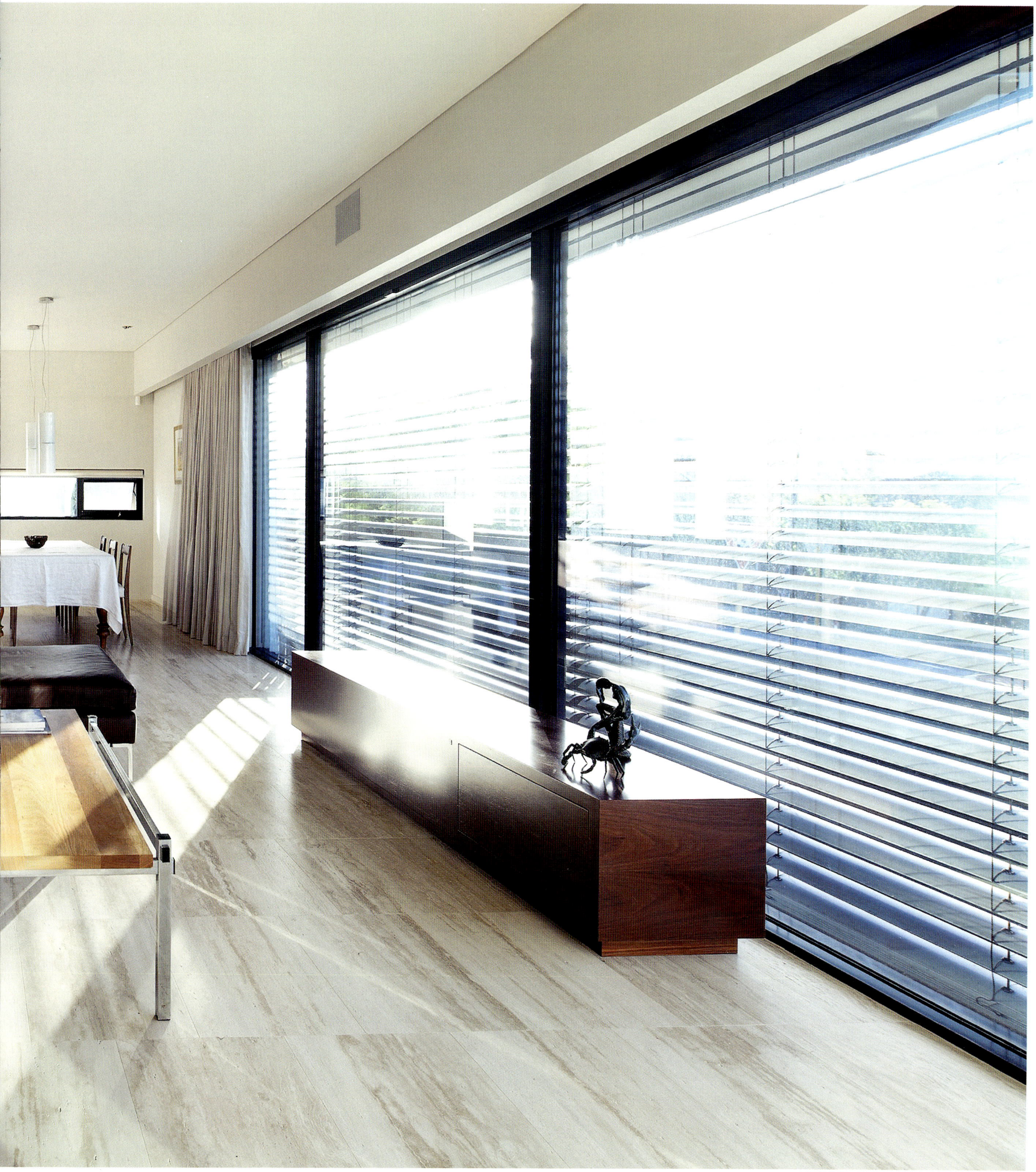

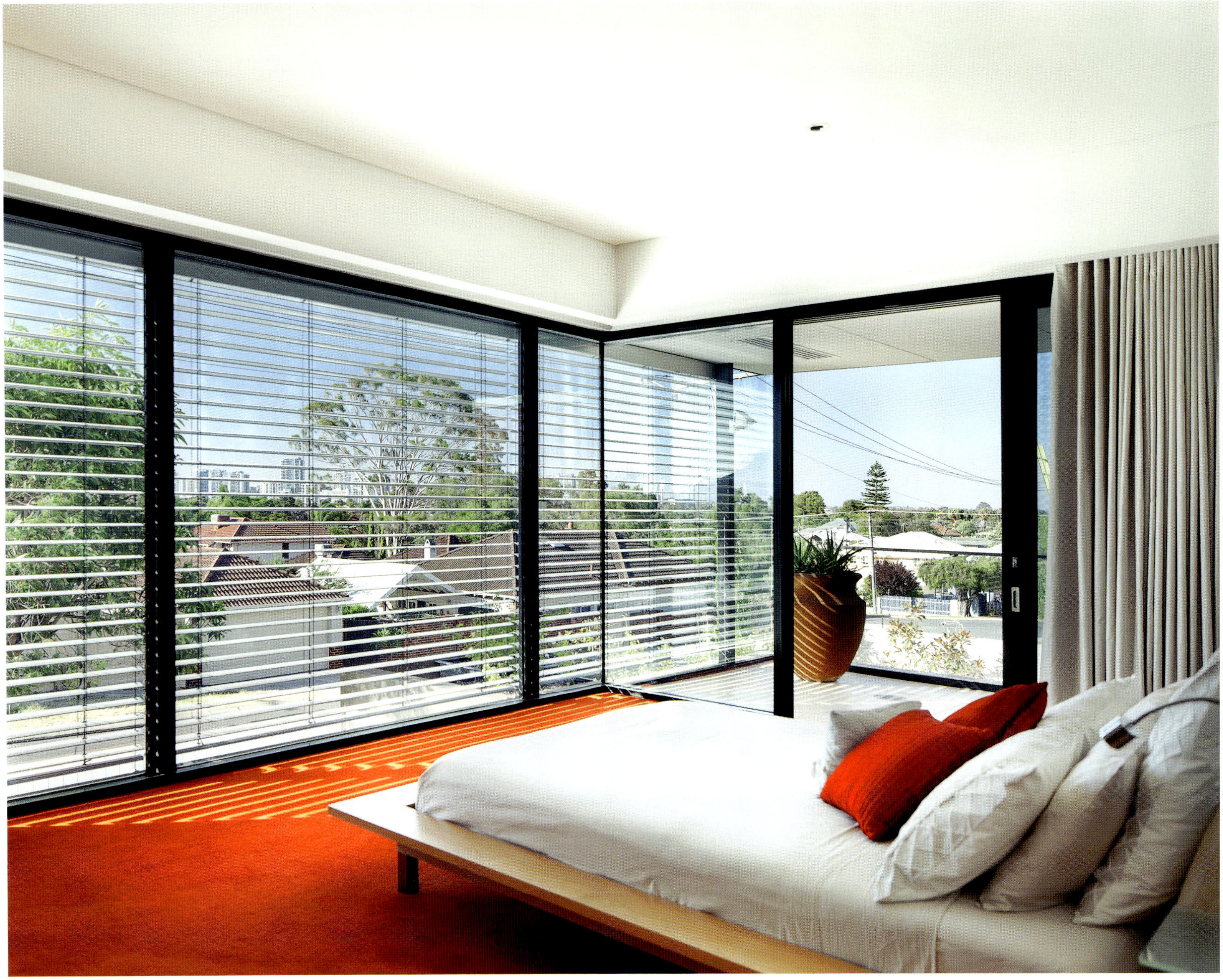

Admire the Perth skyline from this bathtub. The perfect place in which to relax and be soothed by the beautiful views.

Von dieser Badewanne aus hat man einen großartigen Blick auf die *Skyline* der Stadt Perth. Ein perfekter Ort zum Erholen, an dem man sich vom Panorama verwöhnen lassen kann.

Cette baignoire permet de prendre un bain en contemplant le *skyline* de la ville de Perth. Un lieu idéal pour se relaxer et se laisser bercer par la vue.

In deze badkuip kan men tegelijkertijd een bad nemen en naar de *skyline* van Perth kijken. De perfecte plek om uit te rusten en te genieten van het uitzicht.

Esta bañera permite darse un baño contemplando el *skyline* de la ciudad de Perth. Un lugar perfecto en el que descansar y dejarse mecer por las vistas.

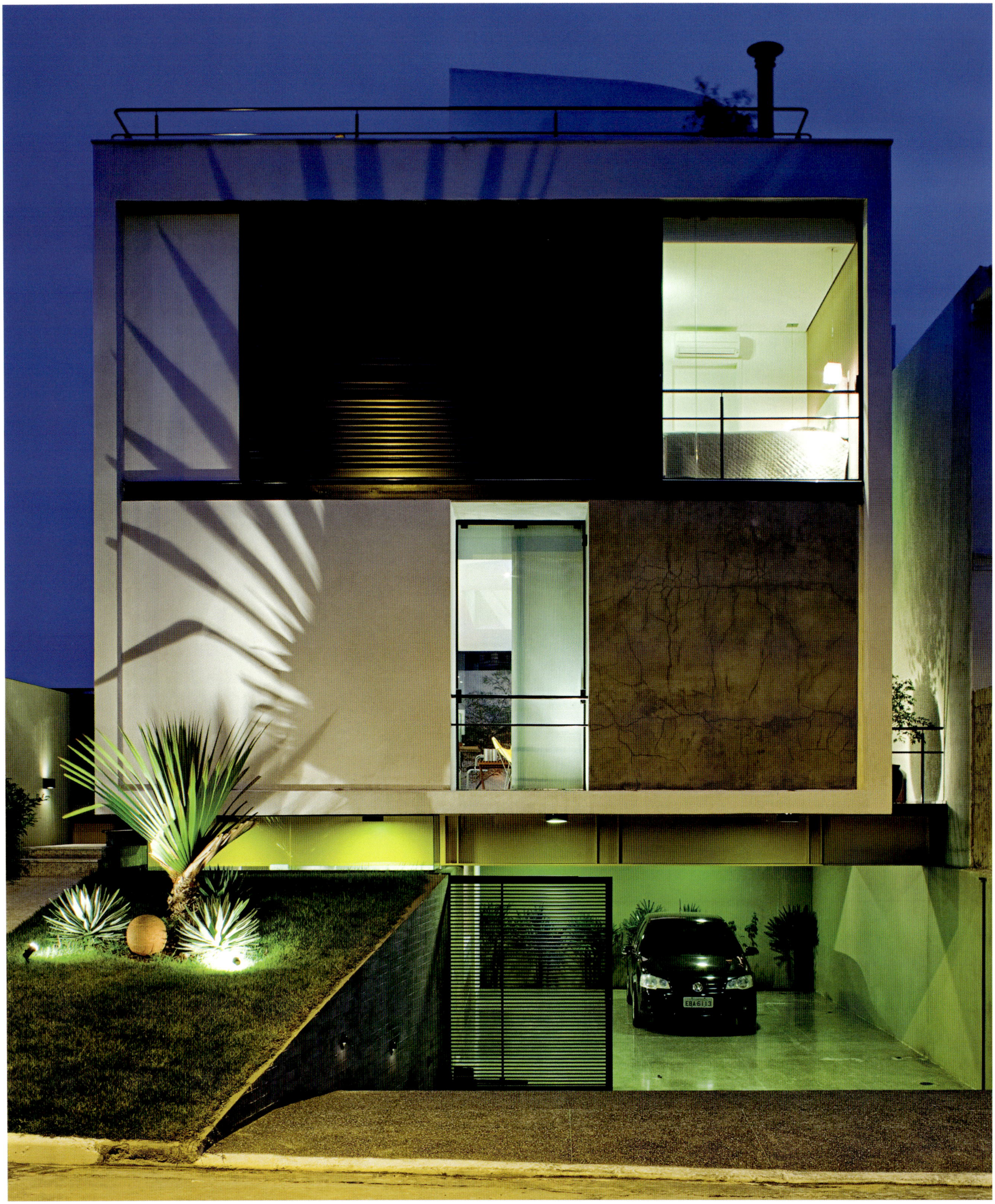

MIRANTE DO HORTO HOUSE

Flavio Castro
Horto Florestal, São Paulo, Brazil
© Nelson Kon

The premise behind this project was to maximize the size of the plot and volume of the house in order to achieve the maximum space. Specific areas were laid out around a vertical circulation, leaving the rest of the space as visible and flexible as possible. The result is a modern, dynamic and ecologically sound home.

Vorbedingung für dieses Projekt war, Grundstück und das Gebäudevolumen maximal auszunutzen – mit dem Ziel, ein großartiges Umbauprogramm zu realisieren. Die Strategie bestand darin, die bestimmten Wohnbereiche und die vertikale Bewegung des Gebäudes so umzusetzen, dass die übrigen Räume so flexibel und sichtbar wie möglich gestaltet werden konnten. Das Ergebnis ist ein modernes Wohnhaus mit dynamischen und ökologischen Eigenschaften.

La proposition de départ de ce projet était de tirer parti au maximum du terrain et du volume de la maison pour obtenir un projet intéressant. La stratégie suivie a été de situer les zones spécifiques et la circulation verticale de manière à ce que les espaces restants disposent d'un maximum de flexibilité et de visibilité. Il en découle une habitation moderne, dynamique et écologique.

Het hoofddoel van dit project was om het terrein en de inhoud van het huis optimaal te gebruiken om zoveel mogelijk ruimte te creëren. Om dit te bereiken werden specifieke ruimtes en de verticale circulatie zo georganiseerd, dat de andere ruimtes zo flexibel en zichtbaar mogelijk werden. Het resultaat is een moderne, dynamische en ecologische woning.

La premisa de la que partió este proyecto era aprovechar al máximo el terreno y el volumen de la casa para conseguir un gran programa. La estrategia que se siguió fue emplazar las áreas específicas y la circulación vertical de manera que el resto de espacios dispusieran de la máxima flexibilidad y visibilidad. El resultado es una vivienda moderna, dinámica y ecológica.

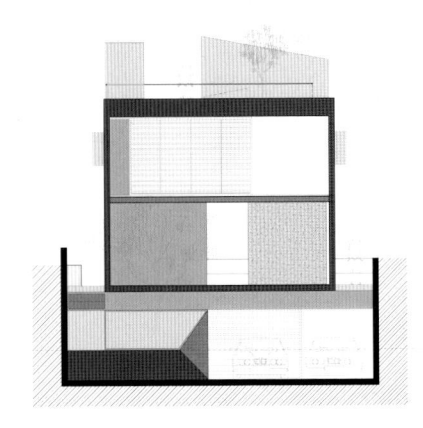

Front façade

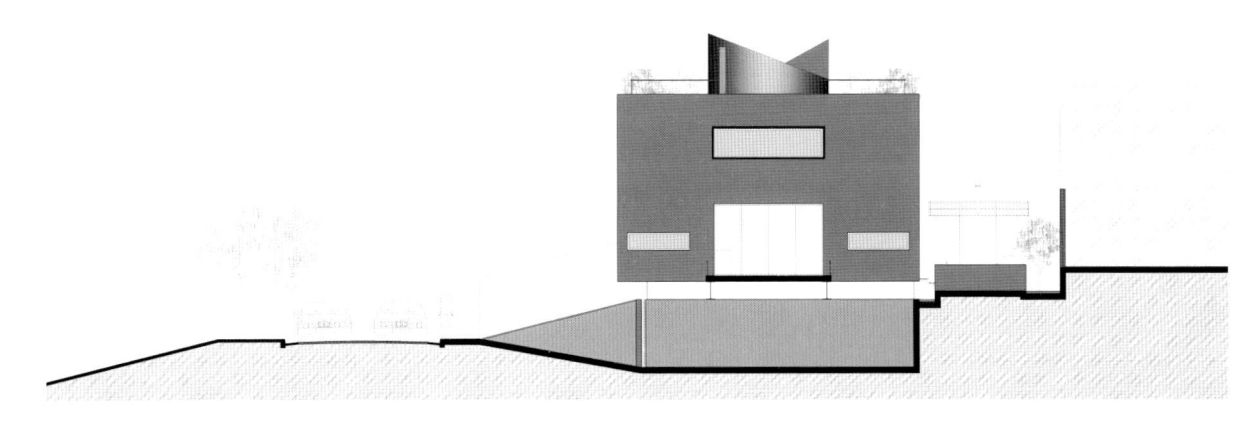

Right side façade

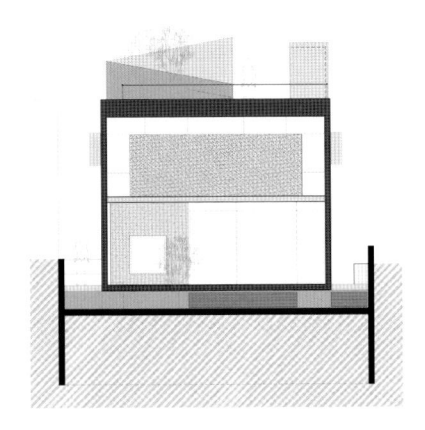

Back façade

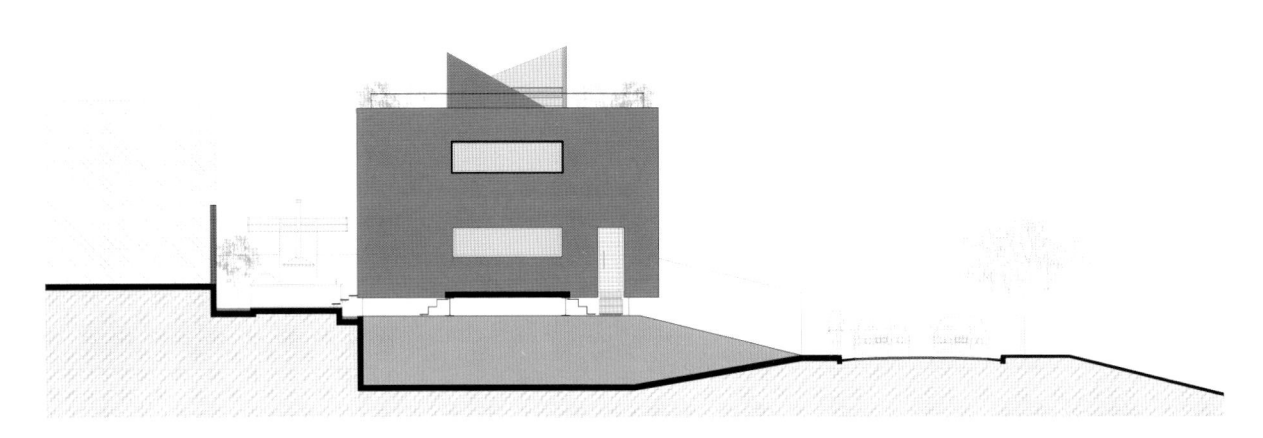

Left side façade

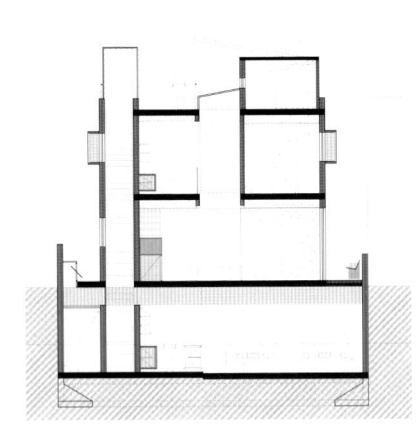

Section AA

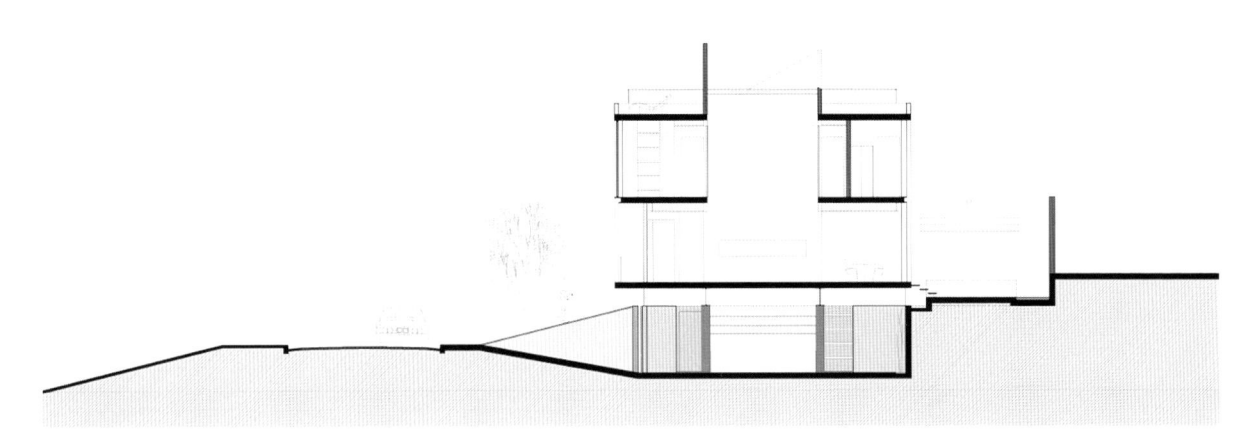

Section BB

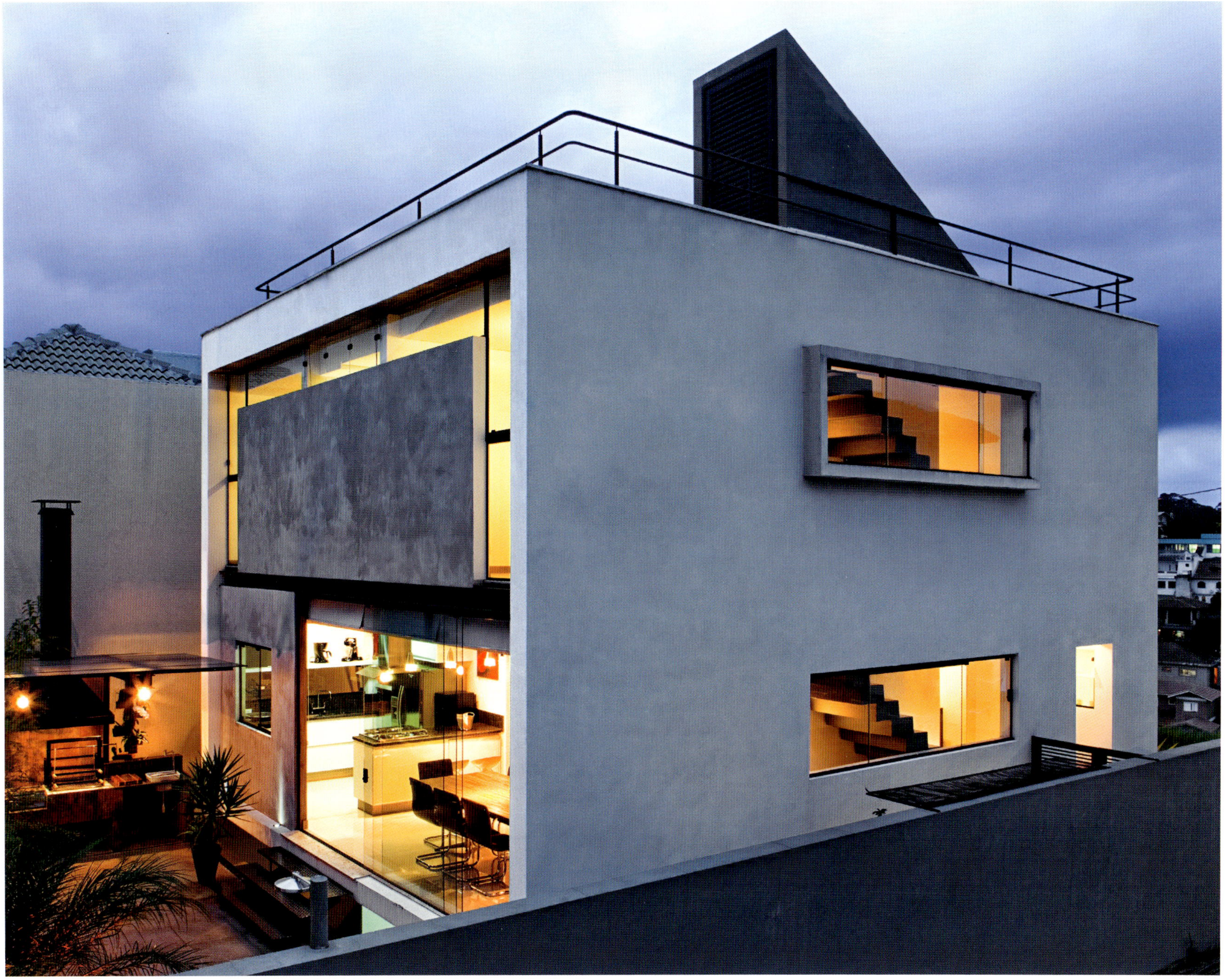

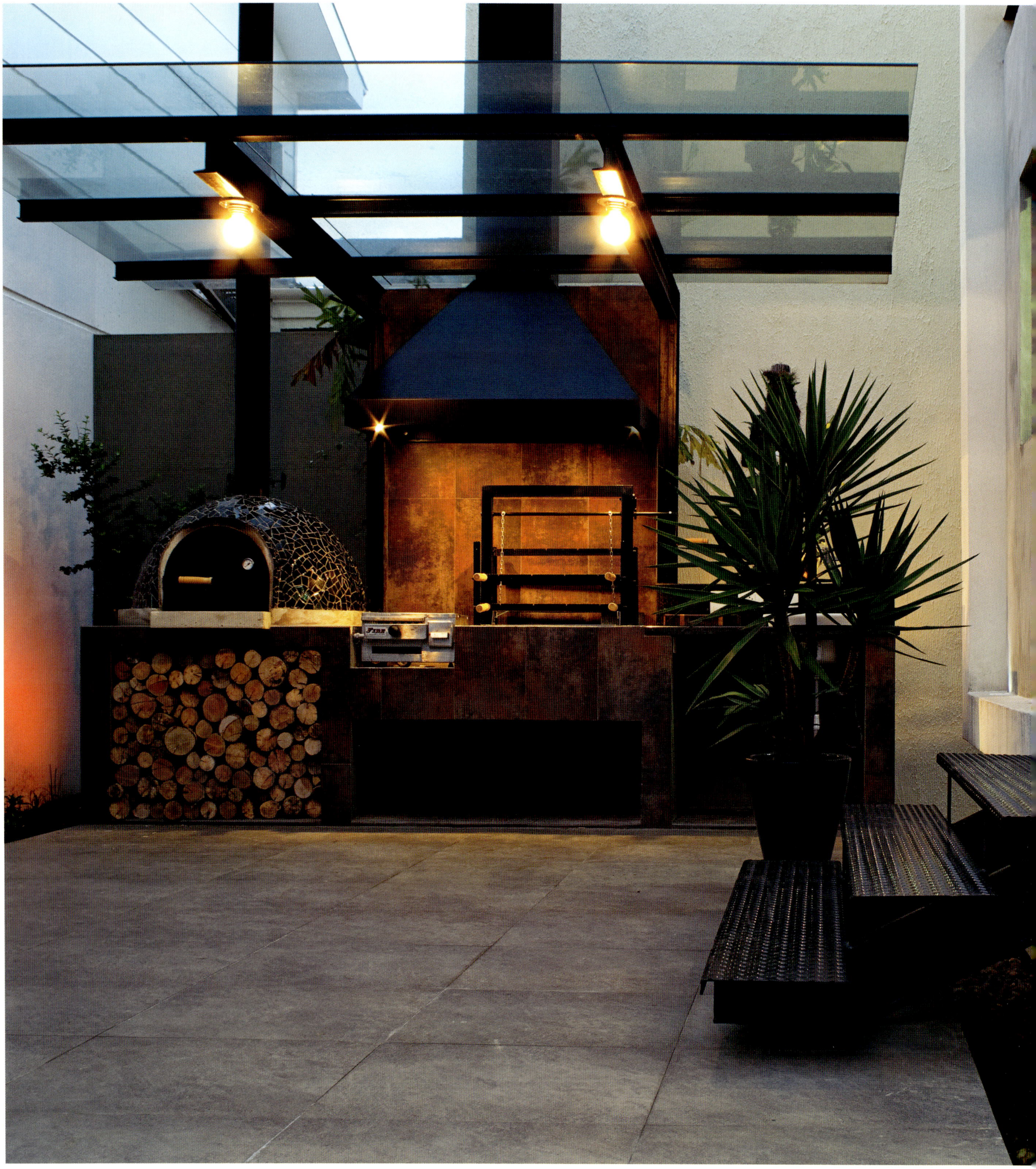

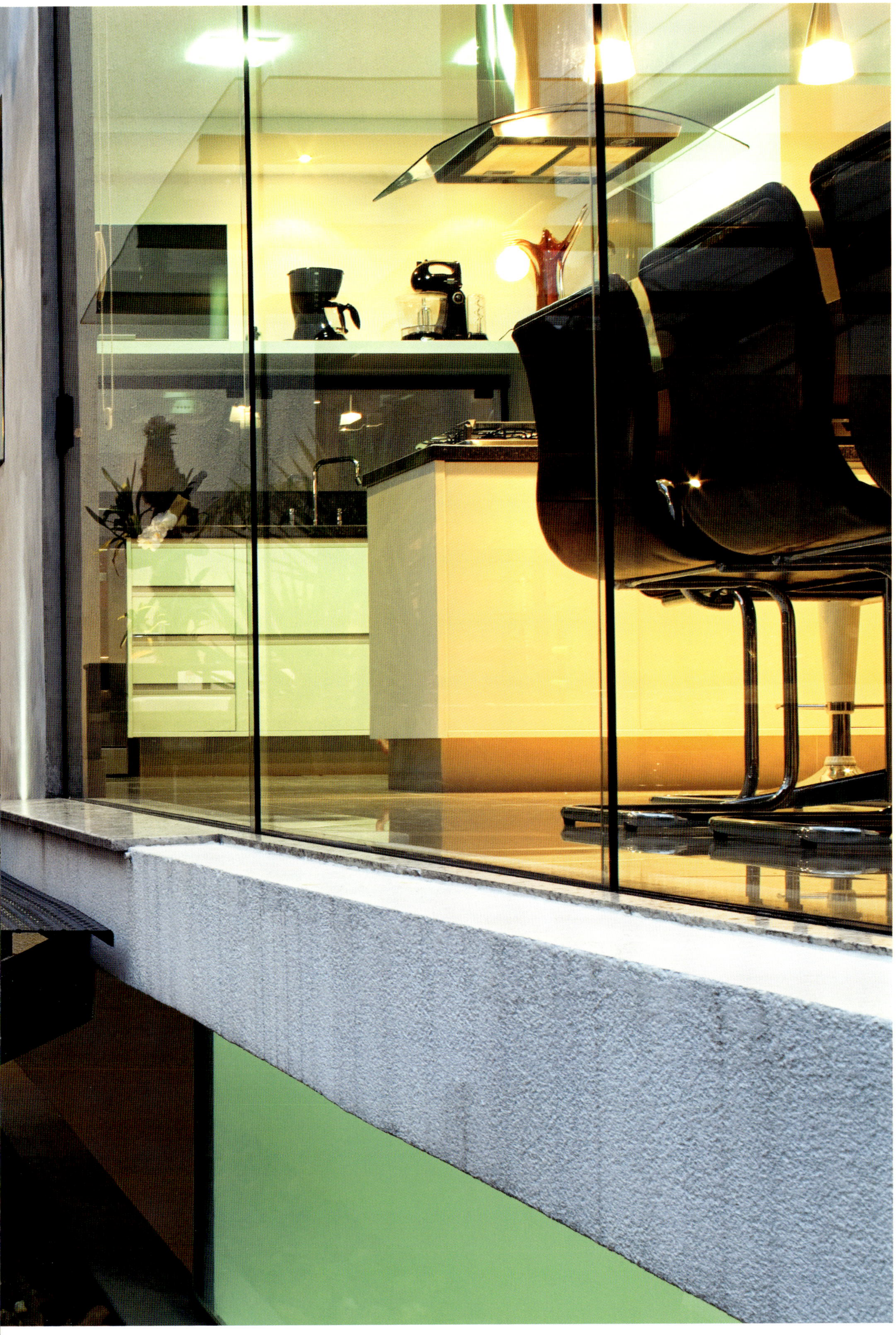

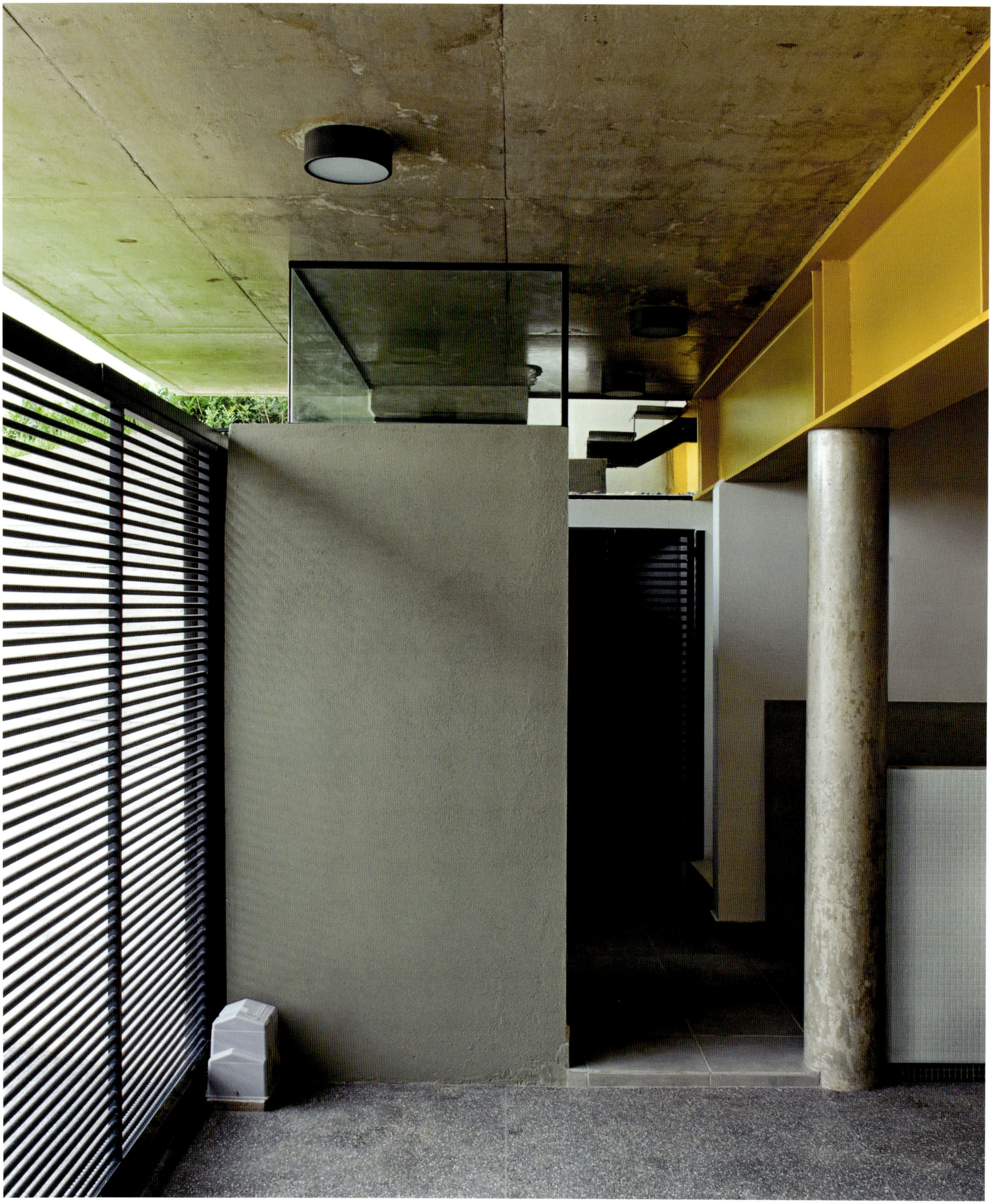

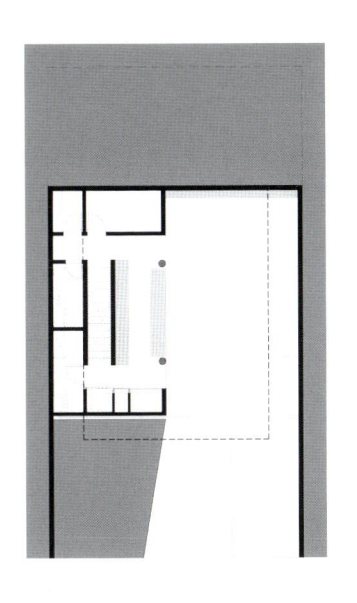

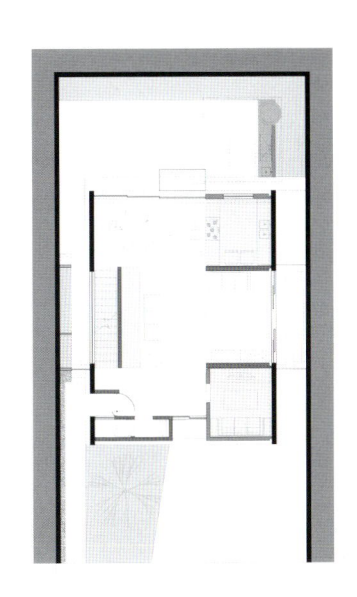

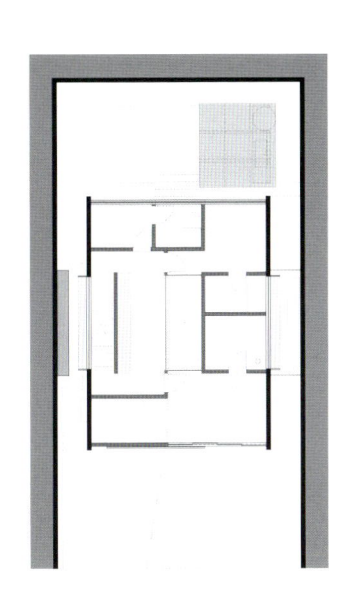

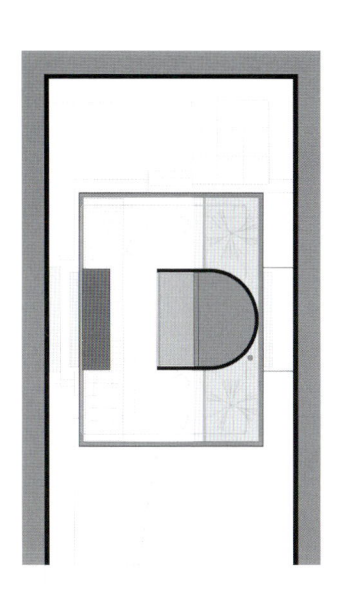

Garage level floor plan | Main floor plan | Upper floor plan | Roof plan

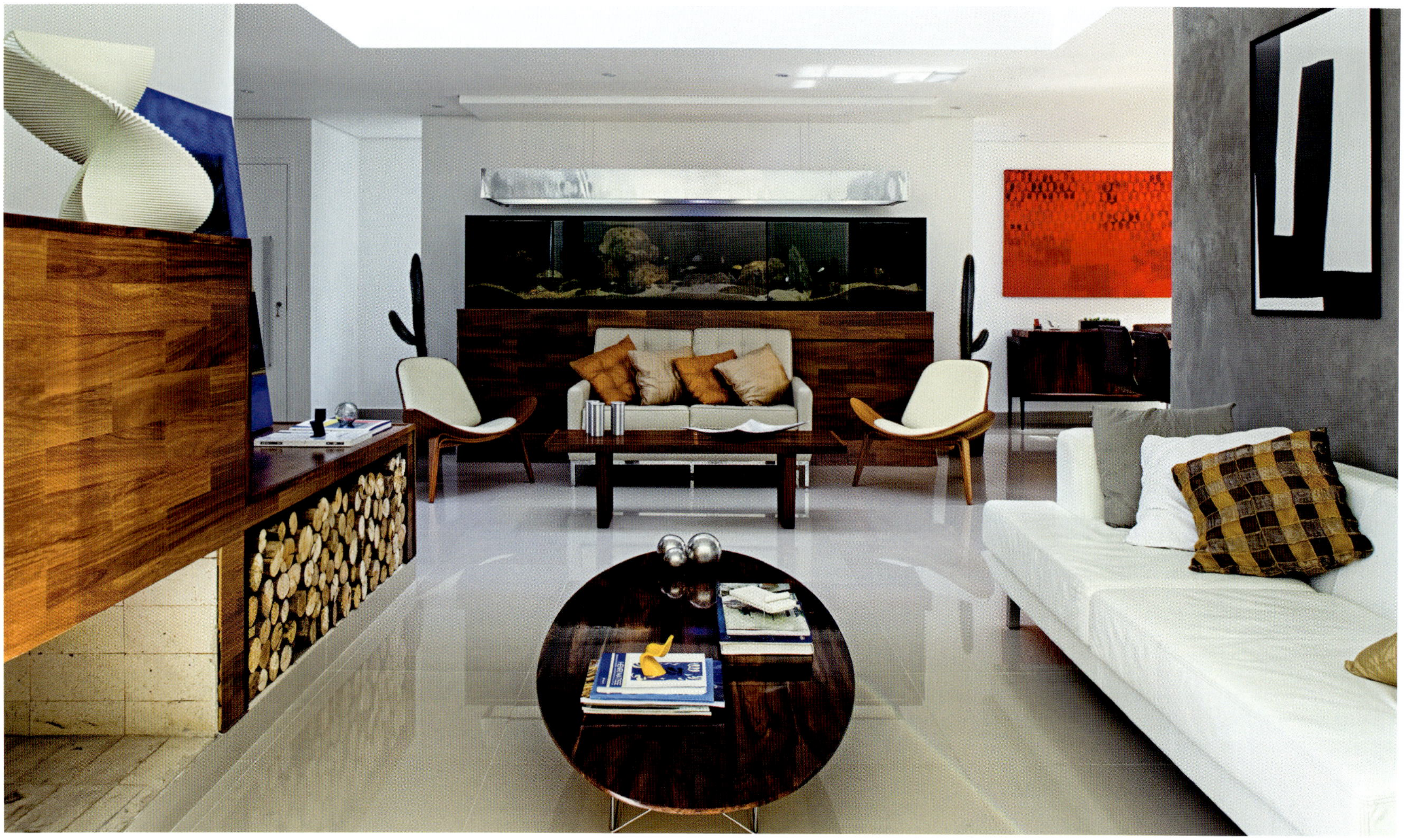

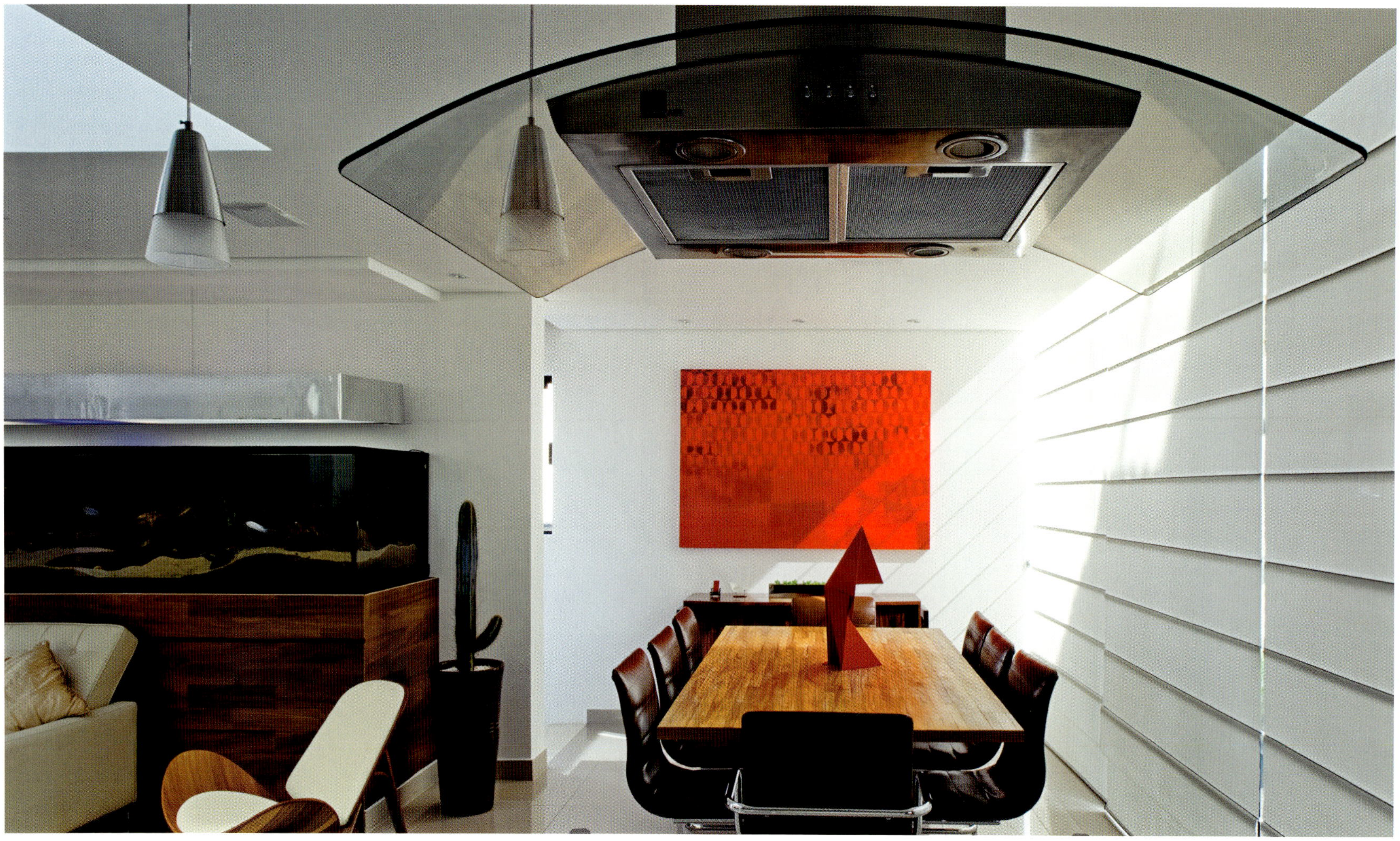

In this colourful and eclectic Bauhaus-inspired interior everything, right down to the cooker hood, functions as a decorative element.

In diesem farbenfrohen und eklektischen Interieur mit Bauhaus-Einflüssen ist sogar die Abzugshaube ein Dekorationslement.

Dans cet intérieur coloré et éclectique aux influences de Bauhaus, même la hotte fonctionne comme un élément décoratif.

In dit kleurige en eclectische interieur met Bauhaus-invloeden fungeert zelfs de afzuigkap als decoratief element.

En este interior colorido y ecléctico con influencias de la Bauhaus, hasta la campana extractora funciona como un elemento decorativo.

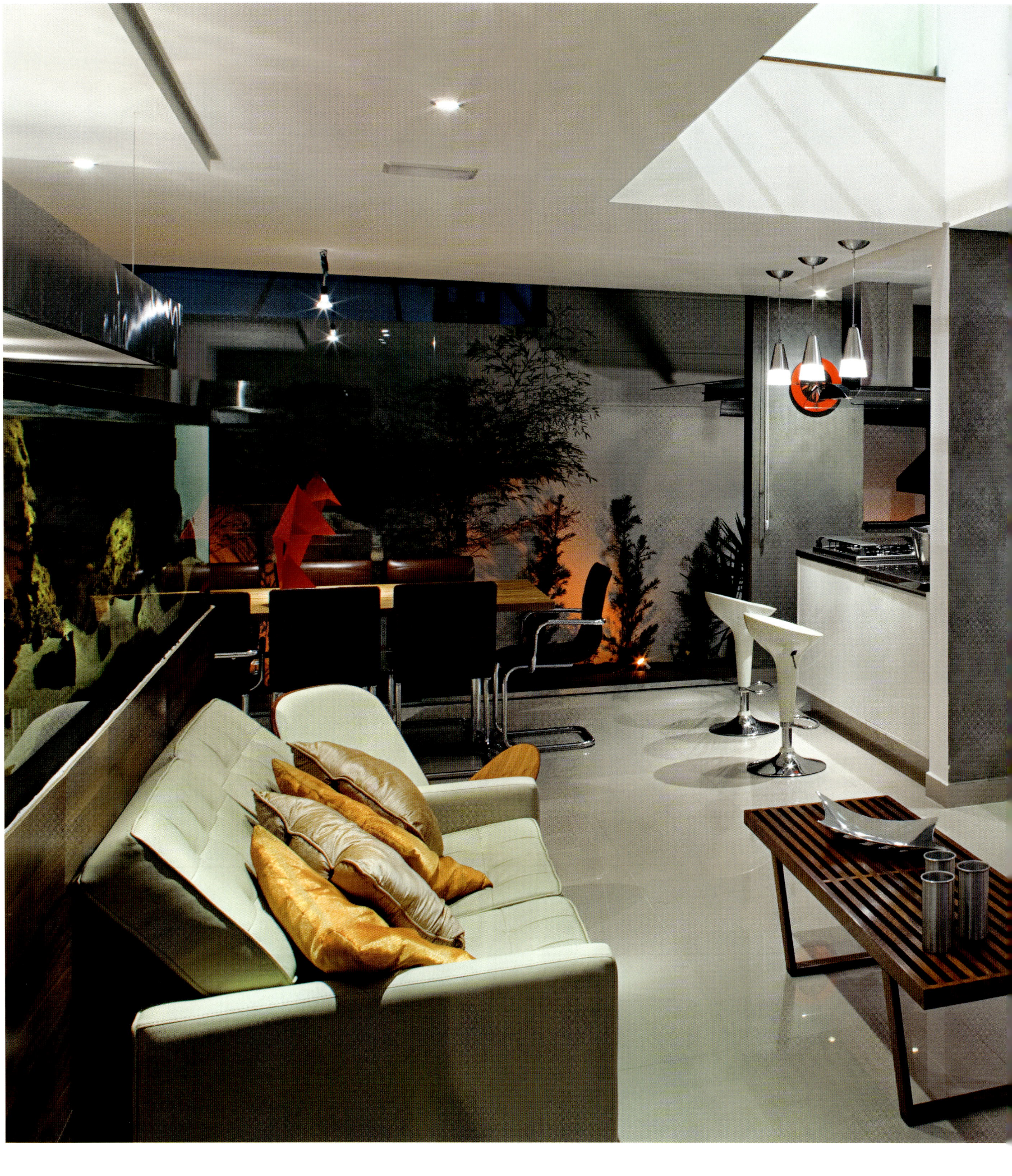

The social lives of this property's owners are intense, so a communal area was designed without clear limits, achieving a large, social space in which to enjoy meetings.

Wegen des lebhaften Gesellschaftslebens der Eigentümer wurde ein Gemeinschaftsbereich ohne klare Grenzen geschaffen. So entstand ein großer Wohnbereich für viele Gäste.

En raison de l'intense vie sociale des propriétaires, un espace de vie commune sans limite a été, bien entendu, conçu. Ainsi, un grand espace commun a été obtenu pour profiter des réunions entre amis.

Aangezien de eigenaars een druk sociaal leven hebben, werd er een ontvangstruimte zonder duidelijke grenzen ontworpen. Op deze manier ontstond er een grote gezamenlijke ruimte die gebruikt kan worden voor bijeenkomsten.

A causa de la intensa vida social de los propietarios, se diseñó un área social sin límites claros. Se consiguió, así, una gran zona común para disfrutar de las reuniones.

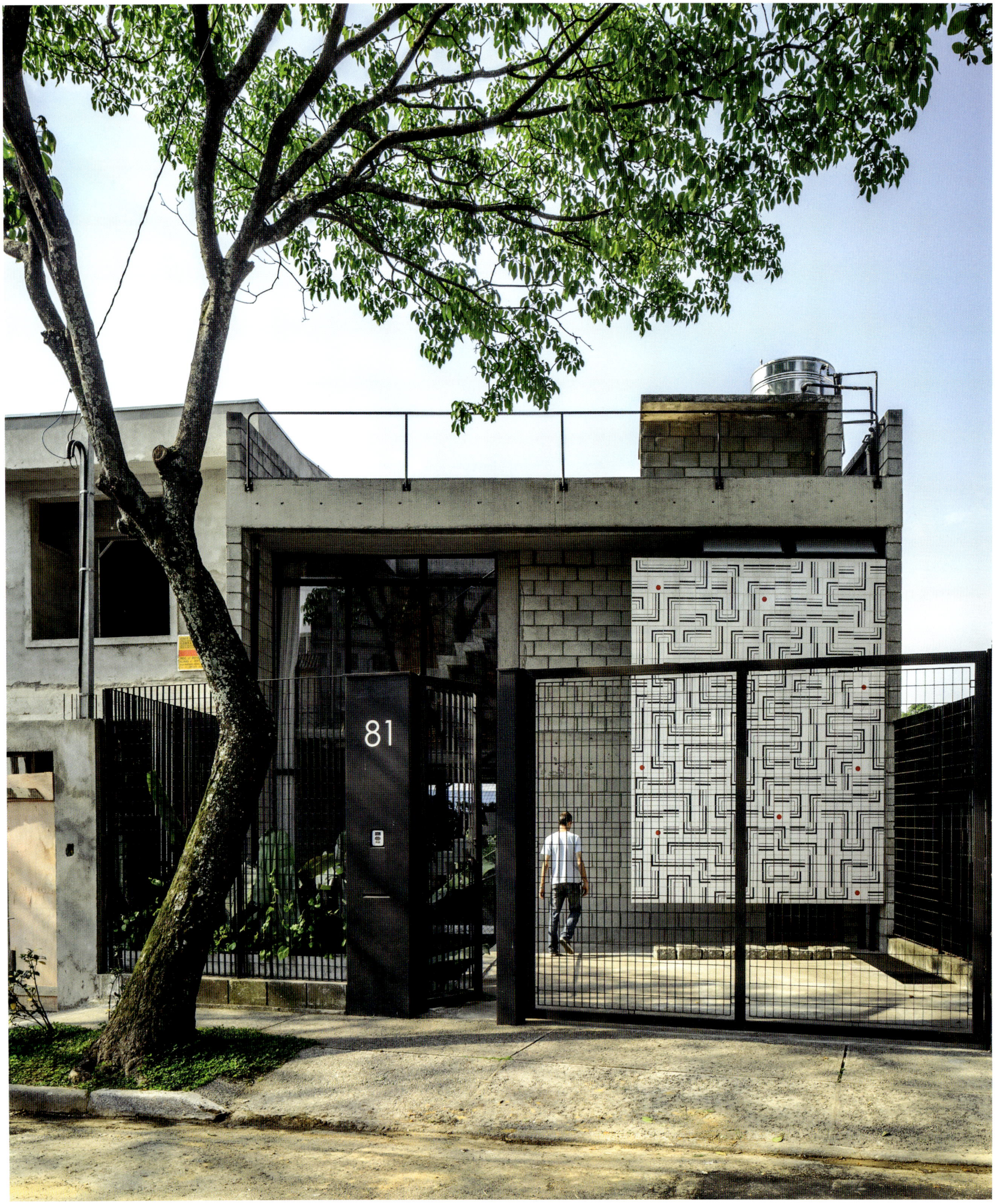
81

MARACANÃ HOUSE

Terra e Tuma Arquitetos Associados
Lapa, São Paulo, Brazil
© Pedro Kok

Immersed in the urban environment of São Paulo, this home stands out among the red roofs of the Lapa district. Inside, the house is revealed as a playful area that is ruled by shape and colour. The green of the plants plays an important role, percolating through the large glazed areas from the patios in which they are set.

Eingebettet in das urbane Umfeld São Paulos sticht dieses Haus unter all den anderen Häusern des Viertels Lapa ganz besonders hervor. Im Inneren wirkt das Haus wie ein von Formen und Farben dominiertes Spiel. Das satte Grün der in den Innenhöfen wachsenden Pflanzen hat auch im Innenbereich des Hauses ein starke Präsenz. Nur getrennt durch große Glasflächen, sind sie frei zugänglich und üppig bepflanzt.

Immergée dans l'environnement urbain de São Paulo, cette maison se différencie entre les toits rouges du quartier de Lapa. À l'intérieur, la maison se révèle être comme un jeu dans lequel les formes et les couleurs sont les maitres. La couleur verte des plantes tient une place importante dans la maison, où elle s'infiltre dans les cours – luxuriantes – derrière de grandes baies vitrées.

Dit huis, ondergedompeld in de urbane omgeving van São Paulo, valt op tussen de rode daken van het district Lapa. Aan de binnenzijde, presenteert de woning zich als een samenspel waarin vormen en kleuren de boventoon voeren. Het groen van de planten, die in al hun overdaad te zien zijn op de patio's achter de grote glazen wanden, is nadrukkelijk aanwezig in het huis.

Inmersa en el entorno urbano de São Paulo, esta casa destaca entre los tejados rojizos del distrito de Lapa. Por dentro, la vivienda se revela como un juego en el que los que mandan son la forma y el color. El verde de las plantas tiene una gran presencia dentro de la casa, en la que se introduce por medio de patios que se exhiben –exuberantes– tras grandes superficies de cristal.

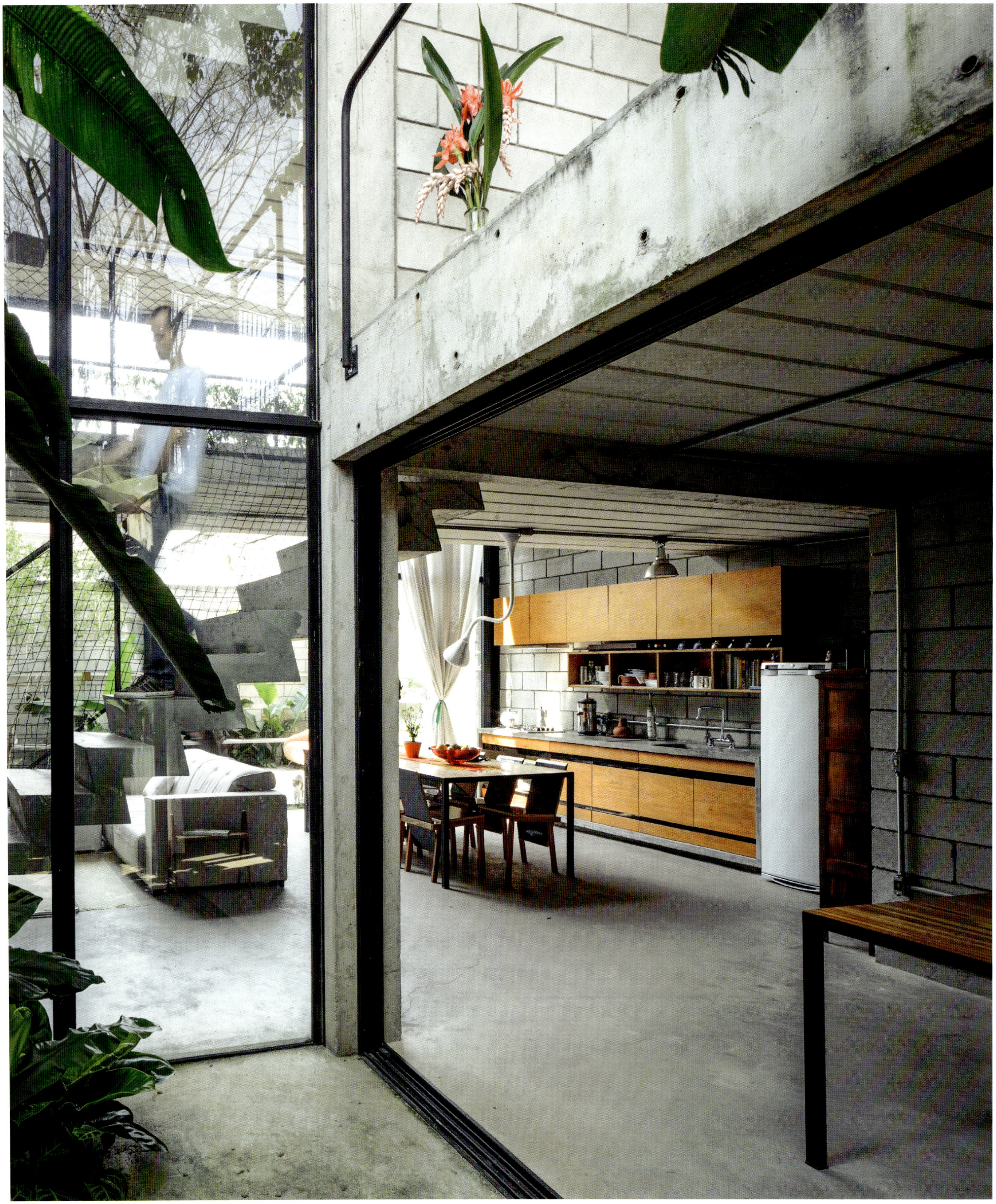

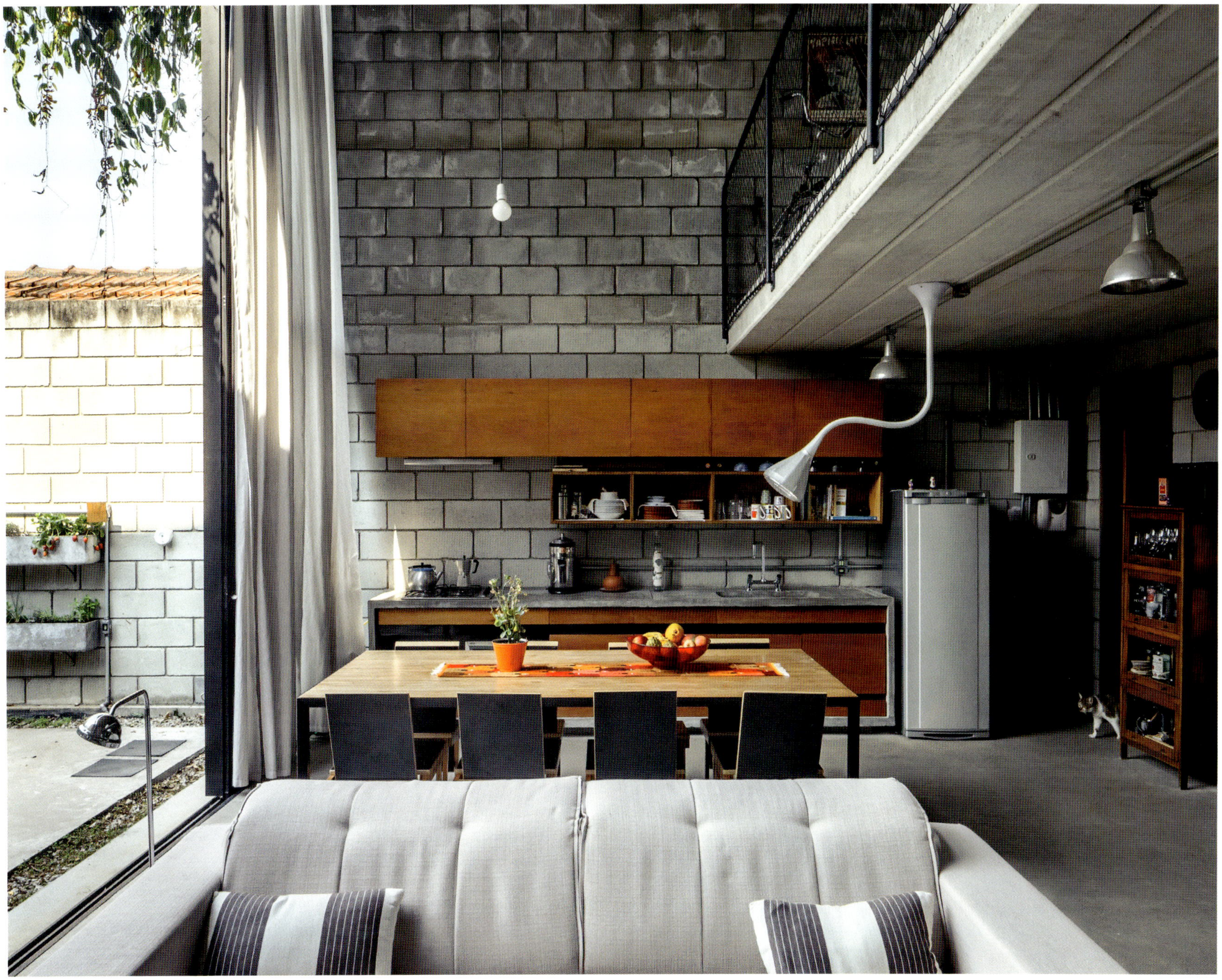

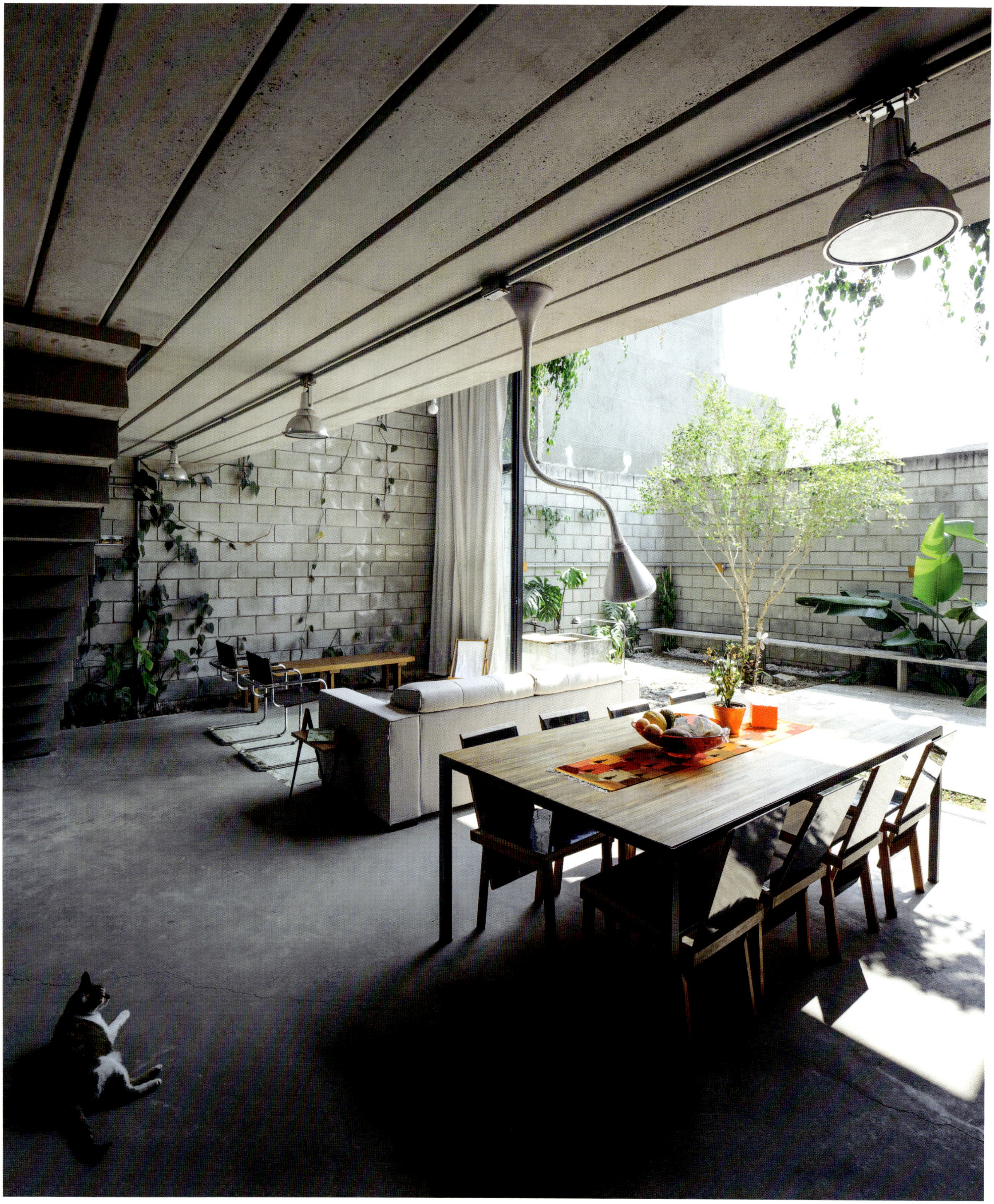

Although this is an open-plan living area, the space is configured to create more organised spaces, ideal for work or study.

Obwohl es sich um ein offenes Wohnzimmer handelt, sieht die Gestaltung des Raumes auch etwas ruhigere Winkel vor, die zum Arbeiten oder Lernen einladen.

En dépit d'être une pièce ouverte, la distribution de l'espace laisse place à des recoins plus intimes, idéaux pour travailler ou étudier.

Ook al heeft de woonkamer geen tussenmuren, de indeling van de ruimte creëert toch afgelegen hoekjes die ideaal zijn voor werk of studie.

Pese a tratarse de una sala de planta abierta, la configuración del espacio deja paso a rincones más recogidos, ideales para el trabajo o el estudio.

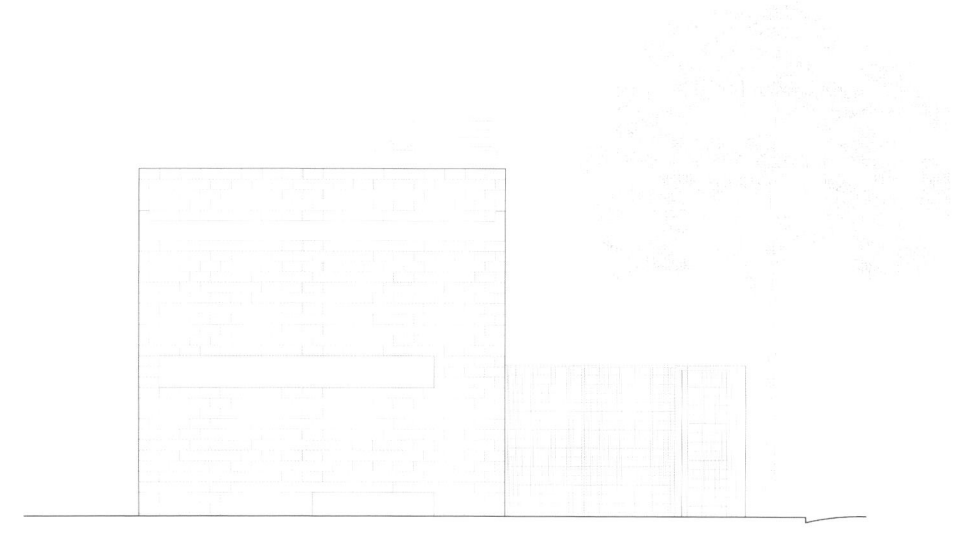

West elevation

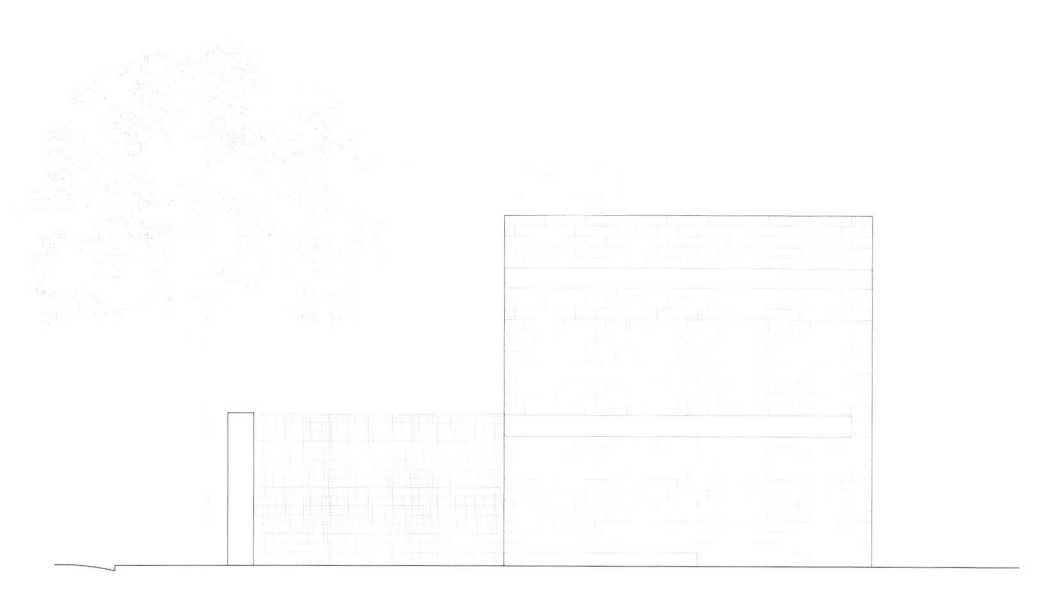

East elevation

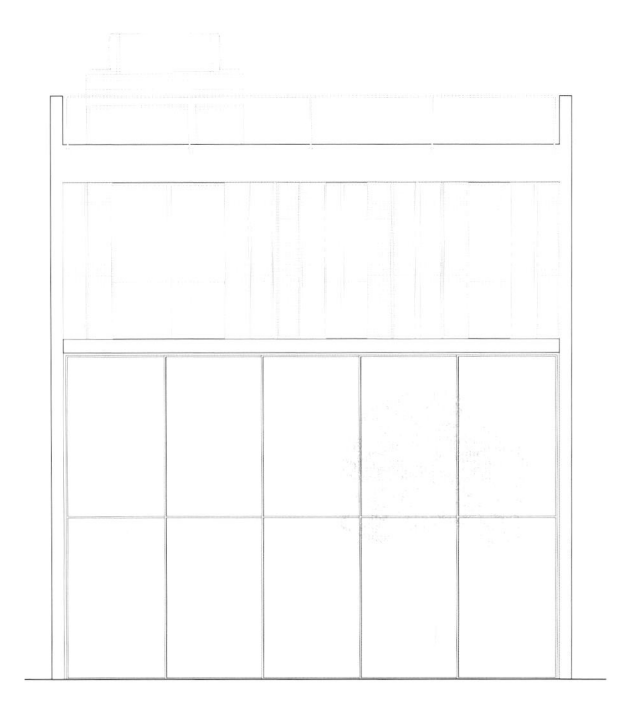

North elevation

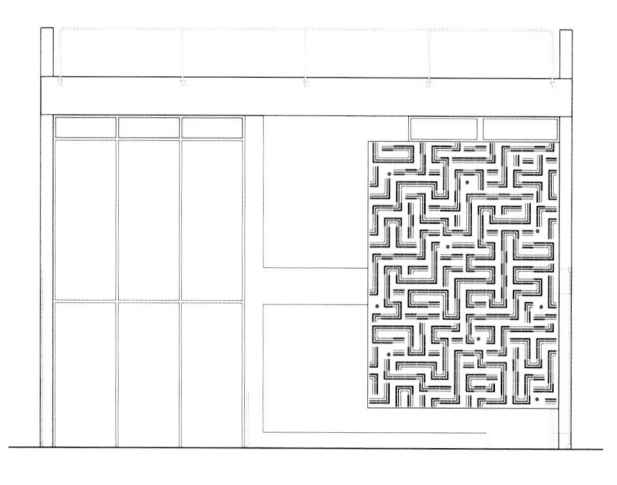

South elevation

268

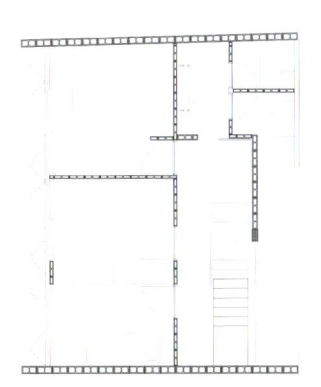

Second floor plan

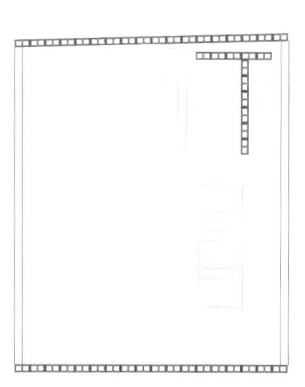

Roof plan

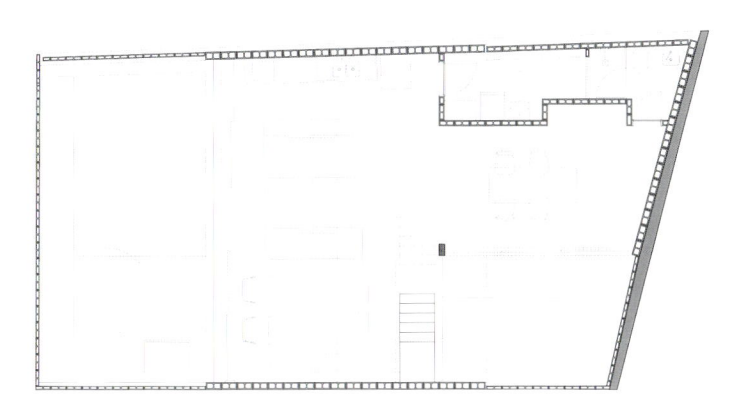

Ground floor plan

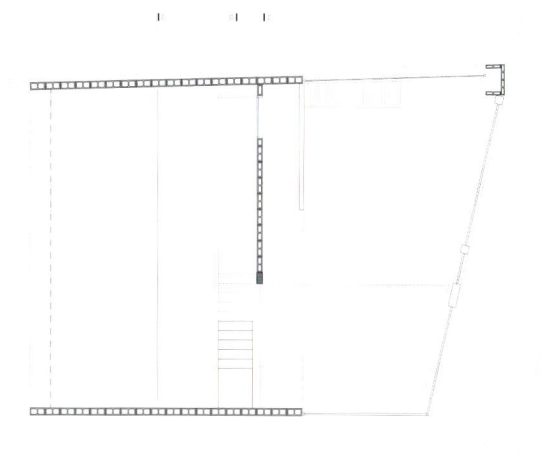

Access floor plan

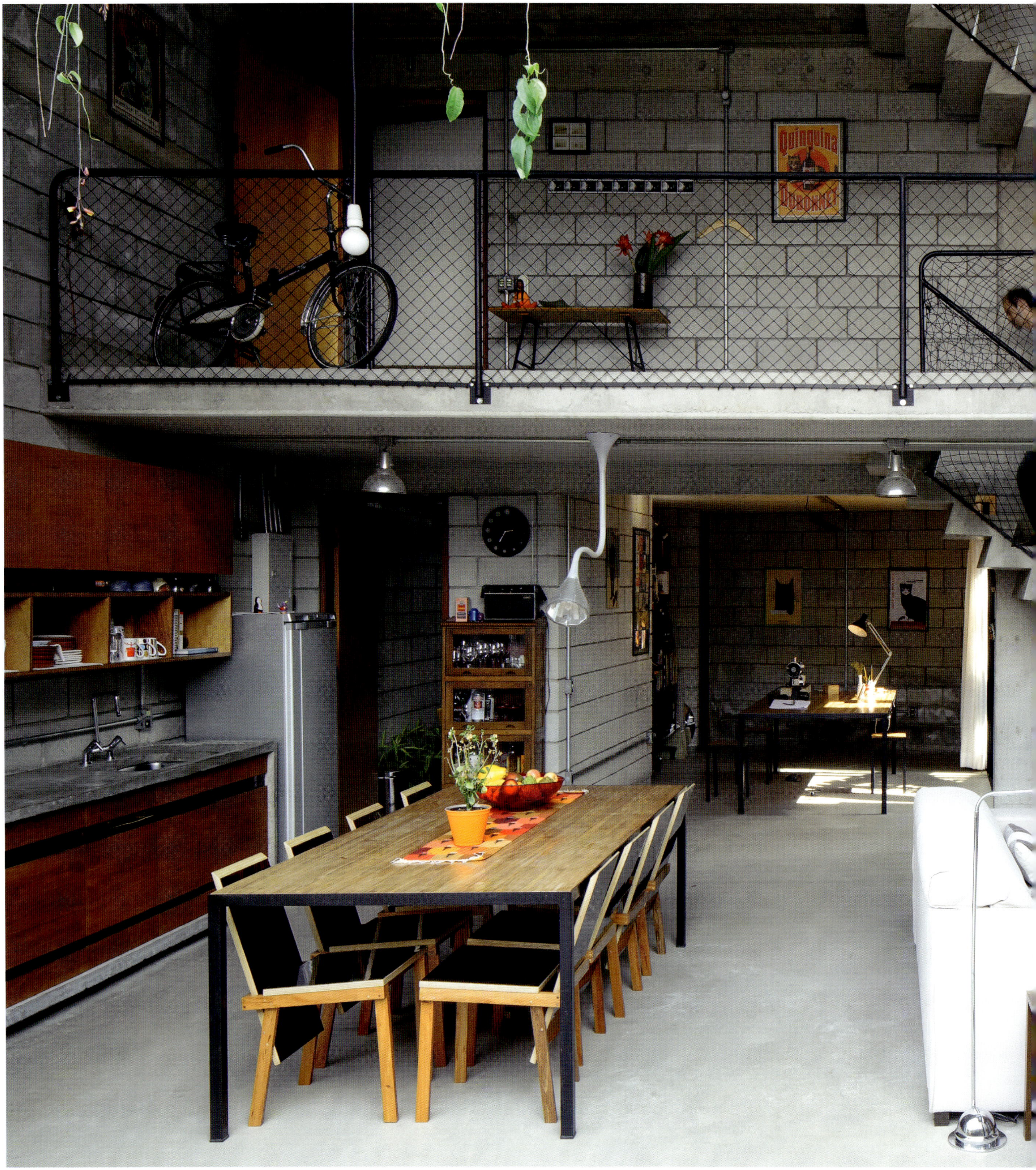
Quinquina
DUBONNET

The service areas and social area of the house are located on the lower floor while the bedrooms and relaxation areas are upstairs.

Gemeinschaftsbereich und Haushaltsräume befinden sich in der unteren Etage, während Schlafräume und Erholungsbereiche oben zu finden sind.

La partie sociale de la maison et les zones de service se trouvent à l'étage inférieur, alors que les chambres et les zones de repos sont en haut.

De ontvangst- en dienstruimtes van het huis bevinden zich op de benedenverdieping en de slaapkamers en rustzones zijn boven.

El área social de la casa y las zonas de servicio se encuentran en la planta inferior, mientras que los dormitorios y las zonas de descanso están arriba.

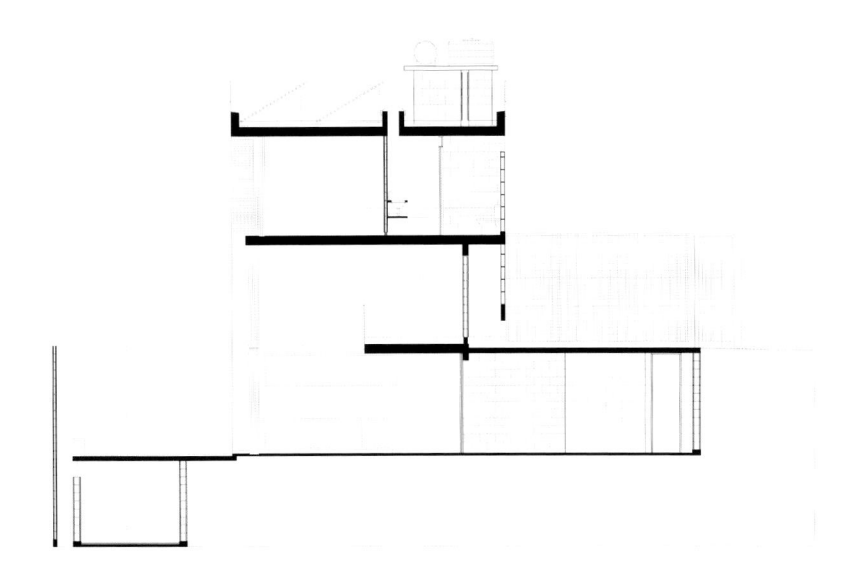

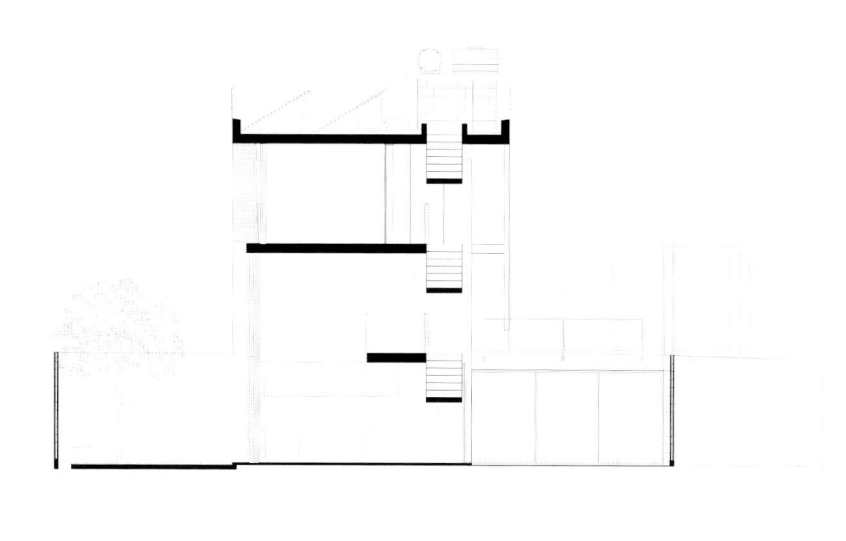

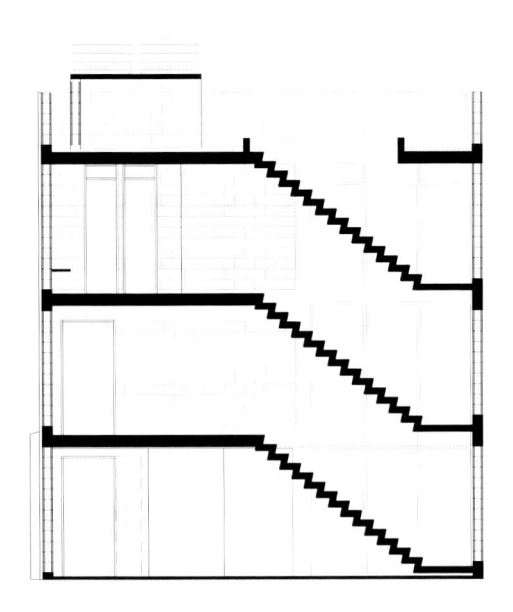

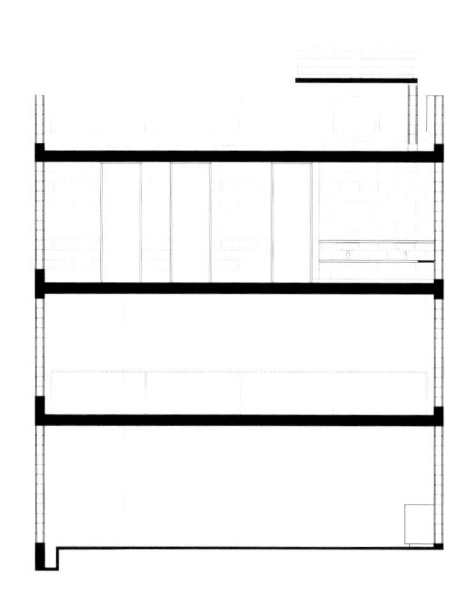

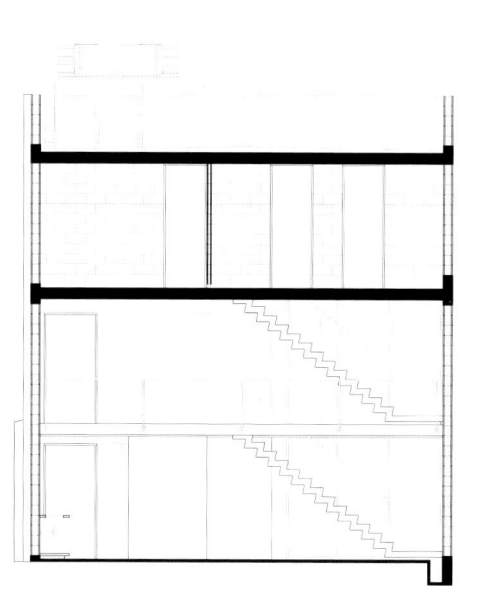

Building sections

The exposed concrete block walls lend the house an unmistakably industrial feel, unifying the interior and exterior.

Das Haus besitzt ein industrielles Flair, was zweifellos den aus offenem Beton gebauten Wänden geschuldet ist, die gleichzeitig Innen- und Außenbereich verbinden.

La maison a un air industriel qui se doit, sans doute, aux murs construits avec des blocs de béton apparent, qui unissent l'extérieur et l'intérieur.

Het huis heft een industriële sfeer die zonder twijfel wordt gecreëerd door de muren, gemaakt van onbewerkte betonblokken, die de binnenzijde en buitenzijde verenigen.

La casa posee un aire industrial que se debe, sin duda, a las paredes construidas con bloques de hormigón expuesto, que unifican exterior e interior.

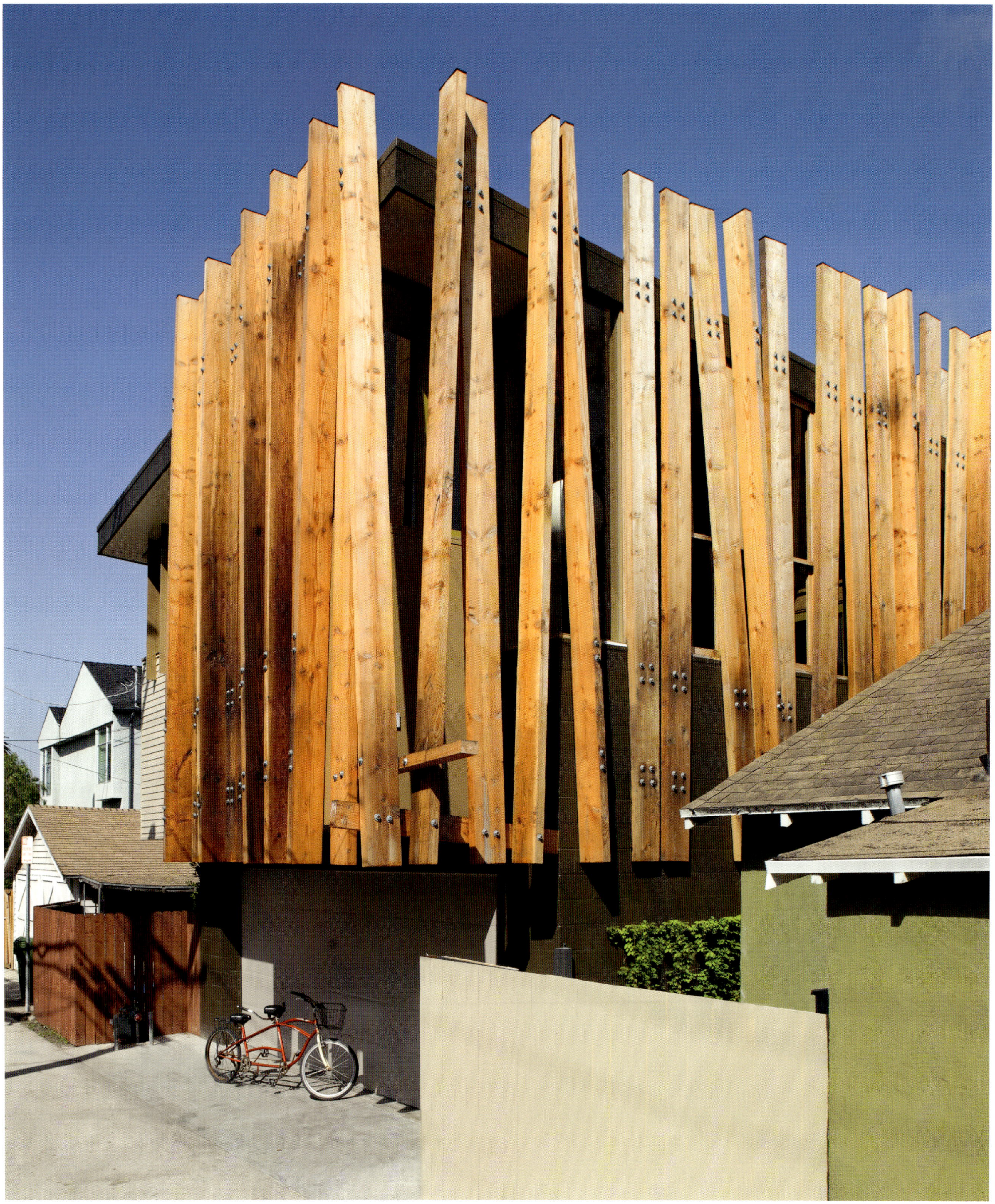

SMITH-CLEMENTI RESIDENCE

Rios Clementi Hale Studios
Venice, CA, USA
© Undine Pröhl

This property dating from 1920 was extended and renovated: a second piece of land was added, the common and private areas were reconfigured and a new garage and suite were constructed. Refined cladding covers the front section, in memory of its bungalow origins, while the rear section boasts a large wooden frame which provides shade to the master bedroom.

Dieses 1920 gebaute Haus wurde renoviert und erweitert: Ein zweiter Baukörper wurde hinzugefügt, die öffentlichen und privaten Bereiche wurden neu gestaltet und eine neue Garage sowie eine neue Suite wurden gebaut. Der vordere Baukörper ist in Erinnerung an den Ursprung als Bungalow mit feinem Rauputz versehen, während der hintere Baukörper einen großen Holzrahmen zeigt, der dem Hauptschlafzimmer Schatten spendet.

Construite en 1920, cette propriété a été agrandie et rénovée : un nouveau terrain a été rajouté, les parties publiques et privées ont été redistribuées et un nouveau garage ainsi qu'une nouvelle suite ont été construites. L'espace avant possède un revêtement raffiné en mémoire de ses origines comme bungalow, alors que la partie arrière présente un grand encadrement en bois qui donne de l'ombre à la chambre principale.

Deze woning, die werd gebouwd in 1920, werd uitgebreid en gerenoveerd; er werd een tweede stuk grond toegevoegd, de openbare en besloten ruimtes werden aangepast en er werd een nieuwe garage en een nieuwe suite gebouwd. De verfijnde afwerking van de voorzijde herinnert je eraan dat de woning vroeger een bungalow was en aan de achterzijde is een grote houten wand geplaatst die de hoofdslaapkamer van schaduw voorziet.

Construida en 1920, esta vivienda fue ampliada y renovada: se agregó un segundo terreno, se reconfiguraron las áreas públicas y privadas y se construyeron un nuevo garaje y una nueva suite. El volumen frontal presenta un revestimiento refinado en memoria de sus orígenes como bungaló, mientras que el cuerpo posterior exhibe un gran marco de madera que da sombra al dormitorio principal.

The connection between the house and the garden is one of the main features of this project: added together, the two spaces result in something that goes beyond exuberance.

Die Verbindung zwischen Haus und Garten ist eines der Hauptmerkmale des Projekts: Aus der Summe der beiden Bereiche ergibt sich ein Ensemble, das den Begriff des Überschwangs noch übertrifft.

Le lien qui existe entre la maison et le jardin est l'une des caractéristiques principales du projet : la somme des deux espaces est le résultat d'un ensemble qui va au-delà de l'exubérance.

De verbinding tussen woning en tuin is een van de belangrijkste eigenschappen van het project: de som van beide ruimtes leidt tot een samenspel dat verder gaat dan simpele overdadigheid.

La conexión entre la vivienda y el jardín es una de las características principales del proyecto: la suma de ambos espacios resulta en un conjunto que va más allá de la exuberancia.

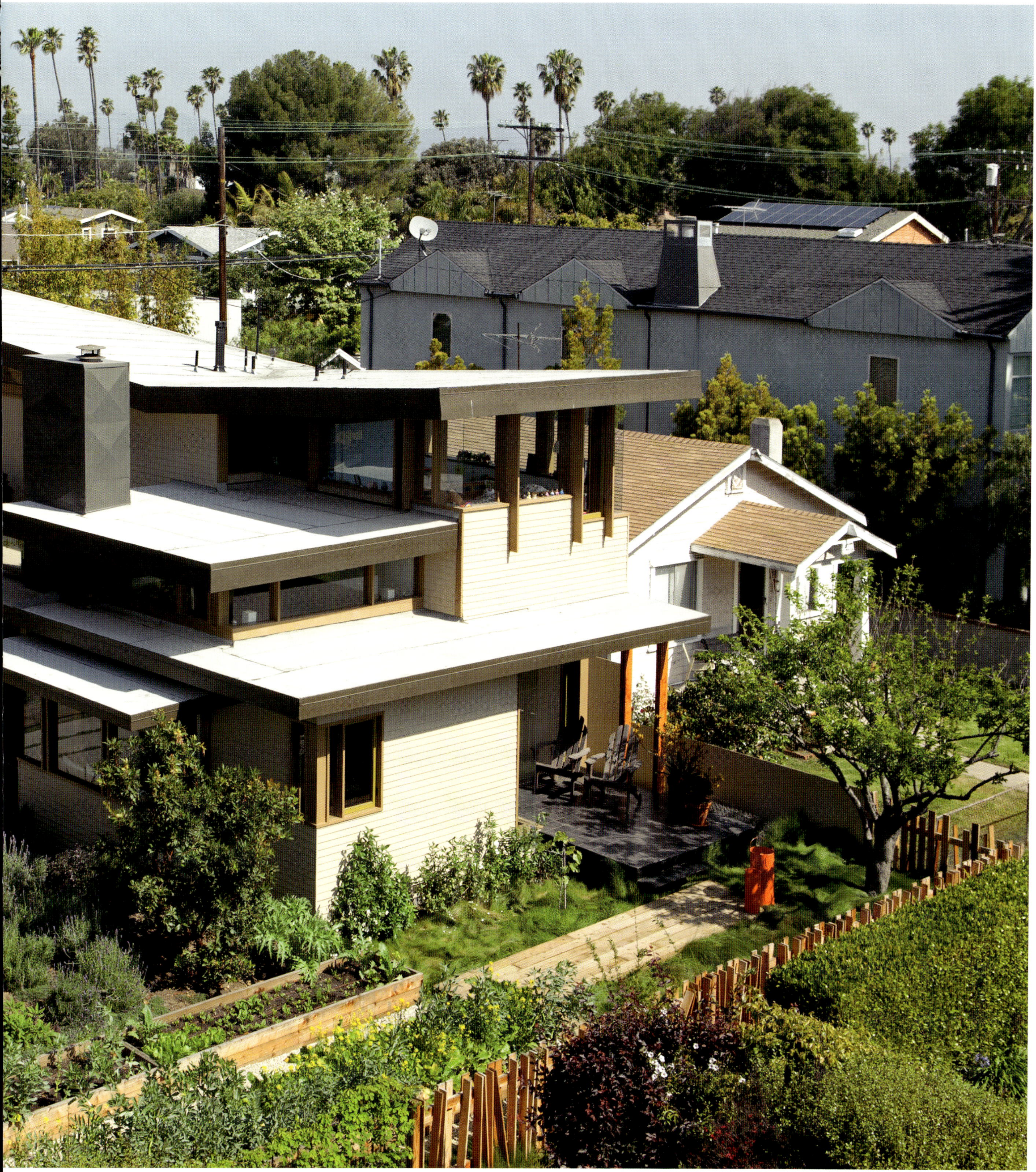

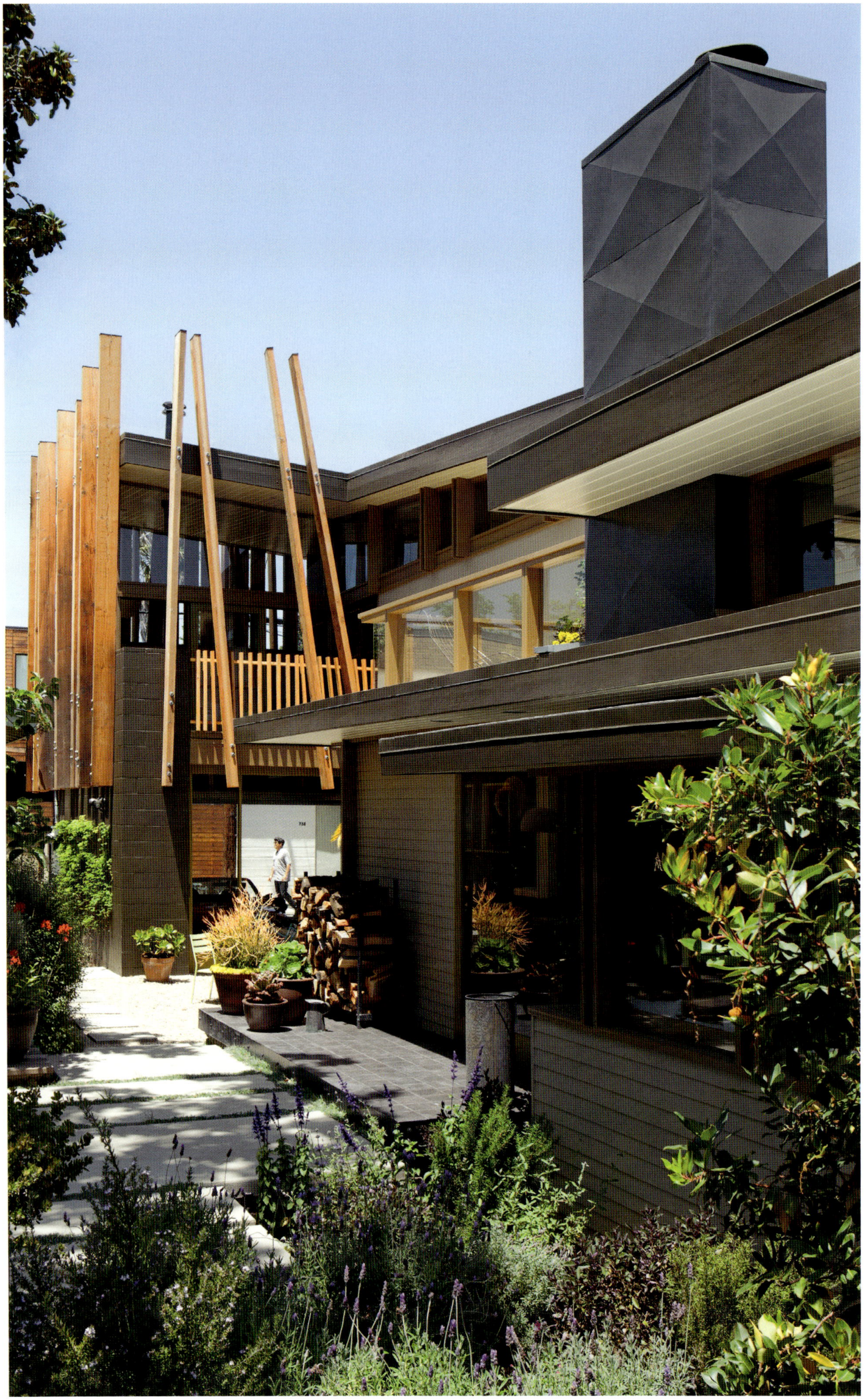

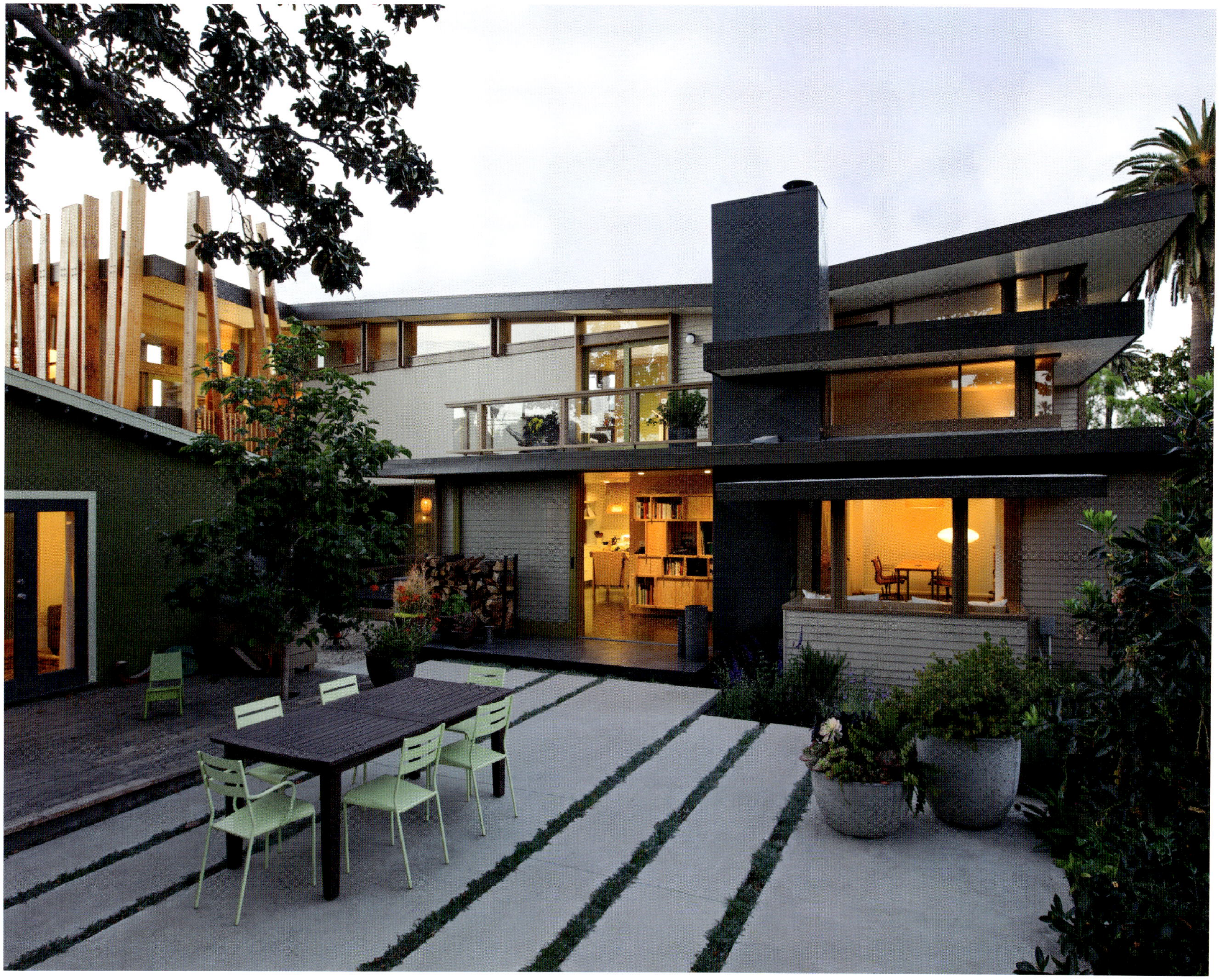

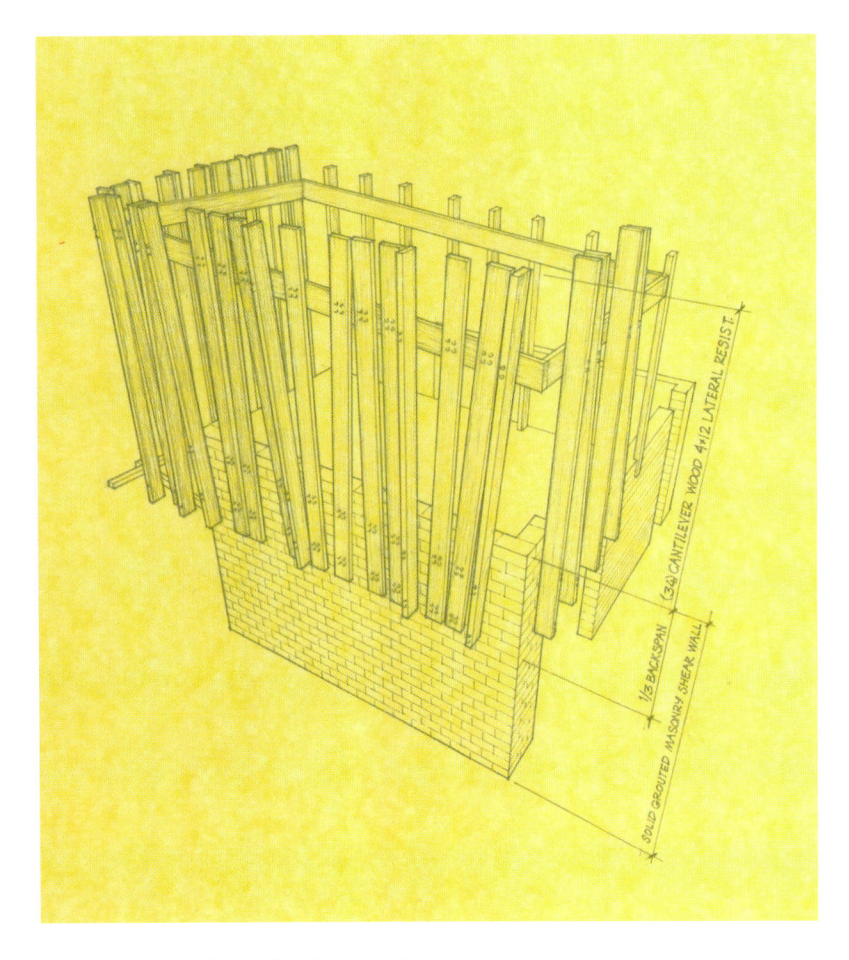

Perspective view of the Douglas fir plank exterior skin

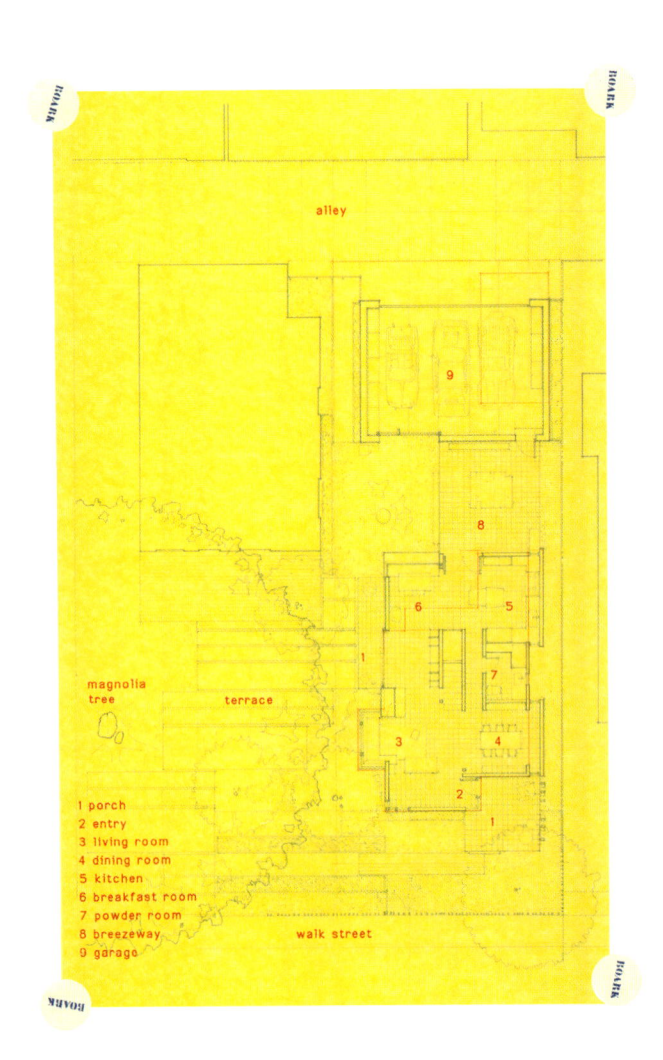

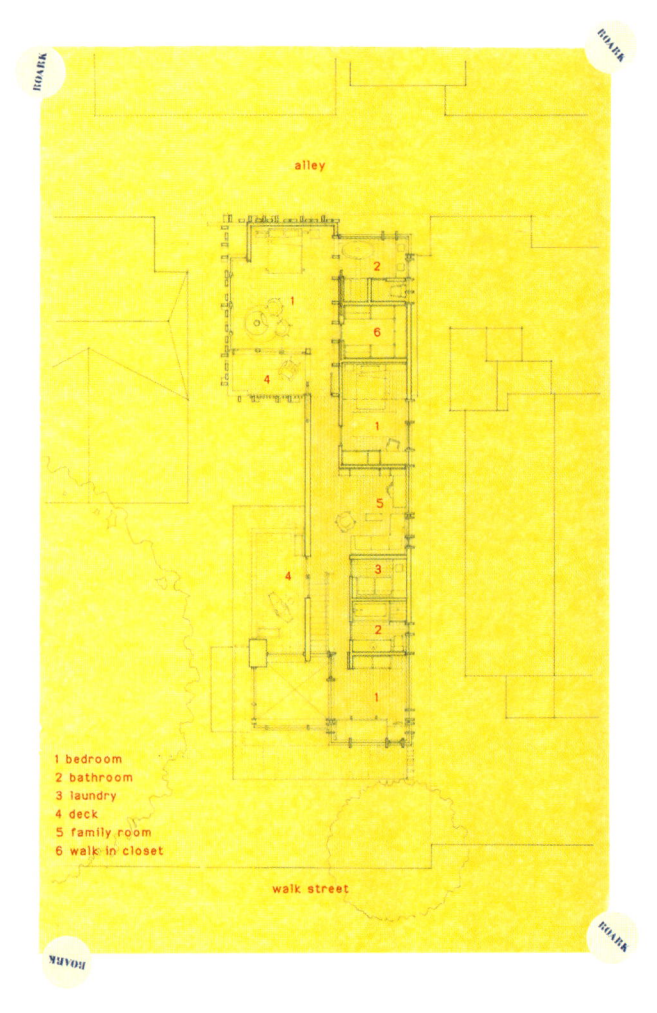

Ground floor plan

1 porch
2 entry
3 living room
4 dining room
5 kitchen
6 breakfast room
7 powder room
8 breezeway
9 garage

Second floor plan

1 bedroom
2 bathroom
3 laundry
4 deck
5 family room
6 walk in closet

281

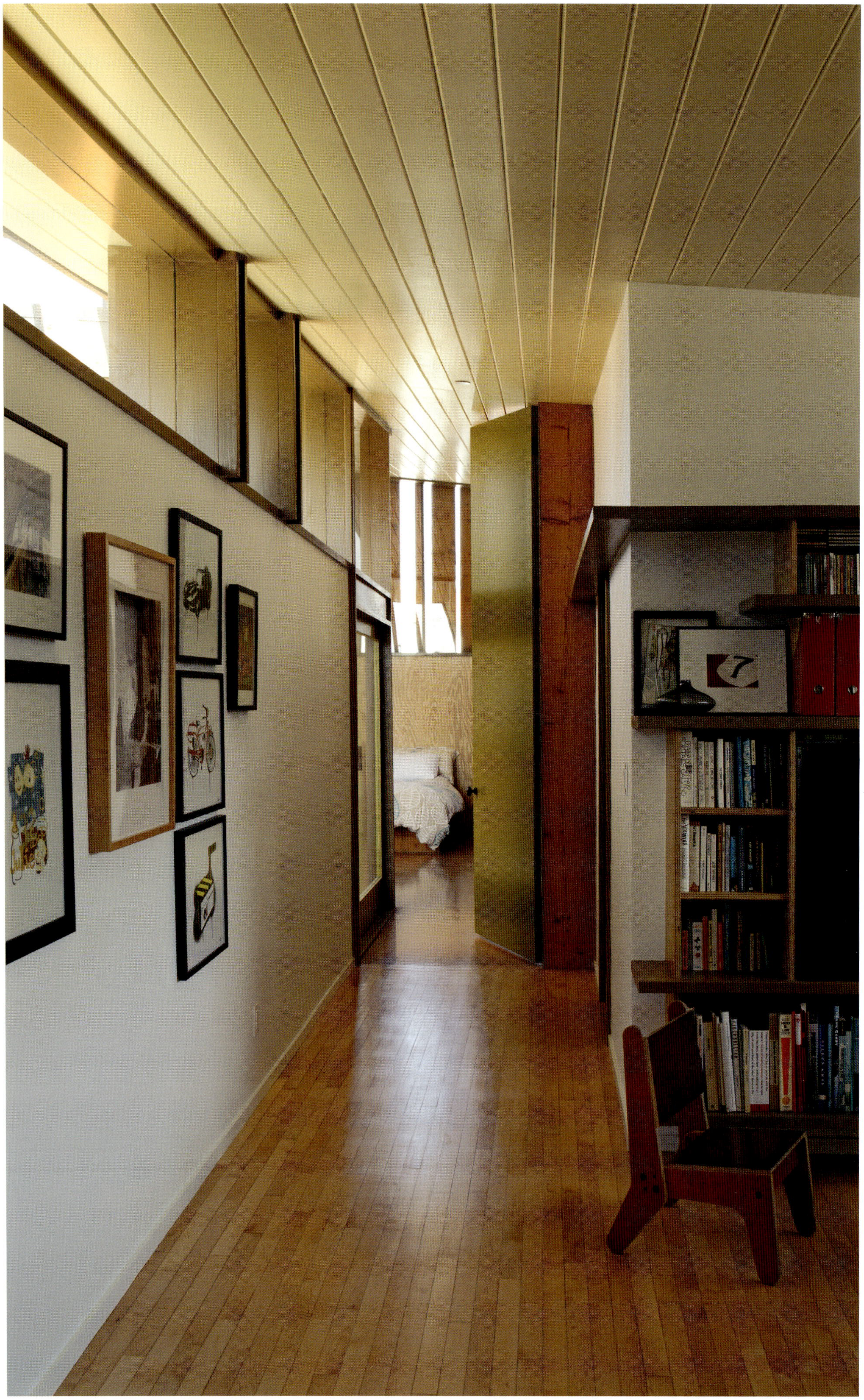

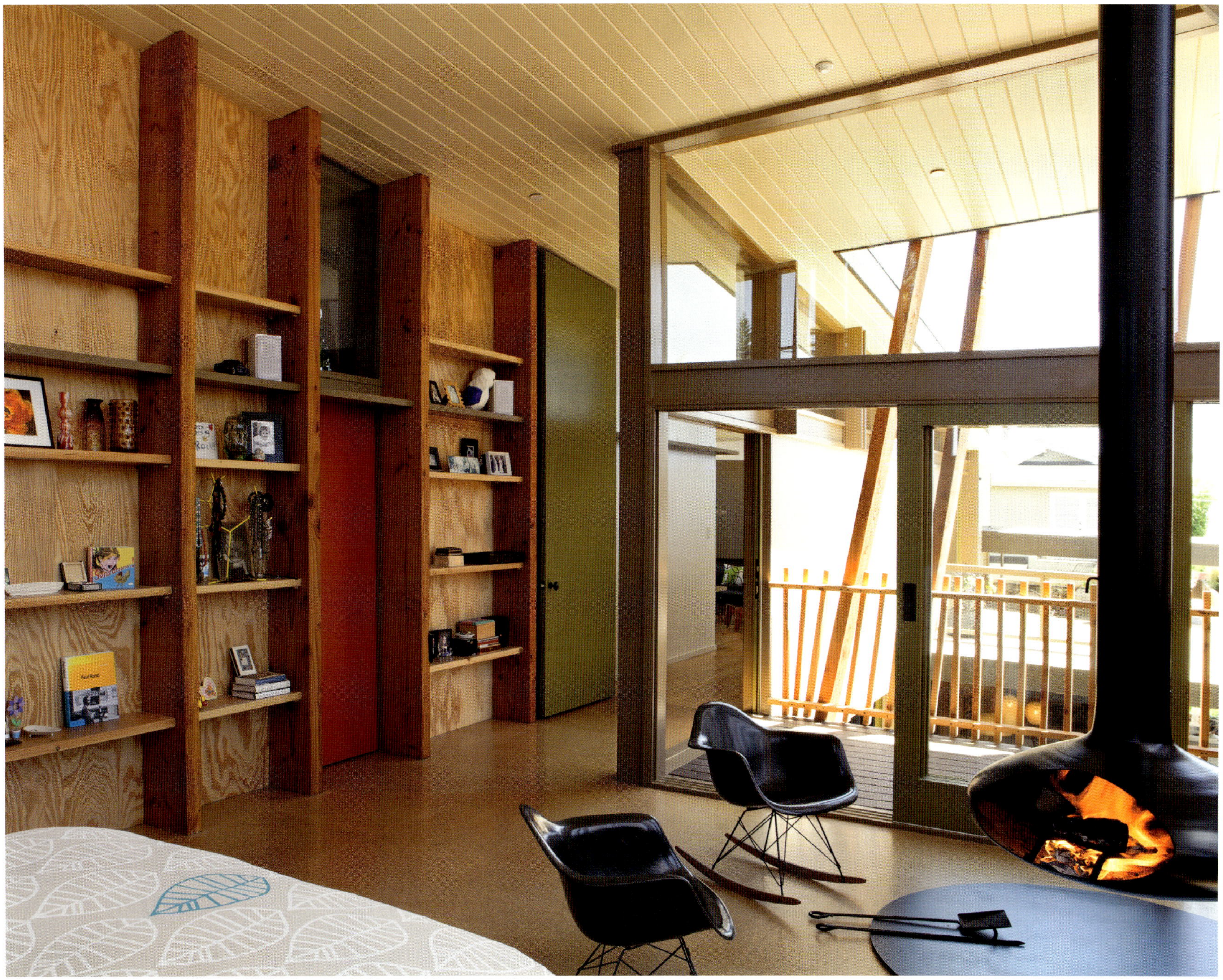

Wood not only coats the outside of the bedroom, but is also present in the interior. The warmth of the fireplace enhances the feeling of comfort.

Nicht nur die Fassade des Schlafzimmers ist mit Holz verkleidet, sondern auch im Innenbereich ist Holz ein wichtiges Element. Die Wärme des Kamins verstärkt das Gefühl der Gemütlichkeit.

Le bois ne revêt pas seulement l'extérieur de la chambre, il est également présent à l'intérieur. La chaleur de la cheminée augmente la sensation de confort.

Het hout bedekt niet alleen de buitenkant van de slaapkamer, maar is ook aanwezig in het interieur. De warmte van de openhaard versterkt de comfortabele sfeer nog eens.

La madera no solo reviste el exterior del dormitorio, sino que está presente también en el interior. La calidez de la chimenea refuerza la sensación de comodidad.

The bathroom is halfway between the inside and outside of the bedroom. The space enjoys a certain intimacy, but also adds to the warmth of the room.

Das Bad ist vom Schlafzimmer aus einsehbar, sodass ein fließender Übergang von einem Raum zum anderen entsteht. Der Raum genießt eine gewisse Abgeschiedenheit, profitiert aber auch von der Wärme des Schlafraums.

La salle de bain est à mi-chemin entre l'intérieur et l'extérieur de la chambre. L'espace jouit d'une certaine intimité, mais participe à rendre la chambre agréable.

De badkamer ligt halverwege tussen de binnenzijde en de buitenzijde van de slaapkamer. De ruimte biedt wat privacy, maar maakt ook onderdeel uit van de warmte van de kamer.

El baño queda a medio camino entre el interior y el exterior del dormitorio. El espacio disfruta de una cierta intimidad, pero participa de la calidez del cuarto.

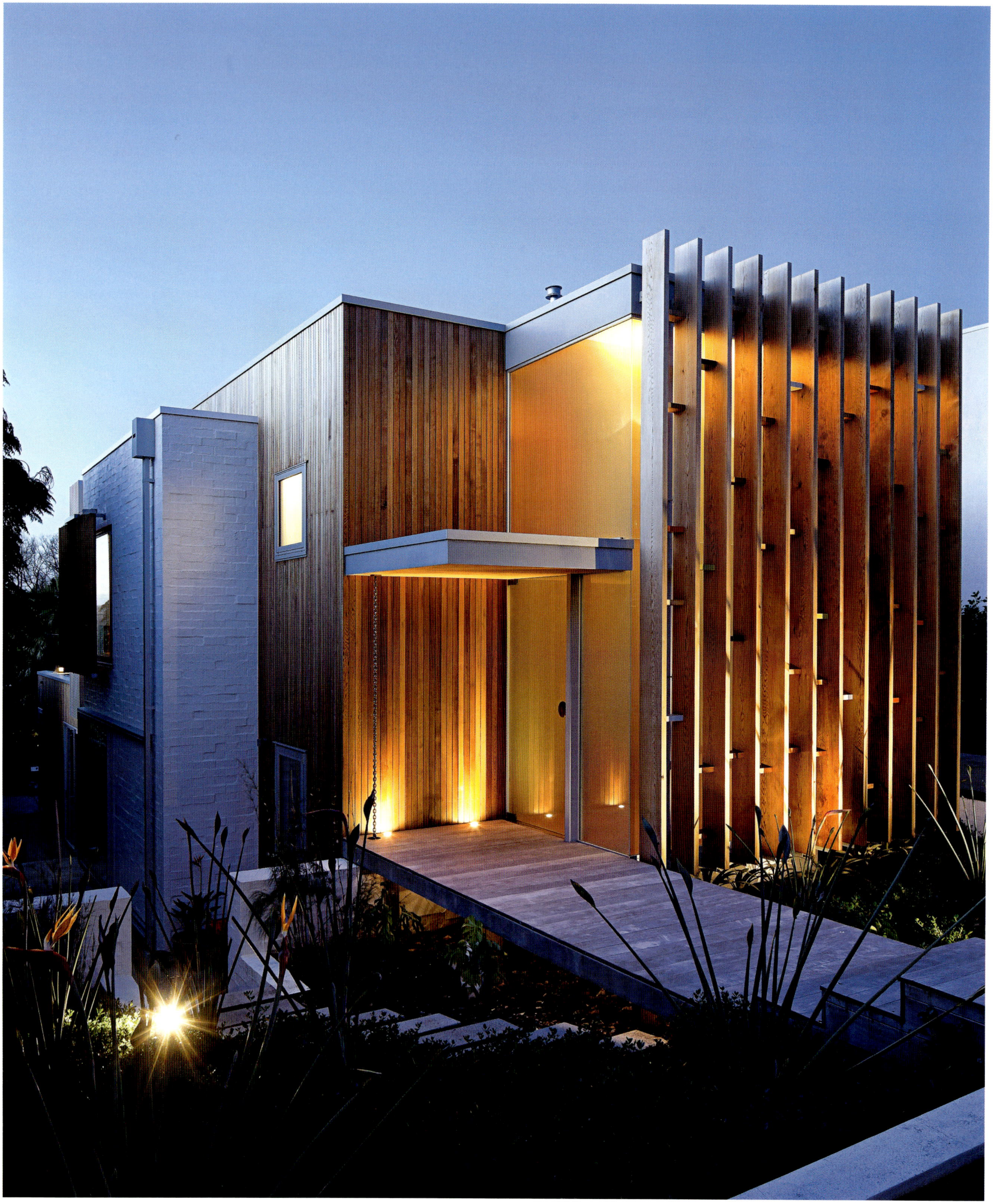

BROWN VUJCICH HOUSE

Pete Bossley, Andrea Bell, Don McKenzie,
Karen Ngan Kee/Bossley Architects
Herne Bay, Auckland, New Zealand
© Patrick Reynolds

Located on a sloping plot in the heart of Herne Bay, this long and narrow house adapts to the incline of the ground. The property is accessed via a bridge over a planted moat. The entrance, a large, translucent glass wall, provides privacy whilst ensuring that a warm and gentle light permeates the interior.

Auf einem Hanggrundstück im Herzen von Herne Bay gelegen, ist dieses lang gestreckte, großzügige Haus perfekt an die Neigung des Geländes angepasst. Zum Haus gelangt man über eine Brücke, die über einen mit Pflanzen bewachsenen Graben führt. Der Eingang, eine große Wand aus transluzentem Glas, dient gleichzeitig als Sichtschutz und lässt warmes, weiches Licht ins Haus fallen.

Située sur une parcelle inclinée au cœur de Herne Bay, cette longue et étroite maison s'adapte au terrain en pente. La propriété est accessible par un pont au dessus d'une fosse végétale. L'entrée, un grand mur en verre translucide, offre de l'intimité à la maison et, en même temps, permet qu'une lumière chaude et douce entre à l'intérieur.

Dit lange en smalle huis, gelegen op een schuin perceel in het hart van Herne Bay, is aangepast aan de helling van het terrein. De toegang tot het huis is via een brug over een grote plantenbak. De ingang, een grote doorzichtige, glazen muur, biedt het huis privacy maar maakt het tegelijkertijd toch mogelijk dat er een zacht, warm licht binnenkomt.

Ubicada en una parcela inclinada en el corazón de Herne Bay, esta casa larga y estrecha se adapta a la pendiente del terreno. A la vivienda se accede a través de un puente sobre un foso vegetal. La entrada, una gran pared de cristal translúcido, proporciona privacidad a la casa y no impide que se filtre, a la vez, una luz cálida y suave al interior.

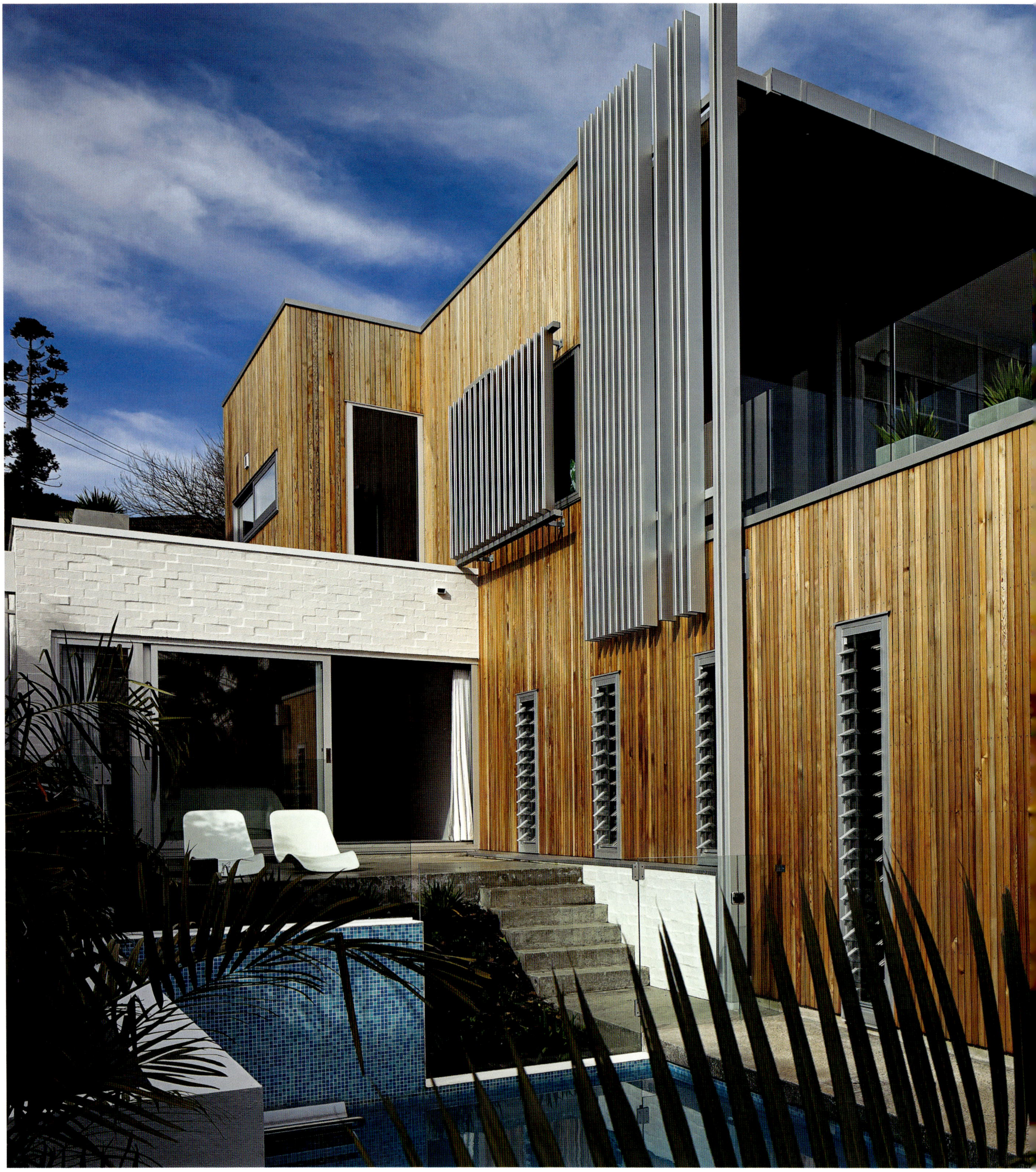

In the upper floors of the building, vertical aluminium panels are used to control the degree of light and privacy required inside.

In den oberen Stockwerken des Hauses kann der Lichteinfall ins Innere über verschiebbare Elemente aus Aluminium reguliert werden.

Dans les étages supérieurs du bâtiment, des panneaux verticaux en aluminium permettent de régler l'intensité de lumière et d'intimité que l'on veut obtenir à l'intérieur de la maison.

Op de bovenste verdiepingen van het gebouw, maken een aantal verticale aluminium panelen het mogelijk de hoeveelheid licht te reguleren en de intimiteit te creëren die geschikt is voor een interieur.

En las plantas altas del edificio, unos paneles verticales de aluminio permiten modular el grado de luz y de intimidad que se quiere conseguir en el interior.

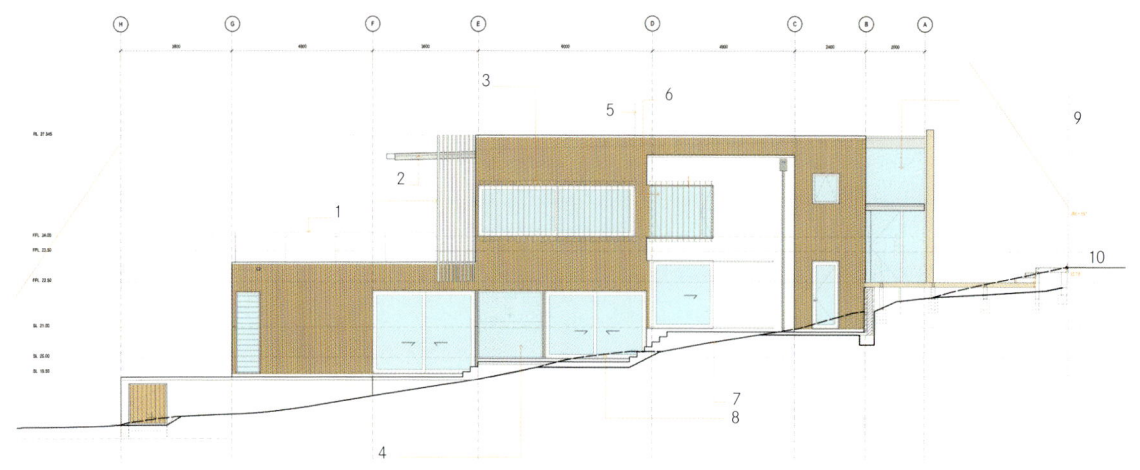

West elevation

1. Glass balustrade
2. Roof extends out over deck
3. Louvretec 200 Louvreline® rear pivot aluminium panels colour to match window joinery
4. Pilkington Optifloat® opal glass
5. End of window
6. Louvretec 200 Louvreline® rear pivot aluminium panels with dressed cedar plywood facing
7. Final ground level
8. Existing ground level
9. Site boundary
10. Footpath

East elevation

1. 4.5 m front yard setback
2. Pilkington Optifloat® opal glass
3. Parking area
4. Outline of foundation to wall
5. Roof extends out over deck
6. Outline of pool foundation

North elevation

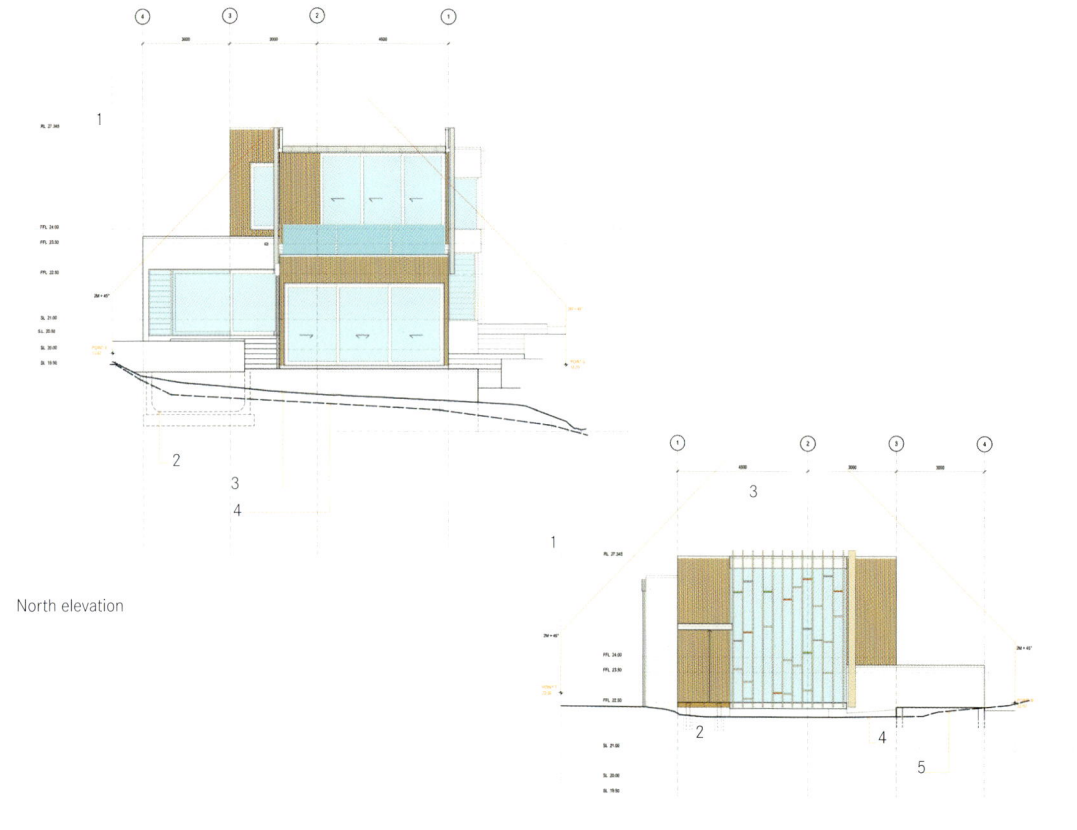

1. Site boundary
2. Outline of pool beyond
3. Final ground level
4. Existing ground level

South elevation

1. Site boundary
2. Entry roof
3. Pilkington Optifloat® opal glass
4. Final ground level
5. Existing ground level

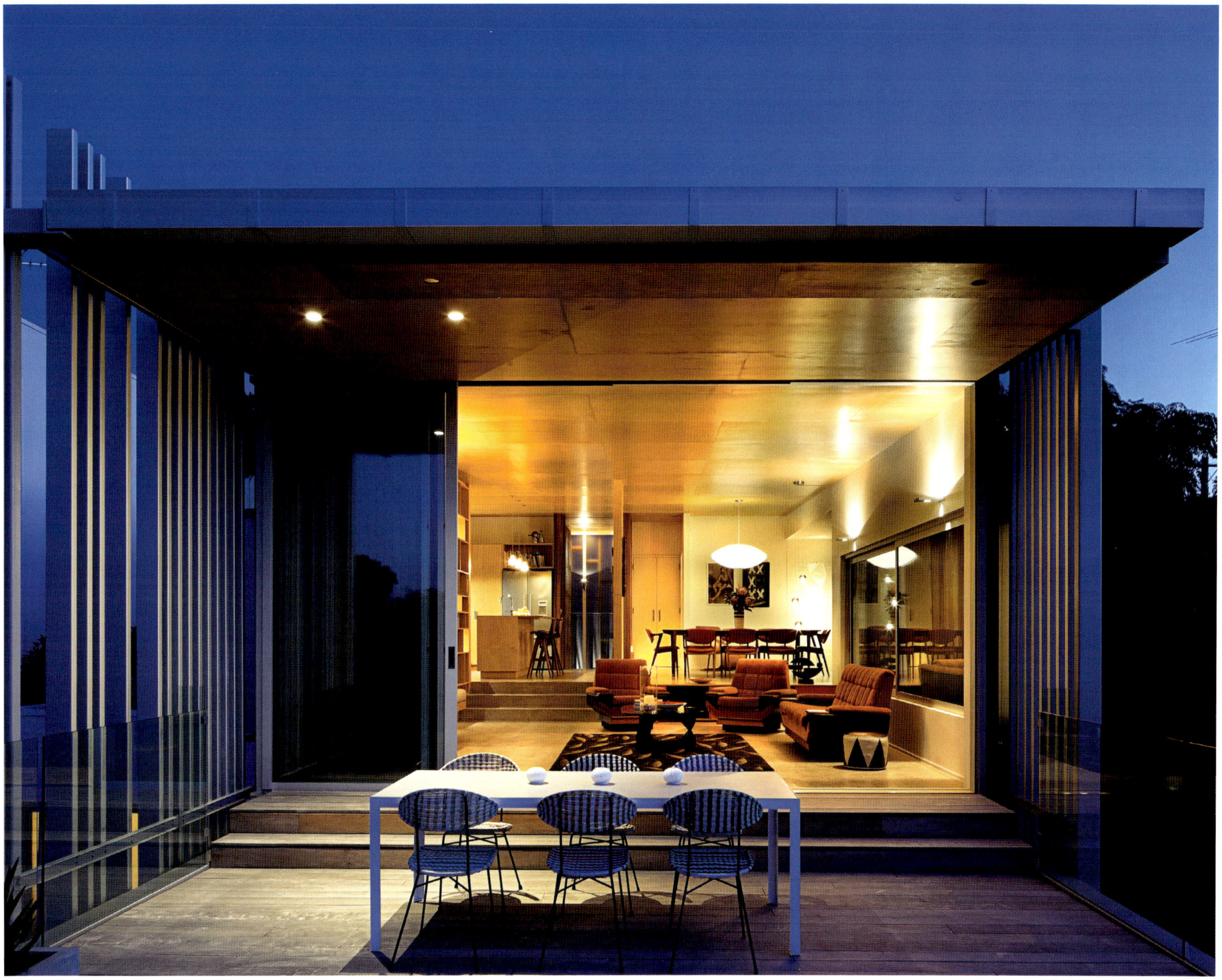

The decor of the interior spaces is based on a play of colours and finishes which highlight the wooden elements.

Die Einrichtung der Innenräume basiert auf einem Spiel aus Farben und Materialien, bei denen vor allem Holzelemente ins Auge fallen.

La décoration des espaces intérieurs est basée sur un jeu de couleurs et de finitions qui mettent en avant les éléments en bois.

De decoratie van de binnenruimtes is gebaseerd op een samenspel van kleuren en details, waarbij houten elementen een hoofdrol spelen.

La decoración de los espacios interiores se basa en un juego de colores y acabados en el que destacan los elementos de madera.

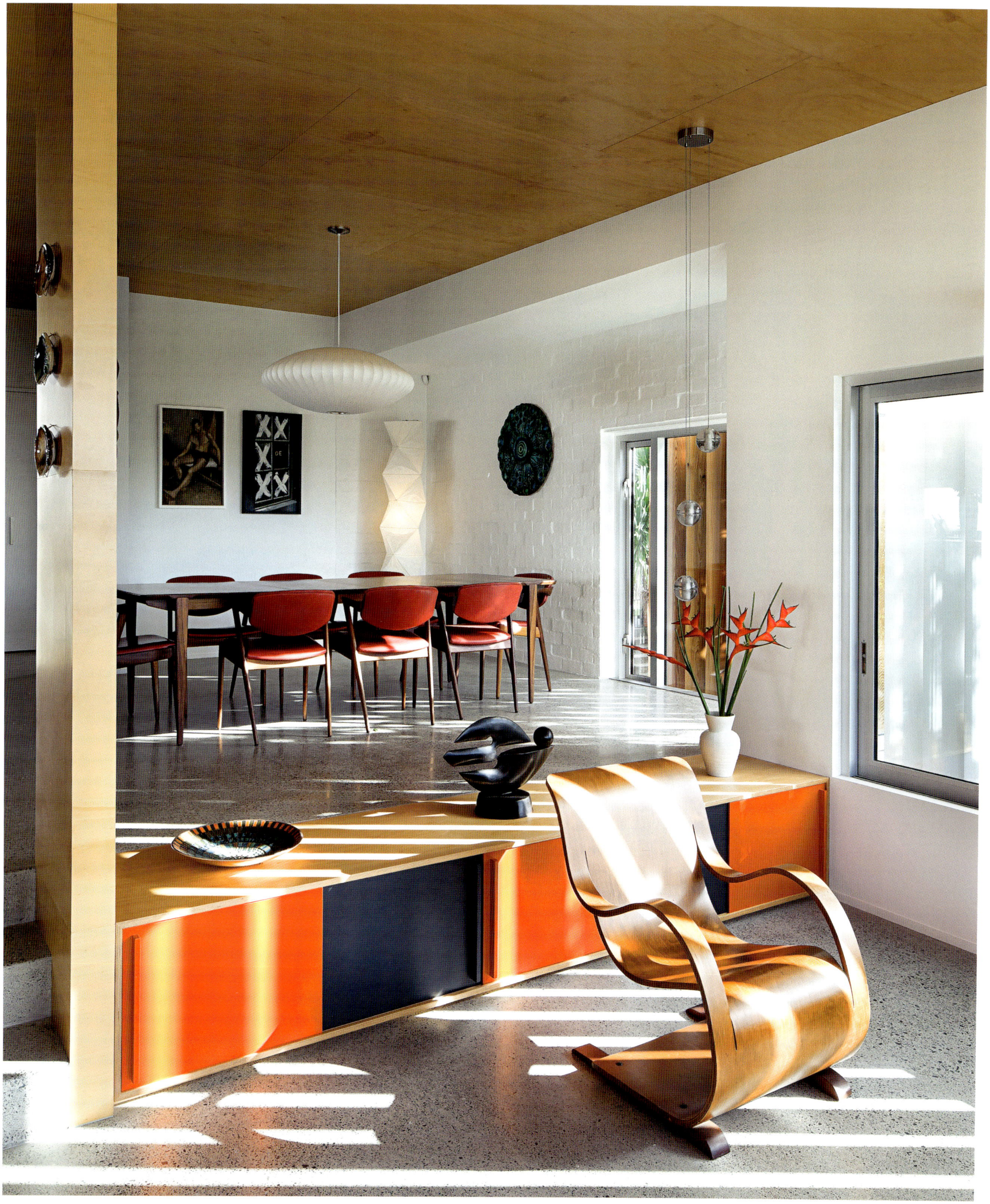

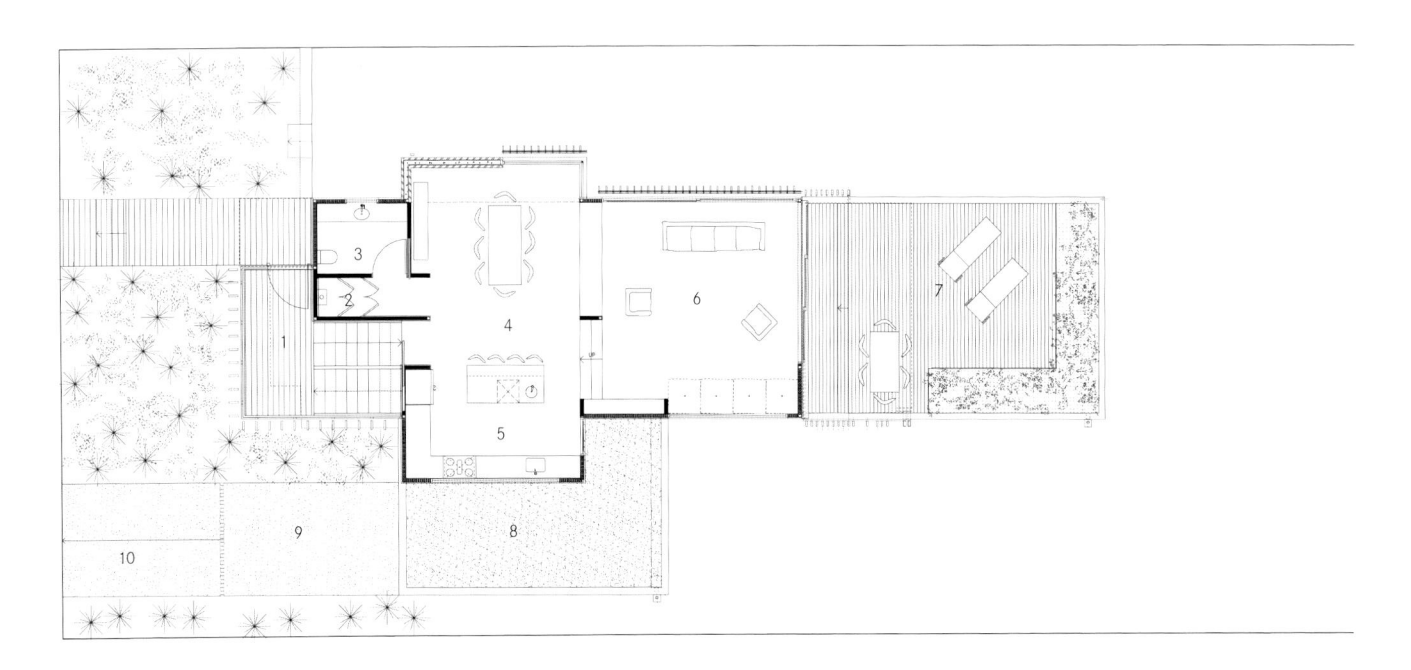

Entry level floor plan

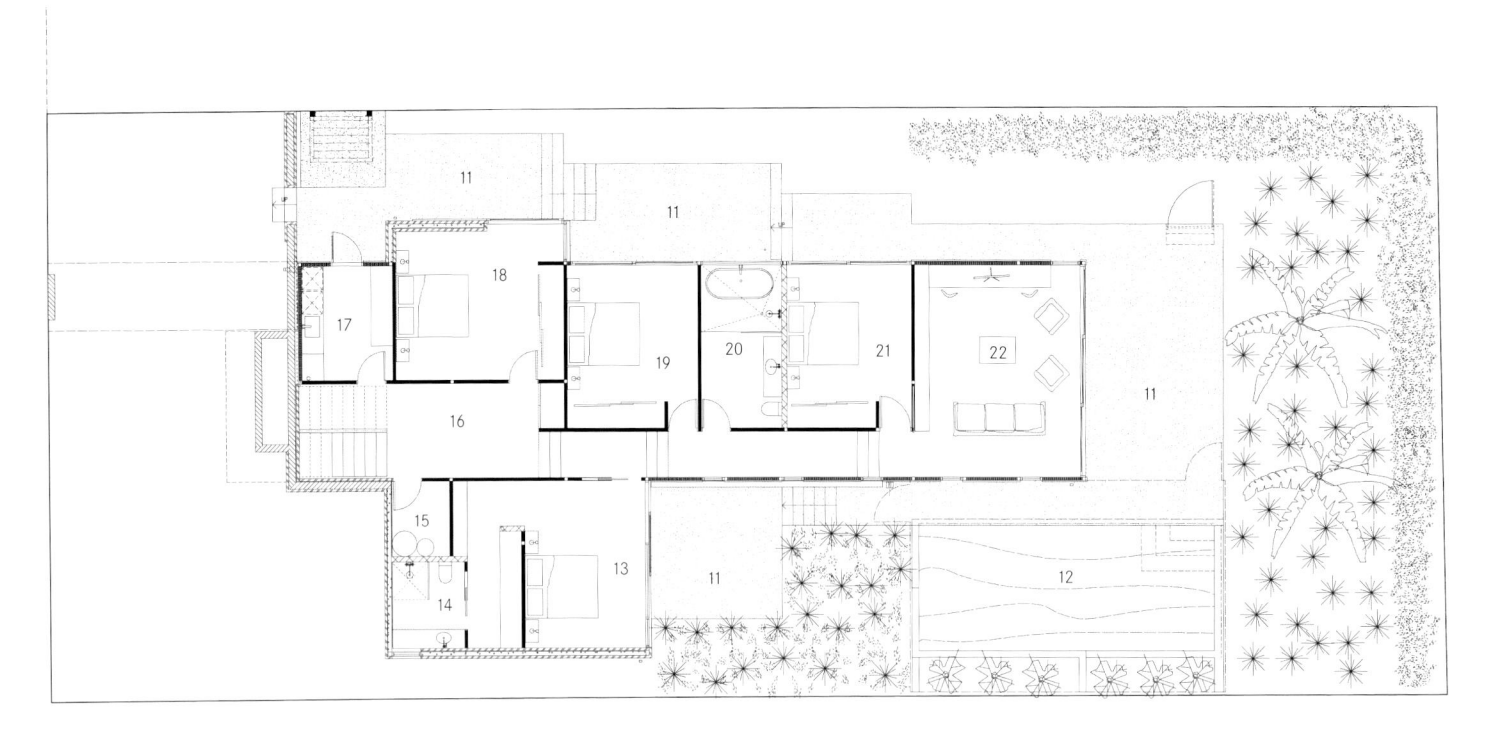

Ground floor plan

1. Entry
2. Cupboard
3. Powder room
4. Dining
5. Kitchen
6. Living
7. Deck
8. Roof
9. Parking area
10. Driveway
11. Terrace
12. Pool
13. Bedroom 1
14. En-suite
15. Storage
16. Lobby
17. Laundry
18. Bedroom 2
19. Bedroom 3
20. Bathroom
21. Bedroom 4
22. Family living

The living room opens onto a spacious terrace with views over the port. This opening provides the perfect meeting point between the interior and the landscape beyond.

Das Wohnzimmer öffnet sich auf eine großzügige Terrasse mit Blick auf den Hafen. Durch diese offene Gestaltung wirkt dieser Raum wie ein Zusammenspiel von Drinnen und Draußen.

La salle de séjour s'ouvre sur une très grande terrasse donnant sur le port. Cette ouverture fait de cette pièce un espace à mi-chemin entre l'intérieur et l'extérieur.

De woonkamer kan geopend en verbonden worden met een genereus terras met uitzicht op de haven. Op deze manier vormt de woonkamer een ruimte die tussen de binnen- en de buitenzijde ligt.

La sala de estar se abre a una generosa terraza con vistas al puerto. Esa apertura hace de la estancia un espacio a medio camino entre interior y exterior.

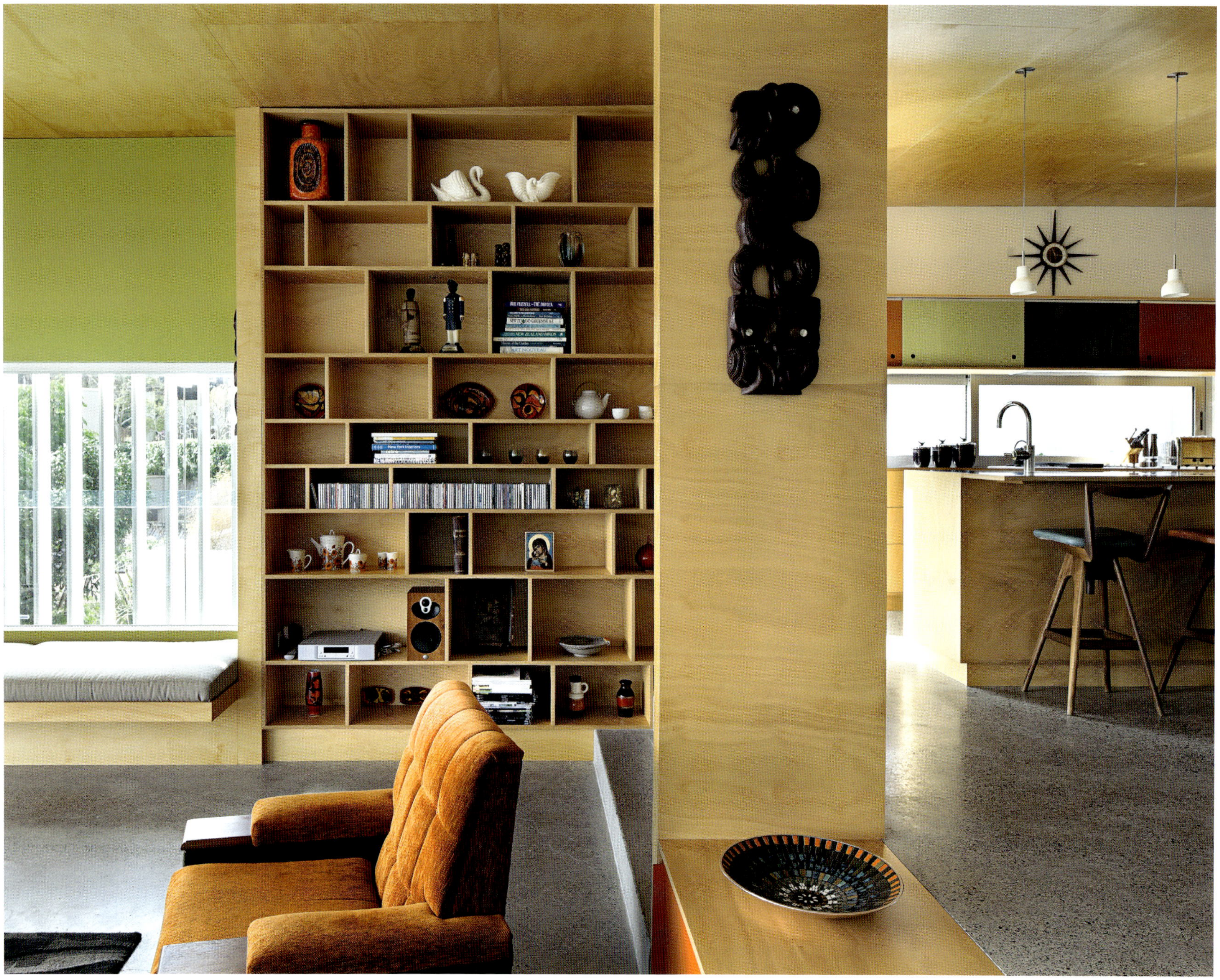

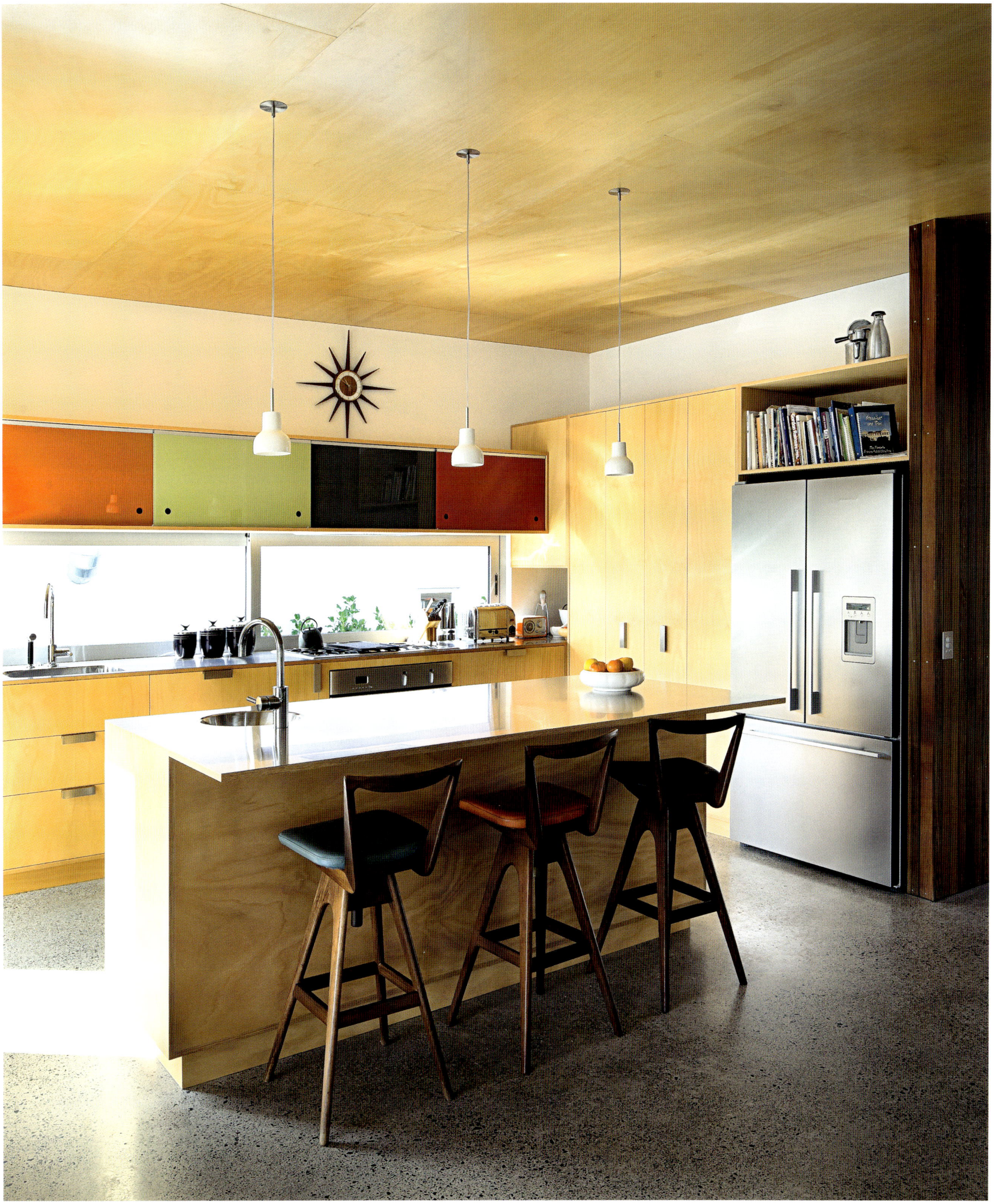

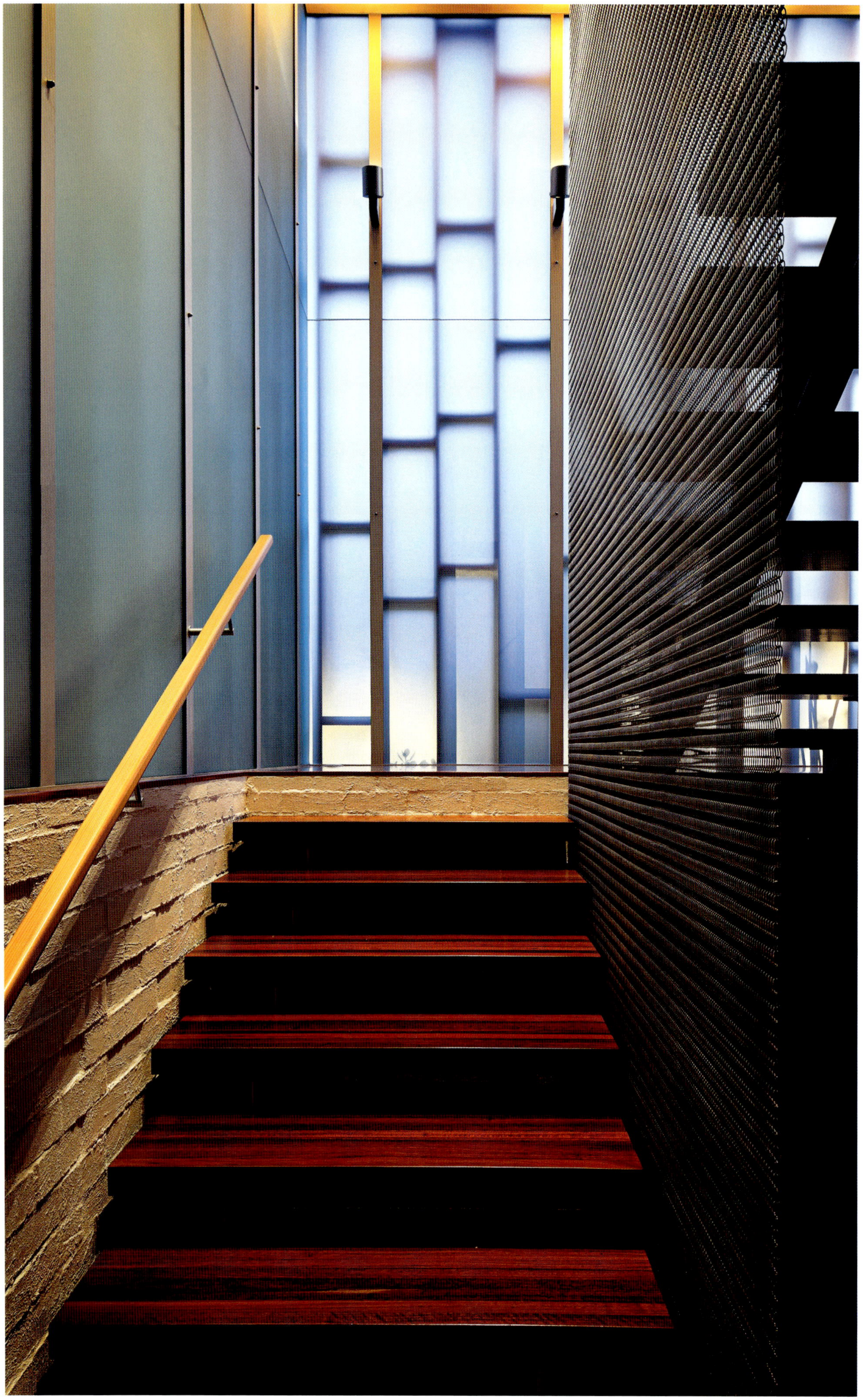

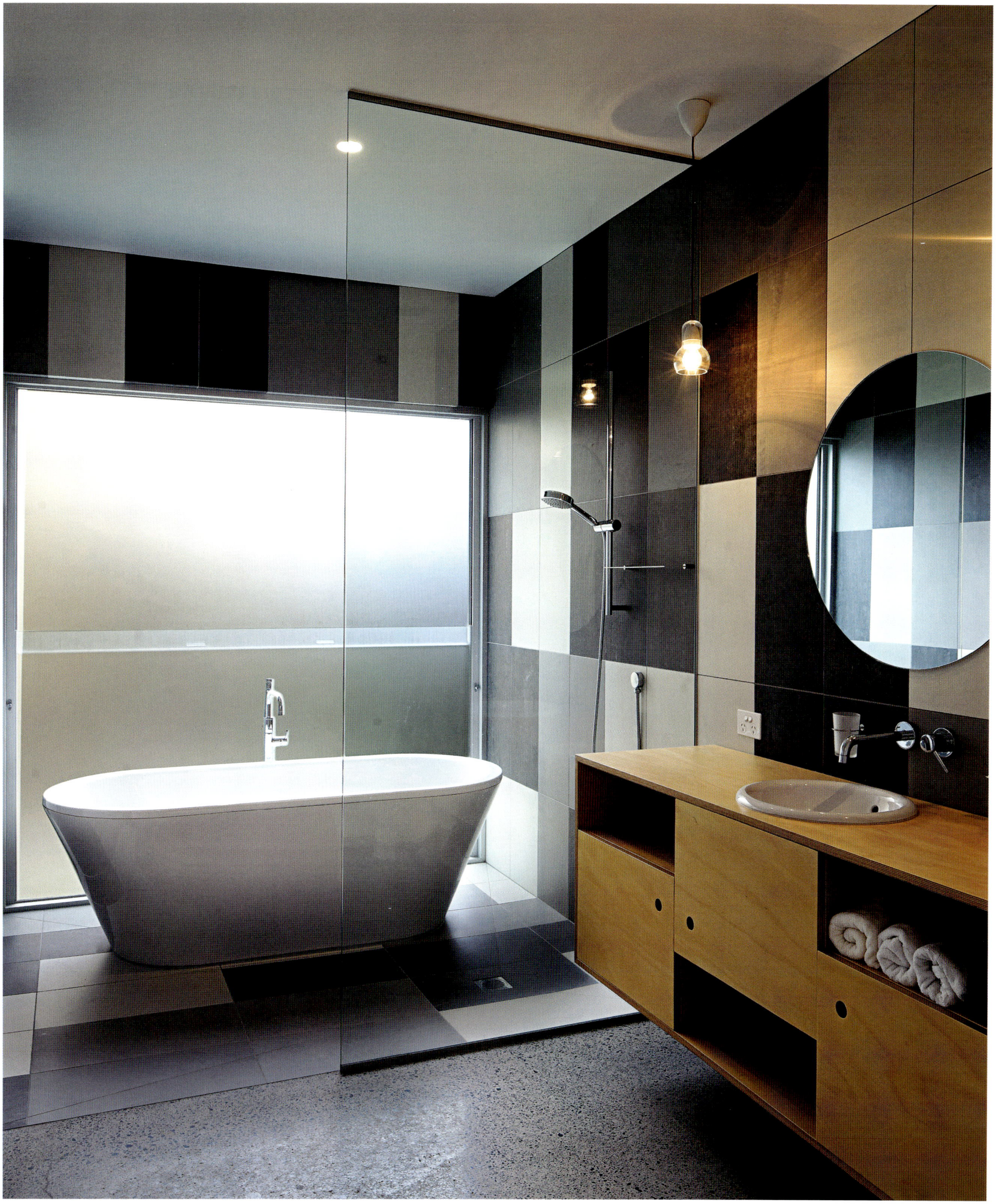

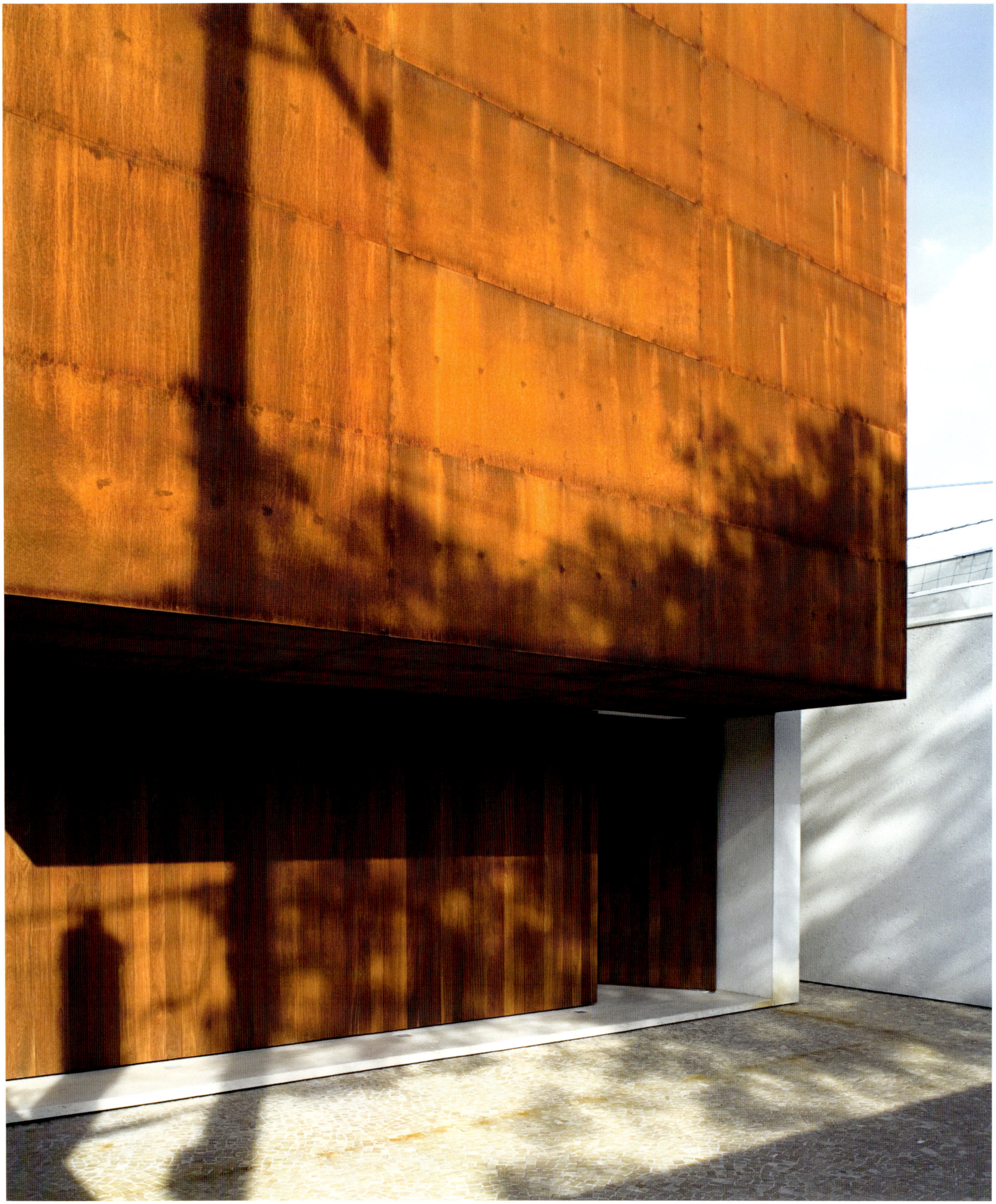

CORTEN HOUSE

Marcio Kogan/Studio MK27
São Paulo, Brazil
© Nelson Kon

This house, which is located close to the largest park in São Paulo, Brazil, is as surprising on the outside as it is extraordinary inside. The ornate façade, which rises behind the wooden garage door, is made from Corten steel. From the street the house appears compact and impenetrable: a private haven in one of the most populated cities in the world.

Dieses Haus mit seinem überraschenden Äußeren und ebenso außergewöhnlichen Innenleben liegt ganz in der Nähe des größten Parks von São Paulo. Hinter dem Holztor der Garage erhebt sich die effektvolle Fassade aus Cortenstahl. Von der Straße aus wirkt das Gebäude wie ein kompakter, undurchdringlicher Baukörper: Ein Zufluchtsort, in dem man in Geborgenheit leben kann, inmitten einer der meist bevölkerten Städte der Welt.

Aussi surprenant que soit son extérieur que peut être extraordinaire son intérieur, cette maison se trouve près du plus grand parc de São Paulo, au Brésil. La façade voyante, qui se trouve derrière la porte en bois du garage, est faite en acier Corten. De la rue, la maison est perçue comme un volume compact et impénétrable : un refuge pour préserver l'intimité dans l'une des villes les plus peuplées au monde.

Dit huis heeft een verrassende buitenkant en een geweldig interieur en ligt vlakbij het grootste park van São Paulo, Brazilië. De opvallende façade, die zichtbaar wordt achter de houten garagedeur, is gemaakt van Corten staal. Vanaf de straat ziet de woning er compact en gesloten uit: een schuilplaats die privacy biedt in een van de drukste steden ter wereld.

Tan sorprendente su exterior como extraordinario su interior, esta casa se encuentra cerca del parque más grande de São Paulo. La vistosa fachada, que se alza tras la puerta de madera del garaje, está realizada con acero Corten. Desde la calle, la vivienda se percibe como un volumen compacto e impenetrable: un refugio para conseguir intimidad en una de las ciudades más pobladas del mundo.

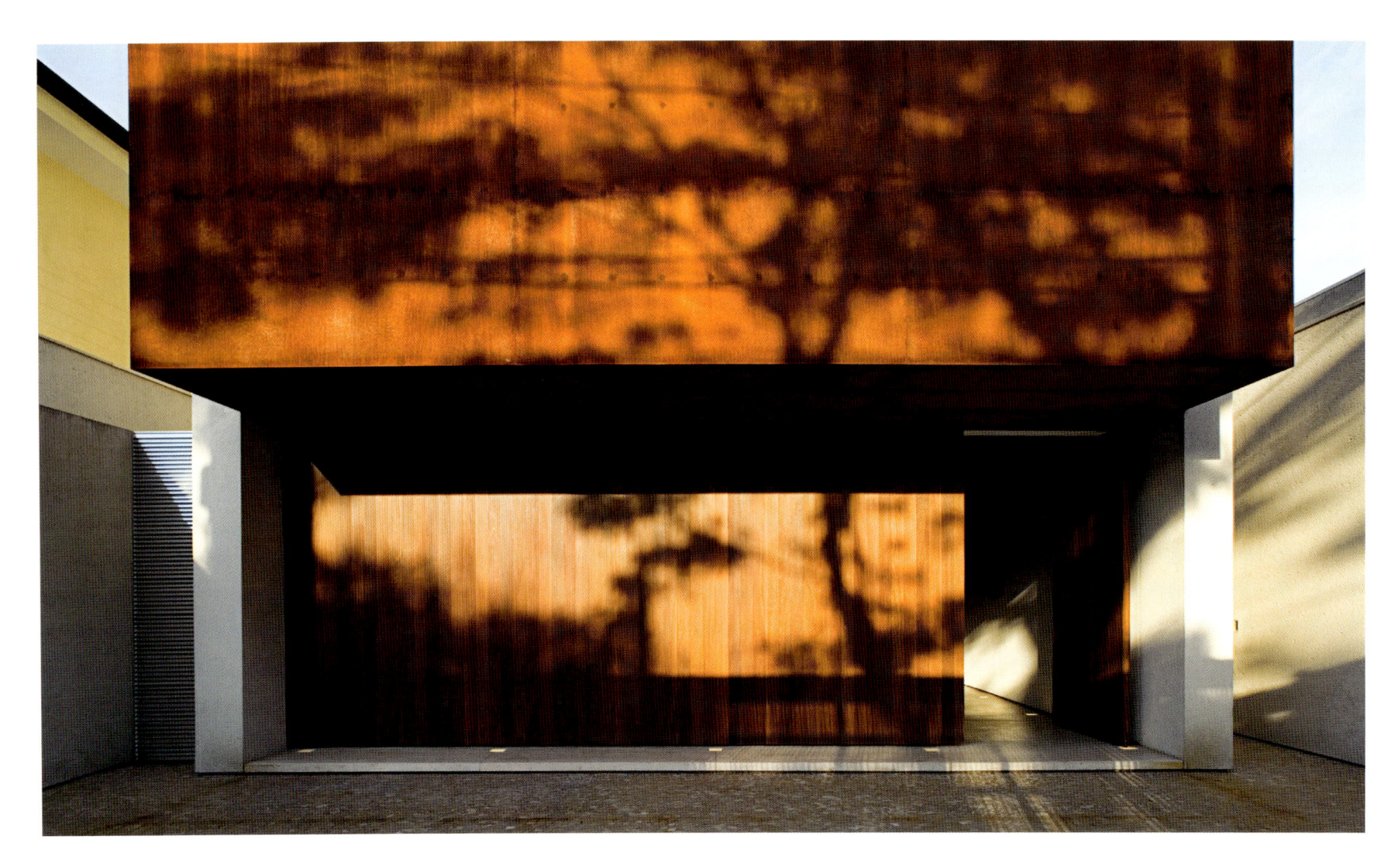

The front door is made of wood, like the garage, but coloured in the same tone as the steel it is distinguished from the rest of the façade only by its texture.

Obwohl die Eingangstür aus Holz – ebenso wie das Garagentor – im gleichen Ton wie der Stahl gehalten ist, sorgt ihre Textur für eine Abweichung von der übrigen Fassade.

Même si la porte d'entrée, en bois — comme celle du garage —, a la même teinte que l'acier, sa composition la distingue du reste de la façade.

De toegangspoort, die net als de garagedeur van hout is, heeft dezelfde kleur als het staal, maar onderscheidt zich door de textuur toch van de rest van de façade.

Aunque la puerta de entrada, de madera –como la del garaje–, presenta la misma tonalidad que el acero, su textura la distingue del resto de la fachada.

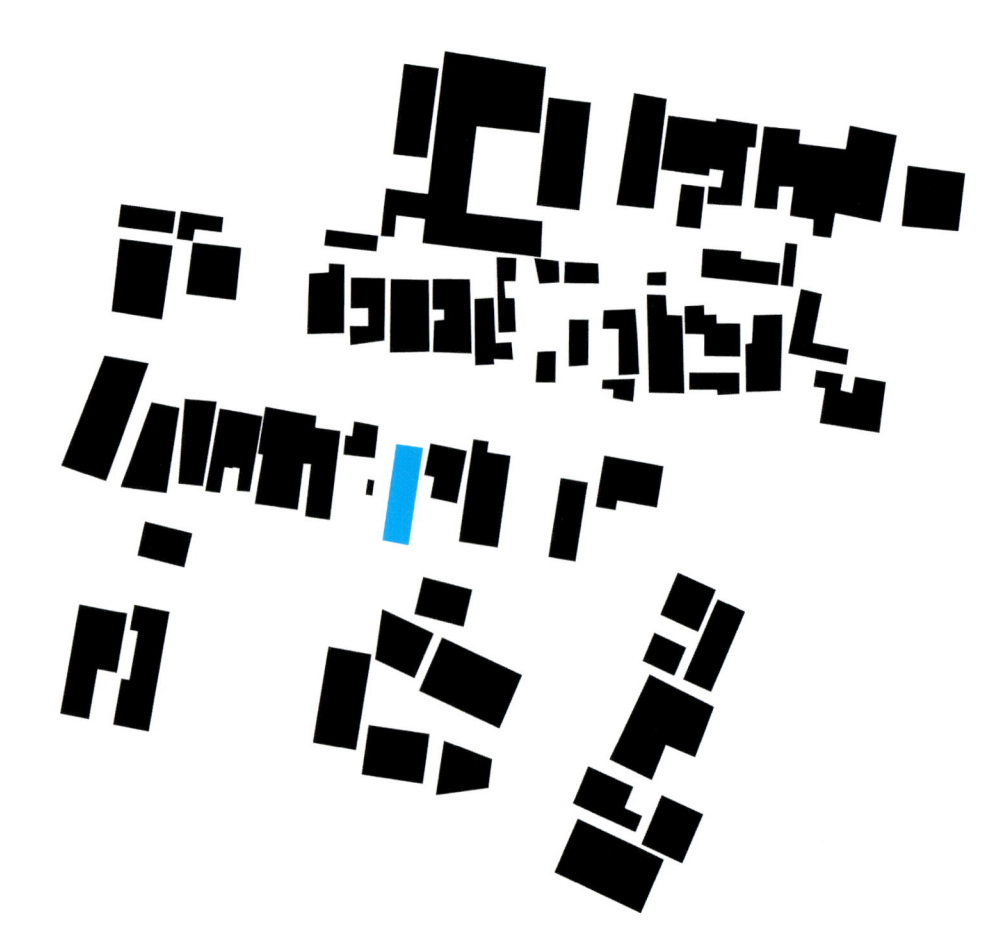

Site plan

Longitudinal section

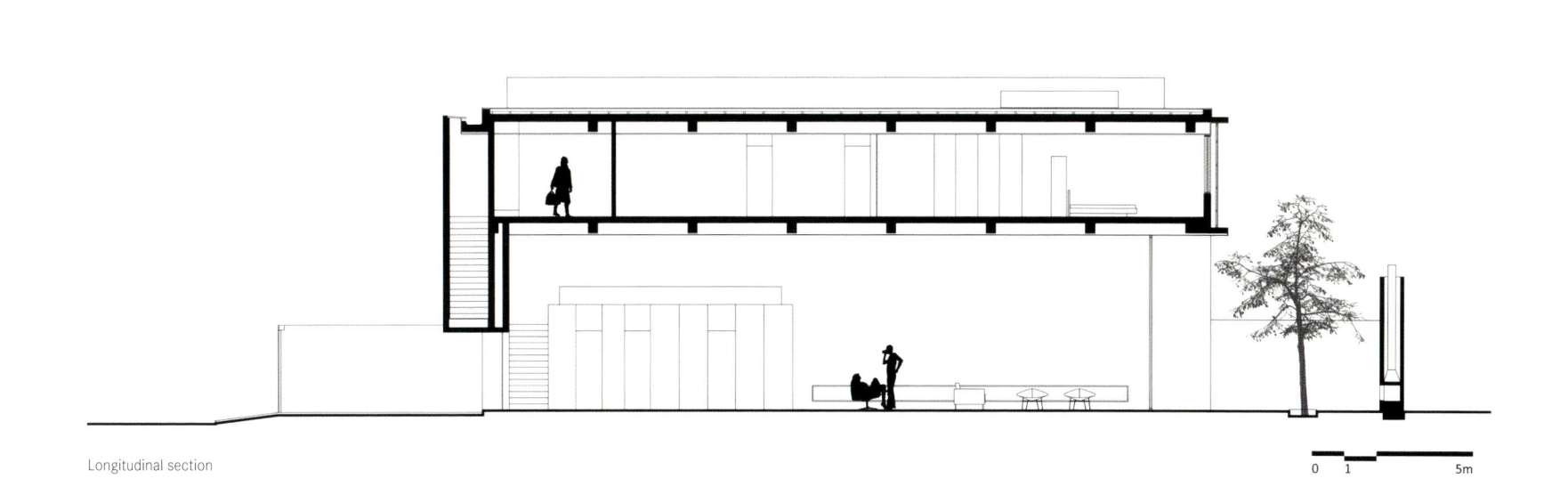

0　1　　5m

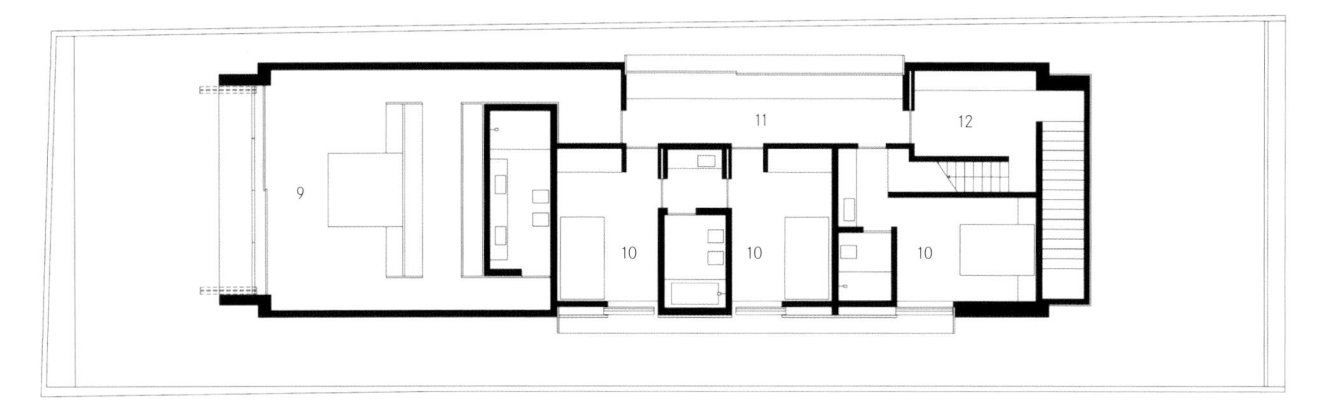

Third floor plan

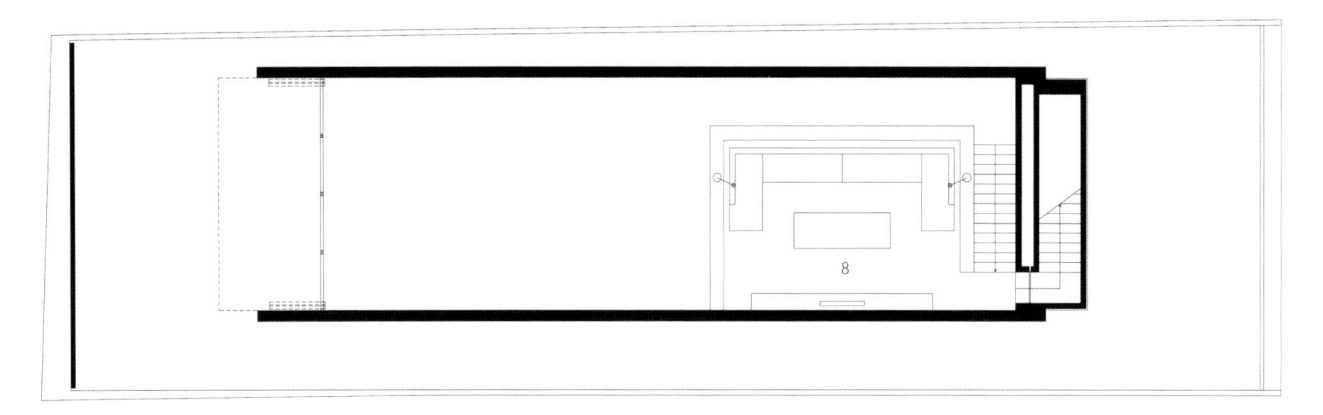

Second floor plan

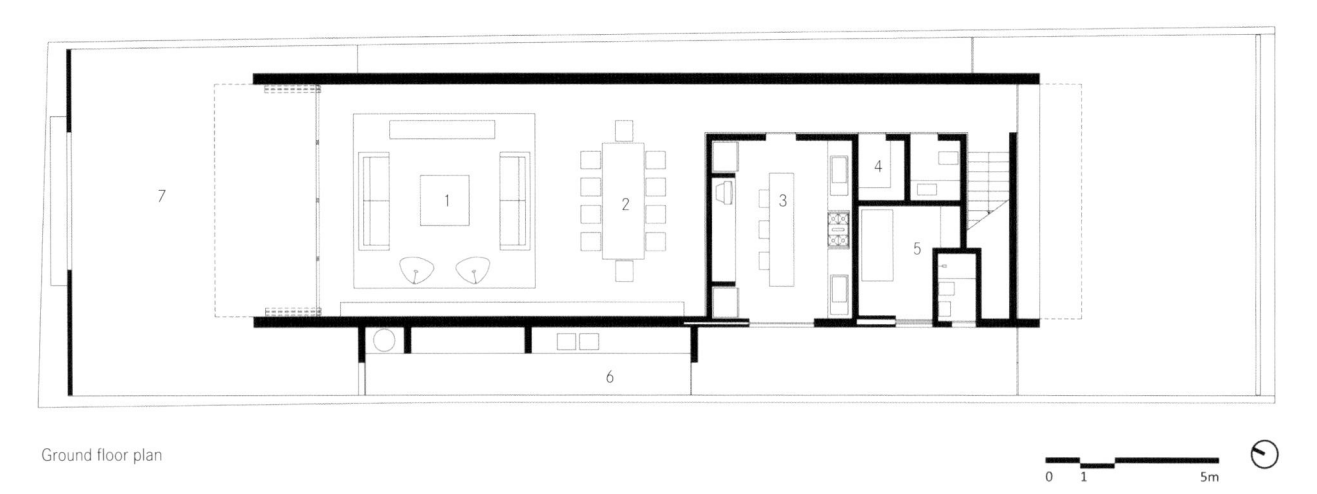

Ground floor plan

1. Living room
2. Dining room
3. Kitchen
4. Pantry
5. Maid's room
6. Laundry
7. Patio
8. TV room
9. Master bedroom
10. Bedroom
11. Office
12. Family room

0 1   5m

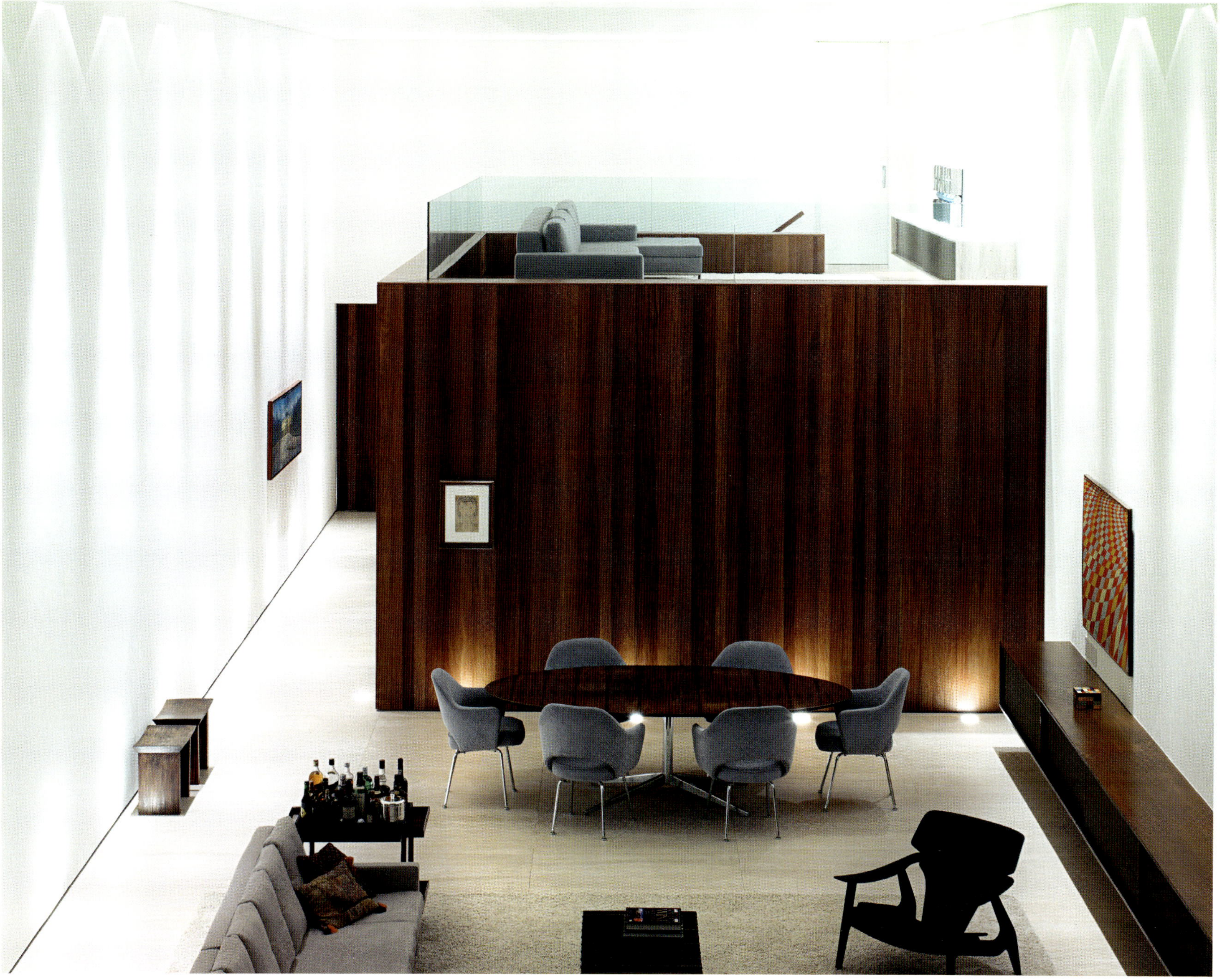

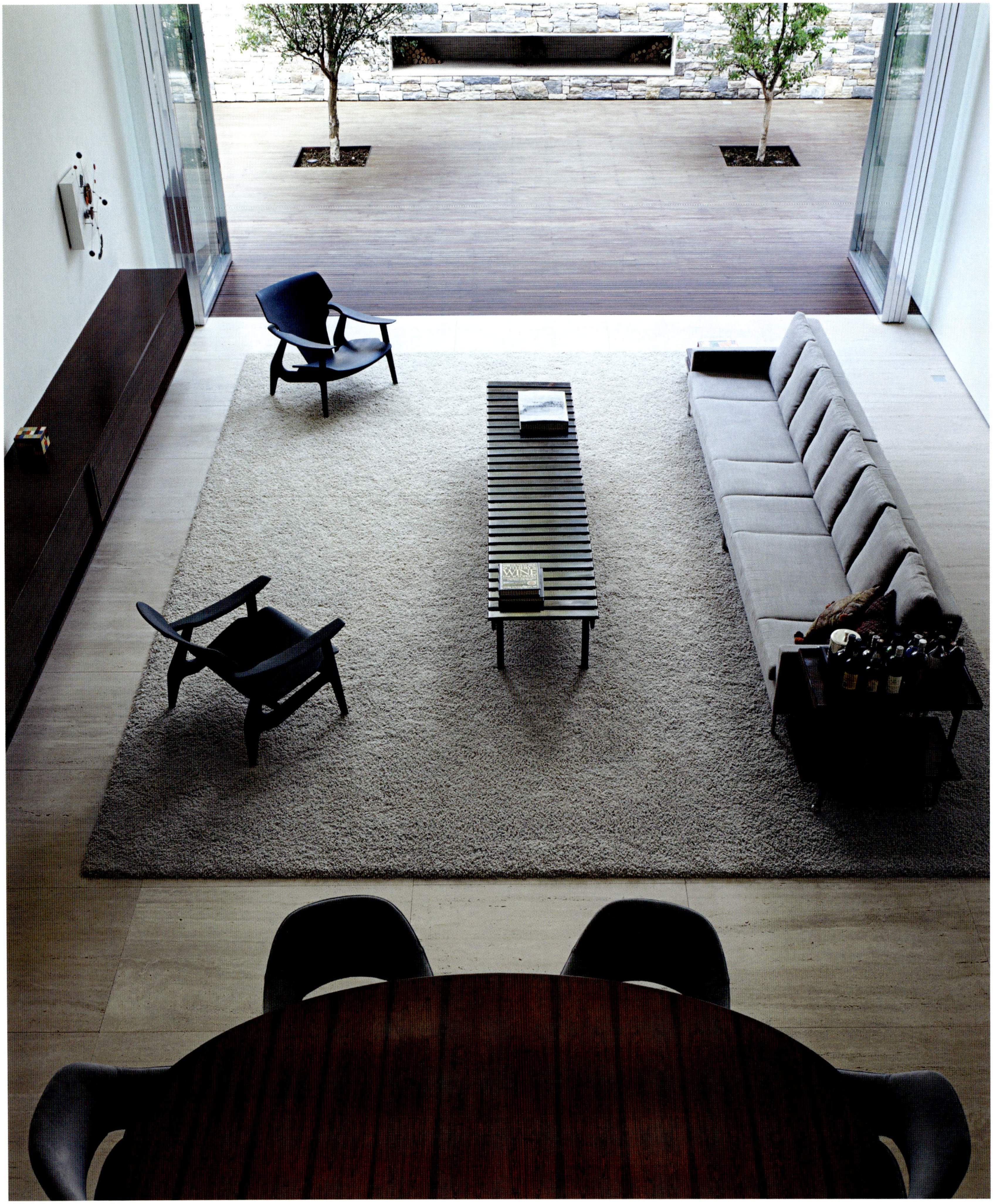

The living room opens completely to the outside, where the fireplace is located. This surprising distribution blurs the lines between interior and exterior space.

Der Wohnbereich öffnet sich vollständig nach Außen hin, wo sich der Kamin befindet. Diese überraschende Anordnung verwischt die Grenzen zwischen Innen- und Außenbereich.

Le salon s'ouvre entièrement sur l'extérieur, où se trouve la cheminée. Cette distribution surprenante élimine les limites entre l'espace intérieur et extérieur.

De woonkamer kan volledig geopend worden naar de buitenzijde, waar zich de openhaard bevindt. Deze verrassende indeling vervaagt de grenzen tussen interieur en omgeving.

La sala de estar se abre por completo al exterior, donde se halla la chimenea. Esta sorprendente distribución borra los límites entre el espacio interior y el exterior.

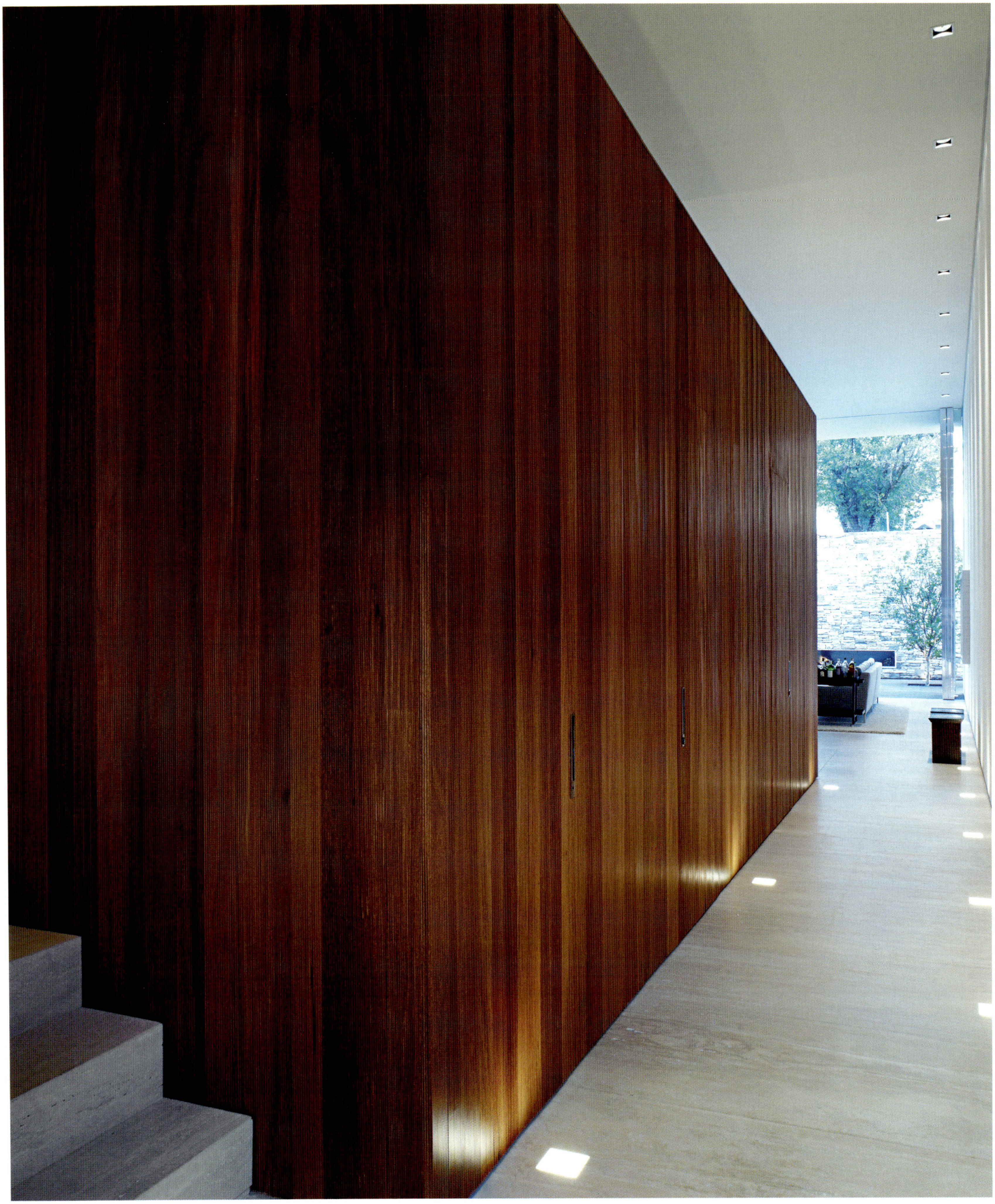

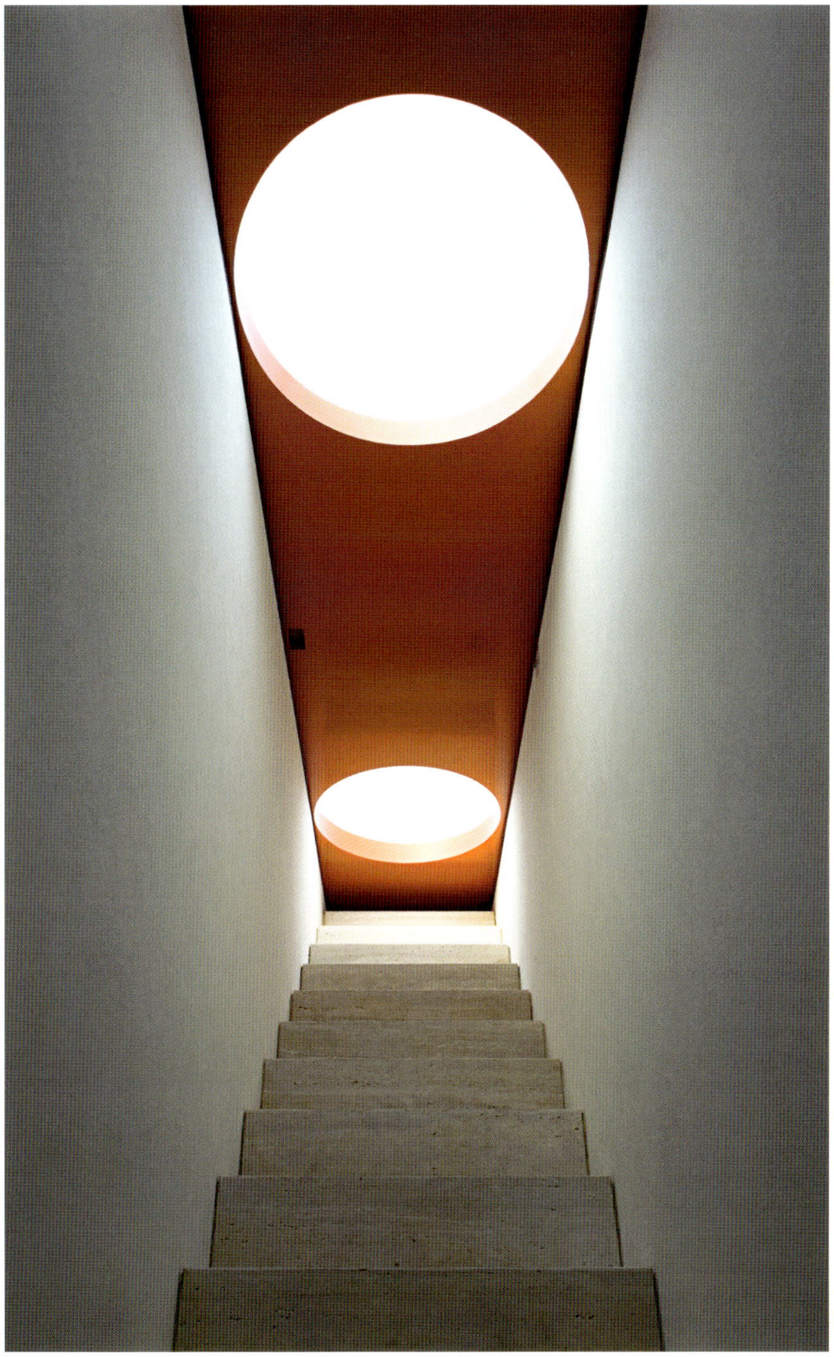

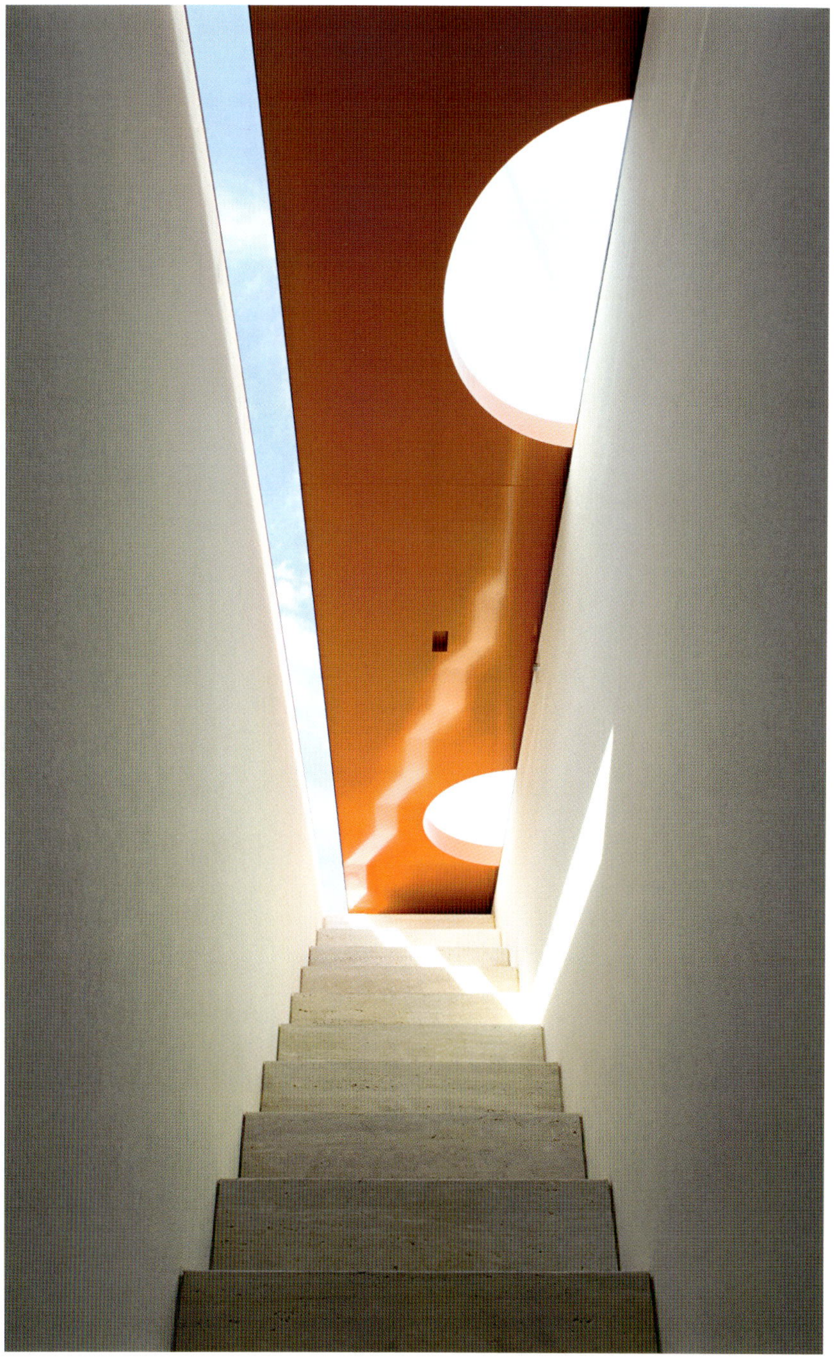

The roof, with its heated pool set in a wooden deck, becomes an amazing viewpoint from which to enjoy the São Paulo skyline.

Das Dach, mit einem klimatisierten Swimmingpool auf einem Holzdeck, bietet ein faszinierendes Panorama der Skyline von São Paulo.

Le toit, avec une piscine climatisée sur une terrasse en bois, devient un incroyable belvédère pour profiter de la vue sur tout São Paulo.

Het dakterras, met een verwarmd zwembad op een houten dek, fungeert als een geweldig uitkijkpunt waar men kan genieten van de horizon van São Paulo.

El terrado, con una piscina climatizada sobre una cubierta de madera, se convierte en un increíble mirador desde el que disfrutar del horizonte de São Paulo.

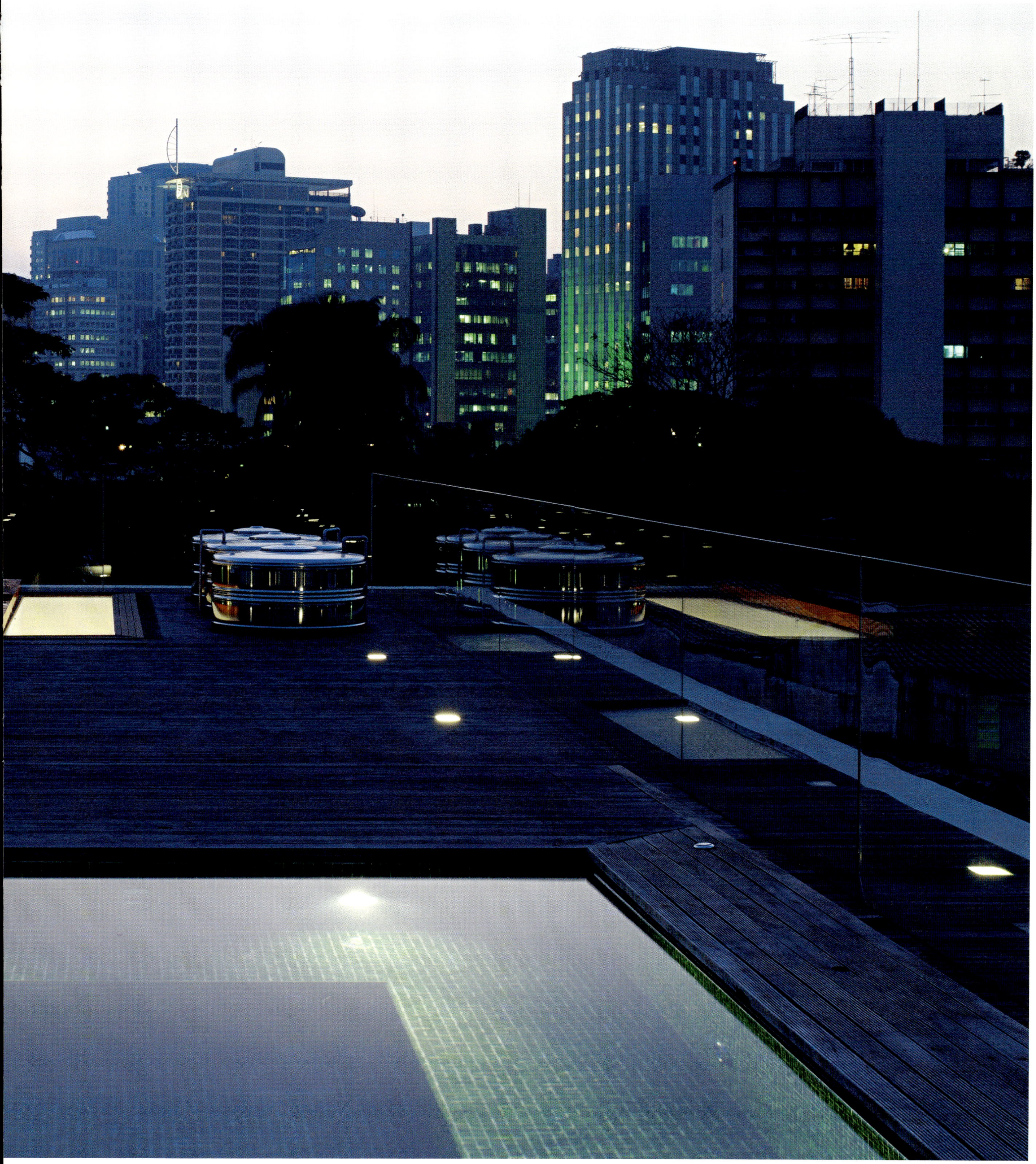

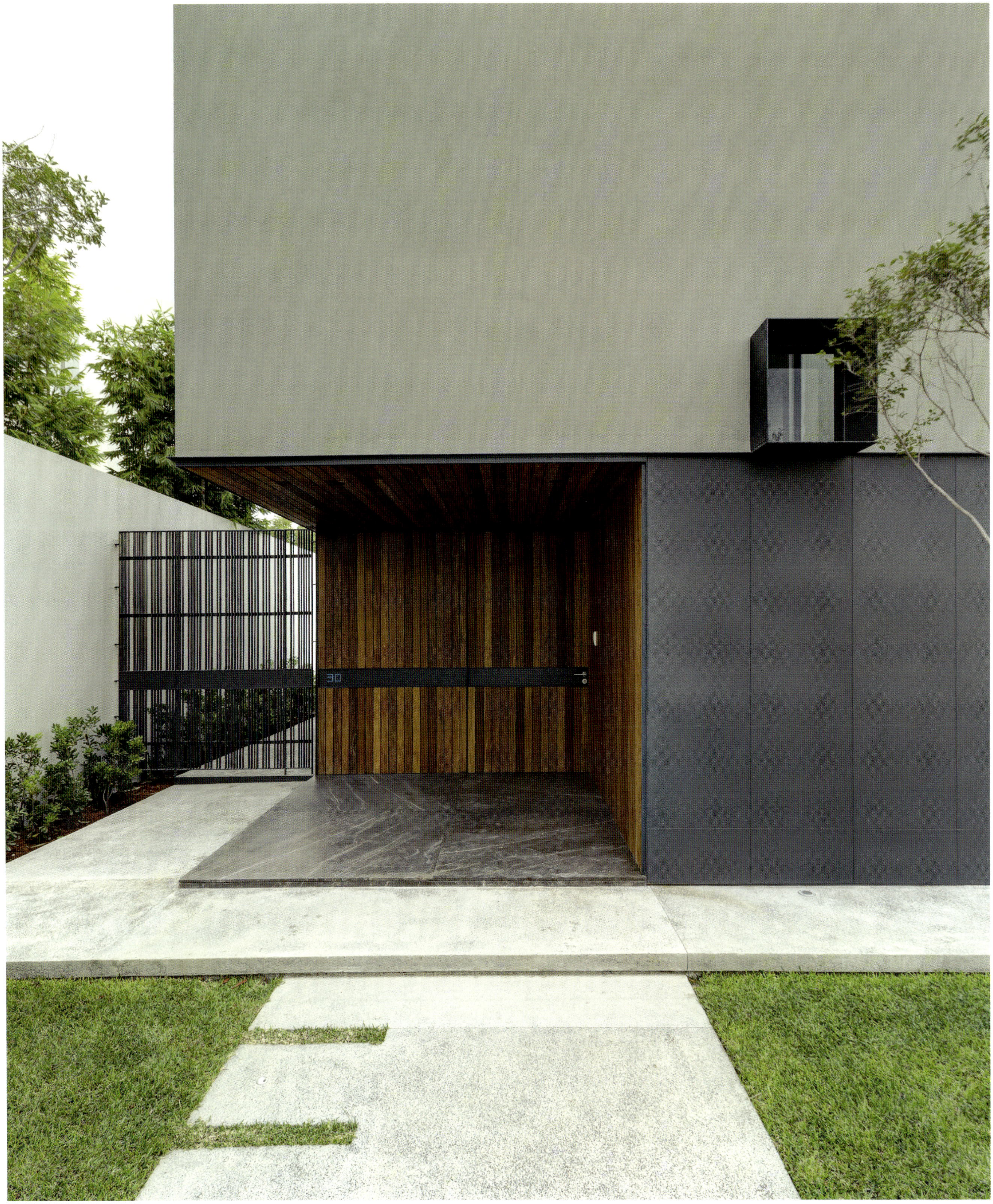
30

CASA OVAL

Elías Rizo Arquitectos
Zapopan, Mexico
© Marcos García

This project presented a challenge that is increasingly common in Mexican architecture: the need to construct a house within a closed community that imposes aesthetic restrictions upon the buildings. Privacy was one of the primary objectives of the project: it was important to build a house that was secluded from the street, while also allowing plenty of natural light to enter.

Dieses Projekt stellte eine Herausforderung dar, die in der mexikanischen Architektur immer häufiger wird: Der Bau eines Hauses in einer in sich geschlossenen Gemeinde, die den Gebäuden häufig ästhetische Vorschriften auferlegt. Privatsphäre war eines der großen Anliegen des Projekts: Die Bauherren wünschten sich ein Haus, das von der Straße aus nicht einsehbar ist, aber gleichzeitig das Eindringen von Licht ermöglicht.

Ce projet relevait un défi de plus en plus commun dans l'architecture mexicaine : construire une maison dans une communauté fermée qui impose souvent des restrictions esthétiques aux bâtiments. Le respect de la vie privée a été l'une des préoccupations majeures du projet : il fallait une maison qui puisse protéger leur intimité par rapport à la rue, mais qui permettrait en même temps à la lumière naturelle d'entrer.

De uitdaging in dit project komt in de Mexicaanse architectuur steeds vaker voor: het bouwen van een huis in een besloten gemeenschap die beperkingen op het gebied van esthetica oplegt. Een van de belangrijkste aandachtspunten van het project was de privacy: men wilde een woning die intimiteit bood ten opzichte van de straat, maar die ook het daglicht binnen liet komen.

Este proyecto presentaba un reto cada vez más común en la arquitectura mexicana: construir una casa en una comunidad cerrada que a menudo impone restricciones estéticas a los edificios. La privacidad fue una de las grandes preocupaciones del proyecto: se requería de una vivienda que pudiera mantener la intimidad respecto de la calle, pero que a la vez permitiera la entrada de luz natural.

The frontal façade, which faces the street, is tightly closed, while the rear opens up to the garden: the former protects the house while the latter enables it to breathe.

Während die Frontfassade zur Straße hin hermetisch abgeschlossen wirkt, öffnet die hintere Fassade sich zum Garten hin: Die vordere Fassade schützt das Haus, die hintere lässt es atmen.

Alors que la façade avant, qui donne sur la rue, est hermétique, la façade arrière, quant à elle, s'ouvre sur le jardin : la première protège la maison, la seconde la laisse respirer.

De voorgevel van het huis, aan de straatkant gelegen, is hermetisch, maar de achtergevel opent zich naar de tuin: de eerste gevel beschermt het huis, de tweede laat het ademen.

Mientras que la fachada frontal, que da a la calle, es hermética, la fachada posterior se abre al jardín: la primera protege la casa, la segunda la deja respirar.

What might at first appear to be a simple geometric composition is in fact revealed as a house that features great attention to detail: the delicate entrance gate is a good example.

Was zunächst wie eine einfache geometrische Komposition wirkt, zeigt sich als ein Haus, bei dem großes Augenmerk aufs Detail gelegt wurde: Das raffinierte Zaungitter ist ein deutliches Indiz.

Ce qui pourrait sembler être une composition géométrique simple se révèle être une maison avec un grand souci du détail : l'élégante grille de l'entrée en est la preuve.

Wat misschien een simpele geometrische compositie lijkt, is een huis met veel oog voor detail: een goed voorbeeld hiervan is het subtiele hek bij de ingang.

Lo que podría parecer una composición geométrica simple se revela como una casa con un gran cuidado por el detalle: la delicada verja de la entrada da buena cuenta de ello.

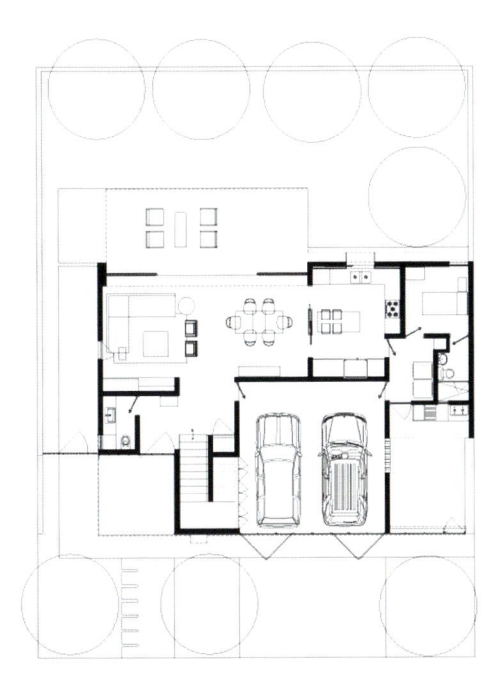

Ground floor plan

Second floor plan

316

Concrete, wood and stone are the primary materials used in the interior, and are largely responsible for the feeling of austerity that governs the space.

Beton, Holz und Stein sind die Materialien, die im Interieur zum Einsatz kommen; sie sind auch hauptsächlich für die dominierende Nüchternheit des Innenraums verantwortlich.

Le béton, le bois et la pierre sont les matériaux utilisés à l'intérieur ; ils sont en majorité responsables de l'austérité qui règne dans ce lieu.

Beton, hout en steen zijn de materialen die gebruikt zijn voor het interieur; ze zijn grotendeels verantwoordelijk voor de soberheid die de ruimte kenmerkt.

El hormigón, la madera y la piedra son los materiales empleados en el interior; ellos son en buena parte responsables de la austeridad que rige el espacio.

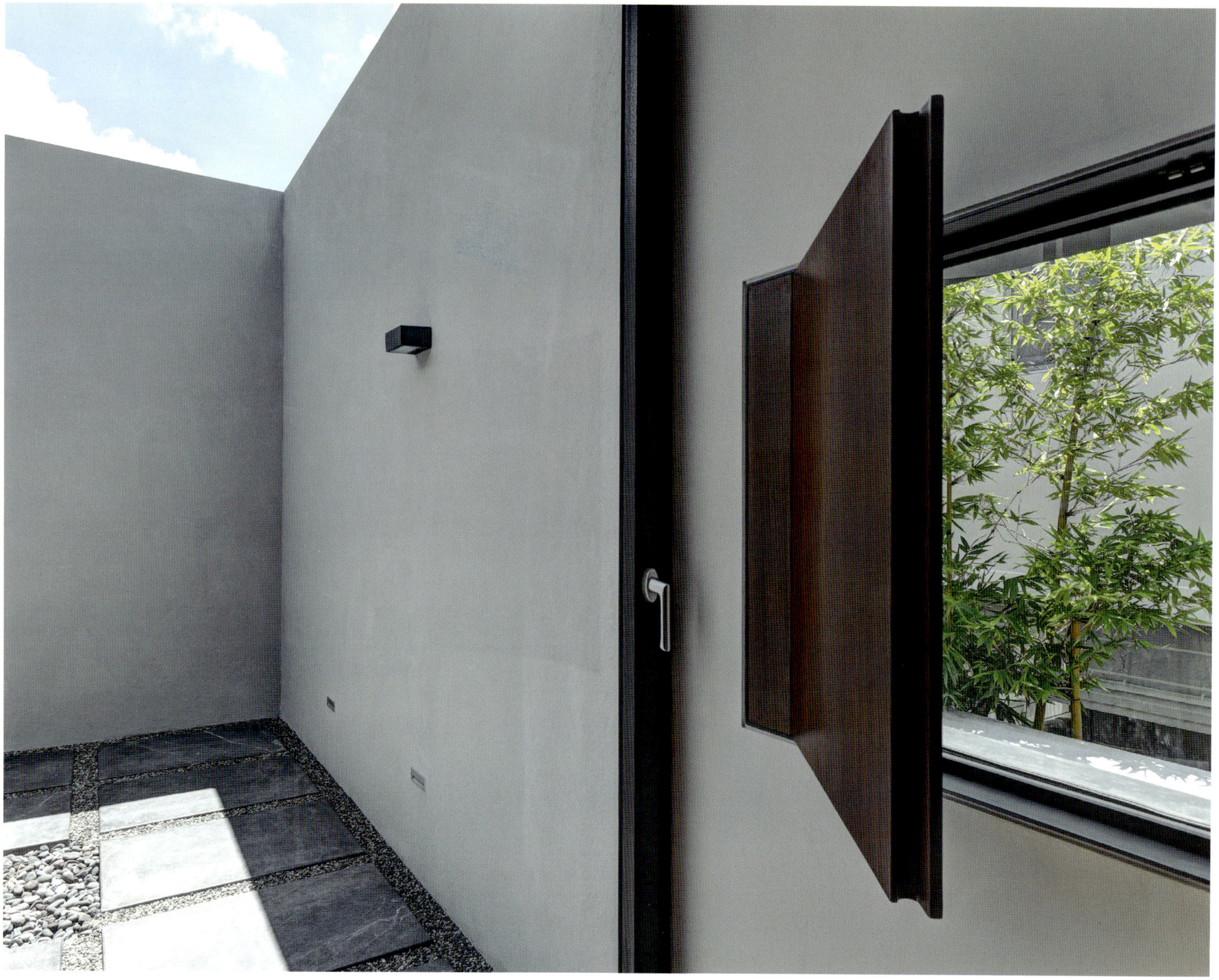

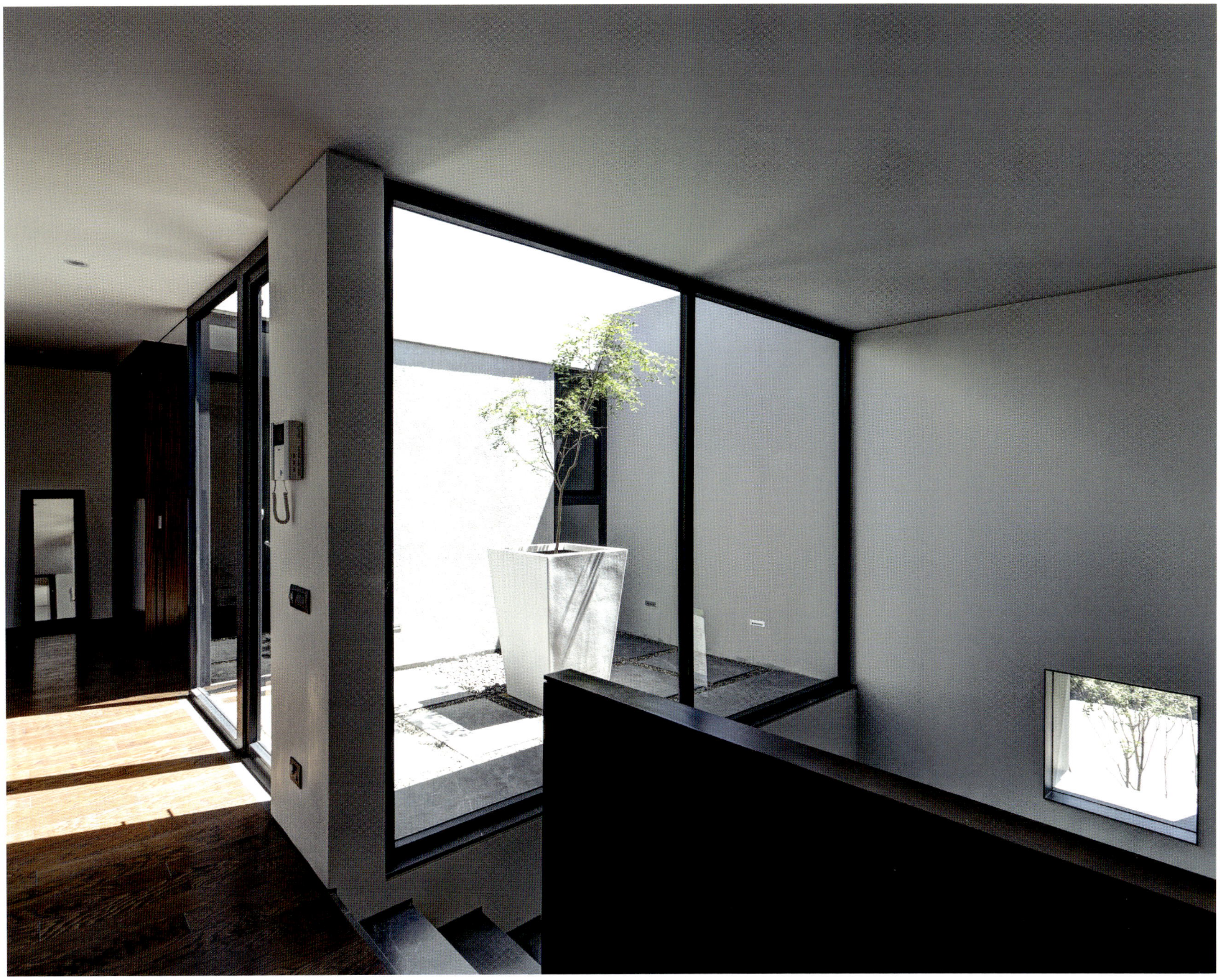

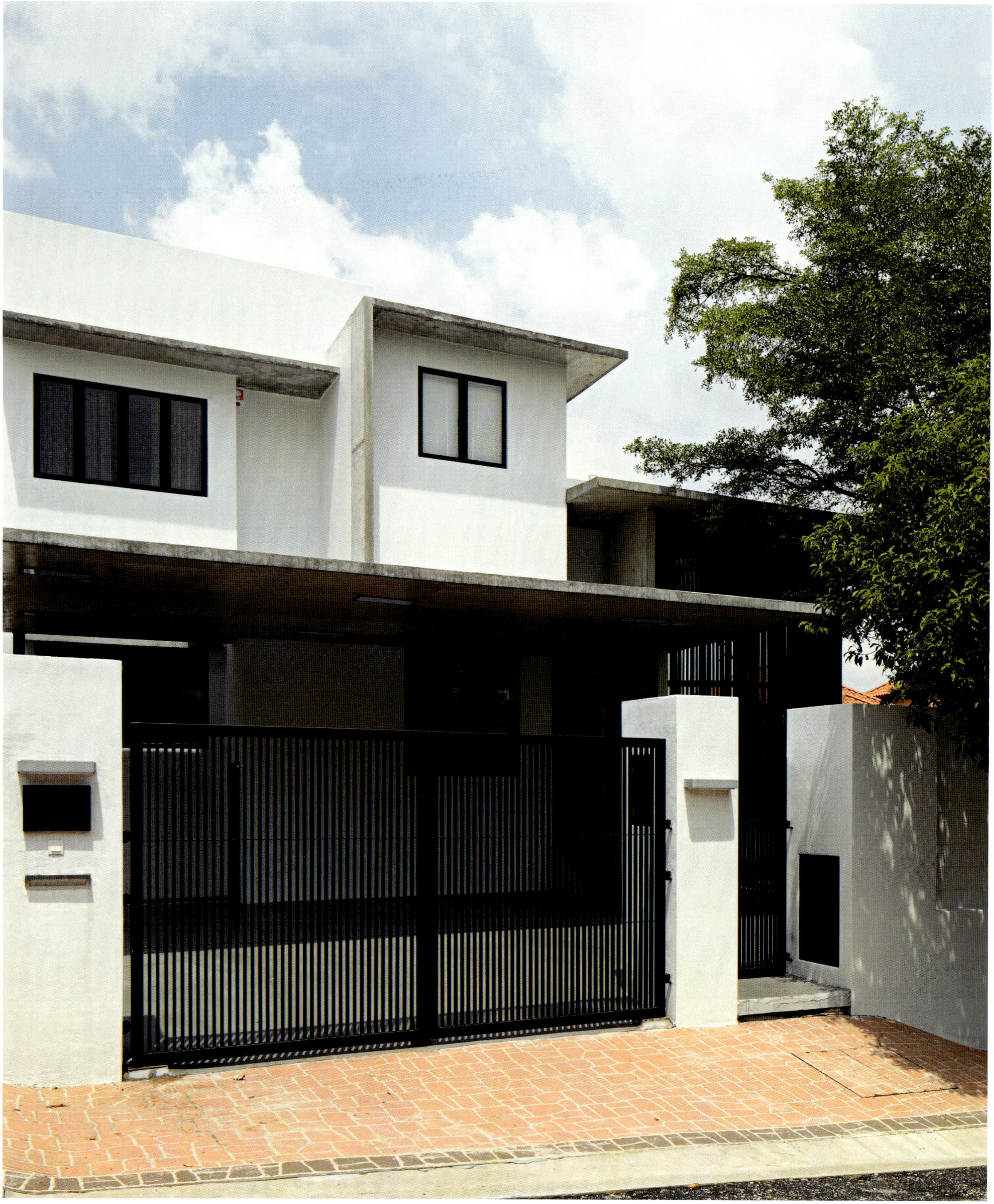

VOILA HOUSE

Fabian Tan
Kuala Lumpur, Malaysia
© Eiffel Chong

It is the umbrella trees in the garden that really catch one's attention on visiting this property. It is not surprising, therefore, that the transformation from gable-roofed bungalow into contemporary property has been structured around them. The common areas form a U-shape around the garden, while the kitchen and the bedrooms are on the opposite side.

Beim Besuch dieses Hauses fallen die Schirm-Magnolien im Garten ganz besonders ins Auge. Daher verwundert es nicht, dass dieser Umbau eines Bungalows mit Satteldach in ein modernes Wohnhaus sich um diese Bäume herum strukturierte. Die Gemeinschaftsbereiche haben die Form eines U und erstrecken sich bis zum Garten, während die Küche und die Schlafräume sich im gegenüber liegenden Teil befinden.

En visitant cette propriété, ce qui attire le plus l'attention ce sont les arbres parapluie du jardin. Par conséquent, il n'est pas surprenant que cette transformation d'un bungalow au toit à deux pentes en une maison contemporaine s'agence autour d'eux. Les parties communes s'étendent en forme de U jusqu'au jardin, tandis que la cuisine et les chambres se situent du côté opposé.

Wat de bezoeker direct op zal vallen aan dit pand zijn de paraplubomen in de tuin. Het is daarom ook niet verwonderlijk dat deze bomen bij de overgang van een bungalow met zadeldak naar een moderne woning een centrale rol hebben gespeeld. De gemeenschappelijke ruimtes lopen in u-vorm tot aan de tuin, terwijl de keuken en slaapverblijven zich aan de andere zijde bevinden.

Lo que más llama la atención al visitar esta propiedad son los árboles paraguas del jardín. Por ello, no es de extrañar que esta transformación de un bungaló con tejado a dos aguas en una vivienda contemporánea se estructurara en torno a ellos. Las zonas comunes se extienden en forma de U hasta el jardín, mientras que la cocina y los dormitorios se encuentran en el lado opuesto.

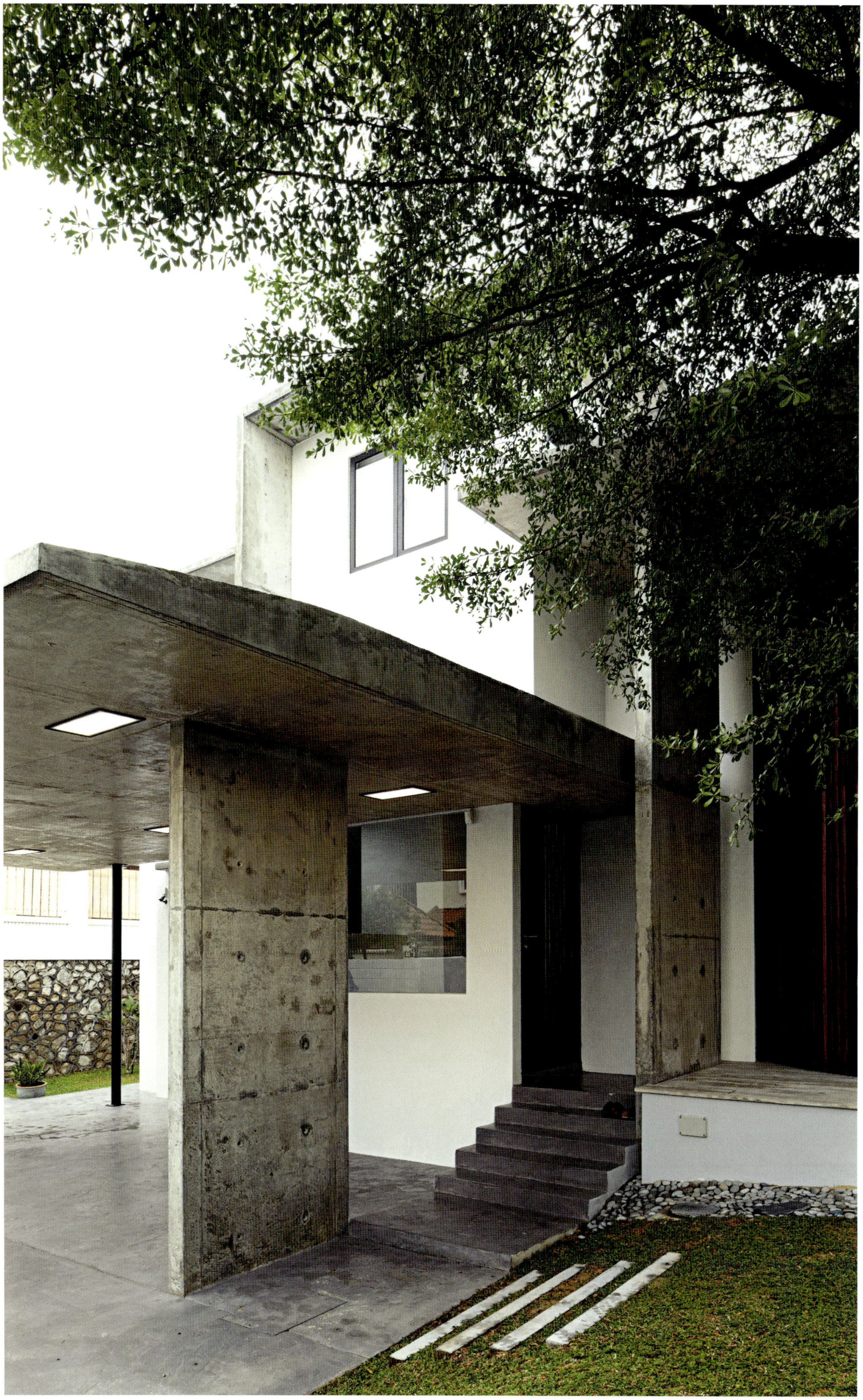

The balanced and spacious common areas were designed with a white palette to allow natural light to spread throughout the space.

Die harmonisch gestalteten, hellen Gemeinschaftsräume wurden in einer weißen Farbpalette entworfen, damit das Licht von Außen durch den gesamten Raum fließen kann.

Les parties communes, équilibrées et spacieuses, ont été conçues dans une palette de blanc pour permettre à la lumière naturelle de se propager dans tout l'espace.

De gemeenschappelijke ruimtes, gebalanceerd en ruim, zijn ontworpen op basis van een witpalet, zodat het daglicht zich door de gehele ruimte kan verspreiden.

Las zonas comunes, equilibradas y espaciosas, se diseñaron con una paleta blanca para permitir que la luz natural se extendiera por todo su espacio.

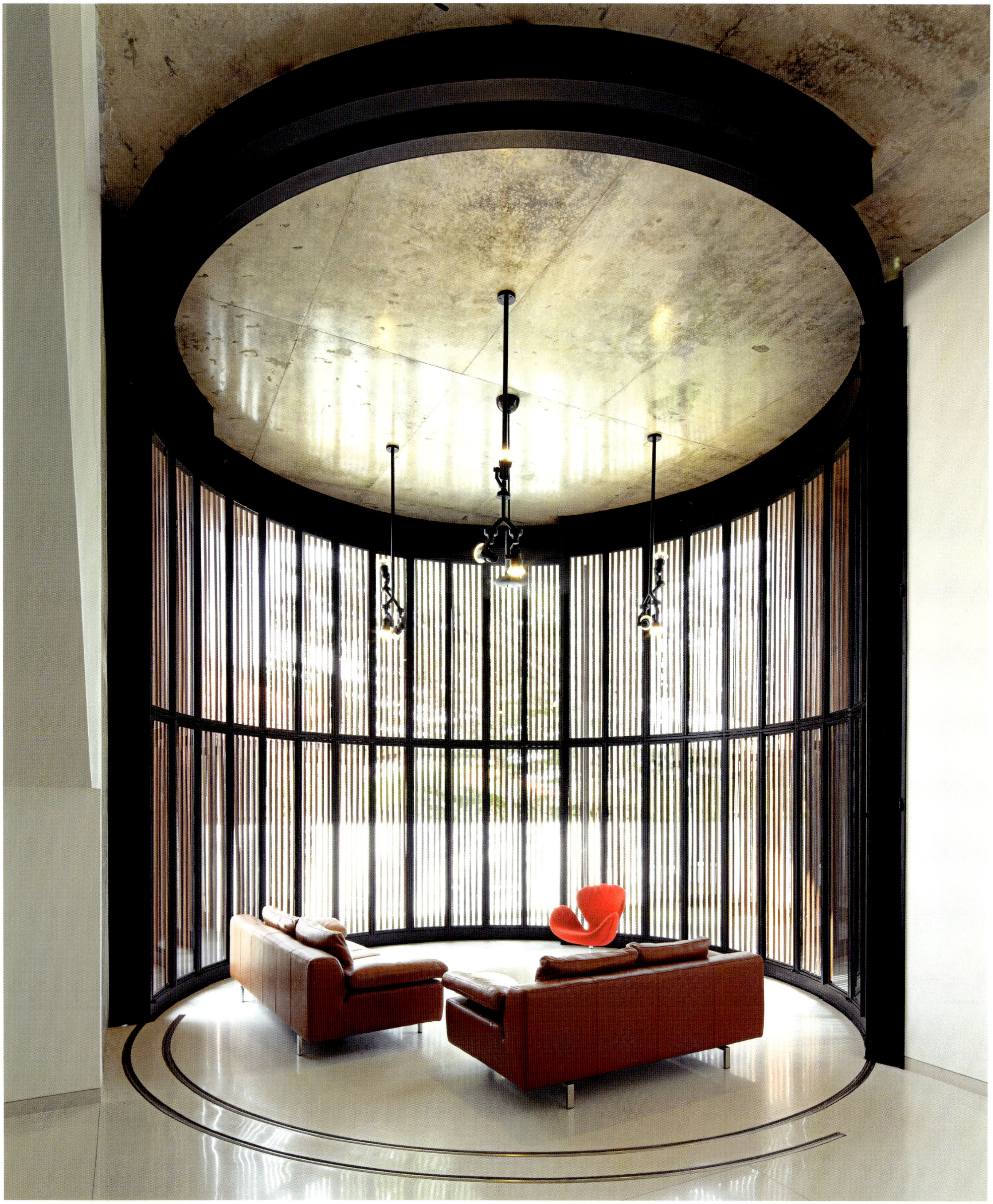

Thanks to a system of revolving doors, the room can remain closed to the elements to keep it cool, or be completely opened up to the exterior landscape.

Durch ein System aus Schiebetüren kann der Wohnraum sowohl ausschließlich als Innenraum genutzt werden und dabei angenehm kühl bleiben, wie auch vollständig zum Garten hin geöffnet werden.

Grace à un système de portes pivotantes, le salon peut se refermer intérieurement, pour rester au frais, ou s'ouvrir entièrement sur le paysage.

Met behulp van een systeem van draaideuren, kan de woonkamer binnen en koel blijven of compleet geopend worden naar buiten toe.

Gracias a un sistema de puertas giratorias, la sala puede quedar resguardada en el interior, manteniéndose fresca, o abrirse por completo hacia el paisaje.

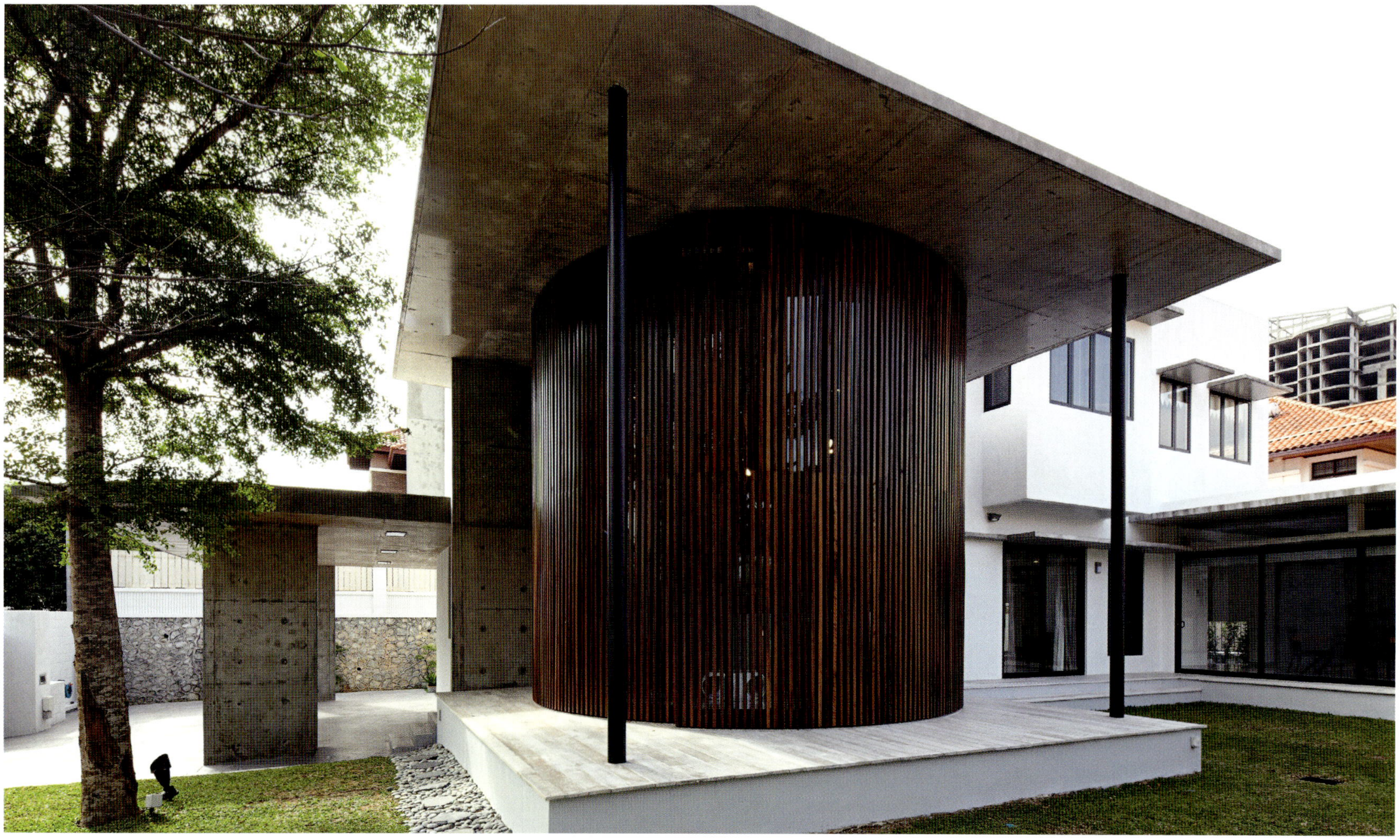

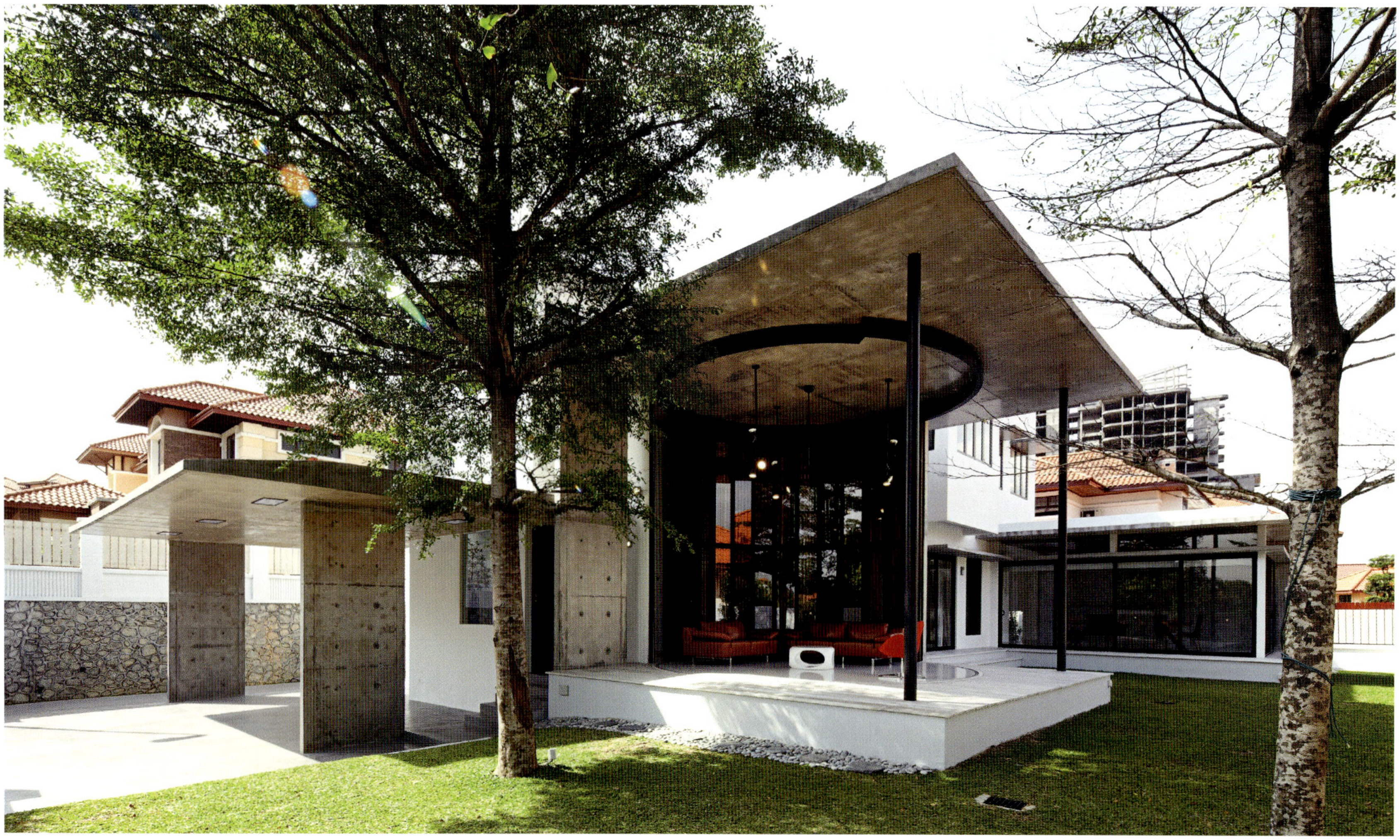

This dining room offers privacy from the neighbouring house, with views to the unique circular living room and the umbrella-shaped trees beyond.

Vom Esszimmer aus, das vor Einblicken vom Nachbarhaus geschützt ist, sieht man den ungewöhnlichen runden Salon und weiter hinten die wie Regenschirme geformten Riesen-Magnolien.

De cette salle à manger, qui préserve l'intimité face à la maison voisine, nous pouvons contempler le singulier salon circulaire et, plus loin, les arbres en forme de parapluies.

Vanuit deze eetkamer, die privacy biedt ten opzichte van het nabijgelegen huis, kan de aparte ronde kamer aanschouwd worden, evenals, iets verder weg, de parapluvormige bomen.

Desde este comedor, que proporciona privacidad respecto de la casa vecina, se puede contemplar el peculiar salón circular y, más allá, los árboles paraguas.

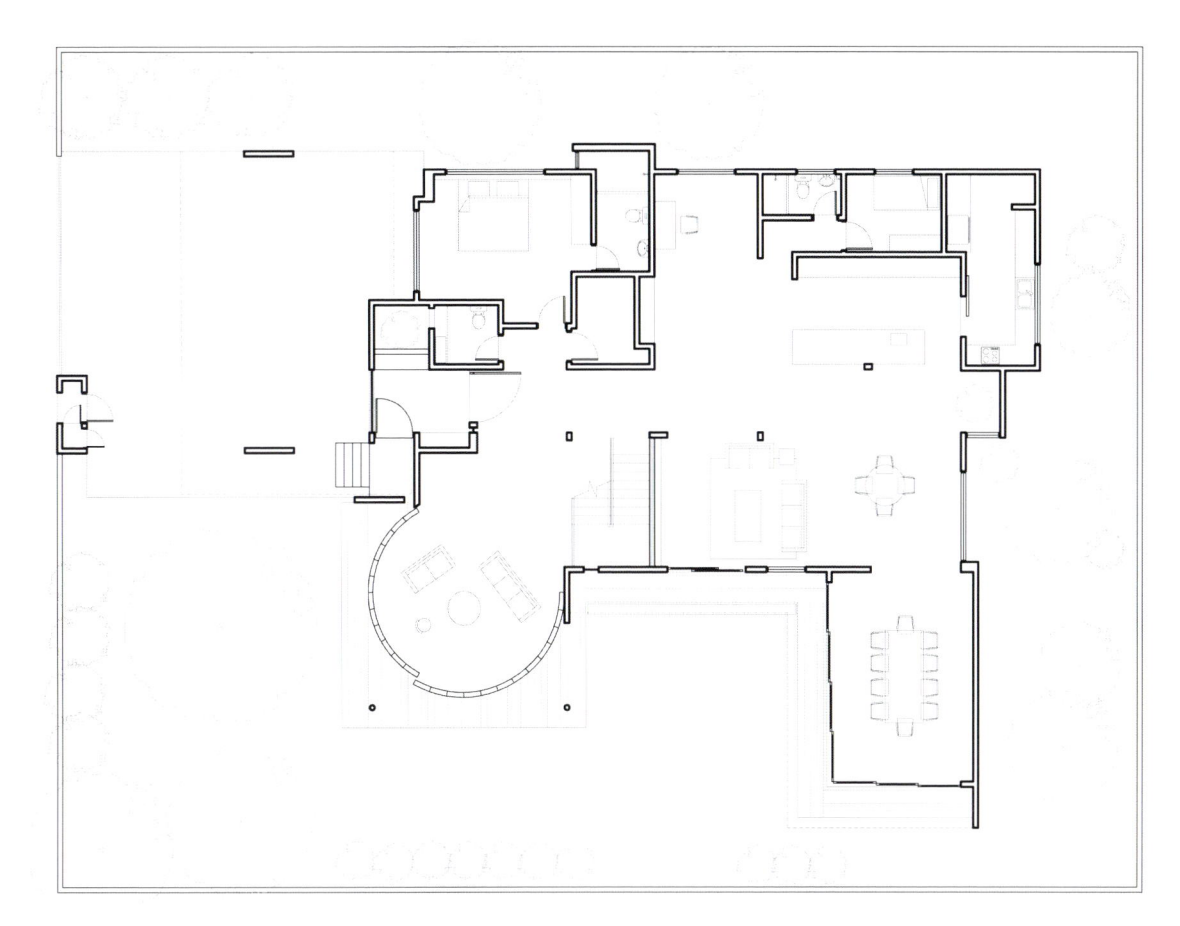

Ground floor plan

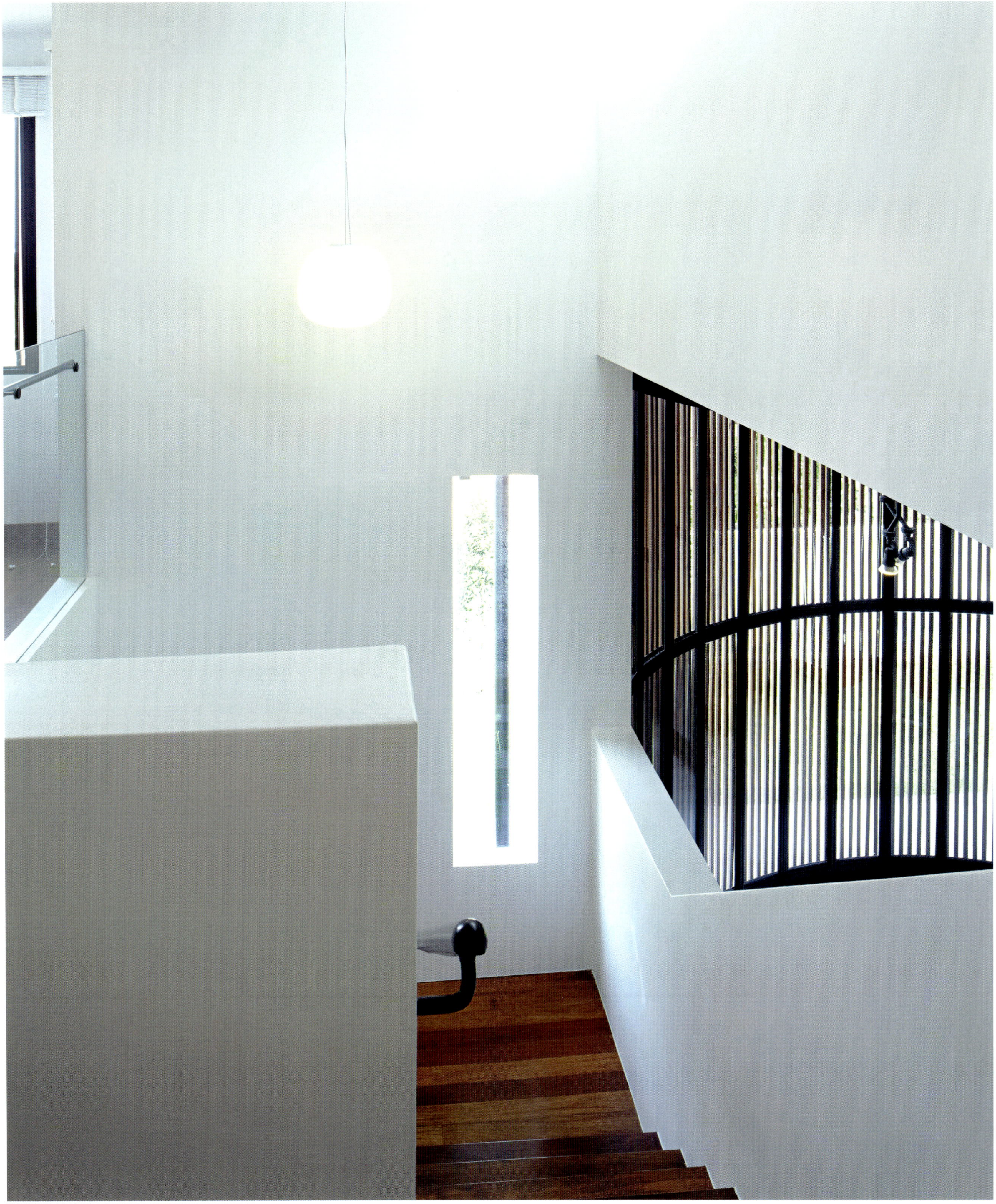

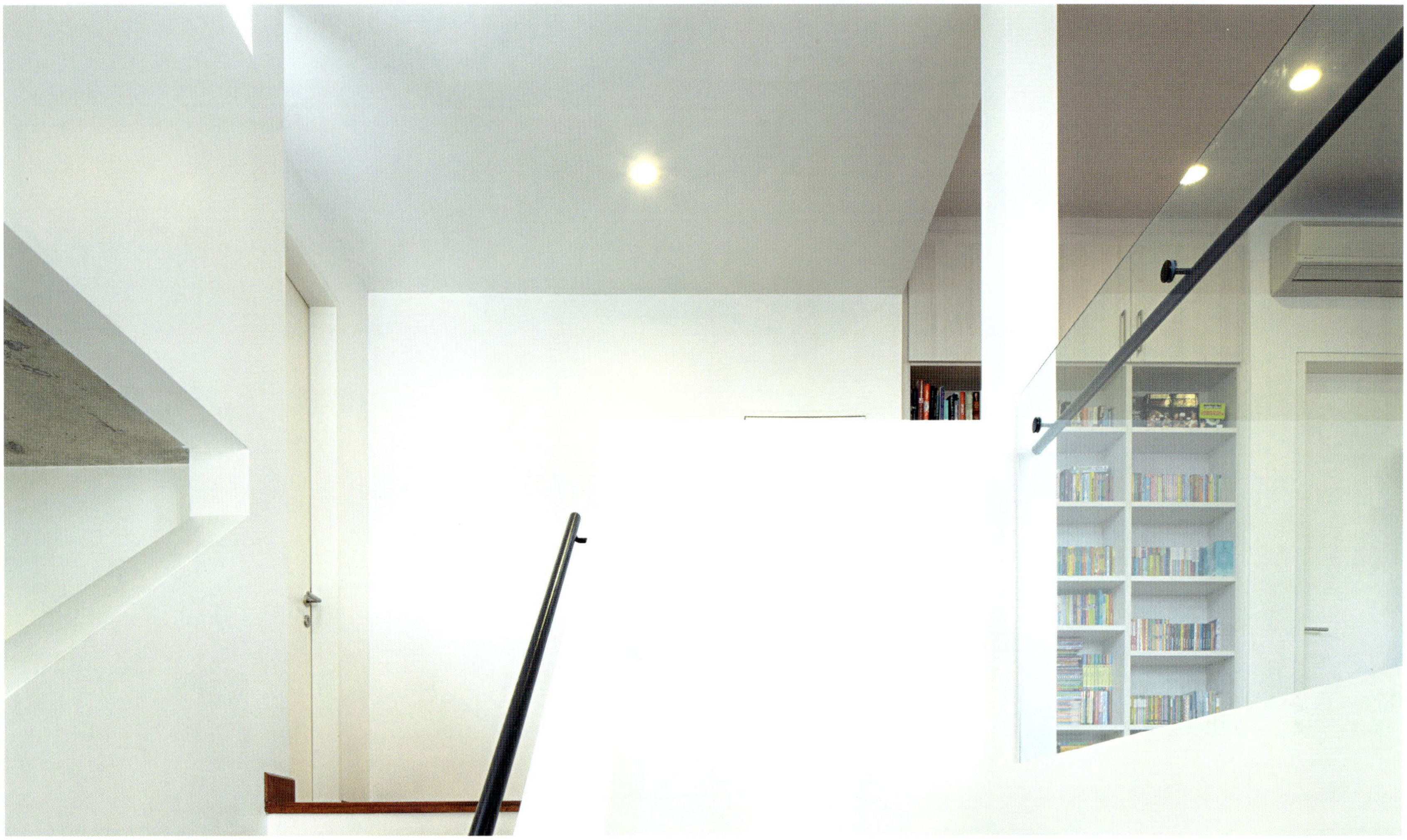

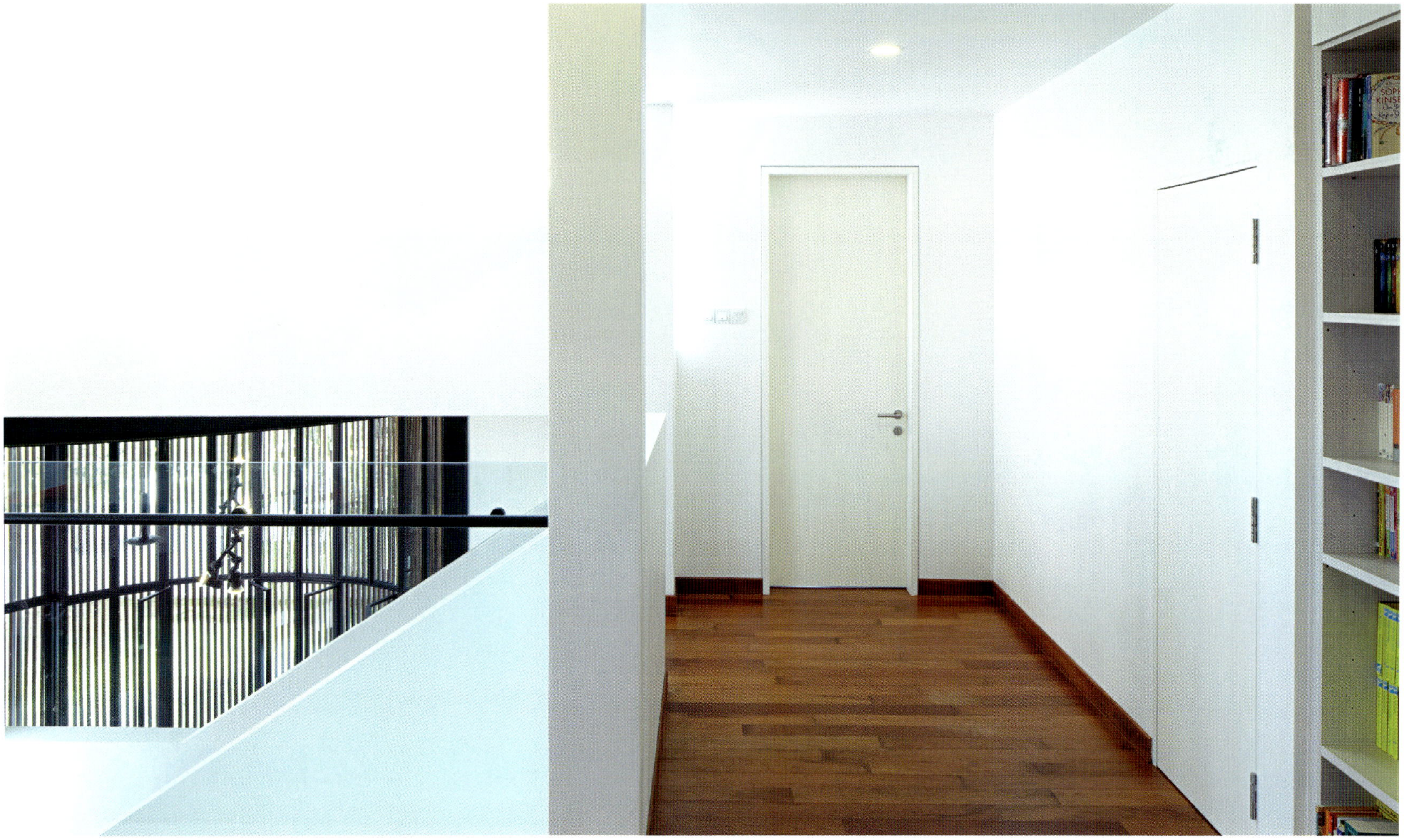

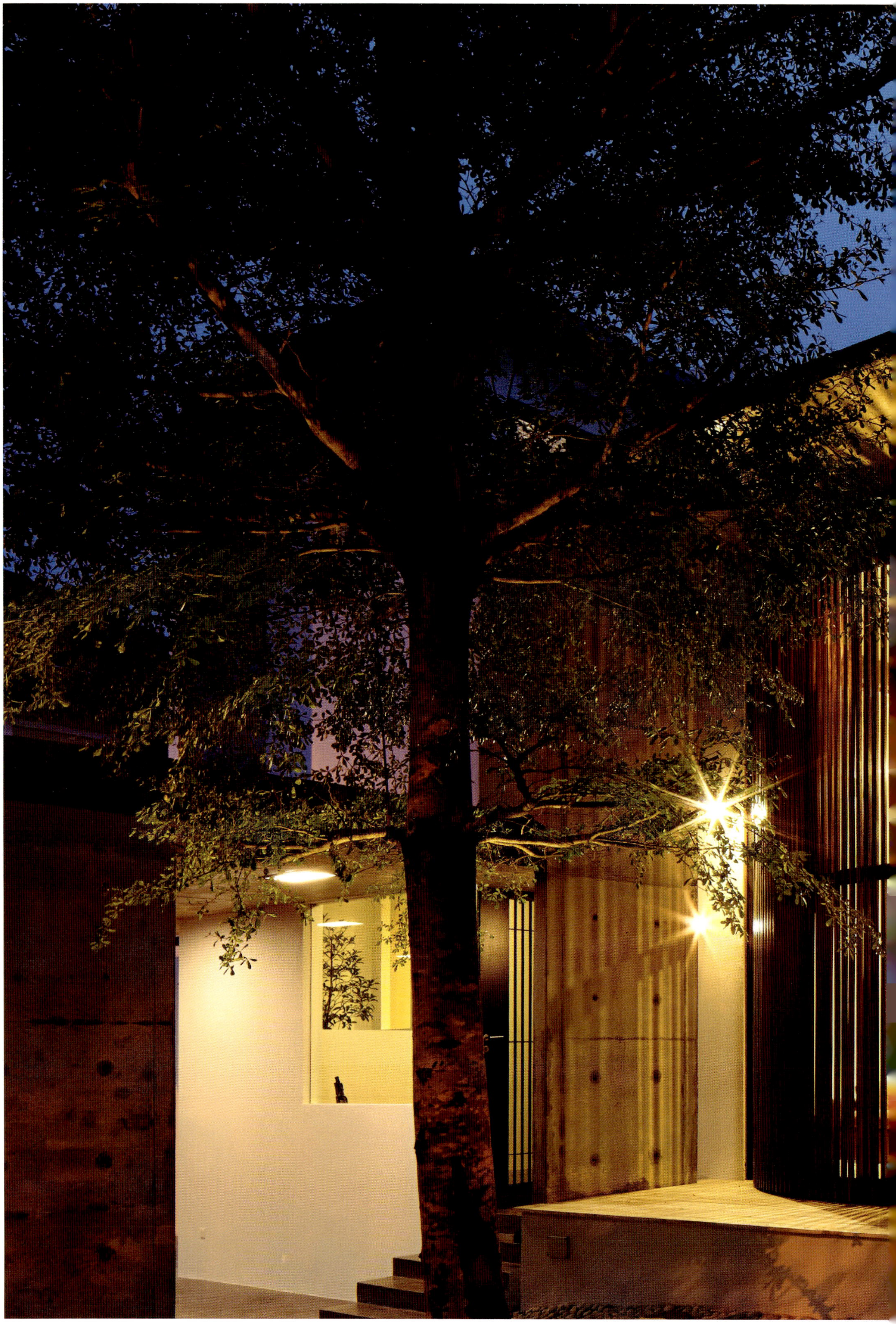

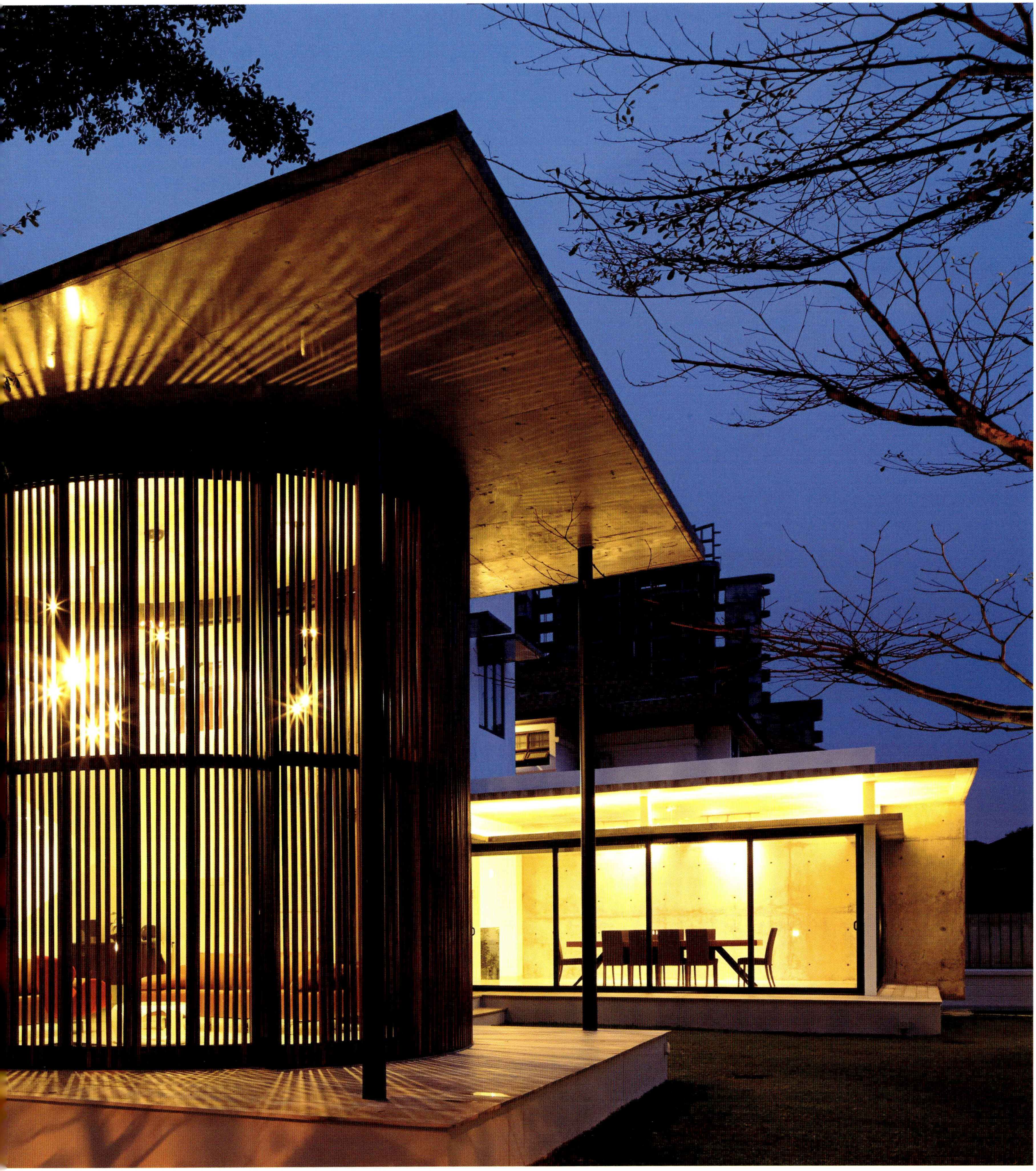

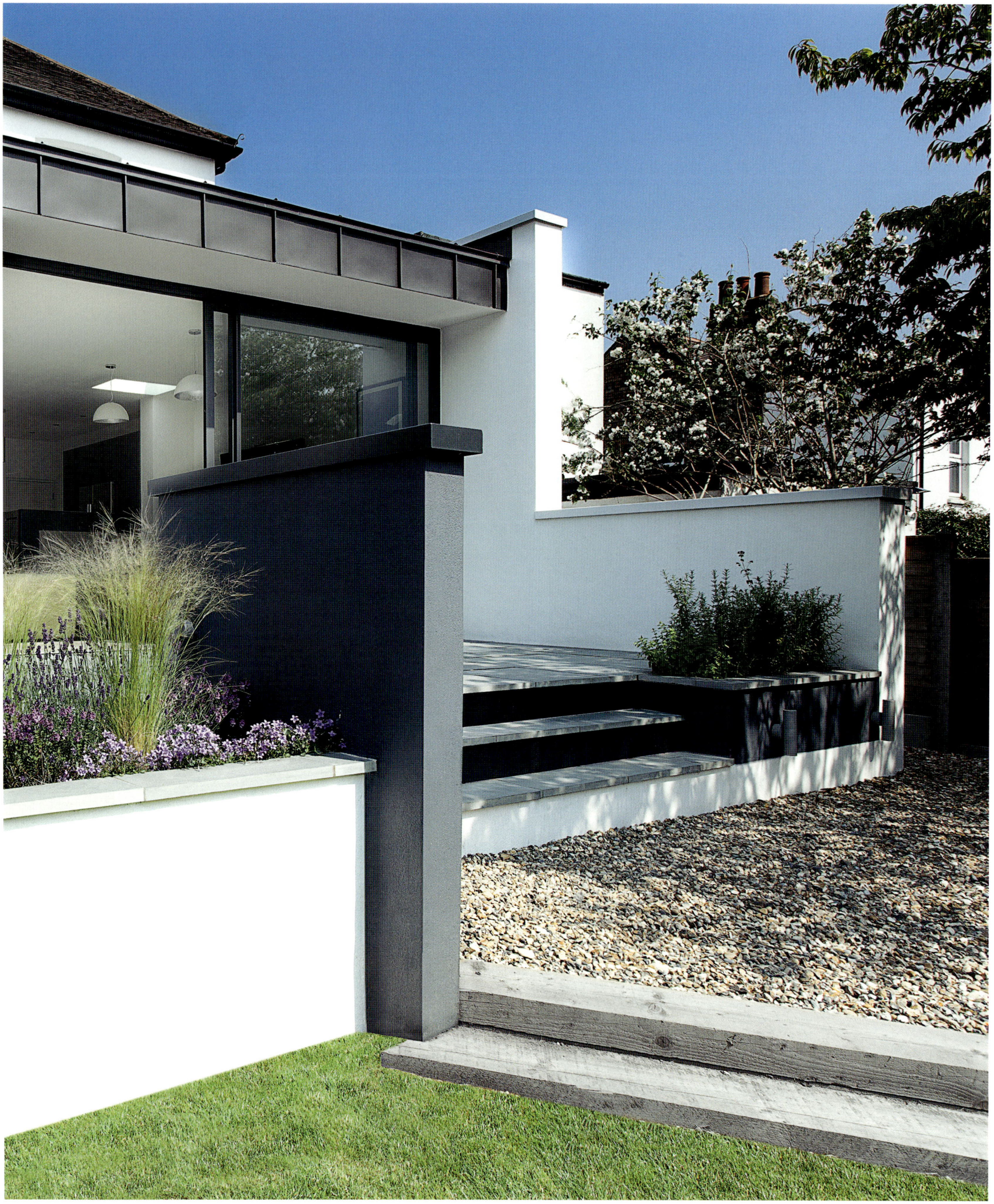

ELM COURT

Mike Ford/AR Design Studio
North London, Greater London, United Kingdom
© Martin Gardner

A dark and gloomy house in north London was transformed into this modern and bright home. An open-plan extension was added to the rear of the existing property, connecting the home to the outside via the garden. A wall that runs along the inside of the house joins the new spaces with the old and guides the eye towards the exterior.

Ein düsteres, trostloses Haus im Norden Londons wurde in dieses moderne, lichterfüllte Anwesen verwandelt. Im hinteren Teil des bestehenden Baukörpers wurde ein offen gestalteter Anbau errichtet, der den Innenraum durch den Garten mit dem Außenbereich verbindet. Eine Wand über die gesamte Länge des Innenbereichs vereint die neuen mit den alten Räumen und leitet den Blick nach Außen.

Une maison sombre et triste au nord de Londres a été transformée en cette habitation moderne et lumineuse. À l'arrière de la propriété existante une extension ouverte qui communique la maison à l'extérieur par le jardin a été rajoutée. Un mur qui parcourt l'intérieur de la maison unit les nouveaux espaces aux anciens et guide le regard vers l'extérieur.

Een donker en treurig huis in Londen werd omgetoverd tot deze moderne en lichte woning. Aan de achterzijde van het bestaande pand werd een uitbreiding zonder tussenmuren toegevoegd, die het huis met de buitenruimte verbindt door middel van een tuin. Een muur die door de binnenkant van het huis loopt, verbindt de nieuwe en de reeds bestaande ruimtes en leidt de blik naar buiten.

Una casa oscura y triste al norte de Londres fue transformada en esta vivienda moderna y luminosa. En la parte de atrás de la propiedad existente se añadió una extensión de planta abierta, que conecta el hogar con el exterior por medio del jardín. Una pared que recorre el interior de la casa une los espacios nuevos con los antiguos y guía la mirada hacia el exterior.

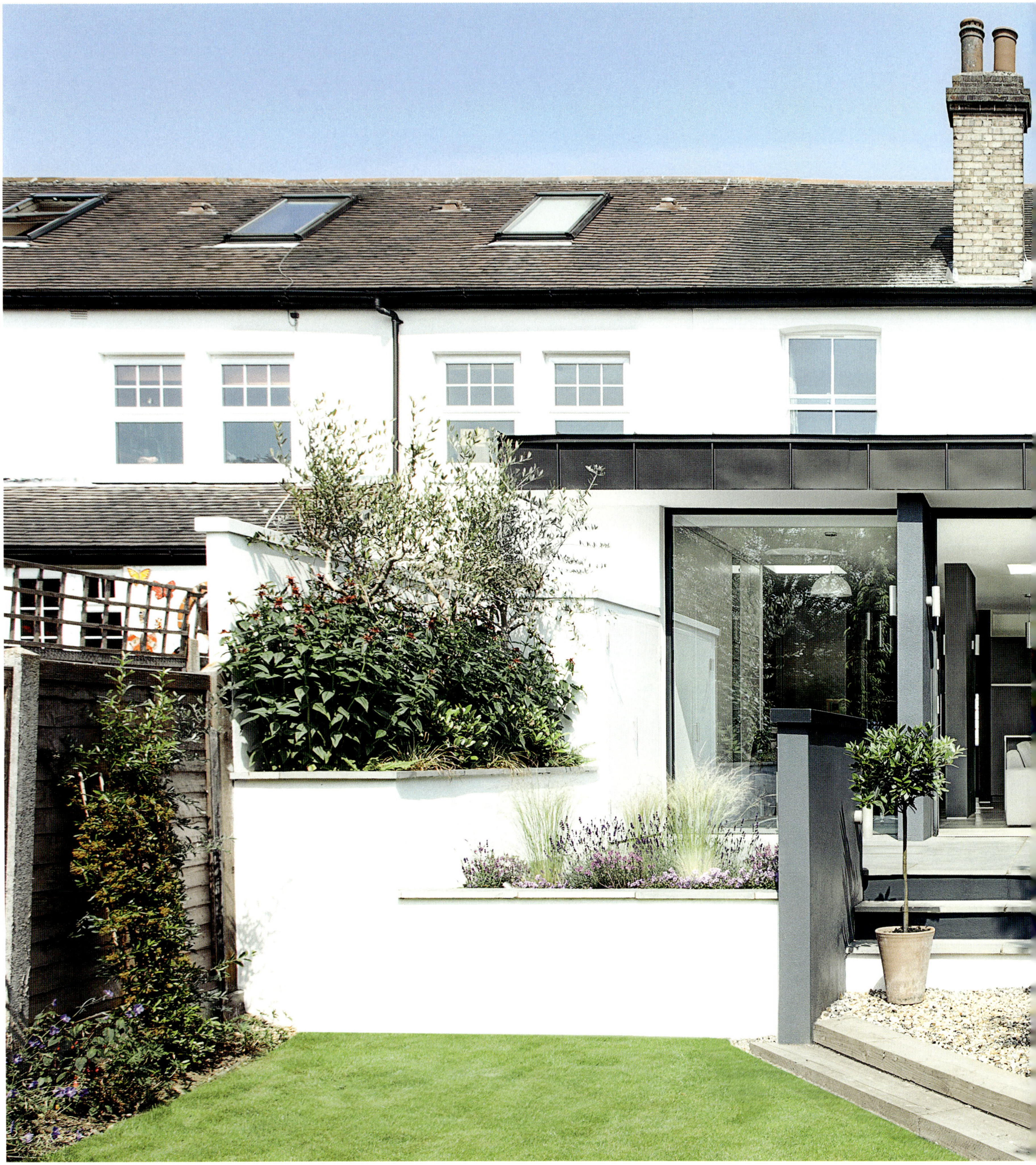

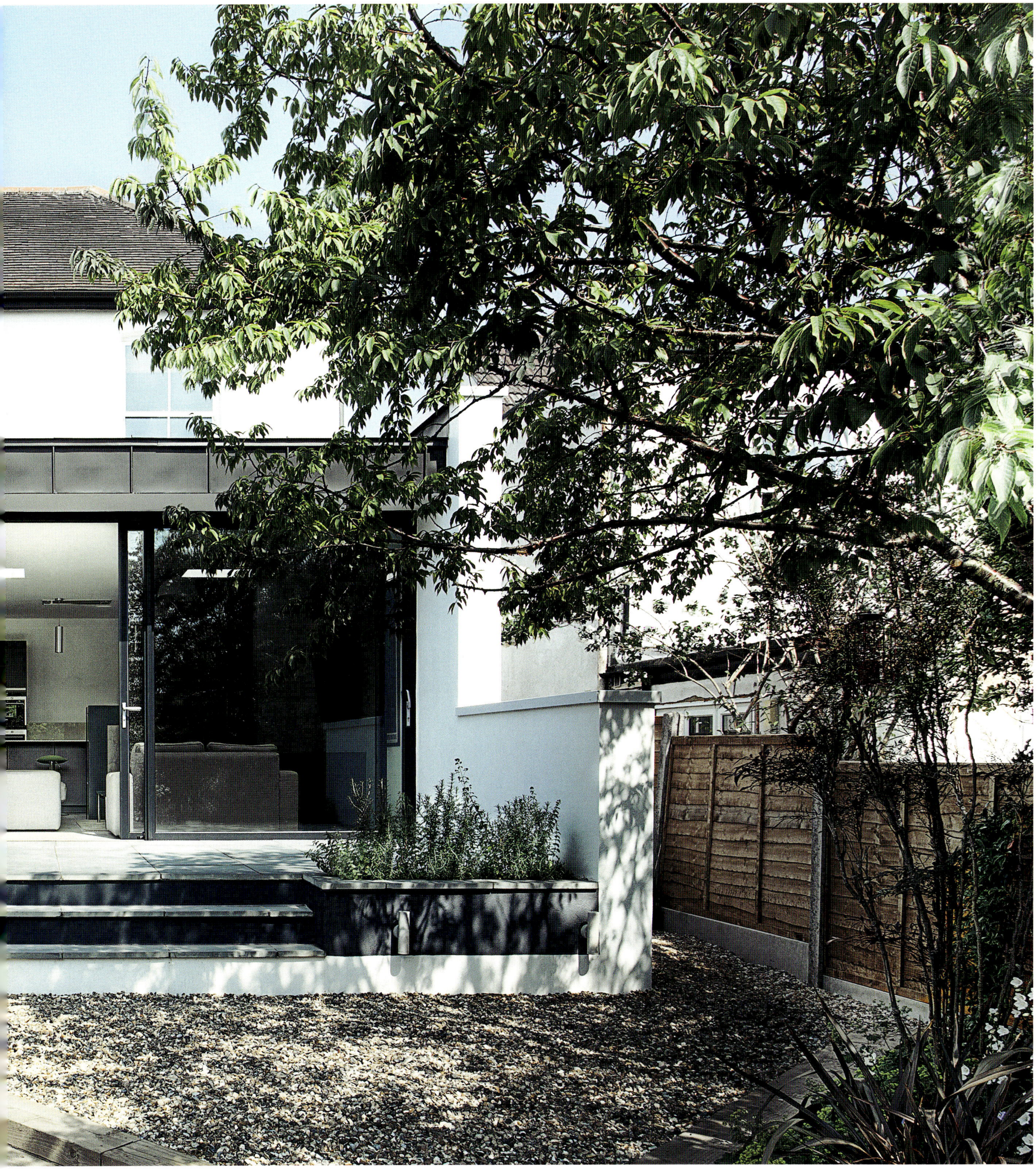

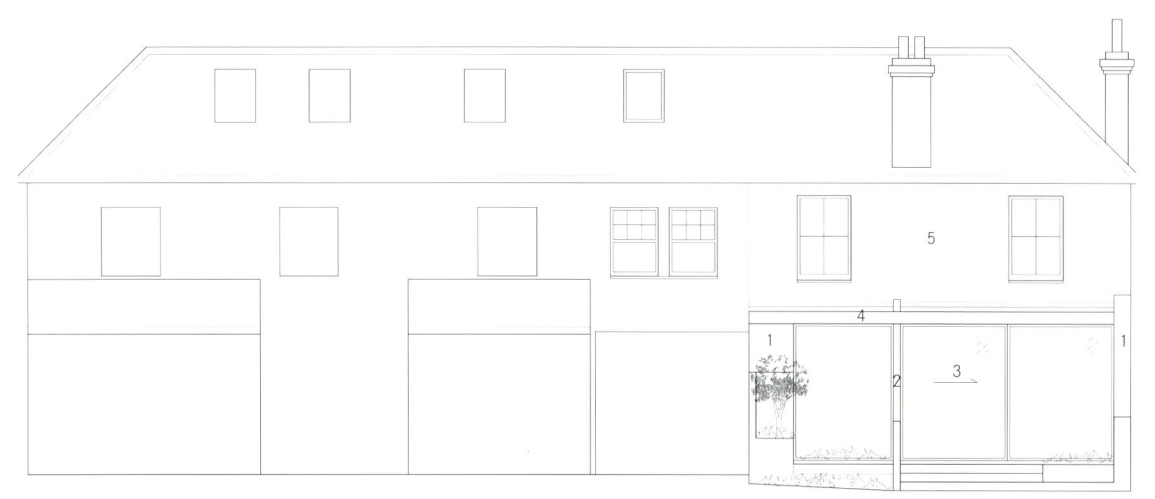

South elevation

1. White painted exterior wall finish
2. Grey painted post
3. Sliding glass doors
4. Zinc roof
5. Existing white painted wall finish
6. 1,8 metres-high fence

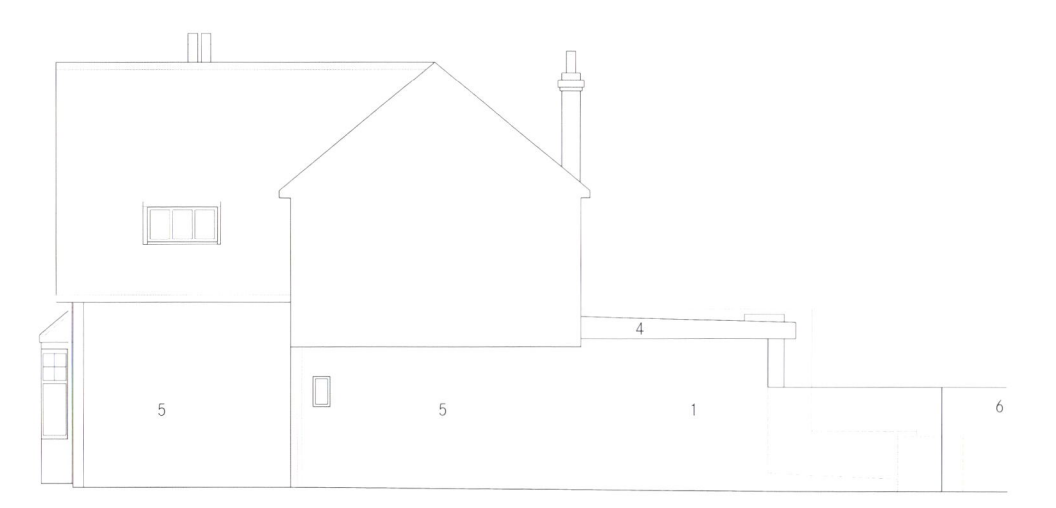

West elevation

337

The open floor plan provides great breadth and connects the different areas of the house, while the broken wall offers a certain amount of privacy.

Der offen und hell gestaltete Grundriss wirkt großzügig und verbindet die verschiedenen Wohnbereiche des Hauses, obwohl das Spiel mit dem eingeschobenen Wandelement ein bestimmtes Geborgenheitsgefühl vermittelt.

La superficie diaphane offre un grand espace et relie les différentes parties de la maison, même si le jeu du mur discontinu permet une certaine intimité.

De transparante structuur zorgt voor ruimte en verbindt de verschillende gedeelten van het huis, ook al biedt de interactie met de onregelmatige muur toch privacy.

La planta abierta proporciona una gran amplitud y conecta las distintas áreas de la casa, aunque el juego con la pared discontinua ofrece una cierta privacidad.

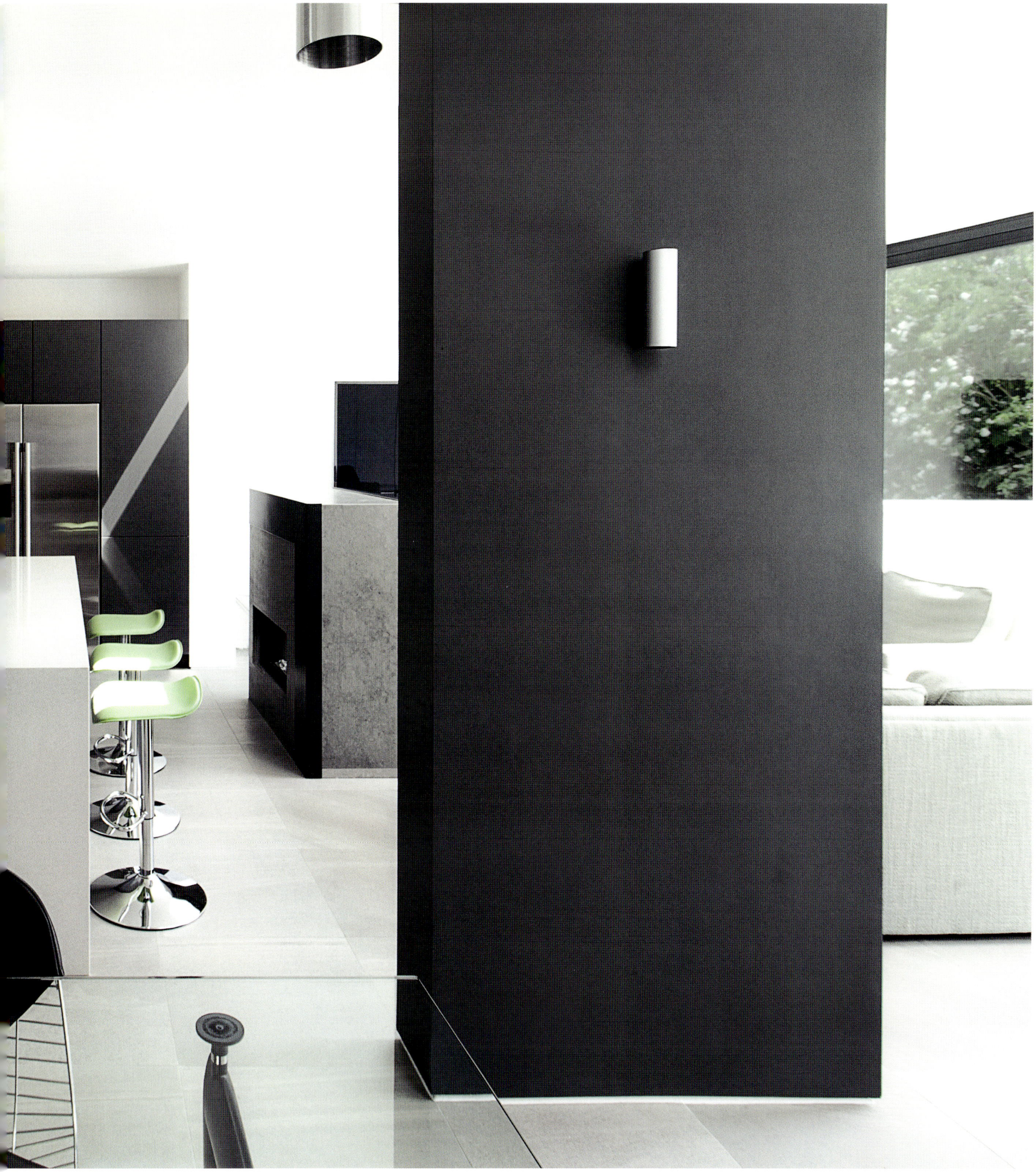

The greenery of the garden complements the neutral colour palette of the open-plan kitchen and living room, breathing life into the house.

Die neutral gehaltene Farbpalette der offen gestalteten Wohnküche wird durch die verschiedenen Grüntöne des Gartens ergänzt, der das Haus mit Licht und Luft erfüllt.

La neutralité de la palette chromatique du salon/cuisine ouverts se complète par la gamme des verts du jardin et donne une sensation de fraicheur à la maison.

De neutraliteit van het kleurenpalet van de woonkeuken zonder tussenmuren wordt aangevuld door de groentinten van de tuin, die ervoor zorgt dat het huis ademhaalt.

La neutralidad de la paleta cromática de la cocina-sala de estar de planta abierta se complementa con la gama de verdes del jardín, que hace respirar a la casa.

First floor plan

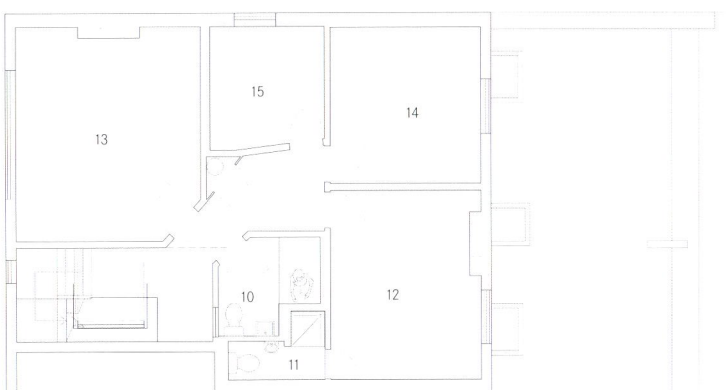

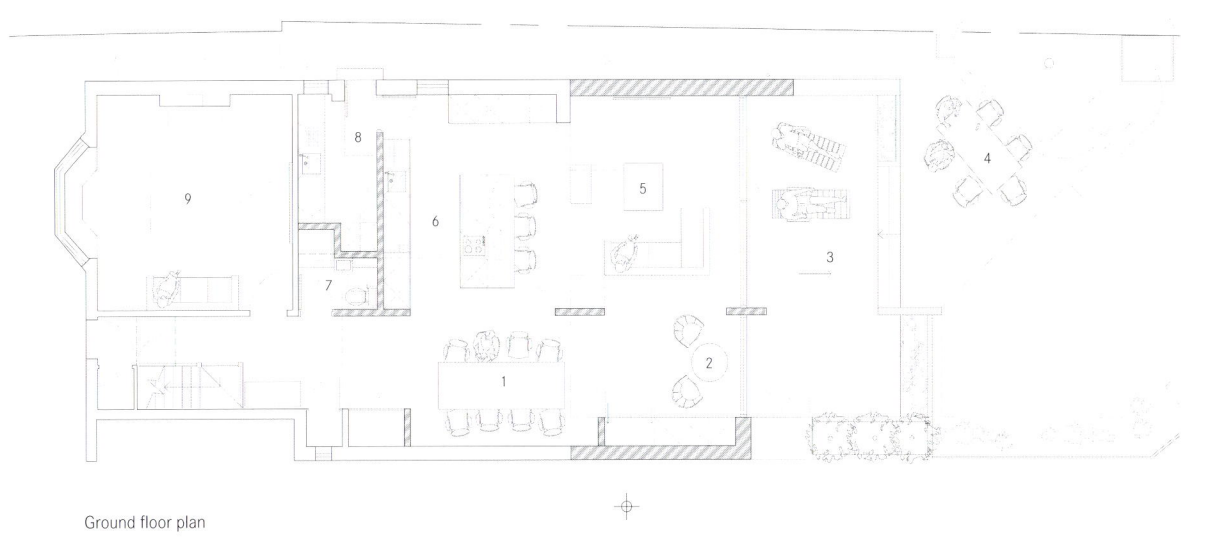

Ground floor plan

1. Dining
2. Reading
3. Patio
4. Outdoors dining
5. Relaxing
6. Kitchen
7. Toilet
8. Utility
9. Family room / Entertainment centre
10. Bathroom
11. En-suite
12. Master bedroom
13. Bedroom 2
14. Bedroom 3
15. Study

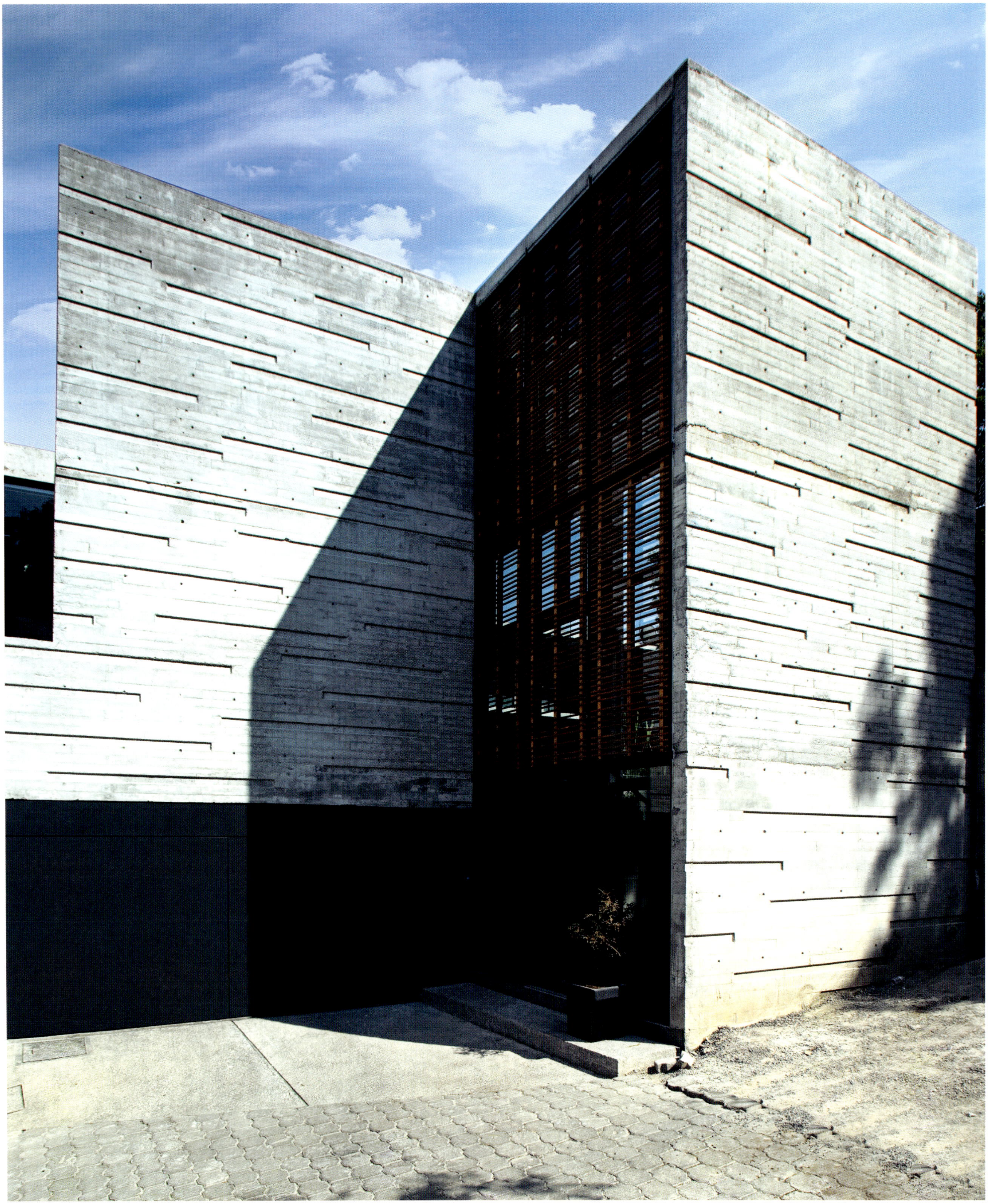

H24 HOUSE

R-Zero Studio
Mexico City, Mexico
© Aki Itami

This family home situated south of Mexico City suffered from a lack of contact with its greater surroundings, so a unique landscape was configured around it. Thus, an intimate and private home was created, which appeared to have been inserted into the city to form a part of its very fabric. Lightness and transparency dominate the home and lead the flow of interior movement.

Dieses alleinstehende Einfamilienhaus im Süden von Mexiko-Stadt wurde eigens um seine eigene Gartenlandschaft herum strukturiert. Auf diese Weise wurde ein Zuhause geschaffen, das die Möglichkeit zum Rückzug bietet, aber gleichzeitig das Gefühl vermittelt, Teil der Stadt und des großen Gesamtkontextes zu sein. Leichtigkeit und Transparenz sind die vorherrschenden Eindrücke, und die innere Raumaufteilung vermittelt ein Gefühl von Freiheit.

Face au manque de contact avec l'environnement, cette propriété individuelle située au sud de la ville de Mexico a choisi de créer son propre paysage et a été pensée autour de lui. Ainsi, une maison intime et privée a été réalisée, mais avec le sentiment d'être insérée dans la ville, de faire partie de l'environnement. La légèreté et la transparence sont les maitres mots de la maison et sont les guides du mouvement intérieur.

Aangezien deze eengezinswoning in het zuiden van Mexico Stad weinig contact heeft met de omgeving, werd ervoor gekozen een eigen landschap te creëren en het huis rondom dit landschap in te delen. Op deze manier was het resultaat een gezellig en besloten huis, dat toch de indruk wekt onderdeel uit te maken van de stad en de context. Het huis is vol licht en transparantie, die de basis vormen voor de circulatie aan de binnenzijde.

Ante la carencia de contacto con su entorno, esta vivienda unifamiliar situada al sur de la Ciudad de México optó por crear su propio paisaje y se configuró alrededor de él. De este modo, se consiguió una casa íntima y privada, pero con una sensación de estar inserta en la ciudad, de formar parte del contexto. La ligereza y la transparencia presiden el hogar y guían la circulación interior.

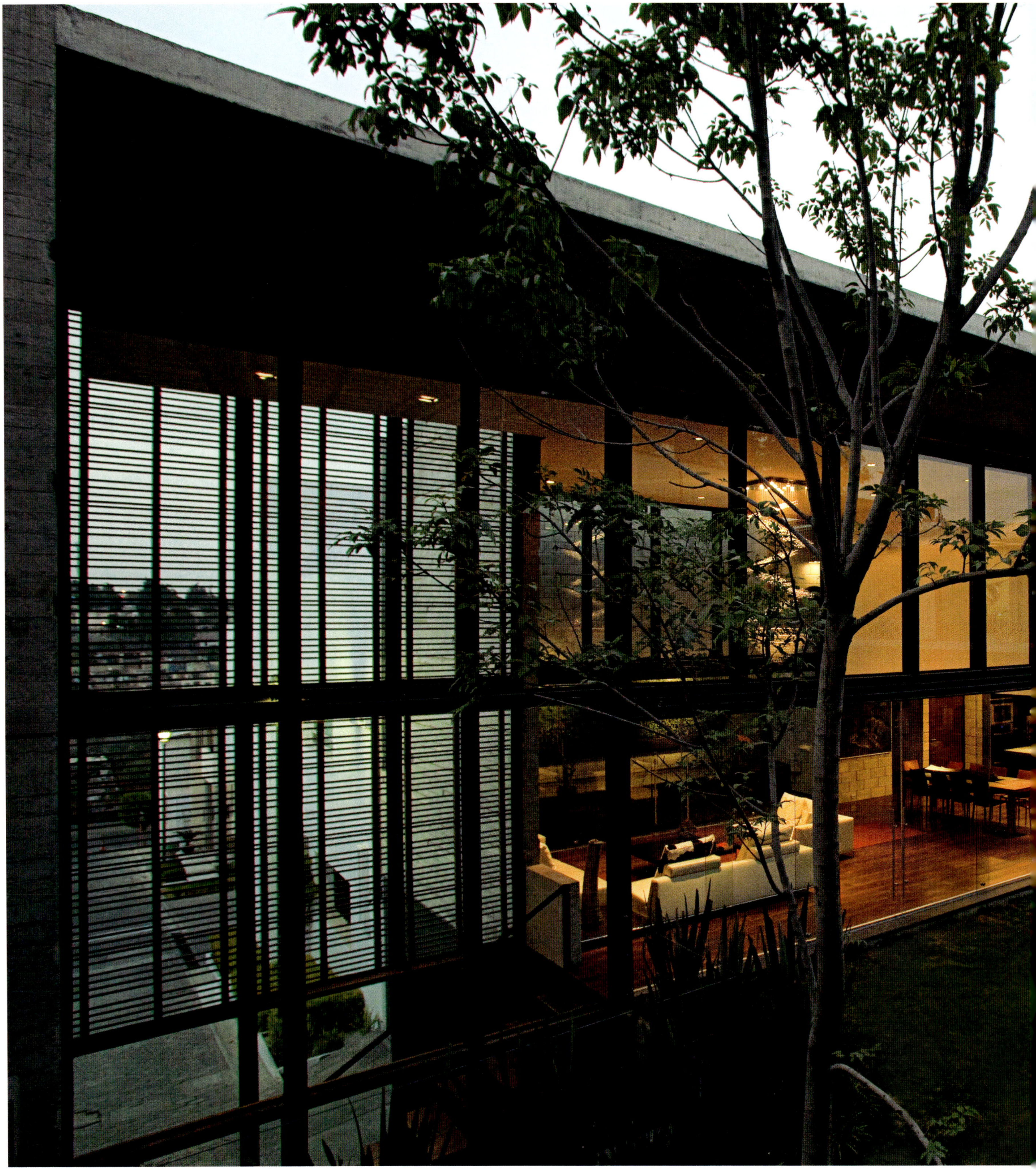

The property opens in an L shape towards the garden, a space in which the house is able to breathe. Despite the house's urban setting, the garden creates its own little oasis within it.

Der Baukörper öffnet sich zum Garten hin in Form eines L – hier atmet das Haus Licht und Luft. Obwohl das Haus vor den Toren der Stadt liegt, ist der Garten wie eine kleine Oase inmitten der riesigen Metropole.

La maison s'articule en forme de L vers le jardin, un espace qui donne une bouffée d'air frais à la maison. Même si le jardin est extérieur, c'est une petite oasis dans la ville.

De woning opent in L-vorm naar de tuin toe, een ruimte die het huis doet ademen. Ondanks dat hij aan de buitenzijde gelegen is, is de tuin een kleine oase in de stad.

La vivienda se abre en forma de L hacia el jardín, un espacio por el que la casa respira. Pese a estar en el exterior, el jardín es un pequeño oasis dentro de la ciudad.

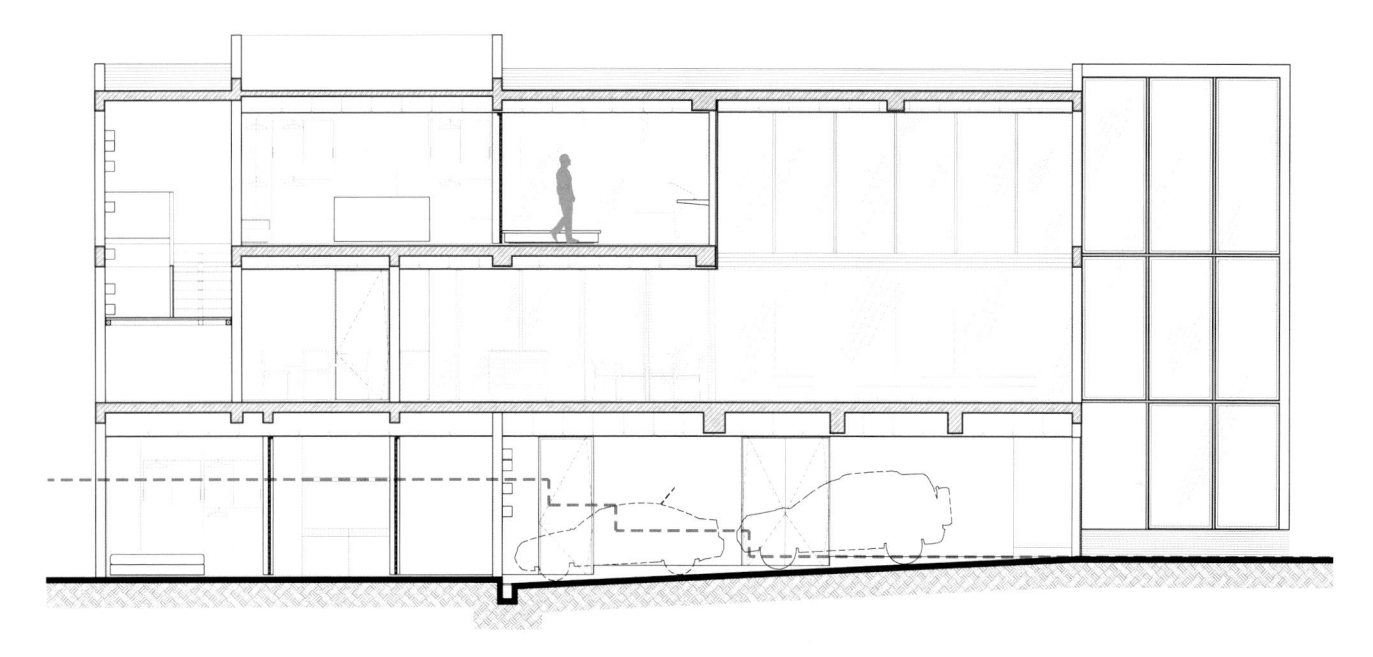

Building section

Main elevation

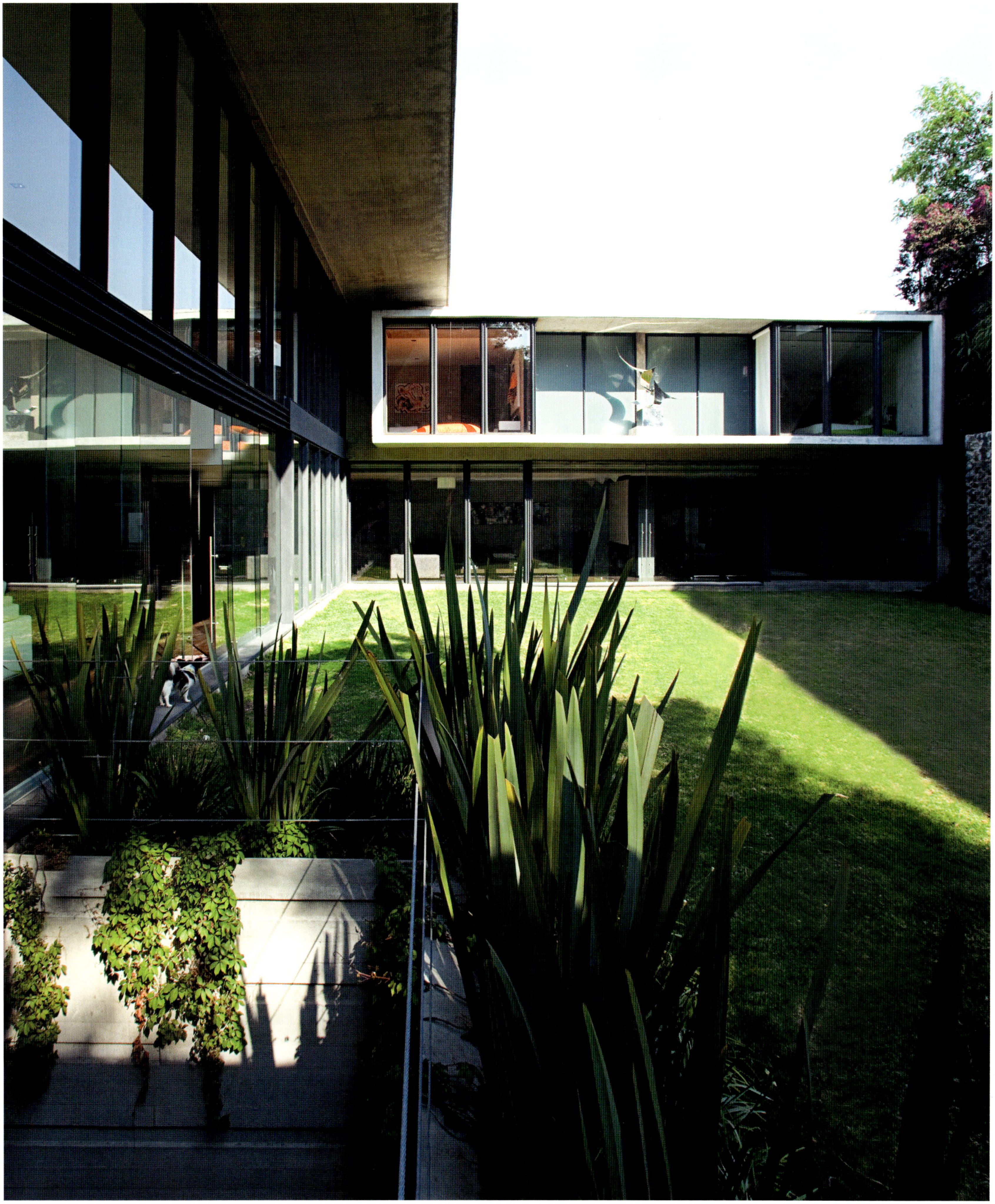

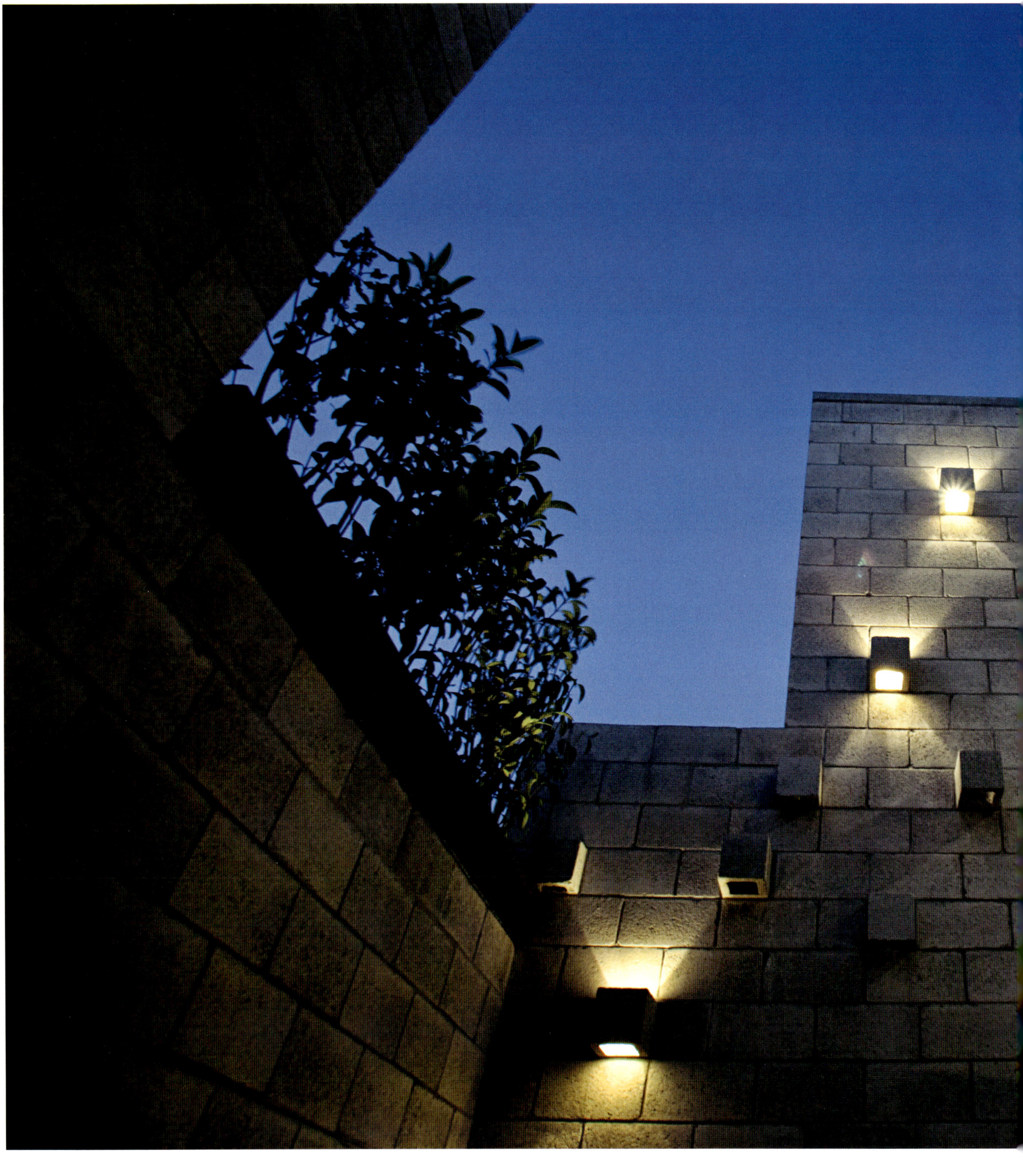

The size of the building seems to reduce as we move into the interior, from the expansive skies that cover the entrance to the cosy privacy of the bedrooms.

Die Ausdehnung des Baukörpers verkleinert sich, je mehr man ins Innere vordringt – vom Himmel, der vom Eingang aus sichtbar ist, bis zur Privatsphäre der Schlafräume.

La taille de la construction diminue au fur et à mesure que nous entrons à l'intérieur de la maison, du ciel qui recouvre l'entrée à l'intimité des chambres.

Naarmate je dit huis verder binnenloopt, wordt de schaal steeds kleiner, van de ingang die tot de hemel reikt tot de intieme slaapkamers.

La escala de la construcción se reduce a medida que nos adentramos en el interior, desde el cielo que cubre la entrada hasta la intimidad de los dormitorios.

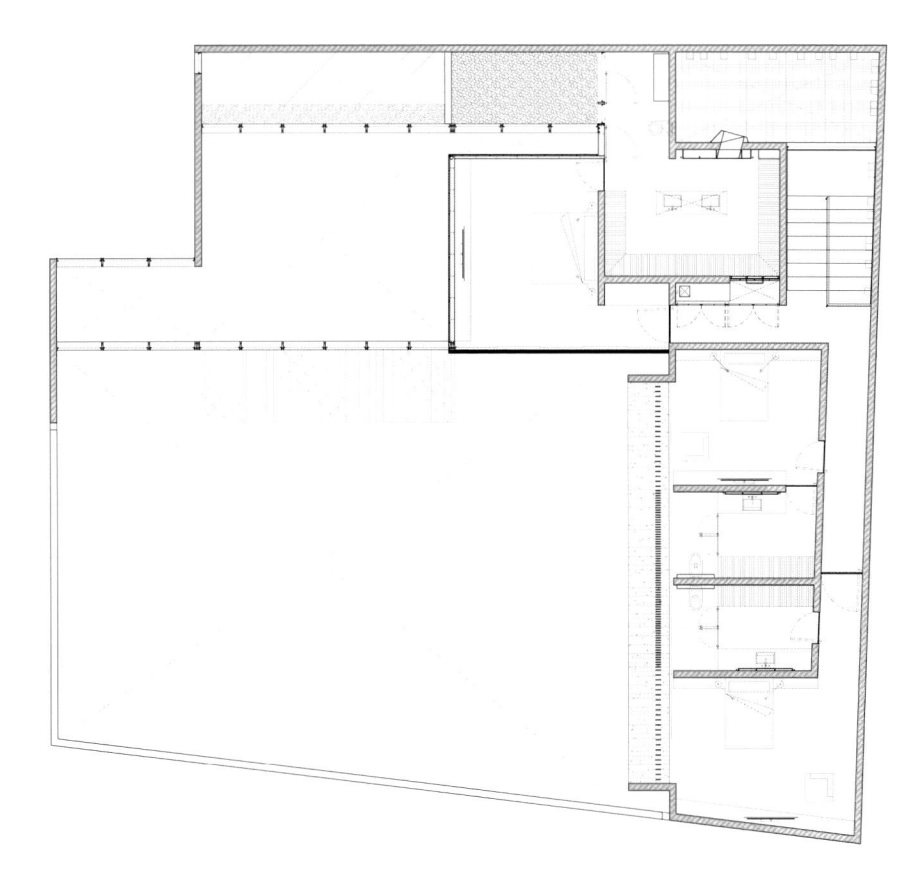

Second floor plan

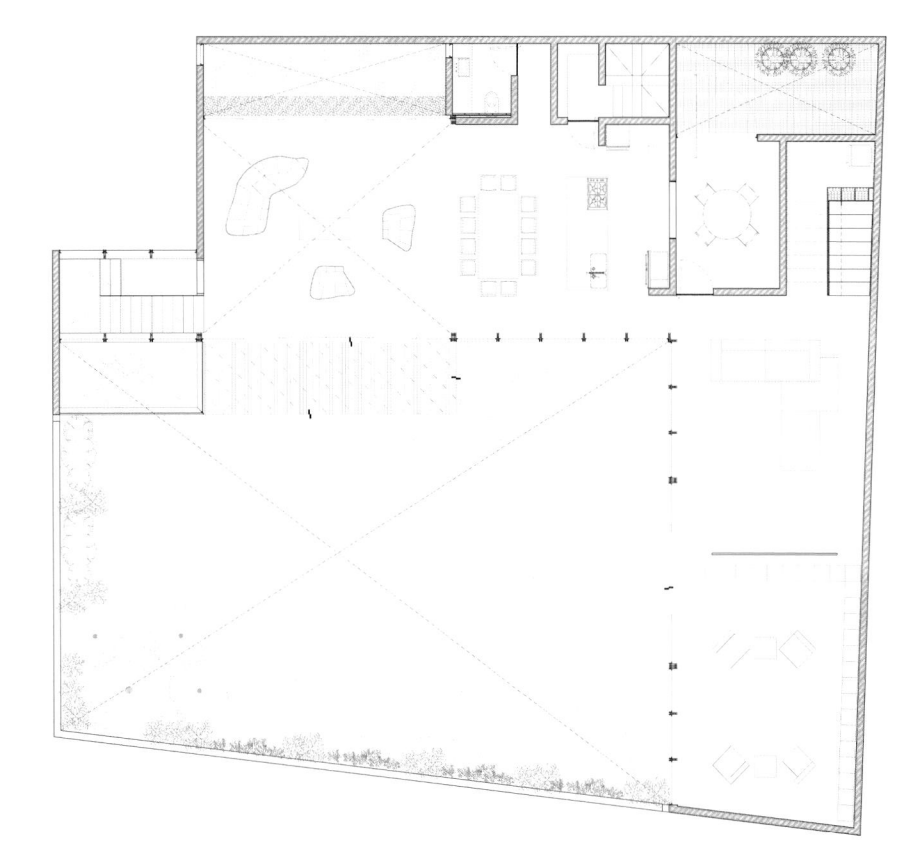

Ground floor plan

Blocks of lights in the cement walls rise like a constellation to draw the night sky into the interior of the house.

In den überhängenden Blöcken der Mauern aus Zementsteinen sind Lichtquellen installiert, die den sternenübersäten Nachthimmel ins Haus hinein holen.

Sur les murs de ciment, des lumières installées sur certains blocs forment une constellation qui transporte le ciel nocturne dans la maison.

De in uitstekende blokken geïnstalleerde lichten aan de cementen muren vormen een sterrenbeeld dat de nachtelijke hemel het huis binnenbrengen.

En los muros de cemento, unas luces instaladas en algunos bloques que sobresalen componen una constelación que lleva el cielo nocturno hasta el interior de la casa.

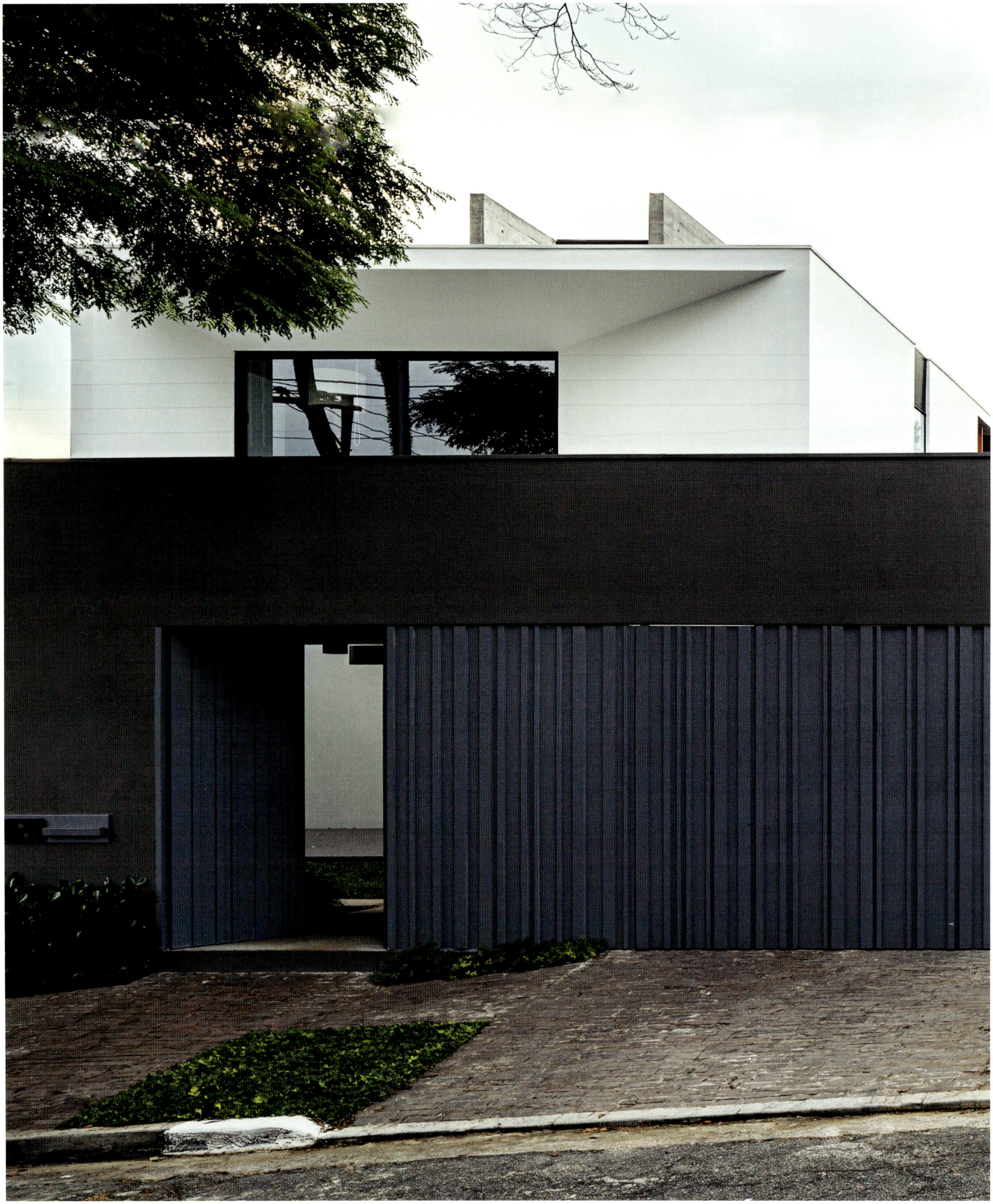

PLANALTO HOUSE

Flavio Castro
Planalto Paulista, São Paulo, Brazil
© Nelson Kon

Conceived as an urban residence for a couple with two children, this house is a fine example of modern Brazilian architecture. It consists of two perpendicular buildings which between them organize the different day-to-day functions: the private areas are located in the prism which sits perpendicular to the street, while the rest of the plot houses the communal and leisure areas.

Konzipiert als urbanes Wohnhaus für ein Paar mit zwei Kindern, ist dieses Anwesen ein einprägsames Beispiel für zeitgenössische brasilianische Architektur. Es besteht aus zwei großen Baukörpern, die im rechten Winkel zueinander stehen und die verschiedenen Wohnbereiche enthalten: Die Privaträume liegen in dem Baukörper, der sich im rechten Winkel von der Straße befindet, und der übrige Bereich enthält die Freizeit- und Gemeinschaftsräume.

Cette maison, conçue comme une résidence urbaine pour un couple avec deux enfants, est un exemple clair de l'architecture brésilienne contemporaine. Elle se compose de deux grands volumes perpendiculaires qui font office d'habitation : les parties privées se trouvent dans le prisme perpendiculaire à la rue, tandis que le reste du terrain sert aux parties communes et aux loisirs.

Het huis, bedoeld als stadswoning voor een koppel met twee kinderen, is een duidelijk voorbeeld van de moderne Braziliaanse architectuur. Het bestaat uit twee grote haaksliggende gebouwen waarin de functies van een woning ondergebracht zijn: de privéverblijven bevinden zich in de prisma die haaks op de straat staat, terwijl de rest van het terrein ruimte biedt aan de gezamenlijke en vrijetijds- ruimtes.

Concebida como una residencia urbana para una pareja con dos hijos, esta casa es un claro exponente de la arquitectura brasileña contemporánea. Está compuesta de dos grandes volúmenes perpendiculares que organizan las funciones de la vivienda: las zonas privadas se encuentran en el prisma perpendicular a la calle, mientras que el resto del terreno emplaza las áreas comunes y de ocio.

Site plan

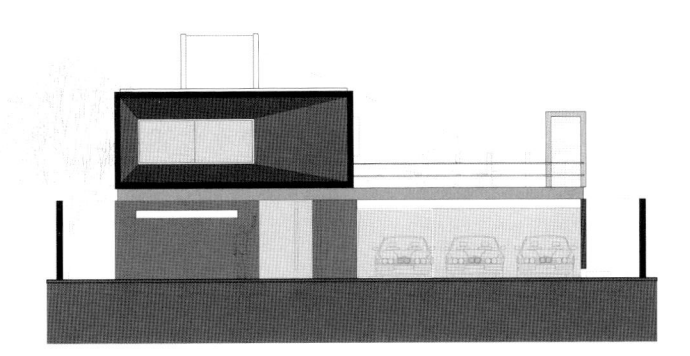

Front façade

Back façade

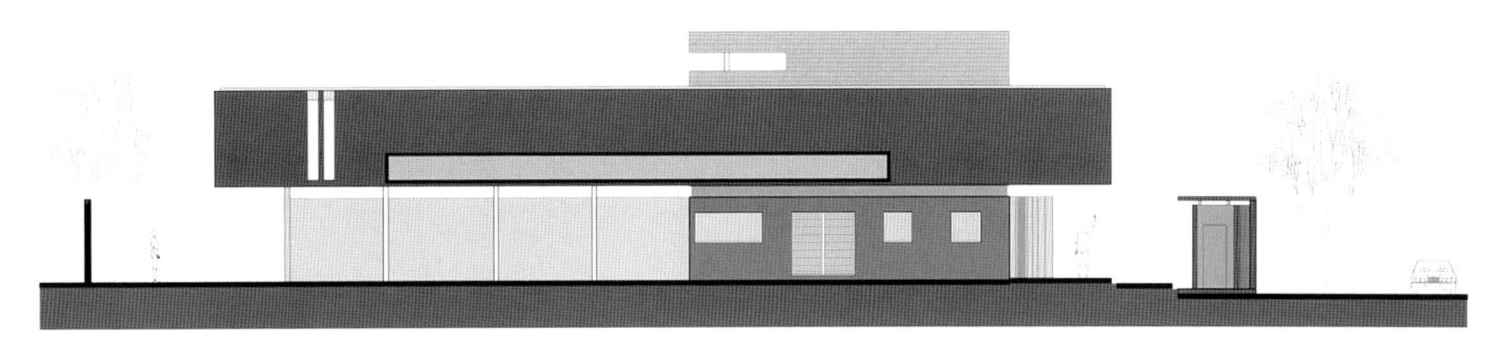

Left side façade

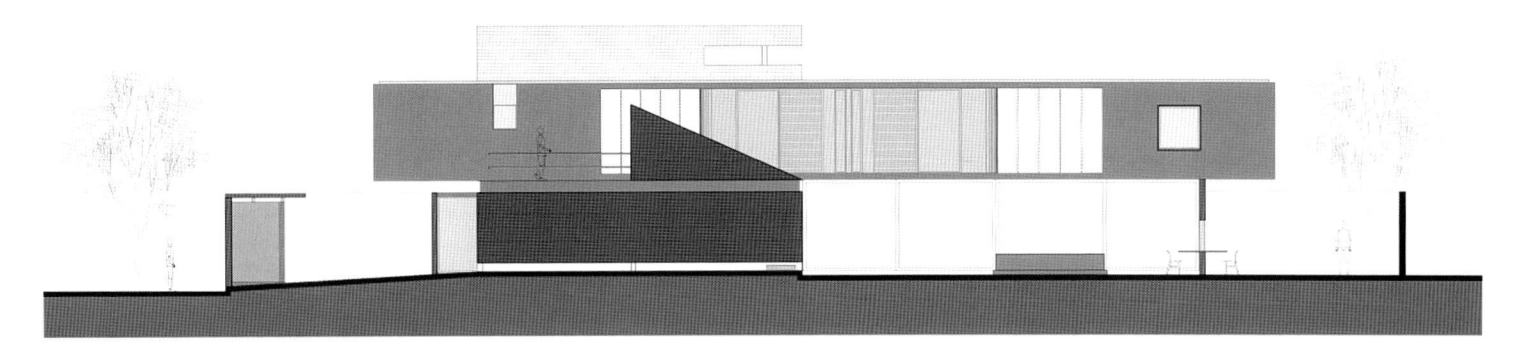

Right side façade

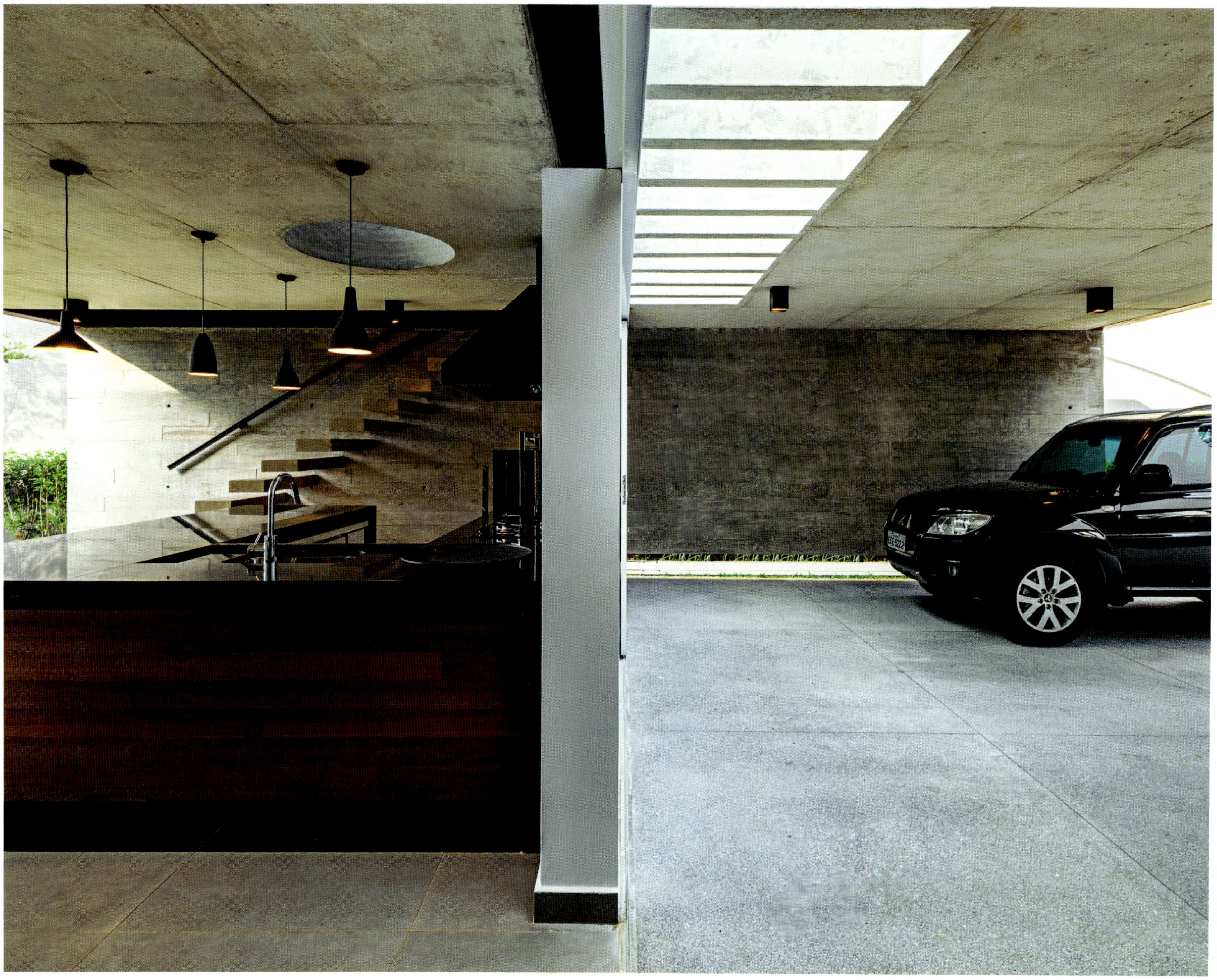

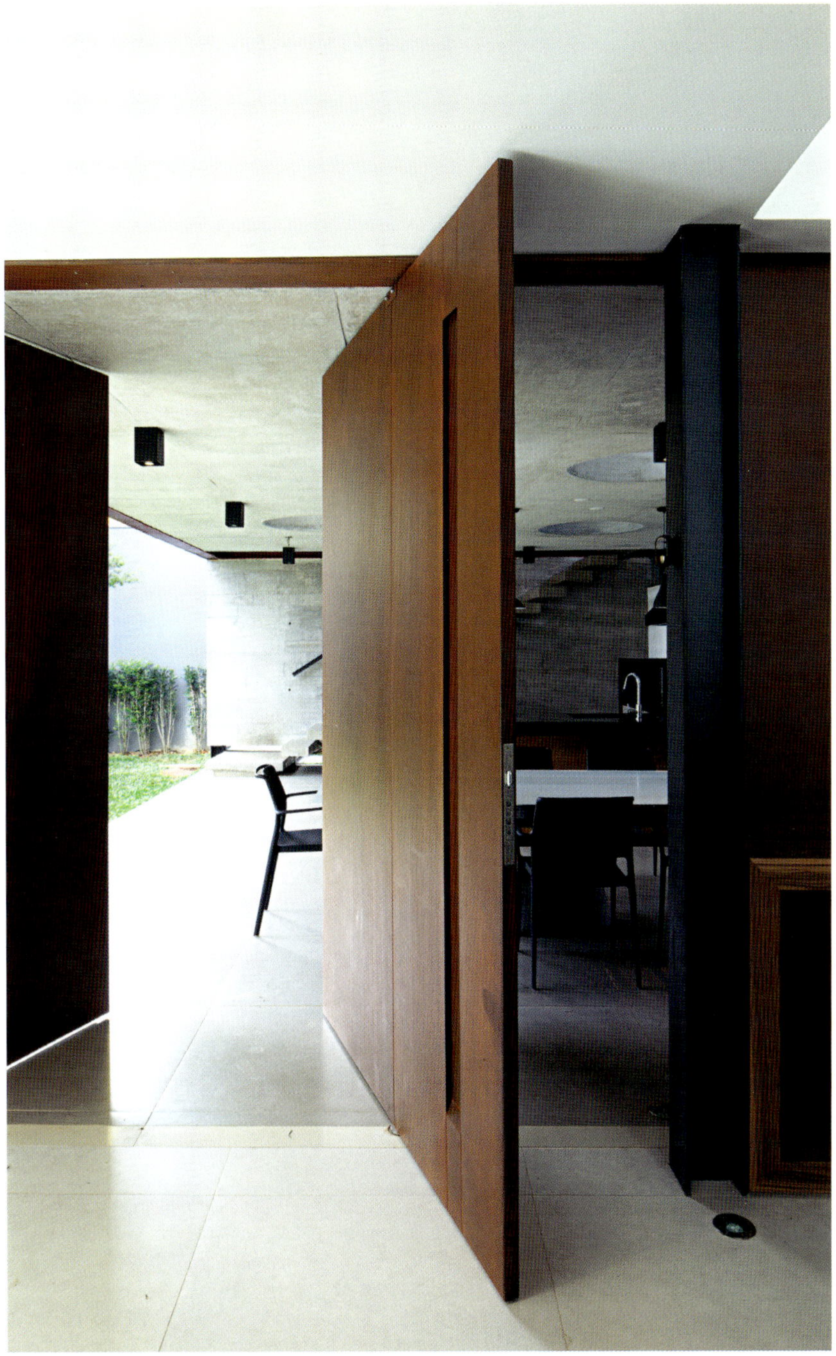

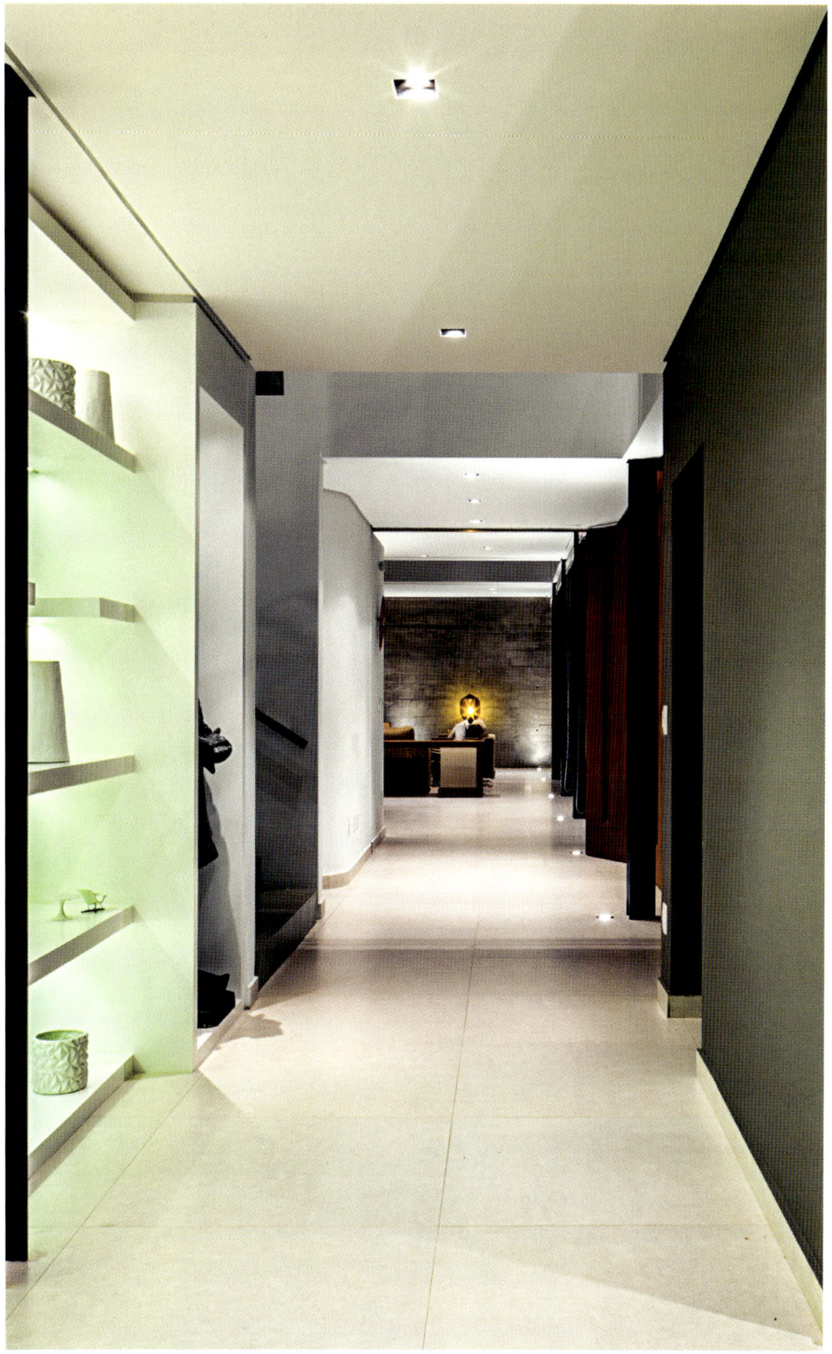

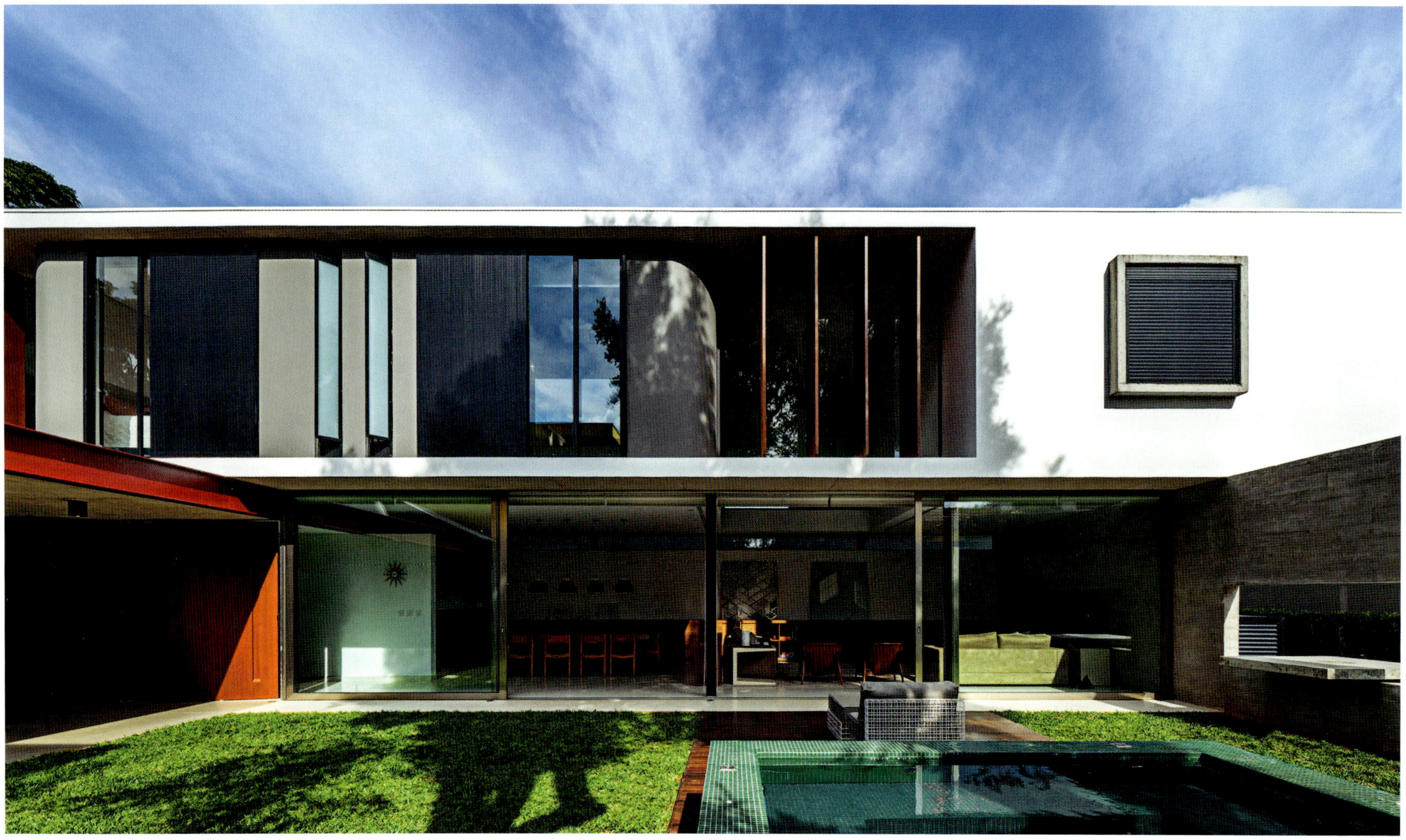

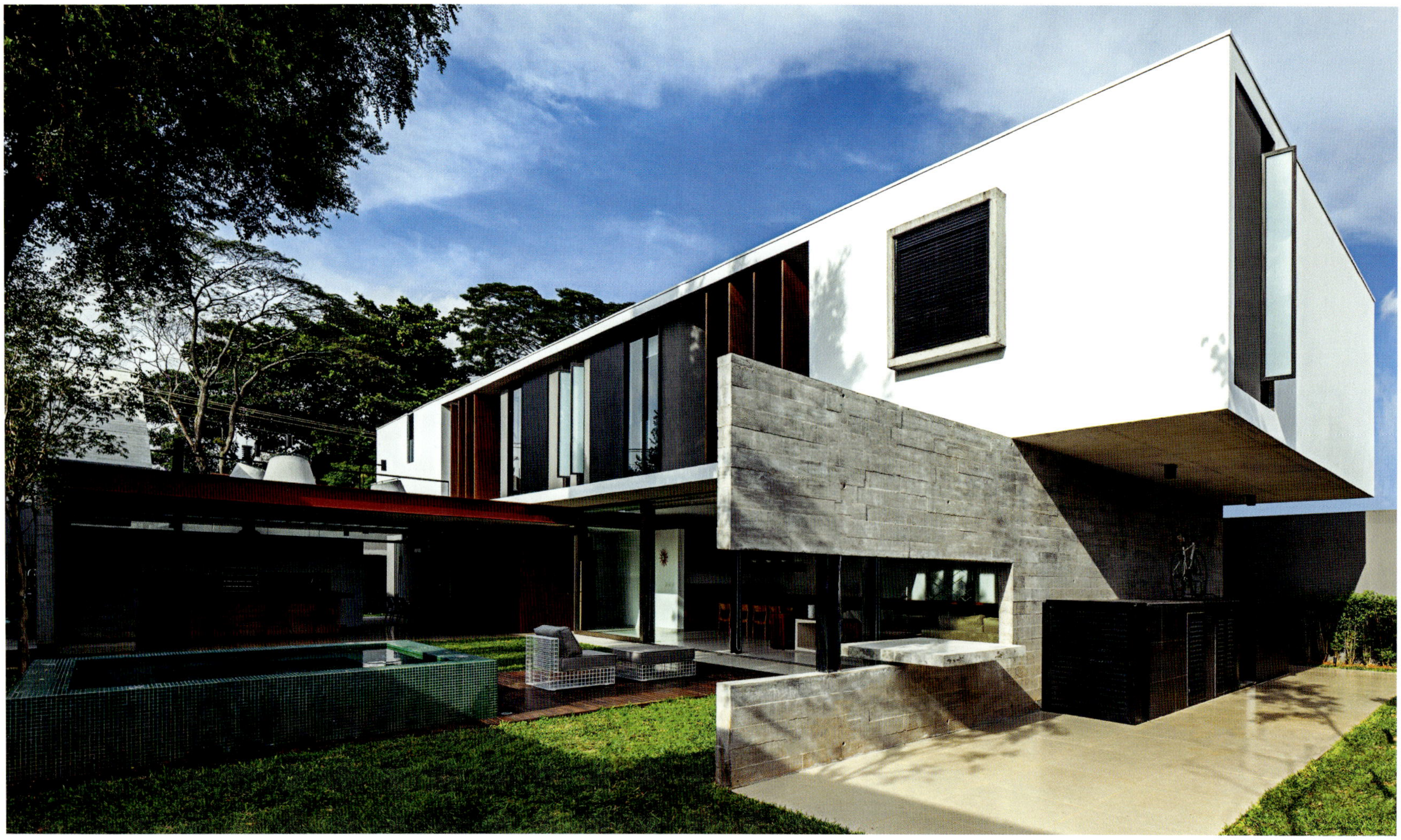

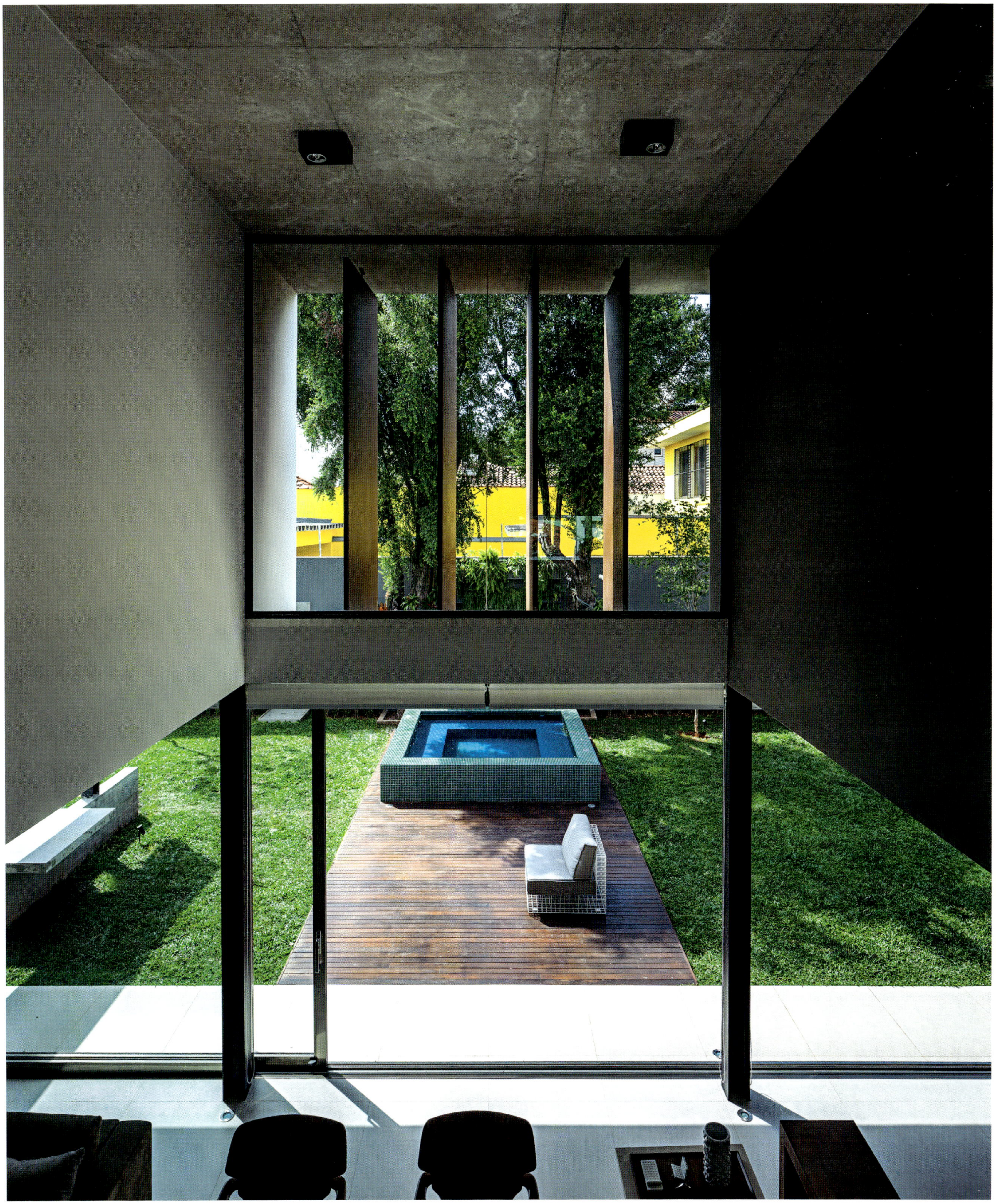

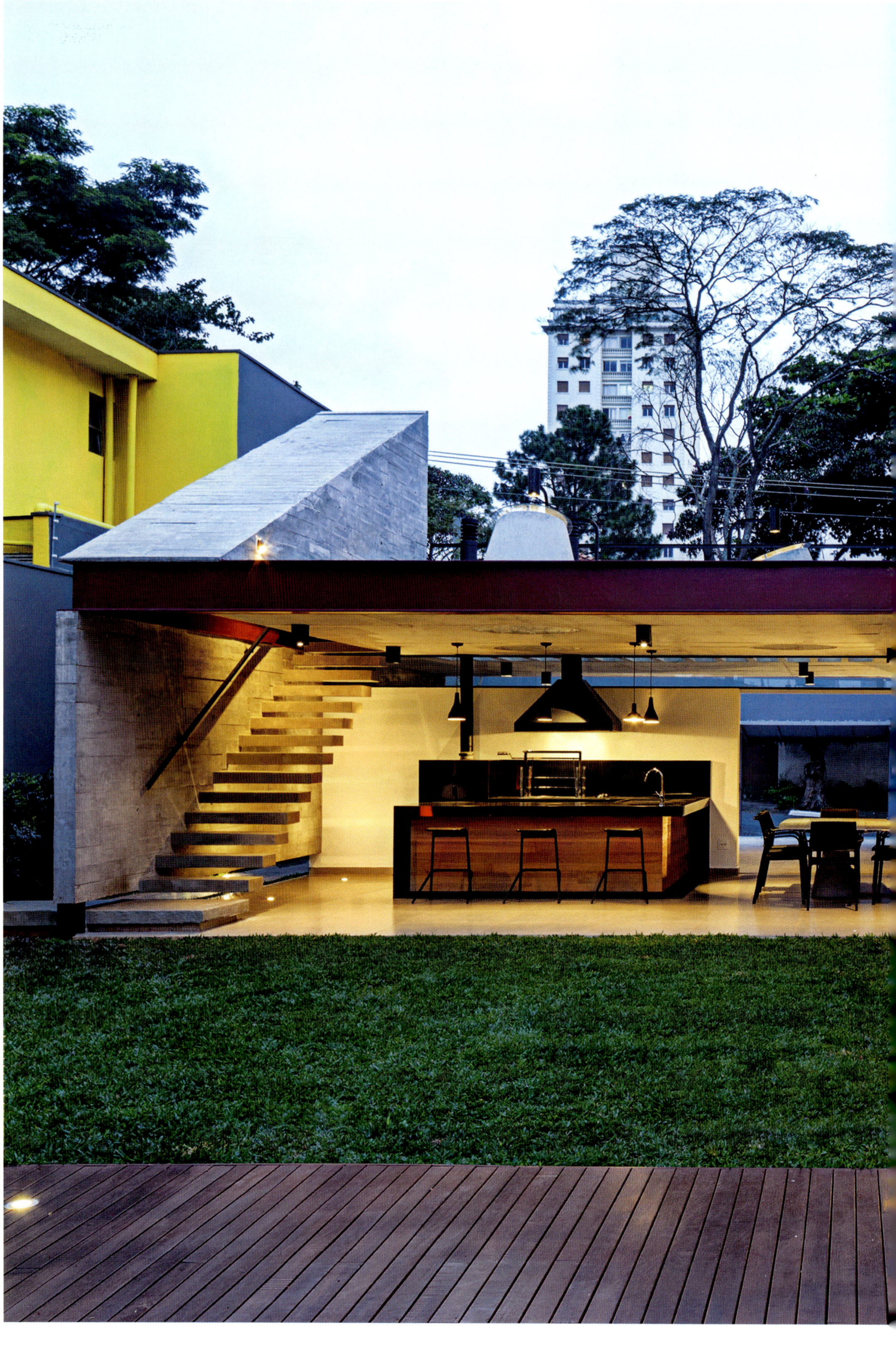

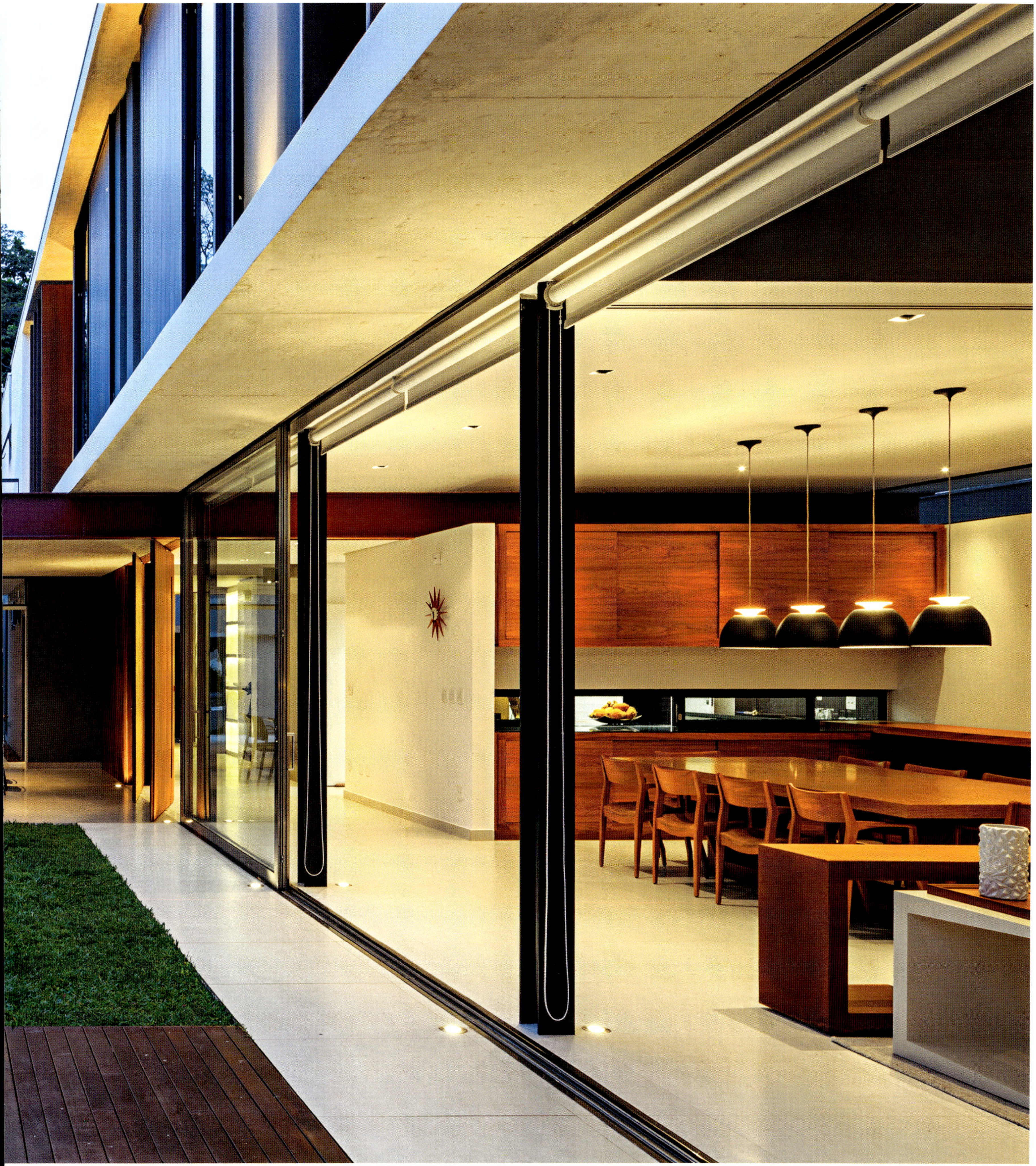

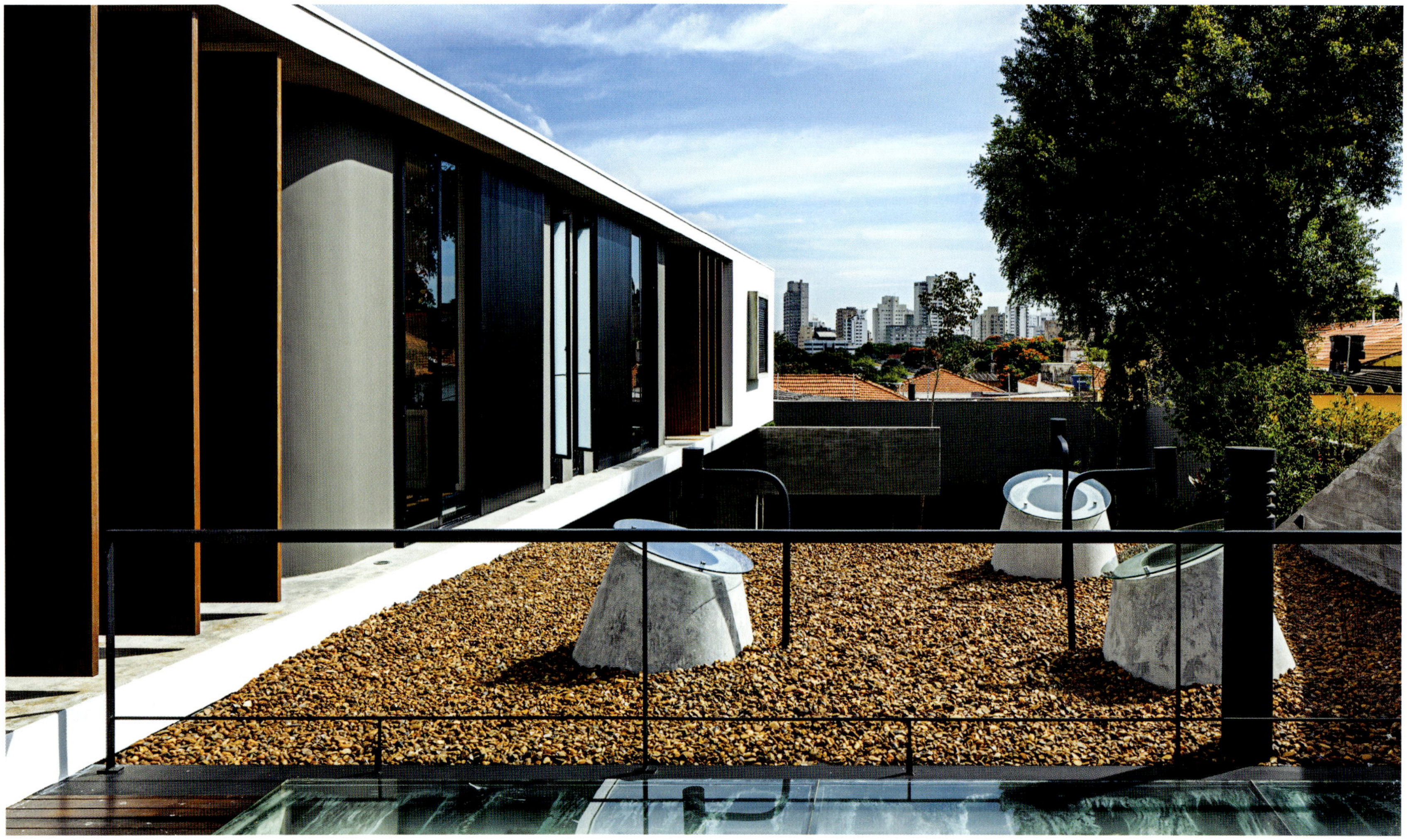

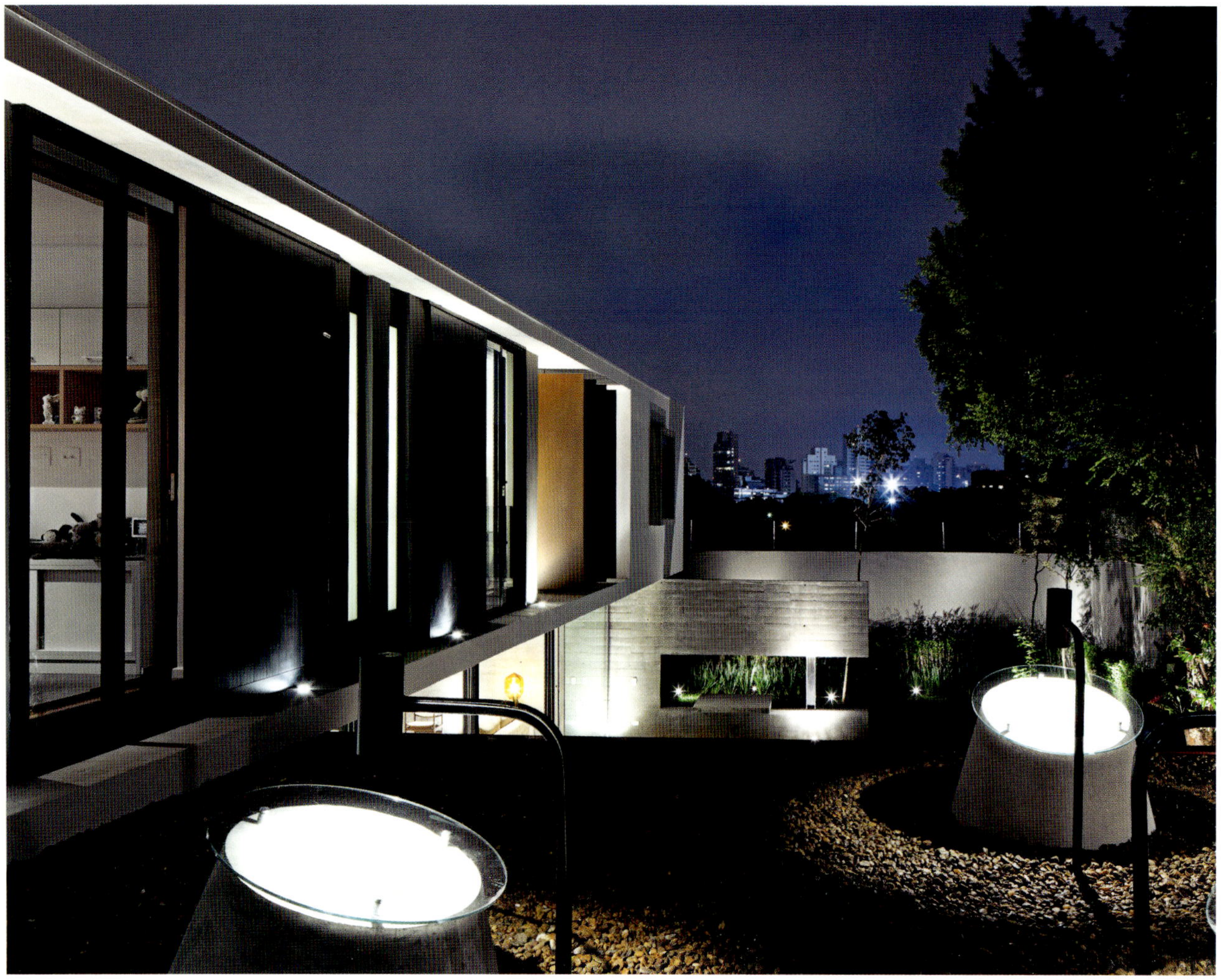

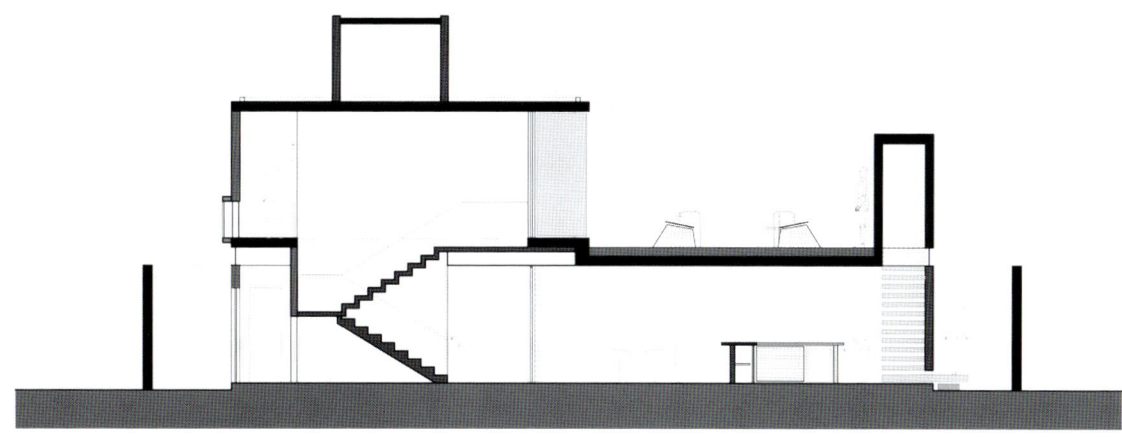

Section AA

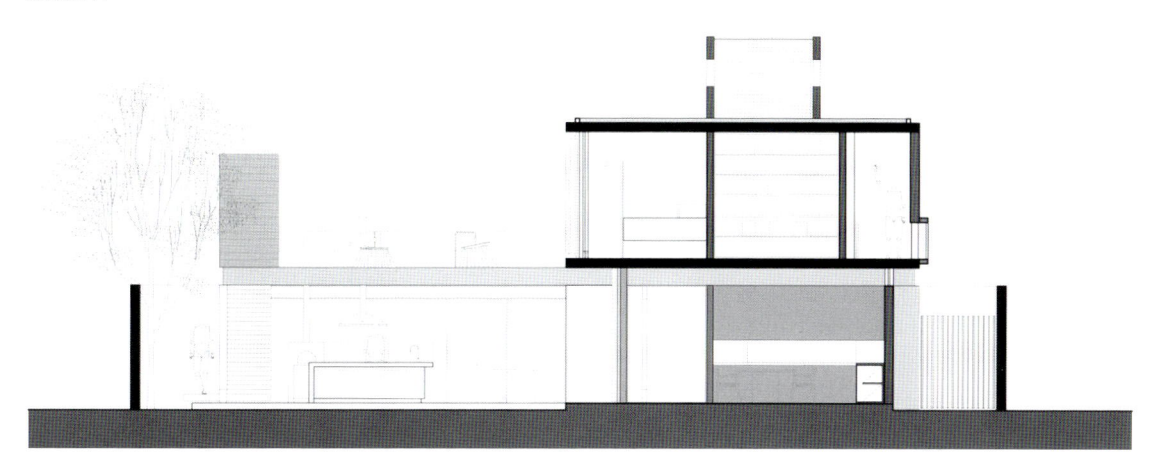

Section BB

The exterior opens up completely to the city of São Paulo, Brazil, becoming a little urban paradise: a place to indulge in the city from the tranquillity of the garden.

Der Außenbereich ist ein kleines urbanes Paradies und öffnet sich vollständig hin zur brasilianischen Megastadt São Paulo: Ein offener, friedlicher Gartenbereich inmitten eines urbanen Umfelds.

L'extérieur s'ouvre entièrement sur São Paulo, Brésil, et devient un petit paradis urbain : un espace permettant de s'abandonner à la ville dans la tranquillité du jardin.

De buitenruimte opent zich helemaal naar de hemel van São Paulo en vormt een kleine urbane oase: een ruimte waar men zich, genietend van de rust van een tuin, kan overgeven aan de stad.

El exterior se abre por completo al aire de São Paulo y se convierte en un pequeño paraíso urbano: un espacio donde entregarse a la ciudad desde la calma del jardín.

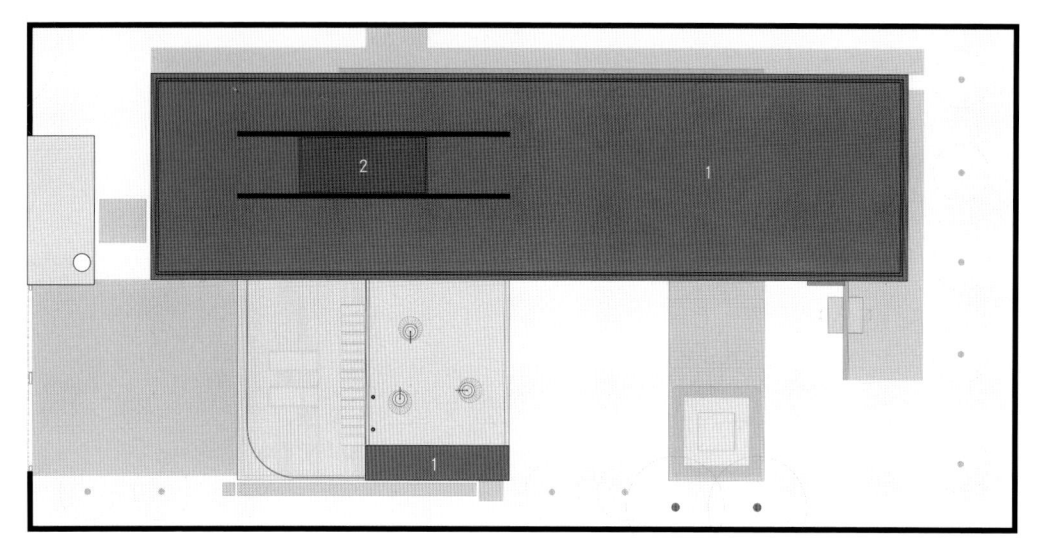

Roof plan

1. Roof
2. Water tank

Second floor plan

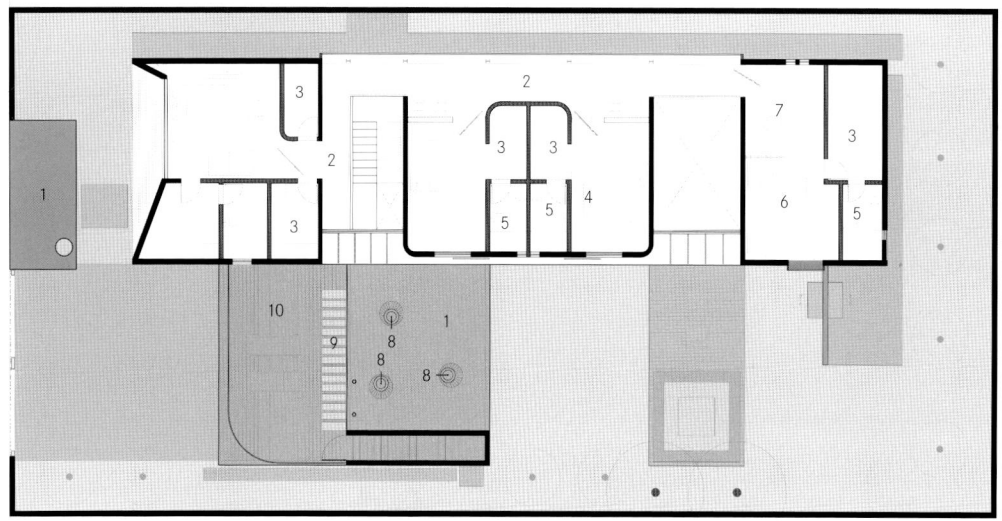

1. Roof
2. Circulation
3. Closet
4. Home theater
5. Toilet
6. Bedroom
7. Home office
8. Zenithal opening
9. Pergola
10. Solarium

Ground floor plan

1. Social access
2. Cabin
3. Deposit
4. Car access
5. Garage
6. Entrance
7. Toilet
8. Laundry
9. Service bedroom
10. Service toilet
11. Kitchen
12. Recreation
13. Dining
14. Living
15. Visit room
16. Back terrace
17. Deck
18. Spa
19. Sculpture
20. Garden

The concrete wall provides great privacy to this area of the house, while still enabling light to enter via a glass strip at the bottom.

Die Wand aus Zement verleiht diesem Bereich des Hauses das Gefühl von Abgeschlossenheit. Hier wird der Lichteinfall über ein gläsernes Band im unteren Bereich der Wand realisiert.

Le mur en béton apporte beaucoup d'intimité à cette partie de la maison. La lumière de l'entrée provient d'un panneau en verre dans la partie basse.

De betonnen muur geeft dit gedeelte van het huis veel privacy. Het licht komt binnen via een glazen strook aan de onderzijde.

La pared de hormigón proporciona una gran privacidad a esta área de la casa, y la entrada de luz se consigue mediante una franja acristalada en la parte inferior.

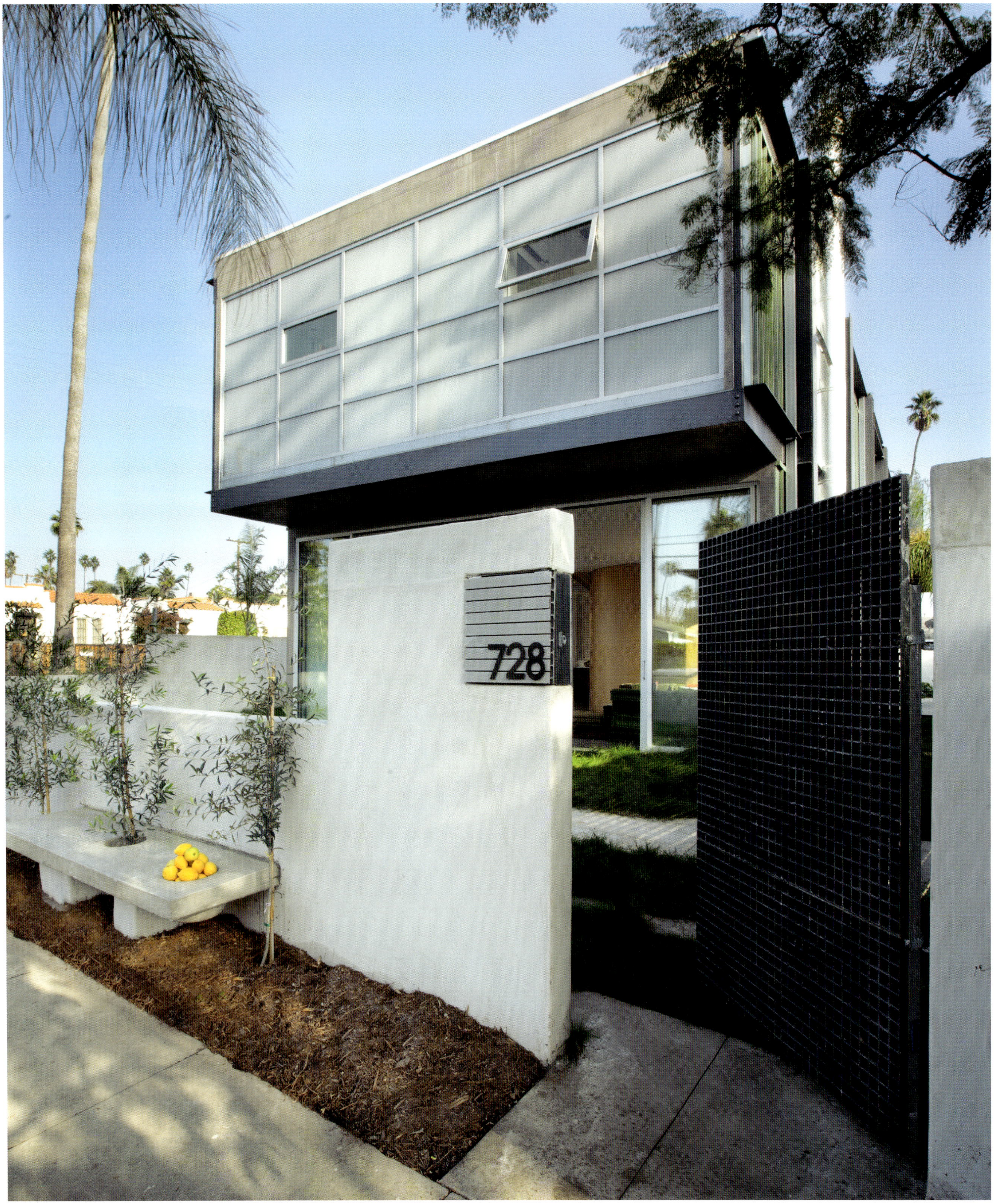
728

MEASER RESIDENCE

dk designhouse
Venice, CA, USA
© John Ellis

When the owner of this property decided to renovate it, he didn't imagine that the designer in charge of the lighting would end up sharing it as his wife. A series of vertical panels at the front cut out the sun and provide privacy to the interiors, while the glass surfaces allow the light to filter in.

Als der Eigentümer dieses Objektes sich zum Umbau entschloss, wusste er noch nicht, dass die für den Entwurf verantwortliche Designerin einmal dieses Haus mit ihm teilen sollte – als seine Ehefrau. An der Fassade synkopiert eine Reihe von vertikalen Verkleidungslementen den Weg der Sonne und verleiht dem Innenraum Privatsphäre, aber die Glasoberflächen sind verschachtelt angeordnet, um das Licht zu filtern.

Lorsque le propriétaire de cette maison l'a achetée pour la rénover, il n'imaginait pas que la dessinatrice chargée du projet pour l'illumination terminerait par partager sa maison en qualité d'épouse. Sur la façade, une série de panneaux verticaux suppriment les rayons du soleil et apportent de l'intimité aux pièces intérieures, mais les surfaces en verre s'intercalent pour filtrer la lumière.

Toen de eigenaar de woning kocht om deze te verbouwen, had hij zich niet kunnen voorstellen dat de ontwerpster die het lichtproject uitvoerde bij hem in zou trekken als zijn vrouw. Een aantal verticale panelen op de façade versterken de pas van de zon en bieden de binnenverblijven privacy, maar de glazen oppervlaktes voegen zich samen om het licht te filteren.

Cuando el propietario de esta vivienda se hizo con ella para remodelarla, no imaginaba que la diseñadora encargada del proyecto de iluminación acabaría compartiendo su casa en calidad de esposa. En la fachada, una serie de paneles verticales sincopan el paso del sol y aportan privacidad a los interiores, pero las superficies de cristal se intercalan para filtrar la luz.

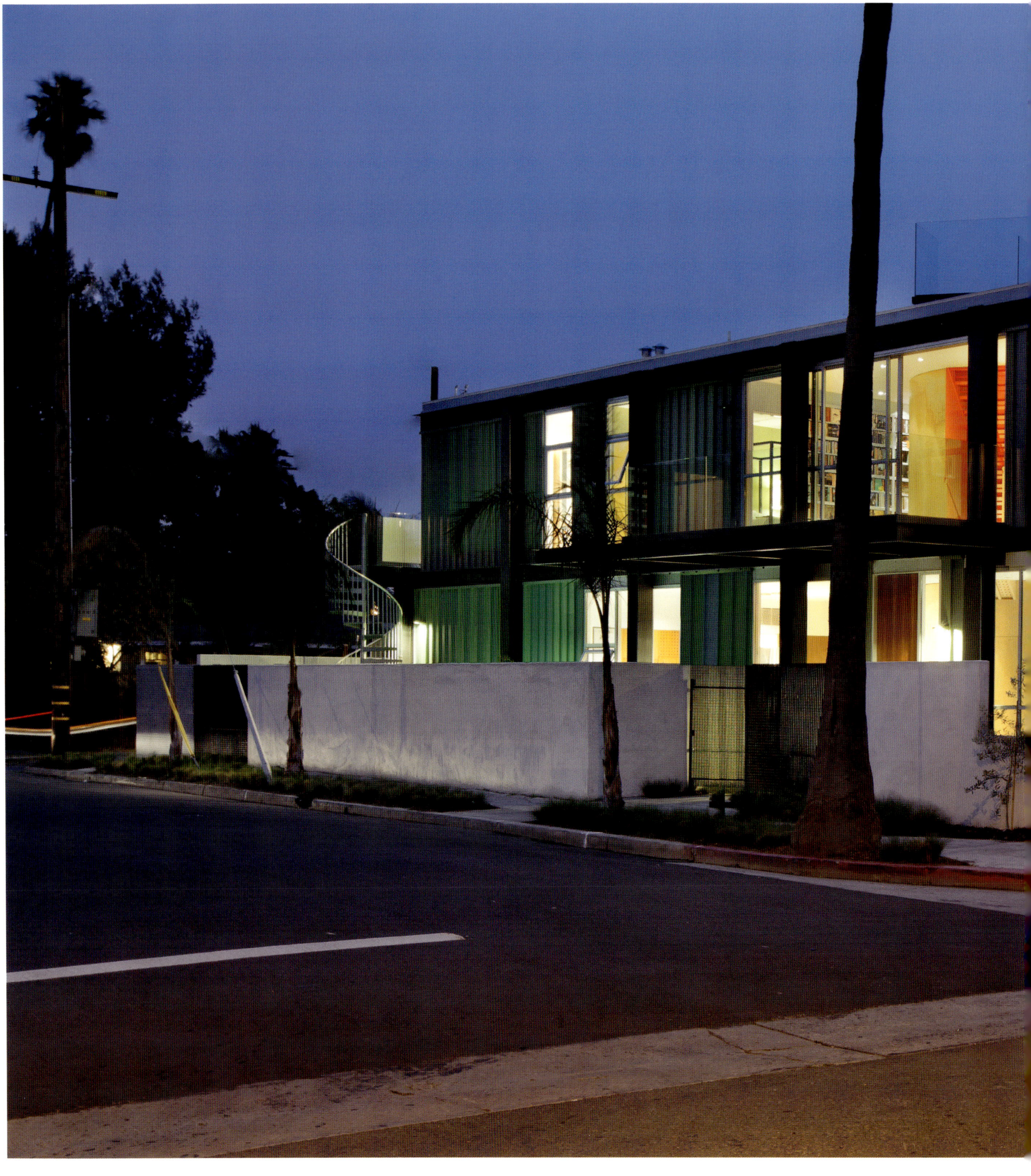

369

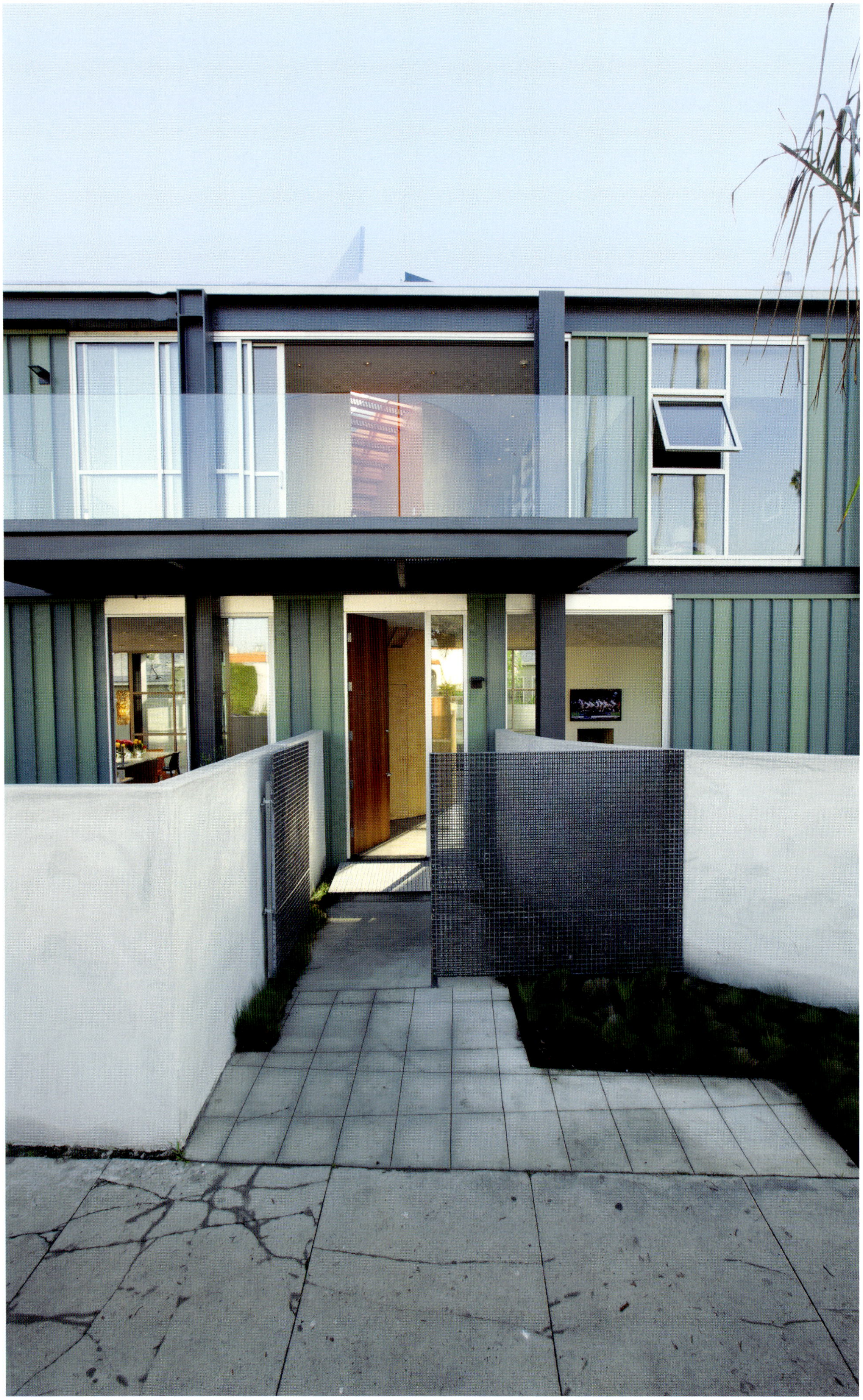

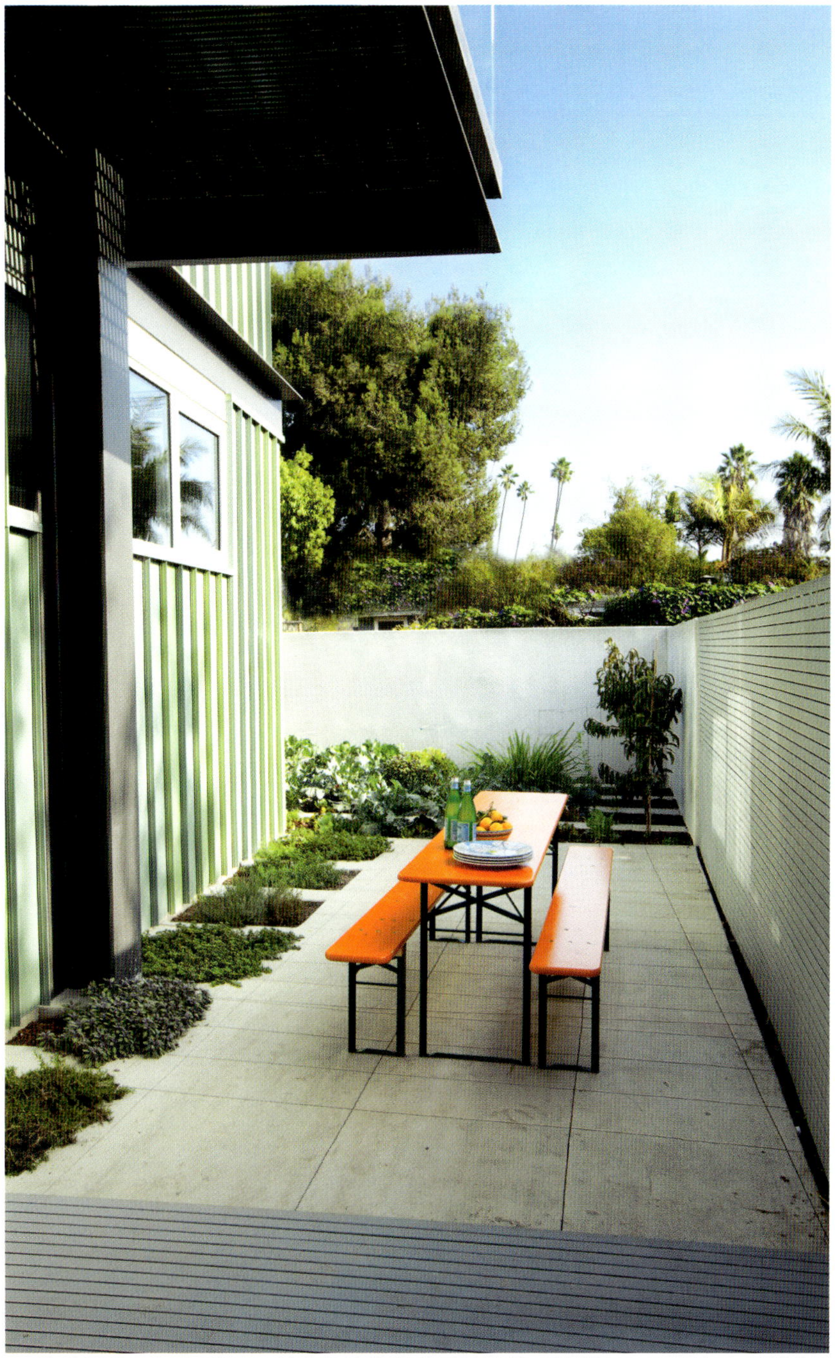

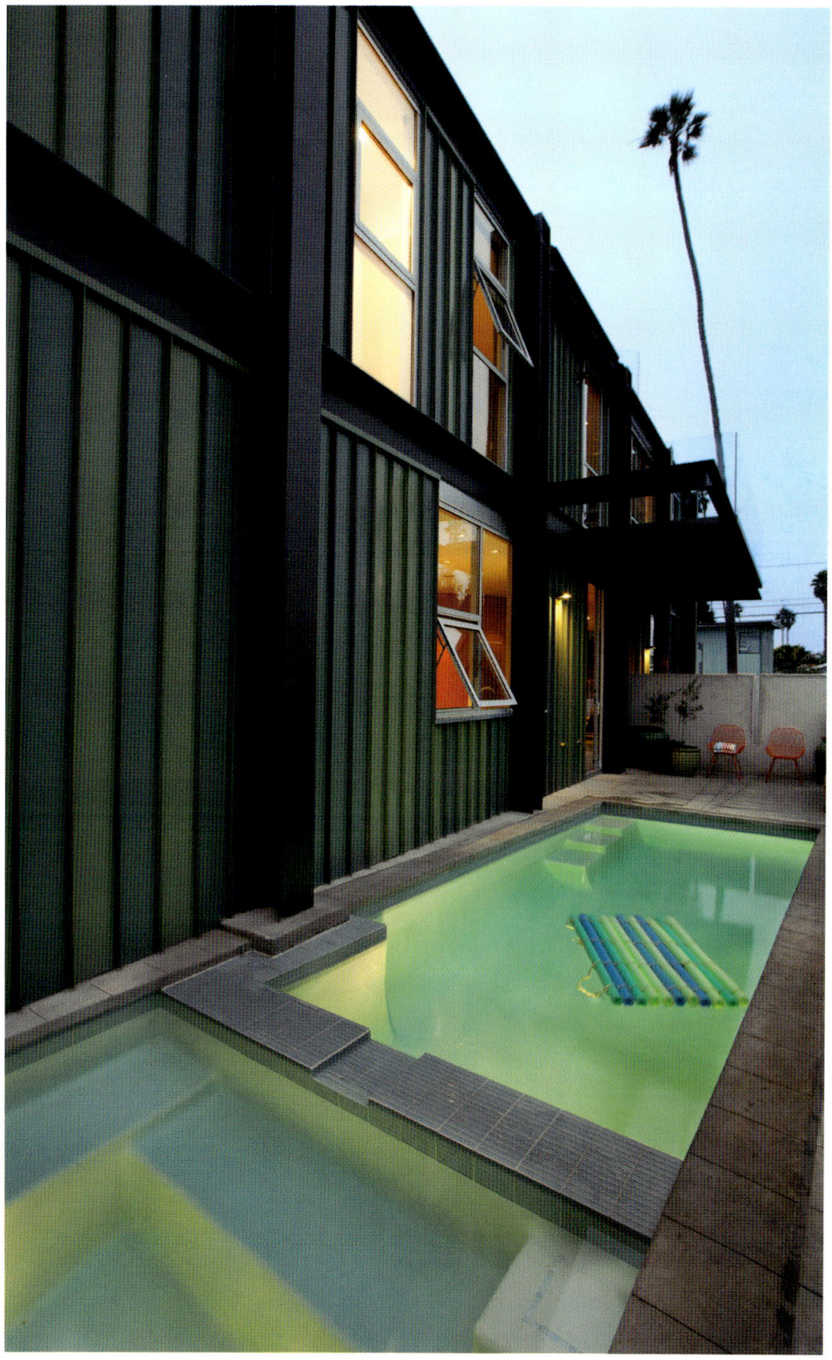

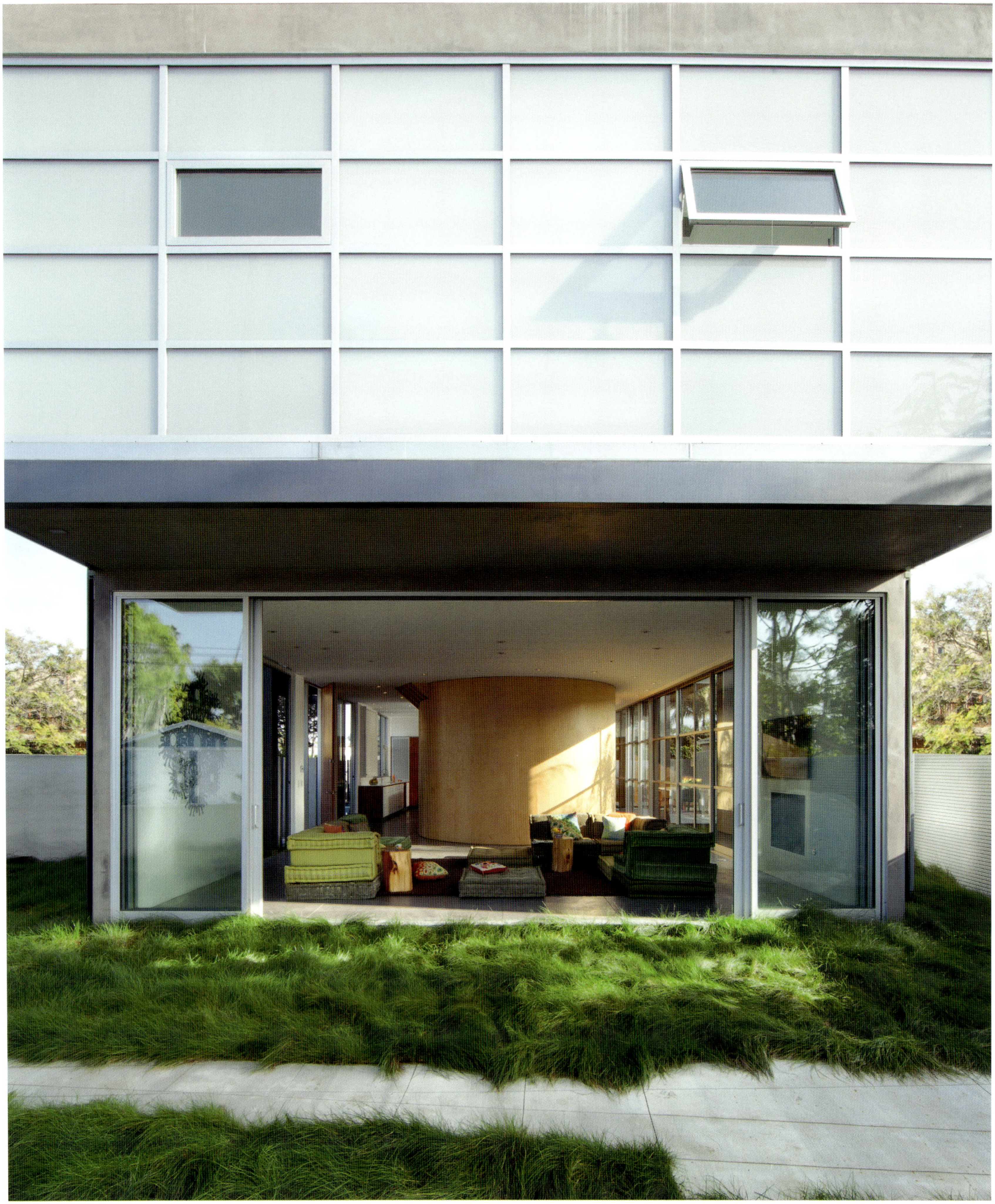

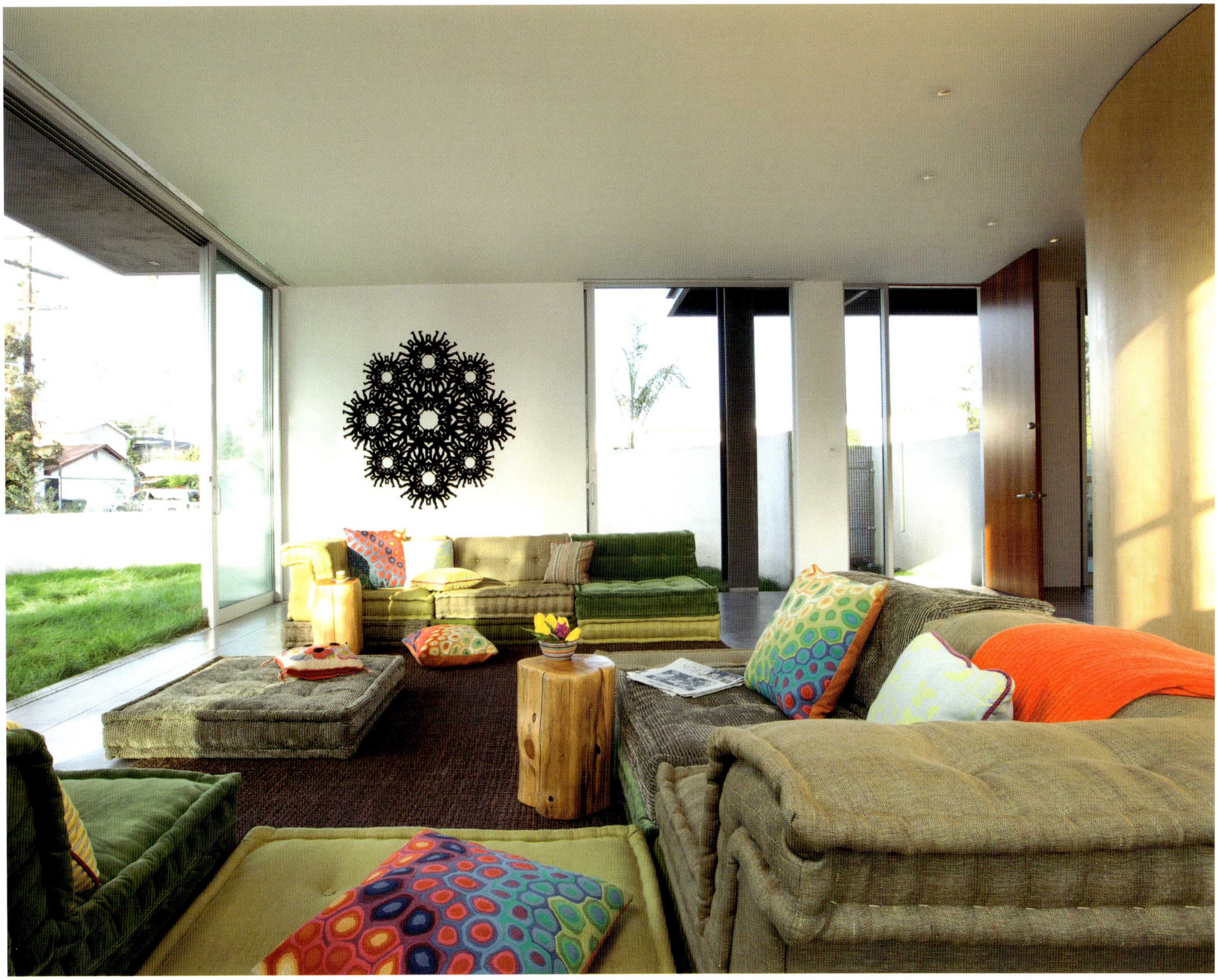

The open-plan kitchen-dinning room is located on one side of the cylindrical structure. Coloured stools and chairs add a playful touch to the room.

An einer Seite des zylindrischen Baukörpers befindet sich die offen gestaltete Küche mit Essbereich. Die bunten Hocker und Stühle verleihen dem Raum einen Hauch von Verspieltheit.

La cuisine / salle à manger ouverte se trouve d'un côté de la structure cylindrique. Les tabourets et les sièges en couleur donnent une touche amusante à la pièce.

De eetkeuken, zonder tussenwanden, bevindt zich naast de cilinderstructuur. De gekleurde krukken en stoelen geven de ruimte een speels karakter.

A un lado de la estructura cilíndrica se encuentra la cocina-comedor de planta abierta. Los taburetes y sillas de colores dan un toque lúdico a la estancia.

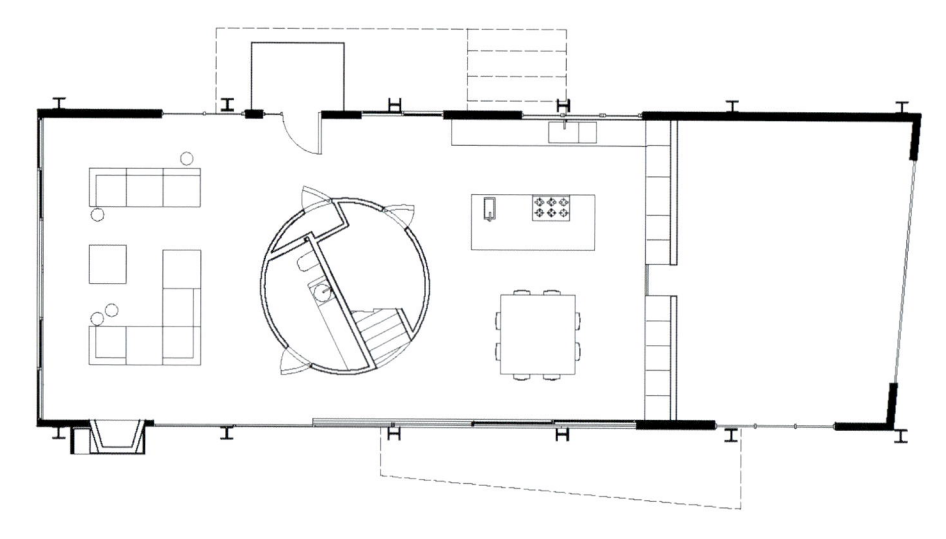

Ground floor plan

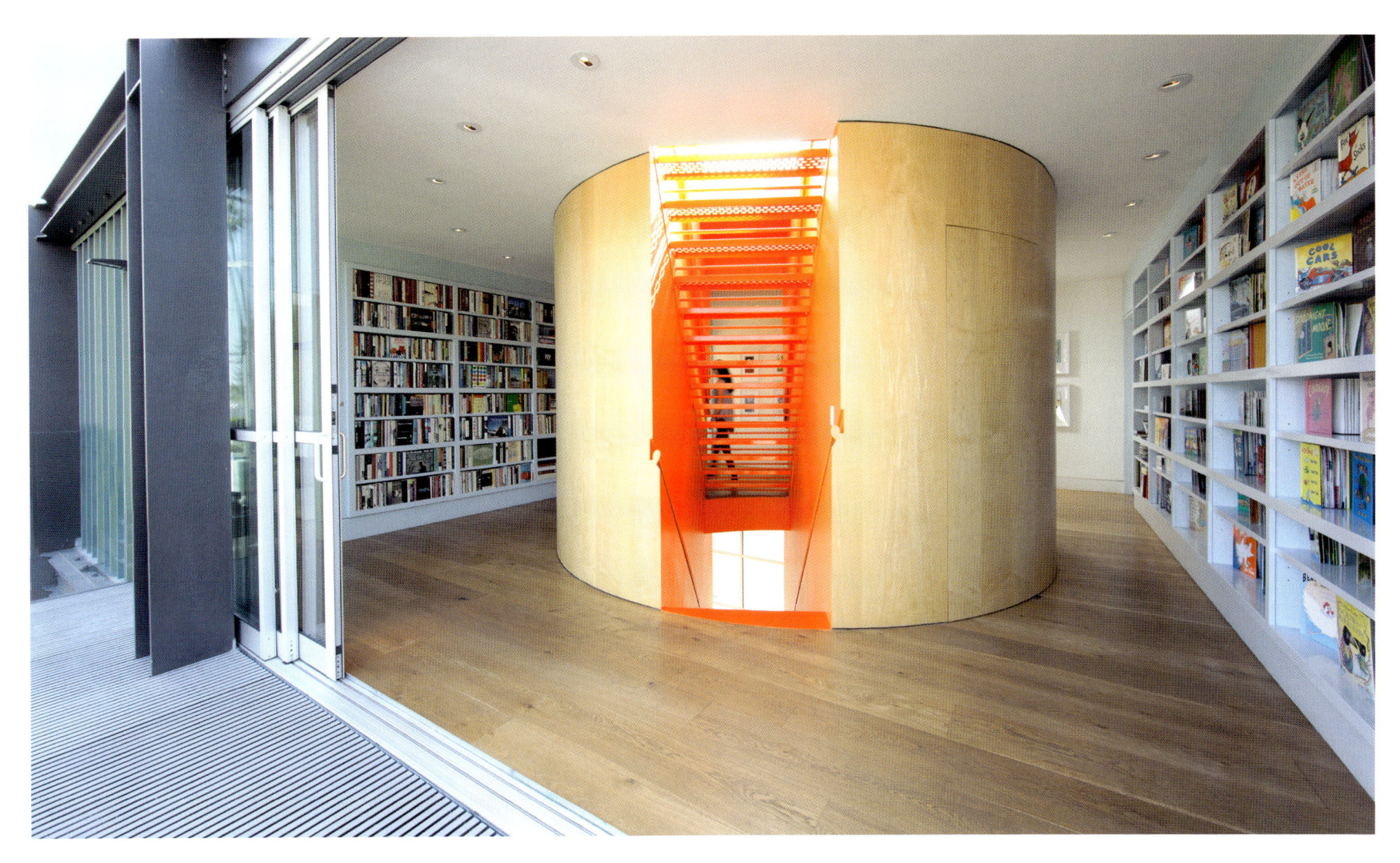

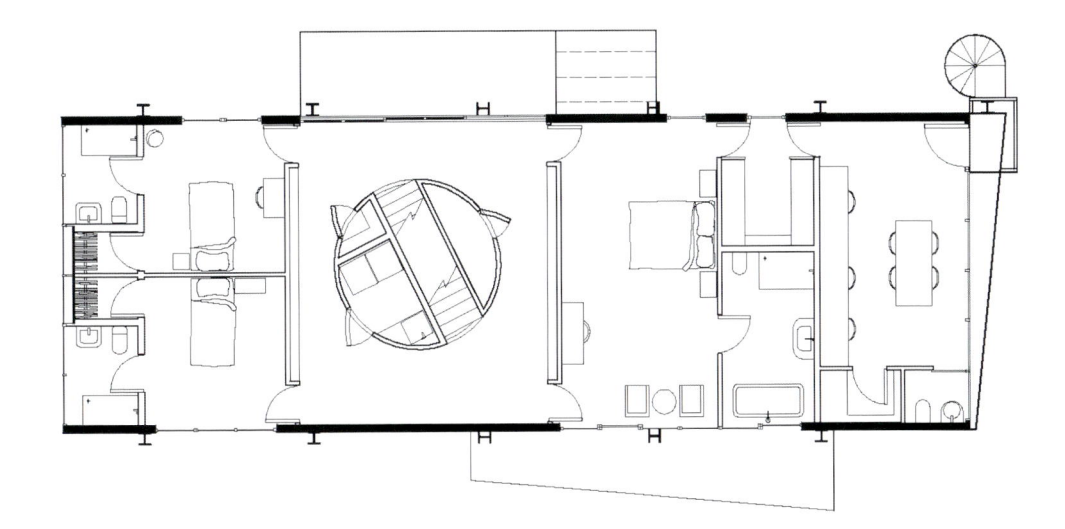

The cylindrical structure functions as the core of the house. Its bright-orange interior conceals the electrical systems, ducts, storage space and stairs!

Die zylindrische Struktur dient als zentrale Achse des gesamten Hauses. Im Innern dieses Zylinders verbergen sich hinter dem leuchtendem Orange nicht nur Elektronik, Leitungen und Stauraum, sondern auch die Treppe.

La structure cylindrique fonctionne comme le noyau central de la maison. Son intérieur lumineux de couleur orange cache des systèmes électriques, des conduits, un espace de rangement, et l'escalier !

De cilinderstructuur fungeert als centrale as van het huis. In de feloranje binnenkant zijn elektrische systemen, leidingen, opslagruimtes en de trap(!) verborgen.

La estructura cilíndrica funciona como eje central de la casa. En su interior naranja brillante esconde sistemas eléctricos, conductos, espacio de almacenaje, ¡y las escaleras!

Second floor plan

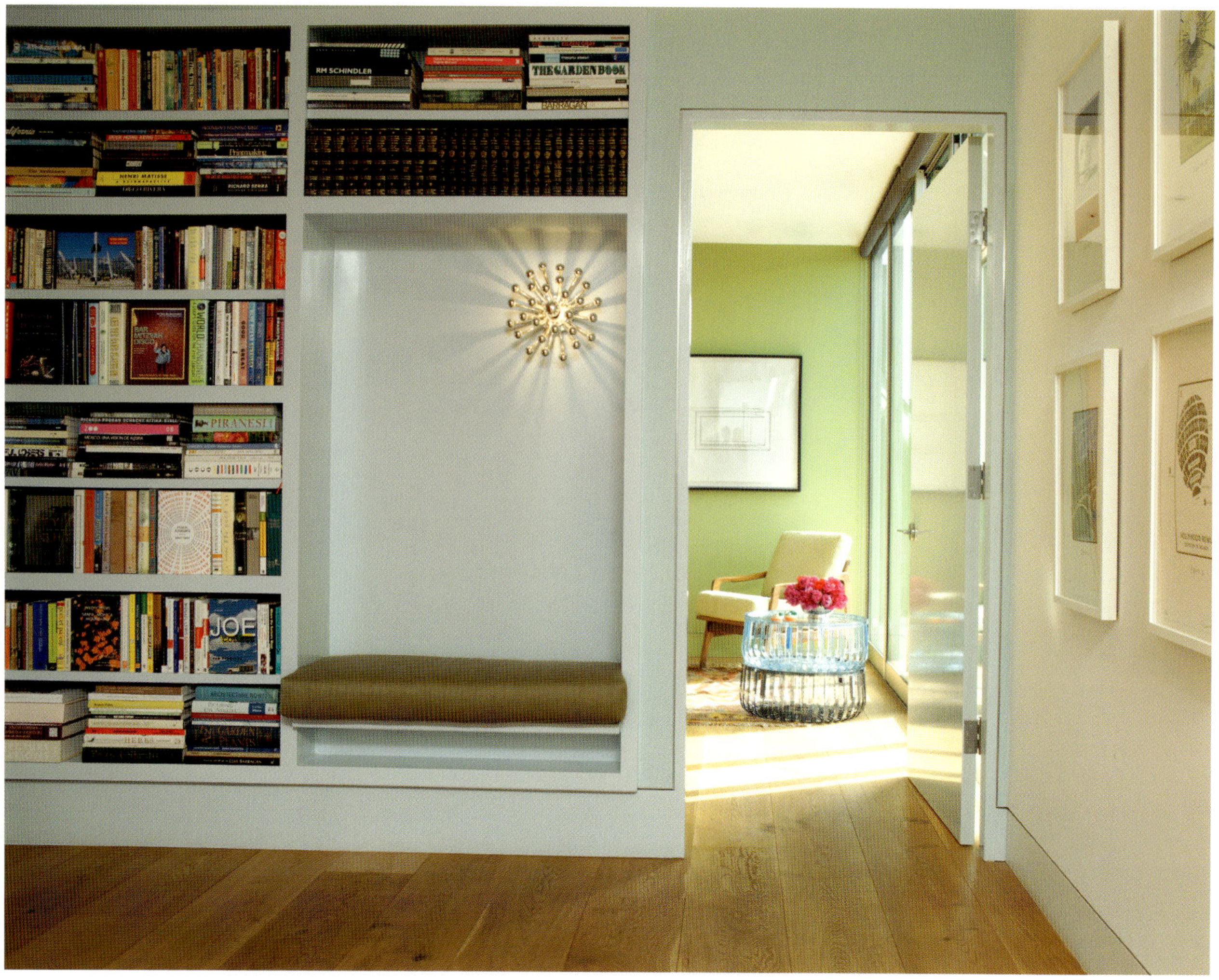
RM SCHINDLER
THE GARDEN BOOK
HENRI MATISSE
PIRANESI
JOE

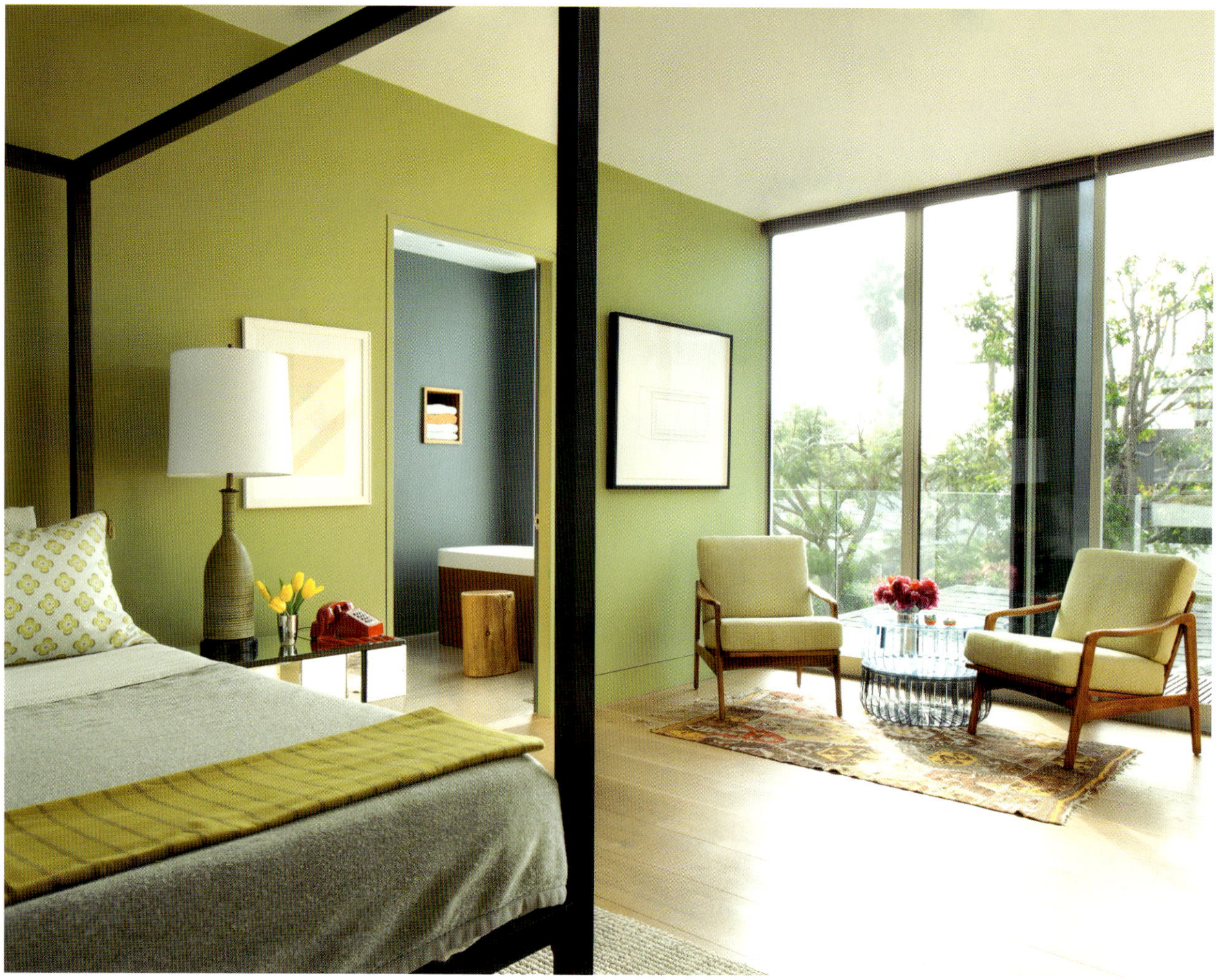

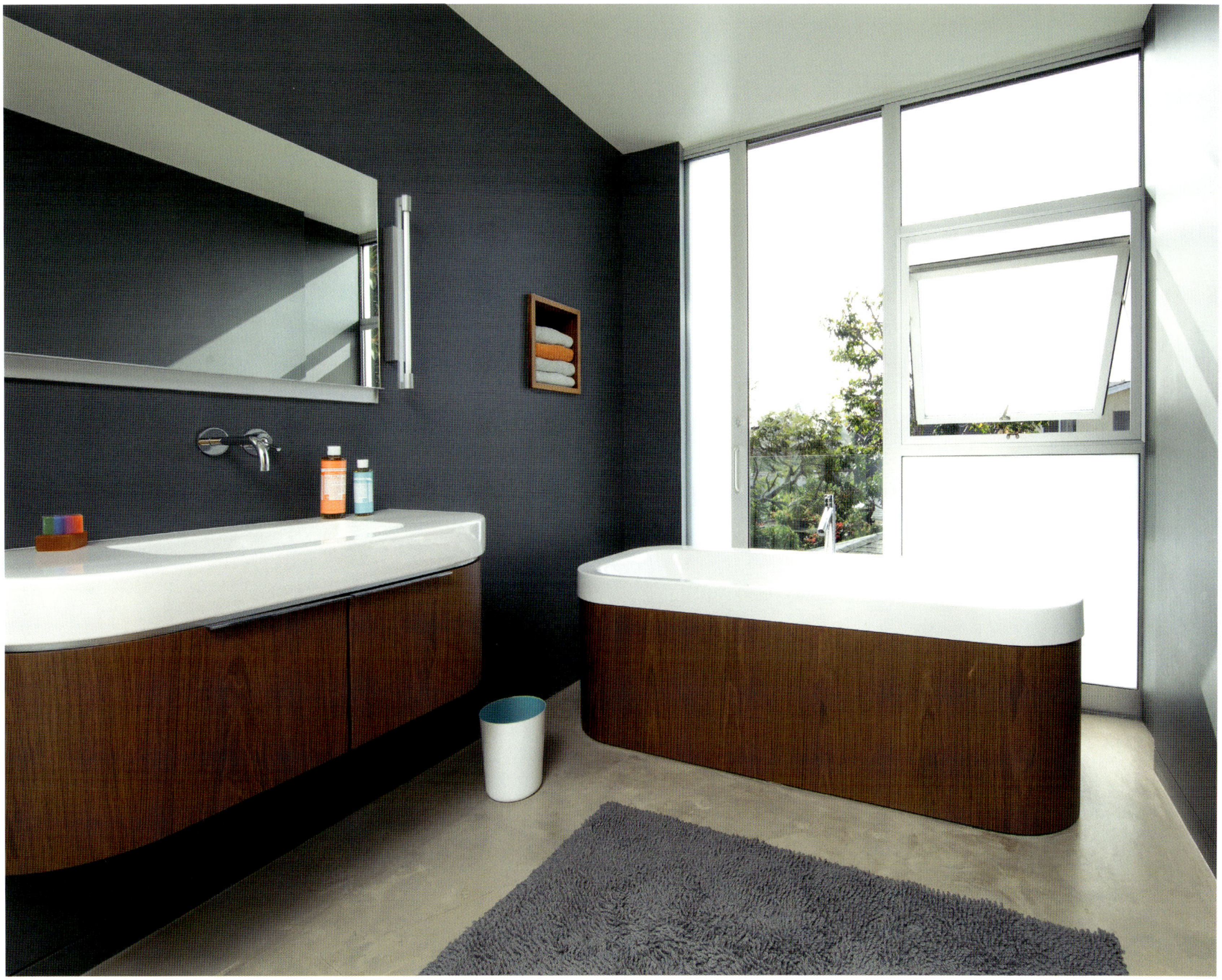

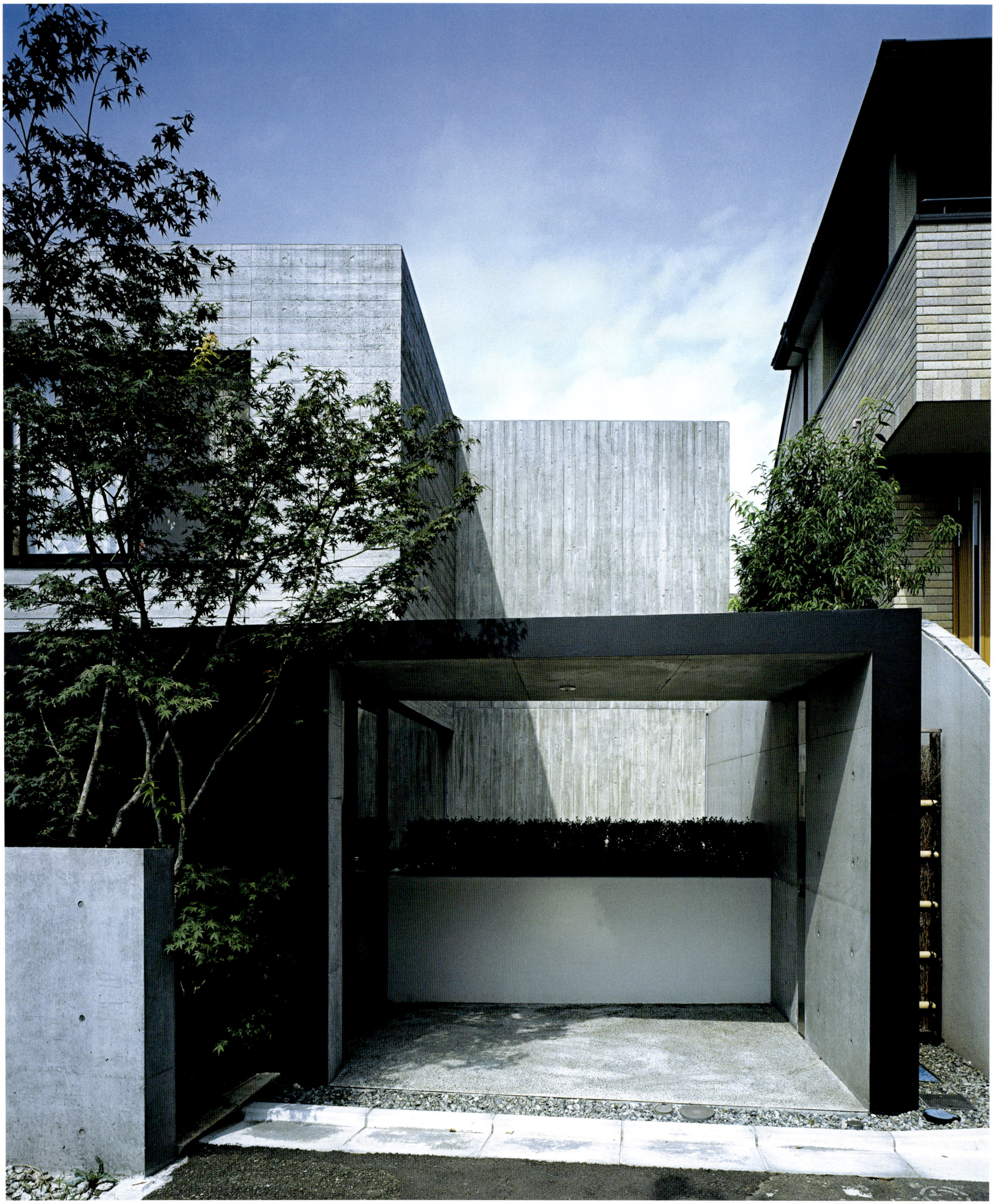

MEJIRO HOUSE

Kiyotoshi Mori, Natsuko Kawamura/MDS
Toshima, Tokyo, Japan
© Toshiyuki Yano

In the densely populated centre of Tokyo, households tend to turn in on themselves, avoiding street views and hiding behind high walls to maximise privacy. To avoid this feeling of claustrophobia, the house was orientated to maintain its connection with the outside world, creating a bright and breezy interior that none the less preserves its privacy.

Im dicht bevölkerten Zentrum Tokios sind die Häuser in der Regel in sich abgeschlossen, wodurch ein Ausblick auf die Straße vermieden wird und das Leben hinter hohen Mauern stattfindet, die für Privatsphäre sorgen. Um das Gefühl des Eingeschlossenseins zu umgehen, wurde das Haus so konzipiert, dass eine Verbindung zur Außenwelt bestehen bleibt - daraus entstand ein helles, luftiges Interieur, das dennoch vor neugierigen Blicken schützt.

Dans le centre dense de Tokyo, les logements ont tendance à se refermer sur eux-mêmes, et évitent d'avoir vue sur la rue en se retranchant derrière de hauts murs pour préserver l'intimité. Pour éviter cette sensation de claustrophobie, la maison a été agencée de manière à être en relation avec l'extérieur, ce qui a permis d'avoir un intérieur bien illuminé et aéré qui préserve l'intimité.

In het drukke centrum van Tokio zijn woningen meestal in zichzelf gekeerd: ze kijken niet uit op de straat en staan om privacyredenen achter hoge muren. Om een claustrofobische sfeer te voorkomen, is dit huis zo ontworpen dat er een verbinding blijft bestaan met buiten, wat heeft geleid tot een mooi verlicht en geventileerd interieur dat toch privacy biedt.

En el denso centro de Tokio, las viviendas tienden a cerrarse en sí mismas, evitando las vistas a la calle y parapetándose tras altos muros para conseguir privacidad. Para evitar esta sensación de claustrofobia, la casa se configuró de tal modo que mantuviera la conexión con el exterior, con lo que se consiguió un interior bien iluminado y ventilado que conserva su privacidad.

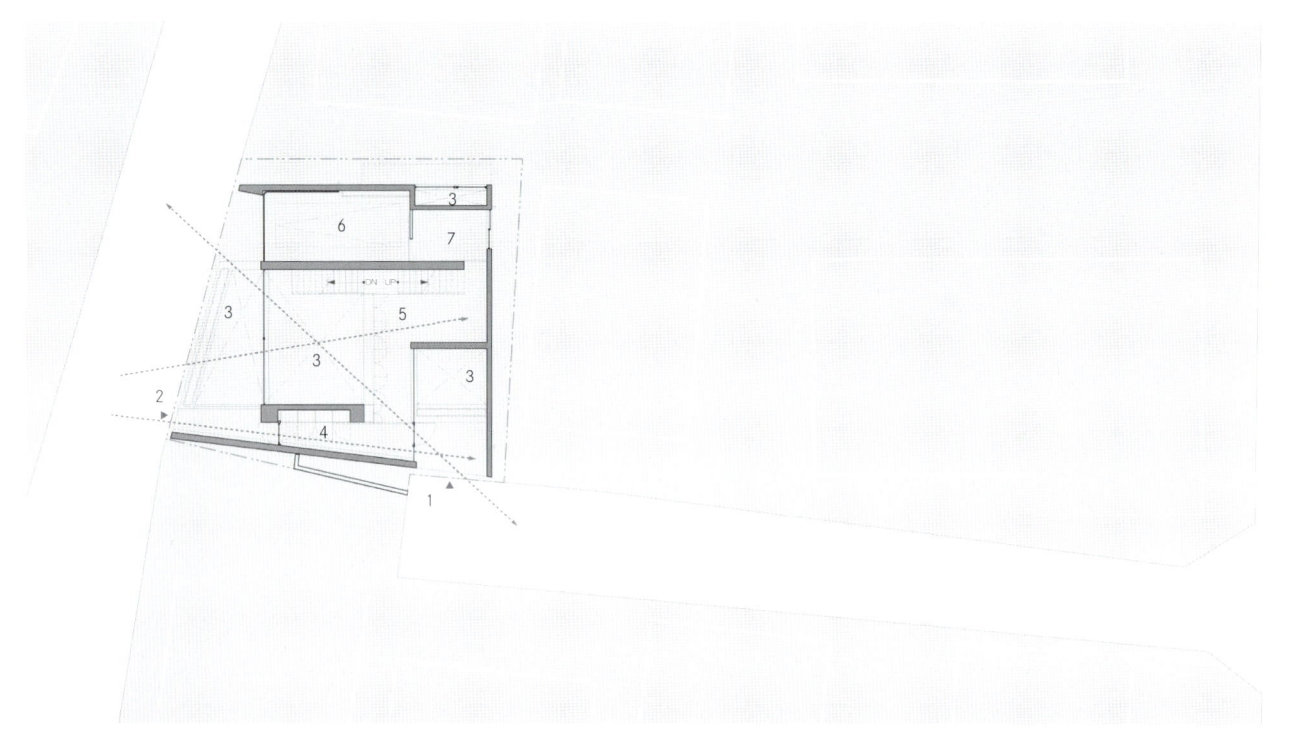

1. Entrance 1
2. Entrance 2
3. Void
4. Entrance gallery
5. Gallery
6. Garage
7. Storage

Site plan

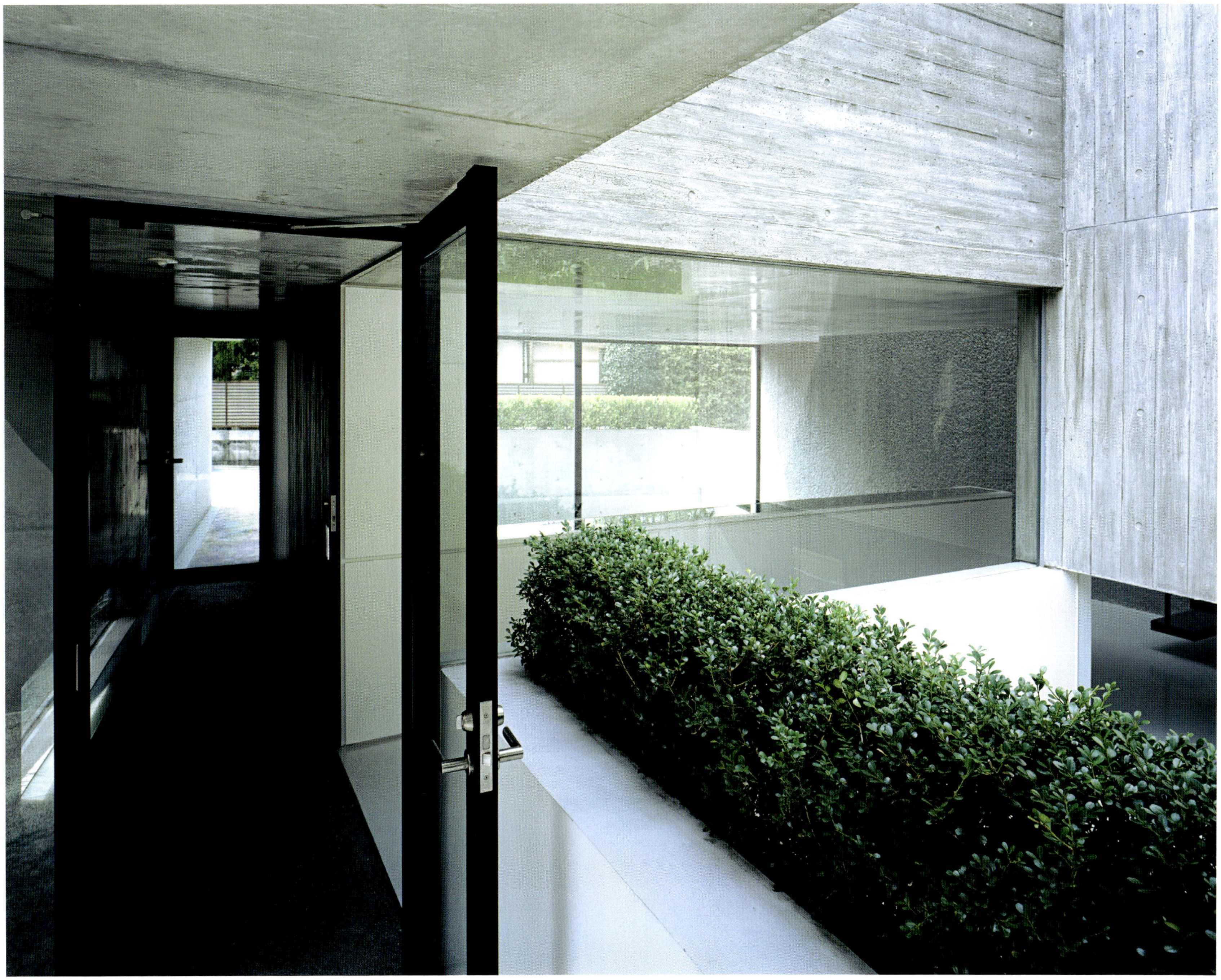

The white, grey and black colour palette and the textures of the cement, wood and stone materials give this house a strong industrial feel.

Die Farbpalette aus Weiß, Grau und Schwarz sowie die Textur der Materialien – Zement, Holz und Stein – verleihen den Innenräumen ein industrielles Ambiente.

La palette chromatique – composée de blanc, gris et noir – et la composition des matériaux – ciment, bois et pierre – donnent un air industriel à l'intérieur de la maison.

Het kleurenpalet, dat bestaat uit wit, grijs en zwart, en de textuur van de materialen (cement, hout en steen) geven het interieur van het huis een industriële touch.

La paleta cromática –compuesta de blanco, gris y negro– y la textura de los materiales –cemento, madera y piedra– dan un aire industrial al interior de la casa.

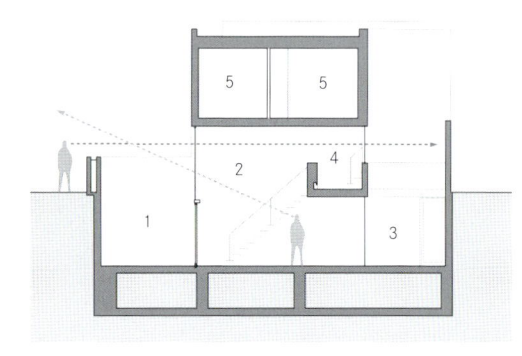

Section

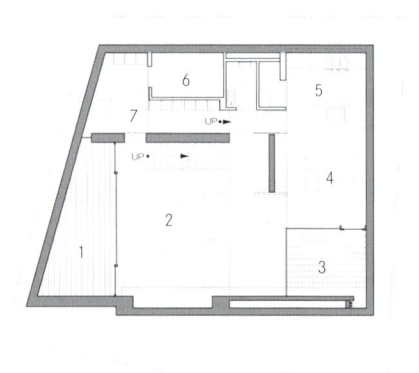

1. Garden 1
2. Living
3. Garden 2
4. Gallery
5. Bedroom

Second floor plan

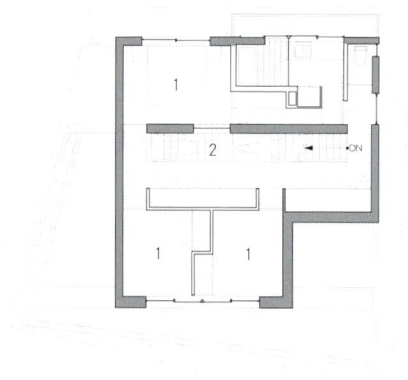

1. Bedroom
2. Void

Basement floor plan

1. Garden 1
2. Living
3. Garden 2
4. Dining
5. Kitchen
6. Storage
7. Workroom

Ground floor plan

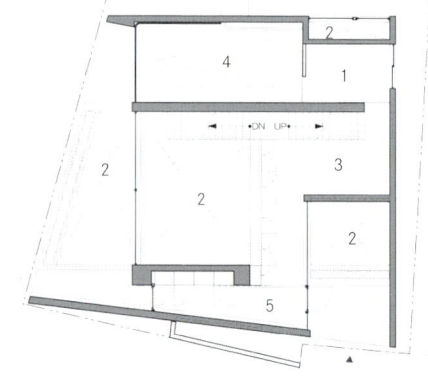

1. Entrance
2. Void
3. Gallery
4. Garage
5. Storage

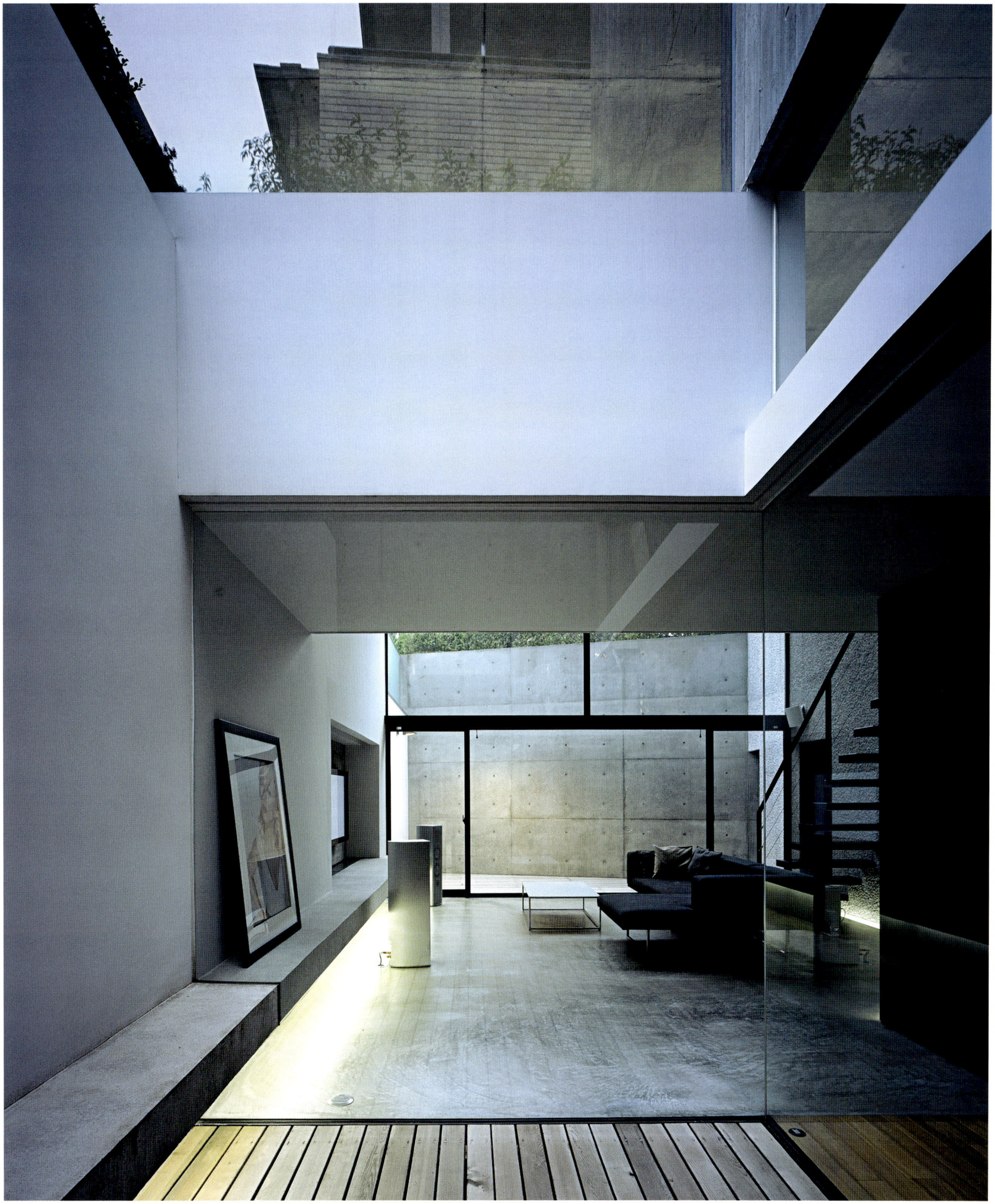

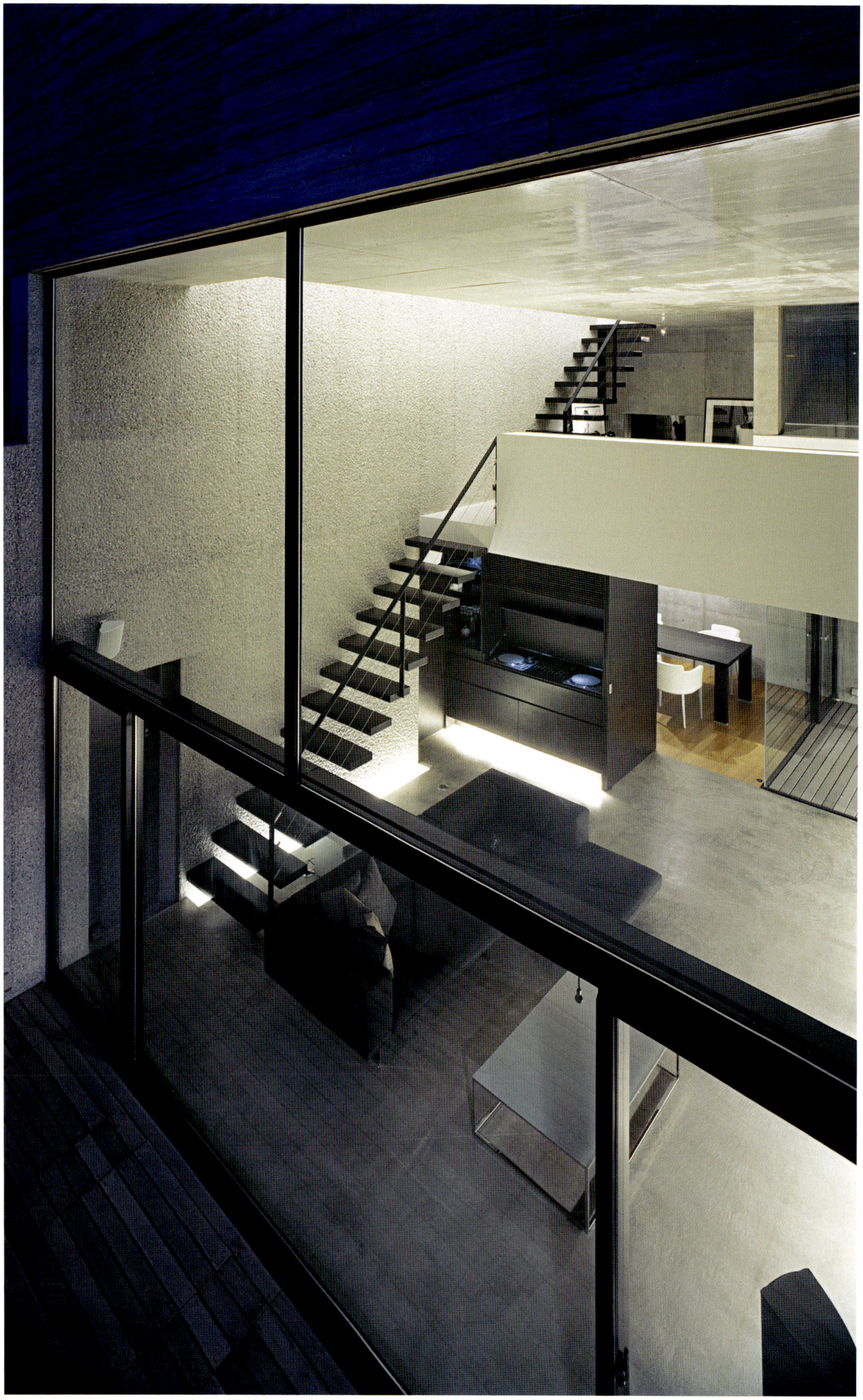

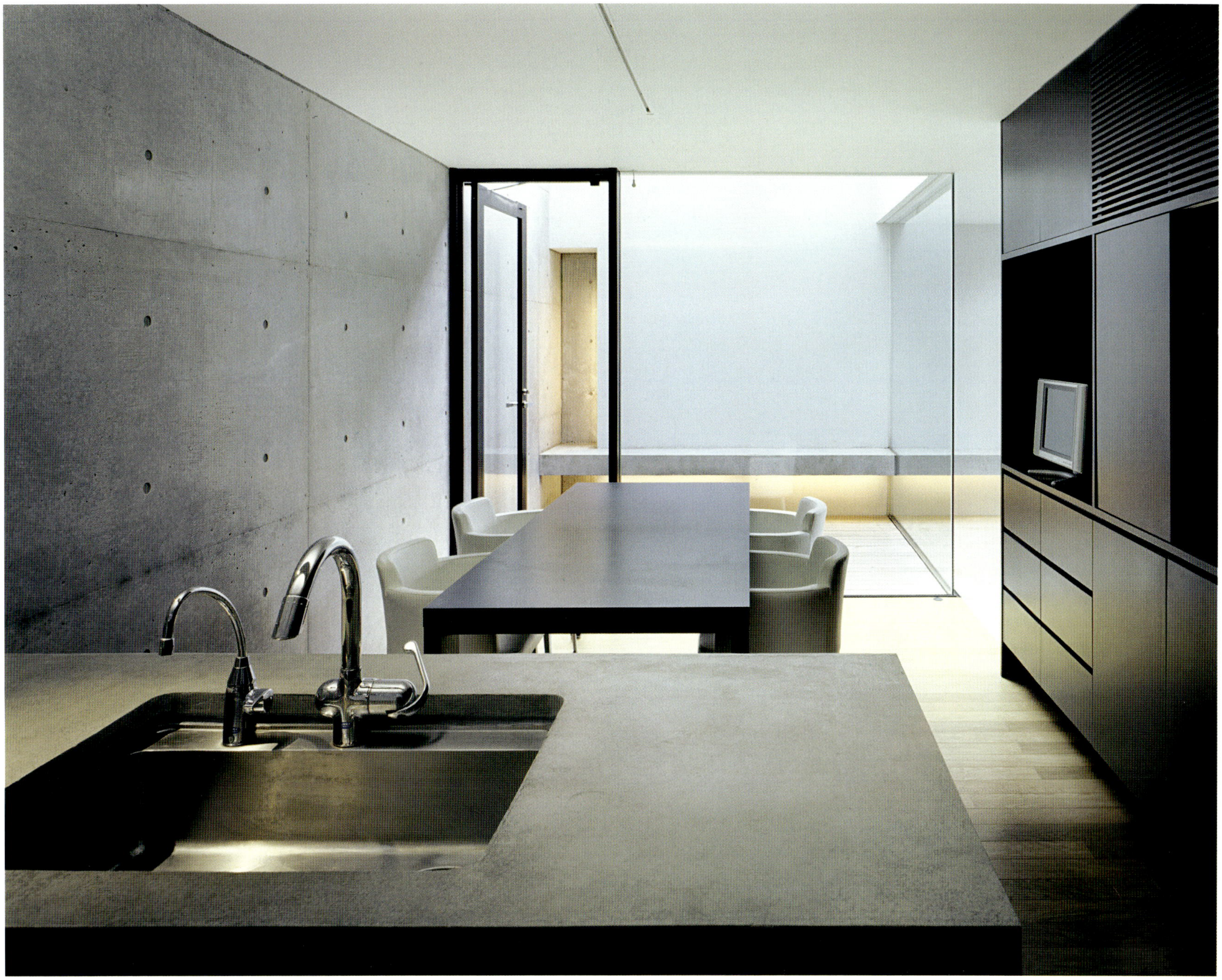

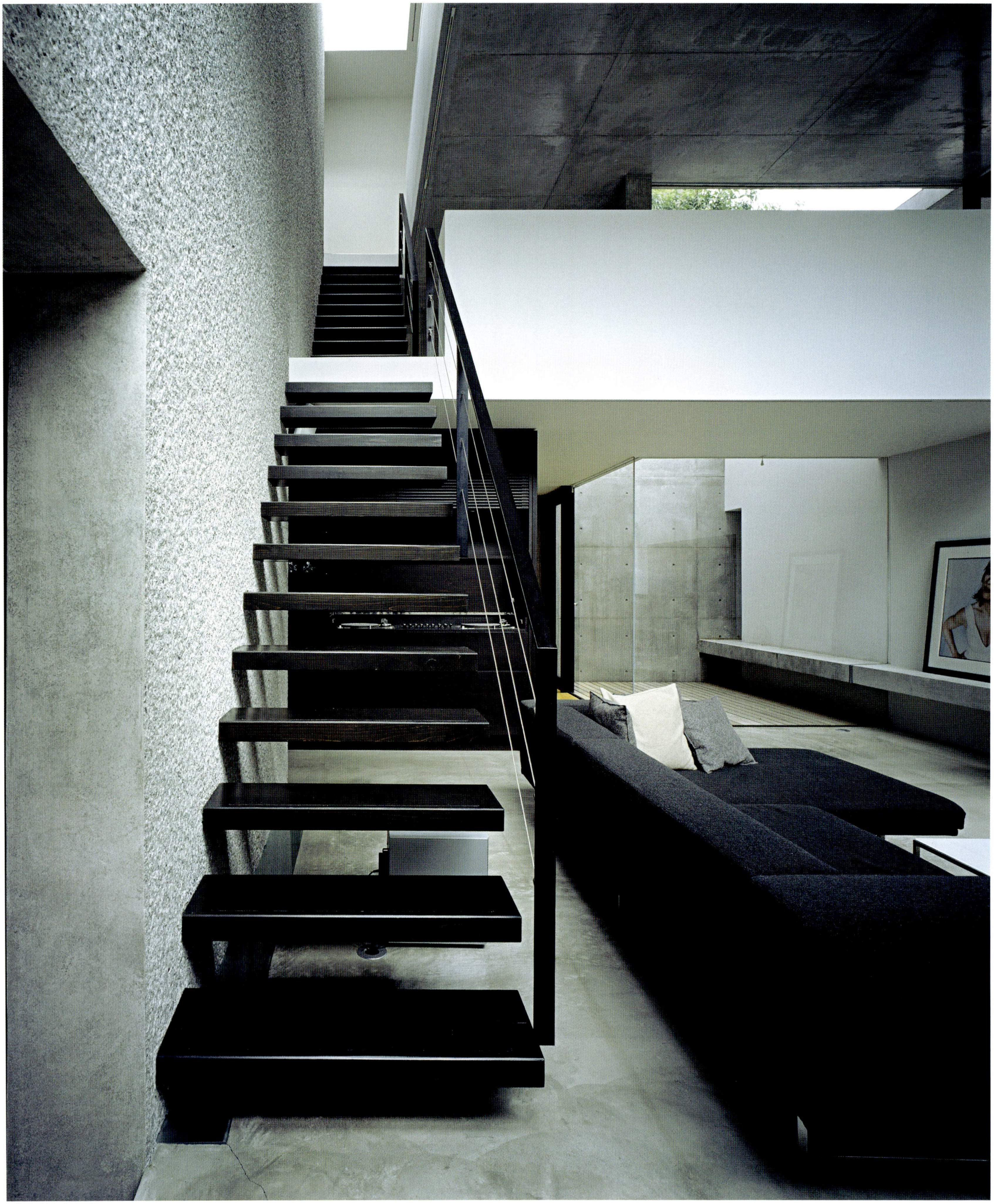

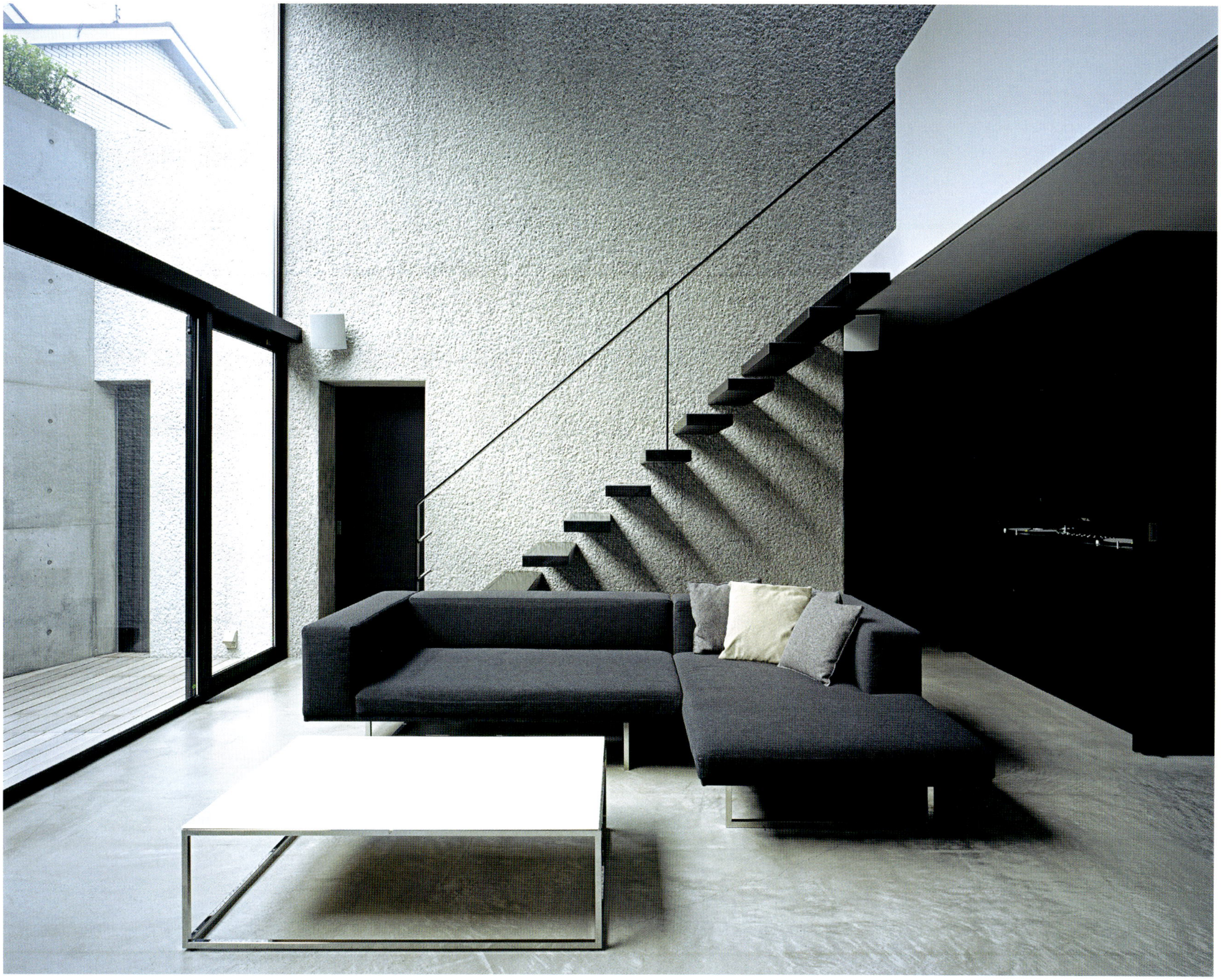

house 65

THE LIGHTHOUSE 65

Andy Ramus, Stephen Osborn/AR Design Studio
Hill Head, Fareham, United Kingdom
© Martin Gardner

Two neighbouring buildings and a seven-metre embankment on its northern flank frame this waterfront home on the south coast of England. The property is accessed via the roof, through a glass cube that functions as a lighthouse. At night it lights up green when the weather conditions are good, and when the atmospheric pressure drops it lights up red.

Dieses Haus am Meer, an der Südküste Englands, steht zwischen zwei Nachbargebäuden und im nördlichen Teil auf einem Erdaufwurf von 7 Metern Höhe. Der Zugang zum Haus erfolgt über das Dach, durch einen Glaskubus, der als Leuchtturm fungiert. Nachts und bei guten Wetterbedingungen leuchtet er grün; bei sinkendem Druck leuchtet er rot.

Cette maison face à la mer sur la côte sud de l'Angleterre se trouve entourée par deux bâtiments voisins et un terre-plein de 7 mètres sur la façade nord. La propriété est accessible par le toit, par un cube en verre qui fait office de phare. Il s'illumine la nuit en vert lorsque les conditions atmosphériques sont bonnes; quand la pression atmosphérique baisse, il s'illumine en rouge.

Dit huis aan zee, aan de zuidkust van Engeland, ligt tussen twee buurhuizen en een dijk van 7 meter aan de noordzijde. Je komt het huis binnen via het dak, door een glazen kubus die fungeert als vuurtoren. ´s Avonds licht de vuurtoren op: groen als de weersomstandigheden goed zijn en rood als er een lagedrukgebied aankomt.

Esta casa frente al mar en la costa sur de Inglaterra se encuentra enmarcada por dos edificios vecinos y un terraplén de 7 metros en la parte norte. A la vivienda se accede por el tejado, a través de un cubo acristalado que hace las funciones de faro. Por la noche, se ilumina de verde cuando las condiciones atmosféricas son buenas; cuando baja la presión atmosférica, se enciende el rojo.

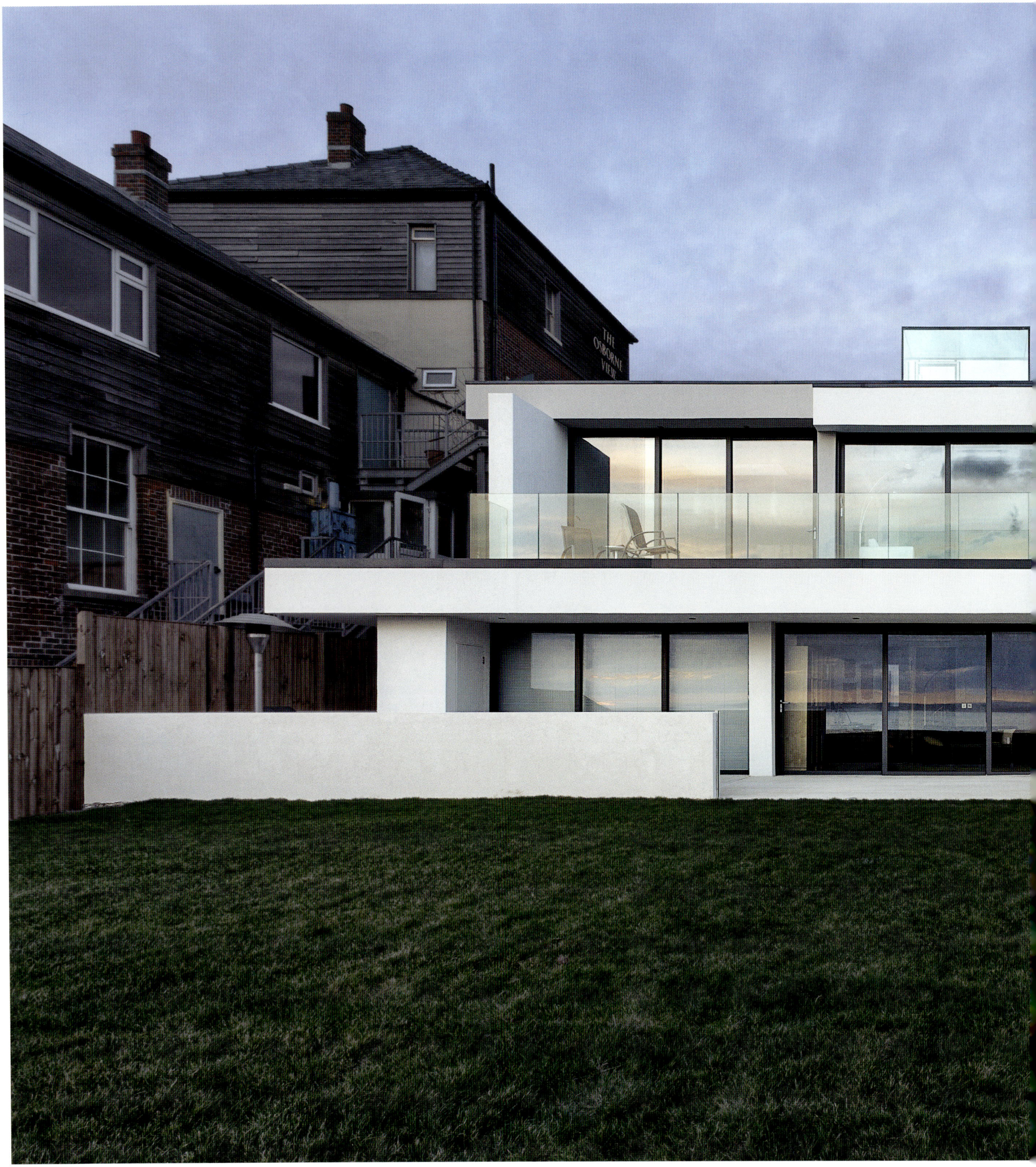
THE
OSBORNE
VIEW

The main rooms of this geometric construction face the sea, while the service areas are located to the rear of the house.

In dieser geometrischen Konstruktion liegen die Haupträume zum Meer hin, während die Haushaltsbereiche sich im hinteren Teil des Hauses befinden.

Dans cette construction géométrique les pièces principales se trouvent orientées face à la mer, tandis que les zones de service sont situées à l'arrière de la maison.

De hoofdslaapkamers van deze geometrische constructie zijn aan de zeezijde gelegen en de dienstverblijven liggen aan de achterzijde.

En esta construcción geométrica las habitaciones principales se encuentran orientadas al mar, mientras que las zonas de servicio se ubican en la parte posterior de la vivienda.

West elevation

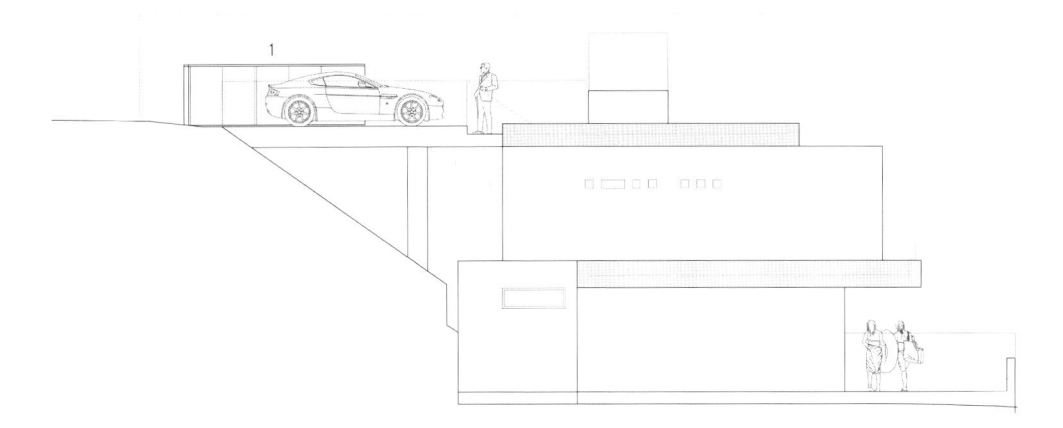

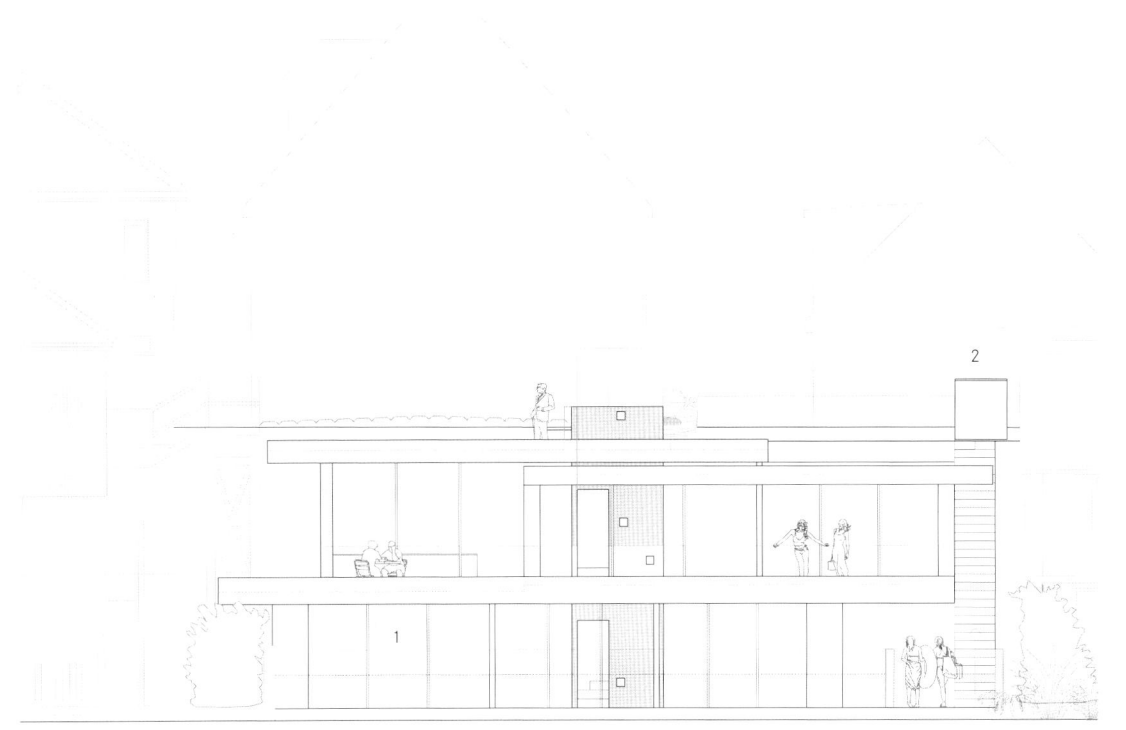

1. Bin / Bike storage

South elevation

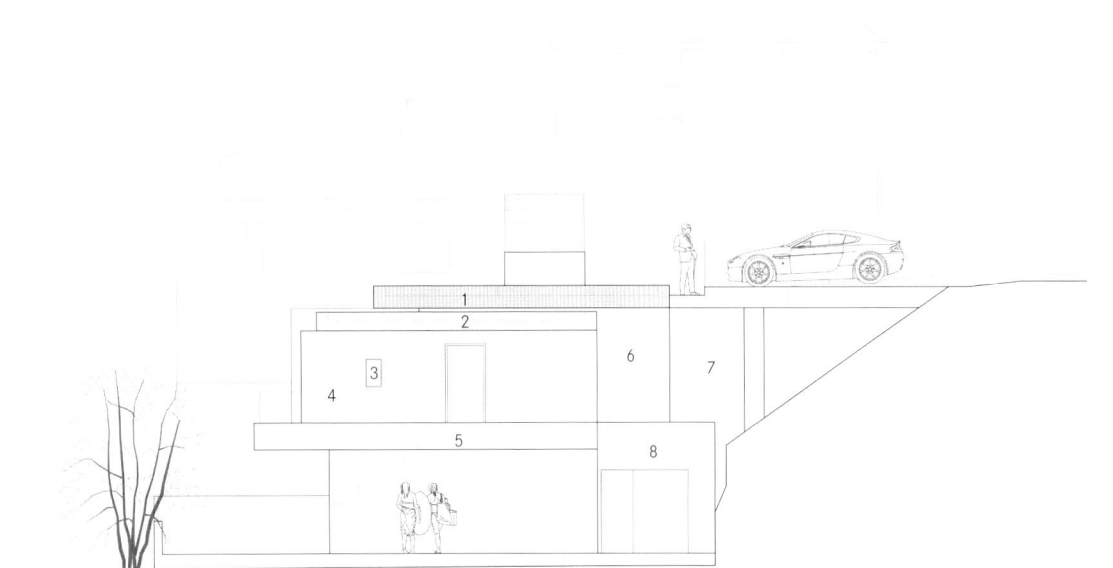

1. Flood defense wall
2. Bin / Bike storage

East elevation

1. Grey render to roof
2. White render to roof
3. Etched glass window
4. Copper cladding
5. White render
6. Grey render
7. Stair outline
8. Dark grey render

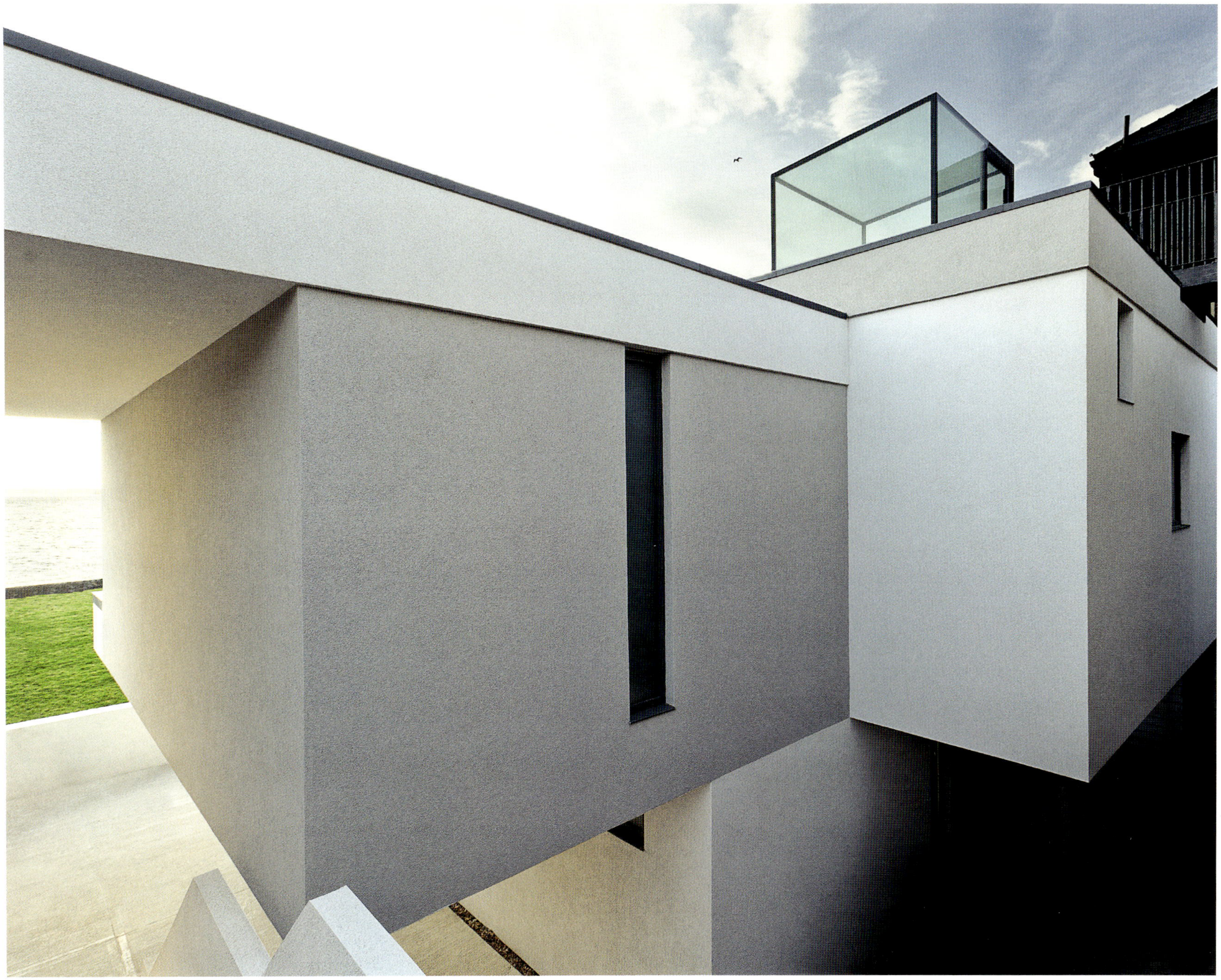

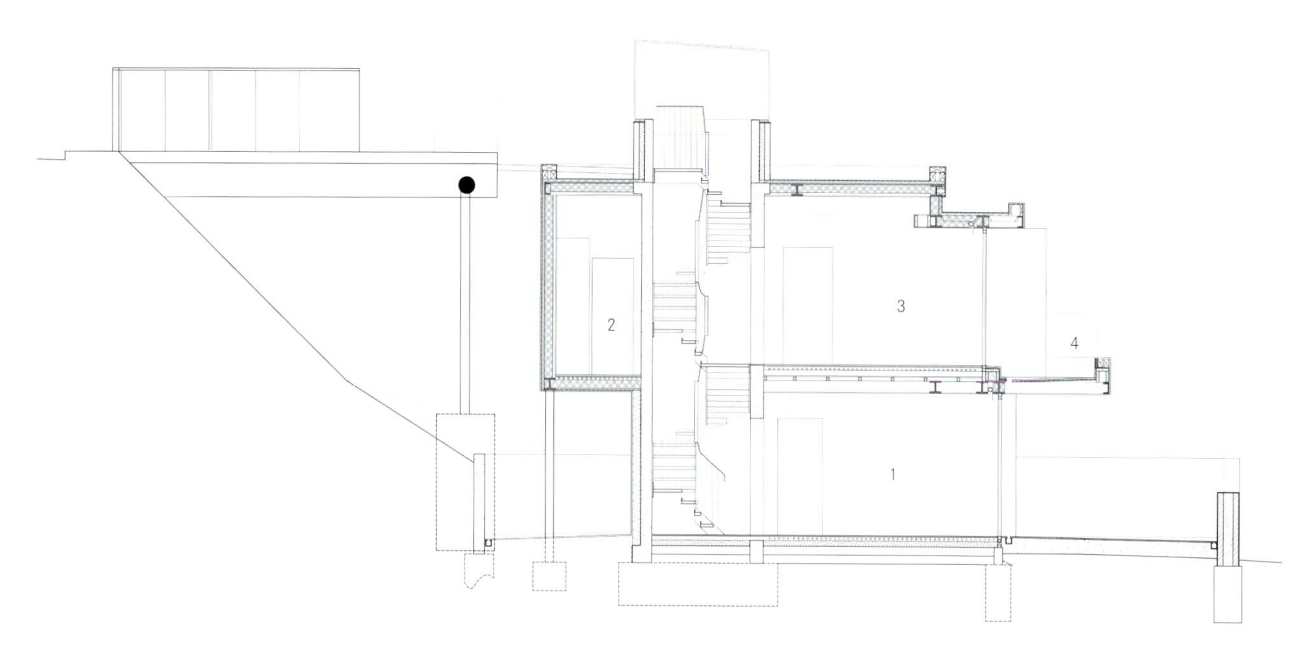

Section AA

1. Garden lounge
2. Utility
3. Lounge
4. Balcony

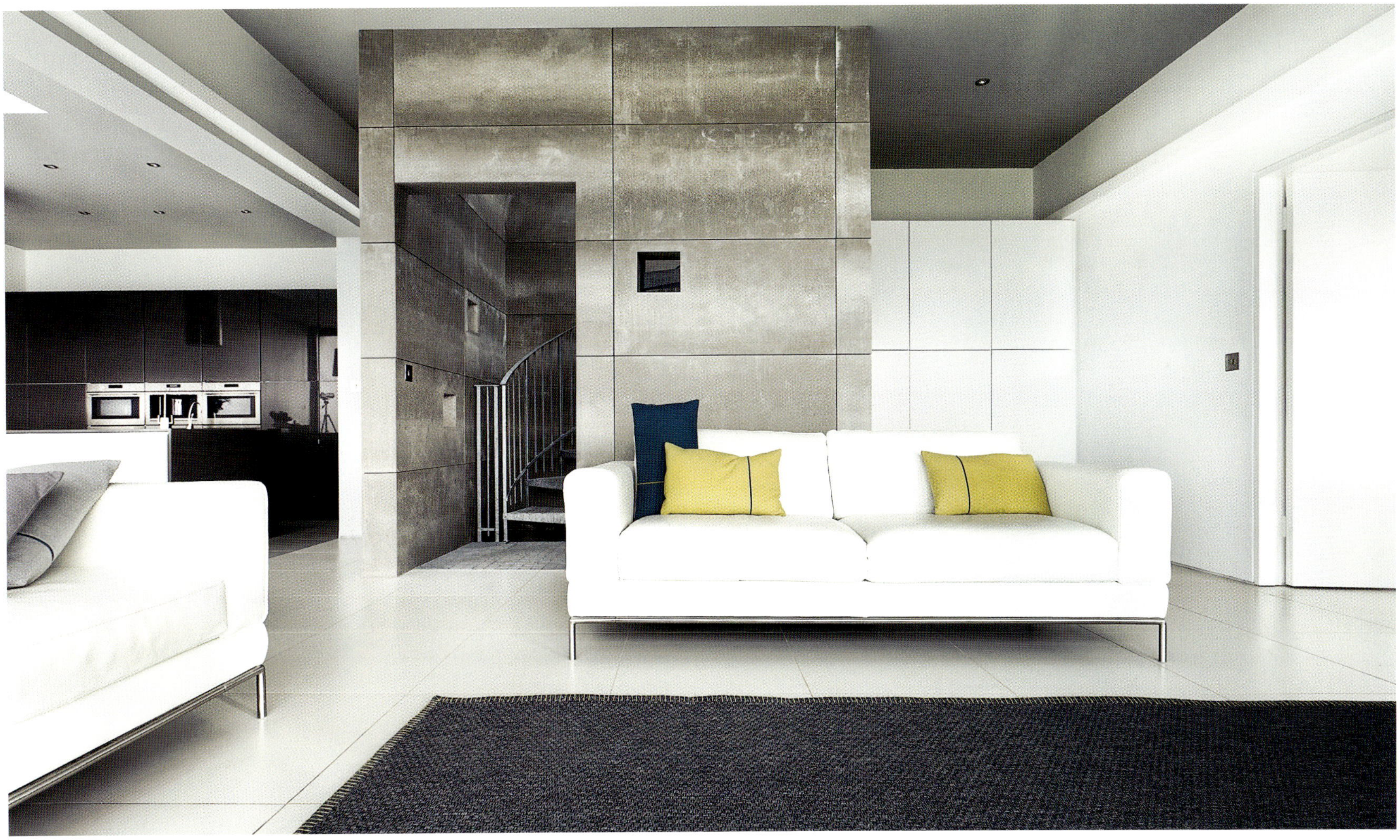

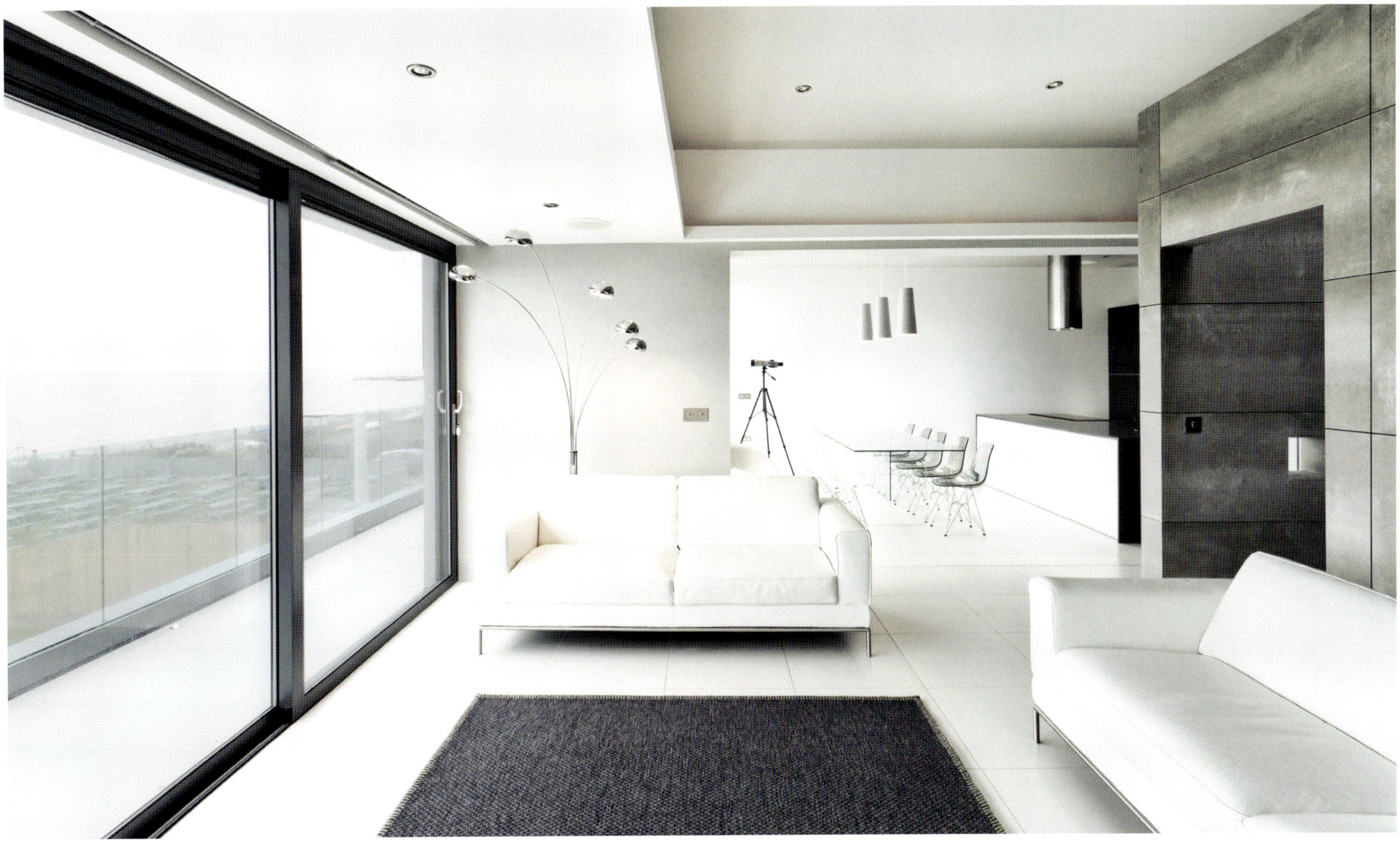

1. Garden lounge
2. Patio
3. Bedroom 2
4. Bedroom 3
5. Bathroom
6. Store / Utility
7. Dining
8. Kitchen
9. Utility
10. Washer / Dryer
11. Dressing room
12. En-suite
13. Master bedroom
14. Balcony
15. Grass roof
16. Bridge
17. Bike storage

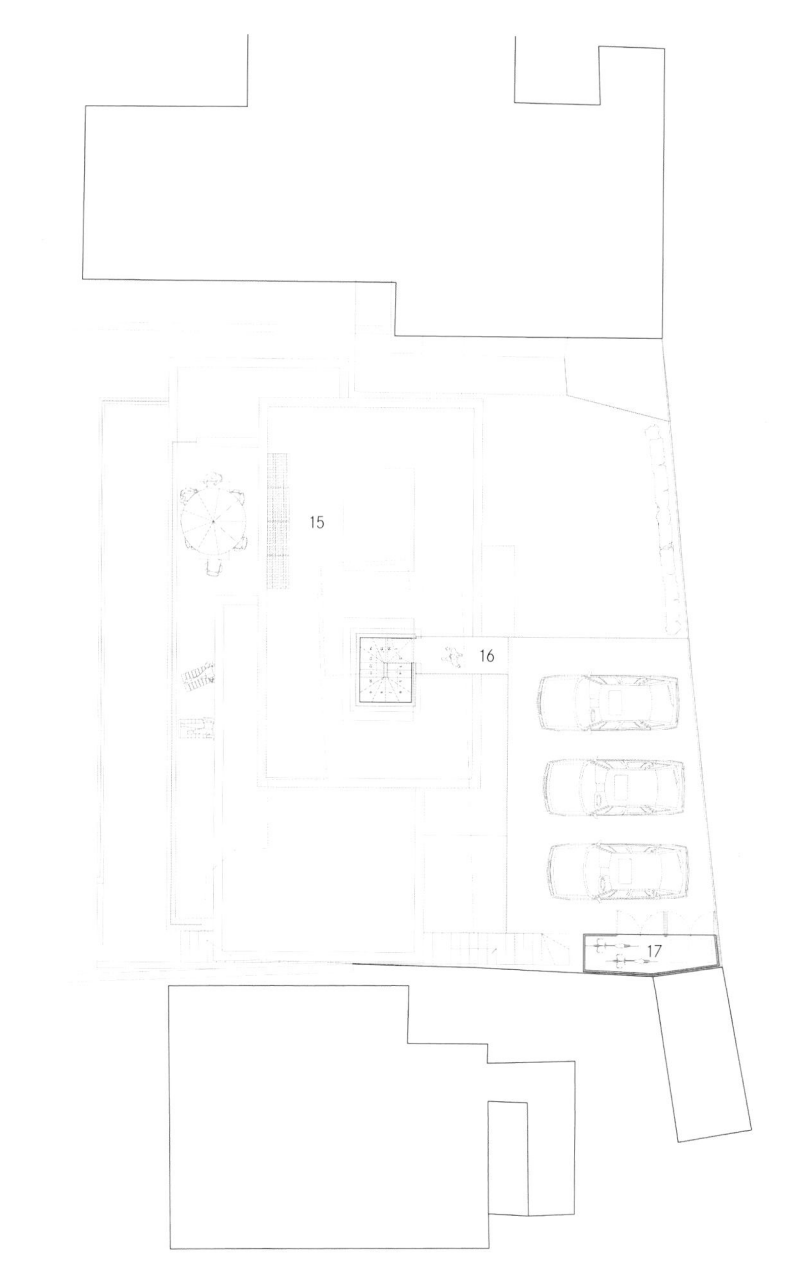

Third / Access floor plan

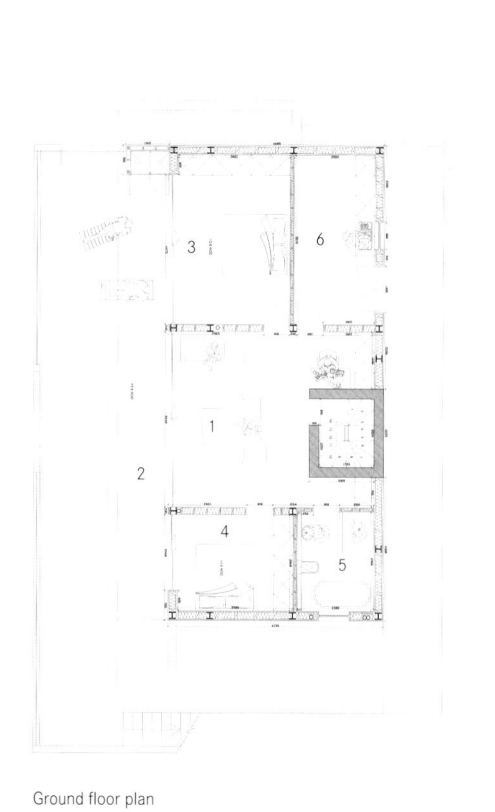

Ground floor plan

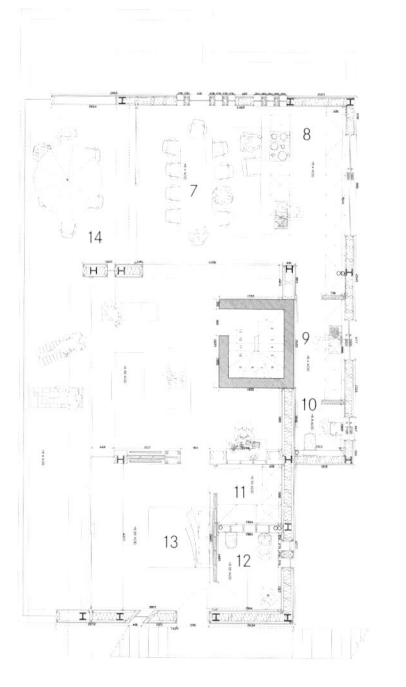

Second floor plan

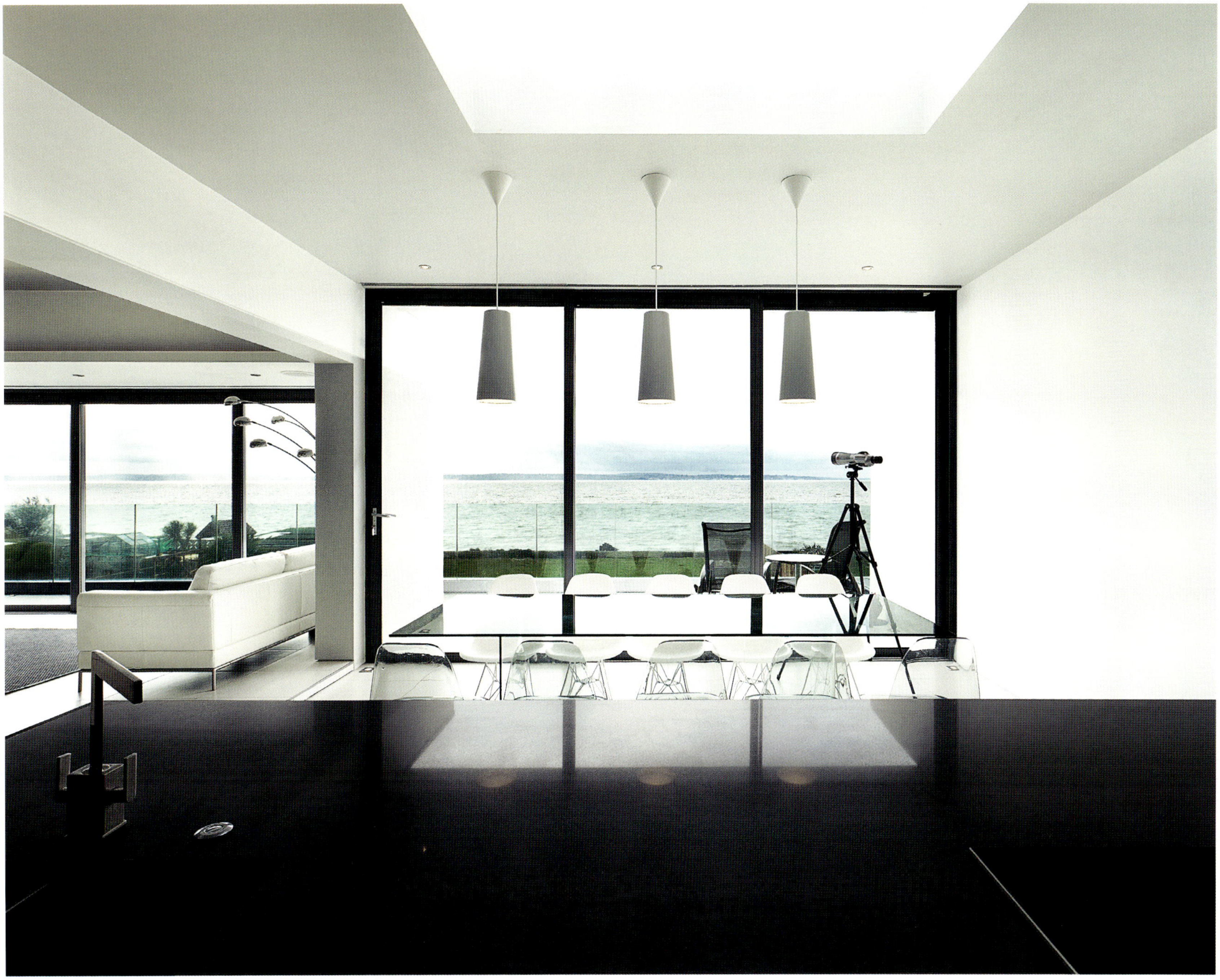

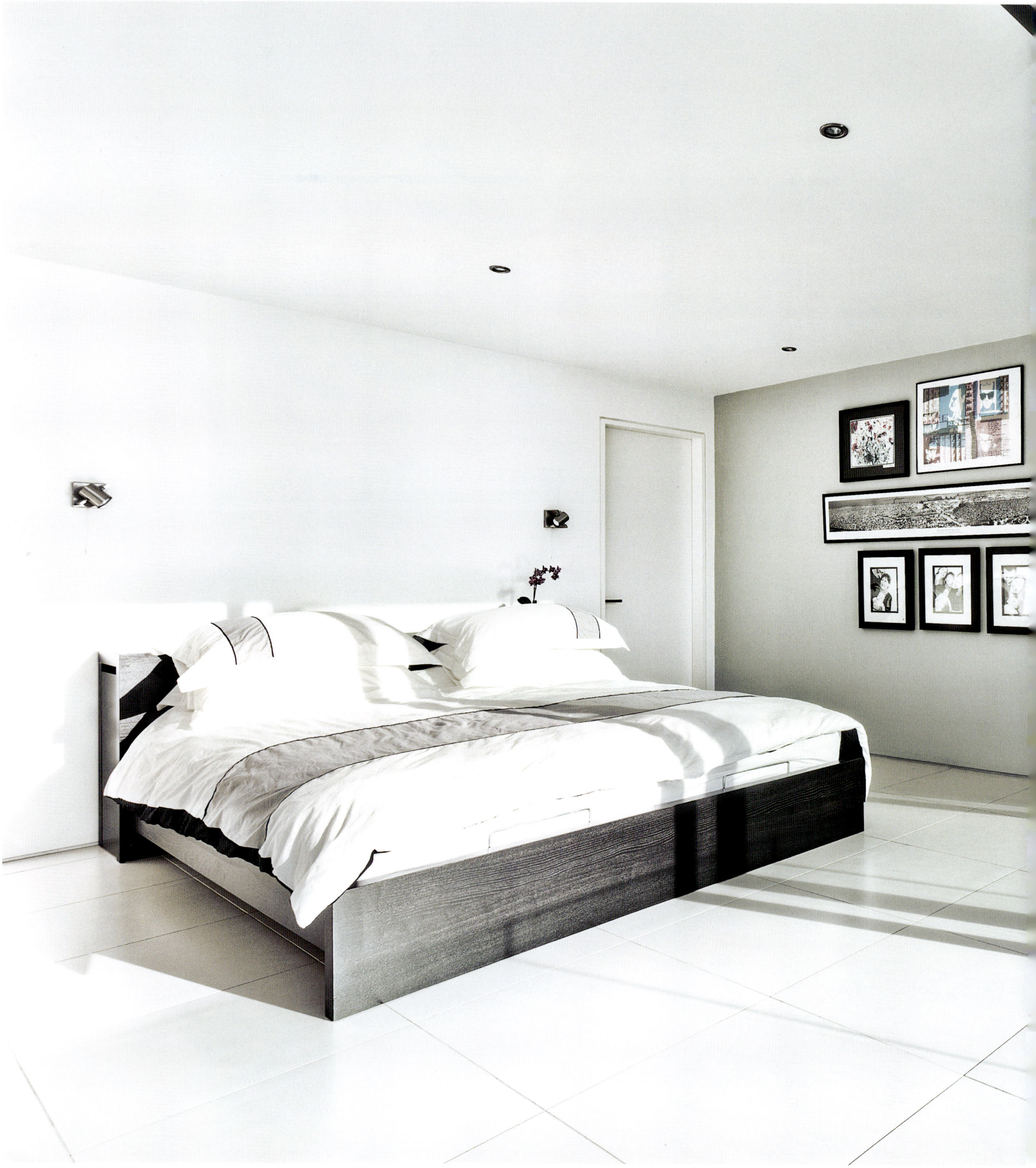

Thanks to the sliding glass doors, the bedroom is completely open to the outside, allowing the sunlight and sea air to pour in.

Durch die Schiebetüren aus Glas öffnet der Schlafraum sich vollständig zur Meerseite hin und wird ein Raum voller Licht und Luft mit direktem Blick auf den Strand.

Grâce aux portes coulissantes en verre, la chambre s'ouvre entièrement sur l'extérieur et s'emplit de la lumière et de l'air de la plage.

De doorlopende glazen deuren maken het mogelijk de slaapkamer geheel te openen en te vullen met licht en zeelucht.

Gracias a las puertas correderas de cristal el dormitorio se abre completamente al exterior y se deja llenar por la luz y el aire de la playa.

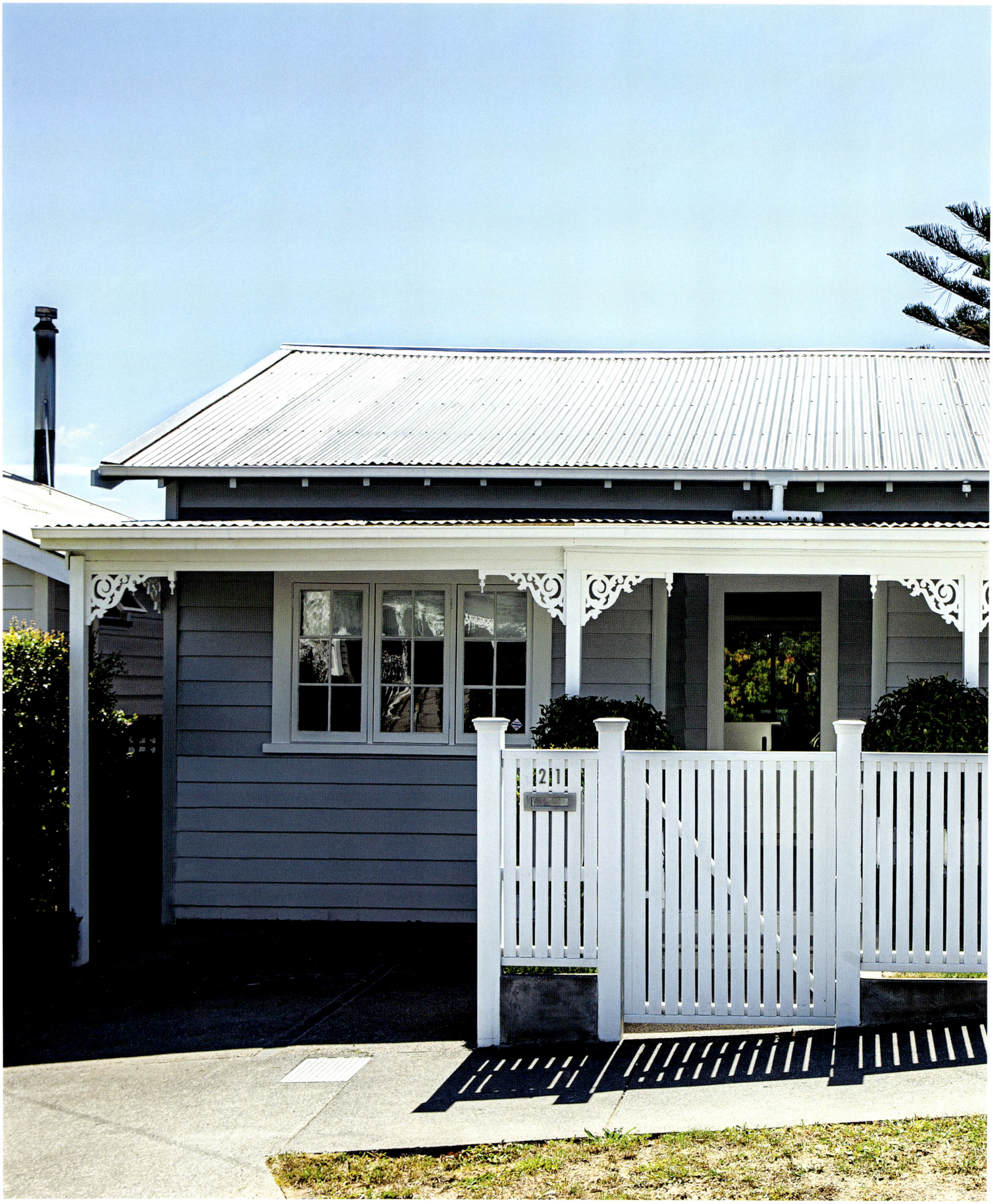
21

SHERWOOD

Tim Dorrington/BOX Living
Auckland, New Zealand
© Emma-Jane Hetherington

This project involved adding an extension to the rear of a New Zealand country house. The old house was restored to its original form and contains the night areas (bedrooms and bathrooms). The two-storey extension is a wood and glass cube, which is connected to the original building by a glass staircase.

Das Projekt bestand darin, dem hinteren Bereich des Landhauses in Neuseeland einen weiteren Baukörper hinzuzufügen. Das ursprüngliche Haus wurde in seinen Originalzustand zurückversetzt und enthält Schlaf- und Badezimmer. Der Anbau besteht aus einem zweistöckigen Kubus mit einer Fassade aus Holz und Glas, der durch einen verglasten Übergang mit dem Altbau verbunden ist.

Le projet consistait à ajouter du volume à l'arrière d'une maison de campagne néo-zélandaise. La maison d'origine a été réformée à sa forme première et contient les zones de nuit (chambres et salles de bain). Le volume ajouté est un cube en bois et en verre de deux étages, relié à la construction d'origine par un escalier en verre.

Het doel van dit project was om de achterzijde van een Nieuw-Zeelandse buitenhuis ruimer te maken. Het bestaande huis werd in originele staat hersteld en hier zijn nu de nachtverblijven gelegen (slaap- en badkamers). De extra ruimte bestaat uit een kubus van hout en glas van twee verdiepingen, die in verbinding staat met de originele constructie door middel van een glazen trap.

El proyecto consistió en añadir un volumen a la parte posterior de una casa de campo neozelandesa. La casa original se devolvió a su forma primera y contiene las zonas de noche (dormitorios y cuartos de baño). El volumen adicional es un cubo de madera y cristal de dos plantas, que se conecta a la construcción original mediante una escalera acristalada.

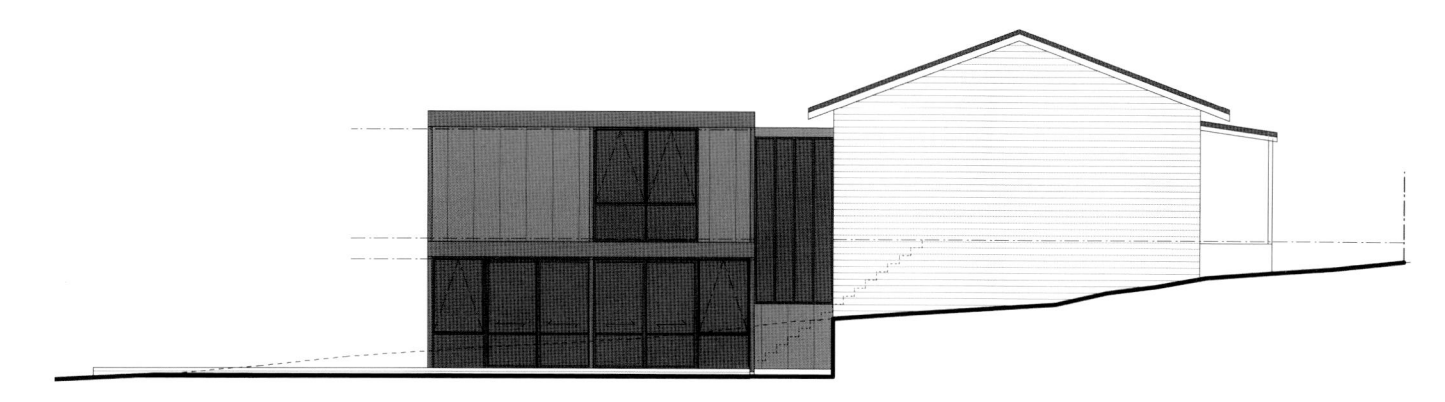

West elevation

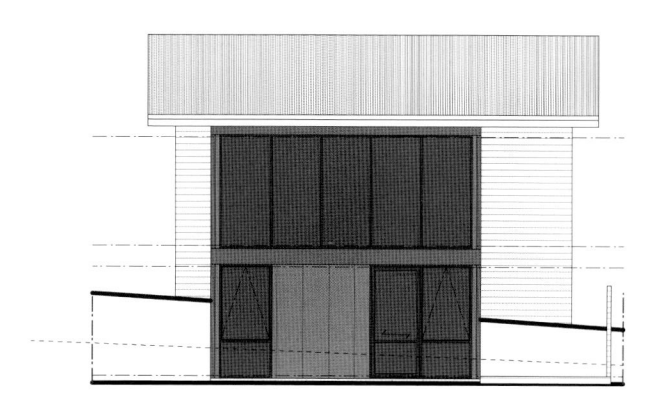

North elevation

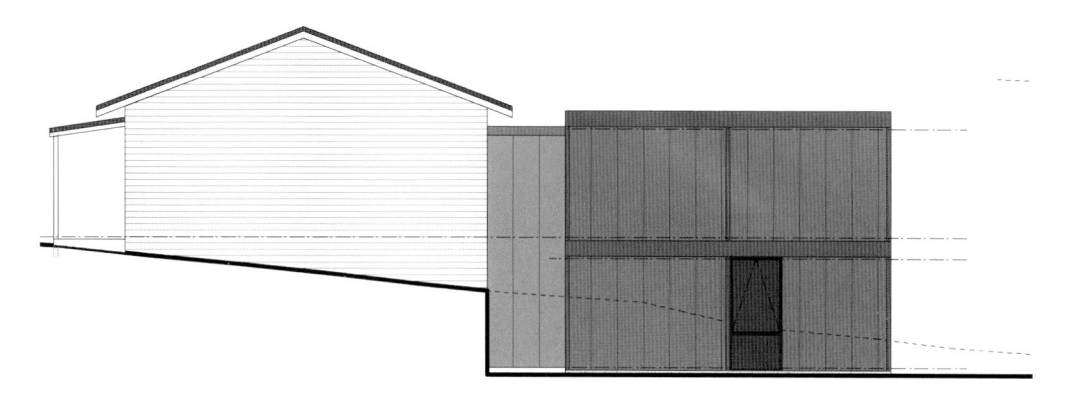

East elevation

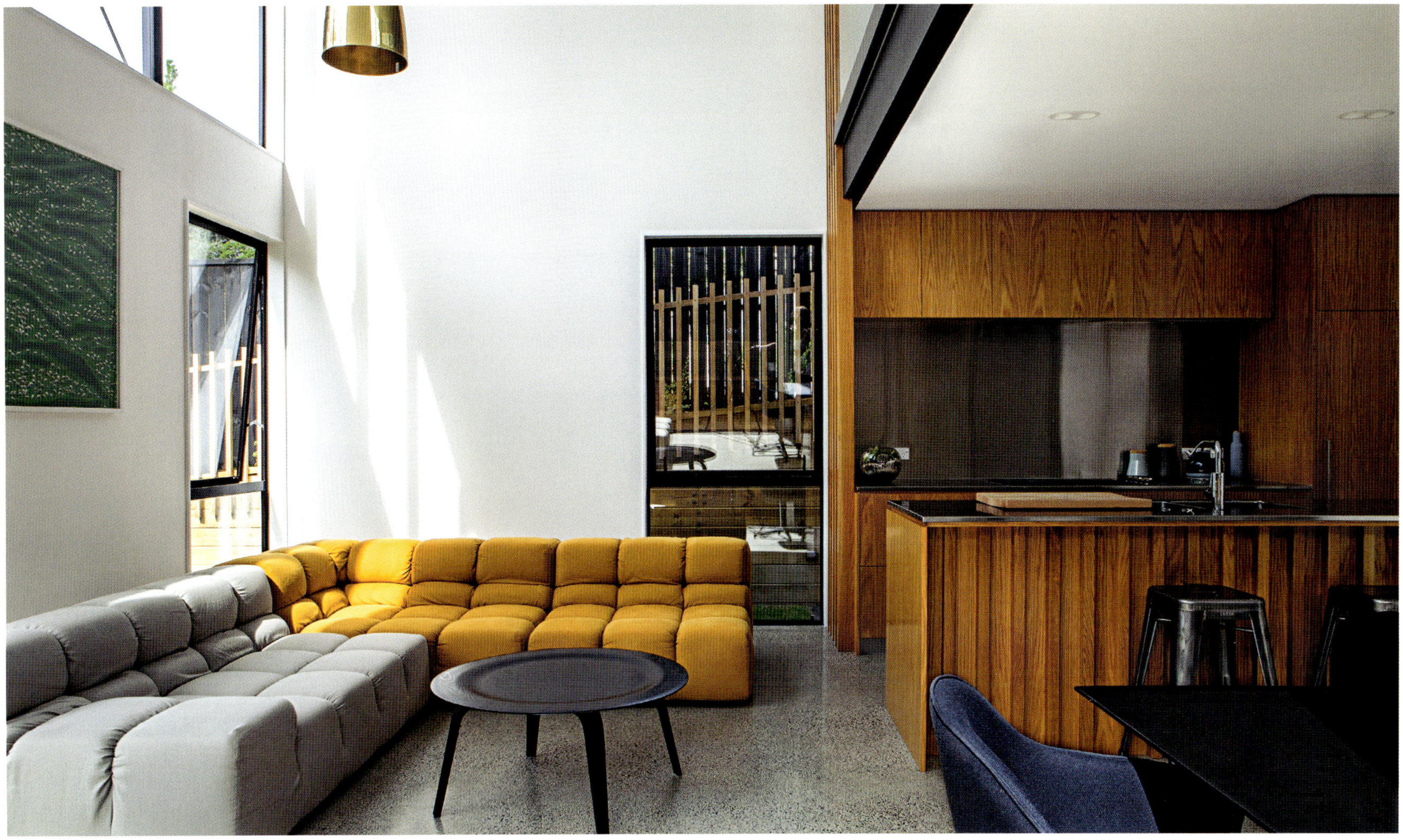

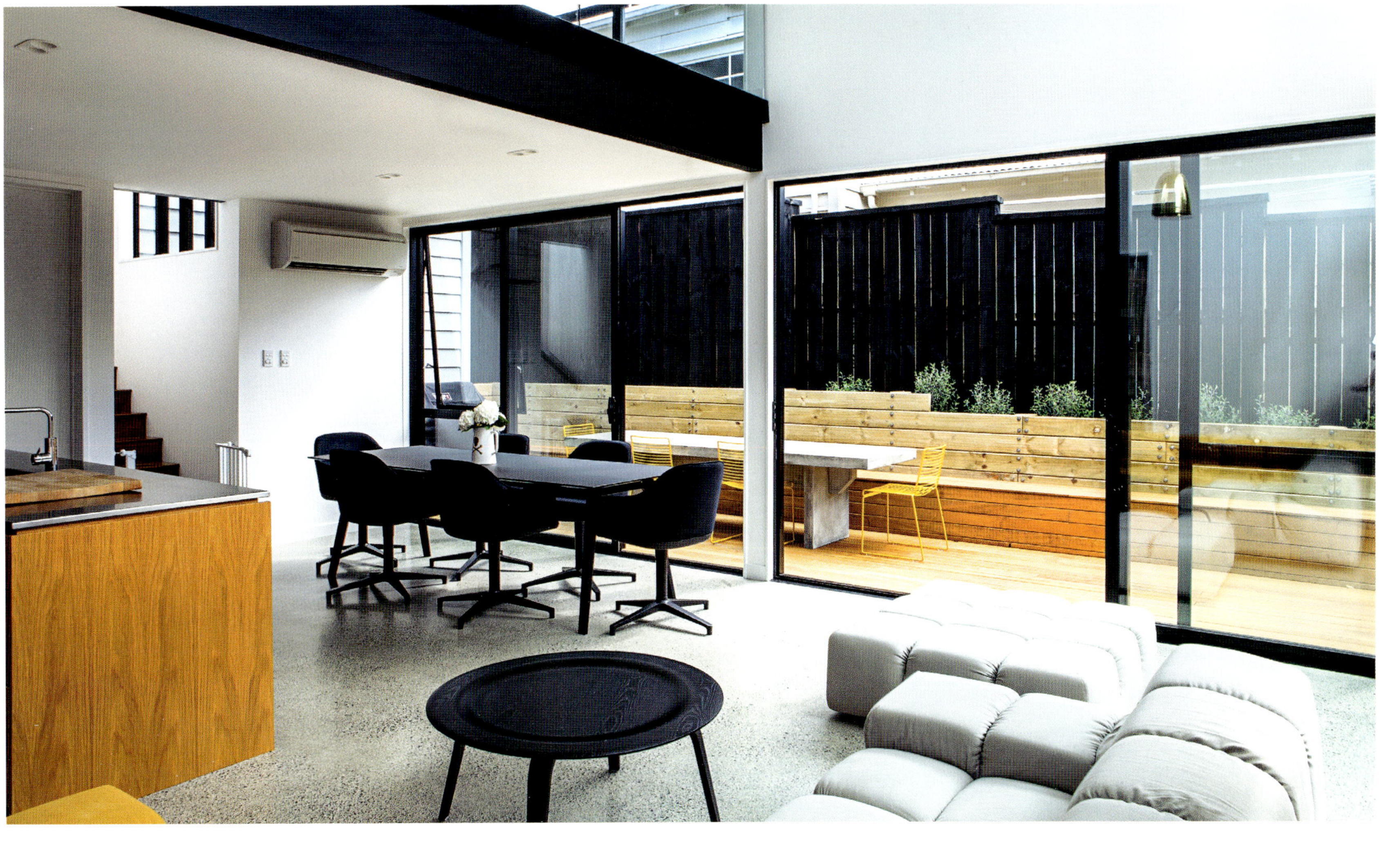

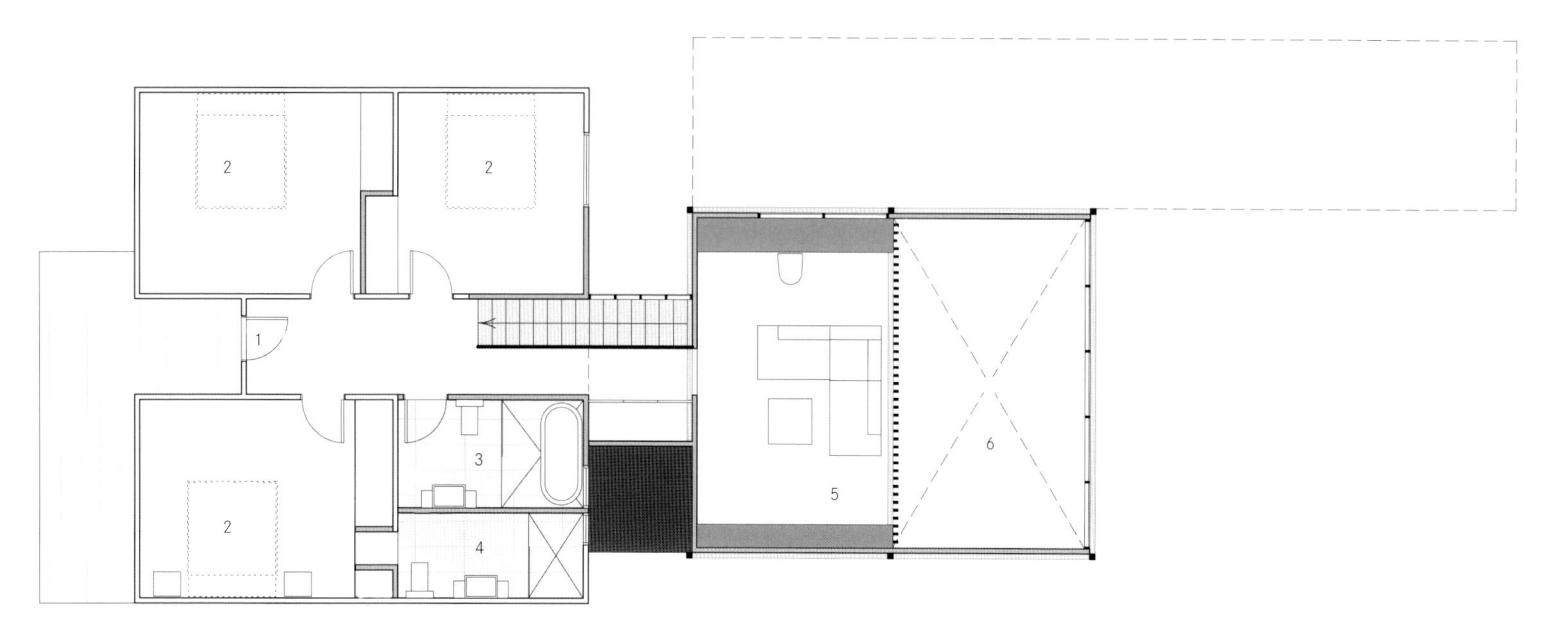

Entry level floor plan

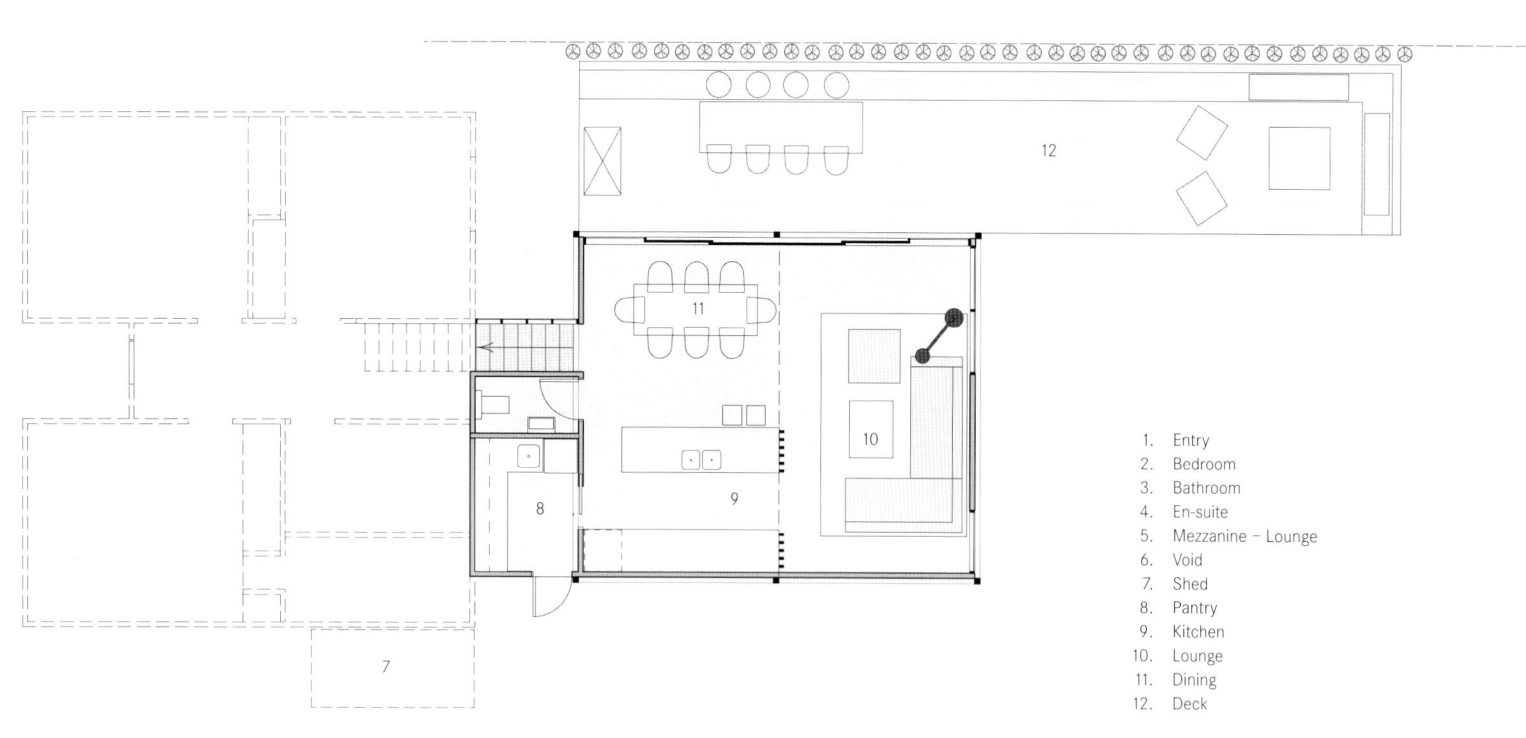

Ground floor plan

1. Entry
2. Bedroom
3. Bathroom
4. En-suite
5. Mezzanine – Lounge
6. Void
7. Shed
8. Pantry
9. Kitchen
10. Lounge
11. Dining
12. Deck

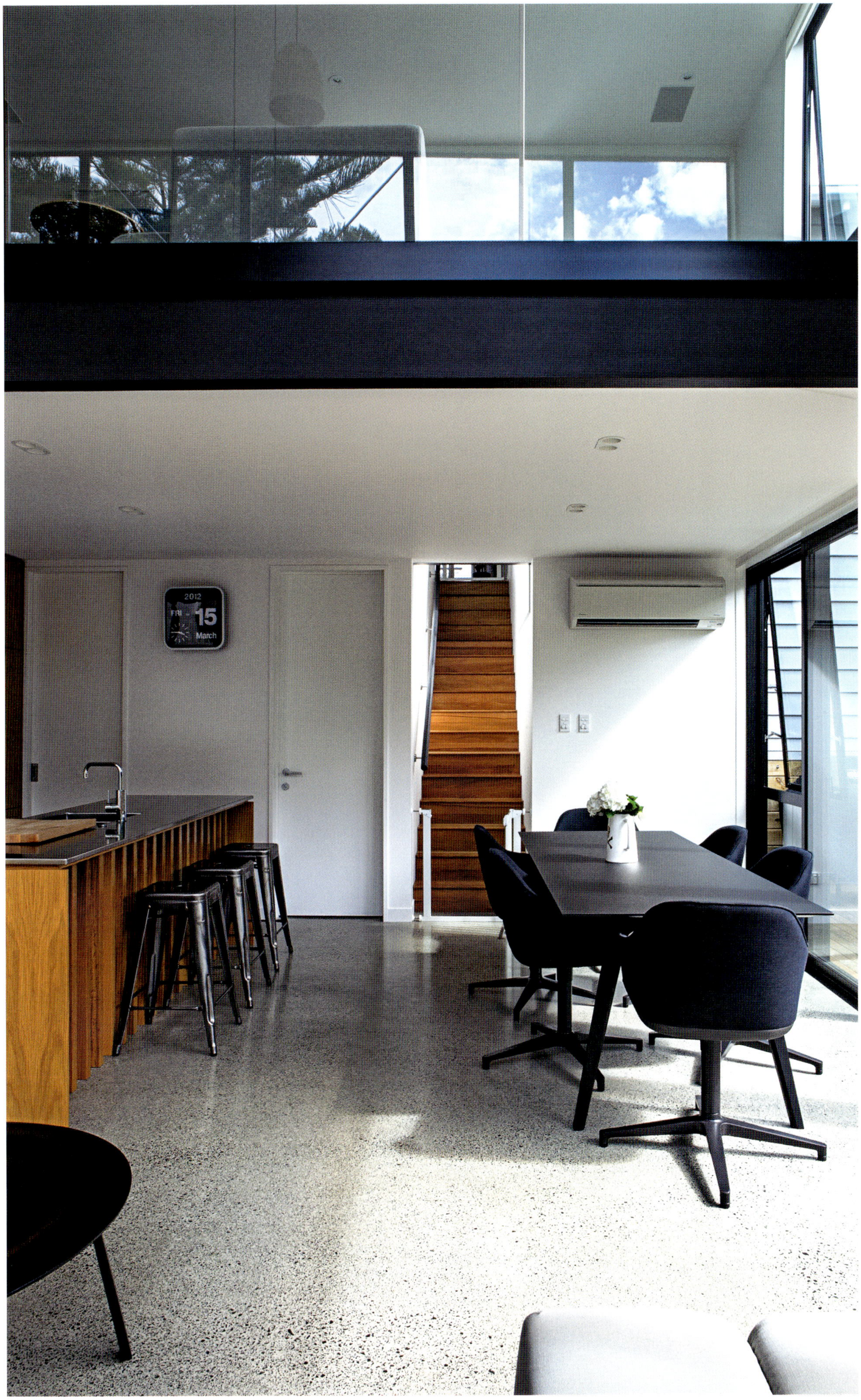
2012
FRI 15
March

The new extension, which houses the kitchen, living room and dining room, is a double-height space, with mezzanine suspended above the verdant garden.

Der Neubau, in dem Küche, Wohn- und Esszimmer untergebracht sind, ist ein Raum mit doppelter Deckenhöhe mit einem Zwischengeschoss, der in das Grün des Gartens übergeht.

Le nouveau volume, qui comprend la cuisine et le salon, est un espace à deux étages avec une mezzanine suspendue sur le jardin verdoyant.

Het nieuwe gedeelte, waarin de keuken, de woonkamer en de eetkamer gelegen zijn, is een dubbelhoge ruimte met een tussenverdieping die wegvalt tegen het groen van de tuin.

El nuevo volumen, que comprende la cocina, la sala de estar y el comedor, es un espacio de doble altura, con un entrepiso que se suspende sobre el verde del jardín.

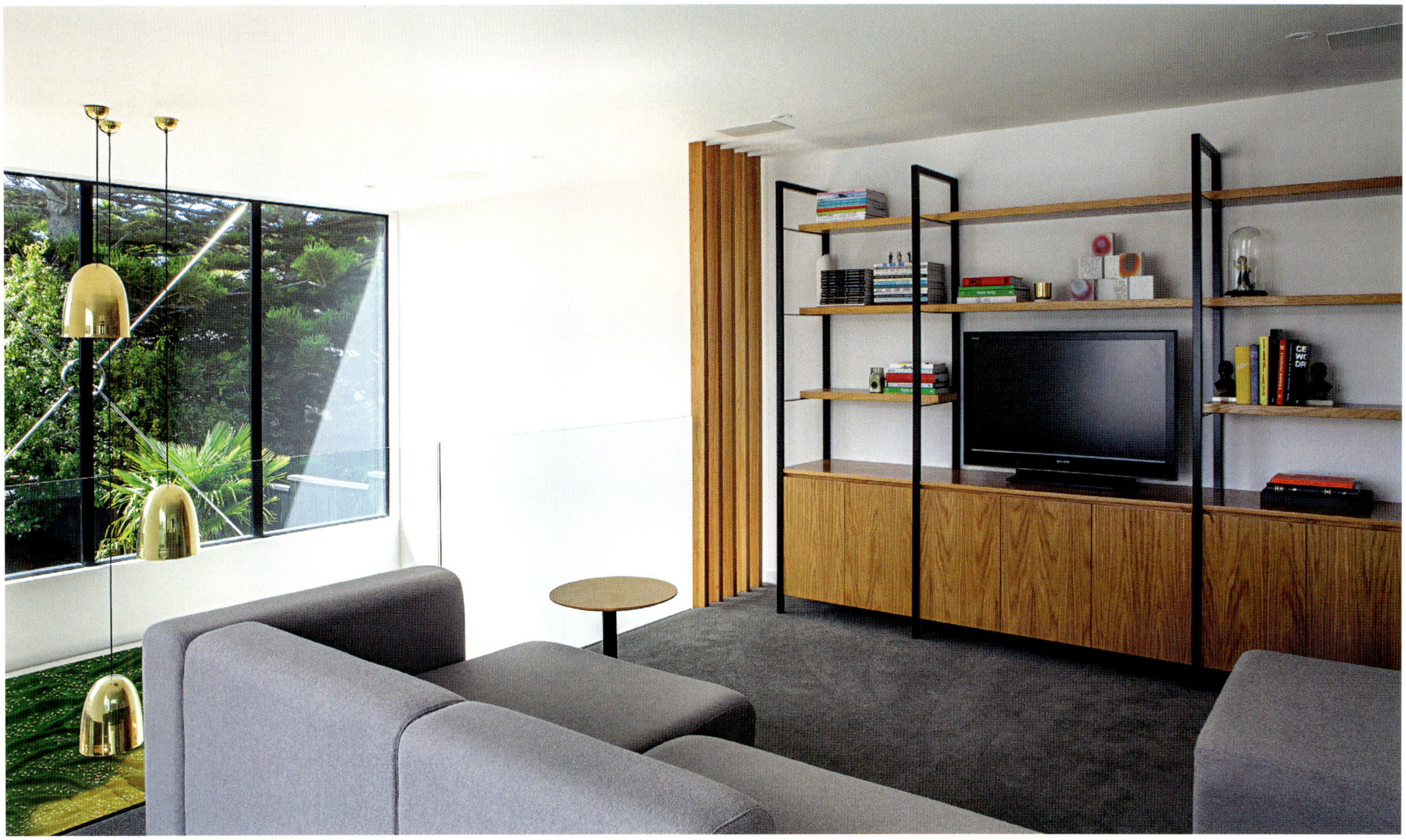

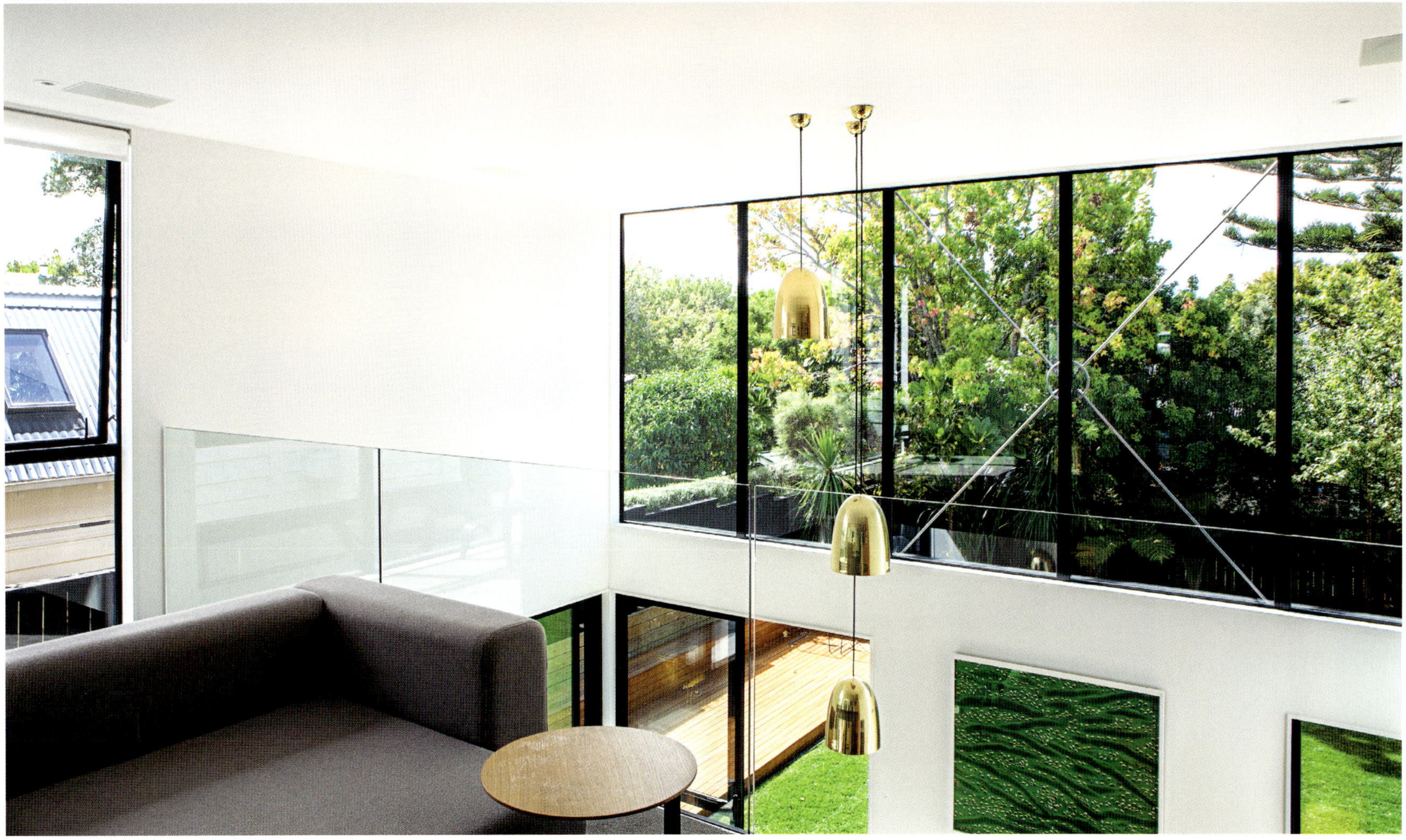

The contemporary feel of the new extension is without doubt a contrast to the existing house. There is a clear difference between shapes, materials and colours.

Die zeitgenössische Sprache des Neubaus stellt zweifellos einen Kontrast zum bestehenden Altbau dar. Es gibt einen klaren Unterschied in Formen, Farben und Materialien.

Le langage contemporain du nouveau volume contraste, sans aucun doute, avec celui de la maison existante. Il existe une nette différence de formes, de matériaux et de couleurs.

De moderne stijl van de nieuwe ruimte contrasteert, zonder enige twijfel, met de stijl van het oorspronkelijke huis. Het verschil in vorm, materiaal en kleur is duidelijk.

El lenguaje contemporáneo del volumen nuevo contrasta, sin duda, con el de la casa existente. Hay una clara diferencia de formas, materiales y colores.

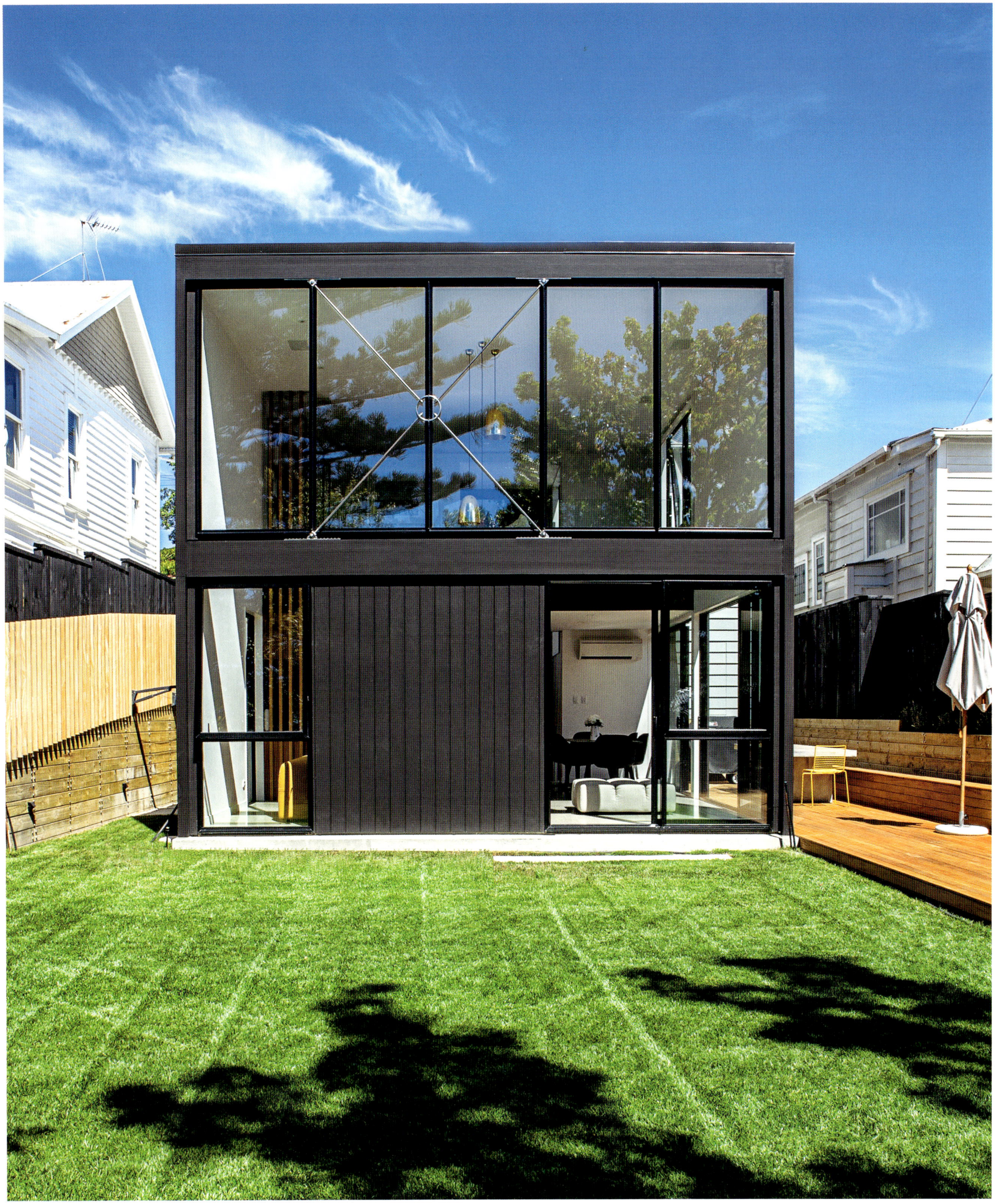

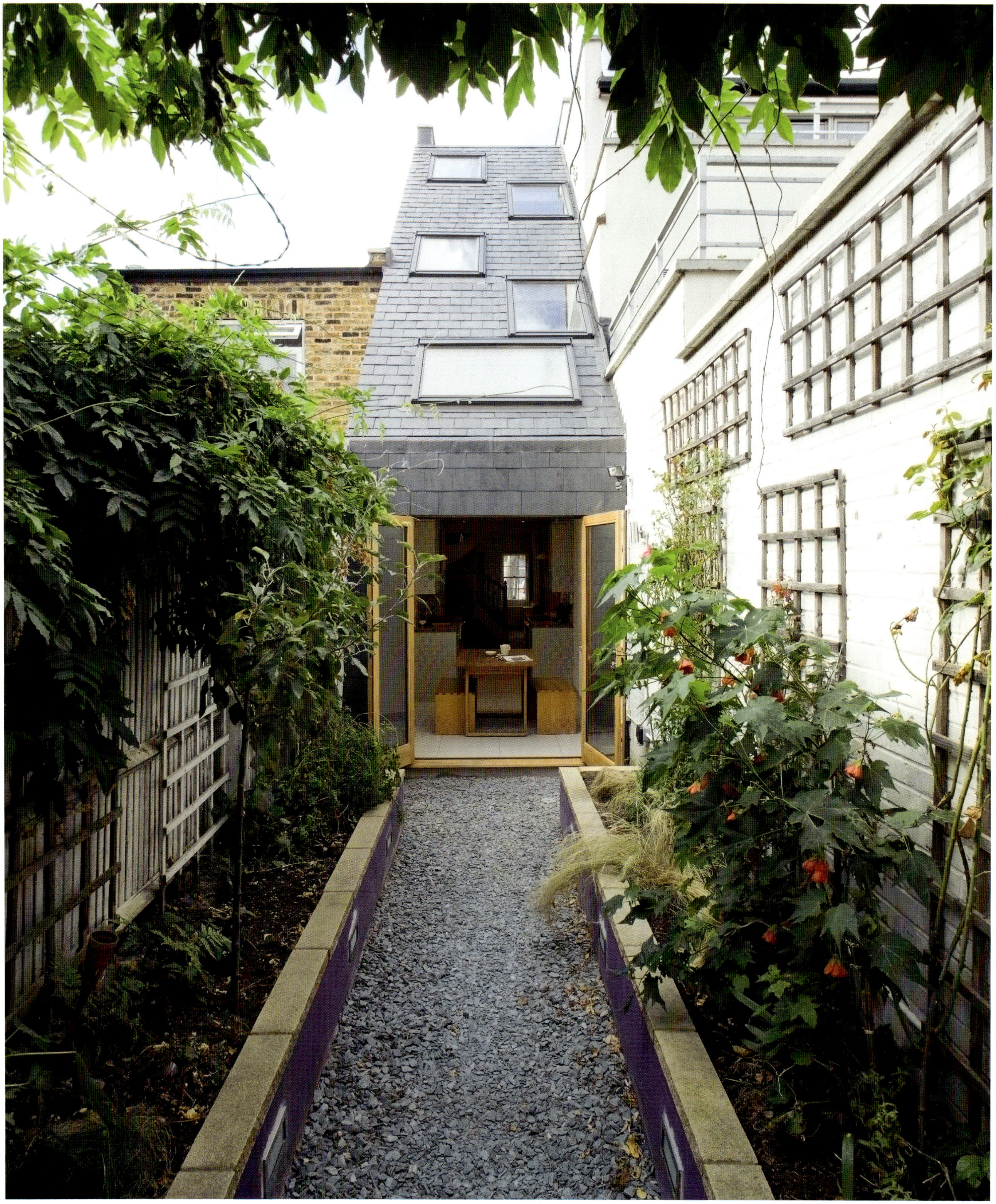

SLIM HOUSE

Alma-nac Collaborative Architecture
Clapham, London, United Kingdom
© Richard Chivers

Who would guess that this bright London townhouse was once a dark building with limited access to the garden? At just 2.3 metres, its width was a challenge when it came to remodelling and expanding the house, yet coupled with the restricted budget that was available, these challenges led to a series of original and practical solutions.

Wer würde vermuten, dass dieses helle Reihenhaus ehemals ein düsteres Gebäude mit eingeschränktem Zugang zum Garten war? Der schmale Schnitt des Grundstücks von nur 2,30 Meter Breite stellte Umbau und Erweiterung des Hauses vor gewisse Herausforderungen. Hinzu kam das knapp kalkulierte Budget, sodass die gestalterische Umsetzung eine Reihe origineller und praktischer Lösungen hervorbrachte.

Qui aurait dit que cette lumineuse maison mitoyenne londonienne était, avant, une résidence sombre avec un accès limité au jardin. La largeur de la propriété, de seulement 2,3 mètres, était un défi pour rénover et agrandir la maison. À cela s'ajoutait un budget serré et cet inconvénient a débouché sur une série de propositions originales et pratiques.

Het is bijna niet te geloven dat dit lichte rijtjeshuis in Londen vroeger een sombere woning was met beperkte toegang tot de tuin. De beperkte breedte van het terrein, maar 2,3 meter, was een uitdaging tijdens de verbouwing en de uitbreiding van de woning. Maar deze beperkingen, in combinatie met een strak budget, hebben geleid tot een aantal originele en praktische oplossingen.

Quién diría que esta luminosa casa adosada londinense era, antes, una residencia sombría y con un acceso limitado al jardín. El ancho de la propiedad, de tan solo 2,3 metros, supuso un reto para la remodelación y ampliación de la vivienda. Sumada al estricto presupuesto del que se disponía, esa limitación desembocó en una serie de soluciones originales y prácticas.

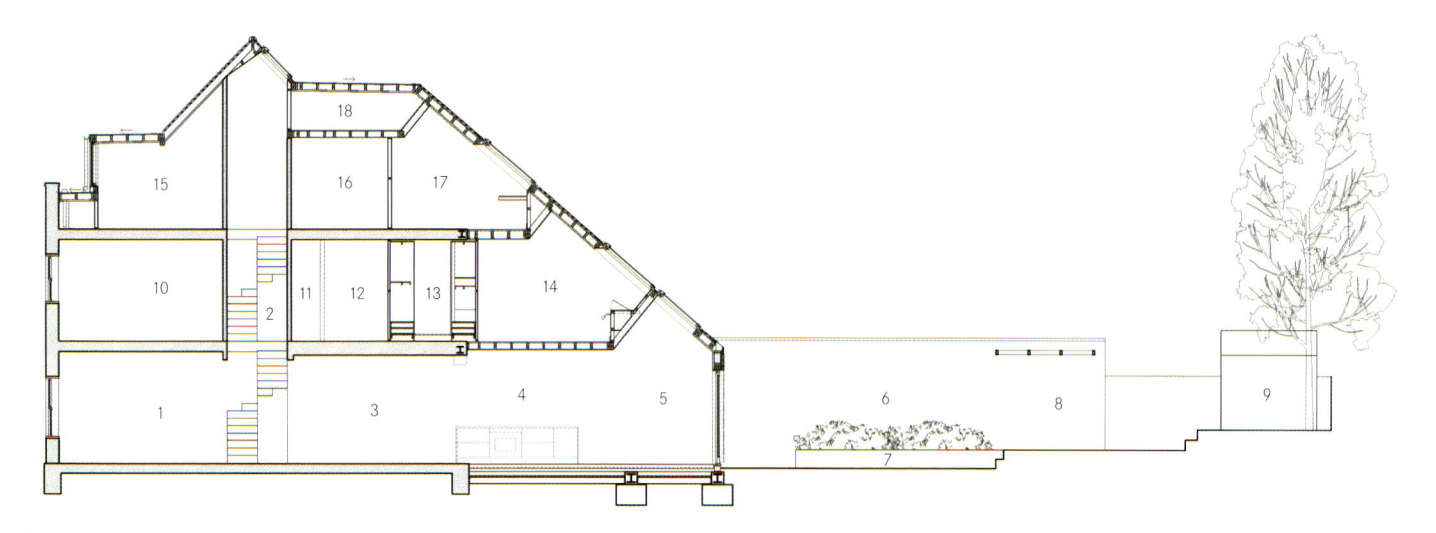

Building section

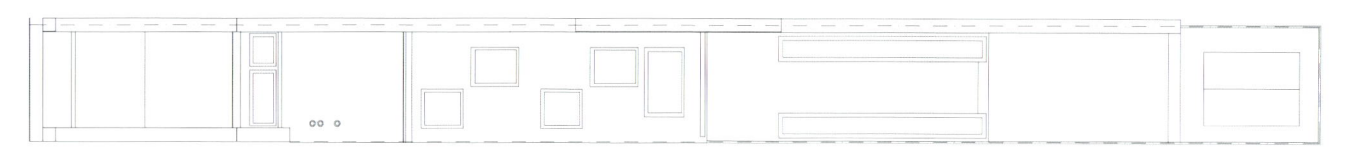

Roof plan

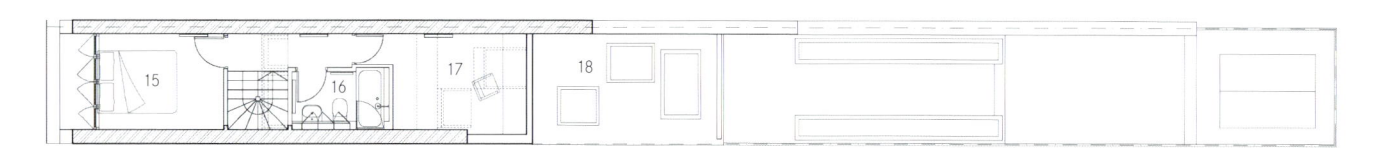

Third floor plan

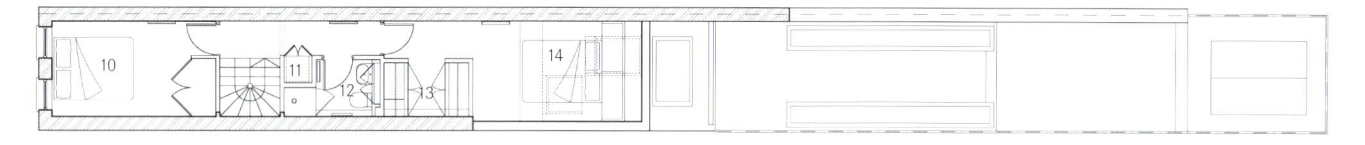

Second floor plan

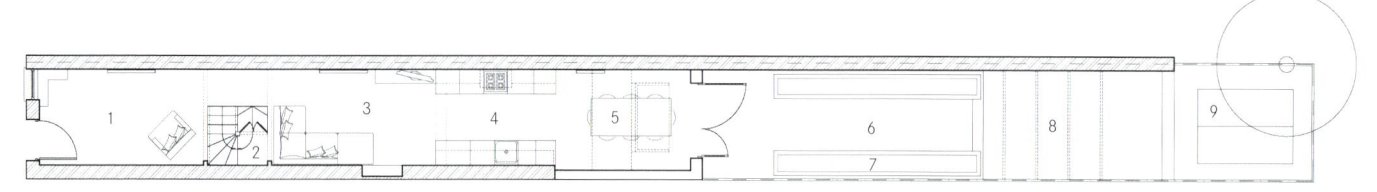

Ground floor plan

1. Entrance lounge
2. Stair
3. Living room
4. Kitchen
5. Dining
6. Garden
7. Planter
8. Deck / Pergola
9. Shed
10. Bedroom 1
11. Utility / Boiler
12. Bathroom 1
13. Dressing room
14. Master bedroom
15. Bedroom 2
16. Bathroom 2
17. Study / Spare room
18. Loft space

This space is configured as a perfect breakfast area: a multipurpose space in which to eat, work or read with good light and pleasant views.

Dieser Raum stellt sich als perfekte Frühstücksecke dar: Ein Mehrzweckbereich, in dem man bei gutem Licht und noch besserem Blick essen, arbeiten oder lesen kann.

Cet espace est agencé comme un coin petit déjeuner idéal : un lieu polyvalent pour manger, travailler ou lire avec une bonne lumière et une vue incomparable.

Deze ruimte is een perfect hoekje voor het ontbijt: een multifunctionele ruimte om te eten, werken of lezen met genoeg licht en een prachtig uitzicht.

Este espacio se configura como un perfecto rincón de desayuno: un área polivalente en la que comer, trabajar o leer con buena luz y mejores vistas.

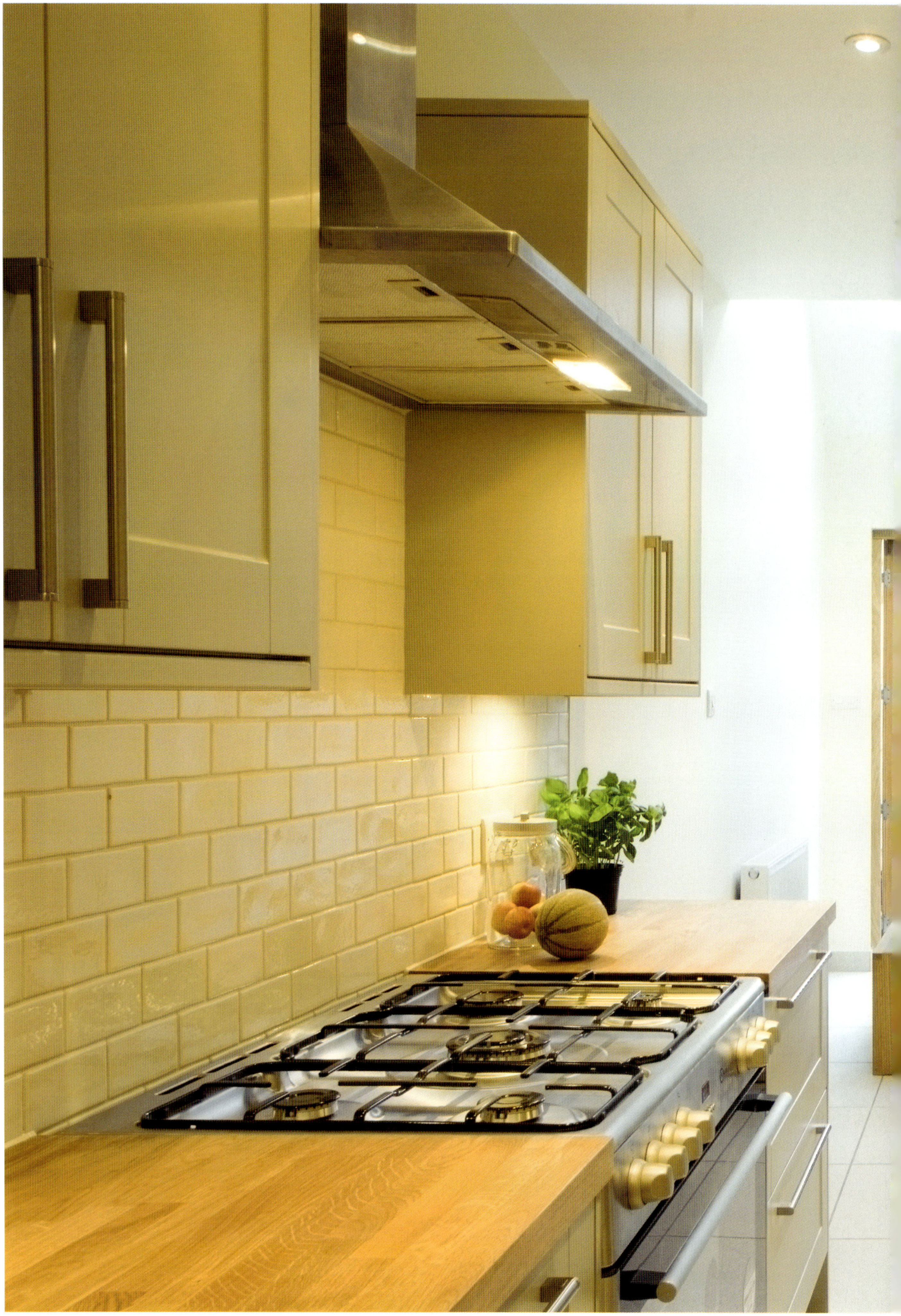

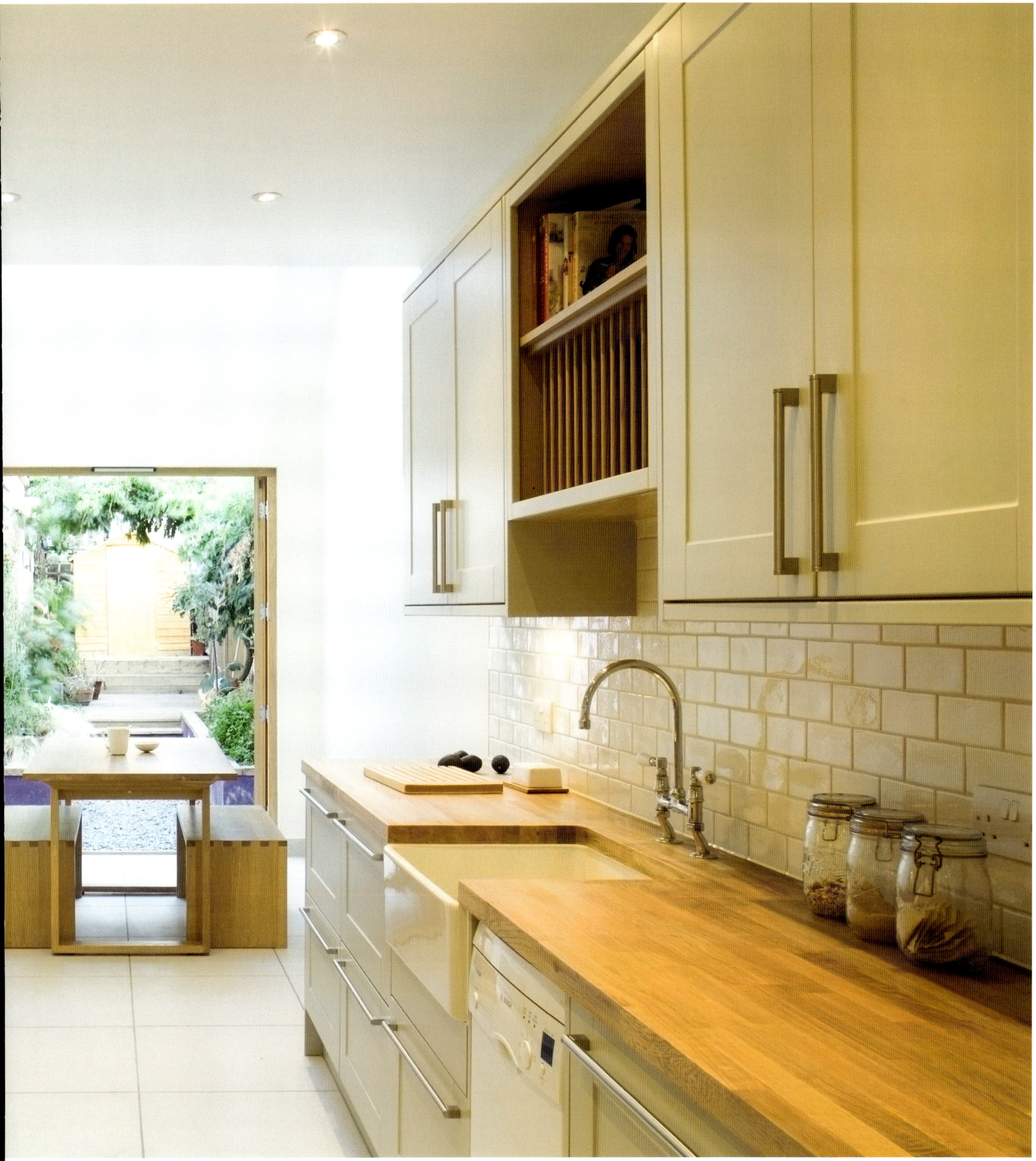

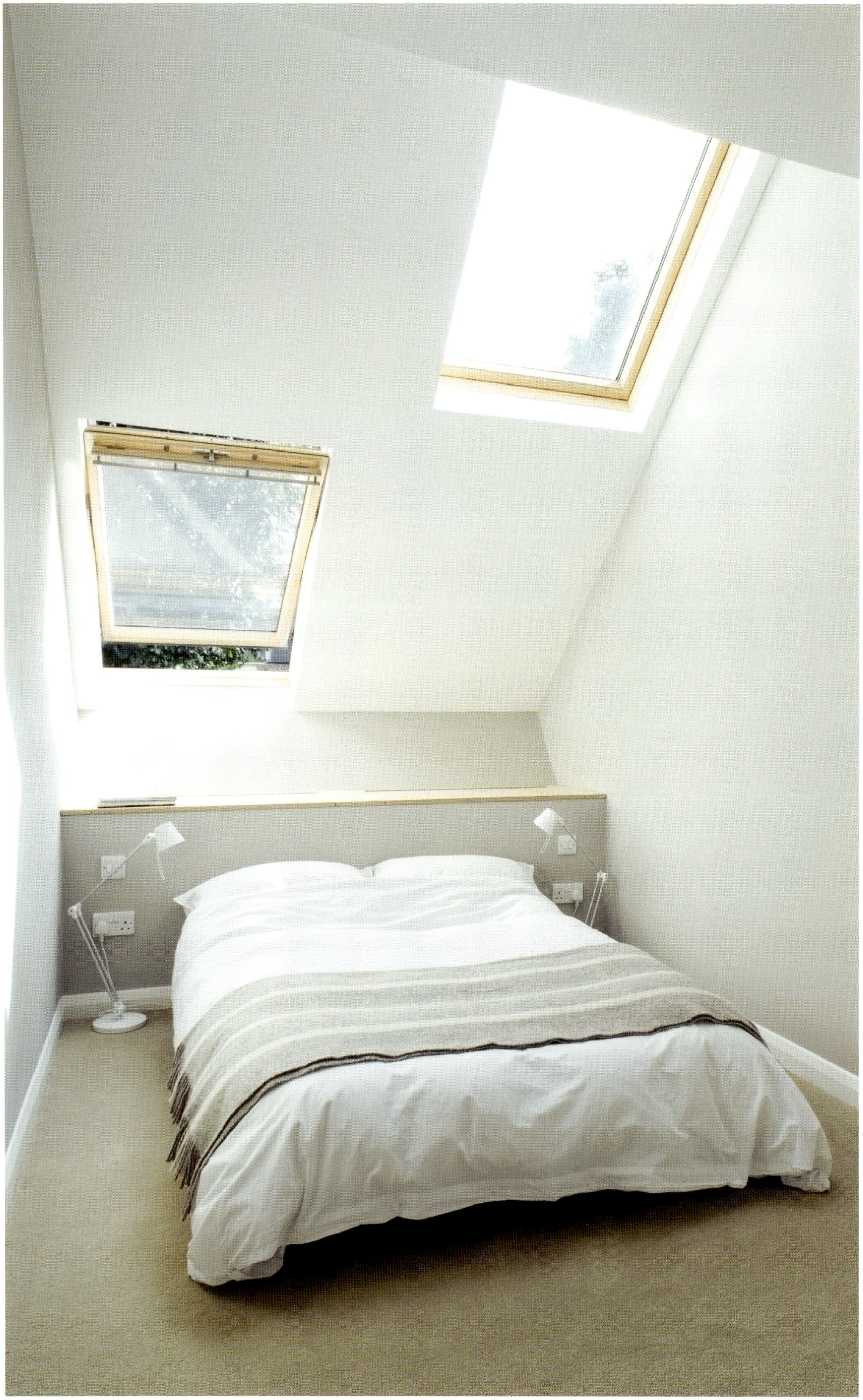

Abundant storage space was a key requirement when planning the house, resulting in a clean and somewhat Zen interior.

Ein sehr wichtiger Aspekt bei der Planung dieses Hauses war die Konzeption einer Vielzahl an Stauräumen, die in einer lichtdurchfluteten, Zen-artigen Atmosphäre miteinander verschmelzen.

L'un des aspects essentiels au moment de l'organisation de la maison a été les nombreux espaces de rangement, ce qui permet d'avoir un intérieur clair et plus ou moins zen.

Bij de indeling van het huis is goed nagedacht over het creëren van meer dan voldoende opslagruimte, waardoor er een opgeruimd, „zen" interieur ontstaat.

Un aspecto que se tuvo muy en cuenta a la hora de organizar la casa fue la abundancia de espacios de almacenaje, que confluye en un interior despejado y algo zen.

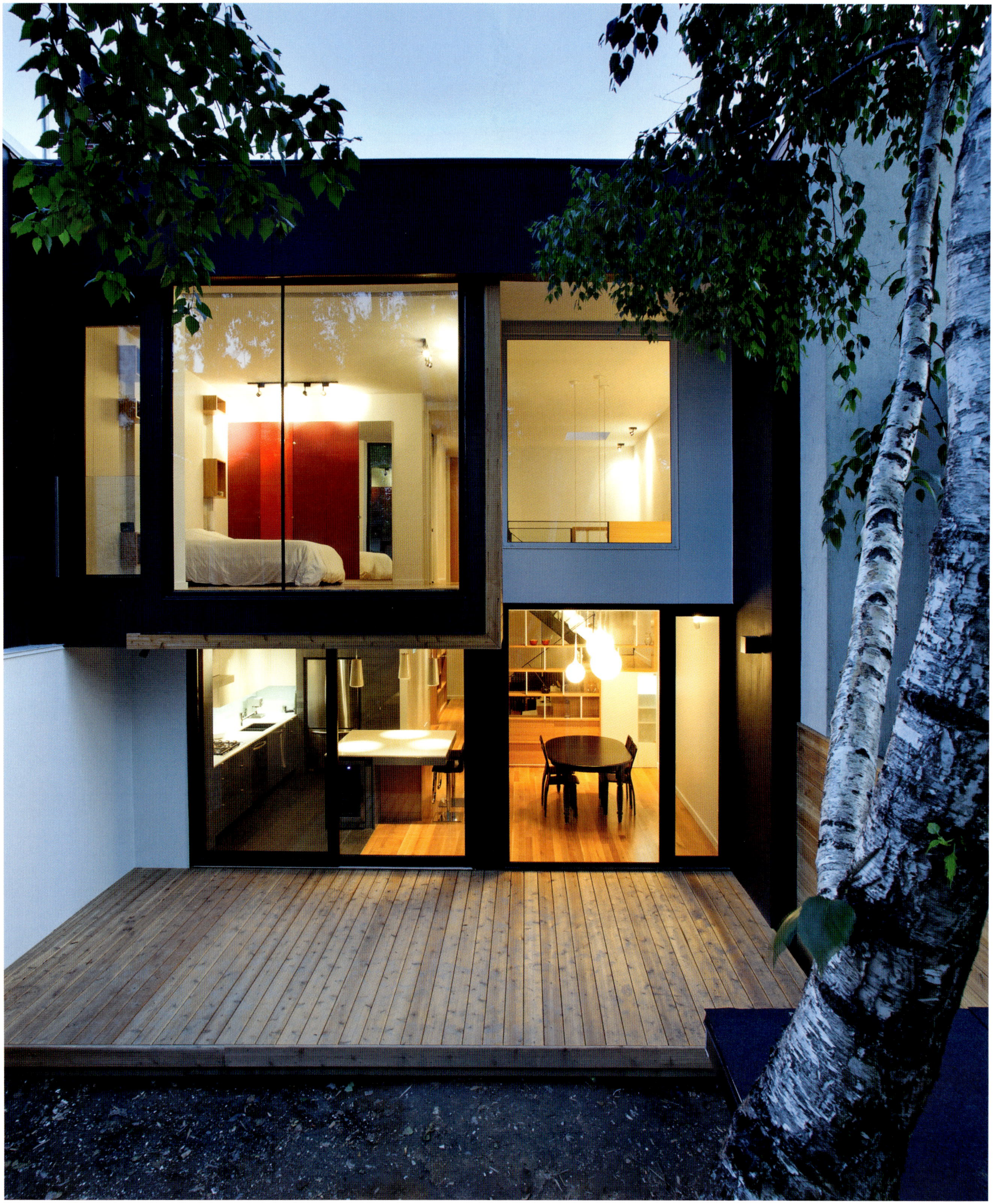

CHAMBORD RESIDENCE

Naturehumaine
Chambord, Montreal, QC, Canada
© Adrien Williams

The second floor of this twenties duplex was converted into three bedrooms and a study. The frontal façade was simply restored, but the back was completely transformed into a transparent area. Cantilevered over the back yard, cedar wood is used to trim the glass and frame the master bedroom.

Das zweite Stockwerk dieses Zweifamilienhauses aus den 1920er Jahren wurde in ein Wohngebäude mit drei Schlafzimmern und einem Arbeitszimmer umgebaut. Die Frontfassade wurde lediglich renoviert, aber die Fassade im rückwärtigen Teil wurde vollständig in eine von Transparenz dominierte Oberfläche verwandelt. Die Fensterfront im ersten Geschoss, hinter der sich das Schlafzimmer befindet, wird durch einen über den Innenhof vorspringenden Rahmen aus Zedernholz betont.

Le deuxième étage de ce duplex des années vingt est devenu un espace composé de trois chambres et un studio. La façade avant a été à peine restaurée, mais celle à l'arrière a été entièrement transformée en une surface où domine la transparence. Un cadre en cèdre, construit en saillie sur la cour arrière, tranche le verre et encadre la chambre principale.

Van de tweede verdieping van deze duplexwoning uit de jaren twintig is een ruimte met drie slaapkamers en een studio gemaakt. De voorgevel is pas net gerestaureerd, maar de achtergevel is helemaal veranderd in een oppervlakte dat overheerst wordt door transparantie. Een cederhouten raamkozijn dat uitsteekt over de achtergelegen binnenplaats, doorbreekt het glas en lijst de hoofdslaapkamer in.

La segunda planta de este dúplex de los años viente se convirtió en un espacio de tres dormitorios y un estudio. La fachada frontal apenas se restauró, pero la posterior se transformó por completo en una superficie dominada por la transparencia. Proyectado en voladizo sobre el patio de atrás, un marco de cedro recorta el cristal y enmarca el dormitorio principal.

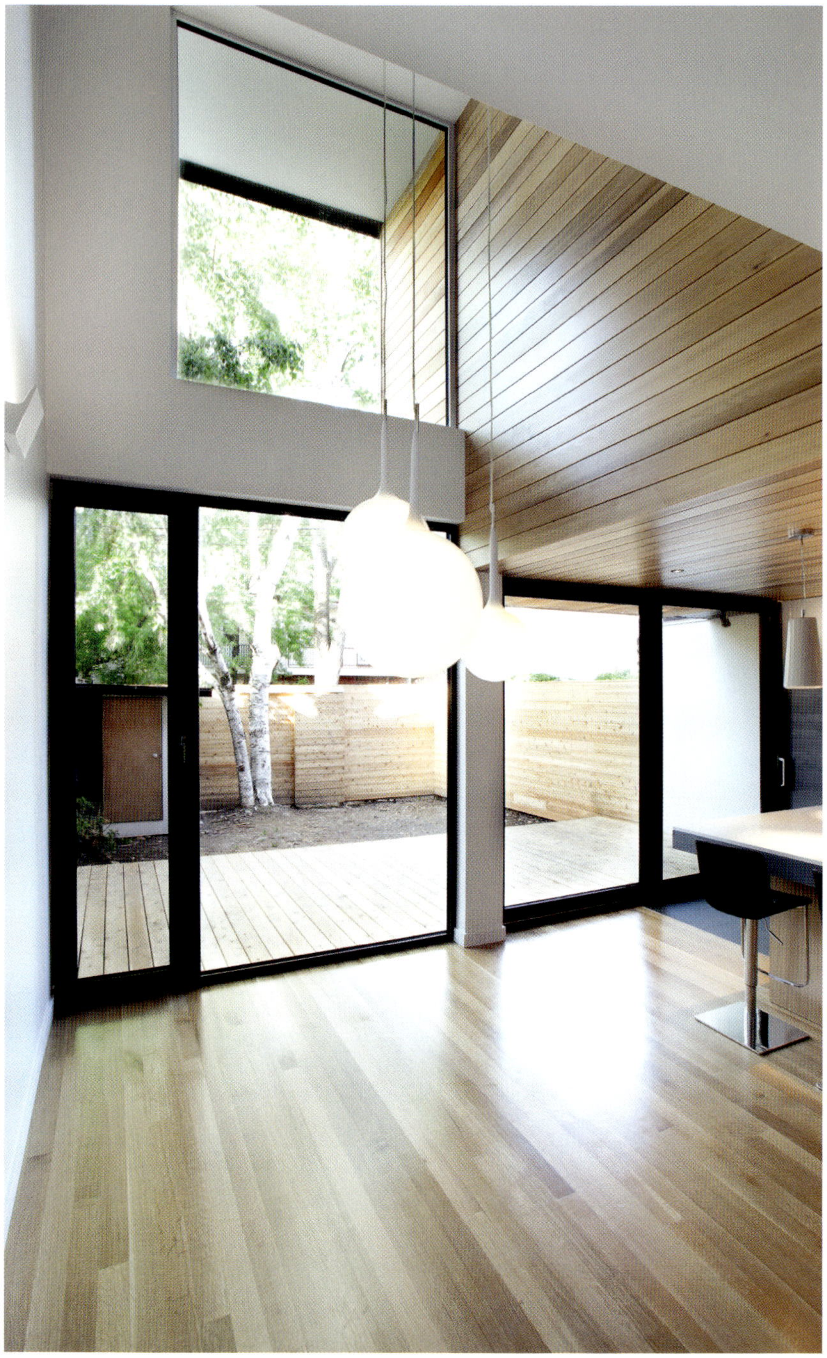

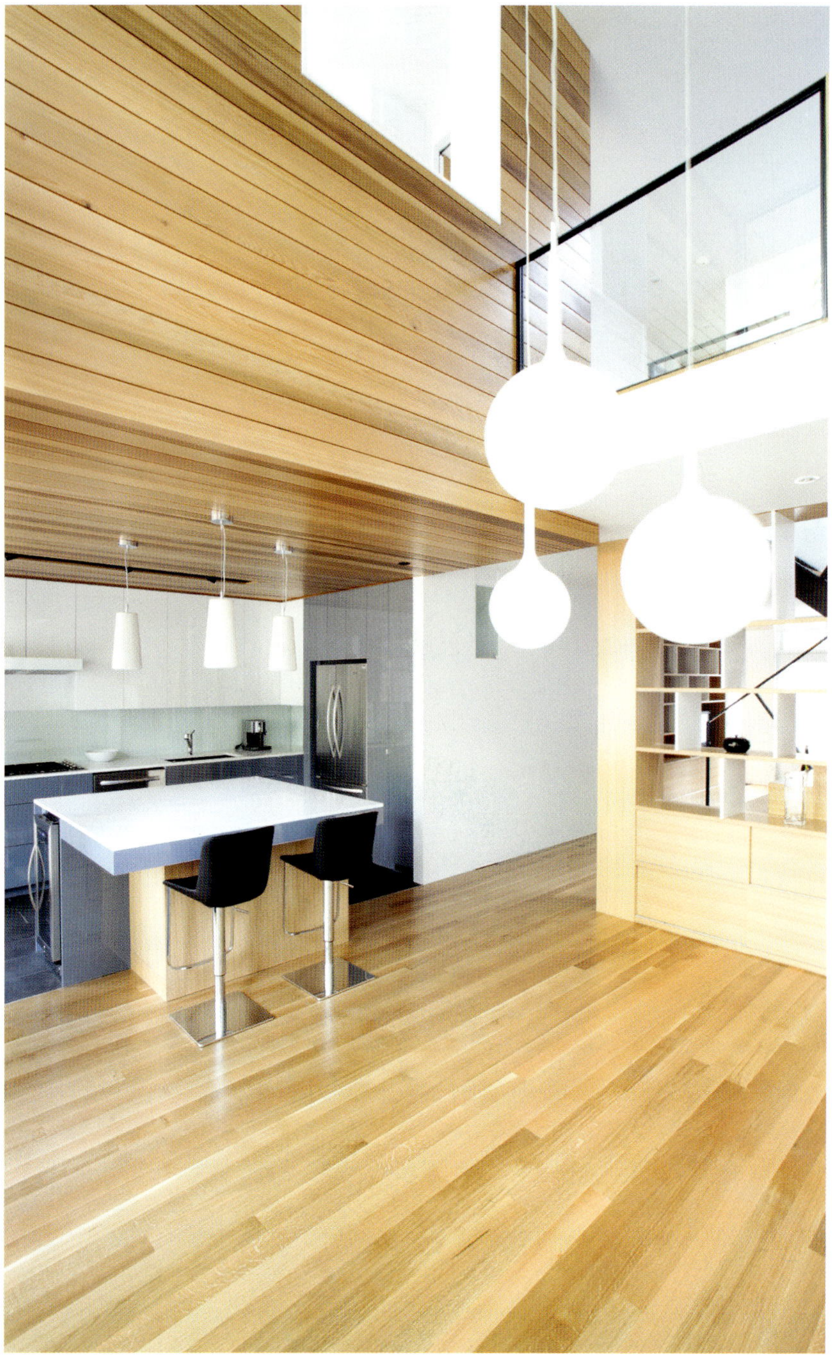

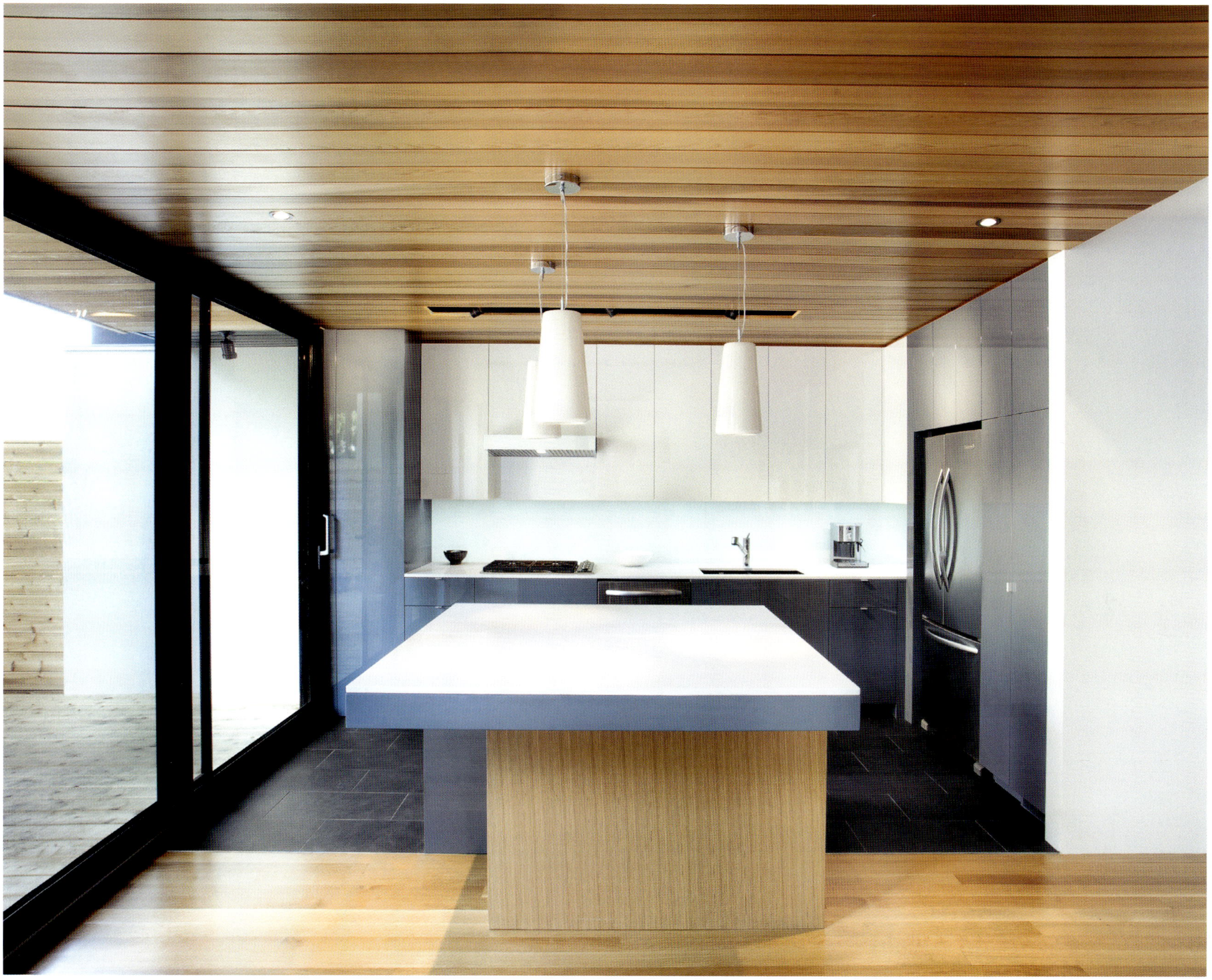

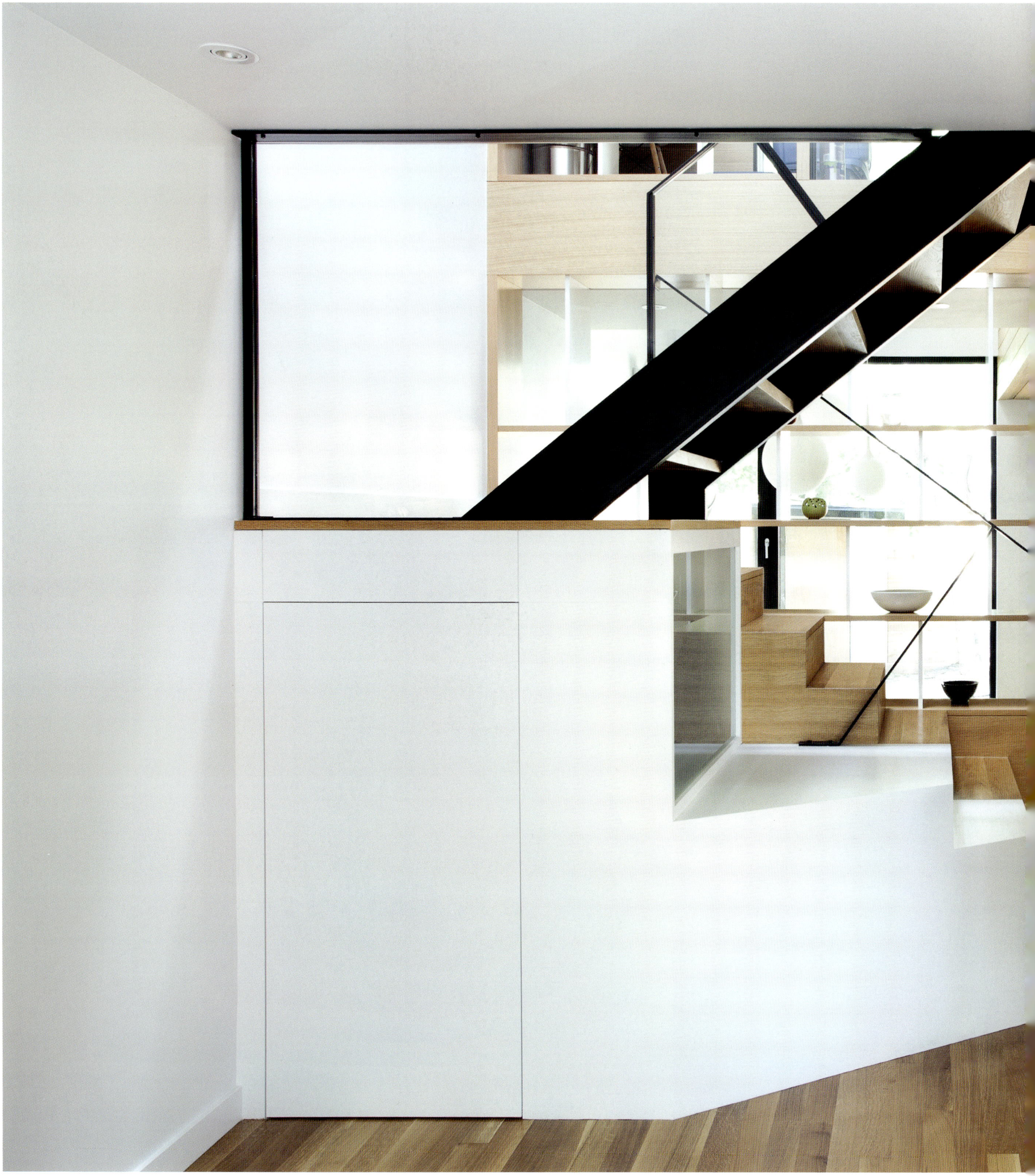

Also used on the exterior, the wood serves as a link between the two spaces, complementing the white and bringing warmth to the interior.

Das Holz, welches auch im Außenbereich Verwendung findet, dient als Verbindungselement zwischen den beiden Räumen, bildet eine Ergänzung zu weißen Farbe und verleiht dem Interieur Wärme.

Le bois, également utilisé à l'extérieur, sert de lien entre les deux espaces, et enrichi la couleur blanche en apportant de la chaleur à l'intérieur.

Het hout, dat ook aan de buitenzijde gebruikt wordt, verbindt beide ruimtes, wordt gecomplementeerd door de witte kleur en geeft het interieur warmte.

La madera, empleada también en el exterior, funciona como nexo entre ambos espacios, se complementa con el blanco y aporta calidez al interior.

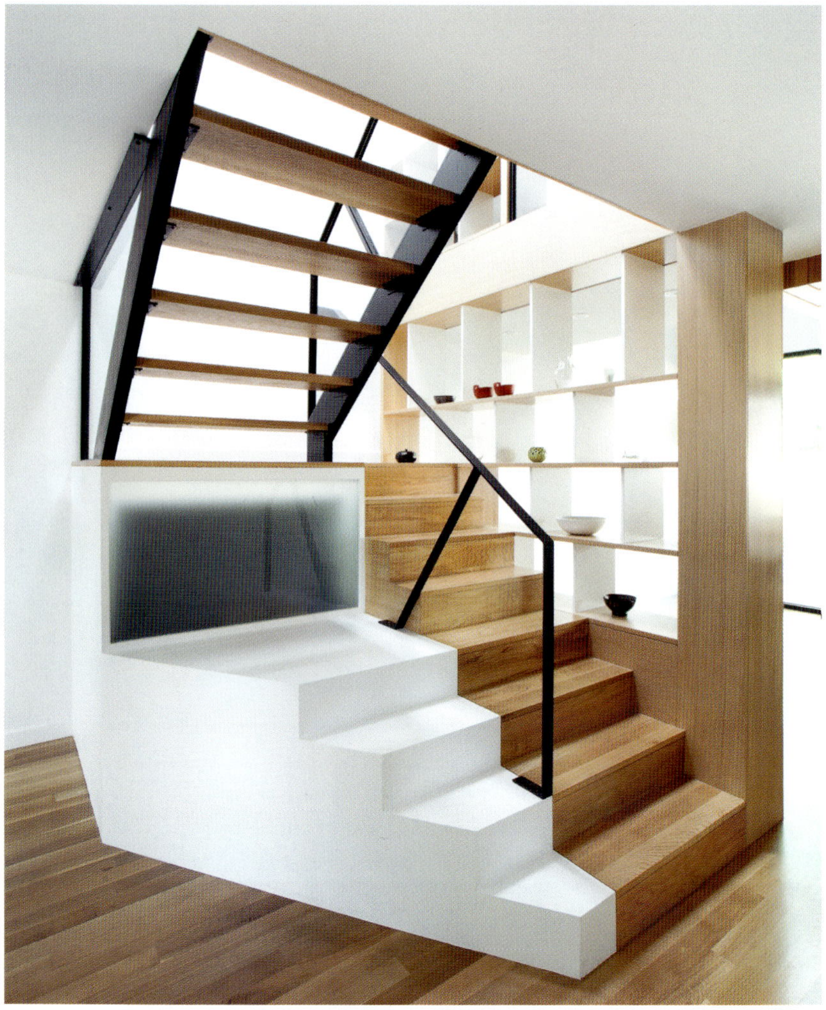

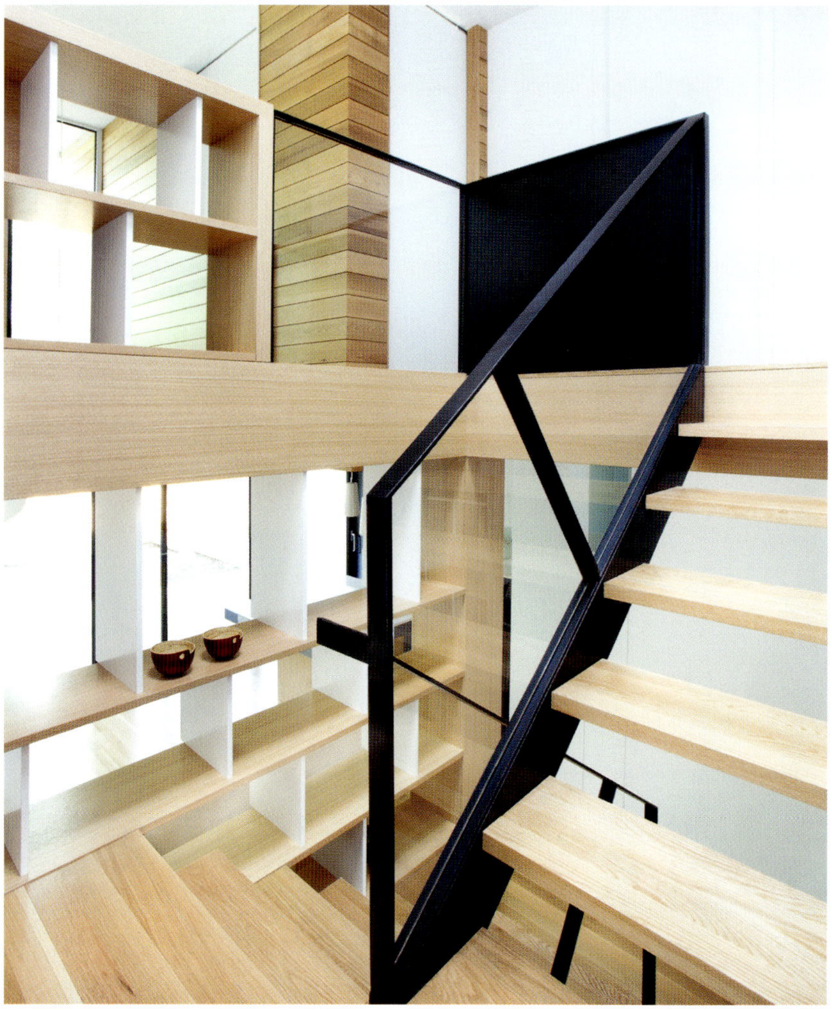

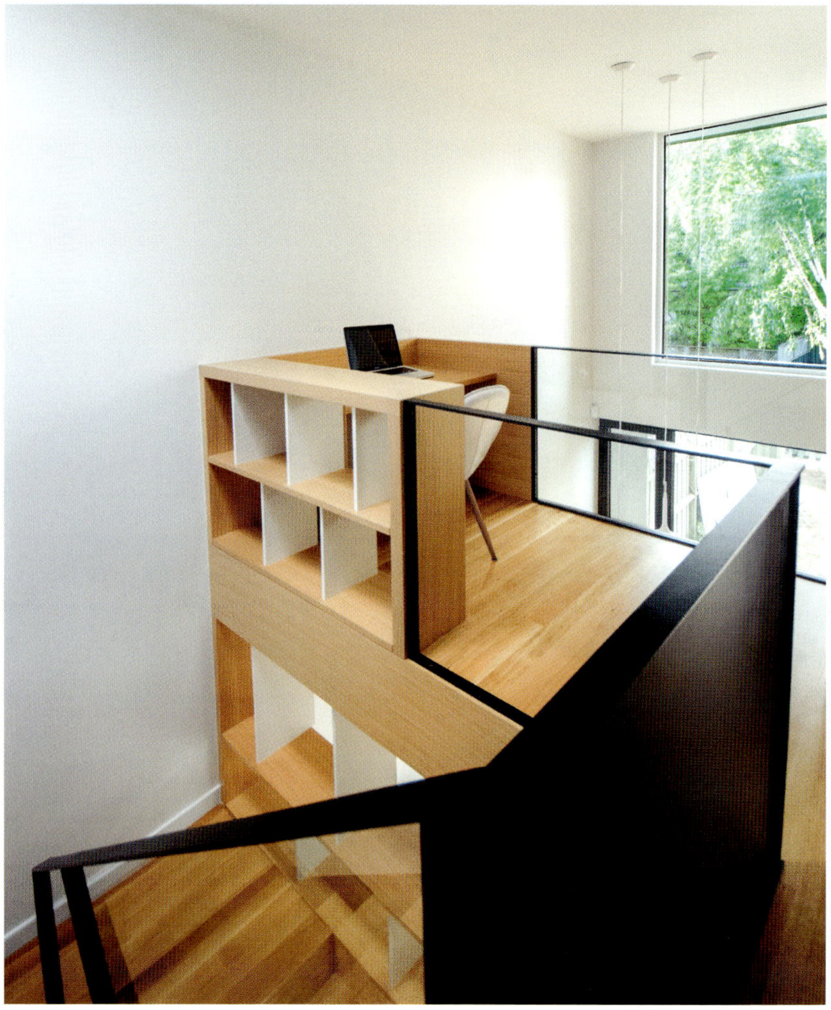

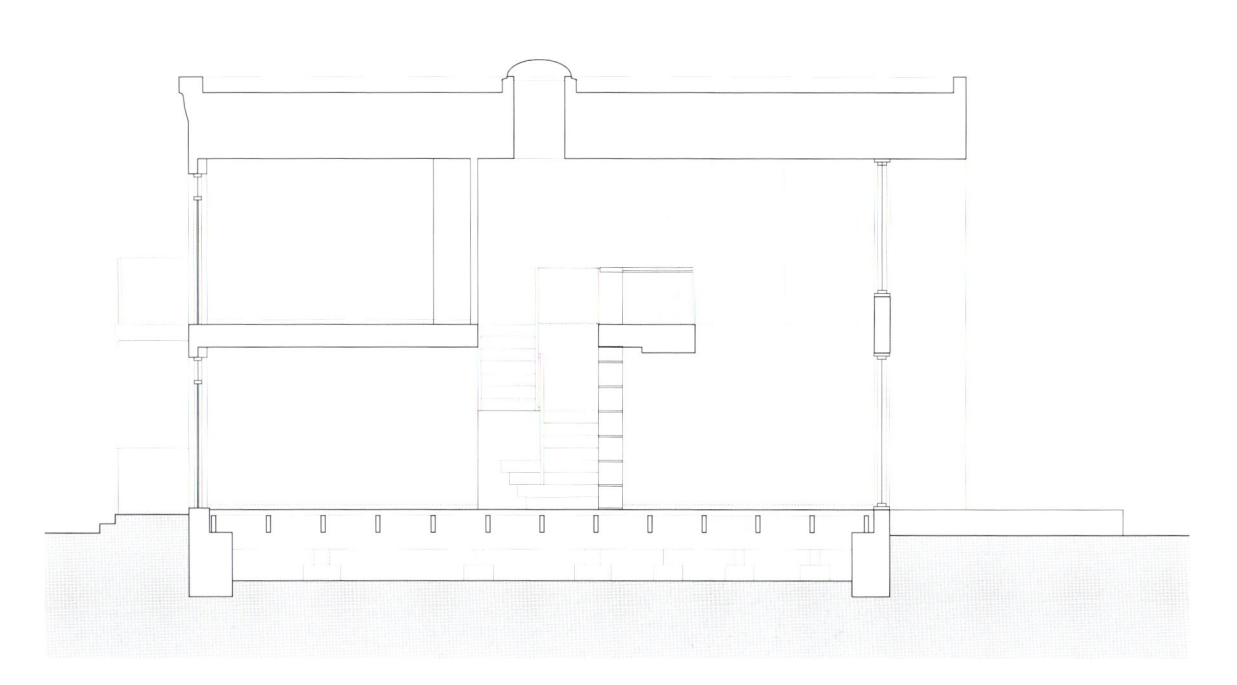

Longitudinal section

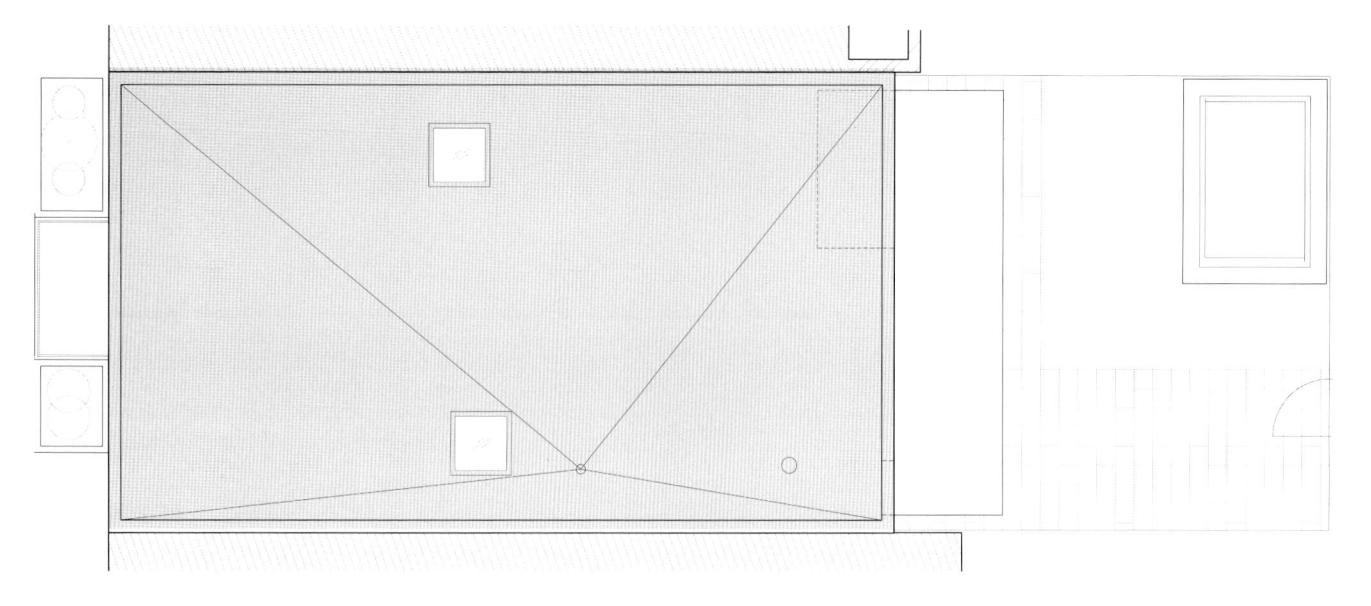

Site plan

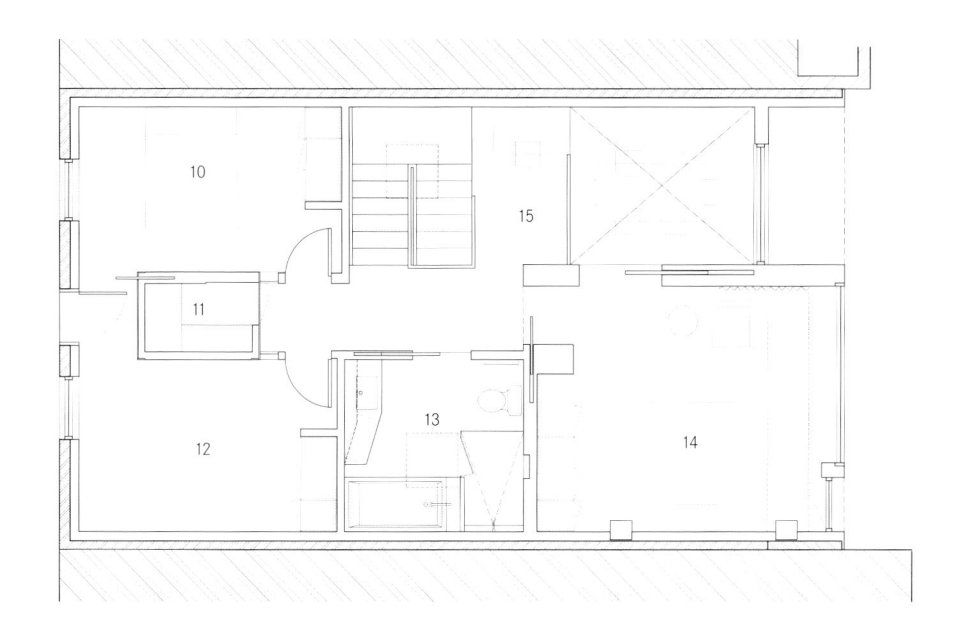

Second floor plan

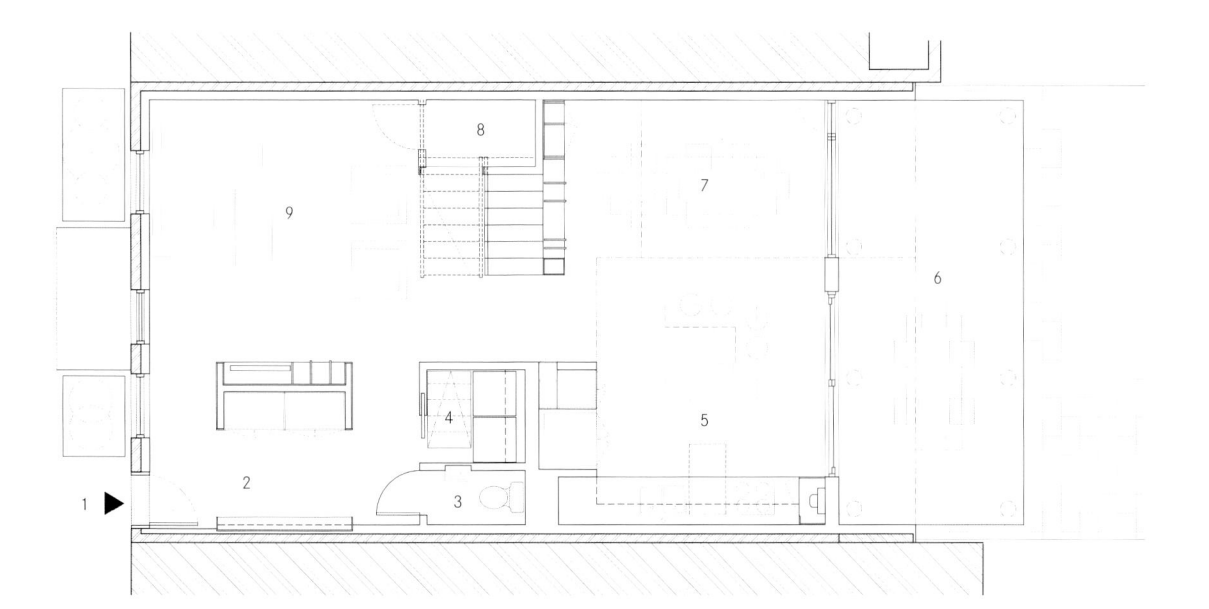

Ground floor plan

1. Entrance
2. Entrance vestibule
3. Bathroom
4. Laundry
5. Kitchen
6. Deck
7. Dining room
8. Storage
9. Kitchen
10. Bedroom
11. Walk-in closet
12. Bedroom
13. Bathroom
14. Master bedroom
15. Office

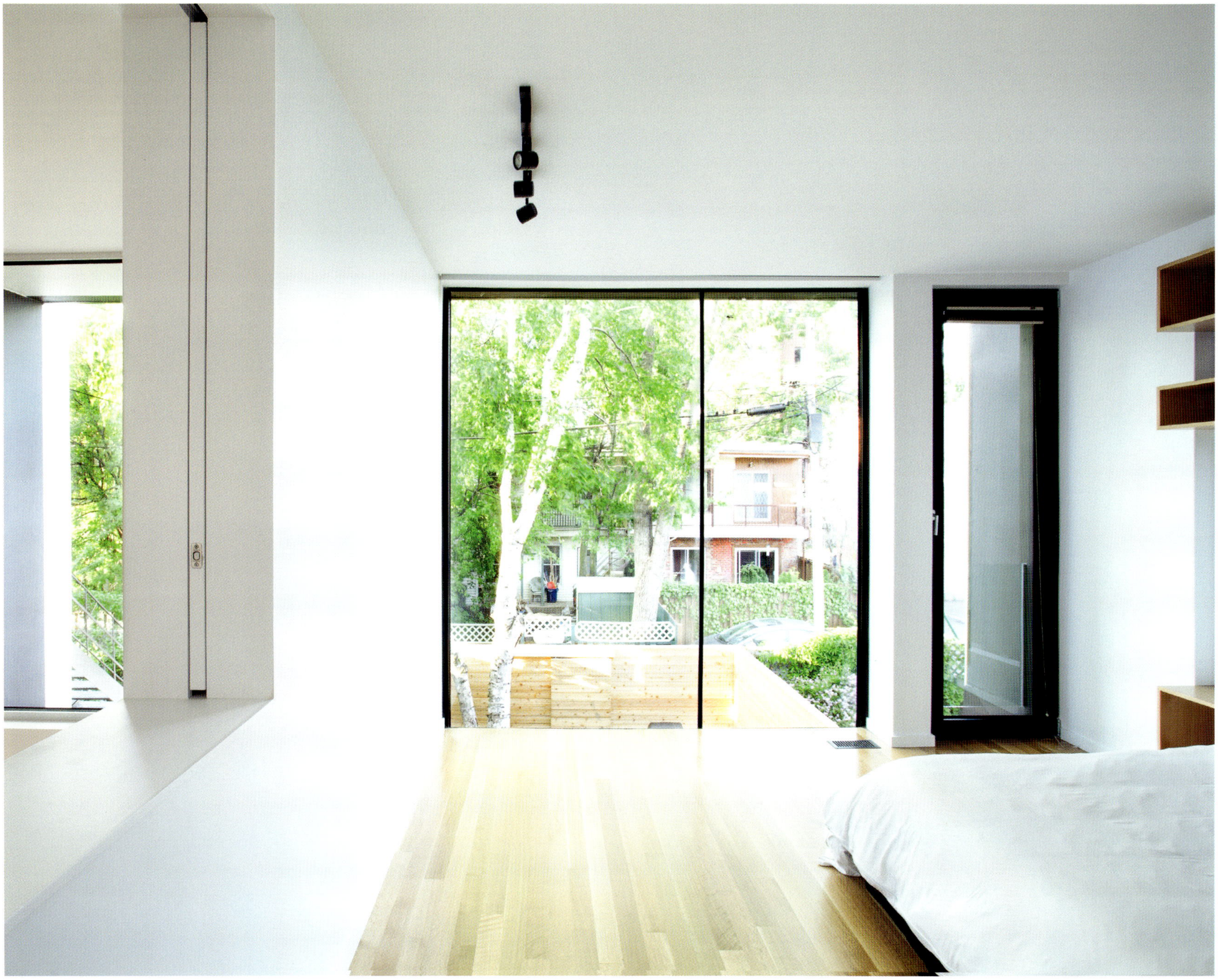

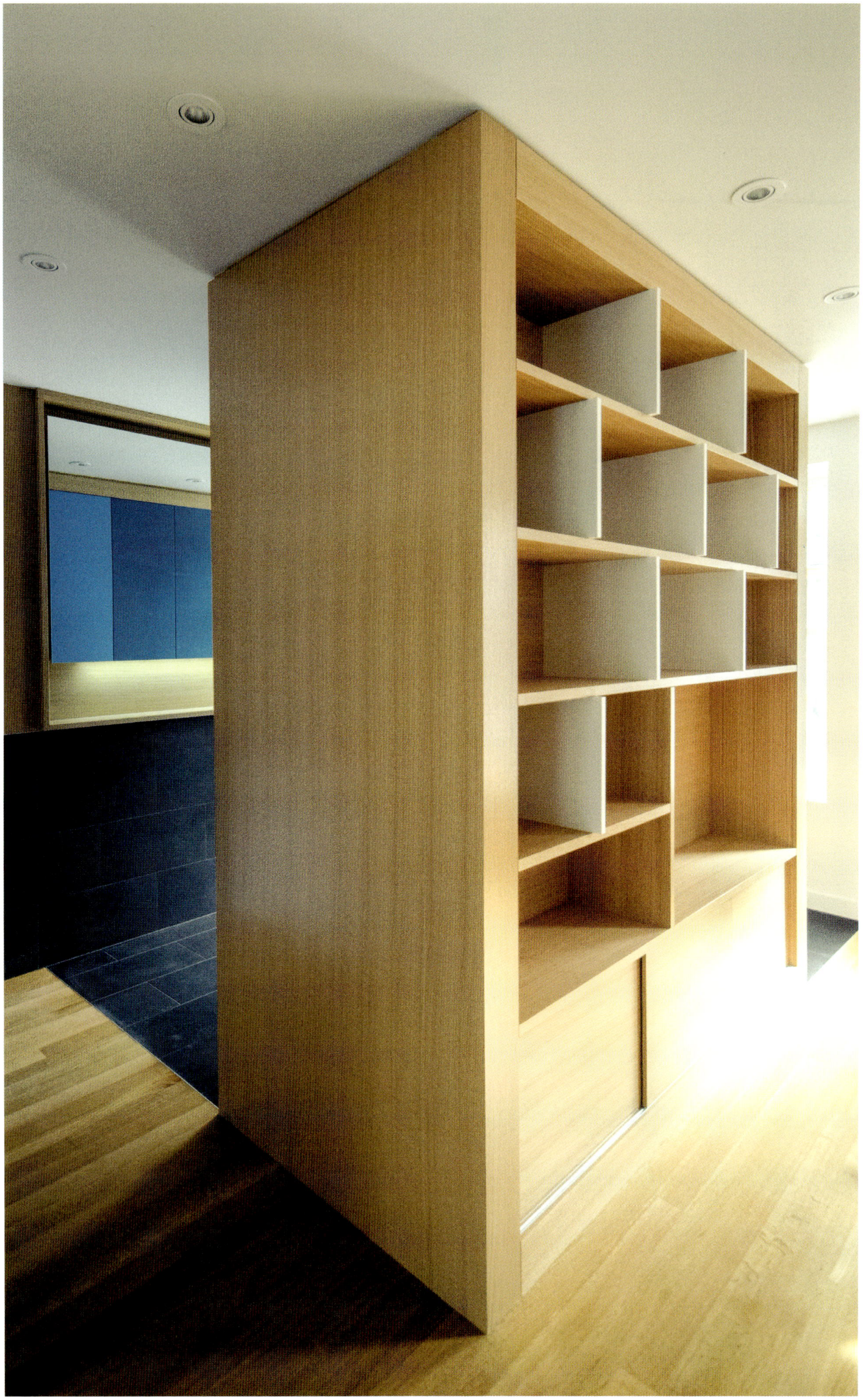

429

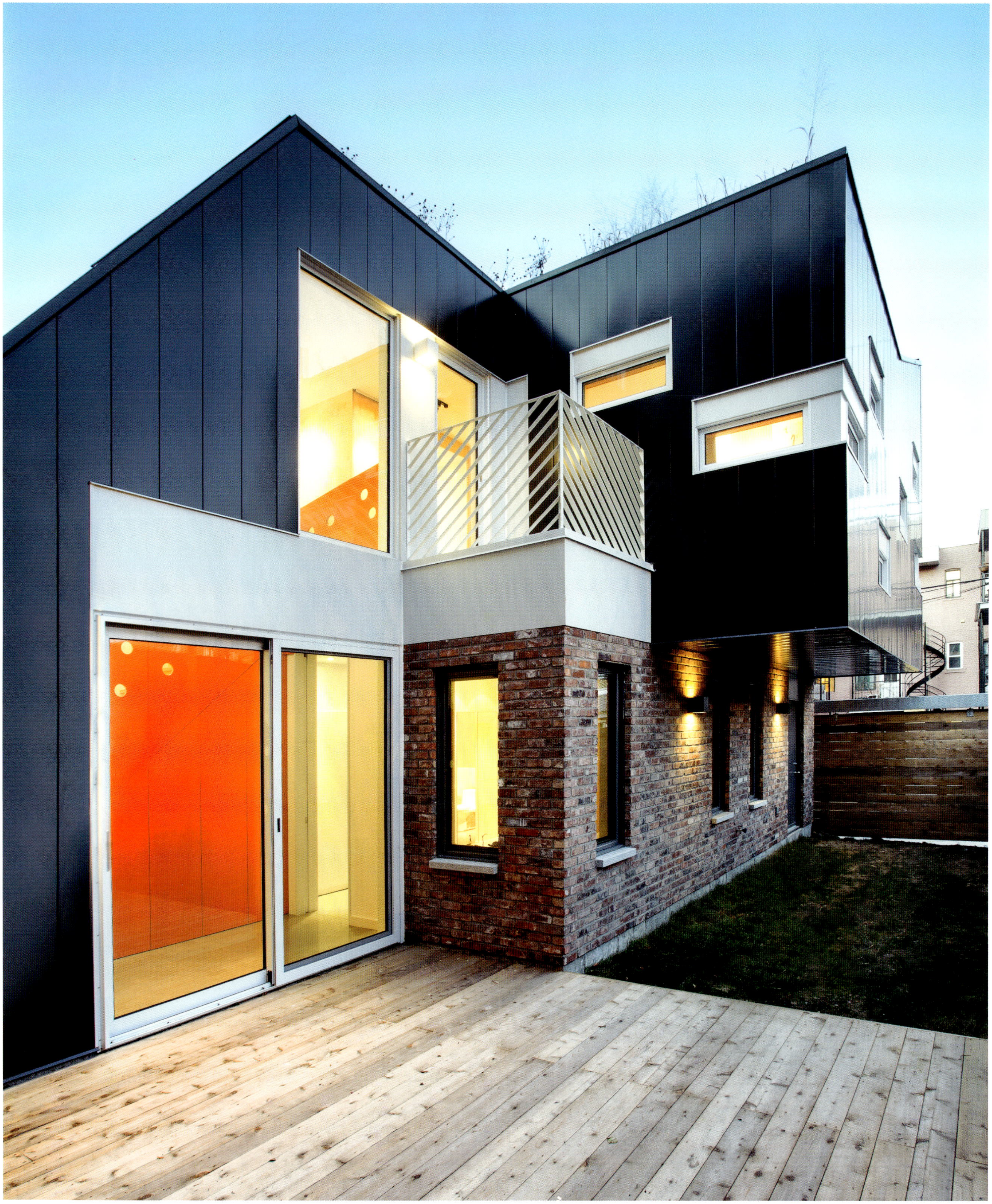

LA COULEUVRE

**Stephane Rasselet, Marc-Andre Plasse,
Amelie Melaven/Naturehumaine**
Rosemont-La Petite-Patrie, Montreal, QC, Canada
© Adrien Williams

With the owners expecting twins, more space was required in this property. As the upper floors were tenanted, the expansion needed to be horizontal rather than vertical. The solution was to create an annexe to the rear, which would house four bedrooms. Nicknamed The Snake, the building rises from a base of red bricks that were reclaimed from the old garage.

Dieses Haus musste vergrößert werden, denn die Eigentümer erwarteten Zwillinge. Da sie die den oberen Stockwerken vermietet hatten, musste die Erweiterung horizontal anstatt vertikal erfolgen. Die Lösung: Schaffung eines externen Anbaus, in dem vier Schlafzimmer Platz fanden. Das Gebäude mit dem Spitznamen Die Schlange erstreckt sich über einen Baukörper aus den roten Backsteinen der alten Garage, die dadurch wieder verwertet wurden.

Il fallait trouver un moyen d'agrandir la maison car les propriétaires attendaient des jumeaux. Comme dans les étages supérieurs il y avait des locataires, l'agrandissement de la maison devait se faire horizontalement et non verticalement. La solution : créer une annexe à l'arrière qui réunirait quatre chambres. Surnommée La Couleuvre, la construction se dresse sur des briques rouges récupérées de l'ancien garage.

Er moest een manier gevonden worden om het huis uit te breiden, want de eigenaren verwachtten een tweeling. Aangezien er huurders op de bovenste verdieping woonden, moest de uitbreiding horizontaal en niet verticaal plaatsvinden. De oplossing: het creëren van een achteruitbreiding met vier slaapkamers. Het gebouw, dat als bijnaam De Slang draagt, verrijst op een constructie van rode bakstenen die zijn overgebleven van de oude garage.

Había que encontrar una forma de ampliar la casa, porque los propietarios esperaban gemelos. Como en las plantas superiores tenían inquilinos, la expansión debía ser horizontal, no vertical. La solución: crear un anexo posterior que agrupara cuatro dormitorios. Apodada La Culebra, la construcción se yergue sobre un volumen de ladrillos rojos recuperados del antiguo garaje.

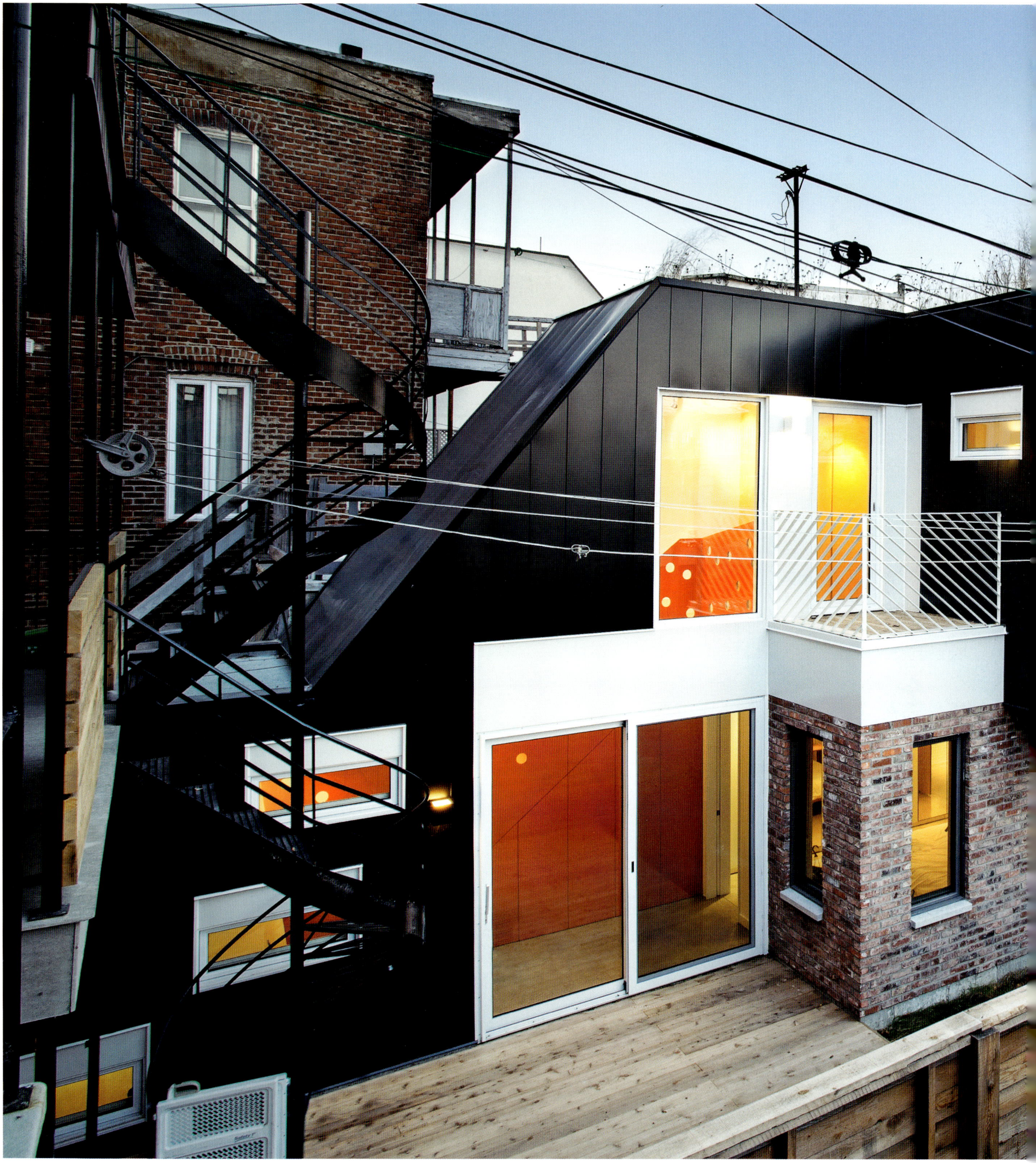

The parents' rooms are located inside the brick section, while the children's rooms are situated above, in the black section.

Die Zimmer der Eltern befinden sich im Baukörper aus Backstein, während die Kinderzimmer oben im schwarzen Baukörper liegen.

Les pièces des parents se situent à l'intérieur du volume en brique, tandis que les chambres des enfants se trouvent à l'étage, dans le volume noir.

De verblijven van de ouders bevinden zich in de bakstenen constructie, en de kinderkamers zijn boven, in de zwarte constructie.

Las estancias de los padres se ubican en el interior del volumen de ladrillo, mientras que las habitaciones de los niños están arriba, en el volumen negro.

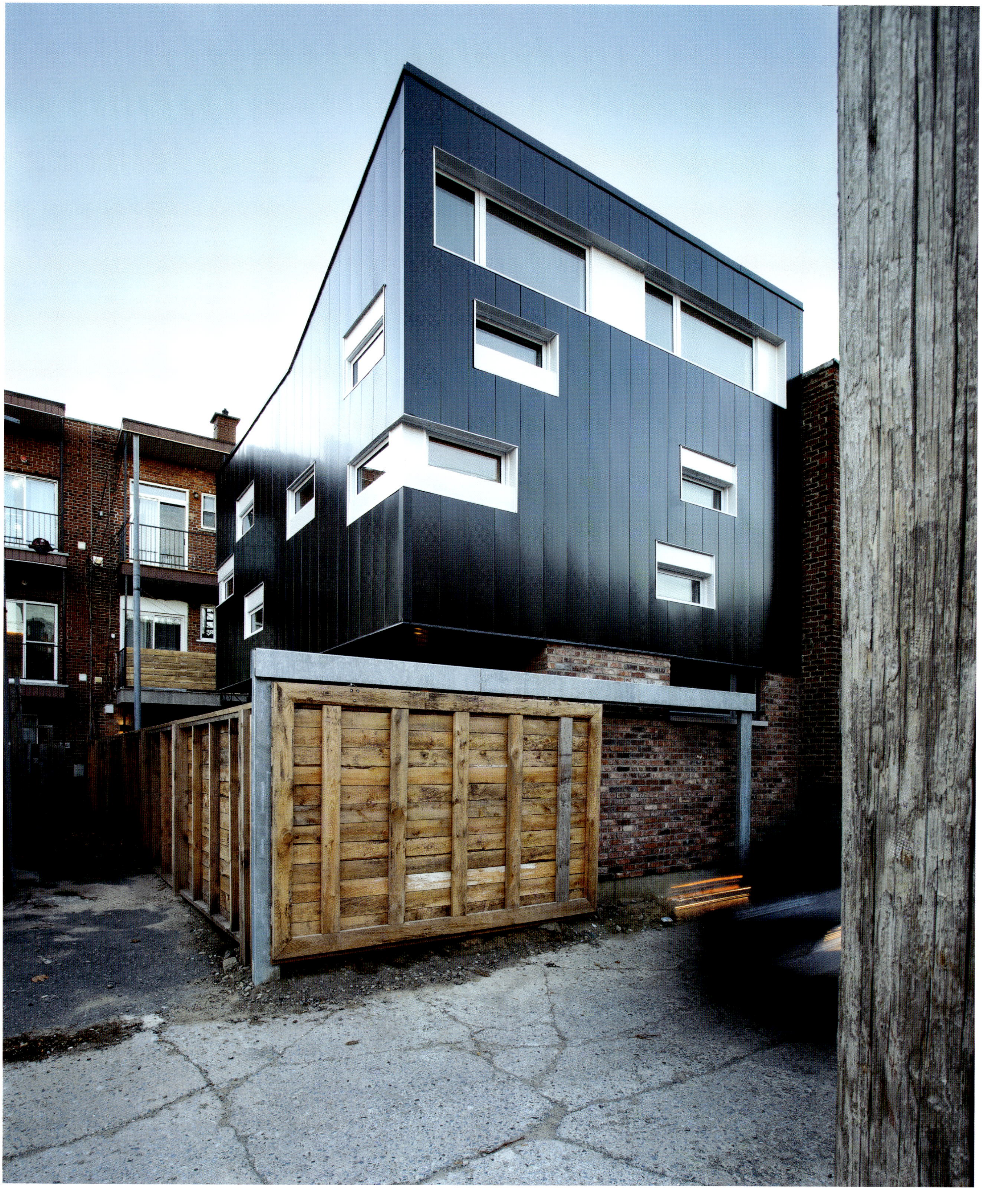

The orange railing points to where the stairs lead: the children's area. Full of round holes, this marks the transition to a more playful space.

Das orangefarbene Geländer zeigt an, wohin die Treppe führt: In den Kinderbereich. Sie ist mit runden Ausschnitten versehen und verkörpert den Übergang in einen verspielteren Bereich.

La rampe orange indique où conduisent les escaliers : dans le coin des enfants. Remplie de trous ronds, elle incarne le changement vers un espace plus ludique.

Het oranje vlaggetje laat zien waar de trap heen leidt: de kinderzone. De trap, vol met ronde gaten, belichaamt de overgang naar een speelsere ruimte.

La barandilla naranja indica adónde conducen las escaleras: a la zona de los niños. Repleta de agujeros redondos, encarna la transición hacia un espacio más lúdico.

Section

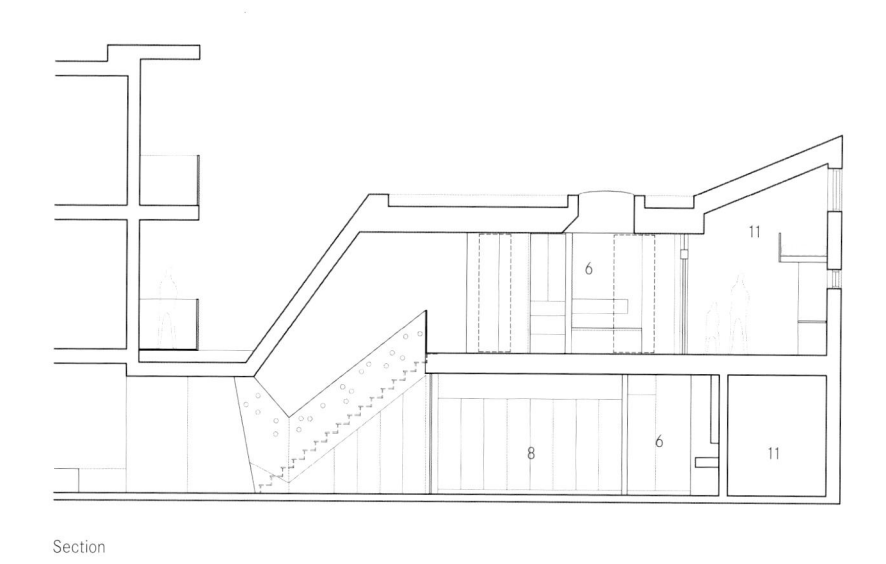

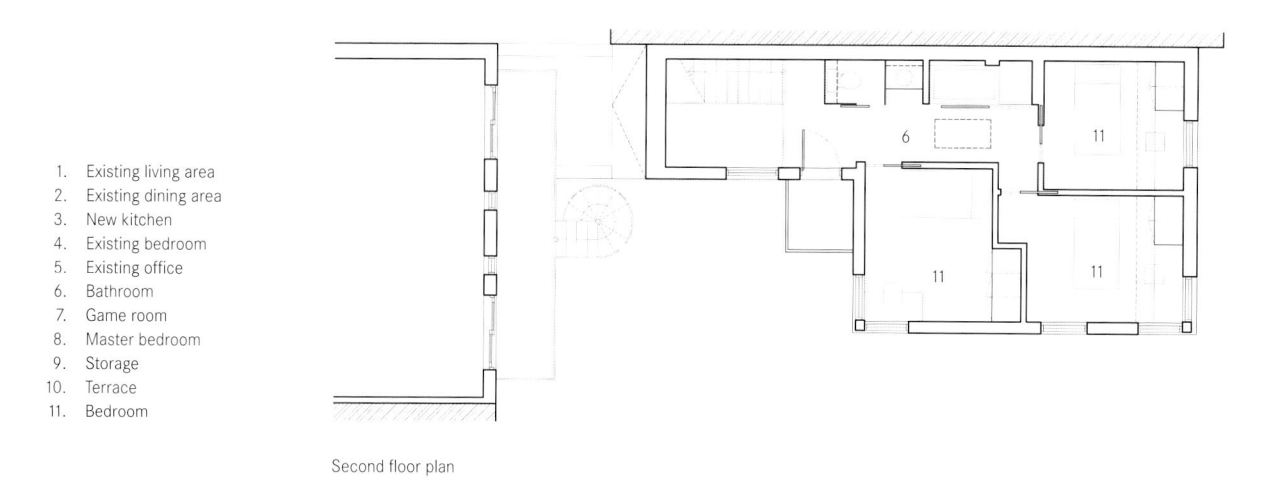

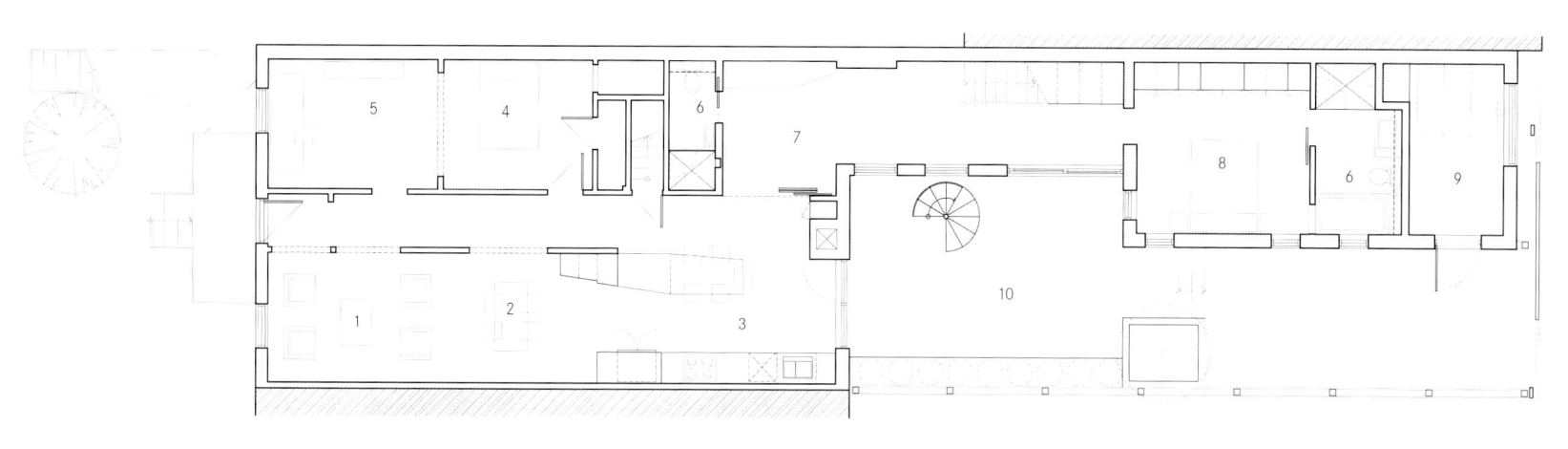

1. Existing living area
2. Existing dining area
3. New kitchen
4. Existing bedroom
5. Existing office
6. Bathroom
7. Game room
8. Master bedroom
9. Storage
10. Terrace
11. Bedroom

Second floor plan

Ground floor plan

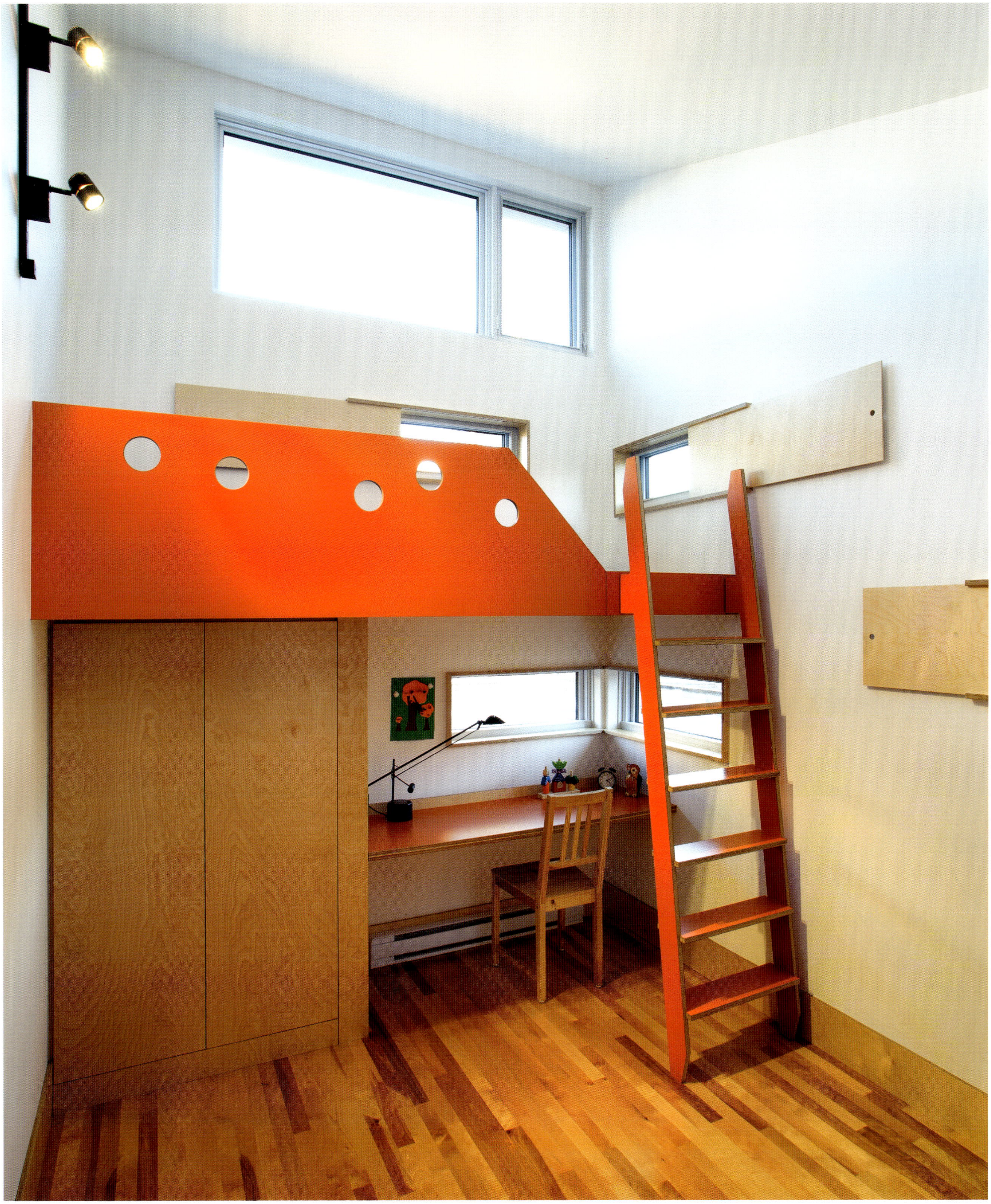

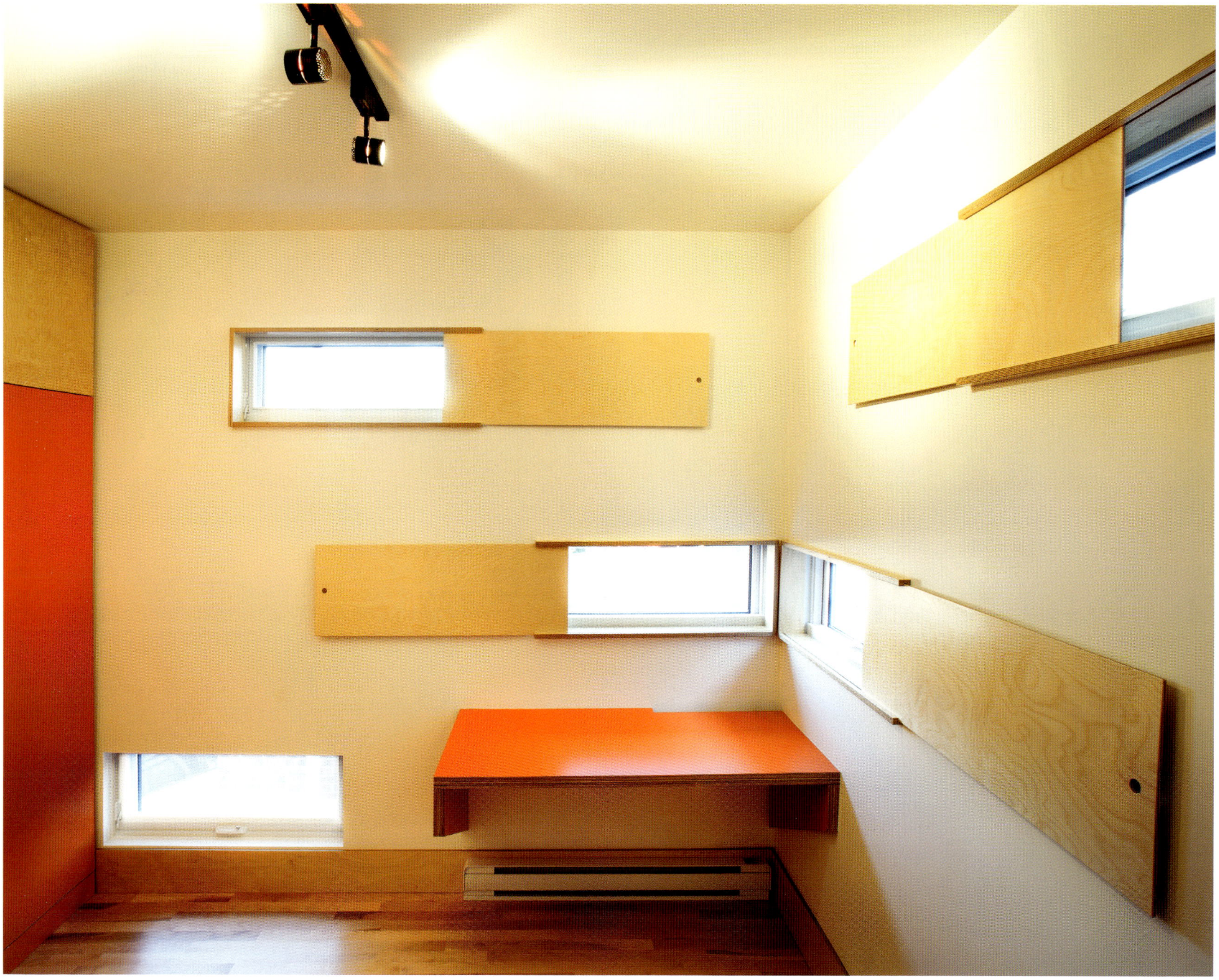

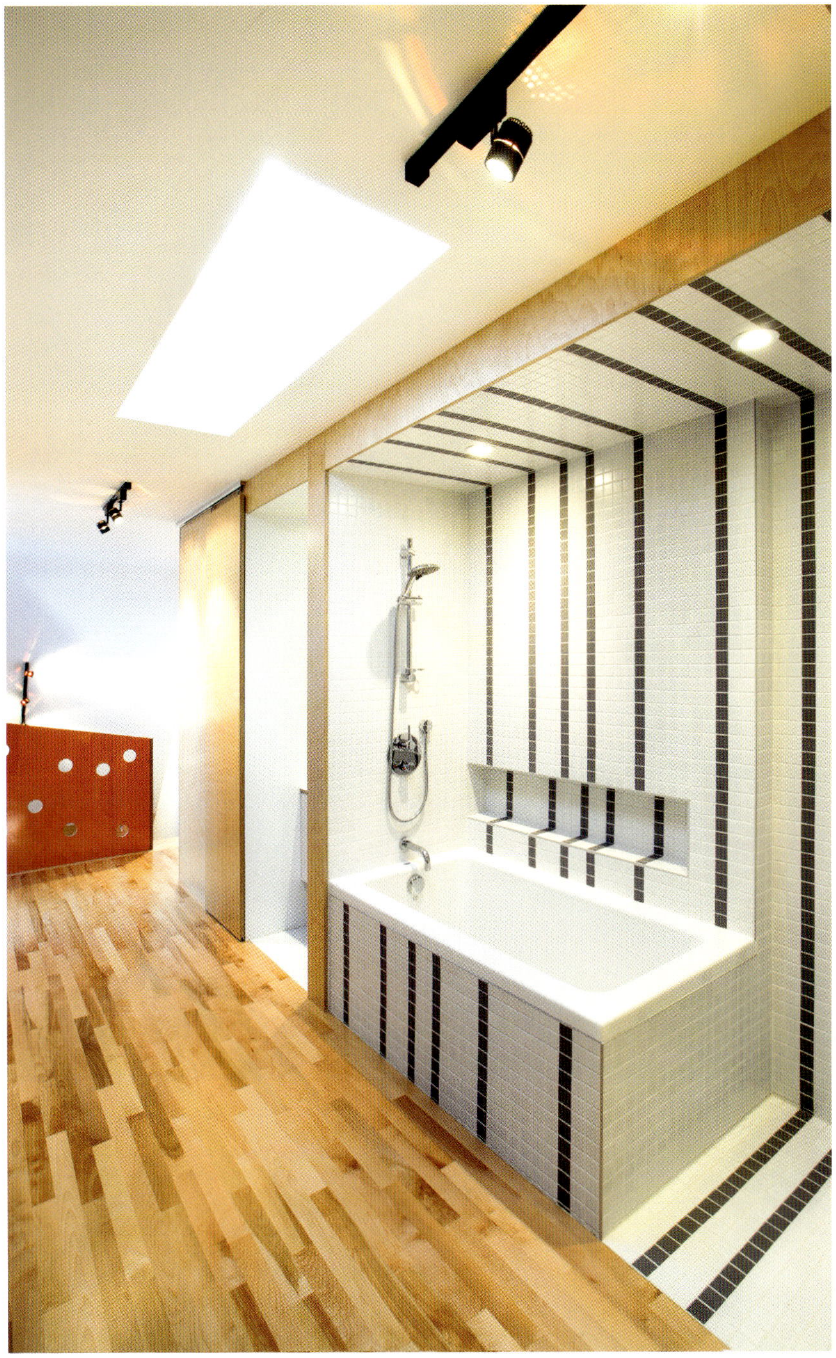

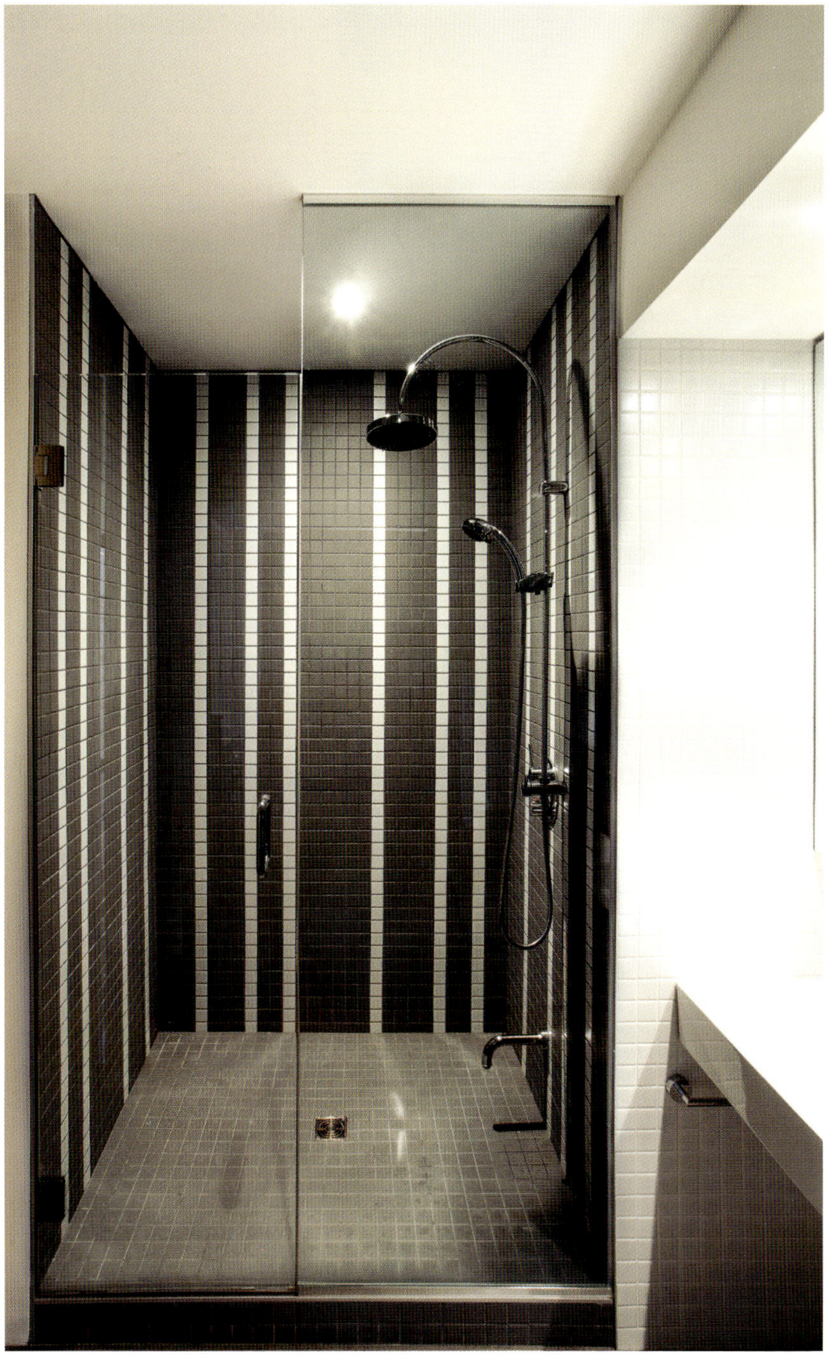

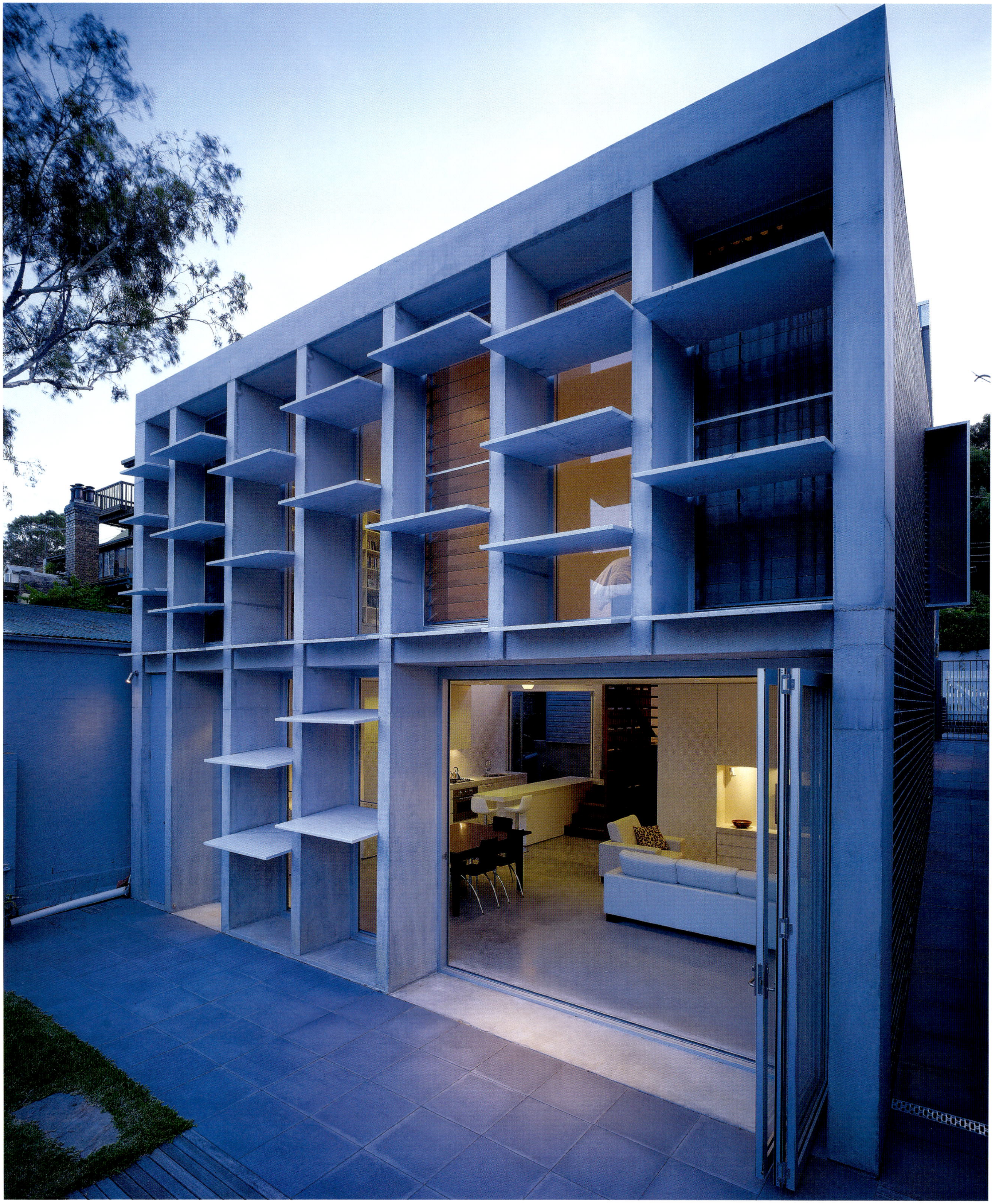

BRISE SOLEIL HOUSE

Shaun Carter, Patrick Fitzgerald/carterwilliamson architects
Balmain, Sydney, Australia
© Brett Boardman

The rear façade, which gives the house its name, is made from "brise soleil" which filters the light and heat of the sun. The property was built adjacent to a small house that dates back to 1860: light and bright, the new building contrasts with the original intimate structure. A patio connects the two buildings, forming a transition between old and new.

Die hintere Fassade, die dem Haus seinen Namen gibt, beruht auf einem Spiel aus *Brisesoleil* aus Marmor, der Sonnenlicht und Hitze filtert. Das Gebäude wurde neben einem kleinen Haus aus dem Jahr 1860 erbaut. Mit seiner leichten, hellen Struktur stellt es einen Kontrast zu dem heimelig wirkenden alten Häuschen dar. Beide Bauten sind durch einen Innenhof miteinander verbunden, der Alt und neu verknüpft.

La façade arrière, qui donne son nom à la maison, est fabriquée à partir d'un jeu de brise soleil en marbre qui filtre la lumière et le la chaleur du soleil. La propriété a été construite à côté d'une petite maison datant de 1860 : léger et lumineux, le nouveau bâtiment contraste avec l'intimité de la petite maison originale. Les deux maisons sont reliées par une cour qui transite entre l'ancien et le moderne.

De achterste façade, waaraan het huis haar naam ontleent, bestaat uit een set marmeren *brise soleils* die het licht en de warmte doorlaten. De woning is vastgebouwd aan een klein huisje uit 1860: het nieuwe gebouw, luchtig en licht, contrasteert met het gezellige originele huisje. Beide gebouwen staan met elkaar in verbinding door middel van een binnenplaats die flirt met oud en nieuw.

La fachada posterior, que da nombre a la casa, se compone a partir de un juego de *brise soleil* de mármol que filtran la luz y el calor solar. La vivienda se construyó adyacente a una pequeña casa de 1860: ligero y luminoso, el nuevo edificio contrasta con la íntima casita original. Ambas construcciones se conectan mediante un patio que transita entre lo antiguo y lo nuevo.

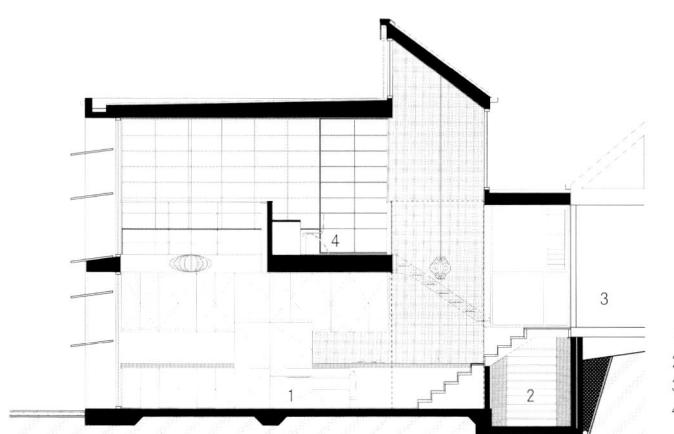

Section AA

1. Kitchen
2. Cellar
3. Existing house
4. Study / Library

Section BB

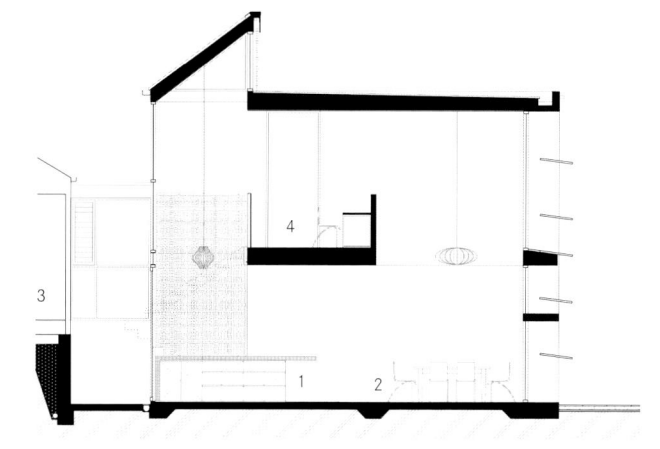

1. Kitchen
2. Living / Dining
3. Existing house
4. Study / Landing

Second floor plan

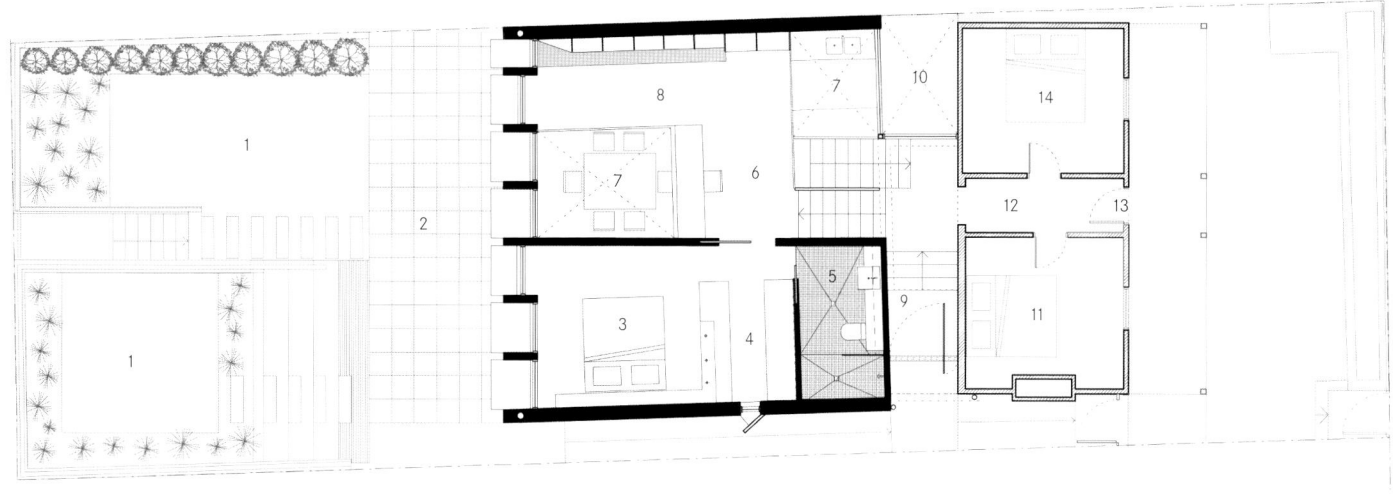

1. Lawn
2. Patio
3. Master bedroom
4. Walk-in closet
5. En-suite
6. Study
7. Void
8. Library
9. Entry
10. Void to courtyard
11. Existing bedroom 2
12. Hall
13. Entry
14. Existing bedroom 3

Ground floor plan

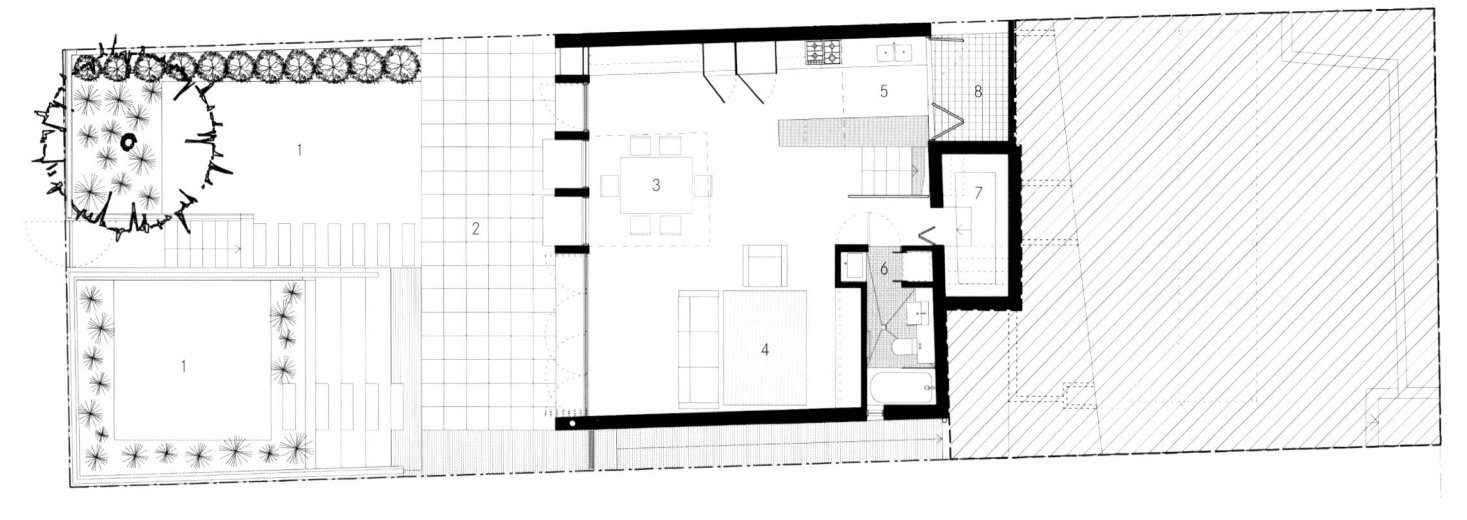

1. Lawn
2. Patio
3. Dining
4. Living
5. Kitchen
6. Bathroom / Laundry
7. Cellar
8. Courtyard

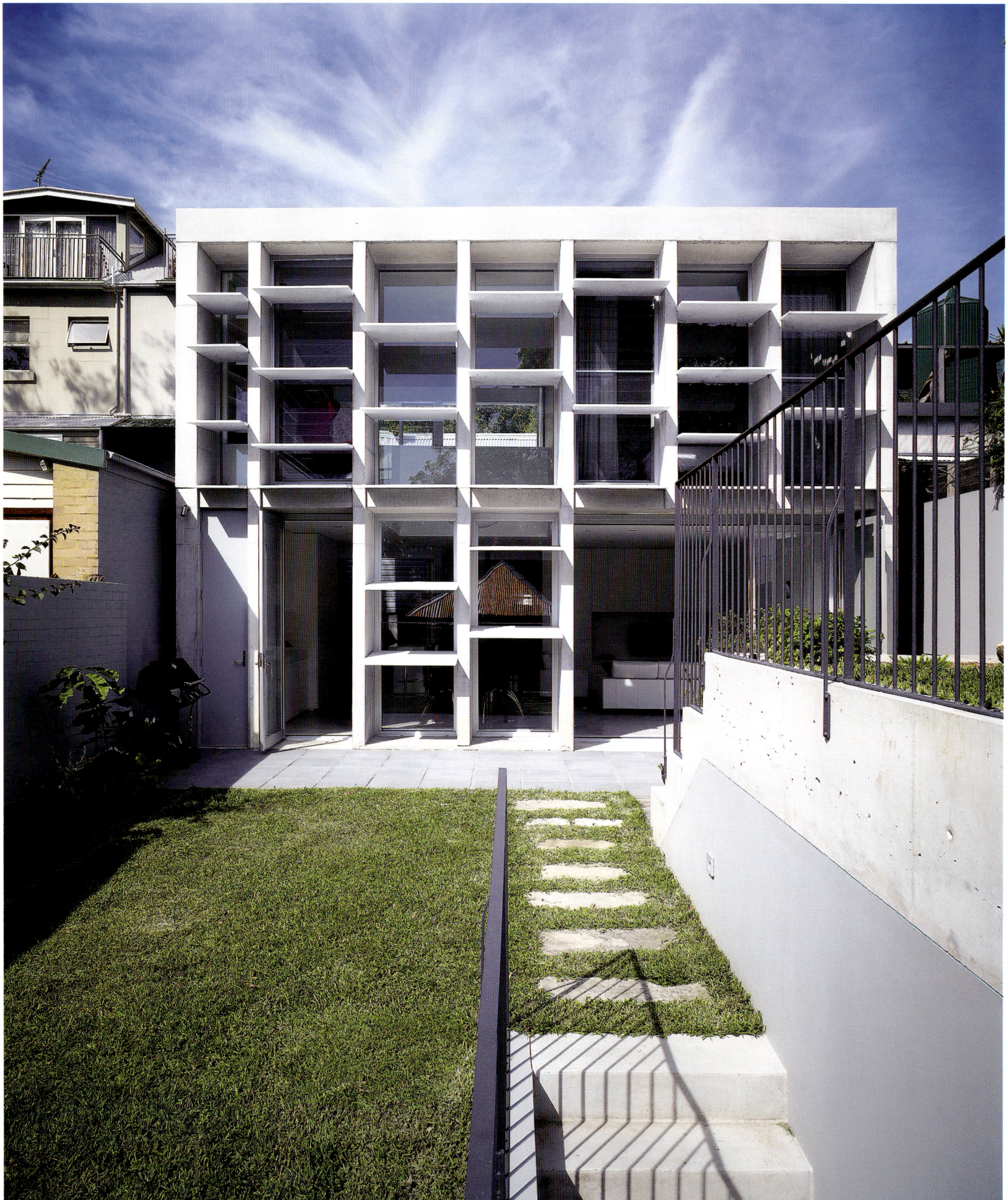

The open ceilings—right above the kitchen and dining room—define the dining area and separate the different elements of this large, open-plan space.

Die Öffnungen in der Decke des Erdgeschosses – genau über Küche und Essbereich – verleihen dem Essbereich eine großzügige Atmosphäre und sorgen für Helligkeit im offen gestalteten Wohnraum.

Les ouvertures du premier étage – juste au-dessus de la cuisine et de la salle à manger – agrandissent la salle à manger et montrent les activités de l'espace diaphane de la pièce.

Het open plafond op de eerste verdieping, precies boven de keuken en de eetkamer, maakt de eetkamer ruimer en definieert de functies van de transparante woonkamer.

Las aberturas sobre la primera planta –justo encima de la cocina y el comedor– espacian el comedor y definen las actividades de la sala de planta abierta.

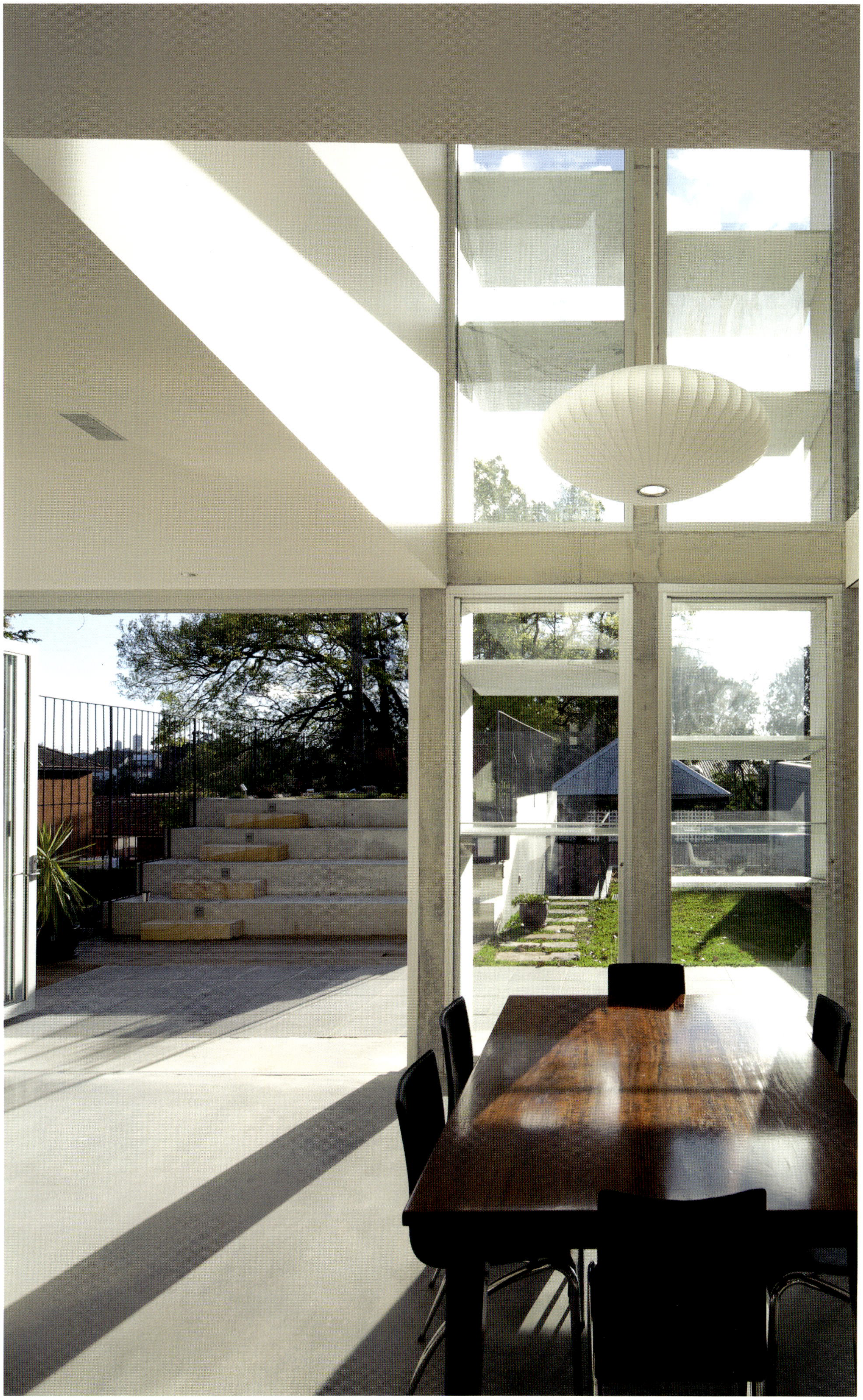

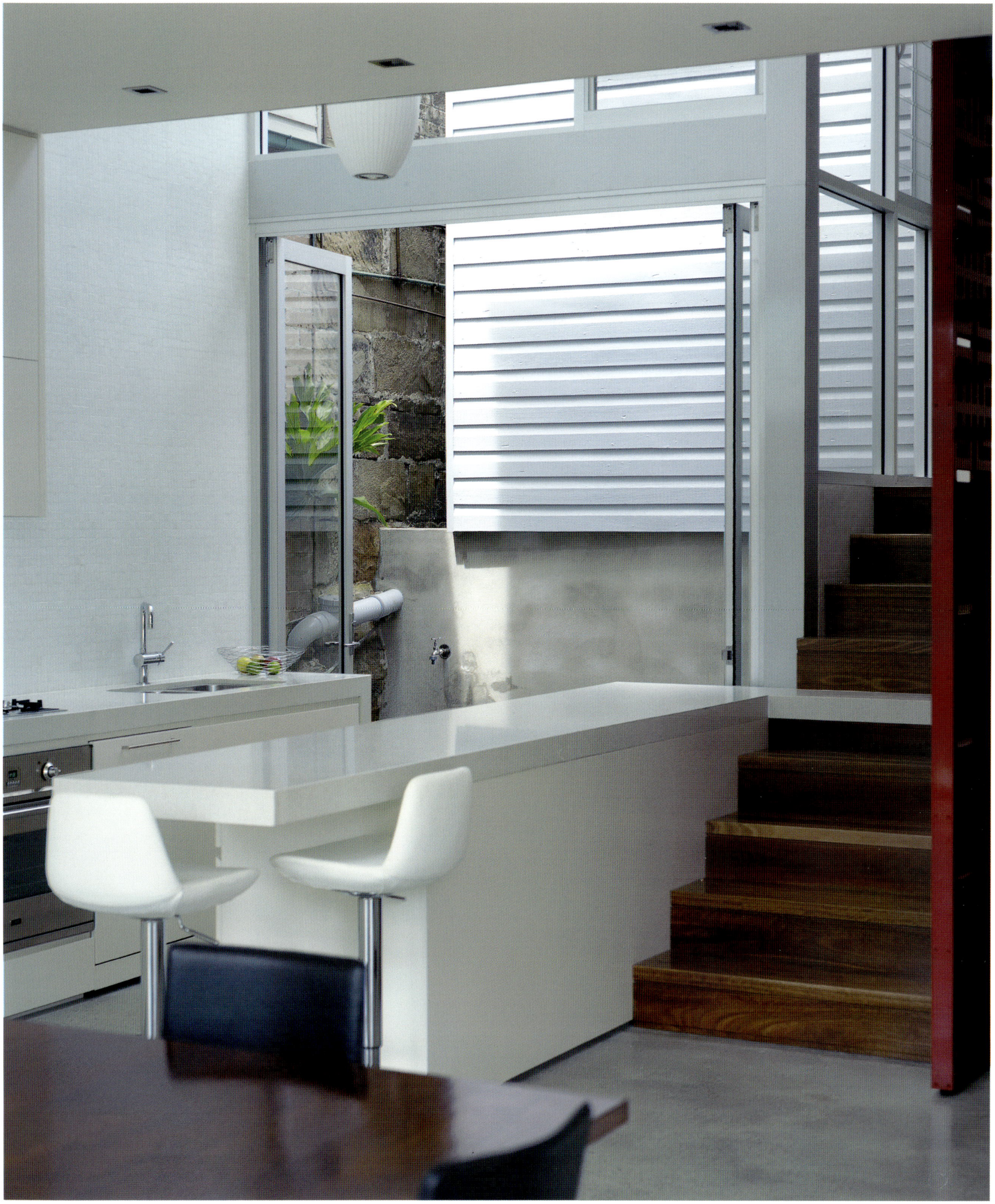

Upstairs, the library is organised around the opening, which enhances the light and creates a great feeling of space for work and study.

In der oberen Etage strukturiert sich die Bibliothek um die Öffnung herum, was zu einer Potenzierung des Lichteinfalls führt und ein zum Lernen und Arbeiten ideales Gefühl der Weitläufigkeit vermittelt.

À l'étage, la bibliothèque s'agence autour de l'ouverture, qui favorise la lumière et crée une sensation d'amplitude idéale pour étudier et travailler.

Op de bovenste verdieping, maakt de bibliotheek slim gebruik van de opening, die het licht versterkt en een wijde indruk creëert die ideaal is om te studeren en werken.

En la planta superior, la biblioteca se organiza en torno a la abertura, que potencia la luz y crea una sensación de amplitud ideal para estudiar y trabajar.

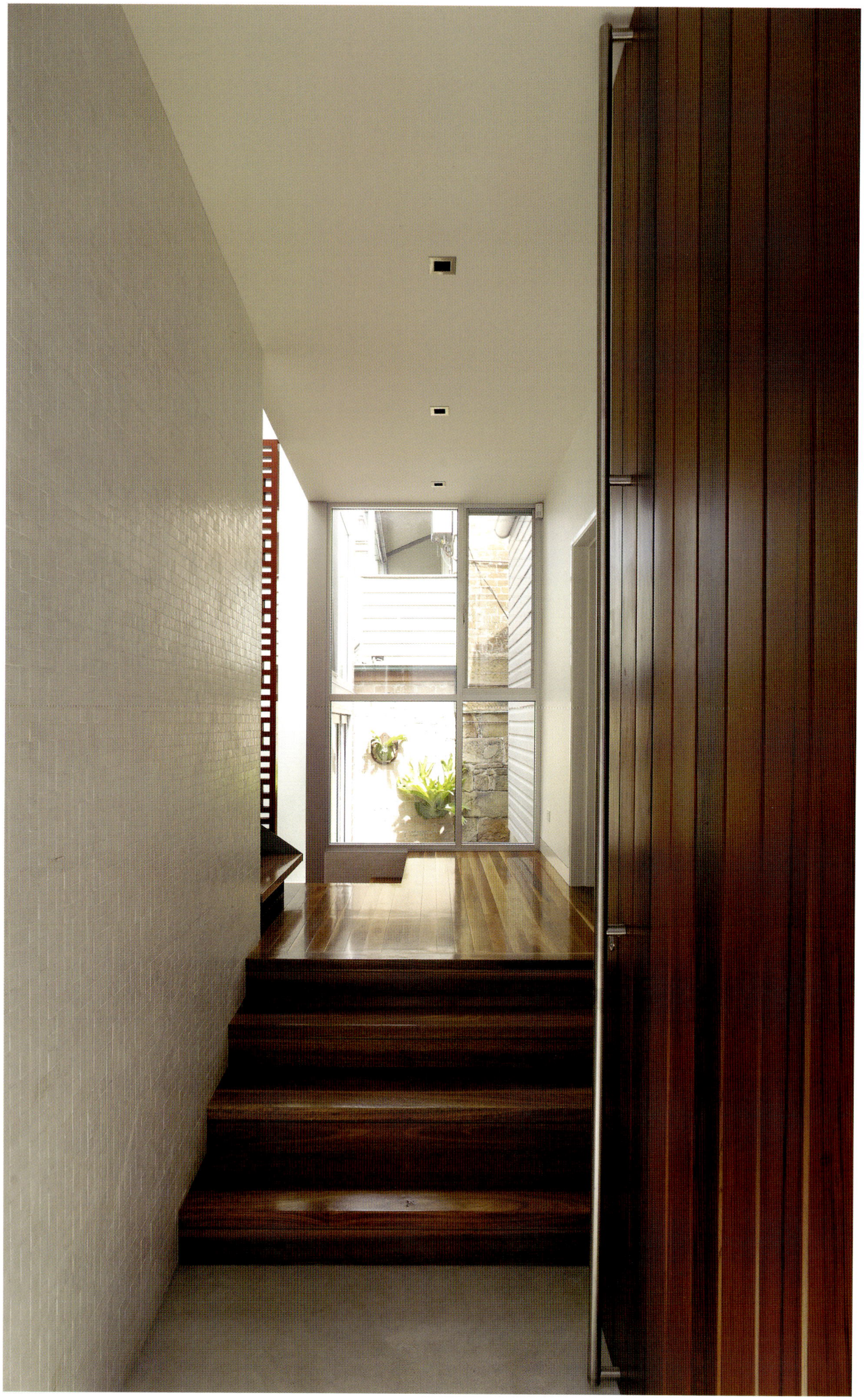

The clients' request was "light, light and more light"; the result is a house in which even the bathroom is bathed in sunlight and celestial blue.

Die Bitte der Kunden war „Licht, Licht mehr Licht"; das Ergebnis ist ein Haus, in dem das Licht der Sonne und das Blau des Himmels sogar im Badezimmer als vorherrschende Elemente fungieren.

La demande des clients étaient d'avoir « de la lumière, de la lumière et encore de la lumière » ; le résultat donne une maison dans laquelle même dans la salle de bain la lumière du soleil et le ciel bleu sont présents.

De cliënten wilden „licht, licht en nog meer licht"; het resultaat is een huis waarin zelfs de badkamer overheerst wordt door zonlicht en een blauwe lucht.

La petición de los clientes era «luz, luz y más luz»; el resultado es una casa en la que hasta el cuarto de baño está presidido por la luz solar y el azul celeste.

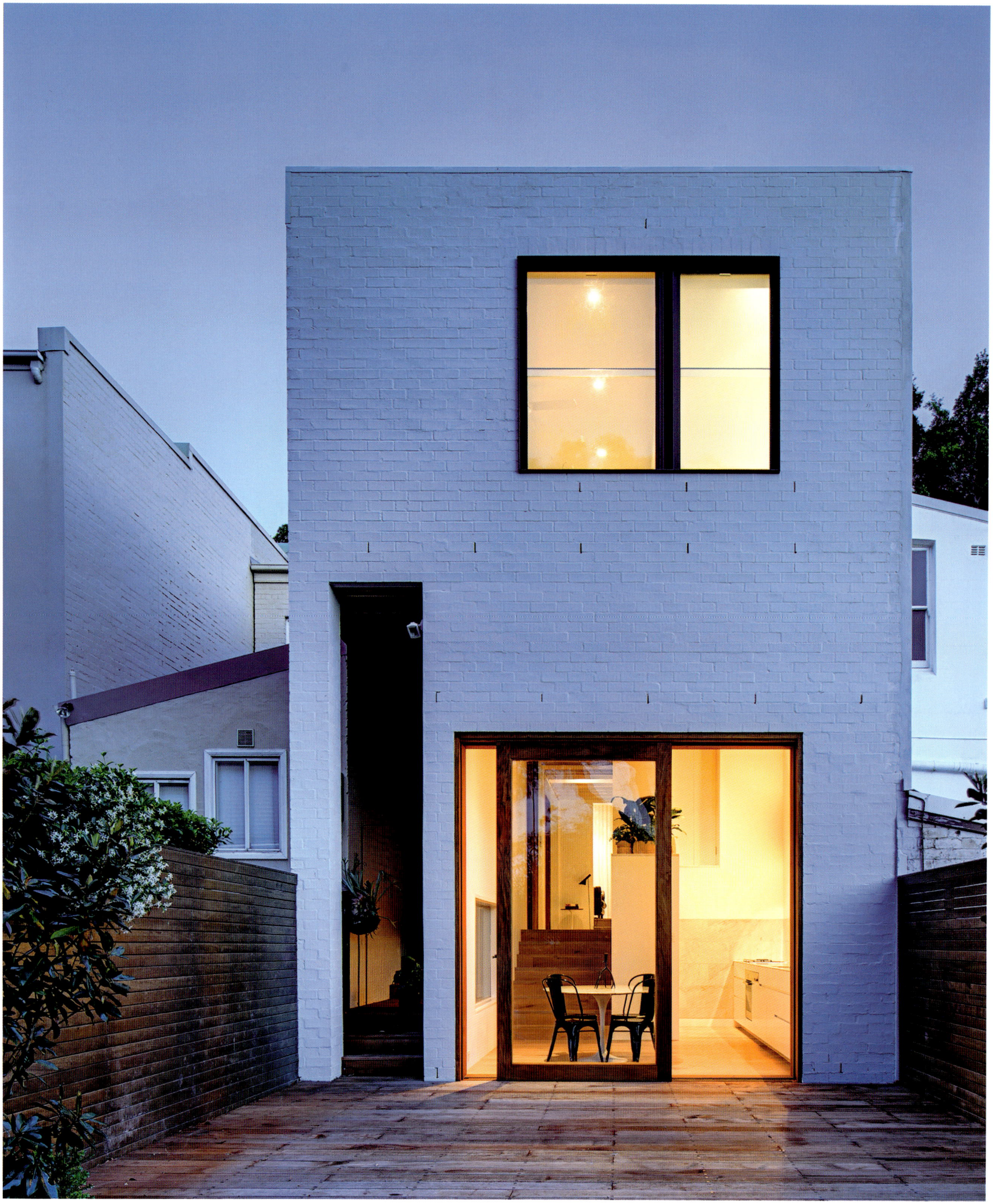

BRISBANE STREET HOUSE

Alexander &CO.
Queens Park, Sydney, Australia
© Murray Fredericks

The aim was to reinvent a home for a young family, to create a space in which they could grow and explore. Although the site was compact, the space was utilised to the full; in fact it was the limitations of the site that led to this simple architectural solution, based on a structure of beams and crossbeams. This formal balance is one of the great successes of the house.

Die Aufgabe bestand darin, ein Wohnhaus für eine Familie neu zu erfinden, und einen Raum zum Entdecken und Aufwachsen zu schaffen. Trotz der kompakten Größe des Bauplatzes wurde der vorhandene Raum optimal genutzt. Im Grunde sorgten die begrenzten Möglichkeiten sogar für die Umsetzung einer rationalen Architektur, basierend auf einer einfachen Struktur aus Träger- und Querbalken. Dieses formale Gleichgewicht ist eines der großen gestalterischen Erfolge dieses Hauses.

Il s'agissait de réinventer une maison pour une jeune famille, de créer un espace qui pourrait être exploré et se développer. Même si l'emplacement était compact, l'espace a été bien utilisé; d'ailleurs, les limites du lieu ont conduit à une architecture rationnelle, basée sur une simple structure de poutres et de traverses. Cet équilibre formel est l'une des grandes réussites de cette maison.

Het doel was om een woning voor een jonge familie op te knappen en een ruimte te creëren die geschikt was voor verkenning en groei. Het is gelukt optimaal gebruik te maken van de compacte ruimte; de beperkingen van de plek hebben geleid tot een rationele architectuur, gebaseerd op simpele structuren van steun- en dwarsbalken. Het bereiken van deze formele balans kan gezien worden als een van de belangrijkste successen van dit project.

Se trataba de reinventar una vivienda para una familia joven, de crear un espacio en el que se pudiera explorar y crecer. Aunque el emplazamiento era compacto, se logró aprovechar el espacio; de hecho, las limitaciones del lugar propiciaron una arquitectura racional, basada en una simple estructura de vigas y travesaños. Ese equilibrio formal es uno de los grandes aciertos de esta casa.

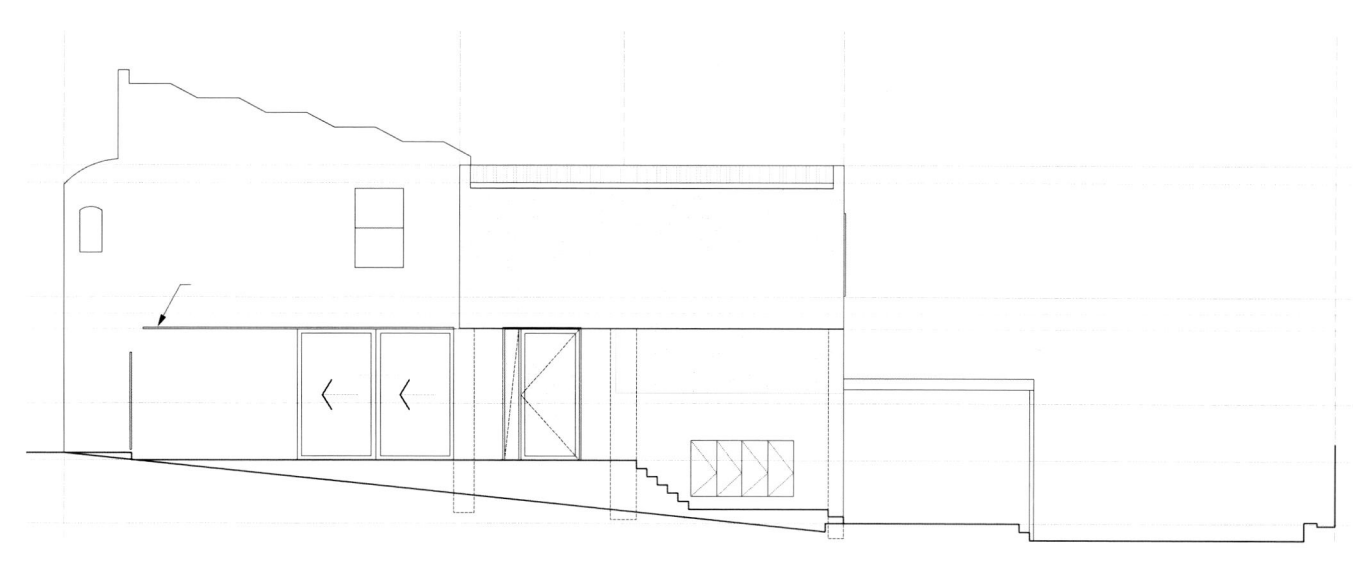

North elevation

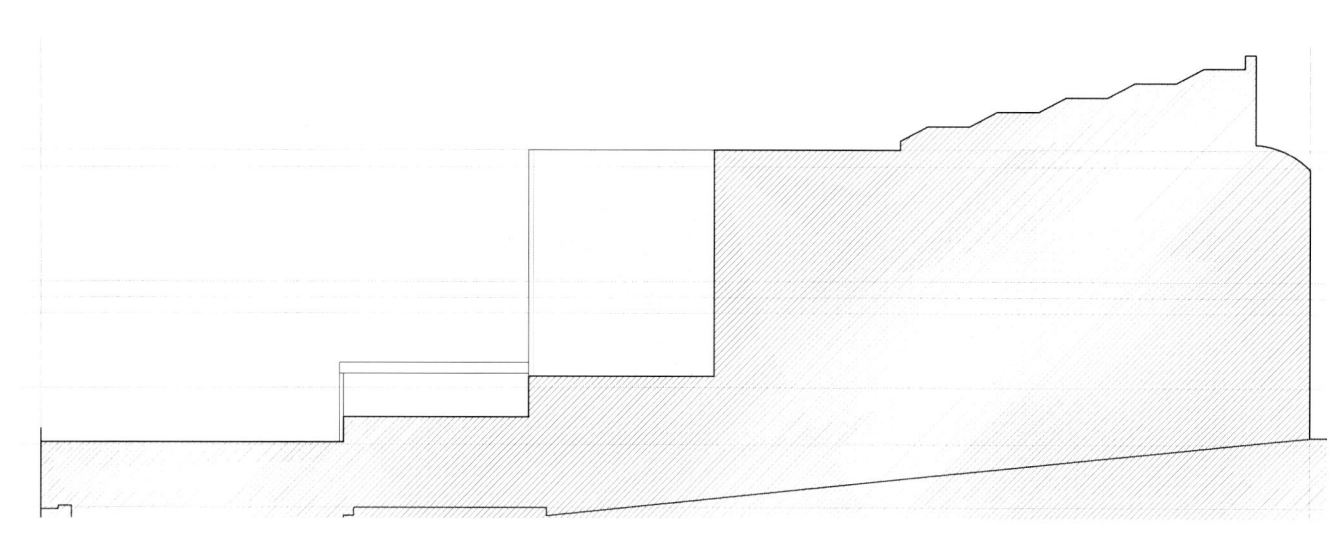

South elevation

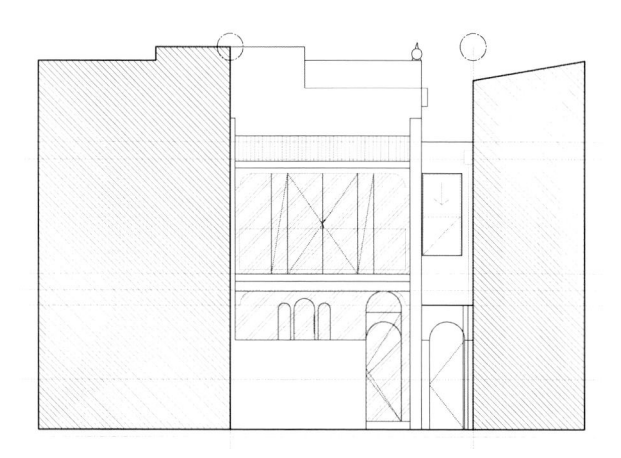

East elevation

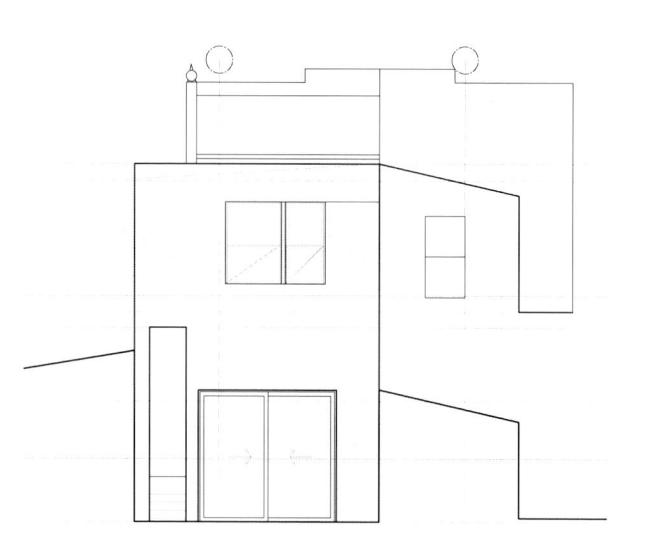

West elevation

Building section

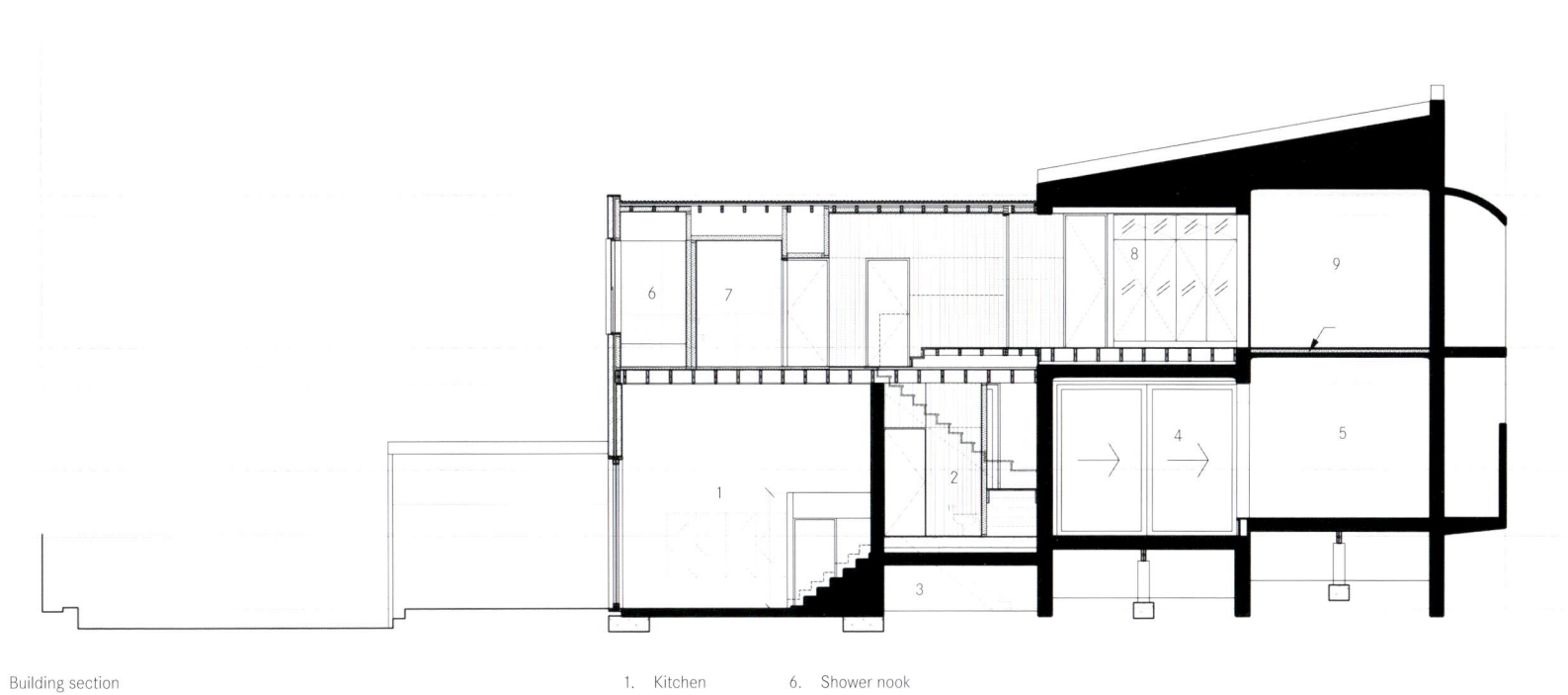

1. Kitchen
2. Laundry
3. Storage
4. Dining
5. Living
6. Shower nook
7. Bathroom 1
8. Dresser
9. Bedroom 1

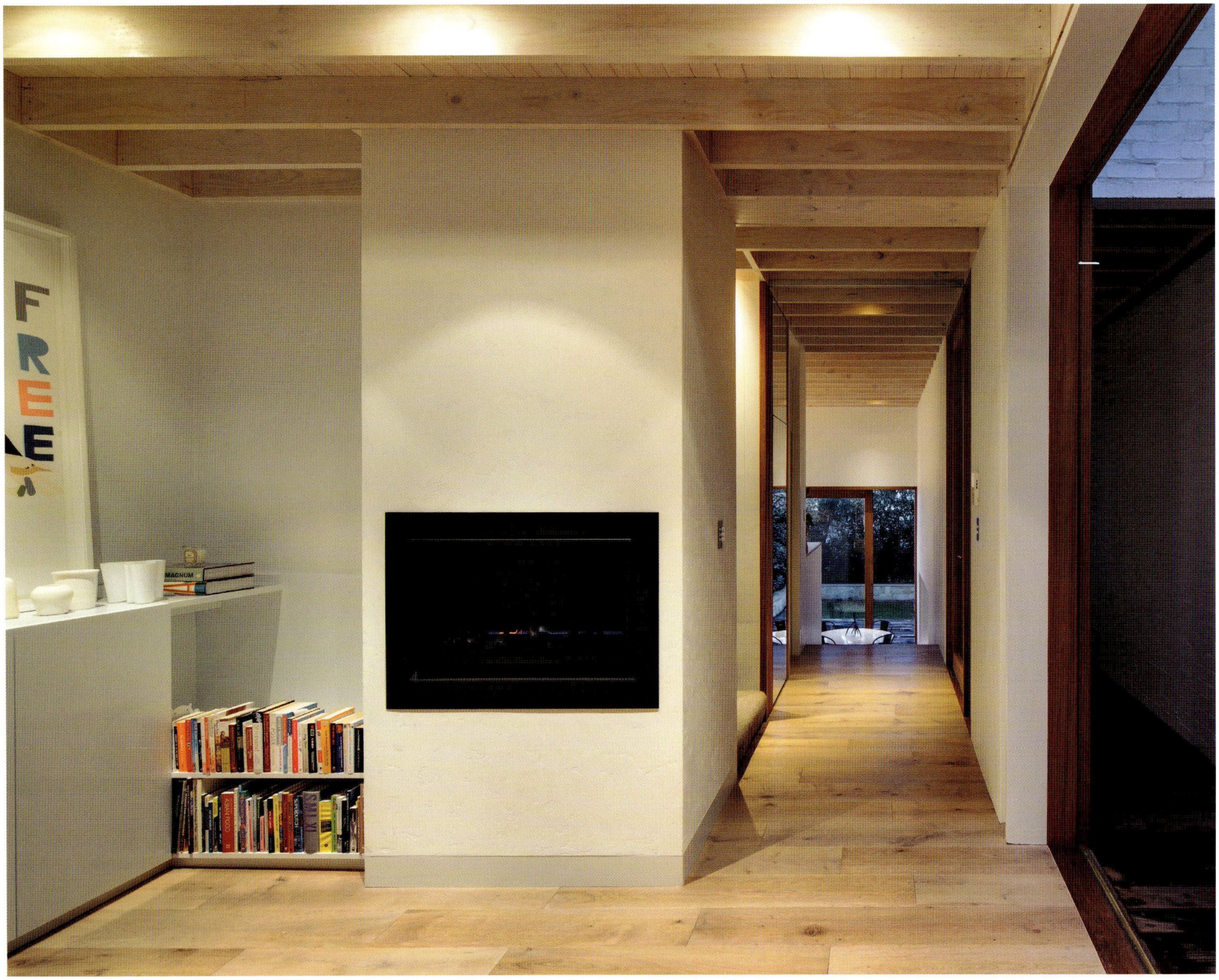
F
FREE
MAGNUM

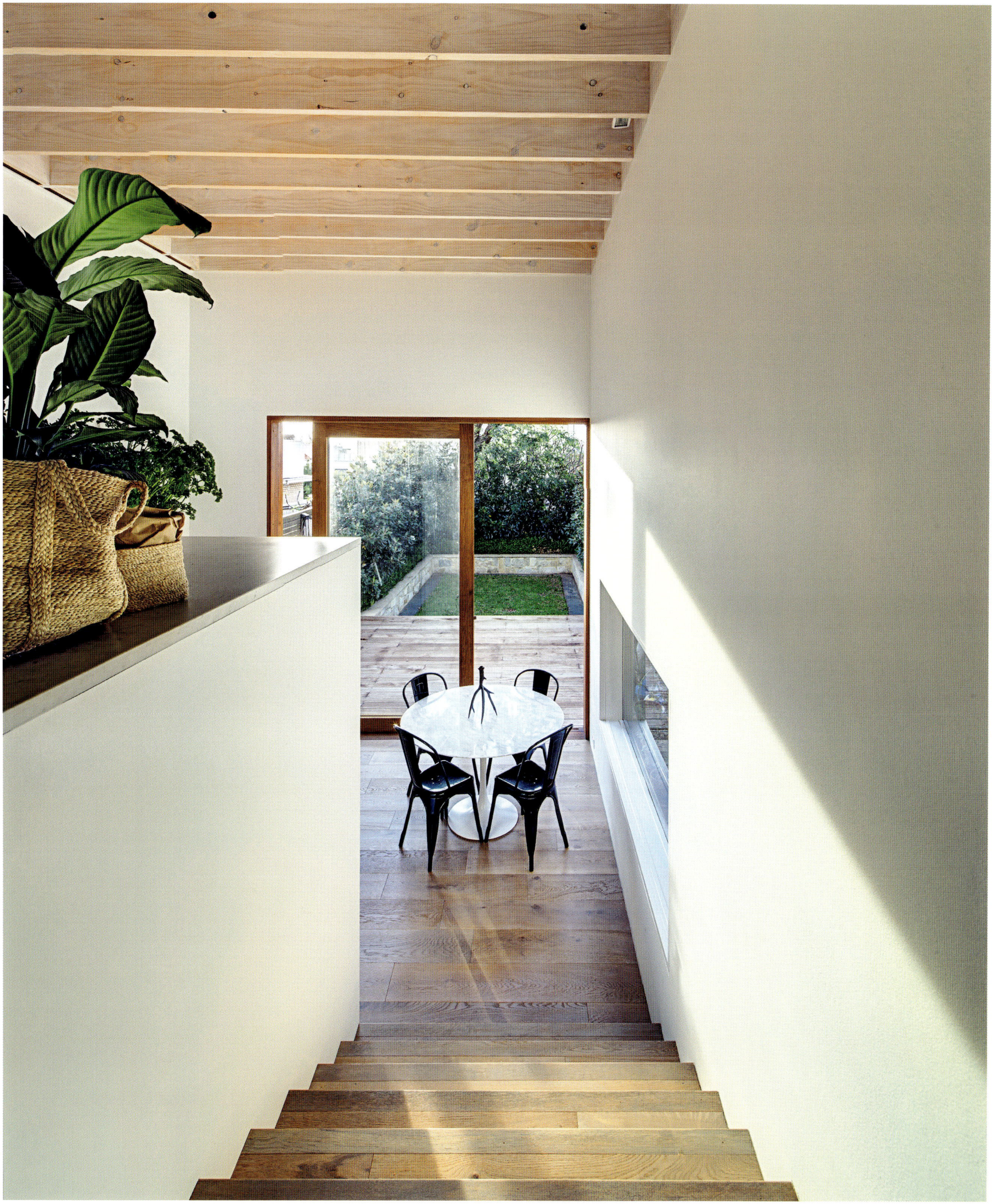

The proportions of the site provided an opportunity to experiment with the scale of the kitchen; at 4.5 metres high this is a very unusual space.

Durch Geometrie des Hauses bot sich die Möglichkeit, mit dem Maßstab der Küche zu experimentieren: Mit einer Höhe von 4,5 Metern ist es ungewöhnlicher Raum.

La géométrie du lieu a permis d'avoir l'occasion d'expérimenter de nouvelles dimensions de la cuisine : avec une hauteur de 4,5 mètres, il s'agit d'un espace peu commun.

De geometrie van het huis maakte het mogelijk te experimenteren met de schaal van de keuken: met een hoogte van 4,5 meter is dit absoluut geen doorsnee ruimte.

La geometría del lugar brindó la oportunidad de experimentar con la escala de la cocina: con una altura de 4,5 metros, se trata de un espacio nada común.

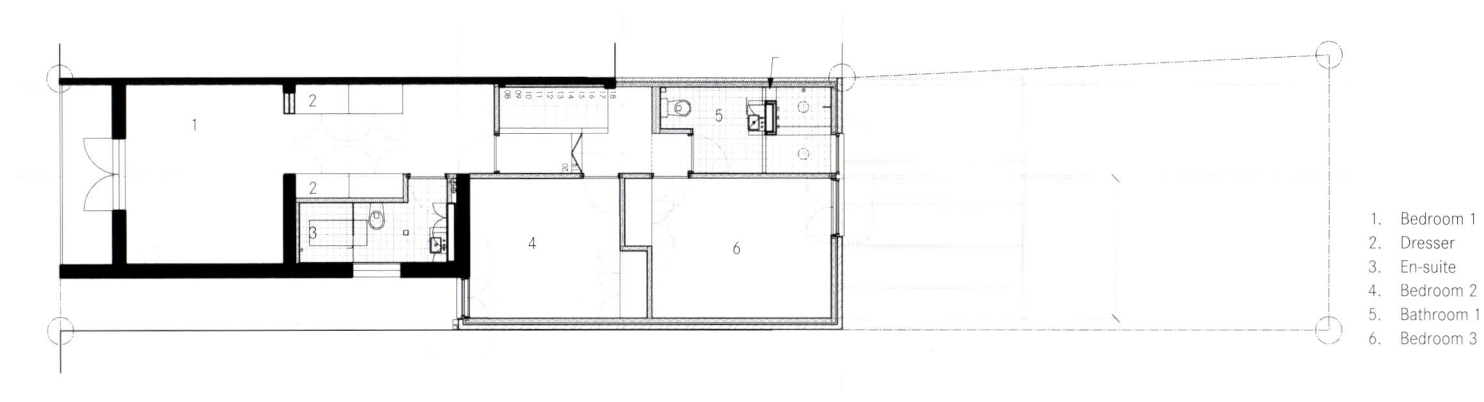

Second floor plan

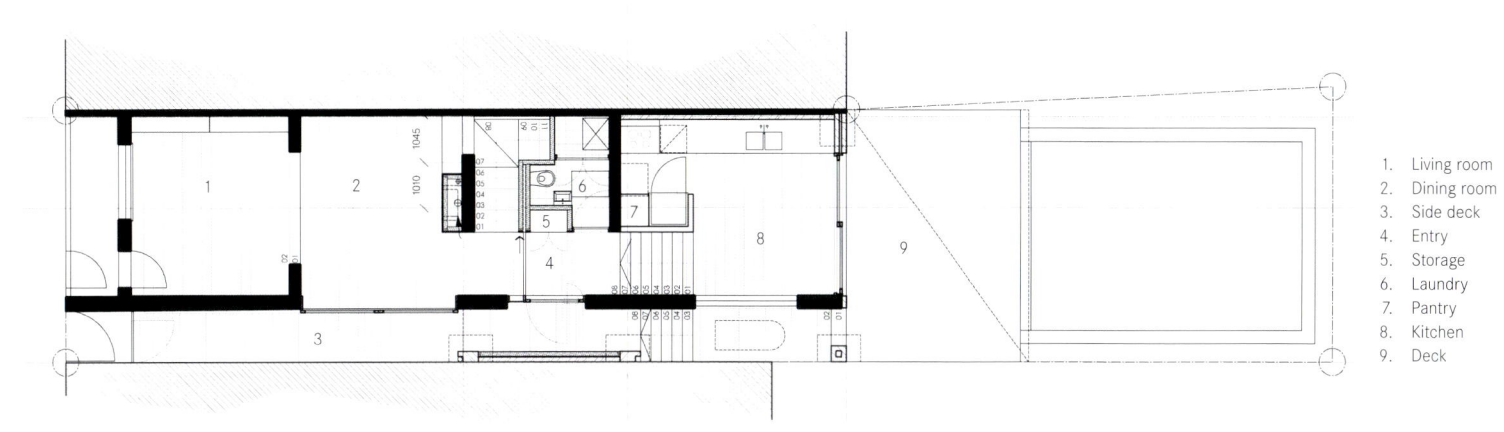

1. Bedroom 1
2. Dresser
3. En-suite
4. Bedroom 2
5. Bathroom 1
6. Bedroom 3

Ground floor plan

1. Living room
2. Dining room
3. Side deck
4. Entry
5. Storage
6. Laundry
7. Pantry
8. Kitchen
9. Deck

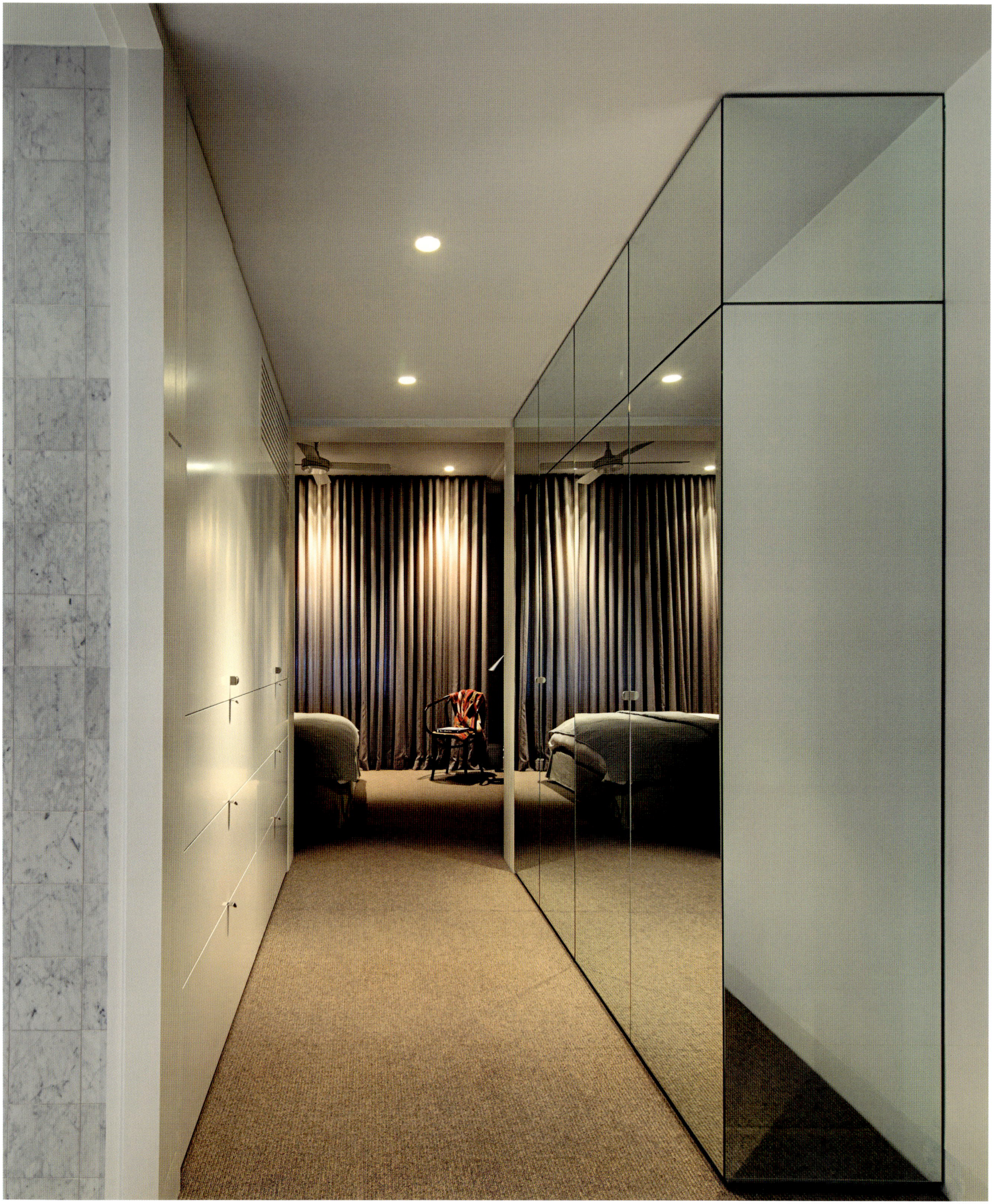

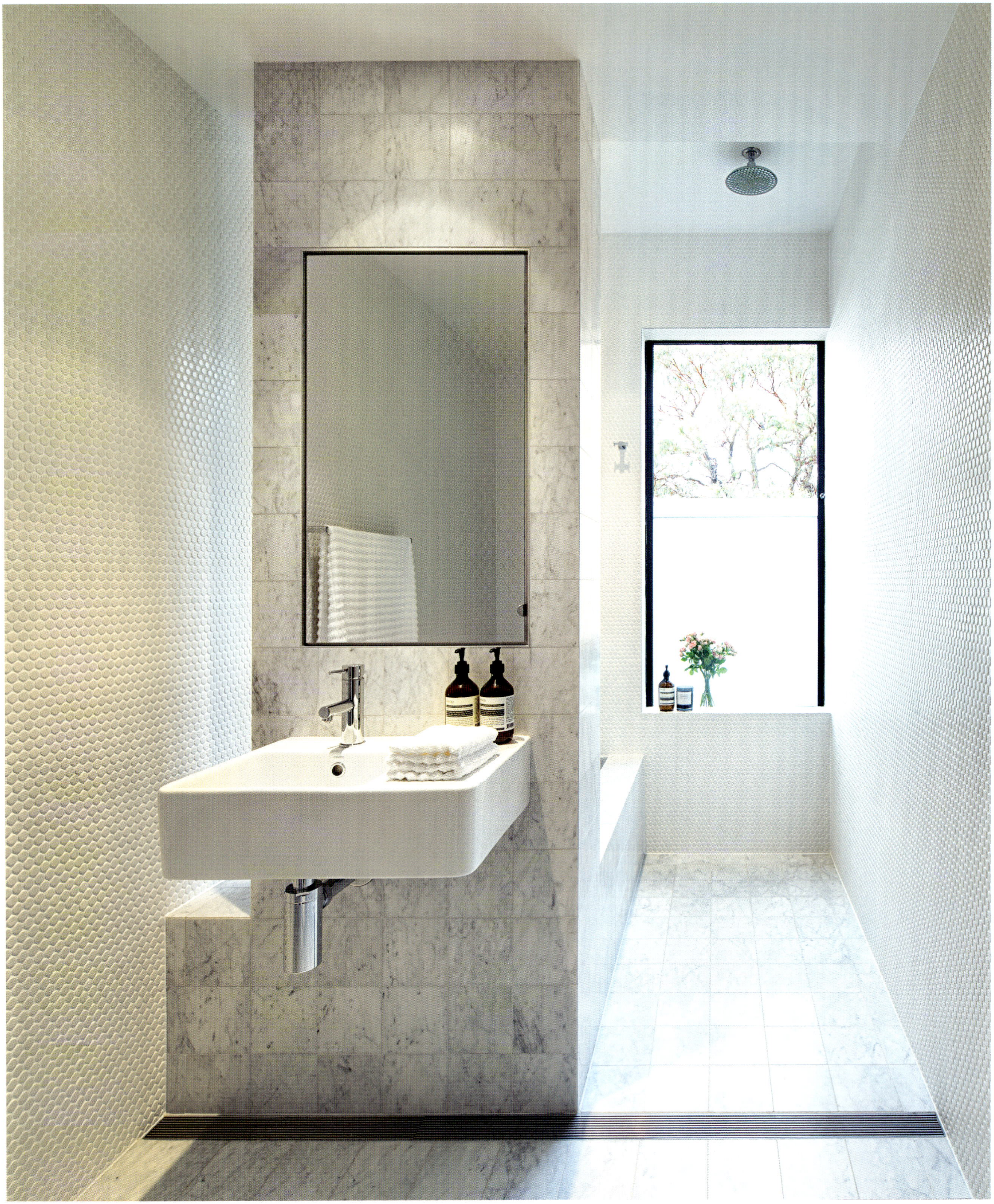

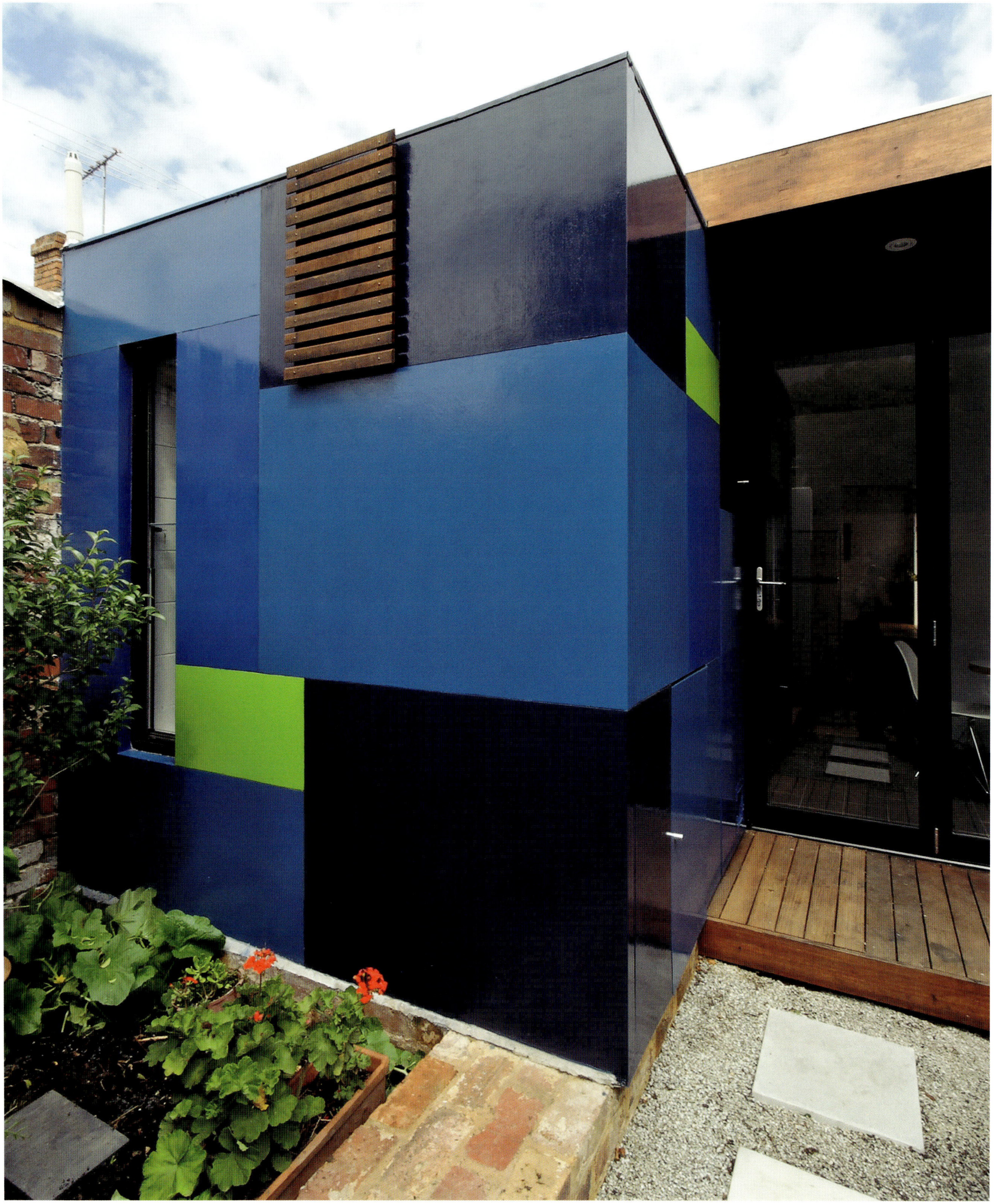

CAMELIA COTTAGE

Kevin Hui/4site architecture
Carlton North, Melbourne, Australia
© Kevin Hui

Before it was remodelled, this house comprised of a series of additions that had been made over the years, which lacked both planning and light. In order to keep work to a minimum, it was decided to retain the existing bathroom. This unusual coloured cubicle stands out over the monotone horizon of the urban landscape and has become an identifying feature of the construction.

Vor seinem Umbau war das Haus ein Gefüge aus Anbauten, die über die Jahre ohne besonderes Konzept oder großartige Inspiration zusammengekommen waren. Um die nötigen Arbeiten so gering wie möglich zu halten, beschlossen die Bauherren, das bestehende Bad zu behalten – eine seltsame Zelle in markanten Farben, die aus dem monotonen Horizont der urbanen Landschaft heraussticht und zum Erkennungsmerkmal des Gebäudes wurde.

Avant d'être rénovée, la maison était un ensemble d'éléments rajoutés tout au long des années sans beaucoup d'harmonie ni de lumière. Afin de minimiser le travail nécessaire, il a été décidé de conserver la salle de bain existante, une curieuse alcôve aux couleurs chatoyantes qui fait saillie dans l'horizon monotone du paysage urbain et devient la marque d'identité de la construction.

Voor de verbouwing was het huis een combinatie van meerdere uitbouwen die in de afgelopen jaren waren toegevoegd, zonder hierbij veel op harmonie en licht te letten. Om de hoeveelheid werk te beperken, werd besloten de bestaande badkamer te behouden: een vreemd hokje met opvallende kleuren die opvalt in het monotone, horizontale stadslandschap en het gebouw een eigen identiteit geeft.

Antes de ser remodelada, la casa era un conjunto de adiciones realizadas a lo largo de los años sin demasiado concierto ni iluminación. Para minimizar el trabajo necesario, se decidió mantener el baño existente, un curioso cubículo de colores llamativos que sobresale en el monótono horizonte del paisaje urbano y se convierte en el signo de identidad de la construcción.

Although the fireplace was removed, its memory lives on in the design of the wall. Beneath the cabinets, the space previously occupied by the hearth is now occupied by the television.

Obwohl der Kamin entfernt wurde, ist seine Erinnerung durch die Gestaltung der Wand noch immer gegenwärtig. Unterhalb der Schränke befindet sich ein rechteckiger Ausschnitt, in dem sich Herd stand. Heute findet dort der Fernseher Platz.

Même si la cheminée a été éliminée, son souvenir reste présent sur le mur. L'espace qu'elle occupait précédemment dans la pièce, sous les armoires, contient désormais la télévision.

De schoorsteenmantel werd verwijderd, maar is nog steeds aanwezig in het ontwerp van de muur. In het gat onder de kasten waar de haard vroeger stond, staat nu de televisie.

Aunque la chimenea se eliminó, su recuerdo sigue presente en el diseño de la pared. Bajo los armarios, el hueco que antes ocupaba el hogar contiene ahora el televisor.

Back elevation

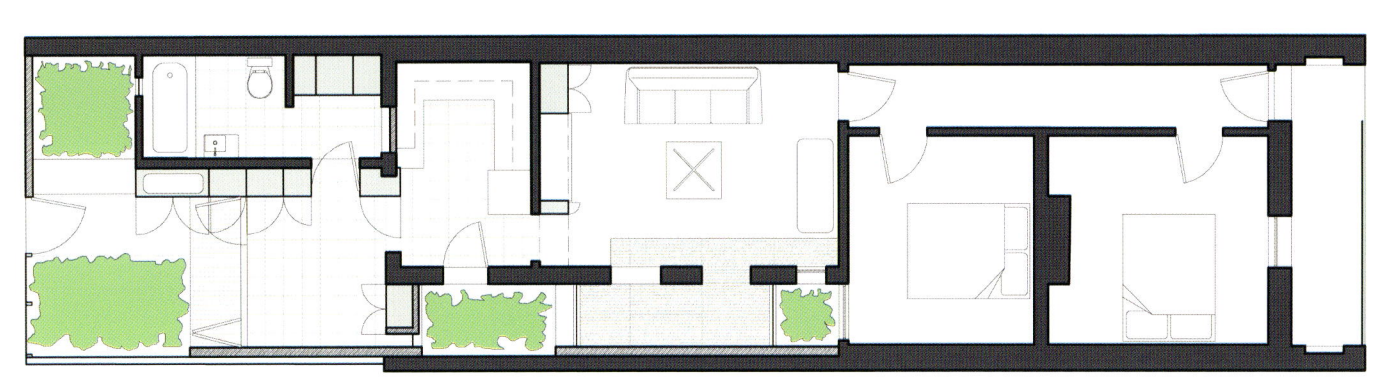

Floor plan

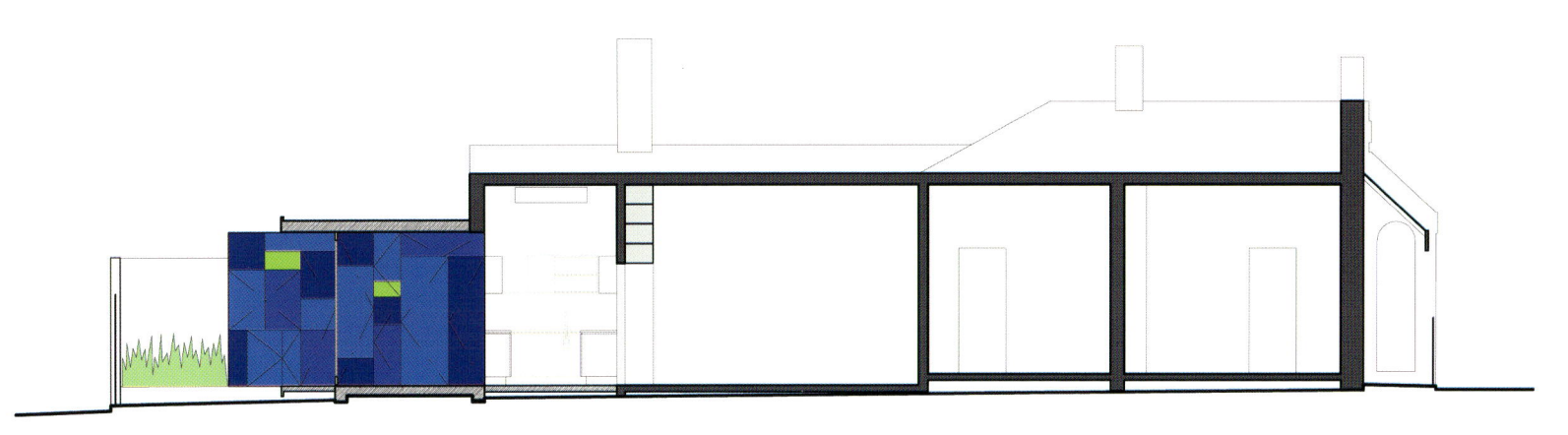

Building section

463

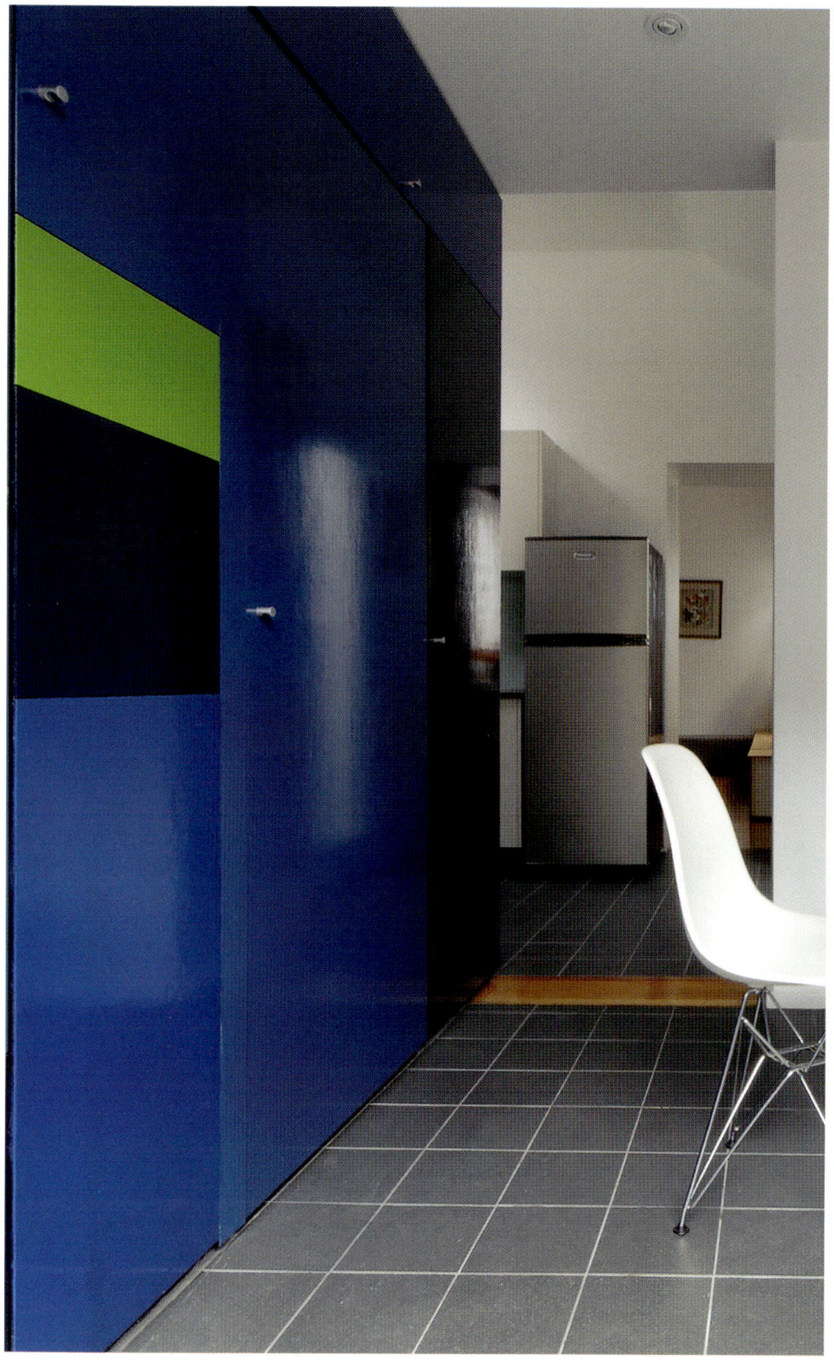
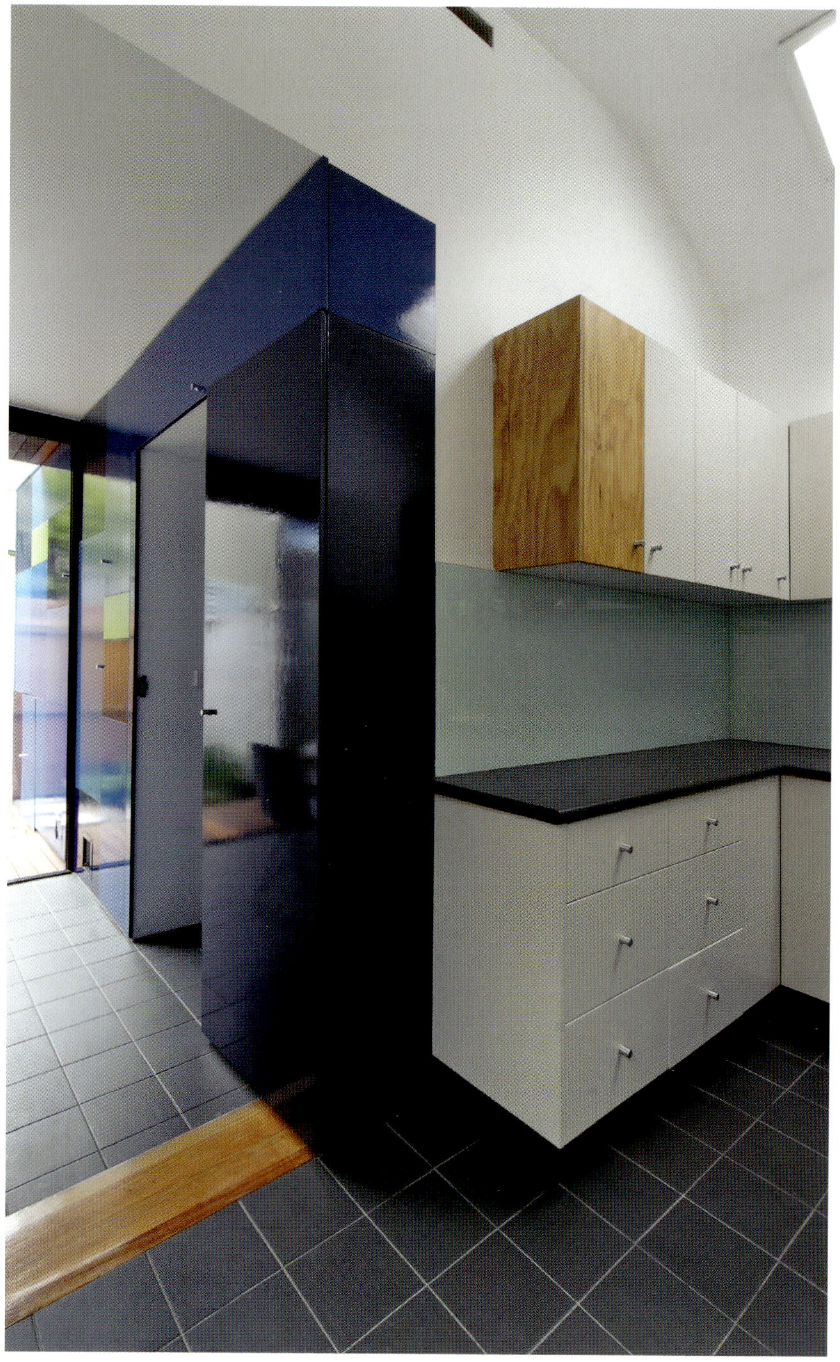

The courtyard is connected to the house via the dining room: a place which, thanks to its views, is not simply a place to eat but also a place for settling down to relax with a good book.

Die Verbindung zum Garten ist durch das Esszimmer gegeben: Ein Ort der dank seines Ausblicks nicht nur zur dem Essen dient, sondern auch zum Lesen und Ausruhen einlädt.

La pièce qui donne sur la cour est la salle à manger : grâce à la vue qu'elle possède cet endroit n'est pas seulement idéal pour manger mais également pour lire un bon livre et se reposer.

De eetkamer verbindt de woonkamer met de binnenplaats: een plek die, dankzij het mooie uitzicht, niet alleen geschikt is om te eten, maar ook om een goed boek te lezen en uit te rusten.

La estancia que conecta con el patio es el comedor: un lugar que, gracias a sus vistas, no solo es indicado para comer, sino también para leer un buen libro y descansar.

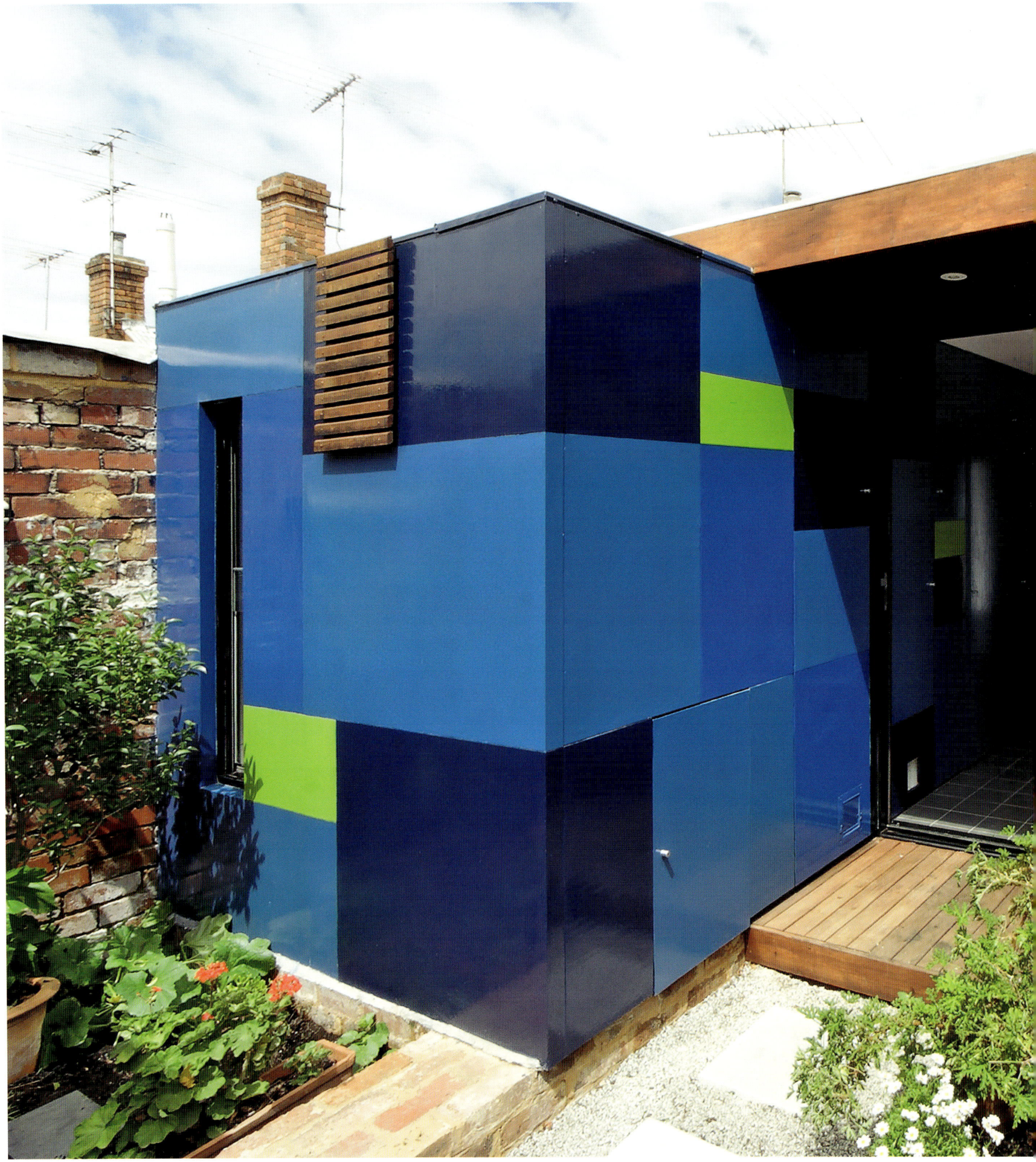

The wall of the existing bathroom, with its cool colours, is the key to this house, connecting the interior to the outside.

Die Wand des bestehenden Badezimmers spielt mit kühlen Farben und stellt das Schlüsselelement des Hauses dar – es verbindet den Innen- mit dem Außenbereich.

Le mur de la salle de bain existante, qui joue avec des couleurs froides, est l'élément essentiel de la maison, et relie l'intérieur avec l'extérieur.

De muur van de bestaande badkamer, die samenspeelt met de koele kleuren, is een belangrijk element van de woning en verbindt de binnen- en buitenzijde.

La pared del cuarto de baño existente, que juega con los colores fríos, es el elemento clave de la vivienda, y conecta el interior con el exterior.

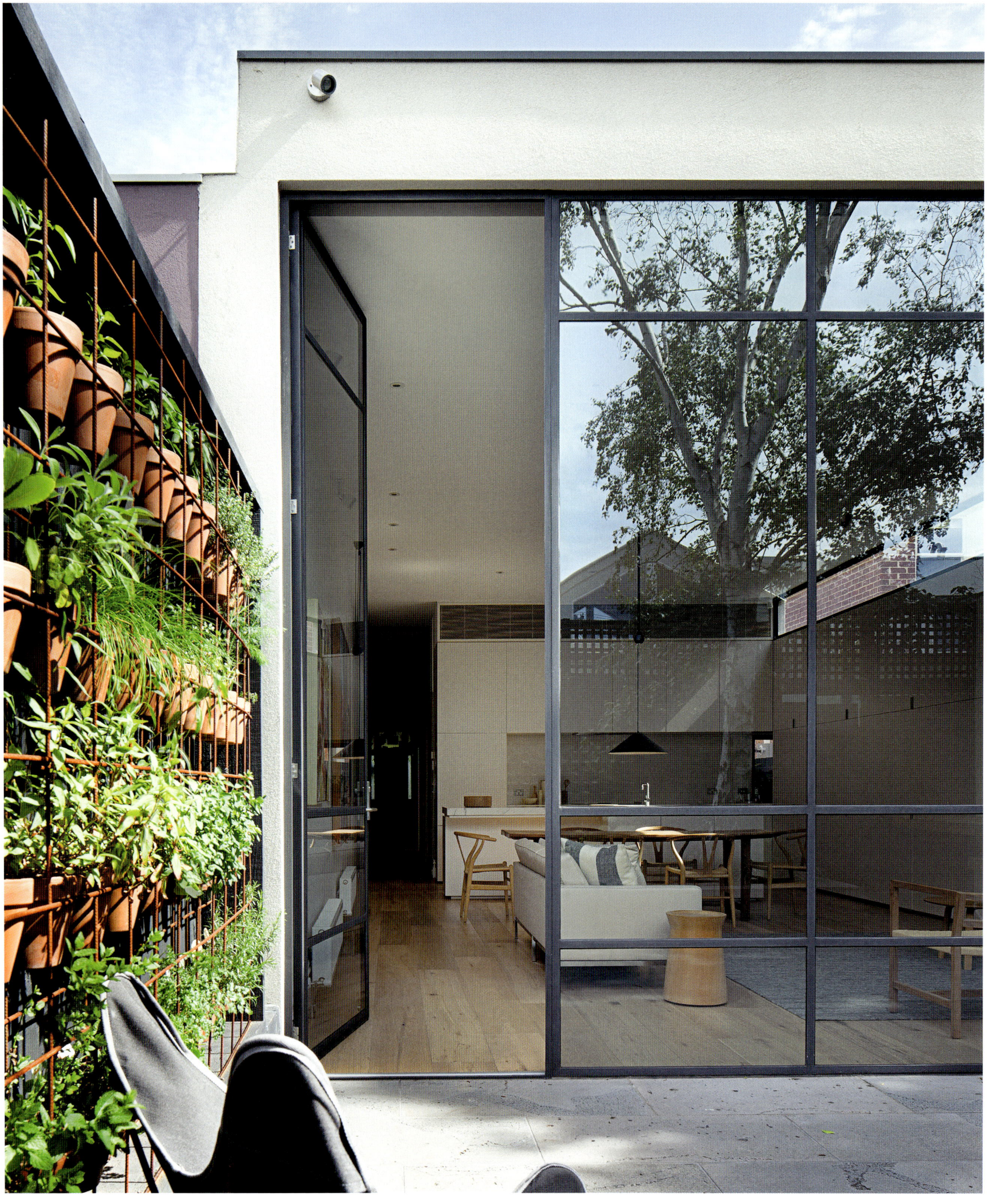

ARMADALE RESIDENCE

Made By Cohen and Robson Rak Architects
Armadale, Melbourne, Australia
© Shannon McGrath

The transformation of what was a small, dark Victorian house into a refined and light-filled residence was based on a single premise: simplicity. The aim was to create an environment in which to unwind from the hustle and bustle of the city; to achieve this, a spacious and balanced interior was designed, an oasis in which every detail, subtle and overt, contributes to the harmony of the room.

Um ein kleines, dunkles Gebäude aus der viktorianischen Ära in ein elegantes, helles Zuhause zu verwandeln, setzten die Bauherren sich lediglich ein einziges Ziel: Schlichtheit. Sie waren bestrebt, eine Atmosphäre zu schaffen, die wie losgelöst wirkt vom Trubel der Stadt. Dazu wurde ein großzügiges, ausgeglichenes Interieur entworfen; eine Oase, in der jedes Detail sich dezent und präzise in die Harmonie des Ganzen einfügt.

Pour transformer ce qui était une petite et sombre maison victorienne en une résidence raffinée et lumineuse, une seule proposition était possible : la simplicité. Le but était de créer un environnement dans lequel il serait possible de se déconnecter de l'agitation de la ville ; pour cela, un intérieur spacieux et équilibré a été conçu, une oasis dans laquelle chaque détail, subtil et précis, s'ajoute à l'harmonie de l'environnement.

Om van wat een klein, donker Victoriaans huis was een verfijnde residentie met veel licht te maken, is er gewerkt op basis van één concept: eenvoud. Het doel was om een omgeving te creëren waarin het mogelijk was de drukte van de stad te ontvluchten; om dat te bereiken, werd een ruime en gebalanceerde binnenruimte ontworpen, een oase waarin elk detail, subtiel en exact, bijdraagt aan de harmonie van de atmosfeer.

Para transformar lo que era una pequeña y oscura casa victoriana en una residencia refinada y luminosa, se partió de una sola premisa: la simplicidad. El objetivo era crear un ambiente en el que poder desconectar del ajetreo de la ciudad; para ello, se diseñó un interior espacioso y equilibrado, un oasis en el que cada detalle, sutil y preciso, se suma a la armonía del ambiente.

The living room expands right onto the patio thanks to the huge window, providing a continuity between kitchen and open-plan living room that extends all the way from inside to out.

Durch die Glasfront erstreckt das Wohnzimmer sich bis in den Innenhof hinein. So ergibt sich eine Kontinuität von der offen gestalteten Küche mit Wohnraum bis hinaus in den Garten.

Grâce à l'immense baie vitrée, la salle de séjour se prolonge jusqu'à la cour. Ainsi, la continuité entre la cuisine et la salle de séjour ouverte s'étend jusqu'à l'extérieur.

Dankzij het enorme raam, loopt de woonkamer door tot de binnenplaats. Op deze manier staan de keuken en woonkamer zonder tussenmuren in verbinding met de buitenruimte.

Gracias al enorme ventanal, la sala de estar se expande hasta el patio. De este modo, la continuidad entre la cocina y la sala de planta abierta llega hasta el exterior.

471

North elevation

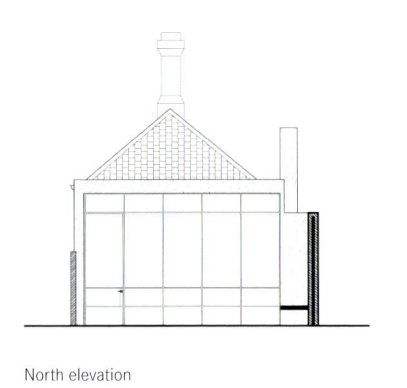

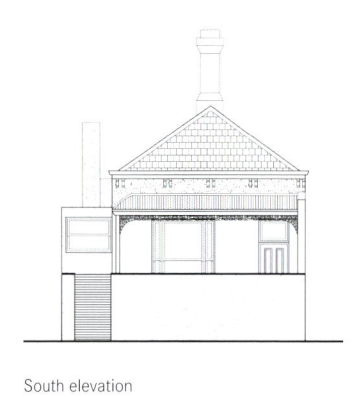

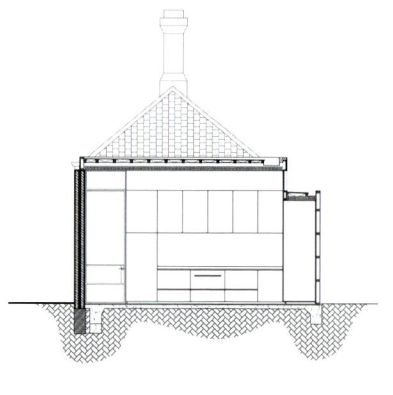

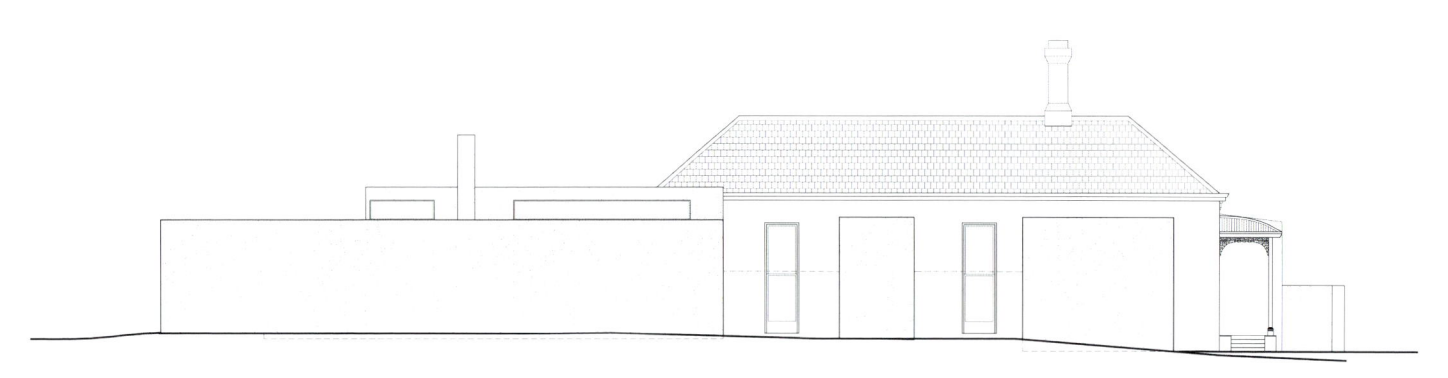

South elevation

Section through kitchen

West elevation

What better after a hard day at work than to sit and relax by the fire? A fireplace can transform a house into a home.

Was gibt es Schöneres, als sich nach einem anstrengenden Arbeitstag vor dem Feuer zu entspannen? Der in die weiße Wand integrierte dezente Kamin verleiht dem Wohnraum eine behagliche Atmosphäre.

Quoi de mieux, après une journée de dure labeur, que de s'assoir au coin du feu et d'écouter le temps qui passe ? La cheminée est un de ces éléments qui transforme une maison en un foyer accueillant.

Wat is er fijner dan lekker voor het vuur te zitten en de tijd aan je voorbij te laten gaan, na een drukke werkdag? De openhaard is een van die details die van een huis een thuis maakt.

¿Qué mejor, tras un día de intenso trabajo, que sentarse ante el fuego y sentir el latir del tiempo? La chimenea es uno de esos detalles que convierte la casa en un hogar.

Colours and finishes have much to do with the character of a space. The wood and white lacquer make this kitchen a cool and relaxing space.

Farben und Oberflächen haben einen großen Einfluss auf den Charakter eines Raumes. Das Holz und der weiße Lack verwandeln diese Küche in einem friedlichen, harmonischen Raum.

Les couleurs et les finitions ont beaucoup à voir avec le caractère d'un espace. Le bois et le laqué blanc font de cette cuisine une pièce agréable et douce.

De kleuren en de afwerking spelen een belangrijke rol in de persoonlijkheid van een ruimte. Het hout en het witte lakwerk zorgen ervoor dat deze keuken een aangenaam en rustgevend verblijf is.

Los colores y los acabados tienen mucho que ver con el carácter de un espacio. La madera y el lacado blanco hacen de esta cocina una estancia plácida y suave.

Floor plan
1. Entry / Hallway
2. Master bedroom
3. En-suite
4. Bedroom 2
5. Bathroom / Laundry
6. Study
7. Kitchen / Living area
8. Courtyard

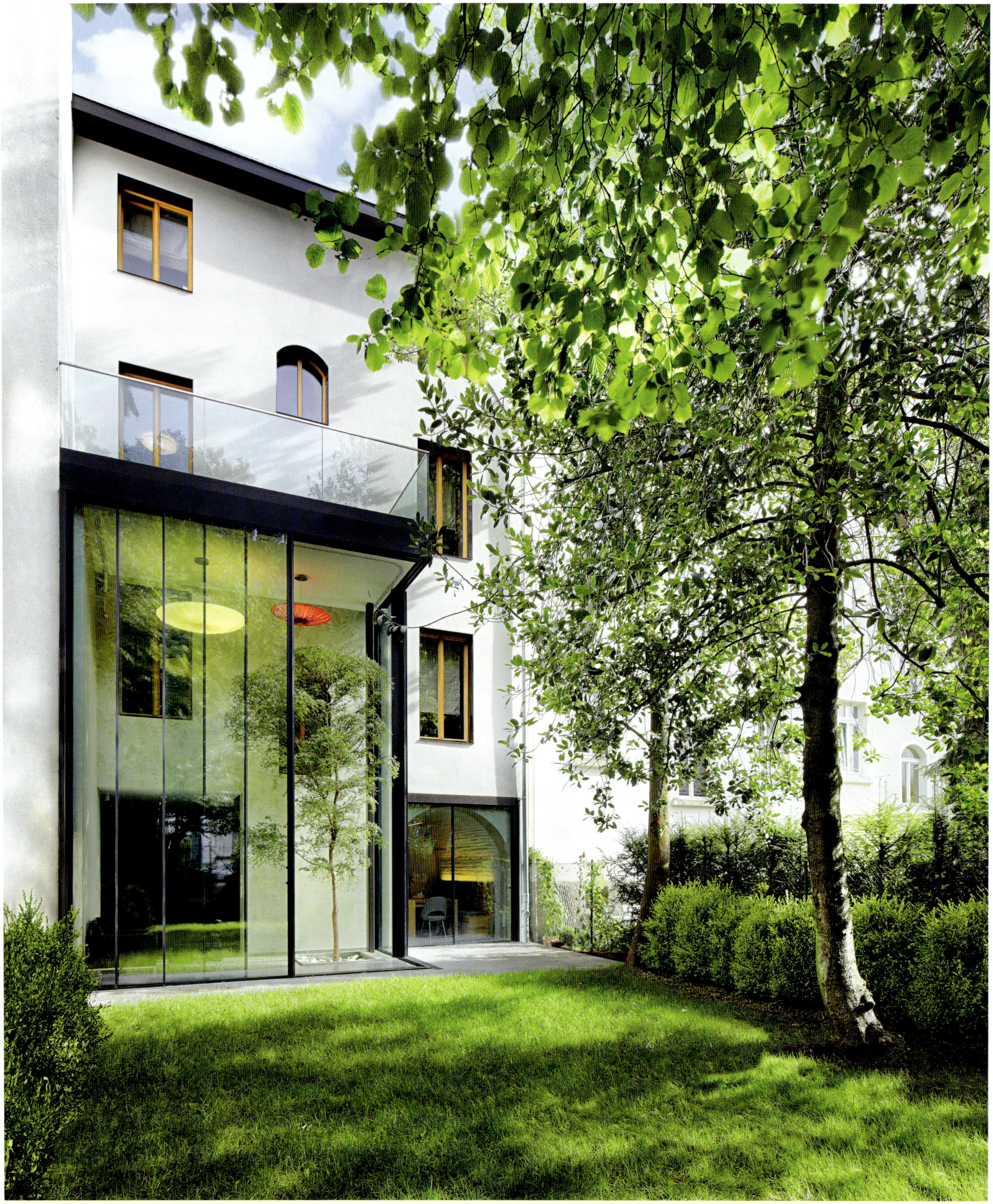

PÜNKTCHEN HOUSE

Braun & Güth Architekten – Frankfurt am Main, Germany
DYNAMO Studio – Basel / Hamburg, Switzerland / Germany
Frankfurt am Main, Germany
© P. Wünstel

This 19th-century house had been consigned to anonymity as a result of its post-Second World War renovations. It did, however, have some unique qualities that it was deemed worth rescuing with renovation. The aim was not to create a contrast between old and new, but rather to integrate both visions and bring together the two eras.

Das Haus aus der Mitte des 19. Jahrhunderts war aufgrund der nach dem Zweiten Weltkrieg durchgeführten Sanierung der Anonymität preisgegeben. Trotz des dekadenten Zustands des Hauses entschloss man sich dazu, die versteckten Qualitäten durch einen Umbau wieder erkenntlich zu machen. Konzeptionell ging es nicht um die Gegenüberstellung zwischen Alt und Neu, sondern um die Sythese und die Verschmelzung beider Zeitabschnitte.

Cette maison de la moitié du XIXe siècle avait été reléguée à l'anonymat suite aux réformes réalisées après la Seconde Guerre Mondiale. Cependant, la résidence possédait des qualités qui ont décidé d'être sauvées grâce à une rénovation. Il ne s'agissait pas de créer un contraste entre l'ancien et le moderne, mais plutôt d'intégrer ces deux visions et de fusionner ces deux époques.

Dit huis uit de midden 19e eeuw was, als gevolg van de na de Tweede Wereldoorlog ingevoerde hervormingen, gedoemd tot anonimiteit. Maar de woning bezat bijzondere eigenschappen en er werd besloten haar te redden door middel van een verbouwing. Het was niet de bedoeling een contrast te creëren tussen het oude en het nieuwe, maar om beide visie te integreren en beide tijdsperiodes samen te brengen.

Esta casa de mediados del siglo XIX había quedado relegada al anonimato a causa de las reformas realizadas tras la Segunda Guerra Mundial. Sin embargo, la vivienda poseía cualidades, y se decidió rescatarlas mediante una remodelación. No se trataba de crear un contraste entre lo antiguo y lo nuevo, sino de integrar ambas visiones y fusionar ambos tiempos.

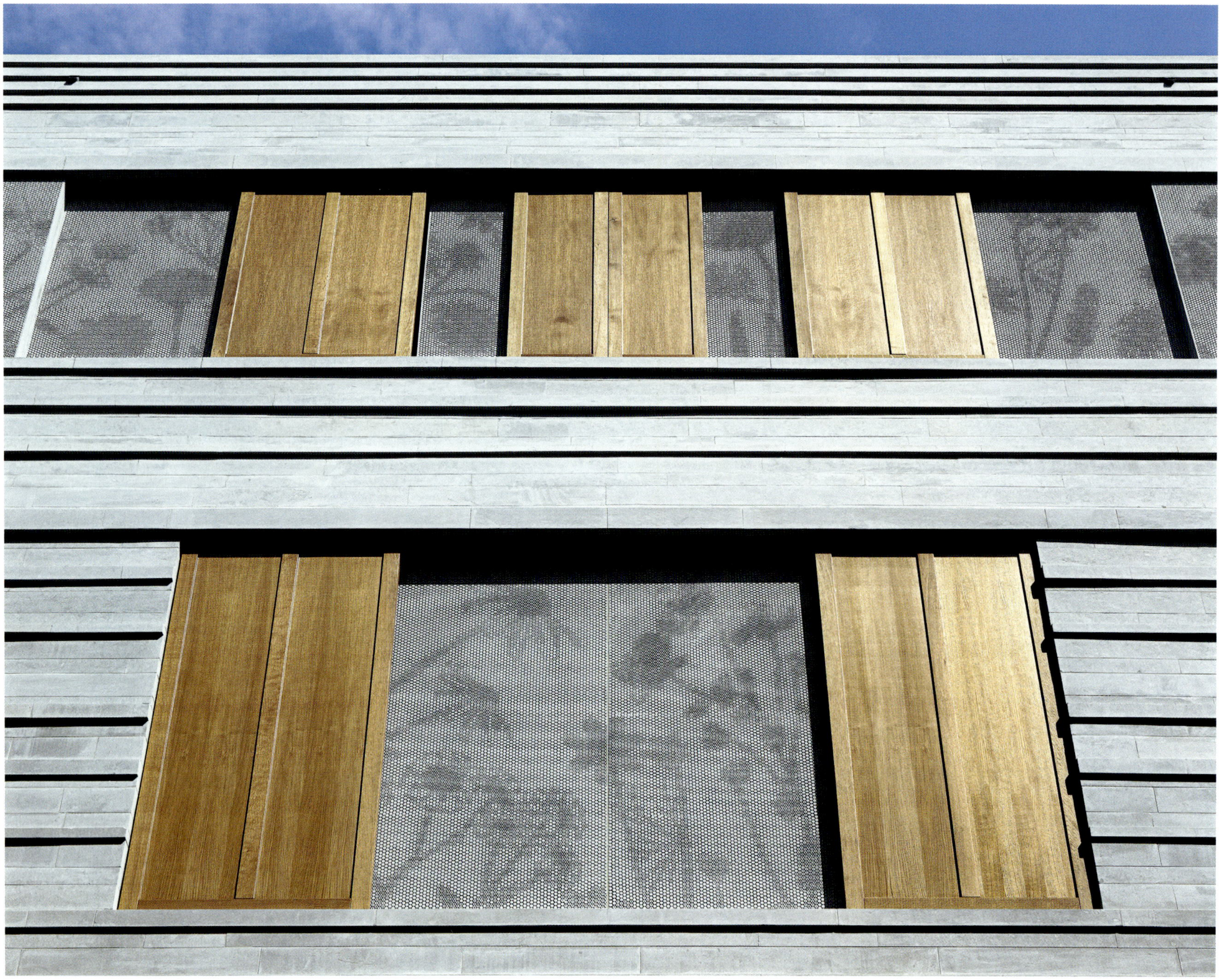

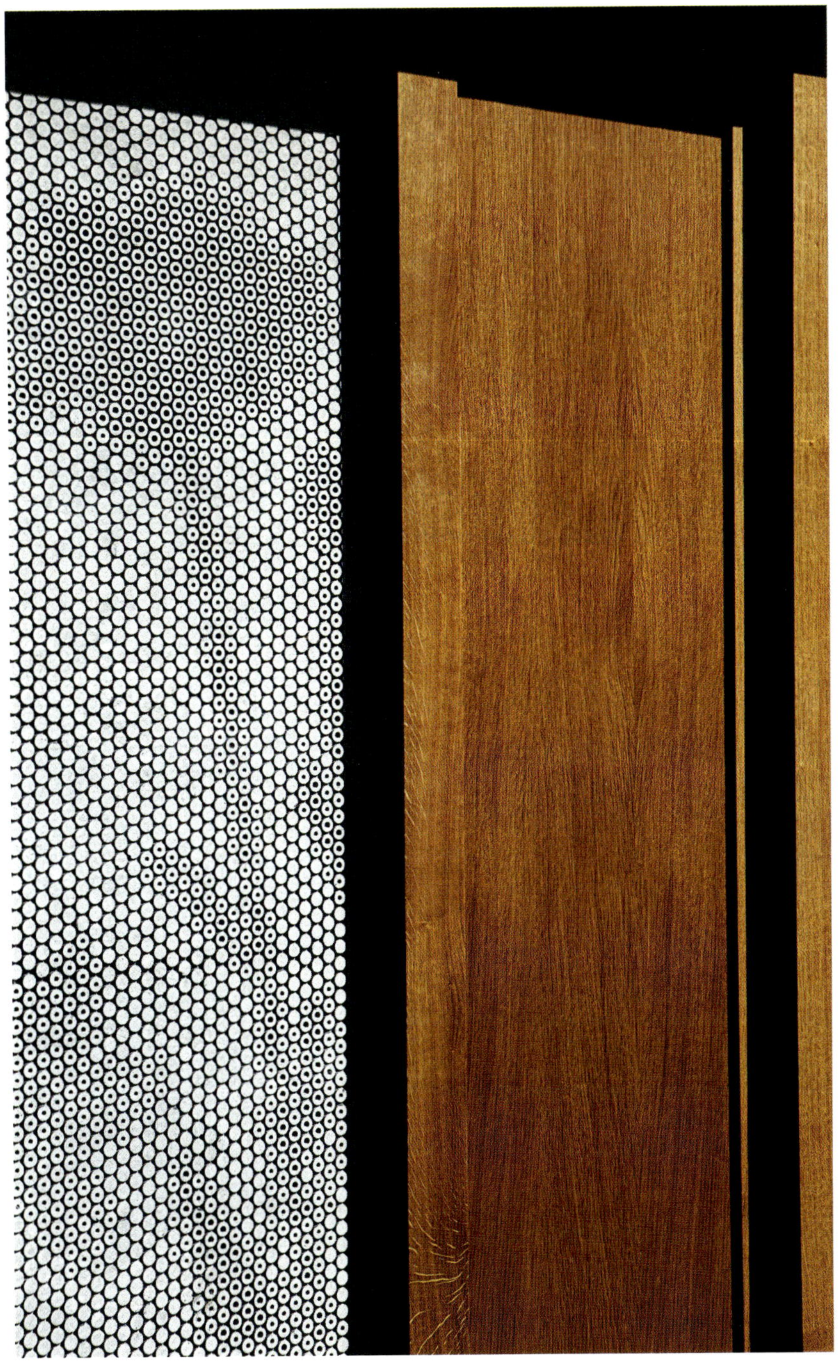

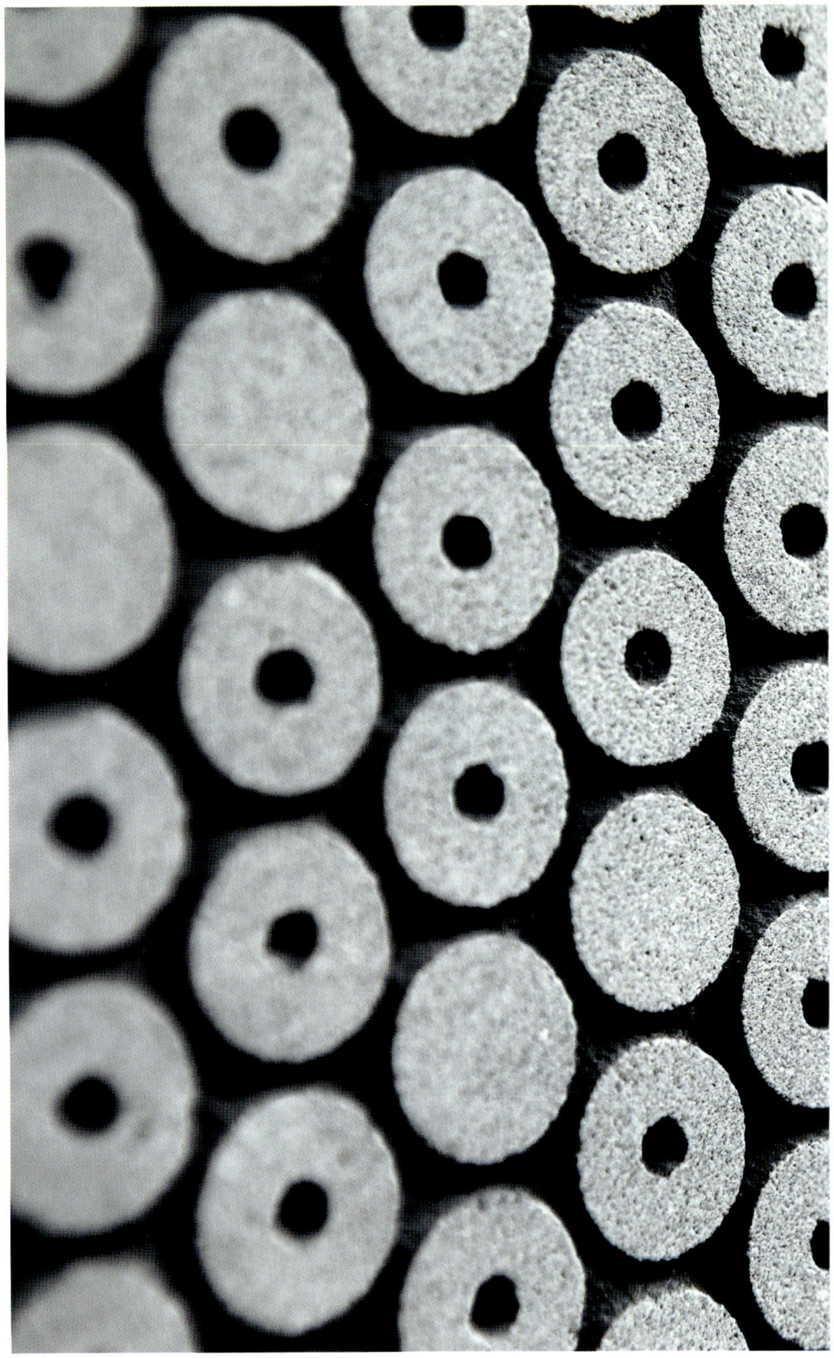

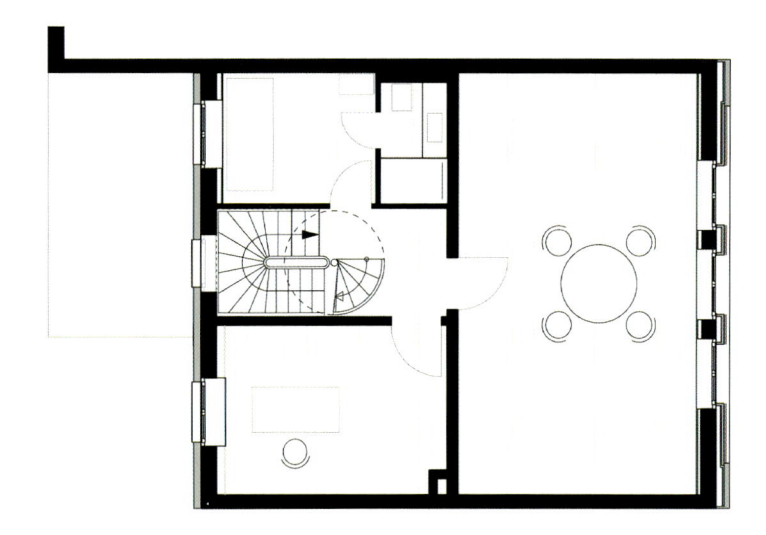

Attic floor plan

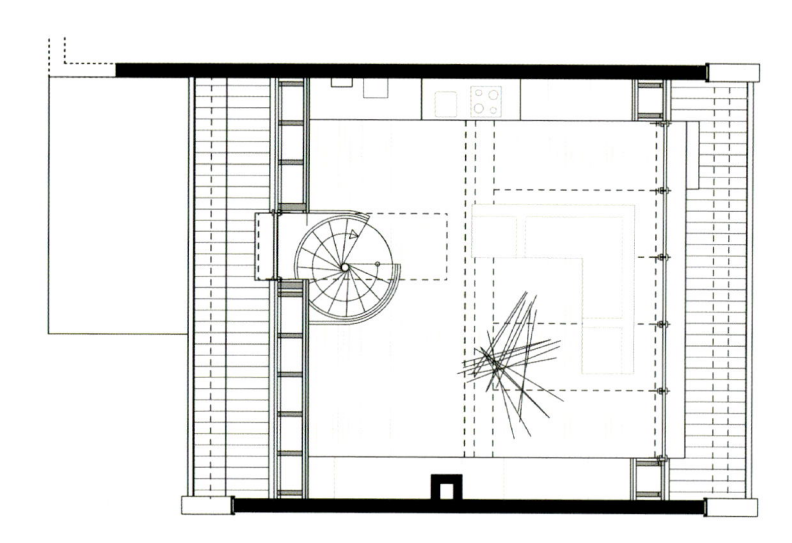

Fourth floor plan

Third floor plan

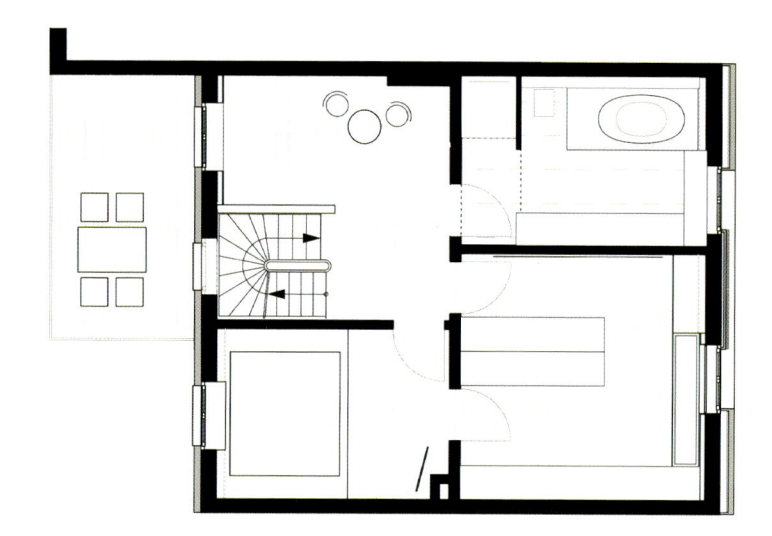

Second floor plan

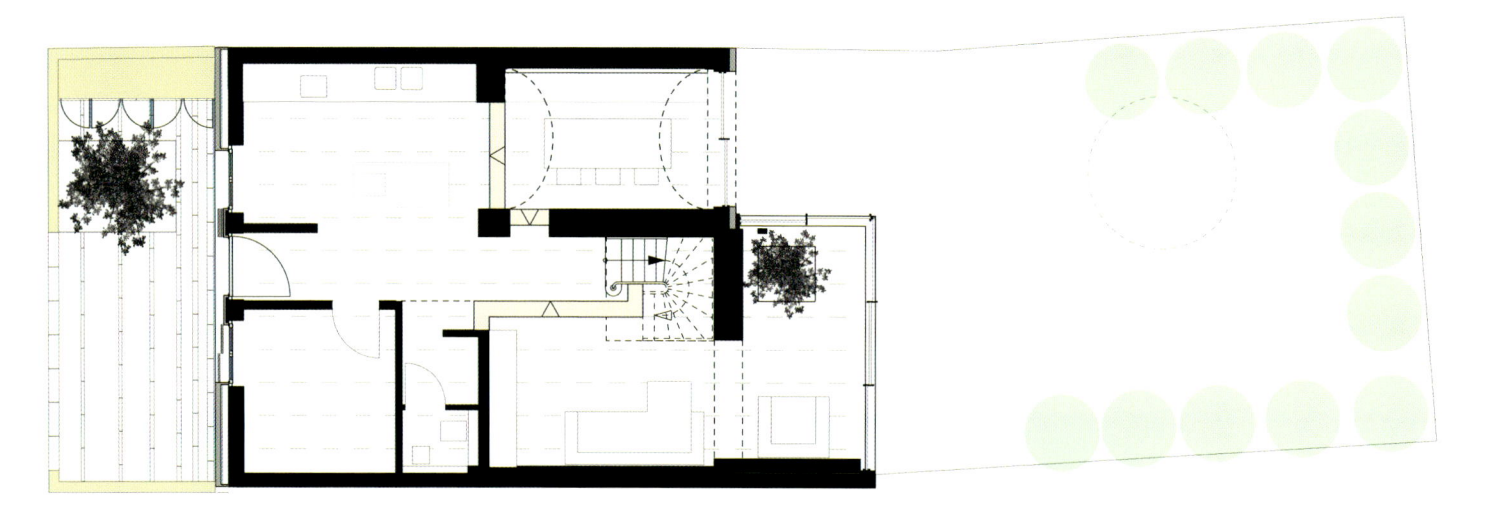

Ground floor plan

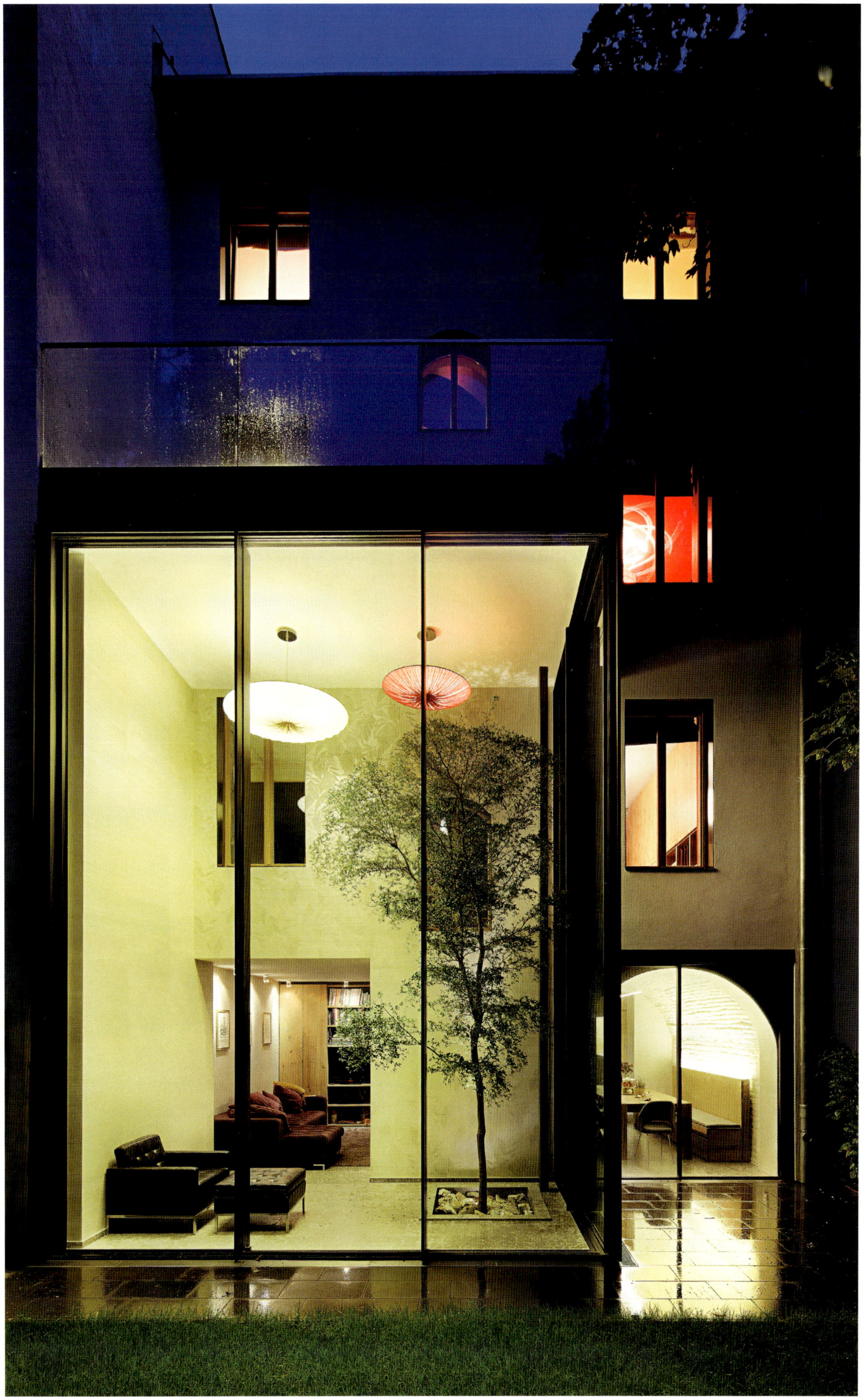

The interior design is inspired by the music of José González. The shapes and materials echo the recurring sounds of his minimalist melodies.

Das Interiordesign ist von der Musik José Gonzalez' inspiriert. Mit den Materialien und Formen wird die Wiederholung von Klängen seiner minimalistischen Melodien nachempfunden.

La conception intérieure s'inspire de la musique de José González. La répétition des sons de ses mélodies minimalistes est représentée par les matériaux et les formes.

Het interieurdesign is gebaseerd op de muziek van José González. De materialen en vormen imiteren de herhaling van de geluiden van zijn minimalistische melodieën.

El diseño interior se inspira en la música de José González. Con los materiales y las formas, se imita la repetición de sonidos de sus melodías minimalistas.

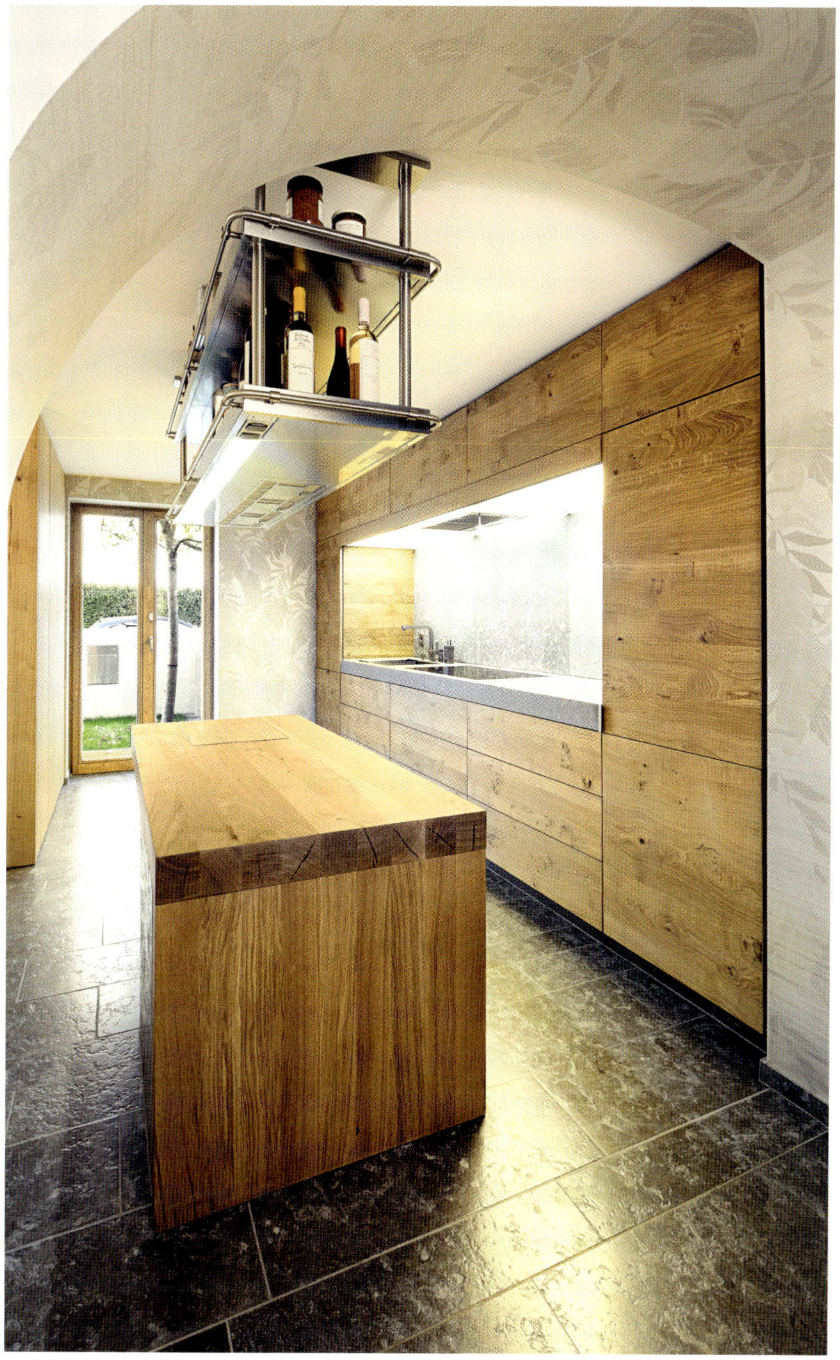

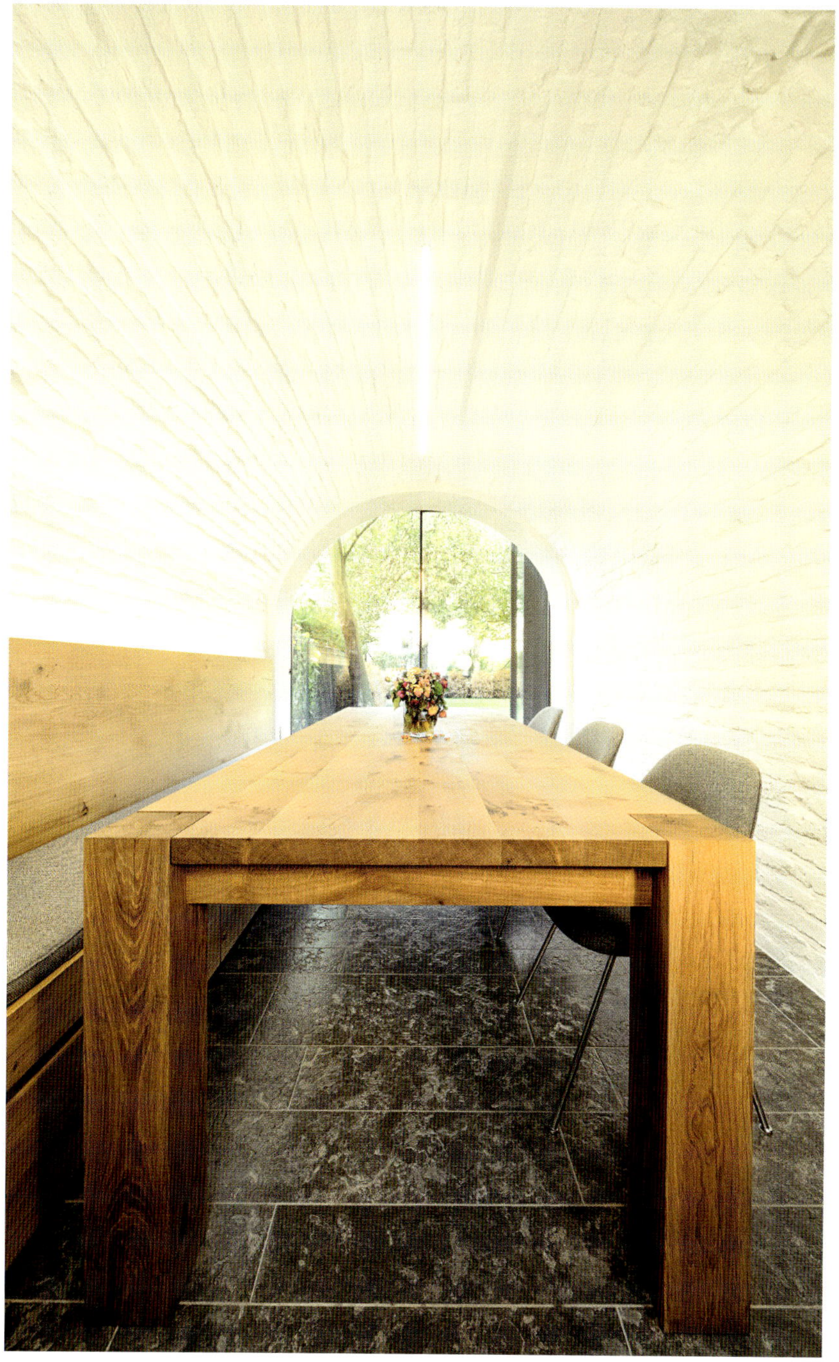

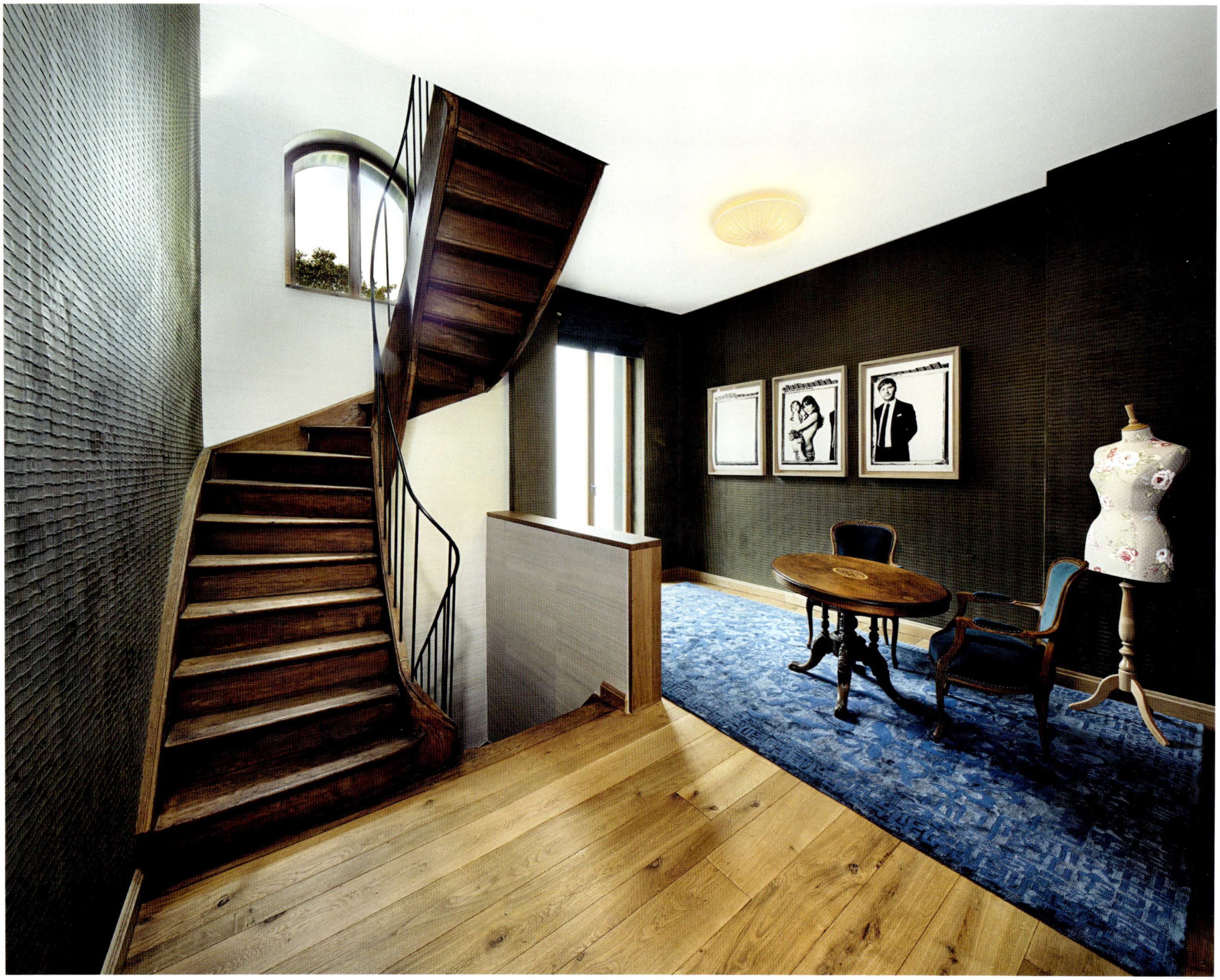

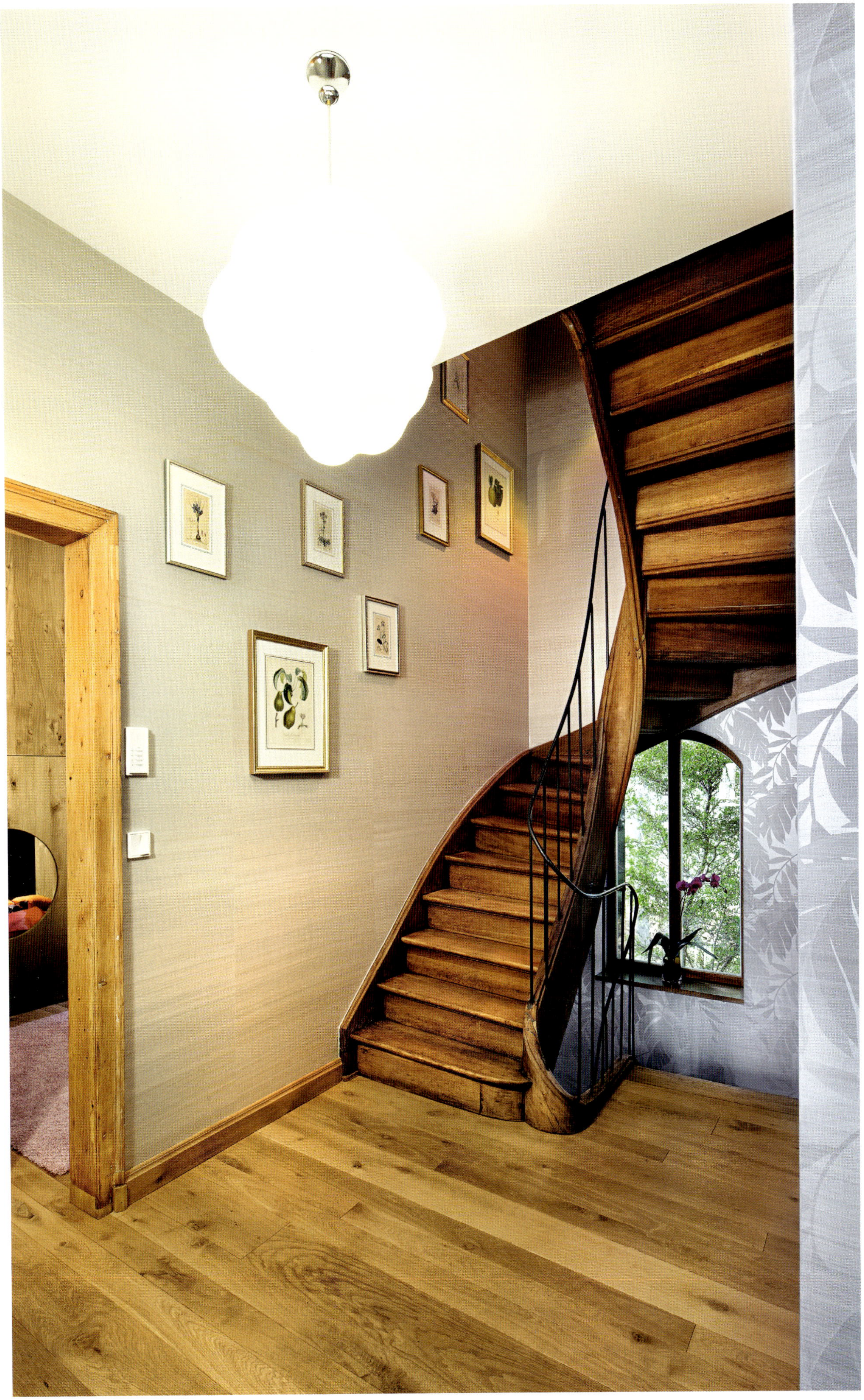

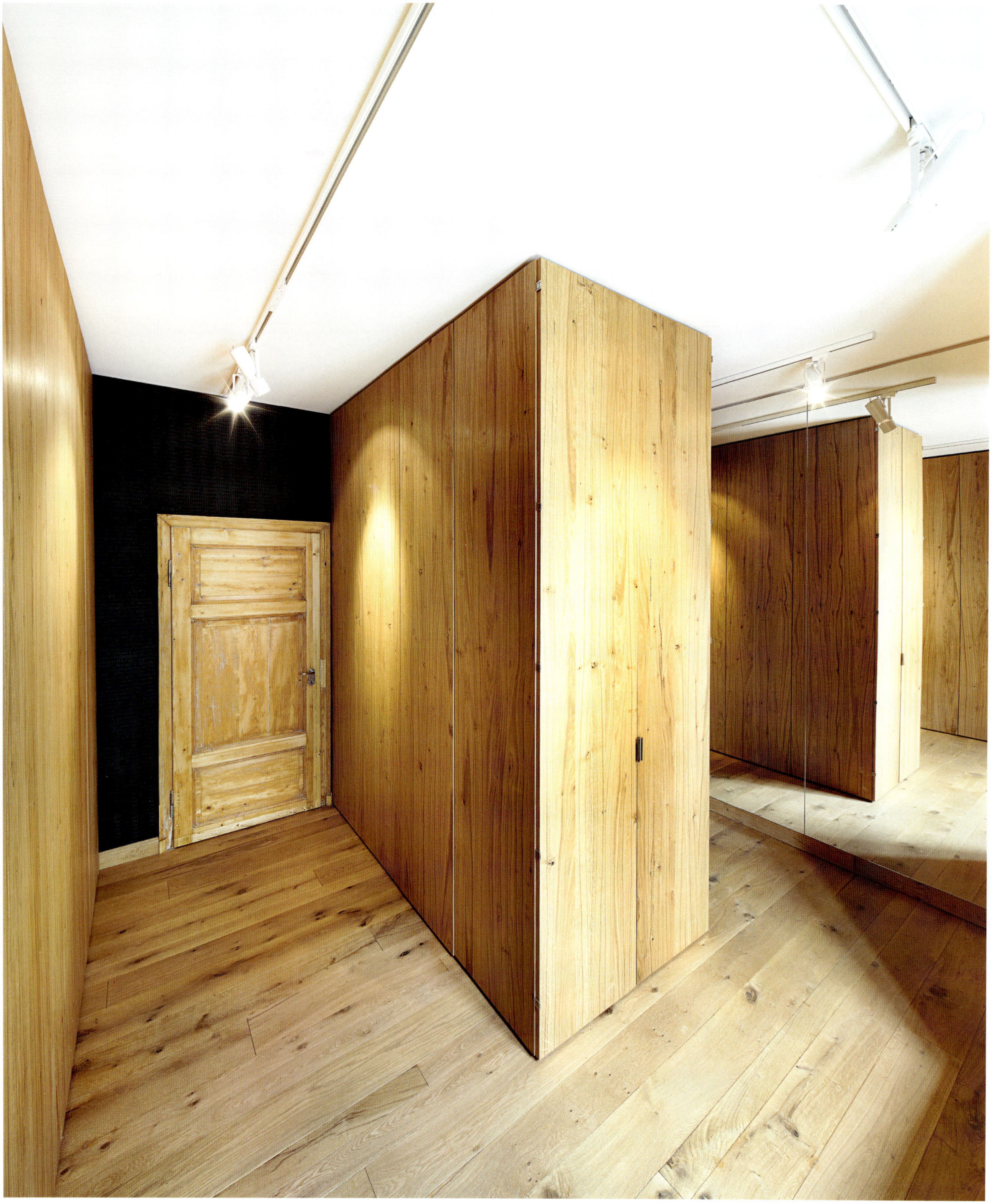

Is there anything more inviting for a child than a bed in a cave? This half-wood and half-purple bedroom is both a refuge and a games room.

Gibt es für ein Kind etwas Spannenderes, als ein Bett, das wie eine Höhle gestaltet ist? Dieses Kinderzimmer, das je zur Hälfte aus Holz und purpurroter Farbfläche besteht, ist gleichzeitig Rückzugsort und Spielzimmer.

Existe-t-il quelque chose de plus attirant pour un enfant qu'un lit en forme de grotte ? Cette chambre, moitié en bois et moitié en couleur pourpre, est à la fois un refuge et une salle de jeux.

Is er iets leuker voor kinderen dan een bed in de vorm van een grot? Deze slaapkamer, half van hout en half van purper, is tegelijkertijd een schuilplaats en een speelkamer.

¿Hay algo más sugerente para un niño que una cama en forma de cueva? Este dormitorio mitad de madera y mitad púrpura es a la vez un refugio y una sala de juegos.

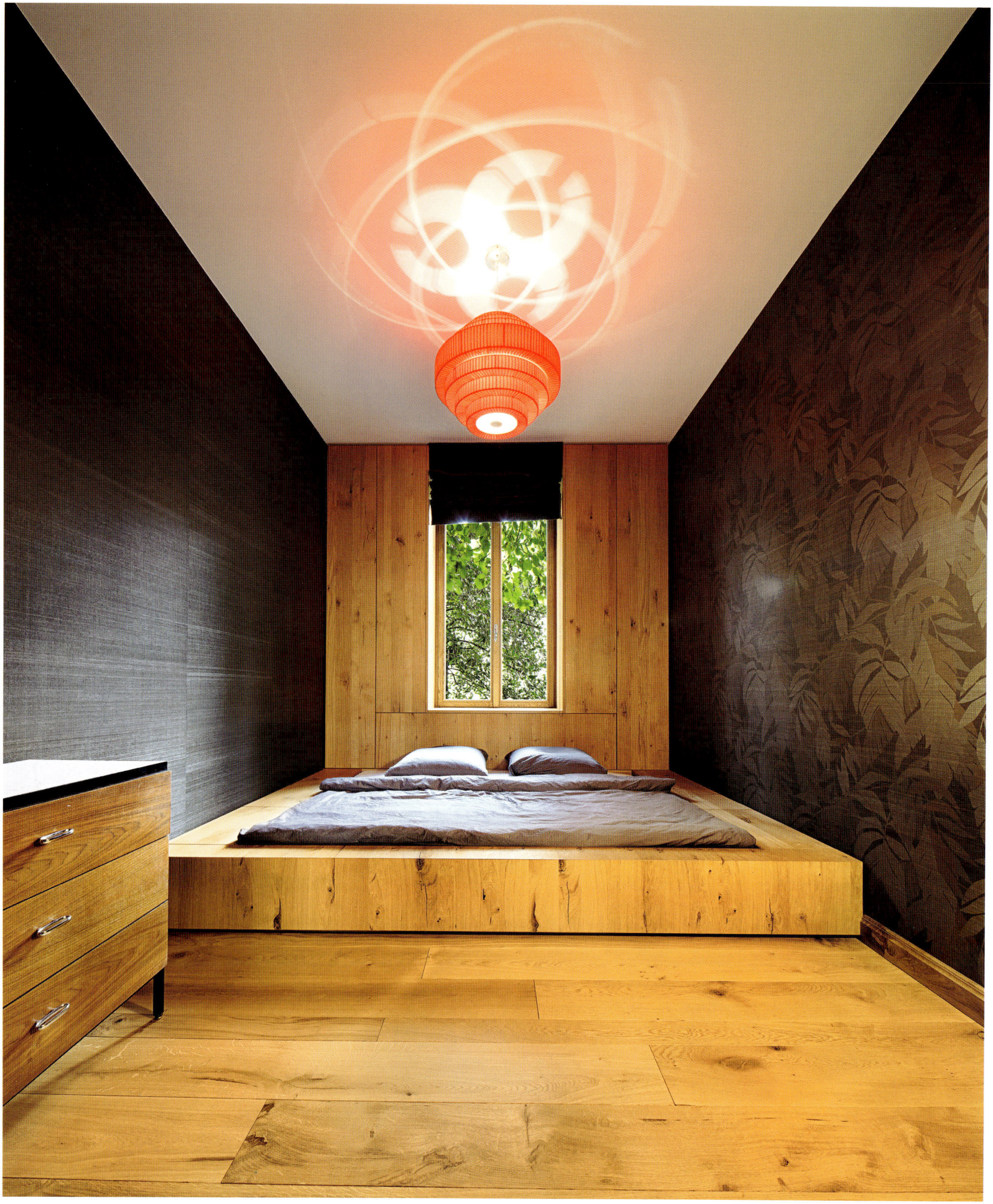

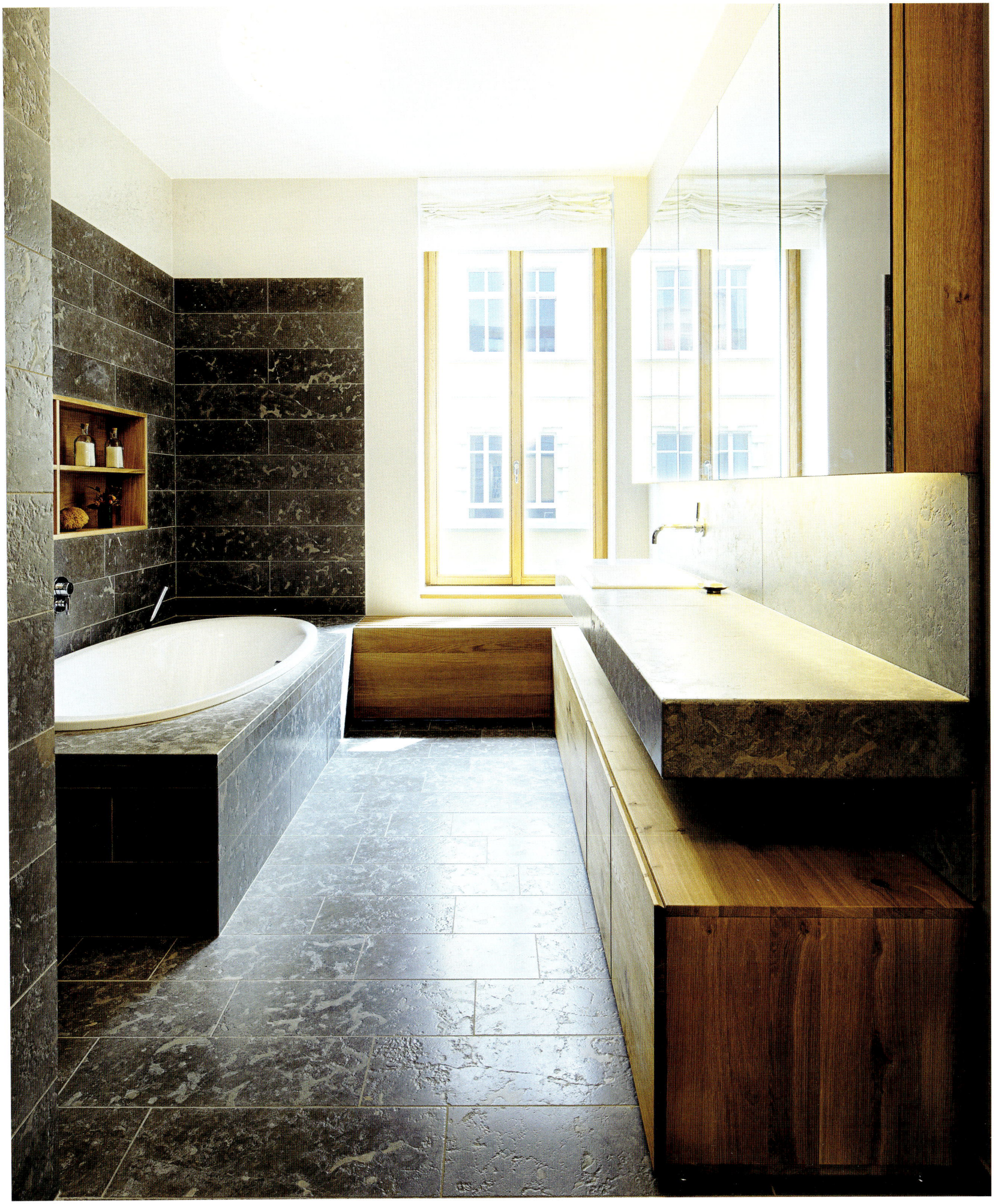

The cushions and giant Mikado design add a playful touch to this glass-roofed attic. Bright and balanced, it seems to have been designed to make one forget the world.

Der gläsernen Dachstube verleihen bunte Kissen und ein Riesen-Mikado fröhliche Farbakzente. In diesem hellen, friedlichen Raum kann man die Welt vergessen.

Dans cette mansarde au toit en verre, la touche ludique est apportée par les coussins et le Mikado géant. Lumineuse et équilibrée, elle semble conçue pour oublier que le monde existe.

Deze vliering met een dak van glas, krijgt een speelse touch door de kussens en het enorme Mikado-spel. De lichte en uitgebalanceerde ruimte lijkt te zijn ontworpen om de wereld even te vergeten.

En esta buhardilla de techo acristalado, el toque lúdico lo dan los cojines y el Mikado gigante. Luminosa y equilibrada, parece diseñada para olvidarse del mundo.

491